U0549086

经纬院七
建设尚未
贺教务部
重大纵向项目
成功立顶

李召虎
廿廿有八

图书在版编目（CIP）数据

岳麓秦简与秦代法律制度研究／陈松长等著 . —北京：经济科学出版社，2019.5
教育部哲学社会科学研究重大课题攻关项目 "十三五" 国家重点出版物出版规划项目
ISBN 978 - 7 - 5218 - 0596 - 3

Ⅰ.①岳… Ⅱ.①陈… Ⅲ.①简（考古）- 研究 - 中国 - 秦代 ②秦律 - 研究 Ⅳ.①K877.54 ②D929.33

中国版本图书馆 CIP 数据核字（2019）第 107713 号

责任编辑：洪　钢　胡蔚婷
责任校对：杨晓莹
责任印制：李　鹏

## 岳麓秦简与秦代法律制度研究

陈松长　等著
经济科学出版社出版、发行　新华书店经销
社址：北京市海淀区阜成路甲 28 号　邮编：100142
教材分社电话：010 - 88191345　发行部电话：010 - 88191522
网址：www.esp.com.cn
电子邮件：houxiaoxia@esp.com.cn
天猫网店：经济科学出版社旗舰店
网址：http://jjkxcbs.tmall.com
北京季蜂印刷有限公司印装
787×1092　16 开　34 印张　650000 字
2019 年 9 月第 1 版　2019 年 9 月第 1 次印刷
ISBN 978 - 7 - 5218 - 0596 - 3　定价：118.00 元
(图书出现印装问题，本社负责调换。电话：010 - 88191510)
(版权所有　侵权必究　打击盗版　举报热线：010 - 88191661
QQ：2242791300　营销中心电话：010 - 88191537
电子邮箱：dbts@esp.com.cn)

## 课题组主要成员

**首席专家** 陈松长
**主要成员** 周海锋　欧　扬　于振波
　　　　　　王　勇　肖洪泳　王　笑
　　　　　　吴美娇　贺旭英

## 编审委员会成员

主　任　吕　萍
委　员　李洪波　柳　敏　陈迈利　刘来喜
　　　　樊曙华　孙怡虹　孙丽丽

# 总　序

哲学社会科学是人们认识世界、改造世界的重要工具，是推动历史发展和社会进步的重要力量，其发展水平反映了一个民族的思维能力、精神品格、文明素质，体现了一个国家的综合国力和国际竞争力。一个国家的发展水平，既取决于自然科学发展水平，也取决于哲学社会科学发展水平。

党和国家高度重视哲学社会科学。党的十八大提出要建设哲学社会科学创新体系，推进马克思主义中国化、时代化、大众化，坚持不懈用中国特色社会主义理论体系武装全党、教育人民。2016年5月17日，习近平总书记亲自主持召开哲学社会科学工作座谈会并发表重要讲话。讲话从坚持和发展中国特色社会主义事业全局的高度，深刻阐释了哲学社会科学的战略地位，全面分析了哲学社会科学面临的新形势，明确了加快构建中国特色哲学社会科学的新目标，对哲学社会科学工作者提出了新期待，体现了我们党对哲学社会科学发展规律的认识达到了一个新高度，是一篇新形势下繁荣发展我国哲学社会科学事业的纲领性文献，为哲学社会科学事业提供了强大精神动力，指明了前进方向。

高校是我国哲学社会科学事业的主力军。贯彻落实习近平总书记哲学社会科学座谈会重要讲话精神，加快构建中国特色哲学社会科学，高校应发挥重要作用：要坚持和巩固马克思主义的指导地位，用中国化的马克思主义指导哲学社会科学；要实施以育人育才为中心的哲学社会科学整体发展战略，构筑学生、学术、学科一体的综合发展体系；要以人为本，从人抓起，积极实施人才工程，构建种类齐全、梯队衔接的高校哲学社会科学人才体系；要深化科研管理体制改革，发挥高校人才、智力和学科优势，提升学术原创能力，激发创新创造活力，建设中国特色新型高校智库；要加强组织领导、做好统筹规划、营造良好学术生态，形成统筹推进高校哲学社会科学发展新格局。

哲学社会科学研究重大课题攻关项目计划是教育部贯彻落实党中央决策部署的一项重大举措，是实施"高校哲学社会科学繁荣计划"的重要内容。重大攻关项目采取招投标的组织方式，按照"公平竞争，择优立项，严格管理，铸造精品"的要求进行，每年评审立项约40个项目。项目研究实行首席专家负责制，鼓励跨学科、跨学校、跨地区的联合研究，协同创新。重大攻关项目以解决国家现代化建设过程中重大理论和实际问题为主攻方向，以提升为党和政府咨询决策服务能力和推动哲学社会科学发展为战略目标，集合优秀研究团队和顶尖人才联合攻关。自2003年以来，项目开展取得了丰硕成果，形成了特色品牌。一大批标志性成果纷纷涌现，一大批科研名家脱颖而出，高校哲学社会科学整体实力和社会影响力快速提升。国务院副总理刘延东同志做出重要批示，指出重大攻关项目有效调动各方面的积极性，产生了一批重要成果，影响广泛，成效显著；要总结经验，再接再厉，紧密服务国家需求，更好地优化资源，突出重点，多出精品，多出人才，为经济社会发展做出新的贡献。

作为教育部社科研究项目中的拳头产品，我们始终秉持以管理创新服务学术创新的理念，坚持科学管理、民主管理、依法管理，切实增强服务意识，不断创新管理模式，健全管理制度，加强对重大攻关项目的选题遴选、评审立项、组织开题、中期检查到最终成果鉴定的全过程管理，逐渐探索并形成一套成熟有效、符合学术研究规律的管理办法，努力将重大攻关项目打造成学术精品工程。我们将项目最终成果汇编成"教育部哲学社会科学研究重大课题攻关项目成果文库"统一组织出版。经济科学出版社倾全社之力，精心组织编辑力量，努力铸造出版精品。国学大师季羡林先生为本文库题词："经时济世　继往开来——贺教育部重大攻关项目成果出版"；欧阳中石先生题写了"教育部哲学社会科学研究重大课题攻关项目"的书名，充分体现了他们对繁荣发展高校哲学社会科学的深切勉励和由衷期望。

伟大的时代呼唤伟大的理论，伟大的理论推动伟大的实践。高校哲学社会科学将不忘初心，继续前进。深入贯彻落实习近平总书记系列重要讲话精神，坚持道路自信、理论自信、制度自信、文化自信，立足中国、借鉴国外，挖掘历史、把握当代，关怀人类、面向未来，立时代之潮头、发思想之先声，为加快构建中国特色哲学社会科学，实现中华民族伟大复兴的中国梦做出新的更大贡献！

教育部社会科学司

# 摘　要

本书是以岳麓书院藏秦简中法律文献的整理与研究为基础，对秦代法律制度进行专题研究探讨的学术论集，是课题组成员集体研读，分头探讨的成果汇集。

本书分五个大的篇章展开：

一是关于秦代法律文献的研究综述，主要概述了自20世纪70年代睡虎地秦简问世以来学界对秦代法律制度研究的一些热点问题。

二是关于岳麓秦简中秦律的专题研究，主要集中对岳麓秦简中出现的《亡律》《繇律》《田律》《金布律》《置吏律》《尉卒律》《行书律》等秦律内容进行了多角度的研究和探讨。

三是关于岳麓秦简中秦令的专题研究，主要对岳麓秦简中的秦令格式进行了具体的归纳分析，并对其中的一些令名和令文进行了不同层次的探讨。

四是关于岳麓秦简中奏谳文书的专题研究，主要将岳麓秦简中的奏谳文书《为狱等状四种》和张家山汉简中的《奏谳书》进行了详细的对比研究，并对其中所反映的诉讼程序和司法术语等内容分别进行了比较研究和探析。

五是关于秦汉法律体系的专题探讨，主要是通过对岳麓秦简中法律文献的解读来探讨秦律令的制定、编纂、刊布、功效和性质等问题，进而讨论秦律令体系的基本构架和形成，探讨秦汉的律令体系与中国法律制度的关系等问题。

# Abstract

This book is a collection of academic papers that consist of group discussions and respective studies. It is specially dedicated to the study of the legal system in Qin dynasty, based on the editing work and the study of the legal materials that were collected by the Yuelu Academy.

The book can be divided into five parts:

The first part is a review of legal literatures in Qin dynasty, which sums up certain hot issues on the Qin legal system among the academic circles since 1970s when the Shuihudi Qin bamboo slips were excavated.

The second part is a monographic study on the Qin statutes in the Yuelu collection, which mainly focuses on a multi-angle study and discussion on the Statutes on Abscondence (*Wang lü* 亡律), Statutes on Government Service (*Yao lü* 繇律), Statutes on Agriculture (*Tian lü* 田律), Statutes on Finance (*Jin bu lü* 金布律), Statutes on Establishment of Officials (*Zhi Li lü* 置吏律), Statutes on Commandants and Conscripts (*Wei zu lü* 尉卒律), Statutes on the Forwarding of Documents (*Xing shu lü* 行书律) etc.

The third part is a monographic study on the Qin ordinances, which mainly induces and analyzes the format of the Qin ordinances in the Yuelu collection, and discusses some titles and texts of ordinances at different levels.

The fourth part is a monographic study on the documents of submitted doubtful cases in the Yuelu collection, which mainly is a comparative study on the *Wei yu deng zhuang si zhong*（为狱等状四种）in the Yuelu collection and the *Zou yan shu*（奏谳书）in the Zhangjiashan Han bamboo slips in detail.

The fifth part is a monographic study on the legal system in Qin and Han dynasty, which investigates issues on the legislation, compilation, enactment, effectiveness as well as natures etc., further approaches certain problems like the basic structure and development of the system of the statutes and ordinances in Qin dynasty, as well as the relationship between the legal systems of the statutes and ordinance in Qin and Han dynasty and Chinese legal tradition.

# 目 录

## 第一章 ▶ 秦代律令研究综述　1

### 第一节　秦律令文本的整理与校订　1
### 第二节　秦代法律制度的专题研究　6

## 第二章 ▶ 岳麓秦简所见秦律研究　33

### 第一节　岳麓秦简《亡律》及相关问题研究　33
### 第二节　岳麓秦简《䌛律》及相关问题研究　67
### 第三节　岳麓秦简《田律》及相关问题研究　112
### 第四节　岳麓秦简《金布律》及相关问题研究　153
### 第五节　岳麓秦简《置吏律》及相关问题研究　197
### 第六节　岳麓秦简《尉卒律》及相关问题研究　228
### 第七节　岳麓秦简《行书律》及相关问题研究　234

## 第三章 ▶ 岳麓秦简所见秦令研究　246

### 第一节　岳麓秦简中的秦令令名与令文格式　246
### 第二节　岳麓秦简中的几个令名小识　258
### 第三节　岳麓秦简中的令文研究　265

## 第四章 ▶ 岳麓秦简所见奏谳文书研究　280

### 第一节　岳麓秦简与张家山汉简奏谳书的比较研究　280
### 第二节　岳麓秦简所见秦刑事诉讼程序的历史价值　381
### 第三节　岳麓秦简奏谳文书研读　390

## 第五章 ▶ 秦汉律令体系研究　409

### 第一节　秦律令的制定与编纂　409
### 第二节　秦律令之刊布与功效　432
### 第三节　汉承秦制与秦汉律令体系的形成　451
### 第四节　秦汉律令体系与中国法律传统　478

## 参考文献　490

# Contents

**Chapter 1: A review of the statutes and ordinances in Qin dynasty**    1

    1.1   The Sorting and Collation of the Qin Documents Concerning Statutes and Ordinances    1

    1.2   A Monographic Study on the Qin Legal System    6

**Chapter 2: Study on the Qin Statutes in the Yuelu Collection**    33

    2.1   Study on Relative Issues on the Statutes on Abscondce in the Yuelu Collection    33

    2.2   Study on Relative Issues on the Statutes on Governmental Service in the Yuelu collection    67

    2.3   Study on Relative Issues on the Statutes on Agriculture in the Yuelu Collection    112

    2.4   Study on Relative Issues on the Statutes on Finance in the Yuelu Collection    153

    2.5   Study on Relative Issues on the Statutes on Establishment of Officials in the Yuelu Collection    197

    2.6   Study on Relative Issues on the Statutes on Commandants and Conscripts in the Yuelu Collection    228

    2.7   Study on Relative Issues on the Statutes on Forwarding of Documents in the Yuelu Collection    234

**Chapter 3: Study on the Qin Ordinances Appearing in the Yuelu Collection**     246

     3.1    The Titles and the Textual Formats of the Qin Ordinances in the Yuelu Collection     246

     3.2    The Basic Knowledge on Several Titles of Ordinances in the Yuelu Collection     258

     3.3    Study on Content of Ordinances in the Yuelu Collection     265

**Chapter 4: Study on the Documents of Submitted Doubtful Cases Appearing in the Yuelu Collection**     280

     4.1    A Comparative Analysis on the Yuelu Collection and the Submitted Doubtful Cases in the Zhangjiashan Han Bamboo Slips     280

     4.2    The Historical Value of the Criminal Procedures Appearing in the Yuelu Collection     381

     4.3    Study and Interpretation of the Documents Concerning Submitted Doubtful Cases in the Yuelu Collection     390

**Chapter 5: Study on the Legal System during Qin and Han Dynasty**     409

     5.1    The Legislation and Compilation of the Qin Statutes and Ordinances     409

     5.2    The Enactment and Effectiveness of the Qin Statutes and Ordinances     432

     5.3    "The Han Dynasty Followed the system of the Qin dynasty" and the Formation of the Legal System in Qin and Han dynasty     451

     5.4    The Legal System in Qin and Han Dynasty and the Chinese Legal Tradition     478

**References**     490

# 第一章

# 秦代律令研究综述

秦一统天下，所凭借的利器有二，以法治国安邦，以剑开疆拓土。汉承秦法，而魏晋之法典又以汉法为蓝本，《唐律疏义》远绍魏晋法典，其后宋明律又多承袭唐律。秦法于中华法系影响之深远可见一斑。鉴于目前所能见到的具有"法典"性质的律令文本源自秦国，故通过对秦律令条文的考察来洞悉中华法系的初期面貌是可行且必要的。

在地下材料出土之前，秦法研究成果主要表现在辑佚和政书编纂两个方面。清末民初学者的秦汉律令辑佚研究，以1899年杜贵墀《汉律辑证》、1907年张鹏一《汉律类纂》为开山，1912年沈家本《汉律摭遗》、1918年程树德《汉律考》集大成。而政书以《秦会要》为代表。

虽然前贤四书皆以"汉律"为名，但汉承秦制，从汉律中寻找秦律的踪迹，在逻辑上是可行的。随着睡虎地秦律、张家山汉律、岳麓秦律令的出土，今日我们已可证明大量出土汉律条文承袭自秦律。从文献中辑佚出的汉律，与出土秦律令之间的关系，亦值得进一步探究。

## 第一节 秦律令文本的整理与校订

对出土法律简牍的整理本身就是一项十分重要的研究工作，是一切研究工作的基础。

就原始材料整理而言，睡虎地秦墓竹简先后有四个版本，均由文物出版社出版，分别为1977年8开线装本《睡虎地秦墓竹简》、1978年平装32开本《睡虎地秦墓竹简》、1981年精装16开《云梦睡虎地秦墓》和1990年8开精装本《睡虎地秦墓竹简》。其中1990年版所收竹简材料最全，囊括了11号秦墓出土的10种文献，均有图版、释文和注释，其中六种有译文，是资料性和学术性俱佳的本子。此外，睡虎地秦墓竹简还被翻译成日文、韩文和英文，极大地推进了中外学者的学术交流和互动。

1978~1983年日本中央大学秦简研究会便在《中央大学大学院论究》上连载《湖北睡虎地秦墓竹简译注初稿》（1~6）。该译注将《编年记》与《日书》之外的睡虎地秦墓竹简都翻译成日文并加上简注，其与中文本的时间差仅约二年，反映了日本学界对睡虎地秦墓竹简新资料的高度关心。

1988~1999年早稻田大学秦简研究会在《史滴》上也连载了译注初稿，但内容只有《为吏之道》《语书》《封诊式》及《法律答问》。其体例为首列原文，次加校订，复出注释，最后改写为日语并加今译。由于睡虎地秦墓竹简公布已十年，该译注着重罗列学界既往的研究成果，再辅以作者按语，是相对完善的集解本。

2000年松崎常子（松崎つね子）在明德出版社出版了《睡虎地秦墓竹简》。此书以1990年《睡虎地秦墓竹简》为底本，主要解读《法律答问》，先简述秦代的刑罚制度，然后解释各种词语与短句，堪称《法律答问》简明易懂的导读本。

相较于日本，同属东亚文化圈的韩国，其睡虎地秦墓竹简译注便晚出许多。2010年庆北大学尹在硕历时五年完成了《睡虎地秦墓竹简译注》（由昭明出版社出版），以1978年平装本为底本，集翻译、订正、补释、集释于一书，使睡虎地秦墓竹简出现日文与英文之外的译本。

睡虎地秦墓竹简出土所引起的学术热潮，并未止步于东亚。甫出土不久，夏德安、鲁惟一、何四维便不约而同地向西方学界及时介绍这一重大考古发现。1977年夏德安首先将睡虎地秦墓竹简发掘简报、云梦秦简释文以及季勋的云梦秦简概述，摘译到《古代中国》（*Early China*），尤其着重《封诊式》中的十段文字。1981年叶山与其他学者合作将《封诊式》单独译注出来，反映西方学者对《封诊式》的高度关注①。1977年鲁惟一则是根据《文物》上发表的诸篇文章，简略介绍睡虎地秦墓竹简的内容。1978年何四维先在第二十六届欧洲汉学会议简介睡虎地秦墓竹简的发现、内容及意义，然后在《通报》中，较为详实地介绍这批资料，并探讨了内史、大内与少内、都官、啬夫、告归、赀、隶臣与

---

① Katrina C. D. Mcleod and Robin D. S. Yates, "Forms of Ch'in Law: An Annotated Translation of the Feng-chen shih," *Harvard Journal of Asiatic Studies*, Vol. 41, No. 1 (1981), pp. 111~163.

徒等问题。何四维最后在该文指出："要真正让西方学术界了解和研究睡虎地秦墓竹简极其丰富而多面的内容，必须提供一部完整且带有学术性注释的西文译本。"七年后，也就是1985年，何四维出版了《秦律遗文》，也就是睡虎地秦墓竹简的英译本①。该译注以法律文本为主要内容，在集释的基础之上多有献疑，提出不少新见。李学勤与籾山明的书评均高度肯定其成就②。遗憾的是《秦律遗文》一直没有中译本问世，致使其成绩难以为中文学界了解。

正因如此，近年徐世虹在中国政法大学组织了中国法制史基础史料研读会，全面参考既有成果及新出文献，重新研读睡虎地秦墓竹简法律文书，2012～2015年已在《中国古代法律文献研究》出版了《语书》及《秦律十八种》的田律、厩苑律、仓律、金布律和置吏律等数种译注，全面译注出睡虎地秦墓竹简法律文书，指日可待③。

1997年刘信芳、梁柱编著的《云梦龙岗秦简》一书由科学出版社出版。鉴于该书存在诸多问题，中国文物研究所的胡平生和湖北省文物考古研究所的李天虹、刘国胜等联手对龙岗秦简进行了再整理，成果便是2001年中华书局出版的《龙岗秦简》。此次整理利用复旦大学文博学院研制的"红外线读简仪"，对先前一些模糊的文字重新加以释读，解决了许多疑难，取得重要突破和进展，又对简文进行重新缀合的工作，在充分吸取已有成果和深入细致研究的基础上，完成了这本融整理和研究为一体的《龙岗秦简》。

青川木牍《为田律》释文首先刊布于李昭和等撰写的《青川县出土秦更修田律木牍：四川青川县战国墓发掘简报》一文④，《文物》同期又刊布了李昭和与于豪亮的研究文章⑤。此后杨宽、李学勤、胡平生、黄盛璋、罗开玉、张金光相继撰文研究⑥，反映了学界对秦武王二年颁布《为田律》的高度关心。随着张

---

① *Remnants of Ch'in Law: An Annotated Translation of the Ch'in Legal and Administrative Rules of the 3rd Century B. C., Discovered in Yun-meng Prefecture, Hu-pei Province*, in 1975, Leiden: E. J. Brill, 1985.

② 李学勤，《何四维〈秦律遗文〉评介》，载于《中国史研究》1985年第4期，第161～162页；[日]籾山明，《书评：何四维〈秦律遗文〉》，载于《史林》1986年第69卷6号。

③ 本书对于秦简整理的回顾，参考了徐世虹、支强《秦汉法律研究百年（三）》，引自徐世虹主编：《中国古代法律文献研究（第6辑）》，社会科学文献出版社2012年版，第95～170页。

④ 李昭和等：《青川县出土秦更修田律木牍——四川青川县战国墓发掘简报》，载于《文物》1982年第1期，第1～21页。

⑤ 于豪亮：《释青川秦墓木牍》，载于《文物》1982年第1期，第22～24页；李昭和：《青川出土木牍文字简考》，载于《文物》1982年第1期，第24～27页。

⑥ 杨宽：《释青川秦牍的田亩制度》，载于《文物》1982年第7期，第83～85页；李学勤：《青川郝家坪木牍研究》，载于《文物》1982年第10期，第68～72页；胡平生：《青川秦墓木牍〈为田律〉所反映的田亩制度》，载于《文史》1983年第19辑，中华书局1983年版；黄盛璋：《青川秦牍〈田律〉争议问题总议》，载于《农业考古》1987年第2期，第128～137页；罗开玉：《青川秦牍〈为田律〉研究》，引自甘肃省文物考古研究所、西北师范大学历史系编：《简牍学研究（第2辑）》，甘肃人民出版社1998年版，第26～35页；张金光：《为田制度——兼说青川秦牍诸问题》，载氏著：《秦制研究》，上海古籍出版社2004年版，第114～156页。

家山汉简《田律》、岳麓秦简《田律》的公布，青川《为田律》的内容又有了重新探讨的空间。近年周波根据新材料，重新肯定了"利津梁"的"梁"之释读①。何有祖则将"利津梁"释读为"利津隧"②。

王家台秦简《效律》计96枚，至今为止只有少部分发表。1995年《文物》期刊上首次刊布了2枚《效律》释文，并介绍说王家台《效律》内容多与《睡虎地秦墓竹简》所收《效律》雷同，只是书写顺序不尽相同③。2004年整理者王明钦进一步对王家台秦墓竹简做了概述④。

《岳麓书院藏秦简（叁）》⑤、《岳麓书院藏秦简（肆）》⑥《岳麓书院藏秦简（伍）》⑦ 分别于2013年、2015年出版、2017年版。岳麓书院藏秦简待出版的尚有两卷，内容均是秦代律令条文。

德国学者劳武利与史达对《岳麓书院藏秦简（叁）》进行了英译与解析，并将其与时代相近的同类性质的文书进行了比较研究⑧。

陈伟主编的《秦简牍合集》⑨（第一辑）出版，睡虎地、青川和龙岗三批律简被收录其中。此书有几大特点：图版更为清晰，释文更加准确，注释参照诸家研究成果并常有自己的论断。

准确理解法律条文的前提是对律文单个字词有精准的把握。秦简距今达二千余年，某些字词，当时或妇孺皆晓，但是由于缺乏相关的背景知识，今人看来却觉晦涩难懂。这就不得不下一番功夫对其进行多方考证，给出合理的释义，才能使整体律文读起来豁通畅达。简牍整理者们披荆斩棘，殚精竭虑，并在修订本中对先前之释文作出修订，然千虑一失，在所难免，后出或有转精；或所据材料不一、视角不同，对同一字词的解读亦见仁见智。又通过考察律文中所见的某些特殊语词可以判定律文产生的时代，这方面的经典之作出自张政烺，如其从"集人""曩人"两个古奥的词推测法律条文可能产生于商鞅变法时；又从"以玉问

---

① 周波：《释青川木牍"梁"字及其相关诸字》，复旦大学出土文献与古文字研究中心网站，2008年4月8日，http://www.gwz.fudan.edu.cn/SrcShow.asp?Src_ID=393。
② 何有祖：《释张家山汉简〈二年律令·田律〉"利津隧"：从秦牍、楚简"洀"字说起》，武汉大学简帛网，2011年11月17日，http://www.bsm.org.cn/show_article.php?id=1578。
③ 荆州地区博物馆：《江陵王家台15号秦墓》，载于《文物》1995年第1期，第37~43页。
④ 王明钦：《王家台秦墓竹简概述》，引自艾兰（Sarah Allan）、邢文主编：《新出简帛研究：新出简帛国际学术研讨会文集》，文物出版社2004年版，第26~49页。
⑤ 朱汉民、陈松长主编：《岳麓书院藏秦简（叁）》，上海辞书出版社2013年版。
⑥⑦ 陈松长主编：《岳麓书院藏秦简（肆）（伍）》，上海辞书出版社2015年版、2017年版。
⑧ Staack, Thies, and Ulrich Lau. *Legal Practice in the Formative Stages of the Chinese Empire: An Annotated Translation of the Exemplary Qin Criminal Cases from the Yuelu Academy Collection*. Leiden: Brill, 2016.
⑨ 陈伟主编：《秦简牍合集》，武汉大学出版社2014年版。

王"的文句,推测条文产生于秦始皇二十六年(公元前221年)称帝之前①。学者们对刊布的几个秦律文本中的字词多有考订,兹例举颇有代表性的文章如下:张铭新《关于秦律中的"居":〈睡虎地秦墓竹简〉注释质疑》②、王美宜《睡虎地秦墓竹简通假字初探》③、裘锡圭《〈睡虎地秦墓竹简〉注释商榷》④、栗劲《〈睡虎地秦墓竹简〉译注斠补》⑤、刘国胜《云梦龙岗简牍考释补正及其相关问题的探讨》⑥、陈伟武《睡虎地秦墓竹简核诂》⑦、李虎《读〈睡虎地秦墓竹简〉札记二则》⑧、黄文杰《睡虎地秦墓竹简疑难字试释》⑨、李学勤《云梦龙岗木牍试释》⑩、胡平生《云梦龙岗秦简考释校正》⑪ 及《云梦龙岗秦简〈禁苑律〉中的"羺(壖)"字及相关制度》⑫、田宜超、刘钊《秦田律考释》⑬、杨禾丁《论秦简所载魏律"叚门逆旅"》⑭、黄留珠《秦简"敖童"解》⑮、赵平安《云梦龙岗秦简释文注释订补》⑯、陈伟《岳麓书院秦简考校》⑰、《岳麓书院秦简行书律令校读》⑱、《岳麓书院秦简校读》⑲、《岳麓秦简〈尉卒律〉校读》⑳、《岳麓秦简肆校商》㉑ 等。

---

① 张政烺:《秦律"集人"音义》,引自中华书局编辑部编:《云梦秦简研究》,中华书局1981年版,第346~350页。后又载氏著:《文史丛考》,中华书局2012年版,第53~57页。
② 张铭新:《关于秦律中的"居":〈睡虎地秦墓竹简〉注释质疑》,载于《考古》1981年第1期,第48~51页。
③ 王美宜:《睡虎地秦墓竹简通假字初探》,载于《宁波大学学报(教育科学版)》1982年第1期,第38~43页。
④ 裘锡圭:《〈睡虎地秦墓竹简〉注释商榷》,载于《文史》第13辑。
⑤ 栗劲:《〈睡虎地秦墓竹简〉译注斠补》,载于《吉林大学社会科学学报》1984年第5期,第90~96页。
⑥ 刘国胜:《云梦龙岗简牍考释补正及其相关问题的探讨》,载于《江汉考古》1997年第1期,第62~69页。
⑦ 陈伟武:《睡虎地秦墓竹简核诂》,引自中国社会科学院甲骨学殷商史研究中心编辑组编:《胡厚宣纪念论文集》,科学出版社1998年版,第204~212页。
⑧ 李虎:《读〈睡虎地秦墓竹简〉札记二则》,载于《秦陵秦俑研究动态》2000年第4期。
⑨ 黄文杰:《睡虎地秦墓竹简疑难字试释》,载于《江汉考古》1992年4期,第59~64页。
⑩ 西北师范大学历史系等编:《简牍学研究》(第1辑),甘肃人民出版社1997年版,第42~43页。
⑪ 西北师范大学历史系等编:《简牍学研究》(第1辑),甘肃人民出版社1997年版,第44~54页。
⑫ 《胡平生简牍文物论稿》,中西书局2012年版,第161~163页。
⑬ 田宜超、刘钊:《秦田律考释》,载于《考古》1983年第6期,第545~548页。
⑭ 杨禾丁:《论秦简所载魏律"叚门逆旅"》,载于《四川大学学报》1993年第1期,第104~110页。
⑮ 黄留珠:《秦简"敖童"解》,载于《历史研究》1997年第5期,第176~180页。
⑯ 赵平安:《云梦龙岗秦简释文注释订补》,载于《江汉考古》1999年第3期,第62~65页。
⑰ 陈伟:《岳麓书院秦简考校》,载于《文物》2009年第10期,第85~87页。
⑱ 武汉大学简帛网,2009年11月21日,http://www.bsm.org.cn/show_article.php?id=1177
⑲ 武汉大学简帛中心主办:《简帛》(第5辑),上海古籍出版社2010年版,第11~16页。
⑳ 武汉大学简帛网,2016年3月21日,http://www.bsm.org.cn/show_article.php?id=2489;http://www.bsm.org.cn/show_article.php?id=2490
㉑ 武汉大学简帛网,2016年3月27日、3月28日、3月29日,http://www.bsm.org.cn/show_article.php?id=2503;http://www.bsm.org.cn/show_article.php?id=2504;http://www.bsm.org.cn/show_article.php?id=2506

出土简牍文献整理面临的又一大问题就是编联和归类问题,由于初次整理在有限的时间里对某些问题的考虑不是很周全,所以在编联归类上常不可避免留下遗憾。如《秦律十八种》和《秦律杂抄》竹简末端常常书有篇名,这为系连和律文归类提供了极好的根据。一些简末未题律名的简文,整理者根据内容,亦将其归入相应的律类之中。现在看来整理者上面的做法,稍有欠妥之处。如王伟撰文指出《秦律十八种》之徭律应该析出一则为"兴律"①。岳麓秦简有兴律数条,可以证明王伟的判断是有道理的。又简文的归类也有可商榷之处,如:将简末题有"军爵律"和"军爵"的简文均归入军爵律,将简末题有"内"和"内史杂"的简文均归入内史杂,将简末题有"厩苑律"和"厩苑"的简文均归入厩苑律,将简末题有"仓律"和"仓"的简文均归入仓律,将简末题有"金布"和"金布律"均归入金布律,将简末题有"工"和"工律"的简文均归入工律。我们不能简单地将其中的一个视为另一个的简称。既然名称不同,我们不能不考虑其有异的原因。

《岳麓书院藏秦简》第三、四卷出版以后,学者们指出一些编连问题②,整理者随后又对某些质疑进行回应。其实所谓的编联问题,有些只是各自研究的视角不同所致,但对于漏收、错收等问题,整理者确应该认真检讨。

## 第二节　秦代法律制度的专题研究

自20世纪70年代几批法律材料陆续发掘刊布以来,秦法制研究骤然变得火热起来。一大批国内、国际知名学者饶有兴趣地从多角度对秦法制进行了深层次的探究,成效卓著,代表性的著作有:栗劲《秦律通论》③、于振波《秦汉法律

---

① 《〈秦律十八种·徭律〉应析出一条〈兴律〉说》,载于《文物》2005年第10期,第91~93页。
② 陈伟:《〈岳麓秦简三·魏盗杀安宜等案〉编连献疑》,武汉大学简帛网,2013年9月5日,http://www.bsm.org.cn/show_article.php?id=1887。[德]史达(Staack, Thies):《岳麓秦简〈为狱等状四种〉新见一枚漏简与案例六的编连》,载于《湖南大学学报》(哲学社会科学版)2014年第4期,第7~10页。[德]陶安(Arnd. Helmut. Hafner):《岳麓秦简〈为狱等状四种〉编联方式的几点补充说明》,北京大学出土文献研究所、湖南大学岳麓书院主编:《秦简牍研究国际学术研讨会会议论文》,2014年12月,第91~112页。张驰:《〈为吏治官及黔首〉编联补证与关于〈岳麓肆〉059号简归属问题的讨论》,武汉大学简帛网,2016年4月7日,http://www.bsm.org.cn/show_article.php?id=2513。张弛、纪婷婷:《〈岳麓肆·亡律〉编连刍议》(精简版),武汉大学简帛网,2016年9月12日,http://www.bsm.org.cn/show_article.php?id=2630。
③ 栗劲:《秦律通论》,山东人民出版社1985年版。

与社会》①、曹旅宁《秦律新探》②、张金光《秦制研究》③、高敏《云梦秦简初探》④、傅荣珂《睡虎地秦墓竹简刑律研究》⑤、大庭脩《秦汉法制史研究》⑥、王关成、郭淑珍《秦刑罚概述》⑦、吴福助《睡虎地秦墓竹简论考》⑧、高恒《秦汉法制论考》⑨、冨谷至《秦汉刑罚制度研究》⑩、堀毅《秦汉法制史论考》⑪ 等。相关的单篇研究论文更是不胜枚举，这里，我们在对相关问题进行学术史回顾时仅拣取其中具有代表性的加以简要介绍。

## 一、秦代社会性质和法律思想研究

每一批古文献都形成于特定的时空范围，必然具有一定的时代特色和地域特性，必然蕴涵着或隐或现的社会意识。睡虎地秦墓竹简中所载的法律史料，亦可部分地反映秦之社会性质以及决策者们的治国理念。秦律资料甫一刊布，就有不少学者对秦之法律制度作出了整体把握，如：刘海年、张晋藩合撰的《从"云梦秦简"看"秦律"的阶级本质》一文指出"秦律维护封建地主的政治统治，也维护封建地主的经济剥削"，同时承认秦法有其历史作用⑫。刘海年的《云梦秦简的发现与秦律研究》一文在总结了秦律特点之后指出秦律"是在战国时期法家政治法律思想影响下，秦地主阶级在我国封建社会历史上第一次大规模立法实践的产物，是中国封建国家初建时期法律的集大成，具有重要的典型意义"⑬。黄贤俊《从云梦秦简看秦代刑律及其阶级本质》一文指出秦刑有等级，然"这部法典产生于秦封建国家的初建时期，对于巩固封建统治，促进封建社会生产力的发展，曾起过一定的历史作用"⑭。林剑鸣《从云梦秦简看秦代的法律制度》

---

① 于振波：《秦汉法律与社会》，湖南人民出版社2000年版。
② 曹旅宁：《秦律新探》，中国社会科学出版社2002年版。
③ 张金光：《秦制研究》，上海古籍出版社2004年版。
④ 高敏：《云梦秦简初探》，河南人民出版社1979年版。
⑤ 傅荣珂：《睡虎地秦墓竹简刑律研究》，商鼎文化出版社1992年版。
⑥ [日]大庭脩：《秦汉法制史研究》，创文社1982年；有林剑鸣等中译本，上海人民出版社1991年版。
⑦ 王关成、郭淑珍：《秦刑罚概述》，陕西人民教育出版社1993年版。
⑧ 吴福助：《睡虎地秦墓竹简论考》，文津出版社1994年版。
⑨ 高恒：《秦汉法制论考》，厦门大学出版社1994年版。
⑩ [日]冨谷至：《秦汉刑罚制度研究》，同朋舍1998年版。
⑪ [日]堀毅著、萧红燕等译：《秦汉法制史论考》，法律出版社1988年版。
⑫ 刘海年、张晋藩：《从云梦秦简看秦律的阶级本质》，载于《学术研究》1979年第1期，第88~91页。
⑬ 刘海年：《云梦秦简的发现与秦律研究》，载于《法学研究》1982年第1期，第52~60页。
⑭ 黄贤俊：《从云梦秦简看秦代刑律及其阶级本质》，载于《现代法学》1979年第2期，第47~54页。

一文认为秦律的本质是"地主阶级对广大农民和其他劳动人民专政的工具"①。陈抗生在《秦法和秦人执法：读〈睡虎地秦墓竹简〉浅识》一文中将秦法和秦人执法的基本特点概述为"秦代有法可依，秦人执法甚严，秦法于吏于民均有极大权威"②。林剑鸣根据睡虎地秦墓竹简，并结合有关文献，对统一前秦国社会各阶级的状况进行了考察③。崔春华的《战国时期秦封建法制的发展——读〈睡虎地云梦秦简〉札记》一文以动态的眼光打量秦律，看到了秦律条文不断被修订和补充的历史事实，揭示此亦为社会变革发展之必然④。黄展岳的《云梦秦简简论》一文认为秦律已经"具备了刑法、诉讼法、民法、军法、行政法、经济立法方面的内容"，"秦法制虽然很庞杂，但以刑法为中心却是极为明确的"⑤。陈玉璟的《略论云梦秦律的性质》对秦律是"奴隶社会的法典"这一说法加以辩驳，认为"秦国官僚、商贾、土著三位一体的地主阶级的封建政权"决定了秦律必然是为地主阶级利益服务的⑥。陈连庆在《试论汉代社会性质》一文中顺便提及睡虎地秦律是"反映奴隶主利益的法律"⑦，宋敏认同此观点并进一步论证睡虎地秦律恰好可以证明秦国其时为奴隶制社会⑧。李裕民认为云梦秦简足以证明"秦依然保存着奴隶制，并且通过各种途径扩大奴隶的队伍"⑨。

可以说，20世纪70年代末80年代初，学者们都热衷于通过分析睡虎地秦墓竹简材料来判定秦国的社会性质。认为秦仍然是奴隶制国家的学者主要根据是秦墓竹简材料中出现了不少关于隶臣妾、人臣妾的内容，认同秦国已经逐渐过渡到封建地主阶级社会的学者的主要根据是，其时国家将手中的土地分配或租赁给百姓耕种，百姓也要承当一定的税赋徭役。今天看来，我们不能以是否存在奴隶来判定整个社会的性质，就中国历史而言，一直到清末甚至民国，奴婢均有存在。我们不能因此就认定中国在新中国成立前一直处于奴隶社会。又如美国在南北战

---

① 林剑鸣：《从云梦秦简看秦代的法律制度》，载于《西北大学学报（哲学社会科学版）》1979年第3期，第66~74页。
② 陈抗生：《秦法和秦人执法：读〈睡虎地秦墓竹简〉浅识》，载于《江汉论坛》1979年第3期，第60~64页。
③ 林剑鸣：《秦国封建社会各阶级分析——读〈睡虎地云梦秦简〉札记》，载于《西北大学学报（哲学社会科学版）》1980年第2期，第76~83页。
④ 崔春华：《战国时期秦封建法制的发展——读〈睡虎地云梦秦简〉札记》，载于《辽宁大学学报》1980年第5期，第56~64页。
⑤ 黄展岳：《云梦秦简简论》，载于《考古学报》1980年第1期，第1~28页。
⑥ 陈玉璟：《略论云梦秦律的性质》，载于《江淮论坛》1980年第1期，第98页。
⑦ 吉林师范大学学报编辑部编：《中国古代史论文集》，吉林师范大学出版社1979年版，第123页。
⑧ 宋敏：《云梦秦简——奴隶制社会的新证》，载于《东北师大学报（哲学社会科学版）》1980年第4期，第1~12页。
⑨ 李裕民：《从云梦秦简看秦代的奴隶制》，引自《中国考古学会第一次年会论文集》，文物出版社1980年版，第323~327页。

争前南方各州存在大量的奴隶,同样不能以此判定其为奴隶制社会。判定一个社会的性质,主要是看生产生活资料的占有方式,物质分配直接决定人际关系,社会无非是人类各种关系的总和。睡虎地秦墓竹简文献之文本生成有一个较长的过程,而这个过程恰好是变革剧烈期,是秦汉帝制官僚社会的孕育期,同时又保留了周秦以来某些旧制。

秦律条文是法治思想的外在表现,学者们通过具体法律条文的分析,各自归纳出秦法制中所蕴涵的各种法律思想。如刘远征、刘莉的《论秦朝法制中儒家法律思想》,指出秦朝法制中包含大量儒家法律思想的成分,体现了统治者对儒家法律思想的吸收和继承,认为秦朝法制是礼法合流的滥觞,对于中华法系的形成有着重要意义①。杨师群的《论法家的"法治"及其法律思想》一文认为:"有必要对其法律思想及其法治实践,进行重新认识和评价,还它的庐山真面目。应当看到我国的传统法律文化中存在着严重妨碍法治现代化进程的基因,而法家所完成的这一专制法律体系,实际上成为中华法系的主轴和灵魂,运作了二千余年,影响深远,应是组成此基因的重要密码。"②

不少学者以现代法学学科分类学的视角对秦法律进行了分科研究,使得相关问题的研究更加深入,更有系统。比如有多篇文章论及了秦代的经济立法问题。栗劲归纳出秦简中有关经济法规的四项基本原则:维护国家经济利益、集中统一管理、责任分明、重赏重罚与罚重于赏、讲究经济效益③。高敏《秦代经济立法原则及其意义》一文从四个方面打量秦代经济立法原则及其意义:国有经济与皇室经济分开管理与核算;官府直接经营与管理国有经济的责任制;手工业与商业方面保护外商、强化管理市场、统一产品规格、重视技术工匠和培训技术新工;国家财物的收入、支出、计账、上报及核算等财会立法原则及其意义④。常俊山《秦代经济立法略论》指出秦代经济立法的本质特征是为了确立封建土地所有制,保护新兴地主阶级的利益,维护封建生产关系;还指出秦律的一个重要内容是以法律手段调整手工业、商业及其相关领域中的各种经济关系⑤。王震亚《从云梦秦简看秦的经济立法》,"云梦秦简中的经济法规较全面地反映了秦人的土地制度、赋税劳役、农业耕作、手工业生产与管理、商业及货币流通、财政金

---

① 刘远征、刘莉:《论秦朝法制中儒家法律思想》,载于《西安建筑科技大学学报(社会科学版)》1999年第2期,第31~34页。
② 杨师群:《论法家的"法治"及其法律思想》,载于《史林》1997年第4期,第11~17页。
③ 栗劲:《论秦简中有关经济法规的基本原则》,载于《西北政法学院学报》1985年第3期,第67~70页。
④ 高敏:《秦代经济立法原则及其意义》,载于《学术研究》1986年第2期,第63~68页。
⑤ 常俊山:《秦代经济立法略论》,载于《安徽大学学报》(哲学社会科学版)1987年第2期,第54~60页。

融等方面的现实情况,不仅在当时对促进封建经济发展,巩固地主阶级的统治起着广泛的调整作用,而且对后世也产生了深远的影响,其经济法规的许多内容为汉以后历代王朝所沿用。"① 马克林的《略论战国秦汉的经济立法思想》一文指出秦代沿袭了"上农除末"的法家传统,但在处理农工商之间的关系时表现得较为灵活,表明秦代在经济管理中积累了丰富的经验,对农工商之间的内在联系有所认识②。刘序传认为秦对土地基本采取国家所有和地主所有两种形式,秦统治者通过关于调整经济关系的立法,大力保证封建经济的发展③。此外,薛梅卿④、潘世宪⑤、陈汉生⑥等学者也对秦经济法作了探究。

此外,张中秋还对秦代的工商法进行的分析和说明,认为秦对经济的干预和管理是十分广泛、细致和深入的,指出秦代对有关违反工商经济法律的违法行为一般采取经济制裁和行政处罚,较少使用刑罚,这与秦政治法律上奉行的重刑主义不同⑦。朱德贵探讨了《为狱等状四种》中的商业问题等⑧。

## 二、秦代刑法与制度研究

秦代的刑法制度研究,一直是秦代法律制度研究的一个重点,许多学者从不同的角度切入,深度解读《睡虎地秦墓竹简》和其他秦汉出土文献中有关秦代刑法制度的内容和价值,其学术论著大多围绕秦代的刑徒、刑徒管理和刑罚制度展开,下面且分别择要言之。

### (一)刑徒制度研究

秦汉刑徒制度为历代学者所关注,在《史记》三家注和《汉书》颜注中就保存了一些汉代学者对刑徒的看法。这其中包括对刑徒的命名、身份、刑期等问题的论断,随着出土材料的公布,不仅传统的观点受到挑战,各个学者之间也因

---

① 王震亚:《从云梦秦简看秦的经济立法》,载于《西北师大学报》1996年第6期,第37~104页。
② 马克林:《略论战国秦汉的经济立法思想》,载于《西北师大学报》1997年第3期,第35~60页。
③ 刘序传:《从云梦秦简看秦代的经济立法》,载于《法学研究》1983年第6期,第61~67页。
④ 薛梅卿:《〈秦简〉中经济法规问题的探索——读〈睡虎地秦墓竹简〉札记》,引自中国法律史学会《法律史论丛》编委会编:《法律史论丛》(第3辑),中国社会科学出版社1983年版,第35~51页。
⑤ 潘世宪:《从竹简〈秦律〉看秦代的经济立法》,载于《内蒙古大学学报(哲学社会科学版)》1983年第1期,第69~79页。
⑥ 陈汉生:《关于秦代的经济立法》,载于《政治与法律》1984年第2期,第75~77页。
⑦ 张中秋:《秦代工商法律研究》,载于《江苏社会科学》1994年第5期,第33~38页。
⑧ 朱德贵:《岳麓秦简奏谳文书中的商业问题新证》,载于《社会科学》2014年第11期,第154~165页。

为理解各异而提出不同的观点。围绕秦刑徒命名、身份、刑期等问题，学者见仁见智，所撰颇丰。

黄展岳、刘海年、高敏在睡虎地秦墓竹简出土后，较早地以此为中心对秦代的刑罚体系进行了系统性的研究。日本学者堀毅在其著作中，也通过秦简中所见的刑名与《汉书·刑法志》和《汉旧仪》中刑名的比较，探讨了秦汉刑罚的真实样态和刑罚体系的演变过程。其中，刘海年的《秦代刑罚考析》将秦代的刑罚体系分为十二个类型，并对秦代具体刑罚的内涵、源流进行了考证。其中的不少观点，如"隶臣妾刑徒说"等，对此后的学术发展产生了重要的影响①。

虽然《墨子·号令》（此篇一般认为是战国时秦人作品）曰："能捕得谋反卖城踰城（归）敌者，以令为除死罪二人，城旦四人。"但持此并不能证明"城旦"之名古已有之。张金光等学者认为"城旦"为秦所创刑名②。

传世文献资料中，"隶臣妾"一词最早见于《汉书·刑法志》之中，唐颜师古注云："男子为隶臣，女子为隶妾。鬼薪白粲满一岁为隶臣，隶臣一岁免为庶人。隶妾亦然也。"清代王先谦《汉书补注》："此自鬼薪白粲递减，故隶臣妾一岁即免为庶人，与下本罪为隶臣妾不同；注三岁误，当为一岁。"③ 清末沈家本则云："《汉旧仪》所言秦制，鬼薪白粲之次无隶臣妾之名，是秦所无，汉增之也。隶臣妾二岁刑，其名与奴婢相近，而实非奴婢。魏晋以下，皆无此名。"④ 沈家本认为："隶臣妾之名，是秦所无，汉增之也"，这只是他当时依据传世材料所提出的见解。《睡虎地秦墓竹简》中多处出现"隶臣妾"这一专名，自这批材料公布后围绕此问题的争议也一直未曾停息。学者们对"隶臣妾"身份各自作出不同的判定，代表性的观点有以下几种：

（1）隶臣妾是官奴婢，持此观点的学者有黄展岳、苏诚鉴、宫长为、宋敏、高敏等⑤。

（2）隶臣妾是因为犯罪而被判处的刑徒，林剑鸣、钱大群等人持此论⑥，张

---

① 中华书局编辑部编：《云梦秦简研究》，中华书局1981年版，第171~206页。后收入载氏著：《战国秦汉法制管窥》，法律出版社2006年版，第94~144页。
② 张金光：《秦制研究》，上海古籍出版社2004年版，第528页。
③ 王先谦：《汉书补注》，中华书局1983年影印本版，第500页。
④ 沈家本：《历代刑法考》（一），中华书局1985年点校本版，第297页。
⑤ 黄展岳：《云梦秦律简论》，载于《考古学报》1980年1期，第1~28页。苏诚鉴：《秦"隶臣妾"为官奴隶说——兼论我国历史上"岁刑"制的起源》，载于《江淮论坛》1982年第1期，第90~95页。宫长为、宋敏：《"隶臣妾"是秦的官奴婢》，载于《中国史研究》1982年第4期，第120~167页。高敏、刘汉东：《秦简"隶臣妾"确为奴隶说——兼与林剑鸣商榷》，载于《学术月刊》1984年第9期，第66~71页。刘汉东：《再说秦简"隶臣妾"确为奴隶》，载于《中州学刊》1987年第2期，第115~120页。
⑥ 林剑鸣：《"隶臣妾"辨》，载于《中国史研究》1980年2期，第91~97页。林剑鸣：《"隶臣妾"并非官奴隶》，载于《历史论丛》第3期。钱大群：《谈"隶臣妾"与秦代的刑罚制度》，载于《法学研究》1983年第5期，第57~62页。

金光认定"隶臣妾"是刑徒,是秦假故隶与臣妾之名以定为刑徒之名①。

（3）包括官奴婢和隶臣妾两类人,施伟青、刘海年、李力等学者持此论②。

（4）高恒提出"隶臣妾"虽为刑徒,但实质身份仍为奴隶说③。

（5）"隶臣妾"为带有奴隶属性之刑徒说,栗劲、王占通等人持此观点④。

朱德贵据新刊岳麓秦简材料并结合先前研究成果,认为秦"隶臣妾"应分为两种:第一种为依附于官府名下之"隶臣妾",这种"隶臣妾"又分为具有行动自由且通过"从事公"或经营产业而获得经济收入之"隶臣妾"和因触犯法律而被处"以为隶臣妾"者;第二种为依附于私人名下之"隶臣妾",他们只有获得户主:免后,才能拥有立户和财产支配权⑤。

关于服刑期限的问题也是秦法制研究的重要议题,学者们见仁见智,众说纷纭。王敏典的《秦代徒刑刑期辩》一文也赞同秦代徒刑是无期的,徒刑具有官奴婢的性质,是终身奴婢⑥。张金光持秦刑徒无刑期之说,对主张"有期"说学者举出的证据一一给予批驳,并摆出九条证据证明秦刑徒无期⑦。高恒早在1977年就推测"秦时的刑徒,可能就是没有服刑期的终身服刑"⑧,后来又在《秦律中的刑徒及其刑期问题》一文中进一步阐明秦时城旦舂、鬼薪、白粲、隶臣妾、司寇、候等均为终身服役的刑徒⑨。黄展岳、刘海年、高敏均认为秦刑徒有刑期,并各自罗列各类刑徒具体服刑期限⑩。李力亦主张秦刑徒是有刑期的,并对

---

① 张金光:《秦制研究》,上海古籍出版社2004年版,第520~534页。
② 施伟青:《"隶臣妾"的身份复议》,载于《中国社会经济史研究》1984年第1期,第83~89页。刘海年:《关于中国岁刑的起源》,载于《法学研究》1985年第4期、5期,第67~76页;第68~73页。刘海年:《秦代刑罚考析》,引自中华书局编辑部编:《云梦秦简研究》,中华书局1981年版,第184页。李力:《亦谈"隶臣妾"与秦代的刑罚制度》,载于《法学研究》1984年第3期,第78~80页。
③ 高恒:《秦律中"隶臣妾"问题的探讨》,载于《文物》1977年第7期,第43~51页。
④ 王占通、栗劲:《"隶臣妾"是带有奴隶残余属性的刑徒》,载于《吉林大学学报》1984年第2期,第71~78页。栗劲:《秦律通论》,山东人民出版社1985年版。
⑤ 朱德贵:《岳麓秦简所见"隶臣妾"问题新证》,载于《社会科学》2016年第1期,第153~165页。
⑥ 王敏典:《秦代徒刑刑期辩》,载于《深圳大学学报（人文社会科学学报）》1992年第1期,第55~102页。
⑦ 张金光:《关于秦刑徒的几个问题》,引自朱东润、李俊民等主编:《中华文史论丛（第1辑）》,上海古籍出版社1985年版,第21~48页。
⑧ 高恒:《秦律中"隶臣妾"问题的探讨》,载于《文物》1977年第7期,第43~51页。后载氏著:《秦汉简牍中法制文书辑考》,社会科学文献出版社2008年版,第61~74页。
⑨ 《法学研究》1983年第6期,第73~79页。后载氏著:《秦汉简牍中法制文书辑考》,第87~99页。
⑩ 黄展岳:《云梦秦律简论》,载于《考古学报》1980年第1期,第1~28页;刘海年:《秦律刑罚考析》,载中华书局编辑部编:《云梦秦简研究》,中华书局1981年版,第186~189页。刘海年:《关于中国岁刑的起源——兼谈秦刑徒的刑期和隶臣妾的身份》（上、下）,载于《法学研究》1985年第5期、6期,第67~76页;第68~73页。高敏:《秦简〈编年纪〉与〈史记〉》,载氏著:《云梦秦简初探（增订本）》,河南人民出版社1981年版,第109~132页。

前辈学者所认定的刑徒服刑期限提出商榷①。

吴荣曾则对秦汉劳役刑制度的渊源进行了探讨，指出战国时期各国法制中都出现了肉刑缩减而劳役刑扩张的现象；从战国时期普遍存在的劳役刑制度的内涵而言，劳役刑制度此时业已确立起来，并为秦汉时期所继承；就刑徒的性质而言，战国时期官奴和刑徒在身份上并无明显差别，这种身份特点也反映在秦汉时期的劳役刑制度之中②。

睡虎地秦墓竹简中出现"系城旦舂"，关于其性质，学界也有不少讨论。张政烺在《秦律"葆子"释义》中指出"又系城旦六岁"的用意在于久系，与城旦刑是两回事③。张金光在《关于秦刑徒的几个问题》中认为凡言"系"者皆非本刑，而是临时拘系城旦舂或别的劳役。④ 张家山汉简《二年律令》全部披露后，极有助于重新探讨睡虎地秦墓竹简法律文书若干问题。如徐世虹指出"系城旦舂"的用途有三：一为"居赀赎债"；二为以劳役刑抵偿逃亡天数；三为加刑，"系城旦舂"只有用于加刑时，方缀有一定年数⑤。韩树峰在《秦汉徒刑散论》一文中，从秦汉刑罚体系的角度对"系城旦舂"的刑罚意义进行了探讨，指出作为附加刑的系城旦舂具有第二级刑罚和第三级刑罚之间过渡刑的性质。⑥ 邢义田则认为某些"系城旦舂"已是有刑期的本刑，而非附加刑，这一制度实开文帝改制后刑期制度之先声⑦。日本学者籾山明则认为《二年律令》提供的数据仍难以证明"系城旦舂"具有本刑性质这一结论⑧。水间大辅与石冈浩则同意"系城旦舂"反映了刑期制从无期至有期的过渡，但强调无期刑在文帝改革以前仍是主流。⑨ 而游逸飞则对于"系城旦舂"问题进行了专题研究，并提出新说，认为"系城旦舂"尽管功能并不单一，但在秦汉律令中其性质是为调节刑罚体

---

① 李力：《秦刑徒刑期辨正》，载于《史学月刊》1985年第3期，第18~23页。
② 吴荣曾：《胥靡试探——论战国时的刑徒制》，载氏著：《先秦两汉史研究》，中华书局1995年版，第148~161页。
③ 《文史》1980年第9辑。
④ 载朱东润、李俊民等主编：《中华文史论丛（第1辑）》，第21~48页。
⑤ 徐世虹：《"三环之"、"刑复城旦舂"、"系城旦舂某岁"解——读〈二年律令〉札记》，引自中国文物研究所编：《出土文献研究（第六辑）》，上海古籍出版社2004年版，第79~89页。
⑥ 韩树峰：《秦汉徒刑散论》，载于《历史研究》2005年第3期，第37~52页，第190页。
⑦ 邢义田：《从张家山汉简〈二年律令〉重论秦汉的刑期问题》，引自中国政法大学法律古籍整理研究所编：《中国古代法律文献研究（第三辑）》，中国政法大学出版社2007年版，第191~214页。
⑧ [日]籾山明著、李力译：《秦汉刑罚史的研究现状——以刑期的争论为中心》，引自中国政法大学法律古籍整理研究所编：《中国古代法律文献研究（第三辑）》，中国政法大学出版社2007年版，第153~190页。
⑨ [日]水间大辅：《秦汉刑法研究》，知泉书馆2007年版，第58~63页；石冈浩：《秦の城旦舂刑の特殊性——前汉文帝刑法改革のもう一つの发端》，载于《东洋学报》2006年第88号。

系而产生的新的正式刑罚。①朱潇认为"系城旦舂"是一种调节刑，在秦时尚未具备刑罚等级中的正式地位，直到汉初才在刑等序列中依稀占有固定位置，"系城旦舂"这种对基本刑的加重刑，在秦汉之际经历了由重转轻的发展②。

罚作、复作与弛刑是特定意义上的劳役处罚制度，其涵义如何，古人各抒己见，今人莫衷一是。吴荣曾的《汉简中所见的刑徒制》一文指出，古人对复作、戍罚作、弛刑的解释存在错误，他认为复作实际是一种轻刑，服役较司寇为短，仅一年或数月；是吏民因犯罪而判，而绝不是刑徒遇诏书减刑的结果；罚作就是罚劳役，其期限似较灵活，不像是正刑。弛刑是受重刑者因大赦而除去刑具、罪衣③。徐世虹则指出，复作和赦令关系密切，是用于改变执行的刑罚，适用对象是已经判决的罪人，但这些罪人应当是已通过赦令获得赦免者④。堀毅认为戍罚作可能是秦律中的候；而复作有广狭两义，广义的复作是比戍罚作的负担更轻、男女都可适用的劳役刑，狭义的复作则如《汉旧仪》中所说的只限于女子的一岁刑⑤。冨谷至则对秦存在戍罚作（复作）刑罚持否定态度，认为这一刑罚不见于睡虎地秦墓竹简中；同时如果推定秦的刑罚是不定期刑，那么具有一定刑期的罚作复作则与此体系不相容。汉代大概从文帝改革以后才出现罚作复作，其在刑罚中的位置，大约是替换了秦的赀刑后所出现的相似位置的刑罚⑥。

最后探讨"收人"性质之界定问题，《秦律十八种·属邦律》："道官相输隶臣妾、收人"，张金光认为睡虎地秦墓竹简整理小组将"收人"解释为"被收捕的人"是不准确的，"收人"显为在法律上已定性之人，当即"收孥"，即依律被籍没之人⑦。张金光的论点可得到传世文献的佐证，《史记·商君列传》"举以为收孥"，司马贞《索引》："纠举而收录其妻子，没为官奴隶"。"收人"籍没为官奴隶后，或被出售，《法律答问》："隶臣将城旦，亡之，完为城旦，收其外妻子。子小未可别，令从母为收。可（何）谓'从母为收'？人固买，子小不可别，弗买子母谓也。"⑧

---

① 游逸飞：《说"系城旦舂"——秦汉刑期制度新论》，载于《新史学》2009年第3期，第1~52页。
② 朱潇：《岳麓书院藏秦简〈为狱等状四种〉与秦代法制研究》，中国政法大学出版社2016年版，第117~136页。
③ 吴荣曾：《汉简中所见的刑徒制》，载氏著：《先秦两汉史研究》，中华书局1995年版，第261~276页。
④ 徐世虹：《汉简所见劳役刑名数据考释》，引自中国政法大学法律古籍整理研究所编：《中国古代法律文献研究（第一辑）》，巴蜀书社1999年版，第77~100页。
⑤ ［日］堀毅著、萧红燕等译：《秦汉法制史论考》，法律出版社1988年版，第183页。
⑥ ［日］冨谷至著，柴生芳、朱恒晔译：《秦汉刑罚制度研究》，广西师范大学出版社2006年版，第32页。
⑦ 张金光：《秦制研究》，上海古籍出版社2004年版，第522页。
⑧ 睡虎地秦墓竹简整理小组：《睡虎地秦墓竹简》，文物出版社1990年版，第121页。

## (二) 刑罚制度研究

傅荣珂《睡虎地秦墓竹简刑律研究》一书将云梦秦简所见刑罚分为死刑、肉刑、象刑、劳役刑、流刑、财产刑、身份刑等，并指出秦刑罚残酷、重罪重罚、广泛使用肉刑等特点。又认为秦律系统完备，有条例、有解释、有案例、含括范围广泛，然条目繁杂，界限不清，内容时有重复，甚至互相抵牾，这些表明秦律非一时制定，乃陆续修订而成。通过对秦汉刑罚体系的梳理，研究者进而对秦汉刑罚等级问题进行了探讨。王占通探讨了秦代刑罚的适用方式，指出秦代的肉刑、耐刑只能作为附加刑与劳役刑并处，而不能作为主刑单独适用①。

在死刑研究上，秦汉"弃市"是这一时期学界研究中一个存在争议的话题。由于史料的记载模糊，弃市在史书中实际存在着斩首和绞两种记载。虽然沈家本也注意到了汉代弃市可能以绞的形态执行的史料，但他却并未采信。此后，程树德曾提出不同于沈家本的看法，但对于秦汉弃市为斩首的认识则是一致的。秦汉弃市为斩首论可以说是学术界的一种通识，虽有学者表示了一定的质疑，但都未对此详加论述。而对此提出明确反对意见并加以论证的是张建国，认为弃市在秦汉时已为死刑的一种。他以"殊死"这个具有刑罚等级含义的概念作为研究的切入点，认为汉代死刑分为"殊死"和"非殊死"两种情况，"殊死"指身体的"决断"，而汉代死刑只有腰斩、枭首和弃市三种，前两类属"决断"无疑，那么如果有"非殊死者"，只能是"弃市"，而从刑罚的发展来看，弃市应是绞刑无疑②。

对于"磔"及相关刑名内涵的考证，也是这一时期讨论较多的问题。谭世保从文字学角度，对将文献记载中的车裂解释为五马分尸的通俗解释提出不同意见，指出"车裂"本是一个字，在演化过程中被错误的写作"车裂"，该字意应为"斩""断"，而非用车分裂之意；认为以车裂为五马分尸，属汉代以后对于古代刑罚不了解、以讹传讹的结果③。

林富士从社会历史的角度，探讨了"疠者"在社会中的特殊存在，及其与"定杀"这种特殊死刑方式之间的关联和意义④。

《史记·秦始皇本纪》和《蒙恬列传》中有关于"隐官"的记载，而按照张守节的《正义》对此的解释，"隐官"是宫刑的一种别称。但这一注解又和原

---

① 王占通：《秦代肉刑耐刑可作主刑辨》，载于《吉林大学社会科学学报》1991年第3期，第88~92页。
② 张建国：《秦汉弃市非斩刑辨》，载氏著：《帝制时代的中国法》，法律出版社1999年版，第160~166页。
③ 谭世保：《"车裂"考》，载于《学术论坛》1982年第4期，第74~78页。
④ 林富士：《试释睡虎地秦简中的"疠"与"定杀"》，载于《史原》1986年第15号，第1~38页。

文的内容存在明显矛盾之处。虽然历史上也曾有论者试图加以解决，但始终围绕"宫刑"这个概念，难以解决这一解释与史料记载间的矛盾。睡虎地秦墓竹简整理小组在注解《秦律十八种》简156中首次出现的"隐官"时，认为所谓"隐官"指在不易被人看到的地方做工的工匠。并认为这一概念与《史记》中所谓"隐宫"并无关系。此说一出，便受到研究者的质疑。马非百、陈直、传汉、袁仲一都认为"隐官""隐宫"二者实为一事，传统上对于隐宫的注解是一种望文生义的臆断，"隐宫"是秦简中"隐官"之误[①]。而马非百、传汉的论文指出，"隐官"是一个收容受刑后因功获赦罪人的机关，其性质约和后世的劳动教养所大致相同，处在隐官的罪人须从事劳动；而"隐宫徒刑"是从全国各地选送来的罪人。严宾则对"隐宫"为"隐官"之误的观点提出了异议，认为"隐宫"是正确写法，特指秦始皇的骊山陵，表明了服役者的特定服役场所[②]。周晓瑜以秦代的陶文、《史记》与秦简的记载相比照，指出隐官之"官"为"宫"的借字[③]。

关于"完"这一刑名的理解，可谓众说纷纭。刘海年的《秦律刑罚考析》中认为耐与完是一种刑罚，只是称谓不同而已。杨广伟的《"完刑"即"髡刑"术》一文中认为"完刑"即"髡刑"[④]。堀毅在《秦汉法制史论考》一书中也认为"完刑"即"髡刑"[⑤]。栗劲在《秦律通论》中认为"完"并非一种刑罚，"完"即保持身体发肤完好无损，既不施加肉刑，也不髡不耐[⑥]。王森所持观点与栗劲一致[⑦]。张全民则认为"完"在不同的历史时期含义各不相同，应该对"完"的含义进行动态考察，先秦到汉初，"完"一直是与"刑"或具体肉刑相对而言的，其内涵相当于"髡"；汉文帝对刑制进行改革后，"完"的内涵又相当于"耐"[⑧]。

"族刑"问题一直受到学者的关注，陈乃华认为族刑可分为两大类，一种是"夷三族"，是专门针对谋反行为的处罚，其范围包括以主犯为中心上溯三世及

---

① 马非百：《云梦秦简中所见的历史新证》，载于《郑州大学学报（哲学社会科学版）》1978年第2期，第63页；陈直：《史记新证》，天津人民出版社1979年版，第24页；传汉：《"隐宫"与"隐官"》，载于《辽宁大学学报（哲学社会科学版）》1982年第2期，第19页；袁仲一：《秦始皇陵兵马俑研究》，文物出版社1990年版，第354页。
② 严宾：《"隐宫""隐官"辨析》，载于《人文杂志》1990年第3期，第103～106页。
③ 周晓瑜：《秦代"隐宫"制度探微》，载于《山东大学学报（社会科学版）》1998年第4期，第50～56页；同氏：《秦代"隐宫"、"隐官"、"宫某"考辨》，载于《文献》1998年第4期，第67～82页。
④ 杨广伟：《"完刑"即"髡刑"术》，载于《复旦大学学报》1986年第2期，第111～112页。
⑤ ［日］堀毅著、萧红燕等译：《秦汉法制史论考》，法律出版社1988年版，第126页。
⑥ 栗劲：《秦律通论》，山东人民出版社1985年版，第250～252页。
⑦ 王森：《秦汉律中髡、耐、完刑辨析》，载于《法学研究》1986年第1期，第85～89页。
⑧ 张全民：《髡、耐、完刑关系考辨》，载于《湘潭大学社会科学学报》2001年第5期，第130～135页。

祖父，下延三世及孙辈。另一种为"父母妻子同产皆弃市"，是针对大逆不道进行的处罚，罪及三世①。陈乃华又对"夷三族"和"夷宗族"的关系进行了研究，提出了秦汉"夷三族"其实在执行时为"夷宗族"，与家族意义上的"三族"无关，"夷三族"作为一种刑名是一种历史的误会②。王克奇、张汉东认为秦汉三夷法具体为"父母、妻子、同产皆弃市"的规定，相对于族灭而言，其惩处范围缩小了，因此有一定的积极意义③。张建国则认为"罪三族"和"夷三族"及"族"不可混为一谈，张宴和如淳注是对"罪三族"的解释，不宜用作考证"夷三族"的根据；秦汉时期夷三族的范围法律有明确规定，并非按世代笼统处理。张建国还提出一个值得注意的观点，即吕后时期"夷三族"和"妖言令"并未废除，只是废除了以"夷三族"处罚妖言的措施而已④。

在秦汉迁徙刑问题上，傅荣珂将"迁""谪"归类为"流刑"，认为流刑在秦代虽属于轻刑，但身受者仍然蒙受巨大痛苦，而且没有确定的刑期⑤。但这类刑罚有利于维护社会稳定，满足了边疆开发的需要，具有积极意义。邢义田以"安土重迁"的社会心理为切入点，对于秦汉迁徙刑的实施，以及对当时社会的影响，特别是对于当时人口流动的影响进行了论证。指出古人"安土重迁"的观念，使得"迁"成为一种仅次于死刑的刑罚制度的重要原因。在该文的附论中，通过对秦、汉迁徙刑的比较指出，与秦代用以作为轻微的违法行为处罚措施不同，汉代的迁徙刑是对处重刑者及其家属的一种具有恩典性的处理措施，作为皇帝的一项特别恩典，不列入"正刑"对皇帝的统治或更为有利。大庭修此前提出的西汉元、成时期，迁徙已成正刑之说很难成立⑥。宋杰主张应对秦汉时期的迁徙刑做相对宽泛的理解，其中包括了迁徙边郡、免官就国或归本郡、谪戍、谪徙和迁虏等不同的处理措施，在刑罚序列中不属于正刑。但其在汉代得以推广的根本原因，是出于填补刑罚等级的上空缺的目的⑦。冨谷至对于大庭脩《汉的迁徙刑》中的部分观点也提出不同意见。认为大庭修所说西汉元、成时期出现

---

① 陈乃华：《秦汉族刑考》，载于《山东师范大学学报（人文社会科学版）》1985年第4期，第37~41页。
② 陈乃华：《"夷三族"探源》，载于《山东师范大学学报（人文社会科学版）》1989年第6期，第25~29页。
③ 王克奇、张汉东：《论秦汉的参夷法》，载于《山东师范大学学报（人文社会科学版）》1988年第6期，第43~47页。
④ 张建国：《夷三族解析》，载于《法学研究》1998年第6期，第143~159页。
⑤ 傅荣珂：《睡虎地秦简刑律研究》，商鼎文化出版社1992年版，第191页。
⑥ 邢义田：《从安土重迁论秦汉时代的徙民与迁徙刑》，载氏著：《秦汉史论稿》，东大图书公司1987年版，第411~435页。
⑦ 宋杰：《论秦汉刑罚中的迁、徙》，载于《北京师范学院学报（社会科学版）》1992年第1期，第87~110页。

的作为替代之前大逆无道缘坐弃市的"徙远郡刑"并不存在,而所谓"徙远郡",是在某些特殊情况下对犯罪人家属的处理方式,其与本犯的大逆无道并无必然联系,因此不能视为一种对大逆无道罪所缘坐者的新的处罚措施①。

臧知非、王云、屈建军以及日本濑川敬也等学者对于秦汉"谪"的制度问题进行了探讨。臧知非指出,秦的"谪"与"迁"性质不同,也并非是发刑徒为兵,而是在兵源不足时,令原本无资格当兵的人充实军队的做法,汉代则将其对象限定于违反"算缗令"的商人;自汉武帝停止大规模用兵后,这一制度便告终结②。而王云从秦汉赋役制度入手考察了谪戍制施行的意义,对于臧文的观点提出质疑,认为由于秦汉时期支付给戍卒的报酬较高,国家为了减轻负担,因而采用征发有罪之人戍边的方式,减少国家财政支出③。屈建军则认为秦的"迁"和"谪"的性质一致,都是迁有罪之民戍边的一种制度;其发端于商鞅变法而与秦汉国家相始终④。濑川敬也对古代"罪"这个概念的多重性进行了探讨,认为以七科谪为代表的"谪",严格意义上说并不是罪人。而对于"谪"的定义,濑川敬也提出了以下两个看法:所谓谪吏是职务上犯了过失而受罚者;其外的谪者则是不承担必要的国家性事务的人,因此有时被大量征发,受到与"谪吏"同样的对待⑤。

关于秦汉时期经济处罚的研究,是这一阶段得以拓展并深化的一个研究领域。首先,在赎刑研究方面,这一时期简牍秦汉律的面世使学界对秦及汉初存在赎刑获得了肯定性的认识,同时也为我们展示了一个超出已有知识范畴的赎刑的样态。赎刑作为一种特权者换刑的性质变得模糊,而赎刑作为一种财产刑的性质却凸显出来,这无疑激发了研究者极大的兴趣,成为这一时期赎刑研究的主旨。三十年来,学者对赎刑问题的探讨主要围绕着两个关键问题展开:其一,赎刑的性质问题,即"赎刑"是实刑、法定刑还是法定刑罚的换刑,或两种兼具;其二,赎刑适用于一般人还是仅适用于特权者。

作为睡虎地秦律的早期研究者,高敏提出秦律中的赎刑是一种财产刑的认识,认为秦律赎刑具有以法律上形式的平等掩盖事实上的不平等的特点,只有贵

---

① [日]冨谷至著,柴生芳、朱恒晔译:《秦汉刑罚制度研究》,广西师范大学出版社2006年版,第180~186页。
② 臧知非:《"谪戍制"考析》,载于《徐州师范大学学报(哲学社会科学版)》1984年第3期,第23~28页。
③ 王云:《秦汉的谪戍和过更》,载于《辽宁师范大学学报》1985年第6期,第82~84页。
④ 屈建军:《〈谪戍制考析〉一文质疑》,载于《青海师专学报》1988年第2期,第38~44页。
⑤ [日]濑川敬也:《谪考》,载于《佛教大学大学院研究纪要》1999年第27号。

族、官僚才可能是赎刑真正的受益者①。高敏的这一观点在程维荣的《两汉赎刑考》一文中得到进一步的发展②。刘海年则指出，秦代的赎刑是一个比较复杂的刑罚体系，具有性质不同的两种形态：依法宣判为赎刑的；具有一定身份的人犯了罪用金钱赎。同时又指出，尽管存在作为实刑的赎，但其名目与实际的刑罚有着密切联系③。栗劲强调赎刑作为替代刑罚的意义，认为存在着两种赎刑的形态：一种因为行为所应判处的刑罚本身是允许以财务赎替的，原判刑罚为赎刑所替代；另一种是适用于少数特权人物的赎刑④。

而张金光赞同赎为经济刑的看法，但认为赎刑并非普遍适用的刑罚，是否判罚赎刑与特定的身份或特定犯罪性质、犯罪情节有密切相关⑤。张铭新因为对律文"有罪以赀赎"的理解存在偏差，将其解释为"犯罪之后欲纳财取赎而又无力按时交纳的，可以用服'居'的劳役来折抵，谓之居赎。"⑥ 如此一来，给人造成一种错觉：秦律中所有的罪罚都可以赎。张金光指出其谬，并将此句正解为"犯罪而被判为赀或赎"⑦。实际上，秦律中并非任何情况下都可以赎。首先，"赎"是刑罚种类之一，据《睡虎地秦墓竹简》罪犯可以依照法律径直判为"赎死""赎黥""赎宫""赎耐""赎鬼薪鋈足""赎迁"等。秦有赎刑这一刑罚名目存在，但并不代表所有的罪罚都可以赎。"秦律称'有罪当赎'，是指对某些人的某些犯罪可判为'赎'，并非指判刑后，再令赎。这个界限必须分清。"⑧

堀毅认为秦代的赎刑以替代刑罚为目的，但其适用范围无身份限制，赎的方式也多样，不过具体到哪些刑罚可以赎却受到身份的制约而有所不同，汉代的赎相当于秦代的赀⑨。冨谷至也认为秦的赎刑与汉的赎刑没有直接干系。前者是一种法定刑（财产刑），文帝刑制改革后被劳役刑所吸收；而后者则是武帝后出现的，用一定的财物来减免原判刑罚的"赎罪"，其实施依据是皇帝的一时诏书而

---

① 高敏：《从〈秦律〉的刑罚类别看地主阶级法律的性质》，载氏著：《云梦秦简初探（增订本）》，第 256～257 页。
② 程维荣：《两汉赎刑考》，载于《西北政法学院学报》1988 年第 1 期，第 93～96 页。
③ 刘海年：《秦律刑罚的适用原则》，载于《法学研究》1983 年第 1 期、2 期，第 73～80 页；第 63～68 页。
④ 栗劲：《秦律通论》，山东人民出版社 1985 年版，第 292～294 页。
⑤ 张金光：《居赀赎债制度——兼说赵背户秦墓的性质》，载氏著：《秦制研究》，上海古籍出版社 2004 年版，第 553～567 页。
⑥ 张铭新：《关于〈秦律〉中的居——〈睡虎地秦墓竹简〉质疑》，载于《考古》1981 年第 1 期，第 48～51 页。
⑦ 张金光：《秦制研究》，上海古籍出版社 2004 年版，第 554 页。
⑧ 张金光：《秦制研究》，上海古籍出版社 2004 年版，第 556 页。
⑨ ［日］堀毅著，萧红燕等译：《秦汉法制史论考》，法律出版社 1988 年版，第 165～170 页。

非成法，也不能以劳役加以抵偿①。角谷常子则认为，秦的赎刑大致可分为两个不同方面，即作为身份性的特权而得到认可的换刑的一面和作为"规定执刑"的一面，前者适用于特权阶层，后者适用于全体人民。而汉代第一种意义上的赎刑消失了，第二种作为身份特权的赎刑已经找不到了，爵与赎的关系也淡薄了。赎刑名目虽然存在，但演变为单纯以财物换取皇帝对罪犯的恩典的一种形式。程维荣认为"赎"和"赎刑"的涵义并不相同，赎刑是一种特定的刑名，但秦和汉初"赎"和"赎刑"的意义尚未严格区分，直到西汉中期才进一步明确②。

在赀刑研究方面，"居赀赎债"乃睡虎地秦律中新见的法律术语，有不少学者对此进行了比较深入的研究。张铭新指出"居"并非刑种，只是一种代偿劳役，它与居作是完全不同的概念③。吕名中的《秦律赀罚制述论》对赀的内涵和适用进行了考察。指出赀刑的限额一般为二甲；赀刑轻于耐刑，重于谇④。而其《秦律中的赀与赀赎》一文以区分"赀"和"赀赎"为切入点，认为赀是处罚官、民过失犯罪和一般性违法行为的一种措施。在具体执行上存在因身份而有所差异的现象⑤。张铭新的《〈秦律〉中的经济制裁——兼谈秦的赎刑》一文也认为秦律中的赀罚与赎刑不是一回事，赀罚是一种经济制裁手段，是一种独立的刑罚⑥。朱绍侯、孙英民的《"居赀"非刑名辨》一文认为"居赀"不是刑名，也不是"役赎抵罪"，秦始皇陵西侧赵背户村墓志陶文所见"居赀"正可证明此点，同时也证明了这些墓主并非刑徒⑦。张金光认为一些学者对"居赀赎债"的解释不太妥当，如孙英明将其视作"以'居'偿债的，秦律称他们为'居赀'，并明确指出是'赎债'者。……'居赀'是以'居'的劳役形式来偿还债务的人，而不是有罪的犯人。"⑧此论将"居赀"与"居债"混为一谈，显然是不可取的。"居赀赎债"包括"居赀""居赎""居债"三种情况，其中"赀"和

---

① ［日］冨谷至著，柴生芳、朱恒晔译：《秦汉刑罚制度研究》，广西师范大学出版社2006年版，第123～133页。
② ［日］角谷常子著，陈青、胡平生译：《秦汉时代的赎刑》，引自李学勤、谢桂华主编：《简帛研究二〇〇一（下册）》，广西师范大学出版社2001年版，第587～601页。
③ 张铭新：《〈秦律〉中的"居"——〈睡虎地秦墓竹简〉注释质疑》，载于《考古》1981年第1期，第48～51页。
④ 吕名中：《秦律赀罚制述论》，载于《中南民族大学学报》1982年第3期，第50～55页。
⑤ 载于中国秦汉史研究会编：《秦汉史论丛（第2辑）》，陕西人民出版社1983年版，第296～303页。
⑥ 张铭新：《〈秦律〉中的经济制裁——兼谈秦的赎刑》，载于《武汉大学学报（人文科学版）》1982年第4期，第15～96页。
⑦ 《中国法制史考证》（甲编第二卷），中国社会科学出版社2003年版，第59～73页。此文之观点二位作者之前就论证过，分别见于：朱绍侯：《居赀非刑名辨——兼论秦律的几个问题》，载于《许昌师专学报》1982年第2期；孙英民：《〈秦始皇陵西侧赵背户村秦刑徒墓〉质疑》，载于《文物》1982年第10期，第73～74页。
⑧ 孙英民：《〈秦始皇陵西侧赵背户村秦刑徒墓〉质疑》，载于《文物》1982年第10期，第73～74页。

"赎"是一种罪罚,而"债"的性质与前二者完全不同,其是一种纯粹的经济关系。细分起来,秦律中所见"赀"之种类繁多,大致有"赀甲盾"、"赀徭"、"赀日"、"赀络组"、"赀戍"、"赀布"等。赎所见者有"赎死"、"赎黥"、"赎宫"、"赎耐"、"赎鬼薪鋈足"、"赎迁",据其刑罚之轻重,赎金当有差异。据秦简可知,"居赎者"居作一天可以抵偿八钱,《秦律十八种·司空律》:"或赎䙴(迁),欲入钱者,日八钱。"① 又如张铭新因为对律文"有罪以赀赎"的理解存在偏差,将其解释为"犯罪之后欲纳财取赎而又无力按时交纳的,可以用服'居'的劳役来折抵,谓之居赎。"② 如此一来,给人造成一种错觉:秦律中所有的罪罚都可以赎。实际上,秦律的罪罚中并非任何情况下都可以赎。首先,"赎"是刑罚种类之一,据《睡虎地秦墓竹简》罪犯可以依照法律径直判为"赎死""赎黥""赎宫""赎耐""赎鬼薪鋈足""赎迁"等。秦有赎刑这一刑罚名目存在,但并不代表所有罪罚都可以赎。"秦律称'有罪当赎',是指对某些人的某些犯罪可判为'赎',并非指判刑后,再令赎。这个界限必须分清。"③

睡虎地秦律中赀罚的对象主要有盾、甲和络,关于接受处罚者是缴纳实物还是金钱的问题,学术界有不同的看法。黄展岳、高敏、刘海年等均认为被罚者缴纳的是金钱,石子政则认为赀刑在执行时一般要求直接缴纳甲、盾等实物,折算为金钱缴纳只是特例④。臧知非亦持缴纳实物说,并在石子政的基础上有了进一步论证⑤。宋艳萍则认为,赀刑经历了一个从缴纳实物到金钱的变化过程,进而演变为汉代的罚金制度⑥。

藤田高夫对赀和罚金进行了比较,他认为赀和罚金同属于财产刑,二者存在承继关系。二者之间的渊源关系,不仅表现在二者科罚形式上的对象都是一定的财物,更重要的是二者在科罚对象的选择上都具有剥夺荣誉的特性。赀的实践方式的讨论是一重要的问题⑦。早期研究者黄展岳、高敏、刘海年等都认为赀刑可以金钱进行折抵,这种观点为多数学者所接受,成为一种主流认识。曹旅宁、张

---

① 张金光:《论出土秦律中的"居赀赎债"制度——兼论赵背户村刑徒墓性质》,引自张舜徽主编:《中国历史文献研究(第2辑)》,华中师范大学出版社1988年版,第149~156页。后载入氏著《秦制研究》,第553~567页。
② 张铭新:《关于〈秦律〉中的居——〈睡虎地秦墓竹简〉质疑》,载于《考古》1981年第1期,第48~51页。
③ 张金光:《秦制研究》,上海古籍出版社,第556页。
④ 石子政:《秦赀罚甲盾与统一战争》,载于《中国史研究》1984年第2期。
⑤ 臧知非:《赀刑变迁与秦汉政治转折》,载于《文史哲》2006年第4期,第65~73页。
⑥ 宋艳萍《张家山汉简法律文书研究综述——从〈二年律令〉中的"赀"看秦汉经济处罚形式的转变》,载中国文物研究所编:《出土文献研究(第6辑)》,上海古籍出版社2004年版,第147~148页。
⑦ [日]藤田高夫著、杨振红译:《秦汉罚金考》,载李学勤、谢桂华编:《简帛研究二〇〇一(下册)》,广西师范大学出版社2001年版,第602~613页。

卫星曾专文对此加以论述①。但也有论者对此提出不同看法。石子政认为秦律产生的社会背景决定了其采用军事装备甲、盾、络组作为科罚的对象，以扩大战略物资的来源和刺激这些物资的生产。执行时，力求直接缴纳铠甲和盾牌实物，折钱缴纳只是个别的通融措施②。

## 三、秦代法律制度的具体问题研究

秦代法律制度所涉及的面很宽，自睡虎地秦墓竹简问世以来，学界研究秦代法律制度的热点很多，下面我们且就大家比较关注的几个具体问题的研究成果作一个简要的评述。

### （一）法吏研究

"以法为教，以吏为师"乃有秦一代主要特征，其渊源有自，《商君书·定分》涉及秦国法官法吏制度，文中特别强调了依法设置官吏的重要性，"圣人必为法令，置官也，置吏也，为天下师，所以定名分也"。秦代对法吏的管理自有一套机制，通过出土简牍材料我们可以更加清楚地知晓秦代吏治和官吏法的某些特点。

商君死而秦法未废，作为商鞅学派思想结晶的《商君书》所包含的任吏、治吏思想无疑会影响到秦官制的多个方面。李春来撰文探讨了《商君书》中有关官吏的选任、官吏的考核与奖惩、预防及治理官吏犯罪等三个方面的问题③。刘鹏《论官吏制度与秦朝统一之关系》一文"通过秦国官吏选拔任用办法的特殊性，诸如客卿制度、官吏选拔方法、官吏制度突出特色（军功爵和选官制的结合），以及对官吏的依法管理和道德教育同当时诸侯国制度相比较来说明秦官吏制度顺应时代发展的需要"，并认为秦选举官吏的特点是其能一并六国的原因之一④。高恒在《秦简中与职官有关的几个问题》一文中专列章节对秦代官吏任免进行了探讨⑤。王爱清认为秦与西汉前期，国家权力凌驾于社会势力之上，基层小吏的选用不受地方社会势力的左右，国家通过以法治吏，使其成为基层行政的忠实执行者。西汉中期以后，随着社会势力的发展，基层小吏的选用由豪强大

---

① 曹旅宁：《秦律中所见之赀甲盾问题》，载于《求索》2001年第6期，第136～138页；张卫星：《秦简赀甲形态认识》，引自吴永琪主编：《秦文化论丛（第11辑）》，三秦出版社2004年版，第290～304页。
② 石子政：《秦律赀罚甲盾与统一战争》，载于《中国史研究》1984年第2期，第113～117页。
③ 李春来：《〈商君书〉中所见官吏管理问题探讨》，吉林大学2009年硕士学位论文。
④ 刘鹏：《论官吏制度与秦朝统一之关系》，内蒙古大学2009年硕士学位论文。
⑤ 高恒：《秦简中与职官有关的几个问题》，引自《云梦秦简研究》，中华书局1981年版，第207～223页。

族所操纵，他们的行政很大程度上为豪强大姓左右，其功能随之发生了变化①。武玉环的《从〈睡虎地秦墓竹简〉看秦国地方官吏的犯罪与惩罚》认为，《睡虎地秦墓竹简》记载了战国时期秦国地方官吏犯罪及其惩罚的有关律令，主要有任用官吏不当罪、失职渎职罪、经济与管理方面的犯罪、欺骗上级弄虚作假罪等，说明当时地方官吏在职责范围上有明确规定和要求，对地方官吏的管理是比较严格的②。

王凯旋从秦选官、任官程序和时间、任官条件以及秦律惩治官吏玩忽职守、弄虚作假、违法乱纪等方面入手，描述了秦官吏法情况③。刘太祥在《秦汉行政惩罚机制》一文中列举了简牍常见的十二种诈伪罪④，但没有涉及官吏诈病、诈不入试和避为吏等情况。《谈我国古代法律中官吏的受贿、贪污、盗窃罪》一文探究了秦汉时期"受赇""主守盗"等经济犯罪的各项罪名以及量刑标准问题⑤。陈乃华根据传世文献和出土简牍将秦汉官吏赃罪分为14类，但正如作者在文中所指出的那样，"由于史缺有间，上述对秦汉官吏赃罪类别和等级的考述是不完整的"⑥。于振波认为"以法家思想为指导的秦代法令，对官吏的管理非常严格，这对于培养官吏奉公守法、一丝不苟的工作作风无疑具有促进作用，在专制君权缺乏有效制约的情况下，严格的吏治既可以使励精图治的君主政令得到有效贯彻，也可以使暴政的危害迅速扩大。"⑦

黑广菊"以考古资料结合文献资料从法律的角度考察秦基层官吏的选任、岗位责任、考核和赏罚情况，旨在说明'以法治吏'对秦历史发展的影响及'法'在国家建设中的重大作用。"⑧

刘海年的《秦代法吏体系考略》一文对秦的司法管理体系进行了梳理，阐明了朝廷、京师、郡、县各级司法官吏之执掌、职责及权限，指出秦司法官吏体系的一大特点是行政与司法不分，基层设置的亭长、校长、乡啬夫、典、老与司

---

① 王爱清：《秦汉基层小吏的选用及其功能变迁——以里吏为中心》，载于《绵阳师范学院学报》2012年12期，第90~93页。
② 武玉环：《从〈睡虎地秦墓竹简〉看秦国地方官吏的犯罪与惩罚》，载于《吉林大学社会科学学报》2003年第5期，第75~80页。
③ 王凯旋：《小议秦汉惩治官吏的立法》，载于《史学月刊》2006年第6期，第114~116页。
④ 刘太祥：《秦汉行政惩罚机制》，载于《南都学坛》2014年第3期，第1~12页。
⑤ 钱大群：《谈我国古代法律中官吏的受贿、贪污、盗窃罪》，载于《南京大学学报（社会科学版）》1983年第2期，第101~106页。
⑥ 陈乃华：《秦汉官吏赃罪考述》，载于《山东师范大学学报（人文社会科学版）》1991年第1期，第33~38页。
⑦ 于振波：《秦代吏治管窥——以秦简司法、行政文书为中心》，载于《湖南大学学报（哲学社会科学版）》2013年第3期，第10~13页。
⑧ 黑广菊：《略谈秦的以"法治吏"》，载于《聊城师范学院学报（哲学社会科学版）》2000年第2期，第52~54页。

法官吏体系有密切关系①。安作璋、陈乃华《秦汉官吏法研究》一书系统考察了秦汉官吏制度，对秦汉官吏法的源流、演变进行了深入探析，是官吏法研究方面的力作②。程维荣从六个方面论述了秦国官吏的法律责任，总结了官吏法律责任的特点③。罗开玉认为秦律在公车管理、防止官员渎职和结党营私方面发挥了重要作用，这也是秦能一统天下的主要原因之一④。宫长为从经济管理方面着手，得出秦吏既是经济管理制度的执行者，又是经济管理制度的破坏者的结论⑤。黄留珠的《略谈秦的法官法吏制》一文指出法官法吏制的确曾在秦实施过，并对实行此制之目的、历史作用加以评介⑥。孙延波、任怀国的《秦代人事立法初探》一文对秦官吏选拔标准、遵循法规、俸禄、职责、行政处分等问题进行了论述⑦。

### （二）覆狱制度研究

自 2003 年《文物》公布里耶秦简的发掘简报后⑧，学者纷纷根据新材料，撰文研究秦代的覆狱制度。曹旅宁曾首先对里耶秦简所见的法律制度做了探讨⑨。籾山明则敏锐注意到里耶秦简反映的卒史覆狱情况⑩，但因材料公布过少，籾山明误信"己卒史"的释文，进而与汉代"戊己校尉"的制度联系起来，推测秦代有卒史治所不定、巡回复狱之制。陈剑则主张里耶秦简的"己"与"巴"字形有别，"己卒史"的"己"上方曲折部分明显有填实，应改释为"巴"，"巴卒史"就是巴郡卒史，乃巴郡卒史至邻郡洞庭覆狱⑪。2012 年《里耶秦简（壹）》公布后，游逸飞指出完整的"巴"字又增三例，可证陈剑改释无误。而

---

① 《学习与探索》1982 年第 2 期，第 57~66 页。后载入氏著《战国秦代法制管窥》，法律出版社 2006 年版。
② 安作璋、陈乃华：《秦汉官吏法研究》，齐鲁书社 1993 年版。
③ 程维荣：《秦国官吏法律责任述评》，载于《历史教学》1984 年第 10 期，第 12~14 页。
④ 罗开玉：《简析〈秦律〉对官吏生活的约束》，载于《现代法学杂志》1985 年第 3 期，第 60~62 页。
⑤ 宫长为：《浅谈秦代经济管理中对官吏的几种规定——读〈睡虎地秦墓竹简〉的一点看法》，载于《东北师大学报（哲学社会科学版）》1982 年第 6 期，第 29~35 页。
⑥ 黄留珠：《略谈秦的法官法吏制》，载于《西北大学学报（哲学社会科学版）》1981 年第 1 期，第 74~99 页。
⑦ 孙延波、任怀国：《秦代人事立法初探》，载于《政法论丛》1996 年第 5 期、6 期，第 48~50 页；第 40~43 页。
⑧ 湖南省文物考古研究所、湘西土家族苗族自治州文物处等：《湖南龙山里耶战国——秦代古城一号井发掘简报》，载于《文物》2003 年第 1 期，第 4~35 页。
⑨ 曹旅宁：《从里耶秦简看秦的法律制度——读里耶秦简札记》，引自《秦文化论丛（第 11 辑）》，三秦出版社 2004 年版，第 272~283 页。
⑩ [日] 籾山明：《卒史覆狱试探——以里耶秦简 J1（8）134 为线索》，引自中国社会科学院考古研究所、中国社会科学院历史研究所等编：《里耶古城、秦简与秦文化研究——中国里耶古城、秦简与秦文化国际学术研讨会论文集》，科学出版社 2009 年版，第 122~126 页。
⑪ 陈剑：《读秦简札记三篇》，引自复旦大学出土文献与古文字研究中心编：《出土文献与古文字研究（第四辑）》，上海古籍出版社 2011 年版，第 358~380 页。

张家山汉简《奏谳书》案例十八为秦始皇二十七年（公元前 220 年）南郡卒史至邻郡苍梧覆狱，可见秦代确有郡卒史至邻郡覆狱之例。《奏谳书》该案例为中央御史大夫下令南郡去叛乱的苍梧郡覆狱，性质较为特殊。故陈伟认为郡吏至邻郡覆狱是特殊情况，并非常制①。游逸飞指出秦始皇二十六年（公元前 221 年）巴郡卒史到邻郡洞庭覆狱，则无法证明为特殊情况，更可能是一般情况。如此一来，卒史到邻郡覆狱，或为秦代中央控制地方的监察相司之制，并非特殊情况②。游逸飞进而根据里耶秦简与岳麓秦简指出秦郡监御史独揽了律令校雠与传播的权力，而秦郡郡守负责谳狱、郡监御史负责举劾，司法权由郡守与郡监御史瓜分，秦郡监府拥有其余二府无法染指的重要权力，在郡之行政运作上扮演了不可或缺的一角，故可维持三府分立、监察相司的鼎足之局，反映了"法家式地方行政"的理念，与西汉郡守专权的地方行政理念迥异③。

但因里耶秦简是文书简，其中虽有律令数据，但多为断简残编，限制了学者进一步研究。就此而言，籾山明最近的研究极具启发性。籾山明首先阐明了里耶秦简里的"束"是指一捆木牍，进而尝试复原"鞫狱"之束所包含的木牍。他还指出里耶秦简所见"具狱""狱已具"的所指相同，狱吏手持的都是鞫狱之"束"的木牍④。根据籾山明所揭示的方法，利用里耶秦简研究秦代的诉讼制度，无疑是未来的重要取径。

### （三）傅籍制度研究

傅籍制度关系到论罪量刑、赋税征收和徭役兴发，是学者们相当重视的一个研究课题。随着睡虎地秦墓竹简的刊布，围绕秦傅籍标准问题展开了一系列的探讨。大致说来，可分年龄制和身高制两类。主张年龄制的学者直接依据的材料就是《编年纪》中喜的经历，但是由于计算年龄有虚实两种，学者们对秦傅籍年龄亦有不同看法。高敏认为秦始皇元年时服役者是以年满十五周岁为成年标准的。栗劲认为秦时傅籍不以年龄为标准，而以身高为标准。其依据是《仓律》规定"隶臣、城旦高不盈六尺五寸，隶妾、舂高不盈六尺二寸，皆为小。"并进一步指出"规定法律年龄的标准，那只能是秦始皇十六年以后的事，《史记·秦本纪》记云：'初令男子书年'。喜也在该年记云：'自占年。'只有政府掌握了

---

① 陈伟：《秦苍梧、洞庭二郡刍论》，载于《历史研究》2003 年第 5 期，第 168～172 页；引自氏著：《燕说集》，商务印书馆 2011 年版，第 353～361 页。
② 游逸飞：《战国至汉初的郡制变革》，台北"国立"台湾大学历史学研究所 2014 年博士论文。
③ 游逸飞，《三府分立——从新出秦简论秦代郡制》，载于《"中央研究院"历史语言研究所集刊》2016 年第 87 本 3 分，第 461～506 页。
④ ［日］籾山明：《简牍文书学与法制史——以里耶秦简为例》，宣读于"中央研究院"历史语言研究所法律史研究室主办：《史料与法史学学术研讨会》，2014 年台北，第 1～22 页。

公民的年龄,才能实行法定年龄标准。"① 陈明光《秦朝傅籍标准蠡测》一文中提出了一个折中的看法,认为秦朝对不同的对象使用不同的标准,具体而言,"隶臣妾"的傅籍标准是法定身高制,及隶臣以六尺五寸,隶妾以六尺二寸为傅籍的法定身高;公民傅籍标准采用法定年龄制,法定年龄为十七岁②。陈明光指出"秦法,讼狱论罪量刑只采用身高制,不用年龄制。秦法,对奴婢与刑徒的若干法律规定采用身高制,不用年龄制。"方潇《秦代刑事责任能力身高衡量标准之质疑——兼论秦律中身高规定的法律意义》一文认为"秦律中有关身高规定的法律意义在于:行为人如果触犯了刑律,其身高与刑事责任的大小有一定联系;在一定条件下,身高可以作为应否承担民事责任的衡量标准。"③《封诊式》"封守"爰书载"子小男子某,高六尺五寸",然据《仓律》高六尺五寸已为大,这二者之间的矛盾该如何调解呢?只能从以下几个方面进行解释:(1)不同时期对于"大""小"的界定标准不一样,《仓律》和《封诊式》产生的年代很可能不完全一致。(2)对于徒隶与百姓,认定大、小所用的标准不一样。隶臣六尺五寸以上为大,百姓应高于此标准。这一点在岳麓秦简中得到证实,律文规定黔首六尺七寸以上才算成人。

### (四) 家庭问题研究

"亲亲相隐"一直被视为汉代法律儒家化的一个重要成果,但秦简中有关"非公室告""家罪"的记载使得学界对秦代法律有了新的认识。松崎常子认为秦代对"非公室告""家罪"设定了严格的限制,虽不能看做国家对这类犯罪不予干预,但这一制度与秦代法律的国家主义的基本精神之间存在着明显的矛盾④。金烨认为秦律中出现了源自孔子倡导的"容隐"精神的"非公室告""家罪"的规定,反映了秦统一前后,统治者对传统家族伦理价值的逐渐认同,而简牍中相互矛盾的规定则是"容隐制"未成熟的一种形态⑤。范忠信也认为秦律中有关"非公室告"的规定是中国容隐法开始形成的标志⑥。对此,曹旅宁、于

---

① 栗劲:《〈睡虎地秦墓竹简〉译注斠补》,载于《吉林师大学报》1984 年第 5 期,第 90~96 页。又载氏著:《秦律通论》,山东人民出版社 1985 年版,第 467~468 页。
② 陈明光:《秦朝傅籍标准蠡测》,载于《中国社会经济史研究》1987 年第 1 期,第 21~28 页。
③ 载于《江苏社会科学》1999 年 4 期,第 66~72 页。
④ [日] 松崎つね子:《睡虎地秦简に于ける"非公室告"."家罪"》,载于《中国古代史研究》1989 年第 6 号。
⑤ [韩] 金烨:《秦简所见之"非公室告"与"家罪"》,载于《中国史研究》1994 年第 1 期,第 137~142 页。
⑥ 范忠信:《中西法律传统中的"亲亲相隐"》,载于《中国社会科学》1997 年第 3 期,第 87~104 页;范忠信:《"亲亲尊尊"与亲属相犯——中外刑法的暗合》,载于《法学研究》1997 年第 3 期,第 117~139 页。

振波、宋大琦等学者提出反驳。曹旅宁指出，儒家观念对秦国的影响微乎其微，与其说"非公室告"与"家罪"制度源自孔子的理想，不如说是远古父权家长制在秦律中的遗存更为准确①。于振波指出，秦律中的"非公室告"和"家罪"行为如果由家庭内部成员（包括奴婢）向官府告发，官府将不予受理，但不禁止家庭以外的人检举告发，"非公室告"和"家罪"的规定与儒家的"父子相隐"没有联系②。宋大琦则认为学者以秦简中"非公室告"的规定为证，认为"亲亲相隐"制度起源于秦律，是对"亲亲相隐"和"非公室告"两个制度内涵的误读。指出前者反映了国家对家庭成员之间的相互包庇行为一定程度地纵容，后者则意在减少国家对家庭成员间发生的琐事的干预，二者之间并无直接的联系③。

对与"连坐"等制度密切相关的"同产"的内涵探究，长期以来有着不同的解释。在这一阶段仍属人们关注的对象。日本学者古贺登指出，从居延汉简的资料来看，同产不仅包括兄弟也包括姐妹④。杨鸿年将文献中有关"同产"的记载和注释与睡虎地秦墓竹简《法律答问》"同居"的解释相结合，认为"同产"意指同母所生的，包括同父异母在内的兄弟姐妹⑤。日本学者富谷至在其《秦汉刑罚制度研究》中认为同产指同父的兄弟姐妹⑥。关于"同居"的问题，松崎常子认为秦代的"同居"就是家族加上奴婢⑦；张世超认为秦代"同居"和汉代"同居"含义并不相同，秦的"同居"是指同室而居的人，包括夫妻及其儿女，汉代的"同居"仅指同籍同财的兄弟及兄弟之子⑧；彭年认为秦汉律中的"同居"含义一致，包括父母、妻子，不包括奴婢⑨。此外，富谷至认为"同居"可以解释为同一户籍的家族，并且"同居"是不包括奴婢的⑩；张金光则认为汉代

---

① 曹旅宁：《论秦律中所见家族法》，载氏著：《秦律新探》，中国社会科学出版社2002年版，第75~93页。
② 于振波：《秦律"公室告"与"家罪"所反映的立法精神》，引自周天游主编：《陕西历史博物馆馆刊（第12辑）》，三秦出版社2005年版，第65~71页。
③ 宋大琦：《亲属容隐制度非出秦律说》，载于《内蒙古大学学报（人文社会科学版）》2005年第6期，第81~84页。
④ ［日］古贺登：《汉长安城と阡陌．县乡亭里制度》，雄山阁1980年，第321页。
⑤ 杨鸿年：《汉魏"同产"浅释》，载于《法学评论》1984年第1期，第29页。
⑥ ［日］富谷至著，柴生芳、朱恒晔译：《秦汉刑罚制度研究》，广西师范大学出版社2006年版，第175页。
⑦ ［日］松崎つね子：《睡虎地秦简よりみた秦の家族と国家》，引自中国古代史研究会编：《中国古代史研究（第5册）》，雄山阁，1982年。
⑧ 张世超：《秦简中的"同居"与有关法律》，载于《东北师大学报（哲学社会科学版）》1989年第3期，第90~94页。
⑨ 彭年：《秦汉同居考辨》，载于《社会科学研究》1990年第6期，第104~128页。
⑩ ［日］富谷至著，柴生芳、朱恒晔译：《秦汉刑罚制度研究》，广西师范大学出版社2006年版，第175页。

的"同居"不包括父母及妻子等最近层直系亲属,而是否把父子列为"同居"关系是秦汉"同居"概念的差别所在①。

睡虎地秦墓竹简《秦律十八种》和《法律答问》中数见的"葆子",作为一个享受法律特权的阶层为此前史籍所未见,但秦简的内容也无法说明这一概念的具体涵义,对此许多学者进行了考证。睡虎地秦墓竹简整理小组认为"葆通保,葆子疑即任子",即官吏子弟得任郎官的制度。高敏也持此说②。张政烺则认为秦律中的葆子是战国时代的产物,相当于《墨子》提及的进入"葆宫"成为人质的戍守将士的家属。由于战国时期战争频仍,这类质葆长期存在,数量庞大,形成了一个社会阶层;为了稳定军心,故法律赋予这一阶层某些特权;这一类型的"葆"在汉代西北屯戍军队中仍有存在③。黄留珠认为"葆子"是古代世官制度的遗存,这种遗存在秦代受到法律保护④。曹旅宁认为葆子是具有特殊身份的郎官,而郎吏制度本质上即具有人质的性质;同时由于其地位切近君主,故被赋予一定的法律特权;葆子阶层的产生可以追溯到秦从部落集团向国家转化的历史阶段,从中可以窥见秦律对古老习惯的保留⑤。鲁惟一认为葆子是指被拘禁的儿童,而"葆子以上"则为其兄长。亦可备为一说⑥。

### (五) 法典有无问题研究

滋贺秀三认为初次"九章律"说法的《汉书·刑法志》,不是准确记载史实之作,而是为了说明"律九章"的起源而作。"法三章"在项羽攻入关中就失效了,《汉书·刑法志》采用从三章到九章这样有趣的数字叙事,并不是说一定有九章等,而是在汉代尊九为吉数的思想作用下的产物,"律九章"的形成,是在力图将法律学作为儒学一个分支的汉武帝之世结束到宣帝世之间⑦。

杨振红认为《晋书·刑法志》等史籍关于商鞅受李悝《法经》六篇以相秦、制秦律六篇的说法是可信的,秦律的主体正是以刑法为基本内容的秦律六篇⑧。以岳麓秦简所见律篇名验之,杨的判断无疑是可靠的。岳麓秦简中出现的律名多

---

① 张金光:《秦制研究》,上海古籍出版社 2004 年版,第 459 页。
② 高敏:《关于汉代任子制的几个问题》,载氏著:《秦汉史论集》,中州古籍出版社 1982 年版,第 272~292 页。
③ 张政烺:《秦律"葆子"释义》,载于《文史》1980 年第 9 期。
④ 黄留珠:《秦汉仕进制度》,西北大学出版社 1998 年版,第 16 页。
⑤ 曹旅宁:《释秦律"葆子"兼论秦律的渊源》,引自周天游主编:《陕西历史博物馆刊(第 9 辑)》,三秦出版社 2002 年版,第 75~79 页。
⑥ [英]鲁惟一:《葆子、隐宫、隐官、宦与收等术语——兼论赵高的宦官身份》,引自陈建明主编:《湖南省博物馆刊(第 2 期)》,岳麓书社 2005 年版,第 384~393 页。
⑦ 杨振红:《出土简牍与秦汉社会》,广西师范大学出版社 2009 年版,第 7 页。
⑧ 杨振红:《出土简牍与秦汉社会》,广西师范大学出版社 2009 年版,第 16 页。

达近二十种，六律之《贼律》《杂律》《具律》赫然在列，而《索律》似可视为《捕律》之异称。《盗律》虽未见，但秦代必有此律，这从岳麓秦简中存在《备盗贼令》可以推测出。又岳麓秦简中两组总计数十枚关于"受财枉法"者将如何处理的令条的存在，也证明秦代必有与之配套使用的《盗律》。《囚律》多为断狱、鞫狱、系囚、传覆、告劾之类的律条，虽目前在秦出土文献中尚未见之，但其必定存在，毕竟出土秦律只是当时实用律条的一小部分。《狱校律》之性质与《囚律》极为相似，可看作对后者的补充律条。如0912号条文是关于给刑徒戴刑具的，1419组律文是关于刑徒传输的①。

宫宅潔认为秦时即有令典存在，并认为令典的出现是以"对诸命令实行分类整理"为前提的，睡虎地秦墓竹简中除了有律典外，还有与律性质不同的"令"的规范，而且它是按内容分类的诏令集的形式存在的。汉代令典的编纂要经过两道手续，首先将诏令按内容加以区分，然后给它们逐一标上号码。这样的编纂手法反映了令典的特质，即它是以时时追加的诏令为发源而不断增加的，因此，令典不可能在各个官僚机构独立形成②。

冨谷至对汉代是否形成令典持保守态度，认为汉令以皇帝下达的诏敕为法源，在形式上只能是诏而不能是其他。汉令发布以后按照干支进行编号收录，不断地被随时增加。挈令是从干支令中抽出来的和各官署、郡县有关的诏编辑在一起。有事项的令不过是为了方便使用的通称，不是由立法确定的法典、法令名③。

孟彦弘认为秦汉时期律的篇章书目是不固定的，在不断增减，具有开放性，并非魏晋以后那样，有一个基本固定的结构④。以所见秦律令条文验之，此观点是成立的。

冨谷至认为汉律由正律（九章律）、单行律（傍章）和追加法（越宫律、朝律）组成。正律的篇目顺序是固定的，它们是基本法、正法，是刑罚法规，也是"具备篇章之义"的法典。自秦以来正法之外就存在着非刑罚法规的单行、追加法，但从篇次固定的典籍角度看，它们还不能算作法典⑤。

李学勤认为《二年律令》中或包括"傍章"，"《二年律令》不是《九章律》的全部，它的内容应该是包含《九章律》的一部分，再加上后来添加的若干律令条文"⑥。堀敏一认为"旁（傍）章具有正律即九章律的副法的意思"，"田

---

① 《岳麓书院藏秦简（肆）》：·狱校律曰：颠春、完城旦春、鬼薪、白粲以下到耐罪皆校（简0912）。【·】狱校律曰：略妻及奴骚（骄）悍，斩爲城旦输者，谨将之，勿庸（用）传□，到输所乃传士。䙴（迁）者、䙴（迁）者包及诸皋（简1419）。

②③ 杨振红：《出土简牍与秦汉社会》，广西师范大学出版社2009年版，第42页。

④ 孟彦弘：《秦汉法典体系的演变》，载于《历史研究》2005年第3期，第19～36页+第190页。

⑤ 杨振红：《出土简牍与秦汉社会》，广西师范大学出版社2009年版，第6页。

⑥ 李学勤：《简帛佚籍与学术史》，江西教育出版社2001年版，第182～183页。

律、田律税律、钱律以下诸律，都应该看成是旁章"，并认为《晋书·刑法志》关于叔孙通作傍章的说法不可信①。

由于秦律令条文不时增减修订，是一个开放的系统，若以魏晋以后的法典来比照，秦代显然不存在法典。然岳麓秦简所见依照天干或数目顺序依次排列的令条的大量出现，表明这些条文是经过统一整理和编辑的，或可视为法典的初始状态。需要指出的是，有不少证据可以证明律令条文编序是官方行为。

### 四、秦令研究

关于令之起源、秦令之有无问题，中外学者之立场可谓泾渭分明。沈家本认为自商周时起即有令②。戴炎辉认为："秦有律有令，则无可疑。《史记》载：沛公至咸阳，萧何独先入，收秦丞相、御史律令图书藏之；又载：明法度，定律令，皆以始皇起。"③ 陈顾远认为："令之演变，大体可别为三：……—曰秦汉及魏，令以辅律也。……—曰六朝隋唐，令有专典也……三曰自宋以后，令为末节也。"④ 日本学者则大多倾向于秦无令，令起源于汉朝。如堀敏一将令视为追加法，并认为萧何所制惟有律而无令⑤。仁井田陞认为"令的起源可以说是始于汉代"⑥。大庭脩认为"秦代，将正文的'法'改称为'律'，补充法也还叫作'律'。汉代继承了秦的六律和补充法的诸律……以后的补充法也有对律的补充，大多被称为'令'。只是秦令的存在与否目前尚不清楚。"⑦"秦'令'的文字之所以不存在，大概是由于本来作为补充法的'令'，把补充法称为'令'的称呼制度在秦不存在。因此，我认为这个制度大概是在汉代创始的。"⑧ 大庭脩的观点曾遭到一些学者的质疑，如张建国撰文认为秦令是存在过的⑨。

令条产生的时间早于律条，《史记·商君列传》载秦孝公"以卫鞅为左庶长，卒定变法之令"，此可知在商鞅"改法为律"之前，秦国即有令产生。最初的令条应由王命和王令修订而成，《商君书》《史记》中载商鞅变法时颁布了

---

① 堀敏一著、程维荣等译：《晋泰始律令的制定》，引自杨一凡主编：《中国法制史考证·丙编（第二卷）》，中国社会科学出版社2003年版，第286～287页。
② 沈家本：《历代刑法考》，中华书局1985年版，第811页。
③ 戴炎辉：《中国法制史》，三民书局1979年版，第2页。
④ 陈顾远：《中国法制史》，商务印书馆1959年版，第106～110页。
⑤ 堀敏一著，程维荣等译：《晋泰始律令的制定》，第282～301页。
⑥ 仁井田陞：《唐令拾遗》，长春出版社1989年版，第802页。
⑦⑧ ［日］大庭脩著、林剑鸣等译：《秦汉法制史研究》，上海人民出版社1991年版，第10～11页。
⑨ 张建国：《秦令与睡虎地秦墓竹简相关问题略析》，载于《中外法学杂志》1998年第6期，第34～40页。

《垦草令》《分户令》应为秦国历史上最早的令条。

蔡万进、陈朝云从里耶秦简中辑出秦令三则,所谓"兴徭"令、"恒以朔日上所买徒隶数"令和"徙户移年籍"令,并指出秦代是确实存在的①。随着张家山汉简《奏谳书》所引秦令的面世以及里耶秦简令文的刊布,争论秦令的有无已变得毫无必要了。通过岳麓秦简,不仅可以让学者们领略到秦令形态之多样、编排之有序,而且能为深入研究秦令与秦律之关系提供众多有价值的资料。

南玉泉认为秦令是王或皇帝的指示,在本质上属最高行政命令,其又以《奏谳书》案例十八为据,认为秦令本身一般不包括处罚性条款,不服从令要按律的相关规定处理②。现在看来,南玉泉认为秦令属最高行政命令的观点大致不错,但认为秦令本身一般不包括处罚性条款却是值得商榷的。岳麓书院秦令多见惩罚性条款,秦令之功用与秦律无异。南玉泉又说"秦国以及后来的秦朝都无需以令的形式直接补充律文的不足,令的内容多侧重于国家的行政管理",实际情况是秦令存在之价值正在于补充律条之不足,这一点岳麓秦简已有十分坚实的材料证明之,而且我们也没有发现秦令和秦律所针对的具体事项有所区别③。

岳麓书院藏秦简中秦令的公布,为秦令研究带来新的契机。日本学者广濑薰雄所著《秦汉律令研究》④一书,专辟一章论及秦令,其所据材料基本是公布的岳麓秦简秦令。广濑薰雄对"秦令是否存在","秦令的形式与制定程序","秦汉时期令的保管与整理"等问题进行了探讨。广濑薰雄肯定了秦令的存在,同时认为秦代不存在法典,秦令是秦王的单行之令,秦帝国时改称为诏,秦汉令的形式、制定程序完全相同,秦汉令(诏书)由受令各官署保管、整理,各官署以各种形式制成自行拥有的令书集(诏书集)集萃,用于统治实务⑤。

《岳麓书院藏秦简(肆)》刊布了一组秦令,这其中有秦二世时制定抄录的令文,陈松长对它进行了深入解析⑥。陈松长对岳麓秦简中的"共令""四××令""卜祝酋及它祠令""尉郡卒令"的性质问题进行了讨论⑦。王勇和欧扬分

---

① 蔡万进、陈朝云:《里耶秦简秦令三则探析》,载于《许昌学院学报》2004年第6期,第88~90页。
② 南玉泉:《论秦汉的律与令》,载于《内蒙古大学学报(人文社会科学版)》2004年第3期,第24~31页。
③ 周海锋:《秦律令研究——以〈岳麓书院藏秦简(肆)〉为重点》,湖南大学2016年博士学位论文。
④ [日]广濑薰雄:《秦汉律令研究》,汲古书院2010年版。
⑤ 此段文字参照徐世虹:《百年回顾:出土法律文献与秦汉令研究》,载于《上海师范大学学报》2011年第5期,第69~79页。
⑥ 陈松长:《岳麓秦简中的两条秦二世时期令文》,载于《文物》2015年第9期,第88~92页。
⑦ 陈松长:《岳麓秦简中的几个令名小识》,载于《文物》2016年第12期,第59~64页。

别对岳麓秦简中的"县官田令"和"毋夺田时令"进行了探究①。周海锋对秦令的制定与编纂、律令的异同、律令的刊布与留存以及律令的效力问题进行了探讨②。

目前所能见到的秦令条文还十分有限,随着岳麓书院藏秦令简的陆续刊布,可以预见,秦令的研究必将步入新的阶段。而秦律令的研究也定会迎来新的高潮。(周海锋,游逸飞)

---

① 王勇:《岳麓秦简〈县官田令〉初探》,载于《中国社会经济史研究》2015 年第 4 期,第 1~7 页;欧扬:《岳麓秦简"毋夺田时令"探析》,载于《湖南大学学报(社会科学版)》2015 年第 3 期,第 25~30 页;欧扬:《岳麓秦简"毋夺田时令"再探》,引自西南大学出土文献综合研究中心、西南大学汉语言文献研究所主编:《出土文献综合研究集刊(第四辑)》,巴蜀书社 2016 年版,第 159~171 页。
② 周海锋:《秦律令研究——以〈岳麓书院藏秦简(肆)〉为重点》第八、第九章,湖南大学 2016 年博士学位论文。

# 第二章

# 岳麓秦简所见秦律研究

## 第一节 岳麓秦简《亡律》及相关问题研究

### 一、岳麓秦简《亡律》初论

张家山汉简《二年律令》中有《亡律》简一共16枚，它是张家山汉简中所抄录的27种律名简中的一种。睡虎地秦墓竹简的《封诊式》和《法律答问》中虽多有关于秦代逃亡的记载，如《封诊式》："敢告某县主：男子某辞曰：'士五（伍），居某县某里，去亡。'（简13）"①，《法律答问》："大夫甲坚鬼薪，鬼薪亡，问甲可（何）论？当从事官府，须亡者得。今甲从事，有（又）去亡，一月得，可（何）论？当赀一盾，复从事。从事有（又）亡，卒岁得（简127），可（何）论，当耐（简128）。"这类记载，在睡虎地秦墓竹简中多有所见，但在正式的律文中尚没有正式署名的《亡律》和相关的法律条文，因此，有学者曾指出：秦代"逃亡罪名及相应刑罚的设立虽由来已久，但仍没有充分的资料证明其时已出现了单篇的《亡律》。因此，就目前掌握的资料来看，汉

---

① 睡虎地秦墓竹简整理小组：《睡虎地秦墓竹简》，文物出版社1990年版，第150页。以下对于睡虎地秦墓竹简的引用，如无特别指出，均依据此书。

《亡律》属首次发现。"①

众所周知,有秦一代,徭役繁多,制度严苛,逃亡是很常见的现象,怎么会在秦律中没有《亡律》呢?正在整理中的岳麓秦简为解除这种困惑提供了崭新的数据。

2015年12月出版的《岳麓书院藏秦简(肆)》中收录了一组与逃亡有关的法律条文,这组简共有106枚,简长均为29.5厘米,三道编绳,大致是两位书手所抄写,其中第1991号简的简背上部清晰地题写了"亡律"二字,因此,我们根据其简的形制和内容来判断,这一组简就是秦代法律文本中的《亡律》简。

这里,我们无妨将其与张家山汉简《二年律令》中的《亡律》做些简单的对比来谈谈对这组秦简《亡律》的初浅认识。

第一,从简的数量上看,岳麓秦简《亡律》的简数将近张家山汉简《亡律》的7倍,这么多与秦代逃亡犯罪有关的法律条文的出现,至少说明逃亡在秦代是最常见的犯罪行为之一,而各级官府的吏员惩治逃亡犯罪也是最繁重的任务之一,所以,不仅秦代逃亡罪名及相应刑罚的设立由来已久,而且还有着相对繁密的法律条文和专门的《亡律》来具体规定"逃亡罪名及相应刑罚"。

岳麓秦简《亡律》的发现,解除了学界对秦代有无《亡律》的困惑,尽管这组简并不完整,而且它也仅仅是秦代《亡律》的部分抄本而已,但它已不容置疑地证明秦代确实有比较完备和繁密的治理逃亡犯罪的法律文本。

第二,岳麓秦简的发现,很有助于我们对张家山汉简《亡律》条文的深入理解。例如,张家山汉简第157号简曰:

> 吏民亡,盈卒岁,耐;不盈卒岁,毃(系)城旦舂;公士、公士妻以上作官府,皆偿亡日②。

关于"吏民亡"中的"吏民"究竟指什么人?整理小组没有出注。闫晓君指出:"平人,指除了奴婢、罪犯、囚徒、军人等具有特殊身份的一般人。平人逃亡和官吏逃亡在张家山汉简《亡律》中合并称作'吏民亡'"。

按,闫氏将"吏"解读为"官吏",将"民"解释为"平人",即奴婢、罪犯之外的平民百姓。从岳麓秦简《亡律》的条文来看,这种解释可能并不准确。

有关"吏民"的解读,有学者曾写过系列文章来讨论"吏民"的社会属性

---

① 闫晓君:《张家山汉简〈亡律〉考论》,载氏著:《秦汉法律研究》,法律出版社2012年版,第231~249页。
② 张家山汉墓竹简整理小组:《张家山汉墓竹简[二四七号墓](释文修订本)》,文物出版社2001年版,第30页。以下对于张家山汉简的引用,如无特别指出,均依据此书。

等问题①，更有学者指出："秦汉社会存在五大等级：皇帝及其家族、官僚贵族、吏民、贫贱民、奴隶。吏民既包括可以为官为吏之民，也包括曾经为官为吏之民，还包括正在充当吏职之民。吏民具备为吏的政治标准和财产标准，一般都占有爵位，是一个生活相对富裕的阶层，吏民是秦汉国家生存的基础，是国家授田的主要对象和赋税徭役的主要承担者，他们在社会中处于被统治地位，但却具有政事参与意识，汉代吏民上书已成为律令规范的制度。"②

应该说，这些分析讨论对于厘清"吏民"的社会属性是很有意义的，但其讨论的文献范围还主要是汉代的史料和出土文献，所得出的结论应该是汉代以后的情况。我们现在所看到的秦简资料中，其实只在《语书》中有"吏民"连说者，在其他的律令文本中，"吏"字出现的频率很高，但一般不与"民"字连用。在岳麓秦简《亡律》中，根本就没有"吏民"连用者。我们检索了一下岳麓秦简中的所有法律文献，发现"吏"字除大量的单独使用外，常与"军""士""主""徒"等词连用，如"军吏""士吏""吏主""吏徒"等，完全没有"吏民"连用者，可见至少在岳麓秦简所抄写的时代，即秦二世三年（公元前207年）之前，"吏民"并不是一个常见的法律用语，而多是分别使用的两个词。

众所周知，"吏"所涵括的范围很广，如果按照闫氏所说是"官吏"的简称的话，那就不可能是所谓"五大等级"中"吏民"的吏，因为秦简中就多有"六百石吏"的记载，这"六百石吏"就是县令级别的官吏，他已属于所谓"官僚贵族"的等级了。那涉及逃亡犯罪中的"吏"肯定不包括这里所说的"六百石吏"，而应该是指最基层的小吏。而就是这样的基层小吏，其实也不在秦汉《亡律》条文中所指定的逃亡对象之列。

我们从《二年律令·亡律》中看到，除了"吏民亡"一例之外，完全没有"吏"逃亡的法律条文，所谓的"诸亡"者，都是指奴婢、收人、隶臣、隶臣妾、城旦舂等刑徒，此外是可以视为"民"的有公士、公士妻、女子等。这种情形，在岳麓秦简《亡律》中也是一样，完全没有所谓"吏"逃亡的法律条文，有的都是跟《二年律令·亡律》差不多的最底层的庶民和服役的刑徒，例如：

---

① 黎虎：《原"吏民"——长沙走马楼吴简谈起》，引自河南大学历史文化学院编：《史学新论：祝贺朱绍侯先生八十华诞》，河南大学出版社2005年版，第160~168页；《论"吏民"的社会属性——原"吏民"之二》，载于《文史哲》2007年第2期，第55~61页；《论"吏民"即编户齐民——原"吏民"之三》，载于《中华文史论丛》2007年第2期，第53~95页+第360页；《原"吏民"之四——略论"吏民"的——体性》，载于《中国经济史研究》2007年第3期，第115~120页；《关于"吏民"的界定问题——原"吏民"之五》，载于《中国史研究》2009年第2期，第41~60页。

② 刘敏：《秦汉时期"吏民"的一体性和等级特点》，载于《中国史研究》2008年第3期，第3~15页。

及诸当隶臣妾者亡，以日六钱计之，及司寇冗作及当践更者亡，皆以其当冗作及当践（简1981）；

更曰，日六钱计之，皆与盗同灋（简1974）；

【舂】司寇、白粲、奴婢以亡，黥为城旦舂（简2062）；

城旦舂亡而得，黥，复为城旦舂；不得，命之，自出殹（也），笞百（简2009）。

诸如此类，所谓"诸亡者"，主要是这些正在服徭役的刑徒，其次是有罪的"男女"、"子"等庶人，也完全看不到"吏"逃亡的法律条文，因此，我们认为：《二年律令·亡律》中所说的"吏民"应该不是"官吏"与"平民"的合称，而可能是一个偏正结构的语词，其重心是"民"而不是"吏"，所谓"吏民"或许是"吏之民"的简称。例如：

佐弋隶臣、汤家臣免为士五，属佐弋而亡者，论之，比寺车府。内官、中官隶臣（简0782）；

妾、白粲以巧及劳免为士五、庶人、工、工隶隐官而复属内官、中官者，其或亡……（简2085）

这里的"佐弋"既为官署名，如《汉书·百官公卿表》："秦时少府有佐弋，汉武帝改为佽飞，掌弋射者。"亦为官吏名，如《史记·秦始皇本纪》："卫尉竭、内史肆、佐弋竭、中大夫令齐等二十人皆枭首。"这条律文中所说的就是"佐弋"的隶臣在免为士五后，他本应隶属于"佐弋"而又逃亡者，其他如"内官""中官"都是官署兼官吏名，但律文中所说的逃亡者也不是"内官"或"中官"，而是其所属的"隶臣妾""白粲"等所属的服役之人在免为士五、庶人等之后而又逃亡者。我们知道，士五、庶人就是"民"或"黔首"的重要组成部分，因此，这里的"佐弋""内官""中官"等所属的士五、庶人逃亡，也许正是对所谓"吏民亡"的最好脚注。

据两种《亡律》的律文析读可知，律文中所说的"民"可能包括士五、庶民、公士以下的男女以及奴婢、隶臣妾、司寇、隐官、城旦舂等庶民和刑徒，而律文中所规定的处罚对象更主要是刑徒，至于官吏的处罚，也许另有专门的律令规定。因此，我们认为：《二年律令·亡律》中的"吏民"也许不应作为一般概念中的"吏民"去理解和讨论。

需要指出的是，"吏民"在传世文献中的词义确是指官吏与平民，我们这里所讨论的，是根据出土的秦汉法律文献中有关逃亡的惩罚对象都是针对"民"而非"吏"得出的认识，当然，张家山汉简中的这个"吏民"也许可以理解为一个侧重于"民"的复合语词，它所强调的是"民"而不是"吏"，故其律文中并不见有关吏逃亡的惩罚规定。

这条简文还有"盈卒岁，耐；不盈卒岁，毄（系）城旦舂"的理解问题。在岳麓秦简没被发现之前，就有学者认为这段文字可能抄写有误。如：曹旅宁认为："'吏民亡，盈卒岁，耐；不盈卒岁，毄（系）城旦舂'，期限短的反比期限长的处罚重，疑抄写有误。"① 闫晓君在其《张家山汉简〈亡律〉考论》一文中也赞成这种意见②。其实，这并不是什么抄写之误，而是我们对秦汉刑罚的理解还有偏差。

岳麓秦简0185上有这样的记载："阑亡盈十二月而得，耐。不盈十二月为将阳，系城旦舂。"我们知道，"阑亡"是比"将阳"性质更严重的一种逃亡③，这里"阑亡"者超过十二月被抓捕后，处以耐刑，而将阳者没超过十二月而被抓捕，结果是"系城旦舂"，一种是比较严重的逃亡，且超过十二个月，处罚是"耐"，一种是比较轻的逃亡，且时间在十二个月之内，但处罚是"系城旦舂"，这是不是也抄错了呢？

大家知道：城旦舂在秦汉简牍中经常出现，他是一种服无期刑役的刑徒专称，但"系城旦舂"则只是一种拘系去服城旦舂刑役的短期处罚，也是一种没有肉刑的刑役处罚，它比"黥为城旦舂"和"完为城旦舂"的处罚都要轻。因为后两者都是附加有肉刑的城旦舂。"黥为城旦舂"即罚作城旦舂的同时还要"黥其颜頯"，而"完其城旦舂"则是在罚作城旦舂的同时还要剔去其须发，而去其须发本身也就是一种肉刑。

有关"完"的解释虽然还没有一致的意见，但所谓"完"刑与人的身体须发处置有关是很明确的。有的认为"完"就是保存身体完整而剪去其鬓毛胡须，准此，所谓"完城旦舂"就是身体不受毁伤而鬓毛胡须被剪掉后去服城旦舂的一种肉刑的刑役。

与"完"刑相关的就是所谓的"耐"刑，据传世文献所知，"耐"刑就是一种剔除须鬓的二年期徒刑，《史记·淮南王安传》"一岁为罚作，二岁刑以上为耐。耐，能任其罪。"应劭注曰："轻罪不至于髡，完其耏鬓，故曰耏。古耏字从彡，髪肤之意。"从应劭的注释可知，轻罪不至于髡，是要完其髪鬓的。可见耐刑并不是最轻的一种刑罚。古人之所以特别重视"完其须鬓"，也可能与古人信奉"身体髪肤，受之父母，不可毁伤"的观念和礼俗有关，人自出生以降，髪须都不能擅自剪除，"耐"刑虽然并不毁损身体，但它毁损了一个人的形象和

---

① 曹旅宁：《张家山汉简〈亡律〉考》，载氏著：《张家山汉律研究》，中华书局2005年版，第144页。
② 闫晓君：《秦汉法律研究》，法律出版社2012年1版，第236页。
③ 陈松长：《睡虎地秦墓竹简中的"将阳"小考》，载于《湖南大学学报（社会科学版）》2012年第5期，第5~7页。

身份，因此，凡两岁以上的刑罚，要剔除其须鬓，这应该是一种既有刑期，又有辱家人和先人的一种很沉重的处罚。至于"系城旦舂"，则是一种只有劳役，没有肉刑的有期刑罚，故秦汉简文中将"耐"刑视为比"系城旦舂"更重的一种处罚，也许是当时对刑罚轻重认识的正常现象。因此，张家山汉简《亡律》和岳麓秦简《亡律》中所抄的律文应该都不存在"抄写之误"的问题。

最后，岳麓秦简《亡律》可与张家山汉简《亡律》的相同内容互相补充，在这种内容互补的比较中，既可了解秦汉律令一脉相承的基本属性，又可寻绎秦汉律文的细微差异，很有助于我们对秦汉法律文本的深入解读。

例如，在张家山汉简《亡律》和岳麓秦简《亡律》中都有一条"取亡罪人为庸"的律文，两者的内容基本相同，但文句又有差异，为便于比较，先录之如下：

张家山汉简《亡律》：取亡罪人为庸，不智（知）其亡，以舍亡人律论之。所舍取未去，若已去后，智（知）其请（情）而捕告，及迴告吏捕得之，皆除其罪，勿购赏（简172）；

岳麓秦简《亡律》：取罪人、群亡人以为庸，智（知）其请（情），为匿之。不智（知）其请（情），取过五日以上，以舍罪人律论之。（简2012）①

两相比较至少有如下几点差异：

（1）"为庸"的对象表述有所不同：岳麓秦简中的是"取罪人、群亡人为庸"，即"罪人"和"群亡人"是两个不同的对象，"罪人"当泛指所有的犯罪之人，故后面的逃亡之人是"群亡人"。张家山汉简中的是"取亡罪人为庸"，其中的"亡罪人"好像就是"逃亡的罪人"。现在对比岳麓秦简来看，这种理解也许并不准确。我们认为，张家山汉简中的表述很可能就是岳麓秦简中表述的一种省称，因为"亡罪人"的表述在秦汉简牍材料中并不常见，而"罪人"则是一个常见语词。其实在张家山汉简《亡律》中的另一条律文中，也是将"亡人"与"罪人"分开说的："诸舍亡人及罪人亡者，不智（知）其亡，盈五日以上……"可见所谓的"亡罪人"当即岳麓秦简中的"罪人、群亡人"的简省。

（2）张家山汉简《亡律》中只有"不智（知）其亡，以舍亡人律论之"。而岳麓秦简《亡律》中则有"智（知）其请（情）"与"不智（知）其请（情）"两种情况的处罚规定：凡"智（知）其请（情）"者，是为窝藏罪，"不智（知）其请（情）"者，取用五日以上，就以舍罪人律论之。两相比较，正好

---

① 陈松长主编：《岳麓书院藏秦简（肆）》，上海辞书出版社2015年版，第63页。以下对岳麓秦简第四卷的引用，均依据此书。

可以作一些细节的补充，例如，从岳麓秦简可知，张家山汉简中省掉了"智（知）其请（情）"的内容，而"不智（知）其亡"后应该加一个时间限制，即"取过五日以上"，这样才更便于操作。特别有意思的是，岳麓秦简中是"以舍罪人律论之"，而张家山汉简中是"以舍亡人律论之"，一个是强调"舍罪人"而省掉了"亡人"，一个则是强调"舍亡人"而省掉了"罪人"，两者正可互补，这同时也说明，这条律文所指"为庸"的对象确应如岳麓秦简所记，是罪人和群亡人两类人，而不只是逃亡的罪人而已。

（3）张家山汉简的后半截在岳麓秦简中没有，所谓"所舍取未去若已去后，智（知）其请（情）而捕告，及诇告吏捕得之，皆除其罪，勿购赏"。这是对取用亡人为庸后，不论是其未离开还是已离开，凡是诇告而捕得者，所取用之人皆可免其藏匿之罪，但不奖赏的具体规定，这是不是在汉律中新增加的内容呢？我们认为，秦代的法律条文规定已非常细密，有关"取罪人、群亡人为庸"的规定不可能缺少对取舍亡人者的法律规定，岳麓秦简中之所以缺少这一截，不应是秦律中没有，而只可能是这个抄本的缺漏，我们比对张家山汉简，正可补上这个缺环。

（4）岳麓秦简《亡律》相比张家山汉简《亡律》来说，简数多出近7倍，故岳麓秦简《亡律》的律文多出了不少新的内容。这些内容，有的是更加细密的法律条款，例如有关"匿罪"的律文，张家山汉简中就一条：

匿罪人，死罪，黥为城旦舂，它各与同罪。其所匿未去而告之，除。诸舍匿罪人，罪人自出，若先自告，罪免，亦减舍匿者罪，所舍。（简167）

按，此简后尚有缺简，具体内容不详。这条律所说的主要是有关"匿罪人"的处罚和"其所匿未去而告知之"及"罪人自出"或"自告"的免罚规定等内容。这里所强调的是匿"死罪"之人，其他则"与同罪"，那么这里所说的"它"具体指那些罪人呢？这在岳麓秦简《亡律》中就有相当具体的说明，例如：

父母、子、同产、夫妻或有罪而舍匿之其室及敝（蔽）匿于外，皆以舍匿罪人律甲论之（简1930）；

匿亡、收、隶臣妾，耐为隶臣妾，其室人存而年十八岁者，各与其疑同灋，其奴婢弗坐，典、田（简1965）；

典不告，赀一盾，其匿□□归里中，赀典、田典一盾，匿罪人虽弗敝（蔽）薶（埋），智（知）其请（情），舍其室（简2150）；

□□□吏遣，及典、伍弗告，赀二甲（简1991）；

匿户弗事、匿敖童弗傅，匿者及所匿，皆赎耐。逋傅，赀一甲。其有物故，不得会傅（简2072）；

为匿之（简2017）。

很显然，这四条律文都是关于匿罪的法律规定，但其条文已都不是有关匿藏死罪之人，而是关于舍匿"父母、子、同产、夫妻或有罪"者和"匿亡、收"、"匿户弗事、匿敖童弗傅"等多方面的匿罪行为，这些条文在很大程度上补充和扩展了张家山汉简中有关匿罪的法律范围，丰富了我们对秦代"匿罪"内容的认识。

有的是非常详细的处罚规定，例如，有关逃亡者的具体处罚，在岳麓秦简中就有很详细的可操作的数目规定，而这些都是张家山汉简中没有的内容：

及诸当隶臣妾者亡，以日六钱计之，及司寇冗作及当践更者亡，皆以其当冗作及当践（简1981）；

更日，日六钱计之，皆与盗同灋（简1974）；

不盈廿二钱者，赀一甲。其自出殹（也），减罪一等。亡日钱数过六百六十而能以钱数物告（简0169）；

者，购金二两，其不审，如告不审律。六百六十钱以下及不能审钱数而告以为亡，购（简0180）；

金一两，其不审，完为城旦舂到耐罪，赀二甲；赀罪，赀一甲（简2036）。

还有的是完全不见于张家山汉简《亡律》的内容，例如，关于诱导逃亡和从诱逃亡的处罚就是全新的材料：

诱隶臣、隶臣从诱以亡故塞徼外蛮夷，皆黥为城旦舂；亡徼中蛮夷，黥其诱者，以为城旦舂；亡县道，耐其诱者，以为隶臣（简2065＋简0780）；

道徼中蛮夷来诱者，黥为城旦舂。其从诱者，年自十四岁以上耐为隶臣妾，奴婢黥颜頯，畀其主（简0187）。

这种诱导逃亡和从诱逃亡的律文也许是秦代专门针对逃往徼外蛮夷和徼中蛮夷以及逃往其他县道的逃亡者所特制的法律条文。

当然，与"诱"相关的律文也曾见于张家山汉简《贼律》："来诱及为闲者，磔。"但这里所说的"来诱"，并不是诱导百姓去逃亡，而是来诱人反叛或作离间之人者，故其处罚也严重得多，是处以"磔"刑。很明显，这与岳麓秦简中的诱导逃亡和从诱逃亡的《亡律》并不相同，因此，岳麓秦简《亡律》中的这两条有关诱逃的律文并不见于张家山汉简的《亡律》之中，它为我们进一步认识秦代逃亡的种种现象提供了新的资料。（陈松长）

## 二、岳麓秦简《亡律》所见各类逃亡论析

《岳麓书院藏秦简（肆）》收录的第一组律文计 106 枚，这些简内容多与逃亡相关，且形制、字体颇为一致，故归为一组。而这组简之所以称为《亡律》简，依据是 1991 号简背的"亡律"二字。

参之该书所收录其他律文，如《尉卒律》《田律》《金布律》《戍律》等，易知《亡律》的数量要远多于其他律类。虽然哪些文献得以重现天日乃诸多因素所致，但面对同一批出土文献中各类文献数量多寡问题，仅仅用偶然性来解释似乎不能让人信服。岳麓秦简所见律令名称数十种，而名称之下的律令内容多寡不一，这可能与律令持有者生前所担任的职务有关。此问题可与睡虎地秦墓竹简的保存情况类比。律令持有者是如此在意与逃亡相关的法律，一则说明在秦代逃亡现象十分频繁，再则表明秦代十分重视这一现象。

秦虽然通过武力一统六国，政令畅行于九州（这一点从里耶秦简中的行政文书可以得到极好的证明），但各种危害帝国稳定的因素若暗流涌动，从未止息。首先是东方贵族的反抗活动从来没有消停过，如史书载秦始皇巡幸屡遭刺客袭击，江东项氏网罗党羽蠢蠢欲动等。其次，亡命、群盗呼啸山林湖泽，对抗朝廷，如张耳、黥布、彭越之流。后一种情况与《亡律》极有关联。

岳麓秦简《亡律》条文中所见逃亡者称谓不一，据其身份，大致可分刑徒、黔首、奴婢逃亡三类。下面分别谈谈秦律对各类逃亡者之处罚及相关问题。

首先谈谈律文对刑徒逃亡的惩处问题。岳麓秦简《亡律》中的所见条文，大部分是针对各类刑徒的，少数是针对普通百姓，这似乎可以证明秦代刑徒逃亡现象更为普遍。传世典籍相关记载也足以说明之，《史记·黥布列传》载黥布"及壮，坐法黥"，"布已论输丽山，丽山之徒数十万人，布皆与其徒长豪杰交通，乃率其曹偶亡之江中为群盗"。黥布犯法被处以黥刑，以刑徒之身份输入丽山劳作，然其不安本分，私交徒长，伺机率领部分刑徒逃亡之长江中为群盗。

役使数量众多的刑徒劳作是秦政的一大特色，也是某些学者认定秦亡的一大原因。以《里耶秦简》所见官府各部门的作徒簿观之，刑徒之数量的确可观。为了迫使刑徒断绝逃亡念头一心劳作，秦针对刑徒逃亡而制定了一系列惩罚性条文。兹录岳麓秦简如下：

  城旦舂亡而得，黥，复为城旦舂；不得，命之，自出殹（也），笞百。其怀子者（简 2009）大枸梏及杕之，勿笞（简 1983）；

  泰廄城旦不将司从马，亡而得者，斩其左止，复为城旦。后复亡，勿斩，如它城旦然（简 1997）；

城旦舂司寇亡而得，黥为城旦舂，不得，命之，其狱未鞠而自出殹，治（笞）五十，复为司寇（简1976）；

☐【舂】司寇。【舂】司寇、白粲、奴婢以亡，黥为城旦舂，黥奴婢颜（颜）頯，畀其主（简2062）。

上面引述5支简共涉及四种刑徒逃亡，分别为城旦舂、泰厩城旦、城旦司寇和白粲，其中城旦舂和泰厩城旦又可勉强归为一类。城旦舂、白粲和城旦司寇身份依次升高，然他们逃亡所面临的处罚却是一样的，都是黥为城旦舂。而对秦律有明显承继的《二年律令》针对不同等级的刑徒逃亡，却给予不同的惩处。例如《二年律令·亡律》规定："城旦舂亡，黥，复城旦舂。鬼薪、白粲也，皆笞百"，鬼薪、白粲逃亡只要笞一百，比城旦舂逃亡处以黥刑要轻得多。秦汉律中诸如此类之细微差别，既可以看作是法律日趋严密合理的表现，也可视为是汉律相对宽和的表征。

囿于史料，先贤们过分强调秦代行政刚硬严酷的一面，实则为了保障帝国机器之稳健运行，秦政亦有其相对灵便和顺应人性的一面。如上文所引2009和1976简，都提及自出减刑，前者还规定对怀孕刑徒给予特别照顾。逃亡的刑徒自首无疑可以有效地降低行政成本，对孕妇给予特殊关照则是人性执法的体现。

需要指出的是，所谓"自出"，有一定的时间限制，只有在"狱未鞠"时自首才会获得减刑。《汉书·刑法志》如淳注曰："以囚辞决狱事为鞠"，律文中鞠显然不可如此解释，"囚"尚在逃亡，何以得"辞"。许慎《说文解字》云："鞠，穷治罪人也"，"狱未鞠"解释为案件尚未完结是比较合理的。

上引简文中所见的"命之"，鲜见于传世典籍，其含义值得探究。细审律文，"命之"是发生在抓捕逃亡刑徒而不得之后的一个举措。"命之"一词又见于《二年律令·具律》：

有罪当完城旦舂、鬼新（薪）白粲以上而亡，以其罪命之；耐隶臣妾罪以下，论令出会之。其以亡为罪，当完城旦舂、鬼新（薪）白粲以上不得者，亦以其罪论命之。

据上引《具律》条文，汉初"命之"只施用于"罪当完城旦舂、鬼新（薪）白粲以上"的逃亡者，至于犯耐隶臣妾以下罪者逃亡则不"命之"，只要"论令出会之"。尤其值得注意的是接下来的律文"其以亡为罪，当完城旦舂、鬼新（薪）白粲以上不得者，亦以其罪论命之"，讲的是与前面律文相对的情形。后文特意强调"不得"，则前半部分显然应当是对捕得逃亡者之后的处置，只是律文有部分省略而已。又一"亦"字表明，即使逃亡者没有捕获，也要"论命之"。故知道律文中"命之"为"论命之"的省略，所谓命之即论罪。有学者认为"命"当"出告示缉拿"讲，恐未达一间。验之上引《具律》前半部分，逃亡者已被抓获，何必再出告示缉拿。又，岳麓秦简2087号载："有罪去亡，弗会，已狱及已核未论而自出者，为会，鞫，罪不得减"，简文中的"论"与"论之"之"论"用法一样，表示论罪。

在逃而被论罪者有一个专门称谓——"命者"，即史书上常见的"亡命"者。

"命者"数见于秦汉简牍：

> 盗贼旛（遂）者及诸亡坐所去亡与盗同法者当黥城旦舂以上及命者、亡城旦舂、鬼薪、白粲舍人（岳麓秦简2011）室、人舍、官舍，主舍者不智其亡，赎耐。其室人、舍人存而年十八岁者及典、田典不告，赀一甲。（岳麓秦简1984）

> 群盗、命者，及有罪当命未命，能捕群盗、命者，若斩之一人，免以为庶人。所捕过此数者，赎如律。（二年律令·捕律）（简153）

《二年律令》以"命者"与"当命未命"相对，则"命者"指已论命者无疑。又"命者"能够"捕群盗、命者，若斩之一人，免以为庶人"一句至少向我们传达了以下两点信息：斩杀群盗、命者，不仅无罪，且可受到奖赏；"命者"均为刑徒，故有"免为庶人"一说。

两汉史书中多载"亡命"者，如《史记·张耳陈馀列传》载："张耳尝亡命游外黄"，《索隐》引晋灼曰："命者，名也。谓脱名籍而逃。"崔浩曰："亡，无也。命，名也。逃匿则削除名籍，故以逃为亡命"。晋灼将命释为名，谓亡命为脱名籍而亡命，实则是对"亡命"本义的误解。虽然在典籍中"命"可通"名"，如《史记·天官书》"以所犯命之"，在《汉书·天文志》中作"以所犯名之"。但逃亡在先，被削掉名籍在后，晋灼的注释给人造成张耳主动脱名籍而亡的错觉。其实，名籍由官府保管，是征发徭役赋税的主要凭据；而在逃者不能继续服役纳税，故销除其名籍。相对而言，崔浩的注释虽然也没有将"亡命"的本义揭示出来，但不失为一说，"逃匿则削除名籍"符合历史事实。

需要补充的是，汉初"命者"似乎只针对完城旦舂、鬼薪白粲以上的罪犯逃亡，但是到了东汉一切刑徒在逃者都被称作"亡命者"，如《后汉书·肃宗孝章帝纪》"亡命者赎：死罪缣二十匹，右趾至髡钳城旦舂七匹，完城旦至司寇三匹"。

岳麓秦简《亡律》中与奴婢逃亡相关的律文有数条，通过律文内容可知秦律对奴婢逃亡的惩处有其独特之处，这是由其自身属性决定的。奴婢在睡虎地秦墓竹简中又称"人臣妾"，附属于主人，不具备独立的庶民地位；若从经济上而论，他与其他物品无异，甚至是可以明码标价的。《里耶秦简》所载关于遗产继承的爰书，奴婢常与牛马等物什列在一起，过继给财产继承人。如：

卅二年六月乙巳朔壬申，都乡守武爰书：高里士五（伍）武自言以大奴幸、甘多，大婢言、言子益等，牝马一匹予子小男子产。典私占。初手。(8-1443+8-1455①)

卅五年七月戊子朔己酉，都乡守沉爰书：高里士五（伍）广自言：谒以大奴良、完，小奴畴、饶，大婢阑、愿、多、□，禾稼、衣器、钱六万，尽以予子大女子阳里胡，凡十一物，同券齿。

典弘占。(8-1554)

上引两份爰书中奴、婢与马、禾稼、衣物、钱等列在一起作为个人财产转让，值得注意的是奴、婢都排列在其他私产的前面，这应当不是巧合。奴婢虽然可以像其他物品一样转让、出售，但其作为自然人之价值，又是其他物品不能匹敌的。

由于奴婢"半物半人"的属性，故其犯逃亡罪后，一方面要对其处以刑罚，另一方面施刑后又要将其遣还给主人。也就是说奴婢逃亡，官府可对其进行惩处，但不可将其纳为刑徒，这是与处置其他类型的逃亡罪最大的不同。如岳麓秦简《亡律》载：

【春】司寇。【春】司寇、白粲、奴婢以亡，黥为城旦舂，黥奴婢顔（颜）頯，畀其主。（简2062）；

奴婢亡而得，黥顔（颜）頯，畀其主·其自出吏及自归□（简2117）；

□主，不自出而得，黥顔（颜）頯，畀其主。之亡徼中蛮夷而未盈（简0161）；

岁，完为城旦舂。奴婢从诱，其得徼中，黥顔（颜）頯；其得故徼外，城旦黥之；皆畀主（简0186）。

从2062、2177两支简文可知，奴婢逃亡被捕获后先黥颜頯，然后送还主人。秦律对于奴婢逃亡的处罚规则，仍被汉律沿用，如《奏谳书》所载汉高祖十一年的案例，禄之婢媚逃亡后被吏当："黥媚顔（颜）頯，畀禄"。又如《二年律令·亡律》载："□□頯畀主。其自出殹，若自归主，主亲所智（知），皆笞百。""頯"前面的内容由于竹简残泐而不得而知，但是根据后文"自归主"可以判定律文与奴婢逃亡相关。而"黥颜頯，畀其主"是秦汉处置奴婢逃亡的惯用手段，故"頯"至少可以增补"黥颜"二字。

0161与0186号简文讲的是对逃亡或被诱引至蛮夷地区的奴婢的处罚条例，这其中又分多种情况。第一种是奴婢逃亡到徼中蛮夷地区时间未达一年的，完为

---

① 陈伟主编：《里耶秦简校释（第一卷）》，武汉大学出版社2012年版，第326页。以下对里耶秦简第一卷释文的引用，均依据此书。

城旦舂；惜前文缺失，只能推测其内容可能是有关奴婢逃亡至徼中蛮夷地区而时间超过一年的要"黥颜頯，畀其主"的规定。"黥颜頯"比"完为城旦舂"的处罚要更重些。第二种情况是奴婢被引诱到徼中蛮夷地区的，亦要"黥颜頯，畀其主"。第三种情况是奴婢被引诱到徼外蛮夷地区的，将"城旦黥之"。所谓徼中蛮夷是指服从秦统治的少数民族政权管辖区；徼外蛮夷与之相对，指不接受秦统治的少数民族政权管辖区。"徼"不能单纯的解释为"塞"，"徼中"、"徼外"也不宜仅仅看作地理指称。奴婢被引诱到徼外所受"城旦黥之"的刑罚比"黥颜頯"要重，所谓"城旦黥之"即施刑的方式如黥城旦一样。奴婢逃至徼外将受"城旦黥之"之刑亦见于睡虎地秦墓竹简，《法律答问》："人臣甲谋遣人妾乙盗主牛，买（卖），把钱偕邦亡，出徼，得，论各可（何）殹（也）？当城旦黥之，各畀主。""出徼"即逃亡到徼外，面对的惩罚是"城旦黥之，各畀主"，按照秦律规定，同时犯有数罪，只论其情节最为严重的，而不累加他罪。故虽然人臣甲和乙还犯有偷盗罪，由于其情节不如逃亡到徼外严重，所以只论其后者。如《法律答问》："把其叚（假）以亡，得及自出，当为盗不当？自出，以亡论，其得，坐臧（赃）为盗；盗罪轻於亡，以亡论。"

奴婢长期逃亡，期间可能组建新的家庭，对其家眷的处置秦律亦有相关条文，如：

奴亡，以庶人以上为妻，卑（婢）亡，为司寇以上妻，黥奴婢颜頯，畀其主。以其子为隶臣妾└，奴（岳麓秦简 0168）；

妻欲去，许之。（岳麓秦简 0167）

奴逃亡娶庶人以上身份者为妻，婢在逃以司寇以上身份者为夫，被抓获后，仍旧是黥其颜頯，遣送主人处，其所生之子为隶臣妾，允许奴妻离夫而去。从以上简文还可以得知，奴婢的配偶若不知对方为亡人，当不会受到惩处；在逃奴婢的事实婚姻是不受法律保护的。如果知道对方为亡人而与其结为夫妻，定会受到法律处罚，这一点可以从《二年律令·亡律》中找到佐证：

取人妻及亡人以为妻，及为亡人妻，取及所取，为谋（媒）者智（知）其请（情），皆黥以为城旦舂。其真罪重，以匿罪人律论。弗智（知）者不□。（简 169）

明知其为亡人而相为夫妻者，要黥以为城旦舂。以理揣之，秦律亦应有相关律文，惜未见。

奴婢或可被免为私属或庶人，这一点从《为狱等状四种》"识劫□案"可以证实；私属或庶人逃亡将如何处置，秦律亦有相应条文：

免奴为主私属而将阳阑亡者，以将阳阑亡律论之，复为主私属。（岳麓

秦简 1945）

"将阳"即不经批准擅自出走，其逃亡时间在一年以内者①。"阑亡"指无符传而私越关卡、且逃亡时间在一年以上者。秦律对将阳、阑亡者该如何惩罚，有相关规定：

  阑亡盈十二月而得，耐。不盈十二月为将阳，𣪠（系）城旦舂。（岳麓秦简 0185）

从 0185 号律文可知，阑亡者会处以耐刑，将阳者会系城旦舂，然无法得知其所针对的是所有人，还是特定身份者。

据《史记·秦始皇本纪》秦统一六国后改百姓为黔首，以睡虎地秦墓竹简见百姓未见黔首和里耶秦简见黔首未见百姓验之，史书所载不诬。黔首是秦帝国统治之基石，人数最多，是徭役的主要承担者，也是最重要的租赋缴纳者。鉴于黔首之重要性，统治者采取了一系列措施对其进行控制，其中之一就是制定相关法律防止人口的随意流动并对逃亡者加以惩处，兹录岳麓秦简相关律文如下：

  郡及襄武、⌐上雒、⌐商、⌐函谷关外人及䙴（迁）郡、襄武、上雒、商、函谷关外（简 2106）
  男女去，阑亡、将阳，来入之中县、道，无少长，舍人室，室主舍者，智其请（情），以律䙴（迁）之。典、伍不告，赀典一甲，伍一盾。不智其（简 1990）
  请（情），主舍，赀二甲，典、伍不告，赀一盾。舍之过旬乃论之⌐，舍，其乡部课之，卒岁，乡部吏弗能得，它人捕之，男（简 1940）
  女无少长，伍人，谇乡部啬夫；廿人，赀乡部啬夫一盾；卅人以上，赀乡部啬夫一甲，令丞谇，乡部吏主者，与乡部（简 2057）
  啬夫同罪。其亡居日都官、执灋属官、⌐禁苑、⌐园、⌐邑、⌐作务、⌐官道盼（界）中，其啬夫吏、典伍及舍者坐之，如此律（简 2111）。
  免老⌐、小未傅⌐、女子未有夫而皆不居偿日者，不用此律（简 1941+2031）。
  诸䙴（迁）者、䙴（迁）者所包去䙴（迁）所，亡□□得，䙴（迁）处所，去亡而得者，皆耐以为隶臣妾，不得者，论令出（简 1931）。
  会之，复付䙴（迁）所县。䙴（迁）者、䙴（迁）者所包其有罪它1962 县道官者，罪自刑城旦舂以下。已论报之，复付䙴（迁）所县道官⌐。

---

① 可参看陈松长：《睡虎地秦墓竹简中的"将阳"小考》，载于《湖南大学学报（社会科学版）》2012 年第 5 期，第 5~7 页。

䙴（迁）者、（迁）者所包有罪已论，当（简2123）
复诣䙴（迁）所；及罪人、收人当论而弗诣弗输者，皆䙴（迁）之。有能捕若詞告，当复诣䙴（迁）所（简2045）
以故捕，除（简2043）。

为了巩固边防和加强统治，秦在统一六国后曾实行大规模的移民政策，具体来讲就是将秦故地之人迁到新占领的地区，仅向岭南一地就迁徙民众50万人。安土重迁乃人之常情，如何防止被迁徙者重返故园是决策者们不可回避的难题。上面所引二组简文使得我们知晓秦代是如何有效解决这一问题的，下面将分别讨论之。

先弄清楚第一组律文首简所涉及的地名及其相互关系是正确理解简文意思的前提。"郡"与的襄武、上雒、商、函谷关外等地名并列，颇令人疑惑。秦实行郡县制，郡县等级分明，襄武、上雒、商等为县邑名，如何能与郡相提并论呢？尤其是函谷作为关卡名，不属于任何一级行政单位，怎么能并列于后呢？又据《汉书·地理志》襄武属于陇西郡，上雒、商属于三辅之地（即秦内史郡所辖）。将秦内史郡所辖上雒、商与郡并列或许可以接受，毕竟其地位与一般的县不同。然属于陇西郡的襄武到底有什么特别之处呢？或许我们应该考虑抄写出现讹误的可能性，然终归是下策。仔细揣摩几个地名之间的关系，我们发现换一种思路理解，简文意思便显得极为畅通。

"郡及襄武、上雒、商、函谷关外人"一句所涉及地名，位置最没有歧义且位置最为重要的是函谷关。函谷关位于今河南省灵宝县，古关遗址尚存，是秦人东出、东方六国西进的必经之地，战略地位十分重要。史书上所载的"函谷关外"均指函谷关以东区域，则与函谷关外并列的"郡"或可理解为设置在函谷关以西的郡。然襄武所在的陇西郡及上雒、商所在的内史郡均在函谷关以西，与"郡"所称的区域重合了，显然是说不通的。看来只有进一步改变简文的读法，试着将襄武、上雒、商、函谷关四个地名并列，而将"外人"单独作为一个语群，如此就会出现襄武外人、上雒外人、商外人、函谷关外人的组合。顺着秦汉人以函谷关外指函谷关以东区域的思路，四个地名中位于最西面为襄武，则襄武外人指襄武以西的区域，以此类推，商外指商邑以南的区域。上雒位于秦内史郡之腹地，区域内无重要关隘，但是处雒水上游，是秦人东出的重要水上通道，故"上雒外"似可理解为上雒以东区域，与函谷关外所指区域重合，但是不会影响到整条简文的理解。再来看襄武、上雒、商、函谷关这四个地名所围成的区域，恰好是秦内史郡和陇西郡的一部分，也是秦的核心统治区域，也即是后边简文中所说的"中县道"。秦疆域除去函谷关以西、商邑以南、陇西以西，剩下的郡只有北地、上郡、九原、云中等郡，故与"襄武、上雒、商、函谷关外人"并列的"郡"似指秦内史郡正北方的北地、上郡、九原、云中等四郡所辖区域。

在明晓相关地名后，后文所说的"嚻（迁）郡、襄武、上雒、商、函谷关外男女去，阑亡、将阳，来入之中县、道"一句才好理解，中县道所指区域也明晰起来。"嚻（迁）郡、襄武、上雒、商、函谷关外男女去"，指迁往内史郡以北诸郡、襄武以西、商邑以南、上雒和函谷关以东的人逃亡，验之史料，秦每征占一片新的区域，必从关中地区移民实边。最为著名的例子就是秦始皇将大批中县之人迁往桂林、南海、象郡三郡的史实①。

"中县"虽然多次见传世典籍和出土文献之中，但是以往的解释颇为含糊，其究竟代指哪些区域谁也没有说清，岳麓秦简《亡律》材料的出现使得千年谜题得以解答。

另一个值得注意的问题是简文中所出现的"人"，秦律中指称人时一般不用模糊概念，而是根据等级身份将人划分为官吏、黔首、奴婢、徒隶、蛮夷等等。那么律文中所出现的"人"应该包括所有的自然人，在此是一个中性概念，不带任何政治色彩。因为被迁徙人有官吏、有刑徒、有黔首、有商贾、有赘婿等等，故只有用"人"这一概念才可以涵括之。

值得注意的是，岳麓秦简《亡律》和《张家山汉简·亡律》中都没有发现专门针对官吏逃亡而制定的法律条款，但这并不代表秦代没有官吏逃亡的现象，如《史记·张丞相列传》就记载：张苍"秦时为御史，主柱下方书。有罪，亡归。"这说明秦代官吏也时有逃亡者，但秦律中为什么没有针对官吏逃亡的惩罚规定呢？这也许还一个尚待研究发掘的问题。（周海锋）

## 三、秦汉《亡律》"舍匿罪人"探析

秦汉时期社会逃亡现象严重，官府为了控制逃亡现象，不仅对逃亡者施行刑罚，而且禁止舍匿罪人的行为。现已公布的秦汉《亡律》除了规定对各种逃亡行为的刑罚外，还有相当篇幅律文规定了对舍匿罪人行为的刑罚，如岳麓秦简《亡律》1966简规定："匿罪人当赀二甲以上到赎死，室人存而年十八岁以上者，赀各一甲，其奴婢弗坐，典、田典"；张家山汉简《二年律令·亡律》167简规定："匿罪人，死罪，黥为城旦舂，它各与同罪。其所匿未去而告之，除。诸舍匿罪人，罪人自出，若先自告，罪减，亦减舍匿者罪。"传世文献中也有类似记载，如《史记·季布栾布列传》曰："季布者，楚人也，为气任侠，有名于楚。

---

① 《汉书·高帝纪下》（中华书局1962年版）"前时秦徙中县之民南方三郡"，第73页。

项籍使将兵，数窘汉王，及项羽灭，高祖购求布千金，敢有舍匿，罪及三族。"①《汉书·淮南衡山济北王传》曰："亡之诸侯，游宦事人，及舍匿者，论皆有法。"颜师古注："舍匿谓容止而藏隐也。"②

关于"舍匿罪人"的行为，学术界已经有一些研究成果，但已有成果局限于对其含义的探讨，对"舍匿罪人"的刑罚原则和秦汉《亡律》对"舍匿罪人"处罚的不同之处鲜有人论及。本书主要依据出土文献所见秦汉《亡律》中有关"舍匿罪人"的律文，结合传世文献相关记载，对秦汉《亡律》中的"舍匿罪人"做一考察。

### （一）"舍匿罪人"的含义

关于秦汉逃亡犯罪中的"罪人"与"亡人"身份之别，在岳麓秦简《亡律》公布之前已有学者对此作出分析，如张功提出犯罪者为了躲避惩罚而逃亡，即"罪人亡"；民众流亡则是普通民众在没有犯罪的前提下，因为各种原因脱籍亡命③。张家山汉简《二年律令·亡律》170 简："诸舍亡人及罪人亡者，不智（知）其亡，盈五日以上……"这里，"亡人"与"罪人"在同一条律文中并称，说明两者所表示的身份不同。秦汉《亡律》中，在"亡人"与"罪人"在并称的情况下，"亡人"是指除逃亡罪外没有其他犯罪行为的逃亡者，即仅犯逃亡罪的逃亡者；"罪人"是指先犯罪后逃亡的逃亡者。如岳麓秦简《亡律》"亡不仁邑里、官"这组律文中规定了对"奴婢之毋（无）罪者"逃亡的刑罚规范，岳麓秦简整理小组注释"毋（无）罪者"是除逃亡外无其他罪者④，说明有的逃亡者除了逃亡外还有其他犯罪行为。

> 张家山汉简《二年律令·亡律》：取（娶）人妻及亡人以为妻，及为亡人妻，取（娶）及所取（娶），为谋（媒）者，智（知）其请（情），皆黥以为城旦舂。其真罪重，以匿罪人律论。（简168）

张家山汉简整理小组注释"真罪"是亡人本身之罪⑤，说明逃亡者在逃亡犯罪之前已有其他犯罪行为，有"真罪"而逃亡之人的行为属于"罪人亡"。

然而，秦汉《亡律》中"亡人"与"罪人"不并称使用时，两者的含义又有所不同。

---

① 《史记·季布栾布列传》，中华书局1959年版，第2729页。
② 《汉书·淮南衡山济北王传》，第2139~2140页。
③ 张功：《秦汉逃亡犯罪研究》，湖北人民出版社2006年版，第1页。
④ 陈松长主编：《岳麓书院藏秦简（肆）》，上海辞书出版社2015年版，第75页。
⑤ 张家山二四七号汉墓竹简整理小组编著：《张家山汉墓竹简［二四七号墓］（释文修订本）》，文物出版社2001年版，第31页。

岳麓秦简《亡律》：父母、子、同产、夫妻或有罪而舍匿之其室及敝（蔽）匿之于外，皆以舍匿罪人律论之。（简1930）

　　这里舍匿者所藏匿的"罪人"指的是"父母、子、同产、夫妻或有罪"之人，其可能是"以亡为罪"的逃亡者，也可能是先犯罪后逃亡之人。

　　张家山汉简《二年律令·亡律》：匿罪人，死罪，黥为城旦舂，它各与同罪。其所匿未去而告之，除。诸舍匿罪人，罪人自出，若先自告，罪减，亦减舍匿者罪。所舍（简167）

　　此条律文中，"罪人"很明显是指犯罪之人，其所犯之罪可能是仅有逃亡罪，也可能有逃亡罪之外的其他罪行。我们发现，当"亡人"与"罪人"不并称使用时，"罪人"的身份比较宽泛，"罪人"就是指犯罪之人，其所犯之罪可能仅有逃亡罪，也可能有除逃亡罪之外的其他罪行。

　　本文中"舍匿罪人"的"罪人"既包括秦汉《亡律》中"亡人"与"罪人"并称使用的情况，也包括两者不并称使用的情况，总的来说，其身份可能是仅犯逃亡罪的逃亡者，也可能是先犯罪后逃亡的逃亡者。

　　关于"舍匿罪人"的含义，张家山二四七号汉墓竹简整理小组对"舍匿"的注释为："舍匿，匿于家中。"① 其观点是受颜师古"舍匿谓容止而藏隐也"这种说法的影响，将"舍匿"作为一个词语来解释。对此，学界还有不少学者持类似观点②。其中，闫晓君提出"舍匿罪人"属于两种犯罪情形，实指在知情的情况下舍匿犯罪和"不智（知）其亡"的情况下舍亡人③。但是，也有学者对此提出异议。如周海锋明确提出"舍亡人"指给亡人提供住所，与"匿亡人"

---

①　张家山二四七号汉墓竹简整理小组编著：《张家山汉墓竹简［二四七号墓］（释文修订本）》，文物出版社2006年版，第31页。

②　李力先生在《"隶臣妾"身份再研究》中分别集释了饭尾秀幸先生、学习院大学汉简研究会和闫晓君先生关于"舍匿"的观点，并认为"舍匿"一词，当为汉代习语，也见于《二年律令·亡律》："诸舍匿罪人，罪人自出，若先自告，罪减，亦减舍匿者罪。所舍（简167）"，其整理小组注释："舍匿，藏匿于家"；三国时代出土文字数据研究班在《江陵张家山汉墓出土〈二年律令〉译注稿》（二）中认为"舍匿"是把人物隐匿于自己的管理之下；冨谷至先生编的《江陵张家山二四七号墓出土汉律令の研究》（译注篇）第108页中对"舍匿"的解释基本与三国时代出土文字数据研究班相同；朱红林先生在《张家山汉简〈二年律令〉集释》中"舍匿罪人"的按语为，《后汉书·梁统传》追述汉武帝时期，"军役数兴，豪杰犯禁，奸吏弄法，故重首匿之科。"《汉书·宣帝纪》："自今子首匿父母，妻匿夫，孙匿大父母，皆毋坐。其父母匿子，夫匿妻，大父母匿孙，罪殊死，皆上廷尉以闻"；陈伟先生在《张家山汉简杂识》中认为"舍匿犹今窝藏，并不一定藏匿于家中"；邢桂霞先生在《汉代"首匿罪"的历史考察——兼论"首匿"与"亲亲得相首匿"二者之关系》中认为汉代所谓"首匿"、"舍匿"、"通匿"虽名称各异，但含义相同，皆指主谋藏匿罪人。

③　闫晓君：《张家山汉简〈亡律〉考论》，载于《法律科学（西北政法大学学报）》2009年第1期，第162~168页；该文亦见于闫晓君编：《秦汉法律研究》，法律出版社2012年版，第231~249页。

的性质不同,"匿"是故意隐藏,所以罪行也更重①。岳麓秦简整理小组注释"诸舍匿罪人"是"匿罪人"和"舍罪人"等多类行为的合称②。笔者认为,"舍罪人"和"匿罪人"都有隐藏罪人之意,但在秦汉《亡律》中,"舍罪人"和"匿罪人"分别指代不同性质的隐藏逃亡罪人的犯罪行为,两者之间含义不同。

  岳麓秦简《亡律》:取罪人、群亡人以为庸,智(知)其请(情),为匿之;不智(知)其请(情),取过五日以上,以舍罪人律论之。(简2012)

雇佣罪人、群亡人劳动是隐藏罪人的一种方式,根据岳麓秦简2012简的规定,舍匿者在"知其情"的情况下"取罪人、亡人以为庸"的视为"匿罪人"行为论罪③;如果舍匿者"不知其情"且取过五日以上,就定性为"舍罪人"。秦律中已分别出"舍罪人"和"匿罪人"的不同,这是因为"舍罪人"和"匿罪人"的刑罚有轻重之别,下文将对此进行论述。

  张家山汉简《二年律令·亡律》:取(娶)人妻及亡人以为妻,及为亡人妻,取(娶)及所取(娶)、为谋(媒)者智(知)其请(情),皆黥以为城旦舂。其真罪重,以匿罪人律论。弗智(知)者不□。(简168-169)

娶亡人为妻是隐藏逃亡者的一种特殊方式,根据《二年律令》的规定,针对舍匿者在"知其情"的情况下娶亡人为妻的行为,如果亡人本身所犯之罪较重,律条将这种行为定性为"匿罪人"。

  张家山汉简《二年律令·亡律》:诸舍亡人及罪人亡者,不智(知)其亡,盈五日以上,所舍罪当黥□赎耐;完城旦舂以下到耐罪,及亡收、隶臣妾、奴婢亡盈十二月以上,赎耐。(简170-171)

富谷至对《二年律令》进行译注时引用《后汉书·孔融传》:"汉律:与罪人交关三日已上,皆应知情。"他认为这条汉律的内容与《二年律令》170—171简有一定关联④。《二年律令》中,舍匿者不知自己提供住所之人是亡人或亡罪人,且提供住所满五日以上才认定是"舍罪人";在不知其亡的情况下"取亡罪人为庸"是"舍亡人"的犯罪行为。这里,认定"舍罪人"的

---

① 周海锋:《〈岳麓书院藏秦简(肆)〉的内容与价值》,载于《文物》2015年第9期,第83~87页。
② 陈松长主编:《岳麓书院藏秦简(肆)》,上海辞书出版社2015年版,第79页。
③ 陈松长主编:《岳麓书院藏秦简(肆)》,上海辞书出版社2015年版,第79页。
④ [日]冨谷至:《江陵张家山二四七号墓出土汉律令の研究》(译注篇),朋友书店2006年版,第110页。

行为有一定时间期限，或许与冨谷至所引用的《后汉书·孔融传》的律文有一些联系。

岳麓秦简《亡律》2150－1＋2150－2 简："……匿罪人虽弗敝（蔽）狸（埋），智（知）其请（情），舍其室，"① 舍匿者知其情而匿罪人的行为可能包括"匿罪人蔽埋"和"匿罪人弗蔽埋"两种方式。

通过以上分析，我们可以认为秦汉《亡律》中"舍匿罪人"至少包括"舍罪人"和"匿罪人"这两种行为。"舍罪人"是舍匿者在不知其情的情况下为逃亡者提供住所，通常情况下，认定为"舍罪人"还需考虑时间期限；"匿罪人"是舍匿者知道自己所藏匿的人员是逃亡者的身份，属于故意犯罪；有时"匿罪人"的行为根据其犯罪方式还可能有"匿罪人蔽埋"和"匿罪人弗蔽埋"两种情况。我们发现，针对秦汉《亡律》中各种逃亡情况以及舍匿罪人的行为，岳麓秦简《亡律》中有"以舍匿罪人律论之""以舍匿罪人律论之"等，张家山汉简《二年律令·亡律》中有"以匿罪人律论""以舍亡人律论"等。秦律和汉律之间有时代的差异，汉初律令对秦律有继承和发展，岳麓秦简《亡律》中未出现"以舍亡人律论之"的用法是由政权的更替导致而成。

传世文献和出土文献中也都有"舍匿"作为动词出现的情况，秦汉《亡律》中舍匿罪人常泛指藏匿逃亡者的各种犯罪行为。如岳麓秦简《亡律》1930 简："父母、子、同产、夫妻或有罪而舍匿之其室及敝（蔽）匿之于外，皆以舍匿罪人律论之。"② 我们发现，秦汉《亡律》中律条定性为"舍匿罪人"的，通常在简文中有相对应的"舍匿"行为。简文中的"舍匿罪人"应指的是广泛意义上的藏匿罪人，其中包括"舍罪人"和"匿罪人"。张家山汉简《奏谳书》案例 14 出现的"安陆丞忠刻（劾）狱史平舍匿无名数大男子种一月，平曰：诚智（知）种无数，舍匿之，罪，它如刻（劾）。鞫：平智（知）种毋名数，舍匿之，审。……"③ 这里的"舍匿"作为一个动词，指藏匿无名数之人。传世文献中也有关于"舍匿"一词的记载，如前引的《史记·季布栾布列传》、《汉书·淮南衡山济北王传》都出现"舍匿"一词。

"匿罪人"属于故意犯罪的行为，理应受罚。那么，不知其情的"舍罪人"行为受罚的原因需要探讨。闫晓君认为"舍匿犯"是一个罪名，有逃亡者才有舍匿者，舍匿者是被人连累的犯罪。④《史记·商君列传》曰："公子虔之徒告商

---

①② 陈松长主编：《岳麓书院藏秦简（肆）》，上海辞书出版社 2015 年版，第 40 页。

③ 彭浩、陈伟、[日] 工藤元男主编：《二年律令与奏谳书——张家山二四七号汉墓出土法律文献释读》，第 351 页。

④ 这种说法是闫晓君于 2016 年 11 月 12 日在华东政法大学古籍研究所举办的第六届 "出土文献与法律史研究" 学术研讨会上提出的观点。

鞅欲反，发吏捕商君。商君亡至关下，欲舍客舍。客人不知其是商君也，曰：
'商君之法，舍人无验者坐之。'商君喟然长叹曰：'嗟乎，为法之敝一至此
哉！'"① 商鞅变法之后，秦廷实行商君之法，舍人者应对住宿者给予核验。《汉
书·平帝纪》曰："其当验者，即验问。"颜师古注："就其所居而问。"② 可知，
舍人者应该核验住宿者的基本身份信息，以此避免亡人、罪人投宿。假若舍人者
没有完成"验"的职责，从而造成亡人、罪人住宿的情况，则构成了舍匿亡人
或舍匿罪人的犯罪行为，因此要受罚。此条商君之法抑或是秦汉《亡律》中对
"不知其情而舍之"行为进行惩罚的来源。

### （二）"舍匿罪人"的刑罚原则

在秦汉《亡律》中，"舍罪人"和"匿罪人"的行为都将受到刑罚，但两
者具体刑罚轻重有异，以下从四个方面进行分析。

第一，从以上的论证可以看出，"舍"和"匿"在性质上显著不同，故而两
者在刑罚上也有差异。根据出土文献记载，一般情况下，窝藏同类的罪人、亡
人，"舍罪人"的刑罚轻于"匿罪人"。

岳麓秦简《亡律》：

> 郡及襄武└、上雒└、商└、函谷关外人及䙴（迁）郡、襄武、上雒、
> 商、函谷关外男女去，阑亡、将阳，来入之中县、道，无少长，舍人室，室
> 主舍者，智（知）其请（情），以律䙴（迁）之。典伍不告，赀典一甲，伍
> 一盾。不智（知）其请（情），主舍，赀二甲，典、伍不告，赀一盾└，舍
> 之过旬乃论└③。舍，其乡部课之，卒岁，乡部吏弗能得，它人捕之，男
> 女无少长，伍（五）人，谇乡部啬夫；廿人，赀乡部啬夫一盾；卅人以上，
> 赀乡部啬夫一甲，令丞谇，乡部吏主者，与乡部啬夫同罪。其亡居日都官、
> 执灋属官└、禁苑└、园└、邑└、作务└、官道畍（界）中，其啬夫吏、

---

① 《史记·商君列传》第 2236~2237 页。
② 《汉书·平帝纪》第 356 页。
③ 此组律文"舍之过旬乃论之"前后皆有钩识符号"└"，岳麓秦简（肆）《兴律》中也有类似使用的钩识符号"└"。岳麓秦简（肆）中 0798/281—0794/282 简释文为"兴律曰：诸求报者，皆告，令署某曹发└，弗告曹└，报者署报某手，告而弗署，署而环（还）及弗告，及不署手，赀各一甲。"整理者注："'弗告曹'前后的钩识符号当为强调符号。"钩识符号"└"的使用具有一定的随意性，"舍之过旬乃论之"前后的钩识符号应该有表明律文层次、解释相应的律文内容之意，主要是对上文"不智（知）其请（情），主舍，赀二甲，典、伍不告，赀一盾"这一法律内容的解释，表明官府对"舍罪人"这一犯罪现象应在何种程度给予追究。根据律文内容，舍"郡及襄武、上雒、商、函谷关外人及䙴（迁）郡、襄武、上雒、商、函谷关外男女，阑亡、将阳者"在十天以上给予追究责任。故而，这里的句读应改为"……不智（知）其请（情），主舍，赀二甲，典、伍不告，赀一盾└，舍之过旬乃论之└。舍，其乡部课之，卒岁，乡部吏弗能得，它人捕之……"

典伍及舍者坐之，如此律。（简 2106 - 简 2111）

室主为擅自离开郡及襄武、上雒、商、函谷关外的阑亡、将阳者提供住所，若是知其情，认定为"匿罪人"，室主"以律𨽻（迁）之"，典、伍不告"赀典一甲、伍一盾"；若是不知其情而且舍之超过十天因此被认定为"舍罪人"，室主"赀二甲"，典、伍不告"赀一盾"。可见，匿罪人者"室主以律𨽻（迁）之"、"赀典一甲、伍一盾"的刑罚要重于舍罪人者"室主赀二甲"、"典、伍赀一盾"的刑罚。

前引《二年律令》167 简规定除匿死罪者黥为城旦舂外，匿罪人者与所匿之人同罪。岳麓秦简《亡律》中也有类似的简文，如岳麓秦简《亡律》2088 简规定"匿亡人及将阳者，其室主匿赎死罪以下，皆与同罪。"① 前引《二年律令》170—171 简规定，所舍的罪人是完城旦舂以下到耐罪及逃亡的收人、隶臣妾时，舍罪人所受的刑罚是赎耐。"赎耐"的刑罚要轻于"它各与同罪"。由此可见，汉律对于窝藏同类的罪人、亡人的犯罪行为，"舍罪人"的刑罚同样轻于"匿罪人"。

第二，对舍匿者的刑罚与被舍匿者的罪刑轻重有密切关系，被舍匿的罪人、亡人所受刑罚越重，舍匿者所受的处罚也越重。闫晓君、朱红林对此已有一定论述②，岳麓秦简《亡律》2011 组的律文也充分反映了这一刑罚原则。

岳麓秦简《亡律》：

盗贼𢱭（遂）者及诸亡坐所去亡与盗同灋者当黥城旦舂以上及命者、亡城旦舂、鬼薪、白粲舍人室、人舍、官舍，主舍者不智（知）其亡，赎耐。其室人、舍人存而年十八岁者及典、田典不告，赀一甲。伍不告，赀一盾⌐。当完城旦舂③以下到耐罪及亡收、司寇、隶臣妾、奴婢阑亡者舍人室、人舍、官舍，主舍者不智（知）其亡，赀二甲。其室人、舍人存而年十八岁以上者及典、田典、伍不告赀一盾。（简 2011 - 简 1979）

这里，对于舍匿刑徒逃亡者这种行为，主舍者及其室人、舍人存而年十八岁以上者及典、田典、伍所受的刑罚不同。"盗贼𢱭（遂）者及诸亡坐所去亡与盗同灋者当黥城旦舂以上及命者、亡城旦舂、鬼薪、白粲"的刑罚要重于"当完城旦舂以下到耐罪及亡收、司寇、隶臣妾、奴婢阑亡者"，其相对应的主舍者

---

① 陈松长主编：《岳麓书院藏秦简（肆）》，上海辞书出版社 2015 年版，第 53 页。
② 闫晓君：《张家山汉简〈亡律〉考论》，载于《法律科学（西北政法大学学报）》2009 年第 1 期，第 162~168 页；朱红林：《〈岳麓书院藏秦简（肆）〉补注（一）》，引自《第六届"出土文献与法律史研究"暨庆祝华东政法大学法律古籍整理研究所成立三十周年学术研讨会论文集》，第 99 页。
③ 岳麓秦简（肆）1977 简原释文为"当完为城旦舂以下到耐罪及亡收"，而该简的红外图版和彩色图版简中并无"为"字，故其释文应为"当完城旦舂以下到耐罪及亡收"。

及其他相关人员所受处罚也随之加重。

第三，对于"舍匿罪人"这类犯罪行为，主舍者受到相应的刑罚，律文也规定了对相关人员的处罚，但处罚轻重不同。

《史记·商君列传》记载："商君之法，令民为什伍，而相收司连坐。不告奸者腰斩，告奸者与斩敌首同罪。"① 在秦律中，针对"舍匿罪人"这类犯罪行为，舍者及其相关人员都要受到刑罚。

前引岳麓秦简《亡律》2106组中窝藏特定逃亡人员于人室，室主、典、伍、乡部吏均受到相应的刑罚。室主所受的刑罚明显重于其他人；乡部吏要核查舍匿罪人的情况，并对亡人进行抓捕，满一年，若他人捕得，乡部吏相应受到相应的处罚，但其处罚相对较轻，如表2-1所示。

表2-1　　　岳麓秦简《亡律》舍匿者及其连坐人员刑罚一览表

| | 室主 | 典（不告） | 伍（不告） | 乡部吏（弗能得，他人捕之） |
|---|---|---|---|---|
| 郡及襄武、上雒、商、函谷关外人及䙴（迁）郡、襄武、上雒、商、函谷关外男女去、阑亡、将阳 | 知其情 以律䙴之 | 赀一甲 | 赀一盾 | 五人→谇乡部啬夫 廿人→赀乡部啬夫一盾 卅人以上→赀乡部啬夫一甲，令丞谇，乡部吏主者与乡部啬夫同罪 |
| | 不知其情；而且舍之过旬日 赀二甲 | 赀一盾 | 赀一盾 | |

再如，岳麓秦简《亡律》2011组，窝藏逃亡刑徒，舍者及其他相关人员均受罚，但主舍者"赎耐"的处罚要重于室人、舍人存而年十八岁以上者及典、田典"赀一甲"及伍"赀一盾"的处罚。

第四，针对当时社会普遍的流亡现象，秦汉法律都对检举行为予以奖励，检举者可得到购赏，反之则受罚。

岳麓秦简《亡律》中2106组规定典、伍有举报亡人的责任，乡部吏要核查舍匿罪人的情况，并对亡人进行追捕。岳麓秦简《亡律》中未见舍匿者诇告亡人的规定，或许是抄录者未抄取与此相关的内容。张家山汉简《二年律令·亡律》中政府鼓励诇告亡人，并除诇告者之罪。

张家山汉简《二年律令·亡律》：

取亡罪人为庸，不智（知）其亡，以舍亡人律论之。所舍取未去，若

---

① 《史记·商君列传》第2230页。

已去后,智(知)其请(情)而捕告,及诇〈诇〉告吏捕得之,皆除其罪,勿购赏。(简172)

《二年律令》167简、172简规定,舍匿者在"其舍匿未去而告之"的情况下,可免于刑罚;在其"所取已去"后知其情而捕告以及诇告吏而捕得亡人,也免于刑罚但不会得到购赏。

### (三) 秦汉《亡律》对"舍匿罪人"处罚之比较

如前文所述,秦汉《亡律》对"舍匿罪人"的犯罪行为都给予处罚,但对两者的处罚略有差异。现以岳麓秦简《亡律》和张家山汉简《二年律令·亡律》中对"舍匿罪人"得处罚为例,比较秦汉《亡律》中"舍匿罪人"处罚的不同之处。

岳麓秦简《亡律》对于舍匿罪人的规定更为详细。例如,岳麓秦简中详细规定了对舍亡人及罪人亡者之室主、室人、奴婢、典、伍和负责抓捕亡人的乡部吏的具体责任和刑罚;张家山汉简则仅简要规定对舍亡人者及亡者的处罚。

张家山汉简《二年律令·亡律》中对舍匿罪人的刑罚要比岳麓秦简《亡律》更严格。如舍匿者在不知情的情况下"舍罪人",《二年律令》规定的时间期限短于岳麓秦简《亡律》;《二年律令》对于雇佣亡罪人劳动这种犯罪行为不再考虑舍匿者雇佣时间长短而都以"舍亡人"律论之,岳麓秦简《亡律》中规定取过五日以上以"舍罪人"律论之;《二年律令》对于舍"完城旦舂以下到耐罪,及亡收、隶臣妾、奴婢亡盈十二月以上"者处以赎耐,这种处罚程度要明显重于岳麓秦简《亡律》规定的"主舍者赀二甲、典、伍不告赀一盾"。现以《二年律令》和岳麓秦简《亡律》律文为主要依据,比较两者对于"舍匿罪人"犯罪行为处罚的不同之处。如表2-2所示。

表2-2　秦汉《亡律》对"舍匿罪人"刑罚之比较一览表

| | 张家山汉简《二年律令·亡律》 | | 岳麓秦简《亡律》 | |
|---|---|---|---|---|
| 匿罪人 | 罪人死罪→匿者黥为城旦舂<br>(罪人自出,罪减) | | (匿者)当赀二甲以上到赎死 | |
| 舍亡人及罪人亡者 | 不知其亡;而且盈五日以上 | 所舍罪当黥☐赎耐 | 不知其亡;而且舍之过旬乃论 | 主舍者→赀二甲<br>典、伍不告→赀一盾 |
| | | 完城旦舂以下到耐罪、亡收、隶臣妾、奴婢亡盈十二月以上→赎耐 | | |
| 取亡罪人为庸 | 不知其亡 | 以舍亡人律论之 | 知其情 | 为匿之 |
| | | | 不知其情;而且取过五日以上 | 以舍罪人律论之 |

关于汉律中对于舍匿罪人的犯罪行为更为严厉的原因，黄庭颀以秦汉两代逃亡犯罪为例，剖析两代律法之异同，认为秦代国祚虽短，但其律法编制乃注重平均各面向，因此未对逃亡犯罪特别重视；汉初则因秦帝国甫崩溃，黎民百姓流离失所，户籍名数散佚，流亡者甚多，执政者无法有效掌控人民动向，故特别重视逃亡情事，往往祭以重法严惩逃亡罪犯，正是此历史环境之差异，造成两代律法注重面向不同①。

张家山汉简《奏谳书》案例 14 讲的是安陆狱史舍匿无名数大男子的案例，其中引令文曰："诸无名数者，皆令自占书名数，令到县道官，盈卅日，不自占书名数，皆耐为隶臣妾，锢，毋令以爵、赏免，舍匿者与同罪，以此当平。"②官府以三十日为限要求逃亡者自觉向官府登记户籍，超过三十日而不自觉向官府登记户籍的，逃亡者和舍匿逃亡者都将受到刑罚。传世文献中也有与此相关的记载，《汉书·高帝纪》曰："民前或相聚保山泽，不书名数，今天下已定，令各归其县，复故爵田宅，吏以文法教训辨告，勿笞辱。"③汉高祖为稳定社会局势，规定逃亡之人要登记户籍。此则案例的时间是"八年十月己未"，整理小组认为此处的"八年"指汉高祖八年（公元前 199 年）④。汉高祖于五年称帝，这条汉令应公布在汉高祖五年至八年之间，正是汉初结束长期战争之后的特殊时期，此令文应是汉廷为休养生息，恢复国力而颁布的特殊政策。一方面，汉政府规定所有的逃亡者都可以向官府登记户籍为庶人，以摆脱刑徒、奴婢等身份；另一方面，汉政府又加重对过三十日不去向官府登记户籍的逃亡者及舍匿行为的刑罚。可见，汉政府当时采取宽松和严厉相结合的政策力求基本解决逃亡人口问题，以安定社会。所以，汉初的律令规定要比秦更为严格，其原因可能与汉初天下初定，国家需要稳定的社会背景有关。

### （四）小结

秦汉《亡律》不仅处罚逃亡犯罪，而且处罚舍匿罪人的行为。根据舍匿者

---

① 黄庭颀：《从出土秦汉简论"汉承秦制"之问题——以睡虎地秦墓竹简与张家山汉简逃亡案件为例》，武汉大学简帛网，2013 年 8 月 3 日，http://www.bsm.org.cn/show_article.php?id=1877；黄庭颀注：该文发表于 2012 年 6 月出版的《道南论衡——2011 年全国研究生汉学学术研讨会》论文集，第 185～204 页。

② 彭浩、陈伟、［日］工藤元男主编：《二年律令与奏谳书——张家山二四七号汉墓出土法律文献释读》，第 351 页。

③ 《汉书·高帝纪上》，第 54 页。

④ 张家山二四七号汉墓竹简整理小组编著：《张家山汉墓竹简［二四七号墓］（释文修订本）》，文物出版社 2001 年版，第 97 页；李学勤在《〈奏谳书〉解说（上）》中认为此处"八年十月己未"系汉高祖八年十月十三日，尾云"八年四月甲辰朔己巳"系四月二日。

的犯罪情节，舍匿罪人的行为至少可分为"舍罪人"和"匿罪人"两种。"舍罪人"和"匿罪人"的主要认定依据是舍匿者是否知其情，判定舍罪人的行为经常有一定时间期限。

舍匿者及其相关人员所受的刑罚与被舍匿者的犯罪情况及刑罚程度有很大关系；针对舍匿同一类的逃亡罪人，一般而言"舍罪人"的刑罚轻于"匿罪人"；秦汉法律都鼓励检举舍匿犯罪的行为。与岳麓秦简《亡律》相比，张家山汉简《二年律令·亡律》对舍匿罪人的刑罚更为严厉，这或许与汉初国家的社会状况有很大关系。（陈松长　刘欣欣）

## 四、岳麓秦简《亡律》"亡不仁邑里、官者"条探析

岳麓秦简《亡律》有一条新见的律规定了官府对不明身份逃亡者的惩罚方式以及相关案件办理方法。此律提供了很多新的信息，可供学界修正睡虎地秦墓竹简相关内容的解释，并加深对秦代刑事侦查程序的理解。简文如下：

者已刑，令备赀责（债）。■亡不仁邑里、官，毋以智（知）何人殴（也），中县道官诣咸阳，郡【县】道诣其郡都（简1978）

县，皆毄（系）城旦舂，榑作仓，苦，令舂勿出，将司之如城旦舂。其小年未盈十四岁者，榑（简1996）

作事之，如隶臣妾然。令人智（知）其所，为人识，而以律论之。其奴婢之毋（无）罪者殴（也），黥其雁〈颜〉（简2027）

颜，畀其主。咸阳及郡都县恒以计时上不仁邑里及官者数狱属所执瀺，县道官别之，（简1973）

且令都吏时覆治之，以论失者，覆治之而即言请（情）者，以自出律论之。（简2060）

【匿】亡不仁邑里、官者，赀二甲。（简2083）①

整理小组的基本编联依据是简背划线，这6枚简背划线连续而且都位于简中下部近下编绳痕处。前5枚简的简背中下两道编绳痕之间见多道连续的线条状痕迹，应是粘连在简背上的某些物质造成的。综合背划线和简文内容等因素，编联方案是可以确认的。

简文可分成三部分，下文分别讨论。

---

①　陈松长主编：《岳麓书院藏秦简（肆）》，上海辞书出版社2015年版，该律释文见第46~48页，简背编联图版见第34页。下文省称这条律文为"本律"或"岳麓秦简《亡律》本条"。

## （一）"亡不仁邑里、官者"所指代的对象

律文开头："▌亡不仁邑里、官，毋以智（知）何人殹（也）。"符号"▌"分隔了本律与前一条律文。律文起首说明其是针对一类称"亡不仁邑里、官者"的逃亡者，这一词关键是"仁"，整理小组注释：仁，读为认，《玉篇·言部》："认，识认也。""亡不仁邑里、官"，指一类逃亡者，因不知其原籍县乡里和所属官署，不能通过原籍地的户籍数据和官署记录确认其姓名等情况，故简文言"毋以智（知）何人殹（也）"①。陈剑赞同此注对"仁"的解读，并指出岳麓秦简《为狱等状四种》有"仁"读"认"辞例②。我们发现《为狱等状四种》所见辞例都在案例一二"田与市和奸案"，形式都是"仁（认）奸"③，即是罪人承认犯有奸罪之意。另外，岳麓秦简正在整理的律令部分简文中有确定的"仁"读"认"辞例。综上，"仁"读"认"见于秦法律文献，尤其多见于岳麓秦简。

"仁"读"认"，在本律中有"识"、"知"两字，与其字义相关。本条律有"令人智（知）其所，为人识，而以律论之。"识，《说文》："识，常也。一曰知也。"《玉篇》："识，认也。"《诗·大雅》："不识不知，顺帝之则。"知，《玉篇》："知，识也，觉也。"可见"认""知""识"三字互训。本律所见"识""知"的字义都与识别、辨识有关，那么"亡不仁邑里、官"之"仁"读"认"的可能性较大。值得注意的是，本律中"认"、"知"、"识"三字含义有明显的分化，其分化的原因可能是这三个字已经分别成为具有特定含义的法律术语。我们可以在睡虎地秦墓竹简中找到类似用法的"识"辞例，如《封诊式·有鞫》："遣识者以律封守"④，可联系本律文中的"为人识"。律文"毋以知何人也"是说明"亡不仁邑里、官者"的。"毋""不"同为秦汉律令常见否定词，"毋以知何人也"就是"不知何人"之意，而后者正是秦汉公文书中的固定用语，用来指代特定的身份不明者。这个术语凸显官府要求"知何人"，也就是明确相关人员身份。

不能确认身份的特定之人或尸体，公文书中称其为"不知何人"，简称"何人"。

即令狱史彭沮、衷往诊：安、宜及不智（知）可（何）一女子死（尸）皆在内中，头颈有伐刑痏。不智（知）杀者，【□□□□】（岳麓

---

① 陈松长主编：《岳麓书院藏秦简（肆）》，上海辞书出版社2015年版，第75页。
② 陈剑于2015年9月在长沙"《岳麓书院藏秦简（肆）》审定研讨会"上的发言。
③ 相关释文参见朱汉民、陈松长主编：《岳麓书院藏秦简（叁）》，上海辞书出版社2013年版，第205页以下。
④ 睡虎地秦墓竹简整理小组：《睡虎地秦墓竹简》，文物出版社1990年版，第148页。

秦简《为狱等状四种》简151①)

引文是诊文书,内容包括犯罪现场勘察以及尸体检验,女尸以及杀人者的身份不明,因此文书中以"不知何""不知"这种术语指代之。

《后汉书·来歙传》:"歙自书表曰:臣夜人定后,为何人所贼伤,中臣要害。"李贤注:"何人,谓不知何人也。"引文"何人""贼伤"都是法律术语,尤其是"何人"的用法与秦汉出土法律文献吻合。

睡虎地秦墓竹简有两处与"亡不仁邑里、官"相关的内容,如:

禀衣者,隶臣、隶府之毋(无)妻者及城旦,冬人百一十钱,夏五十五钱;其小者冬七十七钱,夏四十四钱。春冬人五十五钱,夏四十四钱;其小者冬四十四钱,夏三十三钱。隶臣妾之老及小不能自衣者,如春衣。·亡、不仁其主及官(简95)者,衣如隶臣妾(简96)。(秦律十八种·金布②)

引文采整理小组标点,据岳麓秦简《亡律》,"亡不仁其主及官者"应连读,指不能确认其主人的逃亡奴婢与不能确认其主管官署的逃亡者。第一,岳麓秦简《亡律》"亡不仁邑里、官者"包括引文"亡不仁其主及官者",因为本律有对"奴婢之无罪者"的刑罚,可见"亡不仁邑里、官者"包括不能确认其主的逃亡奴婢。第二,引文内容是刑徒禀衣,与《亡律》本条存在联系,"亡不仁邑里、官者"所从事的劳役类似"城旦舂""隶臣妾",其禀衣等待遇参照刑徒是合理的。

将上不仁邑里者而纵之,可(何)论?当毄(系)作如其所纵,以须其得;有爵,作官府。(法律答问·简63)③

整理者语译"不仁邑里者"为"在乡里作恶的人",栗劲认为此"指那些破坏社会秩序而又没有触犯刑律的捣乱分子。"④ 值得商榷。

首先,引文"将上不仁邑里者"是动宾结构,包括了"将"和"上"两种行为,"将"即"将司",意为统领、监管,参见本律"将司之如城旦舂"。"上"对应本律的"中县道官诣咸阳,郡县道诣其郡都县"以及"恒以计时上不仁邑里及官者",应是监管人员押解逃亡者至上级官署并附相关文书的意思。在类似的语法结构下,两部文献都省略"亡"字。其次,引文"当系作如其所

---

① 朱汉民、陈松长主编:《岳麓书院藏秦简(叁)》,上海辞书出版社2013年版,第185页。本文中对于岳麓秦简第三卷释文的引用,均依据此书。
② 睡虎地秦墓竹简整理小组:《睡虎地秦墓竹简》,文物出版社1990年版,第42页。
③ 睡虎地秦墓竹简整理小组:《睡虎地秦墓竹简》,文物出版社1990年版,第108页。
④ 栗劲:《秦律通论》,山东人民出版社1985年版,第401页。此说收入《秦简牍合集》。参见陈伟主编:《秦简牍合集(壹)》,武汉大学出版社2014年版,第220页。

纵",可知"不仁邑里者"是要"系作"的,与《亡律》本条的规定吻合,本律规定了系城旦舂作和作如隶臣妾两种情况,所以引文不规定"系城旦舂",而规定"系作如其所纵",根据监管对象是系城旦舂还是作如隶臣妾来确定对监管者的惩罚。

睡虎地秦墓竹简这两个辞例涉及"亡不仁邑里、官者",分别是对其禀衣和监管者责任的规定,内容与岳麓秦简《亡律》吻合,应据《亡律》将睡虎地秦墓竹简两辞例中的"仁"读为"认",并结合《亡律》内容理解这两个辞例的内容。

综上,根据岳麓秦简《亡律》的信息,我们应修正对睡虎地秦墓竹简相关简文的认识。岳麓秦简《亡律》该律文的亡不认邑里官者,是指代所有的不明身份逃亡者,包含了睡虎地两条简文涉及的人群。

### (二)处置此类逃亡者的方式

中县道官诣咸阳,郡【县】道诣其郡都县(简1978),皆縠(系)城旦舂,槫作仓,苦,令舂勿出,将司之如城旦舂。其小年未盈十四岁者,槫(简1996)作事之,如隶臣妾然。(简2027)

这是对"亡不仁邑里、官者"的处置方法。综合岳麓秦简整理小组相关注释,其大意是:中县道官署遣送这类人至咸阳,诸郡县道遣送这类人至郡治所县,在咸阳、诸郡治所县集中的此类人,都以对待城旦舂的方式将其拘系,槫作于仓,令其舂米而不能让他们外出,监管此类人如监管城旦舂。如果是年龄未到十四岁之此类逃亡者,则槫作役使,如对待隶臣妾一般。

刑徒处置方式以十四周岁划分为成人和未成人两类,应是秦律令的惯例性规定,然而本律存在疑问,既然此类逃亡者身份不明,其户籍数据或刑徒数据尚未查阅,其年龄是无法确认的,因此本律以年龄分类的规定恐怕难以施行。见于睡虎地秦墓竹简的以身高判断刑事责任能力的方式,或许更适合此处。

对满十四岁成人的惩处方式可归纳为系城旦舂作,其人可称为系城旦舂作徒。系城旦舂作在本律中的性质,本书认为是对相关人群的暂时的惩处以及监管的方式。分析如下:

第一,本律"系城旦舂作"不是刑罚。定罪量刑的前提是对案情的掌握,秦律令中定罪量刑的前提是确定罪人身份以及查明犯罪情节,本律针对的对象身份不明,所以本律规定查得逃亡者实情以后要按律处理,即确认其身份等情况后再按律处以刑罚。"系城旦舂作"在本律中是确认逃亡者身份前的处置方式。秦人本身不将该处置方式当作刑罚看待,否则为何查得实情之后要按律处理改变刑罚?

不明身份的逃亡者是系城旦舂作徒的一种,本律规定官吏要时刻注意办理涉

及这些人员的案子。可联系睡虎地秦墓竹简所见"群下吏毋耐者",如下:

>……公士以下居赎刑罪、死罪者,居于城旦舂,毋赤其衣,勿枸椟欙杕。鬼薪白粲,群下吏毋耐者,人奴妾居赎赀(简134)责(债)于城旦,皆赤其衣,枸椟欙杕,将司之;其或亡之,有罪。葆子以上居赎刑以上到赎死,居于官府,皆勿将司。所弗问(简135)而久毄(系)之,大啬夫、丞及官啬夫有罪(简136)。(秦律十八种)①

"群下吏毋耐者"即诸下吏收捕而尚未受耐刑者,可联系"亡不仁邑里、官者"。首先,辞例可见"所弗问而久毄(系)之","久系"在秦汉律令中多指长期拘系而其案件未决者,参见《汉书·刑法志》:"狱之疑者,吏或不敢决,有罪者久而不论,无罪者久系不决。""所弗问而久毄(系)之"不针对已确定刑罚的刑徒如"鬼薪白粲"等,而只是针对"群下吏毋耐者",因为其案件未完结,所以简文规定相关吏要对其进行"问",而不能拖延而不问导致其"久系"。这一规定与岳麓秦简《亡律》相关吏要时时覆问"亡不仁邑里、官者"的规定吻合。其次,"群下吏毋耐者"的待遇是"皆赤其衣,枸椟欙杕,将司之",与城旦舂刑徒同,这与成年的"亡不仁邑里、官者"应"将司之如城旦舂"的规定吻合。两者都是需要严格监管的作徒。再次,对"公士以下"有一定优待,此"以下"可能是对"以上"的误抄,对公士以上有爵者的优待常见于秦汉律令。总之,可以肯定"亡不仁邑里、官者"属"群下吏毋耐者"。

第二,"系城旦舂作"被用作对不明身份逃亡者的处置方式,这与作为逃亡犯罪刑罚的"系城旦舂作偿亡日"是存在联系的。以下是陈松长举出并予以比较研究的一对辞例:

>阑亡盈十二月而得,耐。不盈十二月为将阳,毄(系)城旦舂。(岳麓秦简·亡律简0185)②

>吏民亡,盈卒岁,耐;不盈卒岁,毄(系)城旦舂;公士、公士妻以上作官府,皆偿亡日。其自出殹(也),笞五十。(二年律令·亡律 简157)③

陈松长指出,"秦汉简文中将'耐'刑作为比'系城旦舂'更重的一种处罚,也许是当时对刑罚轻重认识的正常现象。"④ 两辞例之间明显是传承关系,

---

① 睡虎地秦墓竹简整理小组:《睡虎地秦墓竹简》,文物出版社1990年版,第51页。
② 陈松长主编:《岳麓书院藏秦简(肆)》,上海辞书出版社2015年版,第69页。
③ 张家山二四七号汉墓竹简整理小组:《张家山汉墓竹简[二四七号墓](释文修订本)》,文物出版社2006年版,第30页。
④ 陈松长:《岳麓秦简〈亡律〉初论》,载于《第五届古文字与古代史国际学术研讨会论文集》,第258页。

对不满一岁逃亡者的惩罚都是"系城旦舂作偿亡日",是属对较轻逃亡者的刑罚,岳麓秦简《亡律》本条以此作为对不明身份逃亡者的处置方式,一是因为"系城旦舂作偿亡日"是对较轻逃亡者的刑罚,而且不属肉刑,所以查得实情之后,作徒就可以按照律令处理,不会留下肉刑那样的遗留问题;二是想通过强制劳役这种方式逼迫不明身份逃亡者交代实情,因为作为刑罚的"系城旦舂作偿亡日"有期限,即逃亡时间"亡日",而岳麓秦简中作为暂时处置方式的"系城旦舂作"期限不确定。如果逃亡时间不满一年,那么逃亡者向官府陈述实情较为有利,如果逃亡时限超过一年或者有其他犯罪等,逃亡者固然可以不说实情来逃避刑罚,但要付出无限期劳作的代价,从官府角度看,长期强制其劳役,也没有浪费劳动力。

另外,张家山汉简《亡律》规定逃亡不满一年的公士以上有爵者以"作官府偿亡日"的刑罚代替"系城旦舂作偿亡日",这一对有爵者服"系城旦舂作"劳役的优待,可见前引《法律答问》辞例。

> 将上不仁邑里者而纵之,可(何)论?当毂(系)作如其所纵,以须其得;有爵,作官府。(法律答问 简63)①

引文"有爵,作官府",正对应张家山汉简《亡律》的"公士、公士妻以上作官府,皆偿亡日"。

《二年律令》规定了对公士以上者的优待,即"系城旦舂"可以用"作官府"替代。公士是一等爵,公士及以上都是有爵之人,对有爵者的优待又可见前引《法律答问》:"当系作如其所纵,以须其得;有爵,作官府。"这两者是存在关系的,《二年律令》这一优待有爵者的规定,应该也是传承自秦律,然而岳麓秦简《亡律》第0185简之后没有抄上相应的内容。

第三,"系城旦舂作"有强制劳役的性质②。尚无坚实的证据表明秦人明确区分暂时处置措施与刑罚,"系城旦舂作"兼具两种功能就是证明。

"系城旦舂作"在秦律中有多种功能,从前文所引的多个辞例可见,其有时是独立适用的刑罚,有时是加刑或对刑徒的特殊管理方式,有时是对不明身份逃亡者的处置。因此不能对其性质一概而论。

关于"系城旦舂作"之"系"字,可以联系《为狱等状四种》与《奏谳书》,两部文献中的"系"字有特定功能,即描述未决案件的罪人是否被官府控制,如《奏谳书》案例三:"疑阑罪,系,它县论,敢谳之。"从岳麓秦简《亡

---

① 睡虎地秦墓竹简整理小组:《睡虎地秦墓竹简》,文物出版社1990年版,第108页。
② 本律的"系城旦舂作"作用不符合当代刑法理论中"刑事强制措施"的概念,关键就是强制措施不包括劳役。

律》可知，这个对未决案件罪人的"系"，不仅仅控制罪人的人身，在某些情况下还带有强制劳役的内容，如对不明身份逃亡者的处置就是"系城旦舂作"，秦当然不会浪费未决案件罪人这一群体的劳动力，前述对"群下吏毋耐者"的强制劳役也说明了这一点。

### （三）办理此类案件的方法

令人智（知）其所，为人识，而以律论之。其奴婢之毋（无）罪者殹（也），黥其雕〈颜〉（简2027）颥，畀其主。咸阳及郡都县恒以计时上不仁邑里及官者数狱属所执灋，县道官别之（简1973），且令都吏时覆治之，以论失者，覆治之而即言请（情）者，以自出律论之（简2060）。【匿】亡不仁邑里、官者，赀二甲（简2083）。

这是"亡不仁邑里、官"类逃亡案件的处置方式，其末附有对藏匿这类逃亡者的行为的处罚规定。

综合岳麓秦简整理小组相关注释，其大意是：令人辨识其居所，如果为人识认，则对其按律论罪。如果是除了逃亡以外没有其他犯罪行为的奴婢，黥其面部颧骨处，交给其主人。咸阳和诸郡治所县每年在上计时提交这类人的数目以及案卷给其属所执法。县道官署处理此类案件，让郡都吏不时审查此类案件，对论罪有失的吏追究责任，如果审查的时候供述实情，则以自出的相关律文规定处理。藏匿此类逃亡者的人，赀二甲。

本律规定的办案方式有派人去逃亡者的居所来查证其身份，并要求相关吏时时覆治此类案件。一方面，规定要不时审讯不明身份的逃亡者，秦汉时代对罪人的讯问都要首先确认其身份，因此秦汉的司法吏讯问罪人的爰书是以"名事里"起首的，这是固定格式。另一方面，管辖案件的官署派人去罪人户籍资料所在县乡或都官查证其身份的方式，是秦汉时代办理任何形式案件都必经的程序，办理逃亡犯罪的案件也是如此。总之，本律规定以两种侦查方式结合来查实亡者的实情，从而按照律令规定对其处以刑罚。在多数情况下，吏是以亡者交代的"名事里"来对相关的县乡里官署进行调查的，所以下文先分析讯问爰书的格式。

第一，由里耶秦简等出土文献可见，讯问爰书是以"名事里"起首的，即姓名、身份、户籍所在县乡里[①]。所有刑事案件都需要调查罪人的这些情况，因此"名事里"成为讯问罪人类爰书的开头部分固定格式。

廿七年【八月丙戌，迁陵拔】讯欧辞曰：上造，居成固畜□□。（里耶

---

① 对"名事里"的说明，可参见陈伟主编：《里耶秦简牍校释（第一卷）》，武汉大学出版社2012年版，第76页校释3。

秦简8-209）①

可见讯问爰书格式为：日期、负责讯问的吏、被讯问者名、事、里，之后才是供述辞的主体内容。

本律从司法实际需要出发，规定不明身份逃亡者供述实情就能以"自出律论之"，鼓励供述，目的是尽快对逃亡者定罪量刑，避免相关人员"久系不决"。类似的规定有前引睡虎地秦墓竹简"群下吏毋耐者"辞例："所弗问而久毄（系）之，大啬夫、丞及官啬夫有罪"。这是给相关负责的吏施加压力，避免出现"久系"者过多的现象。

第二，吏通过文书调查相关人员居所乡的户籍等资料，确认其供述的身份。这种文书调查活动有时与派狱史去封守相关人员房屋财产同时进行。

> 睡虎地秦墓竹简《封诊式》"覆"条：敢告某县主：男子某辞曰："士五（伍），居某县某里，去亡。"可定名事里，所坐论云可（何），可（何）罪赦（简13），或覆问毋（无）有，几籍亡，亡及逋事各几可（何）日，遣识者当腾，腾皆为报，敢告主。（简14）②

引文是专门针对亡者的调查文书程序，与涉及亡者的本律对应。

> 廿六年七月庚辰朔乙未，迁陵拔谓学佴：学童拾有鞫，与狱史畸徼执，其亡，不得，上奔牒，而定名事里，它坐，亡年日月，论云何，【何】罪赦（赦），或覆问之毋有。与狱史畸以律封守，上牒。（里耶秦简牍14-18）③

本书根据《封诊式》诸条内容，对释文进行了校订。此简内容近似《封诊式》相关内容，里耶秦简是实用公文书，其证明力更强。

与《封诊式》"覆"条相比，此牍更突出了从迁陵县出发办案的狱史畸的作用，狱史畸前往迁陵县的学室调查学童拾的案件，带有县令拔写给学室的管理人"学佴"（据里耶15-172，此"学佴"名"亭"④）的公文书，要求办理两事，第一是征询拾的相关信息，第二是要求"学佴"与狱史一起对学童拾的房屋财产进行"以律封守"。

值得注意的是，《封诊式》"覆"条和里耶秦简14-18都征询了"或覆问毋

---

① 陈伟主编：《里耶秦简牍校释（第一卷）》，武汉大学出版社2012年版，第114页。
② 睡虎地秦墓竹简整理小组：《睡虎地秦简》，文物出版社1990年版，第150页。
③ 张春龙：《里耶秦简中迁陵县学官和相关记录》，引自清华大学出土文献研究与保护中心编：《出土文献（第一辑）》，中西书局2010年版，第232~234页。按：原拔露释文："廿六年七月庚辰朔乙未，迁陵拔谓学佴：学童拾有鞫，与狱史畸徼执，其亡，不得。上奔牒而定名事里。它坐亡年日月，论云何，【何】辜，赦或覆问之，毋有。与狱史畸以律封守上牒。"
④ 参见张春龙：《里耶秦简中迁陵县学官和相关记录》，第232~234页。

有"，《封诊式》的"有鞫""告臣""黥妾"等条也见此句，这是此类文书中唯一出现"或"字之句，"或"是解读这类文书性质的关键。

《为狱等状四种》与《奏谳书》的"或"字经常是引出并列的定罪量刑意见，如《奏谳书》案例三："·或曰：当以奸及匿黥舂罪论"①。可见"或"是另有人或另有官署的意思。"或覆问之毋有"，即文书涉及案件是否有其他官署"覆问"？这其实彰显了此类文书本身属"覆问"文书，所以要询问是否有其他官署"覆问"此案。《封诊式》的"覆"条应得名于"覆问"，而"覆问"是覆狱官署征询的意思，相应文书是管辖此案的官署征询罪人原籍地或所属官署的文书，可见如下辞例。

里耶秦简8-136+8-114正面：

☐☐月己亥朔辛丑，仓守敬敢言之：令下：覆狱沓迁陵隶臣邓

☐☐名吏（事）、它坐、遣。言。·问之：有名吏（事），定，故旬阳隶臣，以约为

☐☐☐史，有逮耐鼻以上，縠（系）迁陵未央（决），毋遣殹。谒报覆狱治所，敢言②

按，该文书是仓守敬对"覆狱治所"官署所发覆狱公文书的回复，起首引用"覆狱治所"所发公文书的内容，即要求调查并回复迁陵隶臣邓的"名吏（事）、它坐、遣"，而"言"意为以文书上言。符号"·"后以"问之"起首的主体部分是仓守敬调查的结果，包括邓的"名吏（事）、它坐、遣"等情况。参考里耶秦简牍8-1077："☐月及所譜（遣）。亟言。·令"③。标点有改动，其结构与8-136+8-114类似，以点号隔开引文和主文。可见"言"是"亟言"之省，应在"言"前断句。

此例证明了"覆问"文书是管辖案件的官署对罪人原籍地官署或刑徒所属官署的征询文书。

"覆问"文书和《奏谳书》《为狱等状四种》所见"诊问"文书有关，这一关联日本学者宫宅洁、籾山明已有阐释④。"诊问"文书的内容来源之一就是相关官署对覆狱官署征询的回复，例如仓守敬的回复就提供了相应情况。而"覆问"这种文书征询方式又是本律"覆治"的必经程序，"覆治"就是办理刑事案件侦查工作的统称，刑侦工作如果没有经过"覆问"，就还是不能确定罪人身

---

① 张家山二四七号汉墓竹简整理小组：《张家山汉墓竹简［二四七号墓］（释文修订本）》，文物出版社2006年版，第93页。
② 陈伟主编：《里耶秦简牍校释（第一卷）》，武汉大学出版社2012年版，第76页。
③ 陈伟主编：《里耶秦简牍校释（第一卷）》，武汉大学出版社2012年版，第274页。
④ 参见籾山明：《中国古代诉讼制度研究》，上海古籍出版社2009年版，第60~109页。

份，就不能对其定罪量刑。

本律："令人智（知）其所，为人识，而以律论之。"这一规定其实是办理所有刑事案件必经的程序，办理逃亡案件自然不能例外。可以参见《封诊式》的"有鞫"、"封守"等条。

## 结语

如前所述，本律的内容信息量丰富而且与其他出土秦法律文献联系紧密，本律不仅是研究秦代法制的材料，也让我们得以一窥秦官方法律思想。"亡不仁邑里、官者"这个称谓，既然身份不明，又如何确认他们是逃亡者，并称其为"亡不仁邑里、官者"？我们认为：因为秦代黔首赋税和徭役极重，而刑徒是没有固定刑期的，奴婢也深受其主剥削，所以逃亡现象非常严重，对应的现象是岳麓秦简《亡律》篇幅可观而规定细密。这就是《道德经》所说的"法令滋彰盗贼多有"的恶性循环现象。既然身份带来奴役，逃亡并隐蔽身份就成为摆脱奴役的方法。如此背景下，秦司法官吏会以类似"有罪推定"的心态视一切身份不明者为逃亡者，并且力求尽快查明其身份，将其送回至剥削极重的生活中去。在尚未查明身份的时间，秦吏也不会让逃亡者如愿以偿摆脱劳役，"系作"的规定也彰显了秦官府对逃亡者的严厉打击不会有任何遗漏或疏忽之处。（欧扬）

## 第二节 岳麓秦简《繇律》及相关问题研究

秦汉时期，傅籍成丁都有为国家服徭役的义务。此种役使若控制在一定的限度之内，则有其合理性，举凡戍边、筑城、修路、通渠等实大有利于百姓，然非集众人之力无以成之；又若无一有力政府强制执行，则以上诸事皆废。徭役征发以不妨碍农事、经济上能够承受为两大基本原则，有违二者之一，则必至民怨沸腾，国家不宁，甚至使王朝倾塌。因徭役征发涉及面颇广，又关乎官吏百姓之关系，故不得不制定相关法律以规范之。

传世典籍中有关徭役征发、服徭、逃避徭役的记载屡见不鲜，然未见《徭律》条文，出土秦汉简牍则数见之。《睡虎地秦墓竹简·秦律十八种》中有《徭律》1则，此外《法律答问》中也有相关内容，《张家山汉墓竹简》载《徭律》5则。相对于前两批出土材料，岳麓秦简中所存《徭律》内容更为丰富，为研究秦代徭役征发、《徭律》文本之变化以及秦汉《徭律》之异同创造了条件。

岳麓秦简共收录律名明确的《繇律》简7组，除此之外，尚有不少简文内容与繇戍相关，兹分不同的主题分别加以讨论。

## 一、岳麓秦简《䌛（繇）律》例说

䌛役是秦汉时期最常见的劳役形式之一，有关繇役的法律条文，曾散见于睡虎地秦墓竹简《秦律十八种》和张家山汉简《二年律令》中，前者仅为一条：

> 御中发征，乏弗行，赀二甲。失期三日到五日，谇；六日到旬，赀一盾；过旬，赀一甲。其得毆（也），及诣，水雨，除兴（简115）。兴徒以为邑中之红（功）者，令结（嫭）堵卒岁。未卒堵坏，司空将红（功）及君子主堵者有罪，令其徒复垣之（简116），勿计为䌛（繇）。县葆禁苑、公马牛苑，兴徒以斩（堑）垣离（篱）散及补缮之，輒以效苑吏，苑吏循之。未卒岁或坏（简117）（决），令县复兴徒为之，而勿计为䌛（繇）。卒岁而或（决）坏，过三堵以上，县葆者补缮之；三堵以下，及虽（简118）未盈卒岁而或盗（决）道出入，令苑辄自补缮之。县所葆禁苑之傅山、远山，其土恶不能雨，夏有（简119）坏者，勿稍补缮，至秋毋（无）雨时而以䌛（繇）为之。其近田恐兽及马牛出食稼者，县啬夫材兴有田其旁（简120）者，无贵贱，以田少多出人，以垣缮之，不得为䌛（繇）。县毋敢擅坏更公舍官府及廷，其有欲坏更毆（也），必谳（简121）之。欲以城旦舂益为公舍官府及补缮之，为之，勿谳。县为恒事及谳有为毆（也），吏程攻（功），赢（简122）员及员自二日以上，为不察。上之所兴，其程攻（功）而不当者，如县然。度攻（功）必令司空与匠度之，毋独（简123）令匠。其不审，以律论度者，而以其实为䌛（繇）徒计。䌛（繇）律（简124）①

这是一组由10枚简组成的一条长律，其内容主要是关于"御中发征"的时日要求和禁苑、县邑土工的具体要求和检查规定等，尽管律文只是一条，但其细密的程度，足可见秦代当时的法律规定非常严密，同时也说明，秦代有关繇律的条文肯定不只是这一条而已。

张家山汉简《二年律令》中也有10枚简（单独注明"䌛律"的篇名简除外）记载了汉代初年的部分繇律条文，有趣的是，同样是10枚简，其所记内容却大致可分为5条，其中最短的就一枚简，最长的则由5枚组成，其主要内容包

---

① 睡虎地秦墓竹简整理小组：《睡虎地秦墓竹简》，文物出版社1990年版，第47页。

括了发徭"行粟""传送""委输""补缮"等,与睡虎地秦墓竹简中的《徭律》条文颇有相同互补之处,为便于比较,我们且录其中较长的一条如下:

> 发传送、县官车牛不足、令大夫以下有訾(赀)者、以訾共出车牛及益、令其毋訾(赀)者与共出牛食约载具。吏及宦皇帝者不(简411)与给传送。事委输、传送重车重负日行五十里、空车七十里、徒行八十里。免老小未傅者女子及诸有除者、县道勿(简412)敢繇(徭)使。节(即)载粟、乃发公大夫以下子未傅年十五以上者。补缮邑□、除道桥、穿波(陂)池、治沟渠、塹奴苑、自公大夫以下(简413)、勿以为繇(徭)。市垣道桥、命市人不敬者为之。县弩春秋射各旬五日、以当繇(徭)。戍有余及少者、赎后年。兴□□□(简414)□□为□□□·及发繇(徭)戍不以次、若擅兴车牛、及繇(徭)使者、罚金各四两(简415)①。

正在整理中的岳麓秦简中,现在至少可以确定为《繇(徭)律》条文的简已有20余枚,因其律文书写的形式大都是在简首书以"繇(徭)律曰",故大致可以确定这20余枚简分别属于七条《繇(徭)律》条文,这里,我们且例举两条与睡虎地秦墓竹简和张家山汉简中的繇(徭)律作些对比讨论。释文如下:

> 繇(徭)律曰:岁兴繇(徭),徒人为三尺券一,书其厚焉。节(即)发繇,乡啬夫必身与典,以券行之。田时先行富。(简1241)
> 
> 有贤人,以闲时行贫者,皆月券书其行月及所为日数,而署其都发及县请(情)。其当行而病及不存(简1242),
> 
> 署于券,后有**繇**(徭)而聂(躡)行之。节(即)券**繇**(徭),令典各操其里**繇**(徭)徒券来与券以异**繇**(徭)徒,勿征赘,勿令费日。(简1363)
> 
> 其移徙者,辄移其行**繇**(徭)数徙所,尽岁而更为券,各取其当聂(躡)及有赢者日数,皆署新券以聂(躡)。(简1386)
> 
> **繇**(徭)律曰:委输传送,重车②负日行六十里,空车八十里,徒行百里。其有□□□▨(简1394)

第一条《繇(徭)律》大致由四枚简组成。第二条是不完整的一条《繇(徭)律》,因为这枚简的下端已残,且尚没找到可与其内容相联系的其他简文,

---

① 张家山二四七号汉墓竹简整理小组:《张家山汉墓竹简[二四七号墓](释文修订本)》,文物出版社2001年版,第64~65页。

② 重车:运载辎重之车。《孙子·作战》:"驰车千驷,革车千乘"曹操注:"驰车,轻车也,驾驷马;革车,重车也,言万骑之重。"杜牧注:"轻车,乃战车也。古者车战,革车、辎车,重车也,载器械、财货、衣装也。"

但由于这条残简的内容正好可与张家山汉简中的《繇（徭）律》相比对，故先在这里举例说之。

第一条《繇（徭）律》中，有几个语词先作一些解释和讨论：

"徒人"，当指徒役之人。《史记·高祖本纪》："高祖以亭长为县送徒骊山，徒多道亡。"

"三尺券"，"券"为秦汉时期常见的契据。睡虎地秦墓竹简《金布律》中有"叁辨券"①，颇疑这里的"三尺券"就是"叁辨券"之误，因在出土秦汉简牍实物中，尚没发现三尺长的券书简。

"书其厚焉"，"厚"或可释为财物多少。《韩非子·有度》："毁国之厚，以利其家，臣不谓智。"厚即财富之义。《汉书·晁错传》："塞下之民，禄利不厚，不可使久居危难之地。"厚犹丰厚富足之义。"书其厚焉"当是在券上记录其财物多少的意思。

"乡啬夫必身与典"，"身"，亲自也。《汉书·陈胜项籍传》："宋义乃遣其子襄相齐，身送之无盐，饮酒高会。""典"，主持也。《广雅·释诂三》："典，主也。""乡啬夫必身与典"意即乡啬夫必须亲自参与主持兴繇事宜。

"以券行之"，其语义当是以券书上所书写记录的财物多少来决定行繇的对象。

"田时先行富有贤人"，"田时"当指农忙时节。"先行"当是先以行繇之的意思。"贤人"，指多财之人。《六书故·动物四》："贤，货币多于人也。"这句话的意思当是：农忙时节，先以富有多财之人行繇。其目的大概是为了保证农业耕作的充足劳力。

"皆月券书其行月及所为日数，而署其都发及县请（情）"，"皆"是指上面所说"田时"和"闲时"所行繇的人，"月券书"是每月都要在券上记载。所记载的内容包括行繇的月数和天数，同时，其发繇的都官或县要有签署的情况。

聂：《张家山汉墓竹简·二年律令·繇律》："当（繇）戍而病盈卒岁及（系），勿聂（摄）。"（四〇七）整理小组注：摄，拘捕，《国语·吴语》注："执也。"一说聂通蹑，追也。《文选·潘岳〈籍田赋〉》："蹑蹑侧肩。"李善注："《说文》曰：'蹑，追也。'蹑其踵所以为追逐也。"

券繇（徭）：将服繇役的情况登记在券书上。

---

① 睡虎地秦墓竹简《金布律》第二条提到叁辨券："县、都官坐效、计以负赏（偿）者，已论，啬夫即以其直（值）钱分负其官长及冗吏，而人与叁辨券，以效少内，少内以收责之。其人赢者，亦官与辨券，入之。其责（债）毋敢喻（逾）岁，喻（逾）岁而弗入及不如令者，皆以律论之。"见《睡虎地秦墓竹简》，第39页。

赘：多余的人。或以为赘婿。

这两条《徭律》中，尽管第二条还存在残缺的问题，但将其与睡虎地秦墓竹简和张家山汉简中的《徭律》相比对，至少有如下几个方面值得注意：

第一是丰富了我们对秦代兴繇细节的认识和了解。睡虎地秦墓竹简中主要讲"御中发征"和县邑中土工的诸多事项和内容，尽管其中"御中发征"的延期、对县邑土工的保质保期进行了具体而严格的规定，但对具体怎么兴徭并没有涉及，岳麓秦简正好补充了这方面的内容。从这两条徭律的条文规定可以知道，秦代兴徭之时，"必以券行"，而且乡啬夫必须亲自主持核验券书。特别值得注意的是，秦代行繇的"徒人"还有"富有贤人"和"贫者"的差别，两者行徭的时段也有所差别，前者在"田时"行徭，后者在"闲时"行徭，这多少反映了秦代统治者对农业种作的重视。

第二是关于秦汉的兴繇规定既有明显的继承性，也有很显着的区别和差异。例如，我们在张家山汉简《繇（徭）律》中看到"事委输、传送重车重负日行五十里、空车七十里、徒行八十里"。但在岳麓秦简的《繇（徭）律》中，我们看到的却是："委输传送，重车负，日行六十里，空车八十里，徒行百里"。两相比较，秦代的徭役明显苛重一些，特别是徒行，其日程的规定居然多出二十里，可见对行繇之人的规定比汉代确实严酷得多。

第三是岳麓秦简中的《徭律》在行文格式上都是以"繇（徭）律曰"开头，这种格式与睡虎地秦墓竹简《秦律杂抄》有点类似，这多少也说明，岳麓秦简中的秦律条文也大都是秦律的节抄本，并不是秦代律文的全本或全貌。（陈松长）

## 二、秦汉时期的繇与繇使

一般认为，繇就是繇役，也就是劳役，或者说，繇就是秦汉时期由官府征发的苦役。如《淮南子·精神篇》："今夫繇者揭钁臿，负笼土。"高诱注："繇，役也"。高诱这里所说的役，也就是劳役的意思。《诗经·王风·君子于役》："君子于役，如之何勿思？"郑玄笺："行役多危难，我诚思之。"所谓的"行役"，也是服劳役的意思。因此，人们对秦汉文献中"繇"的认识，基本上是跟繇役、苦役画等号的。

其实，在秦汉文献中所出现的与繇有关的记载中，所谓的繇和役是不等同的，而且服繇者的身份不同，所服繇的种类也不同，那其所承受的劳作程度也是有区别的。因此，我们不能随便将秦汉时期的发繇或兴繇称之为繇役，更不宜简单地将当时的服繇等同为服苦役。

首先，在秦汉文献中，繇和役是单独使用的两个语义相近而又有区别的语词。在已整理发表的出土秦汉法律文献中，繇大都是单独使用的。如睡虎地秦墓竹简中有"繇律"一条，"繇"字出现过19次，但都没有与"役"字连用者。张家山汉简《二年律令》中，"繇"字出现了27次，也仅有一次是与"役"字并列使用的，其他均为单独使用。由此可见，在秦汉文献中，"繇"和"役"应是各有所指范围的特定语词，所以许慎在《说文解字》中分别注解曰："繇，随从也。"清代段玉裁注曰："亦用为徭役字，徭役者，随从而为之者也。"现在看来，段玉裁乃是根据汉以后繇役连用的语词所作的解释，其实在许慎的《说文解字》中，"繇"和"役"是有区别的，故他训解曰："役，戍也。"

仔细想来，许慎的训释应该是很贴切秦汉文献中"繇"的本义的。他训"繇"为"随从"，在"随"字下又训曰"随，从也"。《广雅·释诂》："随，行也。"是知随、从、行可同义相训。可见，许慎所说的繇，也就是听从而行，其本身并没有劳役或苦役的意思。当然，我们也不可否认的是，繇既然是"随从"，那多少也是与劳作有关的，故汉以后的文献中，多将"繇役"作为一个双音节的语词来使用。

其次，秦汉时期的"繇"种类繁多，但从出土文献的记载来看，大致分为"邑中之红（功）"和"委输传送"两大类，这方面，我们可以睡虎地秦墓竹简和张家山汉简中繇律的具体条文为例来说明。

睡虎地秦墓竹简中《繇律》仅一条，但文字较多，这里我们仅录其与繇的种类相关者如下：

> 兴徒以为邑中之红（功）者，令嫭堵卒岁。未卒堵坏，司空将红（功）及君子主堵者有罪，令其徒复垣之（简116），勿计为繇。县葆禁苑、公马牛苑，兴徒以斩（堑）垣离（篱）散及补缮之。辄以效苑吏，苑吏循之。未卒岁或坏决（简117），令县复兴徒为之，而勿计为繇。卒岁而或决坏，过三堵以上，县葆者补缮之；三堵以下，及虽（简118）未盈卒岁而或盗决道出入，令苑辄自补缮之。县所葆禁苑之傅山、远山，其土恶不能雨，夏有（简119）坏者，勿稍补缮，至秋毋（无）雨时而以繇为之。其近田恐兽及马牛出食稼者，县啬夫材兴有田其旁（简120）者，无贵贱，以田少多出入，以垣缮之，不得为繇。（简121）①

这里所规定的"繇"主要是"为邑中之功"，及在县邑中修筑墙垣、修缮禁苑、公马牛苑和公舍官府等，这些显然都是与劳作有关的繇。

现在看来，睡虎地秦墓竹简中的"繇律"条文太少，内容比较单一，显然

---

① 睡虎地秦墓竹简整理小组：《睡虎地秦墓竹简》，文物出版社1990年版，第47页。

不足以反映秦代繇律的全貌，而其律文中有关兴繇的内容也仅仅讲"兴徒以为邑中之红（功）者"而已。张家山汉简《二年律令》中也有《繇律》，且律文有5条之多，这比起睡虎地秦律来，内容要丰富多了，如在其律文规定中，兴繇的内容除了睡虎地秦墓竹简中所说的"为邑中之功"外，还有一个很重要的方面就是"委输传送"：

> 发传送，县官车牛不足，令大夫以下有訾（赀）者以赀共出车牛及益，令其毋赀者与共出牛食、约、载具。吏及宦皇帝者不（简411）与给传送。事委输，传送重车重负日行五十里，空车七十里，徒行八十里。免老、小未傅者、女子及诸有除者，县道勿（简412）敢繇使。节（即）载粟，乃发公大夫以下子、未傅年十五以上者。（简413）①

这里将"发传送"和"事委输"列为"繇律"中的两大种类，从其服繇的性质和内容来看，它们都不是"为邑中之功"，而是两种要远走他乡的一种临时派遣，但尽管都是临时派遣，其劳作的程度则是很有差别的。例如，其中的"传送"，除了车船长途运输之外，还当包括秦汉时期的官府文书传送。这一点，也正是我们解读秦汉时期的兴繇并非都是所谓"繇役"或苦役的主要理据之一。

众所周知，有关官府文书的传送要求和法律规定，在秦汉律令中，多是将其放在《行书律》中表述的，因此，人们往往忽略其"传送"的繇使意义，而仅将其作为行书的法律条文来解读。为便于理解和讨论，我们且节录部分与"传送"有关的《行书律》条文如下：

> 令吏徒将传及恒书一封诣令史，可受（简48）代吏徒，以县次传诣成都，成都上恒书太守处，以律食。法（废）丘已传，为报，敢告主（简49）。（睡虎地秦墓竹简·封诊式）
>
> 发致及有传送，若诸有期会而失期，乏事，罚金二两。非乏事也，及书已具，留弗行，行书而留旬，皆（简269）盈一日罚金二两（简270）。（二年律令·行书律）
>
> □□□不以次，罚金各四两，更以次行之（简271）。（行书律）
>
> 书不急，擅以邮行，罚金二两（简272）。（行书律）
>
> 邮人行书，一日一夜行二百里。不中程半日，笞五十；过半日至盈一日，笞百；过一日，罚金二两。邮吏居界过书（简273），弗过而留之，半日以上，罚金一两。书不当以邮行者，为送告县道，以次传行之。诸行书而毁封者，皆罚金（简274）一两。书以县次传，及以邮行，而封毁，□县□

---

① 张家山二四七号汉墓竹简整理小组：《张家山汉墓竹简〔二四七号墓〕（释文修订本）》，文物出版社2001年版，第64~65页。

劾印，更封而署其送徼（檄）曰：封毁，更以某县令若丞印封（简275）。（行书律）

请狱辟书五百里以上，及郡县官相付受财物当校计者书，皆以邮行（简276）。（行书律）

这是睡虎地秦墓竹简《封诊式》和张家山汉简《二年律令》中的《行书律》中的部分律文，它们较为具体地规定了官府文书传送的时限和惩罚细则。值得注意的是，张家山汉简中的"发致及有传送"，就是很明确将"传送"列为行书律规定范围的。据此，我们或许可以说，秦汉时期的官府文书传递本身也就是当时经常发繇的内容之一。

与"发传送"相对的是"事委输"，我们知道，"委"就是堆积、囤积的意思，《公羊传·桓公十四年》："御廪者何？粢盛委之所藏也。"何休注："委，积也。""输"就是车船运输，故委输也就是运送粮草器物之类任务。这在睡虎地秦墓竹简和张家山汉简中也多有记载：

上节（即）发委输，百姓或之县就（僦）及移输者，以律论之（简49）。（睡虎地秦简·效律）

船车有输，传送出津关，而有传啬夫、吏、啬夫、吏与敦长、方长各□□而□□□□发□出□置皆如关□（简225）。（二年律令·均输律）

官相输者，以书告其出计之年，受者以入计之。八月、九月中其有输，计其输所远近，不能逮其输所之计（简70），□□□□□移计其后年，计毋相缪。工献输官者，皆深以其年计之。金布律（简71）（秦律十八种）

其金及铁器入以为铜。都官输大内，内受买（卖）之，尽七月毕。都官远大内者输县，县受买（卖）（简86）之。金布律（秦律十八种）

我们从每条律文后所附的律名可以知道，"委输"多与核校、均输、买卖有关，因为物资运输，所以与传送相关而有区别，相关者，是委输所过之处，必有关卡、传置文书之传递，如上引《均输律》中所记载的"车船有输，传送出津关"就是明证。两者的区别也很明显，"委输"既然是运送物资，当然比传送文书要负重辛苦得多，所以张家山汉简《繇律》中才有很细密的规定：

事委输传送，重车重负日行五十里，空车七十里，徒行八十里。免老、小未傅者、女子及诸有除者，县道勿（简412）敢繇使。节（即）载粟，乃发公大夫以下子、未傅年十五以上者。

应该说，上面所引述的"为邑中之功""发传送""事委输"等几类，虽都是发繇或兴繇的内容，但其劳作的程度差异是很大的，我们不能简单地视其为后代文献中的劳役或苦役。其实，他们都只是当时繁多的繇使中常见的几种而已。

这里，我们之所以不叫"繇役"而称"繇使"，是因为在出土的秦汉文献中，"繇使"才是一个跟"繇"有关的很常见而固定的语词。上引张家山汉简《繇律》中就有这么一条：

免老、小未傅者、女子及诸有除者，县道勿敢繇使。

这条律文中的所谓"繇使"，也就是使其服繇的意思。同样的例子亦见于张家山汉简《史律》：

□□学佴敢擅繇使史、卜、祝学童者，罚金四两。（简484）

在其他语境中，"繇使"又是服繇的意思。如：

可（何）谓"匿户"及"敖童弗傅"？匿户弗繇使，弗令出户赋之谓殹（也）。（睡虎地秦墓竹简·法律答问 简165）

相国、御史请关外人宦为吏若繇使，有事关中（简500），不幸死，县道各属所官谨视收敛，毋禁物，以令若丞印封椷楬，以印章告关，关完封出，勿索。（简501）（二年律令·津关令）

今廷史申繇使而后来，非廷尉当，议曰：当非是（简189）。（张家山汉简·奏谳书）

这几条律文中"繇使"的当事人既有"关外人宦为吏"，也有"廷史"。我们知道，"廷史"已是有一定级别的官吏，但他也有"繇使"。这可见秦汉时期的兴繇和发繇的对象，并不全是黔首百姓或奴婢和服刑之人，而是包括各级官吏，这些官吏的"繇使"也许就如现在各级行政管理人员出"公差"，它并不是一种劳役或苦役，而只是一份差事而已。据此，我们再来看《史记·高祖本纪》："高祖尝繇咸阳"，就知道高祖并不是曾在咸阳服繇役，而是曾繇使咸阳罢了。（陈松长）

## 三、秦汉时期的"徭役"和"徭戍"

"徭役"一词在先秦秦汉文献中并不多见，就目前公布的出土文献资料而言，并无"徭役"一词。在传世文献中，"徭"和"役"两字连用最早见于《韩非子·备内》："徭役少则民安，民安则下无重权，下无重权则权势灭，权势灭则德在上矣。"在《史记》中也仅出现了两次，分别见于《史记·项羽本纪》："每吴中有大繇役及丧，项梁常为主办，阴以兵法部勒宾客及子弟，以是知其能。"《史记·平津侯主父列传》："向使秦缓其刑罚，薄赋敛，省繇役，贵仁义，贱权利，上笃厚，下智巧，变风易俗，化于海内，则世世必安矣。""徭役"一词在《韩非子》中只出现了一次，在《史记》中也仅仅出现了两次，可见"徭"、"役"两字连用在先秦秦汉时期并不常见。

关于徭役的概念，学界也已经有很多讨论。孙毓棠认为，"所谓徭役，一部分是力役，一部分是兵役"①；韩连琪也认为，"徭役包括力役与兵役"②；高敏认为："从本质上来说，就是国家对劳动人民实行普遍性的人身奴役的一种特殊表现"③；黄今言认为，"徭役，亦称力役，这是封建政权强迫劳动人民承担的一种无偿劳动"④；而马大英认为，"汉代徭役是利用国家权力征发人民的劳动力，要人民服各项劳役的总称。也就是古史上所谓力役之征"⑤；杜正胜则认为，力役之征"主要分为兵役和徭役两大类"⑥。所以，在"徭役"的概念问题上，学界目前尚存在很多不同的看法。

《韩非子》和《史记》出现"徭役"的次数较少，相比而言，《汉书》中出现"徭役"的地方较多，更有助于增进我们对"徭役"一词的理解。《汉书·卫青霍去病传》："以千七百户益封骠骑将军。减陇西、北地、上郡戍卒之半，以宽天下繇役。"此处的"宽天下繇役"之前是"减陇西、北地、上郡戍卒之半"，可见减少戍卒的数量也是宽徭役的内容之一，由此也可以看出，"徭役"并不仅仅指劳役，也包括戍役在内。又《汉书·王贡两龚鲍传》："又言诸离宫及长乐宫卫可减其太半，以宽繇役。"这里的宽徭役是指减少各处离宫和长乐宫的卫卒。而"役"的本意是"戍边"，因此，笔者认为在秦汉时期，"徭役"一词应包含"徭"和"戍"两层意思，并不单指"徭"一方面的内容。

在已公布的睡虎地秦墓竹简、里耶秦简、岳麓秦简和张家山汉简等多批秦汉简中都出现了"徭戍"一词。

睡虎地秦墓竹简中出现"徭戍"的部分有：

> 居赀赎责（债）者，或欲籍（藉）人与并居之，许之，毋除繇（徭）戍（简137）。

> 驾驺除四岁，不能驾御，赀教者一盾；免，赏（偿）四岁繇（徭）戍（简3）。

---

① 孙毓棠：《西汉的兵制》，载氏著：《孙毓棠学术论文集》，中华书局1995年版，第268页。
② 韩连琪：《汉代的田租、口赋和徭役》，引自韩连琪主编：《先秦两汉史论丛》，齐鲁书社1986年版，第492页。
③ 高敏：《秦汉徭役制度》，载氏著：《秦汉史探讨》，中州古籍出版社1998年版，第124页。
④ 黄今言：《秦汉赋役制度研究》，江西教育出版社1988年版，第246页。
⑤ 马大英：《汉代财政史》，中国财政经济出版社1983年版，第46页。
⑥ 杜正胜：《编户齐民——传统政治社会结构之形成》，联经出版事业公司1991年版，第10页。

关于《睡虎地秦墓竹简·秦律杂抄·除吏律》这条律文中出现的"徭戍"一词，于豪亮认为"徭戍"是戍边在法律中的用语。从这条律文来看，"驾驺除四岁，不能驾御"，除了免职以外，还要"赏（偿）四岁䌛（徭）戍"①。可见秦代规定每个适龄男子每年都有一定期限的戍边的任务，在执行过程中，当然不会每人每年都去一次，大约是积累至若干年去一次。胡大贵：为官长驾车就不是仅免除戍边，当应免除各项徭役义务，"赏（偿）四岁䌛（徭）戍"就是补服四年内应服的各项徭役②。徐世虹认为：这是依法追回其不当得利之四年徭戍的免除。"徭戍"不仅指戍边，而应是包括各项徭役义务在内的征调制度③。简言之，于豪亮认为"徭戍"就是"戍边"，胡大贵和徐世虹的观点比较接近，都认为"徭戍"包括"徭"和"戍边"两种劳役在内。除《睡虎地秦墓竹简》中出现"徭戍"一词之外，在其后公布的出土文献中也多次出现了"徭戍"一词。

里耶秦简中出现"徭戍"的部分有：

得□里士五（伍）难，䌛（徭）戍□一岁，谒令。（8-1585）

由于里耶秦简中的这段记载有很多缺字，所以并不能确定具体信息。

岳麓秦简中"徭戍"一词共出现了11次，内容如下：

第一组：

有赀赎责（债）拾日而身居，其居县官者，县节（即）有䌛（徭）戍，其等当得出，令䌛（徭）戍，䌛（徭）戍已，辄复居。当䌛（徭）戍，病不能出及作盈卒岁以上，为除其病岁䌛（徭），勿聂□□论毄（系），除毄（系）日䌛（徭）戍，以出日傅（使）之。（简1429+简1420+简1424）

这一组的内容主要表达了三层意思：其一，因"居赀赎债"而在县官居作的人，如果应该服县中的"徭戍"，就让他们去徭戍，徭戍结束之后，再继续居作。其二，已经居作超过一年但身患疾病的人可以免除他患病这一年该服的徭戍。其三，被拘系的人在被拘系期间不用服徭戍，拘系结束之后再役使他们。这里的第二、三种情况和《张家山汉简·二年律令·徭律》记载的内容颇为相似，其内容为"当䌛（徭）戍而病盈卒岁及毄（系），勿聂（摄）"。

通过岳麓秦简中"除其病岁䌛（徭）"的记载，我们也可以看出睡虎地秦墓竹简中的"赏（偿）四岁䌛（徭）戍"应该为补偿这四年中应服的"徭戍"，而非于豪亮所说补偿长达四年之久的徭戍。

---

① 于豪亮：《西汉适龄男子戍边三日说质疑》，载于《考古》1982年第4期，第407~410页。
② 胡大贵：《关于秦汉谪戍制的几个问题》，载于《西南师范大学学报（哲学社会科学版）》1991年第1期，第25~30页。
③ 徐世虹：《中国法制通史（第二卷）》，法律出版社1999年版。

第二组：

繇（徭）律曰：发繇（徭），自不更以下繇（徭）戍，自一日以上尽券书，及署于牒，将阳倍（背）事者亦署之，不从令及繇（徭）不当券书，券书之，赀乡啬夫、吏主者各一甲，丞、令、令史各一盾。繇（徭）多员少员，颓（赎）计后年繇（徭）戍数……（简1305＋简1355）

这一组的内容主要是讲征发徭戍要做好记录，合理券书，如果出徭的量超过或者不足规定的量，就后计到第二年的徭戍数量中。这组中的记载也和《二年律令》中的记载有所对应，《二年律令》中的记载为"县弩春秋射各旬五日，以当繇（徭），戍有余及少者，赎后年"，据岳麓秦简中这一组的记载，笔者认为原《二年律令》的断句是不合理的，当改为"县弩春秋射各旬五日，以当繇（徭）戍，有余及少者，赎后年"。"县弩"是县中的发弩，《为吏治官及黔首》中对"发弩"的解释为"专司射弩的兵种"，可知《二年律令》中的这条简文说的是"戍"的内容，其意当为县中的发弩每年春季和秋季试射各十五日（全年合计为一月时间）来抵当该年的徭戍，如果超过了一个月或者不足一个月，就下推到次年计算。

第三组：

岁上得虎数，御史别受钱及除繇（徭）戍数。・二（简0505）

南阳南郡有能得虎者，一虎赐千钱・御史移曰，入皮肉县官，其不欲受钱，欲除繇（徭）戍，如律令。（简0560）

・簪褭妻緹得虎狗一，为緹夫除一岁繇（徭）戍，不欲除繇（徭）戍，赐五百钱，有等比焉。（简0653）

这一组的简文都和"得虎"有关，而且可以看出得虎的奖励非常优厚，可以自行选择免除徭役或者受钱。里耶秦简中也有一条关于得虎的记载，简8-170"得虎，当复者六人"，整理者注释为"复，免除徭赋"，并引用了杨倞对《荀子》的注释"复其户，不徭役也"。综合岳麓秦简和里耶秦简的内容，可知"得虎"可以免除徭戍，而这里的徭戍当包含"徭役"和"戍役"。

《二年律令》中"徭戍"出现了4次，内容如下：

当繇（徭）戍而病盈卒岁及繫（系），勿聂（摄）；（简407）
县弩春秋射各旬五日，以当繇（徭）戍，有余及少者，赎后年；
兴传（？）送（？）为□□□□及发繇（徭）戍不以次……；
复蜀、巴、汉中、下辨、故道及鸡䤈中五邮，邮人勿令繇（徭）戍，毋事其户，毋租其田一顷，毋令出租、刍稾。（简268）

这四条律文中的前两条在之前已经讨论过，在此不再赘述。第三条中由于缺字过多，理解文意有一定困难，第四条是《二年律令·行书律》的内容，王伟认为这一条律文应断读为"复蜀、巴、汉中、下辨、故道及鸡䂞中五邮邮人，勿令繇（徭）戍"①，不管是原释文断句还是王伟提出的断句方法，对文意的理解并不会有太大影响，都是说这五个邮的邮人可以免除徭戍。蔡万进认为"巴、蜀、汉中山高路险，汉初因交通设施恢复有限，邮人劳动强度大，为保证国家政令畅通，特别颁律规定巴蜀、汉中等地邮人不徭戍、不出租赋，专职传递文书"②。这是政府对特殊地区人员的特殊照顾。

综合以上睡虎地秦墓竹简、里耶秦简、岳麓秦简和二年律令中出现的"徭戍"，可知"徭戍"并不单指"戍边"，而是包含"徭"和"戍边"两种劳役在内。结合"徭役"的本意也指"徭"和"戍"，所以笔者认为在先秦秦汉时期，"徭役"的意思和"徭戍"相同，但经过社会发展和语词演变，"徭役"一词便渐渐失去了其中"戍"的内涵，而仅仅指"徭"。高敏在《秦汉的徭役制度》一文中指出"秦汉的徭役有广义与狭义之分。广义的徭役包括兵役在内，狭义的徭役则是除兵役之外的无偿劳役而言"③。本文所说《徭律》中的徭役都是指狭义的徭役而言，是不包括戍役在内的。

睡虎地秦墓竹简中出现了《徭律》与《戍律》两分的情况，《岳麓书院藏秦简（肆）》中也有专门的《徭律》和《戍律》。所以，我们可以确定《徭律》并不能包含《戍律》，因此才将这两者分开来。也即高敏所说"狭义的徭役则是除兵役之外的无偿劳役而言"。但对比《徭律》和《戍律》的内容来看，又不难发现这两者并不是完全区分开来的，《徭律》中有关于行戍的规定，《戍律》中的一些内容也和徭役非常类似。《秦律杂抄·戍律》中载"戍者城及补城，令姼堵一岁，所城有坏者，县司空署君子将者，赀各一甲……"，整理小组注："本条参看《秦律十八种》中的《徭律》"。对此，孙言诚则直言，"秦简中有徭律，也有戍律，从仅有的一些徭律和戍律的内容来看，徭和戍的性质是相近的劳役。"④

睡虎地秦墓竹简和岳麓秦简中《徭律》和《戍律》内容相关的部分有：

> 戍者城及补城，令姑（姼）堵一岁，所城有坏者，县司空署君子将者，赀各一甲；县司空（简40）佐主将者，赀一盾。令戍者勉补缮城，署勿令

---

① 王伟，《张家山汉简〈二年律令〉释文》，简帛研究网，2004年6月30日。
② 蔡万进：《〈奏谳书〉与汉代奏谳制度》，引自胡平生主编：《出土文献研究（第六辑）》，上海古籍出版社2004年版，第90~110页。
③ 高敏：《秦汉的徭役制度》，载于《中国经济史研究》1987年第1期，第13~33页。
④ 孙言诚：《秦汉的徭役和兵役》，载于《中国史研究》1987年第3期，第77~86页。

为它事；已补，乃令增塞埤塞。县（简41）尉时循视其攻（功）及所为，敢令为它事，使者赀二甲（简42）。

兴徒以为邑中之红（功）者，令結（嫴）堵卒岁。未卒堵坏，司空将红（功）及君子主堵者有罪，令其徒复垣之（简116），勿计为繇（徭）。

第一条为《睡虎地秦墓竹简·秦律杂抄》中《戍律》的内容，其大意为戍边的人负责筑城并且负责修补城墙，要担保城墙一年，所筑城墙如果有所毁坏，率领戍者的县司空署君子各罚一甲；主管率领的县司空佐罚一盾。要命戍边的人全力修城，所属地段不得叫他们做其他事务；城墙已修好，就命他们把要害处加高加厚。第二条为《睡虎地秦墓竹简·秦律十八种》中《繇律》的内容，是说征发繇徒筑造并且保缮邑中的城墙，并且要保质一年，如果一年中出现问题要负责修补，而且是义务劳动，并不算作出繇量。比较第一、第二两条律文，可知戍卒和繇徒的工作内容和职责非常相近，都是负责修筑城墙并且保证一年内城墙的质量，他们之前的区别只是服役地点的不同，戍卒是负责戍守之地的城墙建筑和修补，繇徒则是负责自身所在的县邑中的工程。

·戍律曰：……戍在署，父母、妻死，遣归葬。告县，县令拾日。「繇（徭）发，亲父母、泰父母、妻、子死，遣归葬。已葬，辄聂（摄）以平其繇（徭）。

这条律文是《岳麓书院藏秦简（肆）》《戍律》中的1299和1238号简，这条律文非常特殊，分隔号前是和戍有关的内容，分隔号之后则是发繇的内容。可见在这里是将戍和繇的内容抄在一起的，而且关于戍和繇的内容也非常相近，都是讲在服戍或者服繇期间，如果家中有至亲死亡，都可以回家参加丧葬。但是葬礼结束之后，回去继续服戍或者服繇并且要将耽误的繇戍时间补上。

通过以上三条律文，可知虽然《繇律》和《戍律》是分开的，但又不能完全将两者分开，两者之间有非常紧密的联系，正如孙言诚所说"繇和戍的性质是相近的劳役"。（王笑）

## 四、有关繇役的几个问题研究

### （一）兴繇对象与程序问题

黔首乃繇役征发的对象，一般而言，只有傅籍之后才服役。然并非所有的傅籍黔首都需服役，即爵位在不更以上者无需服繇役。另一方面，有时候未傅籍者也会被征发从事某些役事，虽然所从事之事与"繇役"无别，但严格说来却不能称之为服徭役。兴发徭役乃国之大事，征发对象及程序当有明确规定，然传世秦文献无征，幸好岳麓秦简中有数则《徭律》可填补这一缺陷。

《为吏治官及黔首》要求官吏"兴繇（徭）勿擅"①，擅兴徭是违法行为，但据此尚不知擅兴徭之所指。若从字面意思理解，擅兴大概与《汉书·五行志》中所说的"妄兴繇役以夺民时"②一句中的"妄兴"差不多，即肆意兴徭、不按既定法条兴徭。从岳麓秦简可知，擅兴徭包括：在黔首农忙时兴徭、兴发无需服徭者、徭员分配不均、多征徭员、未请示上级而兴徭等各类情形。

岳麓秦简《徭律》对兴徭程序以及不当服徭者有十分明确的规定：

繇（徭）律曰：发繇（徭），兴有爵以下到人弟子、复子，必先请属所执法，郡各请其守，皆言所为及用积（简·1294）徒数，勿敢擅兴，及毋敢擅伓（使）敖童、私属、奴及不从车牛，凡免老及敖童未傅者，县勿敢伓（使），节（即）（简1295）

载粟乃发敖童年十五岁以上。史子未傅先觉（学）觉（学）室，令与粟事，敖童当行粟而寡子独与老（简1231）父老母居，老如免老，若独与瘅（癃）病母居者，皆勿行。（简1236）③

为了更好地理解此则律文，不得不对其中一些术语稍加解释。

"有爵以下"指无爵位者，即公士之下的公卒、士伍、司寇、隐官之类，公士乃二十等爵位之最低一级，《二年律令·置后律》："□□□□□为县官有为也，以其故死若伤二旬中死，皆为死事者，令子男袭其爵。毋爵者，其后为公士"④。从律文可知，只有公士以上才称得上有爵。岳麓秦简《尉卒律》规定典、老人选优先考虑无爵者，1293号简载"毋（无）爵者不足，以公士"，这也可以证明秦代以公士为爵位之起点。

"人弟子"又称"人属弟子"，它可能是指畴官和官吏私人招募的弟子，与官府所除弟子相对而言。《二年律令·傅律》载："畴官各从其父畴，有学师者学之"⑤。无论是"弟子"还是"人弟子"，一旦入了弟子籍，就可以享受某方面的优待，政府就不得轻易役使。《二年律令·史律》规定："敢擅繇（徭）使

---

① 朱汉民、陈松长主编：《岳麓书院藏秦简（壹）》，上海辞书出版社2010年版，第138页。
② 《汉书·五行志》，第1319页。
③ 陈松长主编：《岳麓书院藏秦简（肆）》，上海辞书出版社2015年版，第119～120页。
④ 张家山二四七号汉墓竹简整理小组：《张家山汉墓竹简［二四七号墓］（释文修订本）》，文物出版社2001年版，第59页。
⑤ 张家山二四七号汉墓竹简整理小组：《张家山汉墓竹简［二四七号墓］（释文修订本）》，文物出版社2001年版，第58页。

史、卜、祝学童者，罚金四两"①，故会出现"包卒为弟子"②的现象。不少学者据此认定弟子可以免服兵役，故有冒籍者，然据《二年律令·史律》：

> 史、卜子年十七岁学。史、卜、祝学童学三岁，学佴将诣大史、大卜、大祝，郡史学童诣其守，皆会八月朔日试之。（简474）③

"学童"即弟子，史、卜子十七岁入弟子籍者，三年后参加考试，然后据其考核情况决定是否授予官职。依汉制，学童尚未达到傅籍年龄（据《二年律令·傅律》汉初傅籍的最低年限为二十岁），当然不用服徭役与兵役。但秦代情况或有不同，据睡虎地秦墓竹简《编年纪》喜在十七岁傅籍，两年后"揄史"，即十九岁就充当了史佐之类的小吏。故喜若学为吏，以三年为期的话，最迟在十六岁时即入弟子籍，同样没有达到傅籍年龄。由于秦代的傅籍年龄是十七岁，弟子在学室中时或已达到傅籍年龄，故会出现"包卒为弟子"的现象。弟子无需为国家服徭戍，但要承担部分杂役，故《除弟子律》规定"使其弟子赢律，及治（笞）之，赀一甲；决革，二甲"④。

"复子"在岳麓秦简中又称"人复子""人复复子"，它应是指那些被终身复除徭役者之子。复子在一定年龄段（傅籍以前）亦可享受某方面的优待，不可随意役使，如岳麓秦简另一则《徭律》规定"擅俾（使）人属弟子、人复复子、小敖童、弩，乡啬夫吏主者，赀各二甲"⑤。

弟子、复子以及被复除者均不需服徭役，政府也不能轻易役使它们，但是并不意味他们可以免除一切役事。若遇到特殊情况，他们仍旧要前往服役，如岳麓秦简《戍律》载：

> 戍律曰：城塞陛郭多陕（决）坏不修，徒隶少不足治，以闲时岁一兴大夫以下至弟子、复子，无复不复，各旬（简1273）以缮之。尽旬不足以索缮之，言不足用积徒数属所尉，毋敢令公士、公卒、士五（伍）为它事，必与缮城塞。（简1267⑥）

从上可知，秦代修葺城塞陛郭等工防事务一般由徒隶来完成，只有在徒隶人手不够时，才会征发徭役，甚至那些原本免服徭役的弟子、复子以及复除者也要

---

① 张家山二四七号汉墓竹简整理小组：《张家山汉墓竹简〔二四七号墓〕（释文修订本）》，文物出版社2001年版，第82页。
② 睡虎地秦墓竹简整理小组：《睡虎地秦墓竹简》，文物出版社1990年版，第81页。
③ 张家山二四七号汉墓竹简整理小组：《张家山汉墓竹简〔二四七号墓〕（释文修订本）》，文物出版社2001年版，第80页。
④ 睡虎地秦墓竹简整理小组：《睡虎地秦墓竹简》，文物出版社1990年版，第80页。
⑤ 陈松长主编：《岳麓书院藏秦简（肆）》，上海辞书出版社2015年版，第116~117页。
⑥ 陈松长主编：《岳麓书院藏秦简（肆）》，上海辞书出版社2015年版，第130页。

前往服役。但是又规定了这种临时性征发必须在"闲时",时间是十天。此律条可见秦律灵活性和实用性的一面。

"执法"在岳麓秦简中颇为常见,用作官名或官署名。秦代执法从中央到地方普遍设置,县级执法、郡级执法、中央级执法构成一套严密高效的监管体系,其执掌涉及行政监管、司法、财物分配、徭戍征发等多个方面,促使了各级政府规范行政,保障了各项法令落实到位,是秦代职官体系中的颇为重要的官职①。

"敖童"这一称谓在《睡虎地秦墓竹简》中出现过,"敖童"究竟是什么身份? 不少学者对它进行了研究,然众说纷纭,莫衷一是。1977年文物出版社出版的《睡虎地秦墓竹简》线装本在的注释曰:"敖童疑是傅籍前之男子,即唐户令之中男,无丁则选以充军者。一说敖意为骜,敖童是汉武帝常征发从军之'恶少年'"②。1978年的平装本注解有所变动:"敖童,见《新书·春秋》:'敖童不讴歌。'古时男子十五岁以上未冠者,称为成童。据《编年记》,秦当时十七岁傅籍,年龄还属于成童的范围,参见《法律答问》'何谓匿户'条。"③ 1990年版《睡虎地秦墓竹简》沿用这一注释。黄今言释"敖"为"傲",认为"敖童"即"傲童"④;熊铁基释"敖"为"游",认为"敖童"即"游童"⑤;孔庆明释"敖"为"长大"⑥;马怡释"敖"为"逸游","敖童"为"逸游成童"⑦。黄留珠认为秦简中的"敖童",是一种具有特殊身份的"豪奴",享有国家授田,为国家出赋役,可以担任官府的"少吏"。⑧ 岳麓秦简中有多处提及"敖童",为我们探讨该问题提供了新的契机。兹先罗列相关材料于下:

匿敖童,及占癃(癃)不审,典、老赎耐。(秦律杂抄·傅律 简32)⑨

可(何)谓"匿户"及"敖童弗傅"? 匿户弗繇(徭)、使,弗令出户赋之谓殹(也)。(法律答问 简165)⑩

匿户弗事,匿敖童弗傅┘,匿者及所匿,皆赎耐。遝傅,赀一甲。(岳

---

① 关于执法的详细考证,参见陈松长:《岳麓秦简中的几个官名考略》,载于《湖南大学学报》,2015年第3期,第8~11页。
② 睡虎地秦墓竹简整理小组:《睡虎地秦墓竹简(线装本第五册)》,文物出版社1977年版,第94页。
③ 睡虎地秦墓竹简整理小组:《睡虎地秦墓竹简(平装本)》,文物出版社1978年版,第143页。
④ 黄今言:《秦汉赋役制度研究》,江西教育出版社1988年版,第260页。
⑤ 熊铁基:《秦汉军事制度》,广西人民出版社1990年版,第11页。
⑥ 孔庆明:《秦汉法制史》,陕西人民出版社,1992年版,第54页。
⑦ 马怡:《秦人傅籍标准试探》,载于《中国史研究》1995年第4期,第16~21页。
⑧ 黄留珠:《秦简"敖童"解》,载于《历史研究》1997年第5期,第176~180页。
⑨ 睡虎地秦墓竹简整理小组:《睡虎地秦墓竹简》,文物出版社1990年版,第87页。
⑩ 睡虎地秦墓竹简整理小组:《睡虎地秦墓竹简》,文物出版社1990年版,第132页。

麓秦简亡律 简 2072）①

繇（徭）律曰：兴繇（徭）及车牛及兴繇（徭）而不当者及擅傅（使）人属弟子、人复复子、小敖童、弩，乡啬夫吏主者，赀（岳麓秦简卷四 简1232）各二甲，尉、尉史、士吏、丞、令、令史见及或告而弗劾，与同辠。弗见莫告，赀各一甲。（岳麓秦简卷四 简 1257）②

毋敢擅傅（使）敖童、私属、奴及不从车牛，凡免老及敖童未傅者，县勿敢傅（使），节（即）（岳麓秦简卷四简1294）载粟乃发敖童年十五岁以上。史子未傅先觉（学）觉（学）室，令与粟事，敖童当行粟而寡子独与老（简1236）父老母居，老如免老，若独与瘅（癃）病母居者，皆勿行。（简1231）③

免老、小未傅者、女子及诸有除者，县道勿（简412）敢繇（徭）使。节（即）载粟，乃发公大夫以下子未傅年十五以上者（简413）。（二年律令·徭律）④

《秦律杂抄·傅律》中"匿敖童"乃"匿敖童弗傅"之省，《法律答问》以及岳麓秦简2071号简文可以佐证之。据此也可以认定"敖童"必是未傅籍者。通过比较岳麓秦简1294与1236律文与所引《二年律令·徭律》，发现后者承袭前者之痕迹十分明显，只是个别语词有所变化。尤其引人注意的是"敖童未傅者"被替换为"小未傅者"，故可判定"敖童"即"小"。又《二年律令·徭律》中"小未傅者"与"女子"并列，故可知"小未傅者"专指未傅籍的男子。综上可知秦律中"敖童"指未傅籍的男子，"敖童"这一称谓在汉律很可能废弃不用。

"私属"指被主人免除奴籍的男奴，《二年律令·亡律》中载，"奴婢为善而主欲免之，许之，奴命曰私属，婢为庶人，皆复使及算，事之如奴婢。"⑤ 从律文可知，私属"复使及算"，即无需服徭役、出算赋，主人依然可以像使唤奴婢一样对待"私属"，然其地位在奴婢之上庶人之下。为了控制更多的编户齐民，《二年律令·亡律》还制定了免私属为庶人的法律条款，"主死若有罪，以私属为庶人，刑者以为隐官"。⑥ 从《二年律令·户律》可知，庶人受田一顷，既受

---

① 陈松长主编：《岳麓书院藏秦简（肆）》，上海辞书出版社2015年版，第64页。
② 陈松长主编：《岳麓书院藏秦简（肆）》，上海辞书出版社2015年版，第116~117页。
③ 陈松长主编：《岳麓书院藏秦简（肆）》，上海辞书出版社2015年版，第120页。
④ 张家山二四七号汉墓竹简整理小组：《张家山汉墓竹简［二四七号墓］（释文修订本）》，文物出版社2001年版，第64页。
⑤ 张家山二四七号汉墓竹简整理小组：《张家山汉墓竹简［二四七号墓］（释文修订本）》，文物出版社2001年版，第30页。
⑥ 张家山二四七号汉墓竹简整理小组：《张家山汉墓竹简［二四七号墓］（释文修订本）》，文物出版社2001年版，第30页。

田，就当承担徭役赋税。另外，私属身份之得失，与主人意志有关，"所免不善，身免者得复奴婢之"①，主人可以随时恢复其奴婢身份。私属若逃亡或触犯法律，以奴婢身份论处。《为狱等状四种》案例十中出现一位名叫喜的私属，秦代之私属与汉初情况应当差不多，岳麓秦简《亡律》1945号载："免奴为主私属而将阳阑亡者，以将阳阑亡律论之，复为主私属。"②

"不从车牛"当指不应当随车牛一起前往服役的人，擅兴"不从车牛"与擅兴"车牛"应当不是一回事。兴车牛数见于秦汉简文中，岳麓秦简1232号"兴䌛（徭）及车牛及兴䌛（徭）而不当者"，《二年律令·徭律》："若擅兴车牛，及䌛（徭）不当䌛（徭）使者，罚金各四两"③。以车牛代替本人服役在秦代是被允许的，岳麓秦简0107号规定"兴不更以下车牛各比爵䌛（徭）员，椟以二尺牒，牒书不更以下当使者车牛人一牒上"④。从0107简可知不更以下当服徭役者，可用车牛代替服役，车牛徭员比照主人爵员之数。

"史子"即史的儿子，乃畴官子之一种，自小接受史官的基本训练，不需服徭役，官府不可擅自兴发，但是要承担载粟之类的役事。《秦律十八种·内史杂》规定"非史子殹（也），毋敢学学室，犯令者有罪。"⑤ 可知秦有名为"学室"的场所专门用以培养"史子"。岳麓秦简《徭律》1236简中的"觉室"即"学室"，觉、学二字古书常通用。

将1295组《徭律》中一些语词加以考释后再来看这组律文就容易理解的多了。律文主要有下面几项内容：首先，对徭役征发对象、程序有明确规定，征用有爵者、人弟子、复子必须先请示执法及郡守，此外每次兴役之目的、所需人数也要一并上报，不得肆意兴徭。其次，规定不得擅兴敖童、私属、奴、免老以及不当随车牛前往服役者。这几类人都不是国家徭役的承担者，故不得轻易役使。最后，规定敖童年十五以上以及史子都要参与载粟之事。但又考虑到特殊情况，作为独子或只有自己与父母同属一户，或父母是免老，母亲是罢癃，都可以不参与载粟之事。

1295组《徭律》规定了徭役征发对象以及兴徭程序，但若有人不依律从事，究竟会如何处置，律条并无相关内容，而岳麓秦墓竹简1232组《徭律》正好有补充性的规定：

---

① 张家山二四七号汉墓竹简整理小组：《张家山汉墓竹简［二四七号墓］（释文修订本）》，文物出版社2001年版，第30页。
② 陈松长主编：《岳麓书院藏秦简（肆）》，上海辞书出版社2015年版，第64页。
③ 张家山二四七号汉墓竹简整理小组：《张家山汉墓竹简［二四七号墓］（释文修订本）》，文物出版社2001年版，第65页。
④ 岳麓书院藏秦简，待刊。
⑤ 睡虎地秦墓竹简整理小组：《睡虎地秦墓竹简》，文物出版社1990年版，第63页。

繇（徭）律曰：兴繇（徭）及车牛及兴繇（徭）而不当者及擅倖（使）人属弟子、人复复子、小敖童、弩、乡嗇夫、吏主者赀（简1232）各二甲，尉、尉史、士吏、丞、令、令史见及或告而弗劾，与同辠。弗见莫告，赀各一甲。给邑中事，传送委输，先（简1257）悉县官车牛及徒给之，其急不可留，乃兴繇（徭）如律；不先悉县官车牛徒，而兴黔首及其车牛，以发（简1269）繇（徭）力足以均而弗均论之。（简1408）①

1269简中"县官车牛徒"与"黔首车牛"对应，可知"徒"应指刑徒。有学者认为《徭律》条文中出现的"徒"乃对"服役更卒"的称呼②，不是十分准确。"服役更卒"显然是黔首，并非刑徒。兴车牛、兴徭不当及擅自征发不当服徭者均为法律所不允，一旦违法，不但主管官员会被惩罚，其上级官吏也要受到连坐。需要注意的是，"尉、尉史、士吏、丞、令、令史见及或告而弗劾"与乡嗇夫、吏主者同等论处，都要赀二甲。一般而言，尉、尉史、士吏主管军事，丞、令、令史负责一县日常行政，二者各司其职，属于不同的系统。尉史、士吏直接对县尉负责，县丞、令史直接对县令负责，而县尉与县令互不统属，县尉的顶头上司是郡尉，县令的顶头上司是郡守。两个职务有别相对独立的系统均对徭役征发不当负责，可见其时国家十分重视徭役征发的规范性，同时也说明徭役对秦帝国而言有着非常重要的作用。从传世史料来看也的确如此，筑长城、凿灵渠、堑驰道、修陵寝宫殿等，均需征发大量徭役，倘若无一定之程序及相当之武力震慑之，黔首早就揭竿而起了，秦王朝能不能维持十五年都很难说。但人力终有穷尽之时，百姓的忍耐也有限度，不堪承受的徭役成为秦朝灭亡的原因之一。

律文中"弩"③与人属弟子、人复复子、小敖童等并列，也是不能轻易徭使者。"弩"即弓箭手，他们本为徭役征发对象，但可以以射箭日数抵销徭役。《二年律令·徭律》明确规定"县弩春秋射各旬五日，以当繇（徭）"④。县弩之性质颇似民兵，平时务农，闲时操练，战时或有突发事件时，可资征用。需要提及的是，"弩"若作为"奴"的借字解，放在律文中也讲得通，因为私奴是无需服徭的。又出土文献中有二字通借的词例，张家山汉墓竹简《奏谳书》"武虽不当受军弩"之"弩"可以确定为"奴"的借字⑤。然而弩在岳麓秦简中共出现十多次，都用为本字，没有一次是作"奴"之借字的。比如"发弩""弓弩"

---

① 陈松长主编：《岳麓书院藏秦简（肆）》，上海辞书出版社2015年版，第116~117页。
② 高敏：《秦汉的徭役制度》，载于《中国经济史研究》1987年第1期，第13~33页。
③ 整理小组认为"弩"可以释作作"弩箭射手"，也可理解为"私奴"。
④ 张家山二四七号汉墓竹简整理小组：《张家山汉墓竹简［二四七号墓］（释文修订本）》，文物出版社2001年版，第64页。
⑤ 张家山二四七号汉墓竹简整理小组：《张家山汉墓竹简［二四七号墓］（释文修订本）》，文物出版社2001年版，第95页。

"弩矢"之类,又如《为狱等状四种》"暨过误失坐官案"载"劾缪(谬)弩百""其乙亥劾弩"①中的"弩"均不可能用作"奴"的借字。故1232简中的"弩"当作弓弩手解,而并非"奴"之借字。

简文"给邑中事"与《秦律十八种·徭律》中的"兴徒以为邑中之红(功)"所指相近,一般指承担县邑内的徭事,所含颇广,既包括1255简提及的补缮邑院、除田道桥、穿陂池、堑奴苑等,又包括城墙修筑之事,而并非只指"作城邑的工程"②。

"传送委输"或作"委输传送",如岳麓秦简1394号简文。"委输"史籍多见,委输即输送,输送之物多为军资,如粮食、武器、缣帛之类,也可指军队,如《后汉书·岑彭传》:"又发桂阳、零陵、长沙委输棹卒,凡六万余人"③。汉代设有委输官,《汉书·王贡两龚鲍传》:"龚胜为司直,郡国皆慎选举,三辅委输官不敢为奸"④。

秦代"传送委输"一般由刑徒和居赀赎债者承担,只有在紧急情况下才兴发徭徒,如里耶秦简第16层简5号简文所引秦令:"传送委输,必先悉行城旦舂、隶臣妾、居赀赎责(债)。急事不可留,乃兴繇(徭)。"⑤ 岳麓秦简《徭律》1269简规定"县官车牛及徒给之,其急不可留,乃兴繇(徭)如律"⑥ 与里耶秦令如出一辙,"徒"指刑徒无疑。相似的规定还见于岳麓秦简另外一则《徭律》中:

尽兴隶臣妾、司寇、居赀赎责(债),县官(简1393)车牛以传输之,其急事,不可留殹(也),乃为兴繇(徭)。(简1429)⑦

"均徭"在秦简中数见,是徭役制度中颇为重要的议题,但学界对此问题的关注不是太多。均一般作平均讲,古书常见,具体到"均徭"这一词组,"均"既指一种调剂盈缺的行为,又指通过调度后达到一种均平的状态。为了更好地理解"均徭"的内涵,兹移录相关材料如下:

均繇(徭)赏罚。(睡虎地秦墓竹简·为吏之道)⑧

---

① 朱汉民、陈松长主编:《岳麓书院藏秦简(叁)》,上海辞书出版社2013年版,第146页。
② 睡虎地秦墓竹简整理小组认为"邑中之功"指"作城邑的工程",见睡虎地秦墓竹简整理小组:《睡虎地秦墓竹简》,文物出版社1990年版,第48页。
③ 《后汉书·岑彭传》,第661页。
④ 《汉书·王贡两龚鲍传》,第3090页。
⑤ 张春龙、龙京沙:《湘西里耶秦代简牍选释》,载于《中国历史文物》2003年第1期,第8~25页+第89~96页。
⑥ 陈松长主编:《岳麓书院藏秦简(肆)》,上海辞书出版社2015年版,第117页。
⑦ 陈松长主编.:《岳麓书院藏秦简(肆)》,上海辞书出版社2015年版,第150~151页。
⑧ 睡虎地秦墓竹简整理小组:《睡虎地秦墓竹简》,文物出版社1990年版,第170页。

不先悉县官车牛、徒,而兴黔首及其车牛,以发(简1269);繇(徭)力足以均而弗均论之(简1408)。(岳麓秦简卷四徭律)①

发吏力足以均繇(徭)日(简1355);尽岁弗均,乡啬夫、吏及令史、尉史主者,赀各二甲,左毳(迁)(简1313)。(岳麓秦简卷四徭律)②

《为吏之道》与岳麓秦简两则《徭律》中均提及均徭问题,尤其是秦律中对弗均徭行为的处罚条款的反复出现,都表明其时对均徭的重视。《为吏之道》乃"供学习做吏的人使用的识字课本"③,与《为吏治官及黔首》的性质类似,内容带有训诫性,告诉为官者该做什么和不当做什么。"均徭赏罚"显然是对为吏者之基本要求,"徭役"是国家与百姓直接发生关系的主要途径之一。徭役征发一般由里典、老与乡县的基层小吏负责,为了防止徇私舞弊,不得不制定相应的法律以规范之。又各县内的役事常有多寡之别,尤其是边境和京畿所需徭员要远远多于其他地方,这就需要调剂盈缺。所以一项工程未开始时,为了更好地调配资源,有关部门先要精确估计一下所需人力:

县为恒事及撒有为殿(也),吏程攻(功),赢(简122)员及减员自二日以上,为不察。上之所兴,其程攻(功)而不当者,如县然。度攻(功)必令司空与匠度之,毋独令(简123)匠。其不审,以律论度者,而以其实为繇(徭)徒计。(简124)④

从上文可知,对于度功不准确的官吏,秦律会给予相应处罚。又秦有《工人程》律,对官营手工业生产程序和定额进行规定。"均徭"乃官吏应尽职责之一,指合理地分派徭役

## (二) 徭役记录问题

徭役征发是秦代国家行政事务中极为重要的一件,这在上文已经论及,但以往学者对秦代徭役的总体认识是——徭役繁重。"繁"言其种类多,"重"言其事务剧,这当然与秦代不少耳熟能详的工程之启动有关,实际情况是,秦代百姓所承担的徭役总量要远甚于史书所载。这一点从里耶秦简的材料中可见一斑:

☐☐☐☐千三百八十三日,繇(徭)二日,员三万☐
☐凡五万六千六百八十四日☐ (简8-1615⑤)

---

① 陈松长主编:《岳麓书院藏秦简(肆)》,上海辞书出版社2015年版,第117页。
② 陈松长主编:《岳麓书院藏秦简(肆)》,上海辞书出版社2015年版,第152页。
③ 睡虎地秦墓竹简整理小组:《睡虎地秦墓竹简》,文物出版社1990年版,第167页。
④ 睡虎地秦墓竹简整理小组:《睡虎地秦墓竹简》,文物出版社1990年版,第47页。
⑤ 陈伟主编:《里耶秦简牍校释(第一卷)》,武汉大学出版社2012年版,第368页。

因简牍残泐，具体所指不可全知，然仍可判定其为一份徭员记录，是对服徭人数、日数、徭员（服徭人数与日数的乘积）的统计。从"䌛（徭）二日，员三万"可以推定此役事征发徭徒数在一万五千人以上。考虑到里耶秦简出自县级衙署，而万户以上之县在当时及可称为大县，"县盈万户以上为【大】，不盈万以下为小"①，一次性征发一万五千人以上人服徭，其规模甚大，而县级官府吏员有限②，故据此可窥秦代行政之高效、吏员之干练。秦代一般黔首每年服徭一个月，此份记录并非迁陵县辖区内黔首一年所服徭役情况的总计，而仅仅是其中某一次所征用徭员的记录。

里耶秦简中发现徭员记录残简是情理之中的，秦代法律规定，服徭天数自一日起就要记在券书上：

䌛（徭）律曰：发䌛（徭），自不更以下䌛（徭）戍，自一日以上尽券书，及署于牒，将阳倍（背）事者亦署之，不从令及䌛（徭）不当（简1305）券书，券书之，赀乡啬夫、吏主者各一甲，丞、令、令史各一盾。䌛（徭）多员少员，颓（隤）计后年䌛（徭）戍数。发吏力足以均䌛（徭）日（简1355）尽岁弗均，乡啬夫、吏及令史、尉史主者，赀各二甲，左䮾（迁）。令、尉、丞䌛（徭）已盈员弗请而擅发者，赀二甲，免。（简1313）吏？□䌛（徭）□均，伪为其券书以均者，赀二甲，废。（简0913）③

通过上面一则岳麓秦简《徭律》可知秦代有专门的券书和牒书记录黔首服徭情况，所记包括服徭日数、服役表现等。此外，法律严防官吏擅自兴徭、兴徭不均以及其他舞弊现象的发生。"䌛（徭）不当券书"指"不计为徭"的情况，在前文已有讨论。"䌛（徭）多员少员，颓（隤）计后年䌛（徭）戍数"，指本年度服徭日数超过或未达到规定天数（一般为30天），可以累积到下一年计算。此与《二年律令·徭律》所载"县弩春秋射各旬五日，以当徭戍，有余及少者，隤后年"④ 的规定颇为类似。据此可知其时徭役制度有一定的灵活性，很具操作性。之前讨论的1295简规定兴徭要事先请示郡守，"令、尉、丞䌛（徭），已盈员弗请而擅发者，赀二甲，免"则可视作对擅自兴徭作出的比较严厉的处罚。"已盈员"当指役事所需征发徭员数足够，与之相对的情况当是人手不够，一般而言，后一种情况出现时，官吏会将情况反映到上一级行政机构，请求增加援手。

徭员统计是秦代会计重要组成部分，这项工作一般由户曹负责，如里耶秦

---

① 陈松长主编：《岳麓书院藏秦简（伍）》，第192页。
② 里耶秦简7-67+9-631号载迁陵吏志一份，计吏员百三人。
③ 陈松长主编：《岳麓书院藏秦简（肆）》，上海辞书出版社2015年版，第152~153页。
④ 张家山二四七号汉墓竹简整理小组：《张家山汉墓竹简［二四七号墓］（释文修订本）》，文物出版社2001年版，第64页。

简载：

> 户曹计录：A
> 乡户计，A
> 䌛（徭）计，A
> 器计，A
> 租质计，A
> 田提封计，B
> 𥅠计，B
> 鞠计。B
> ·凡七计。BⅣ（简8-488①）

上引木牍所载只是户曹计录之纲目，此类木牍与木楬、签牌的性质类似，理应有细目与之配套，惜未能见到。又户曹之会计是针对全县的，载各乡服徭情况，其所依据的信息当来源于乡级行政部门的上报。尽管徭役征发时，县或派官吏去乡、里协助工作，但具体详细记载行徭情况的当是里典和田典，岳麓秦简《徭律》的一则律文正好有相关内容：

> 䌛（徭）律曰：岁兴䌛（徭）徒，人为三尺券一，书其厚焉。节（即）发䌛（徭），乡啬夫必身与典以券行之。田时先行富（简1241）有贤人，以闲时行贫者，皆月券书其行月及所为日数，而署其都发及县请（情）┘。其当行而病及不存，（简1242）署于券，后有䌛（徭）而聂（躡），行之。节（即）券䌛（徭），令典各操其里䌛（徭）徒券来与券，以畀䌛（徭）徒，勿征赘，勿令费日。（简1363）其移徒者，辄移其行䌛（徭）数徒所，尽岁而更为券，各取其当聂（躡）及有赢者日数，皆署新券以聂（躡）。（简1386）②

此则律文尚有几处要略加解说，一处是关于"都发"之解释，学界有不同看法。陈松长认为"都"指都官③，陈伟认为"都发"大概是指整体性或者大规模的征发。④ 笔者认为前者的判定可能比较符合实际些，岳麓秦简一则《徭律》内容可以佐证之：

> 䌛（徭）律曰：补缮邑院、除田道桥、穿汲〈波（陂）〉池、渐（堑）

---

① 陈伟主编：《里耶秦简牍校释（第一卷）》，武汉大学出版社2012年版，第167页。
② 陈松长主编：《岳麓书院藏秦简（肆）》，上海辞书出版社2015年版，第149~150页。
③ 陈松长：《岳麓秦简中的徭律例说》，引自刘少刚主编：《出土文献研究（第11辑）》，中西书局2012年版，第162~165页。
④ 陈伟：《岳麓书院秦简〈徭律〉的几个问题》，载于《文物》2014年第9期，第82~84页。

奴苑，皆县黔首利殹（也），自不更以下及都官及诸除有为（简1255）殹（也），及八更，其晥老而皆不直（值）更者，皆为之，冗宦及冗官者，勿与。（简1371）①

1255简中的"都官"或指被都官雇用的黔首以及司寇、隐官之类，这些人参加徭役时当然由都官这一机构加以征发。"都发县请"即"都县发请"，指都官、县请求征发徭役的情况，律文使用了互文这种常用的表达方式。陈伟认为"聶"恐当读为"躡"，指追补，甚确，笔者进一步考察了"聶"在秦汉简牍的用法，认为其作"补足"、"追补"解时后面一般不接宾语。

"券徭"即将服徭情况记录在券书上，又见于岳麓秦简《徭律》1393号"食牛，牛觢（觬），将牛者不得券䌛（徭）"。"行之节（即）券䌛（徭）"，徭徒行徭后就将服徭情况记录在券书上。

（三）徭役复除问题

一提及秦代的徭役，大家的普遍印象是其徭役十分繁重，的确，关于秦代徭役复除的史料，传世典籍少有存遗，但这并不代表秦代本身吝于以复除徭役来奖赏有功者。通过解读数批出土秦代法律文献以及里耶行政文书，给我们的感觉是，秦代对奖罚极为分明。汉人在撰写秦代历史时，会有意无意地遗漏掉那些彰显秦之辉光的东西，因为再冷静公正的史家也无法摆脱其历史与阶级局限性。

《史记·秦始皇本纪》有两处提及"复"，当指复除徭戍：

（廿八年）乃徙黔首三万户琅邪台下，复十二岁。②
（三十五年）因徙三万家丽邑，五万家云阳，皆复不事十岁。③

出土文献中提及复除徭戍的地方就更多些：

· 行书律曰：有令女子、小童行制书者，赀二甲。能捕犯令者，为除半岁䌛（徭），其不当䌛（徭）者，得以除它1388：人䌛（徭）。（岳麓秦简1383）④

岁上得虎数，御史别受钱及除䌛（徭）戍数。·二（岳麓秦简0505）

南阳、南郡有能得虎者，一虎赐千钱·御史移曰，入皮肉县官，其不欲受钱，欲除䌛（徭）戍，如律令。（岳麓秦简0560）

---

① 陈松长主编：《岳麓书院藏秦简（肆）》，上海辞书出版社2015年版，第118页。
② 《史记·秦始皇本纪》，第313页。
③ 《史记·秦始皇本纪》，第327页。
④ 陈松长主编：《岳麓书院藏秦简（肆）》，上海辞书出版社2015年版，第132页。

簪袅妻缇得虎狗一,为缇夫除一岁繇(徭)戍,不欲除繇(徭)戍,赐五百钱,有等比焉。①(岳麓秦简0653)

廿八年五月己亥朔甲寅,都乡守敬敢言之:☐Ⅰ
得虎,当复者六人,人一牒,署复☐于☐Ⅱ
从事,敢言之。☐Ⅲ 8-170
五月甲寅旦,佐宣行廷。(里耶秦简 8-170 背②)

上面引述 5 则材料,1 则是关于举报不法而复除徭役,其他均是免除捕虎者若干徭役的。制书是一种颁布皇帝命令的文书,考虑到其重要性,出于安全起见,故不能由女子与小童传递。言外之意,若是普通文书,他们是可以帮忙传送的,里耶秦简多次见到隶妾传递文书的记录③。"小童"当为"小敖童"之省,指未傅籍的男子。据0653简,缇捕捉到幼虎一只可为其夫免除一岁徭戍,若欲得钱,则与钱五百。据此可知0560"一虎赐千钱"之"虎"指大老虎,千钱当与二岁徭戍相当。秦代一岁服徭数为三十天,据此可算出服徭一日可抵16.7钱。而秦代居赀赎债者劳作一天可得六钱(除去饮食费用),践更者逃亡一日,亦以日六钱计:

及诸当隶臣妾者亡,以日六钱计之,及司寇冗作及当践更者亡,皆以其当冗作及当践(简1981)更日,日六钱计之,皆与盗同灋(简1974④)(岳麓秦简卷四)。

"践更"指本人亲自去服徭役,据《奏谳书》一桩发生在秦王政二年的案件,当事人将以"践十一月更外乐"⑤作为不参与盗窃的证据。居赀赎债者、践更者每日得六钱明显带有惩罚性质,秦代成丁劳作一日所得当在十六到十七钱之间。(周海锋)

### (四)《徭律》中的"委输传送"

关于《徭律》中非常重要的"委输传送"制度,岳麓秦简、里耶秦简和张家山汉简中分别有类似的记载,内容如下:

繇(徭)律曰:……给邑中事,传送委输,先悉县官车牛及徒给之,其急不可留,乃兴繇(徭)如律;不先悉县官车牛,而兴黔首及其车牛,

---

① 0505、0560、0653 三枚简待刊。
② 陈伟主编:《里耶秦简牍校释》(第一卷),武汉大学出版社2012年版,第103页。
③ "己卯水下六刻,隶妾畜以来"(8-1524背),"正月庚辰旦,隶妾咎以来"(8-651背)。
④ 陈松长主编:《岳麓书院藏秦简(肆)》,上海辞书出版社2015年版,第12页。
⑤ 张家山二四七号汉墓竹简整理小组:《张家山汉墓竹简[二四七号墓](释文修订本)》,文物出版社2001年版,第100页。

以发繇（徭）力足以均而弗均①，论之。（岳麓秦简卷四 简 1257 + 简 1269 + 简 1408）

令曰："传送委输，必先悉行城旦舂、隶臣妾、居赀赎责（债），急事不可留，乃兴繇"……县弗令传之而兴黔首，兴黔首可省少弗少而多兴者，辄劾移县（里耶秦简简 J1（16）5A）

发传送，县官车牛不足，令大夫以下有赀者，以赀共出车牛；及益，令其毋赀者与共出牛食，约载具。（二年律令·徭律 简 411）

对比以上简文可知，三则律文都是关于徭役中传送委输的征发问题，三则律文都表达了一致的内涵，但又有所区别。比较可知，秦汉时期征发传送委输涉及三个方面：（1）征发车牛；（2）征发徒隶；（3）征发黔首。

岳麓秦简和里耶秦简中这两则律文都涉及了征发徒隶的内容，两相对比，里耶秦简中只提及到传送委输中必须先征发城旦舂、隶臣妾、居赀赎债这些人，也就是岳麓秦简中简称之为"徒"的人。而根据里耶秦简中这份文书后半部分"今洞庭兵输内史及巴、南郡、苍梧，输甲兵当传者多。节（即）传之，必先悉行乘城卒、隶臣妾、城旦舂、鬼薪白粲、居赀、赎责（债）、司寇、隐官、践更县者"的内容，可知岳麓简中的"先悉县官车牛及徒"的徒当包括"乘城卒、隶臣妾、城旦舂、鬼薪白粲、居赀、赎责（债）、司寇、隐官、践更县者"这些人，并且也可知"徒"并不仅仅指刑徒和奴隶，也包括在县官服役、劳作的人，如践更县者。

里耶秦简中的这条令文规定的必须先征发的对象是"城旦舂、隶臣妾、居赀赎责（债）"，也就是刑徒和奴隶，而洞庭郡守向县一级官吏下发的行文中，却又明确规定先征发的人群为"乘城卒、隶臣妾、城旦舂、鬼薪白粲、居赀赎责（债）、司寇隐官、践更县者"，而实际上县一级征发的人员为"县卒、徒隶、居赀赎责（债）、司寇隐官、践更县者"。三相对比，可知下面的文书中比令文中多出现了"乘城卒""鬼薪白粲""司寇隐官""践更县者"和"县卒"这几类人。关于"乘城卒"和"县卒"，杨振红在《徭、戍为秦汉正卒基本义务说——更卒之役不是"徭"》一文中已有论述，她指出"'县卒'是隶属于县的卒……以将军领县卒和内史卒的形式标明县卒的身份是士兵"，"'乘城卒'应是'县卒'的一种"，"里耶秦简的'乘城卒'应是'县卒'中专门负责在城上执行守城任务的'卒'"②。由此来说，"乘城卒"是"县卒"的一种，也就是文书中比令文

---

① 原释文断句为：兴黔首及其车牛以发繇（徭），力足以均而弗均，论之。现根据陈伟：《岳麓秦简肆校商（壹）》一文修改，武汉大学简帛网，2016年3月27日，http://www.bsm.org.cn/show_article.php?id=2503

② 杨振红：《徭、戍为秦汉正卒基本义务说——更卒之役不是"徭"》，载于《中华文史论丛》2010年第1期，第331~362页。

中规定的人数多出了四类人——"县卒""鬼薪白粲""司寇隐官"和"践更县者"。"鬼薪白粲"是类似于城旦舂的刑徒,"司寇隐官"则是介于刑徒和庶人之间的受过刑罚的人,其性质也类似于刑徒,因此这些人中,除了"县卒"和"践更县者",其余的人皆为刑徒和奴隶。在洞庭郡这次向"内史及巴、南郡、苍梧"输送甲兵的委输传送任务中,在发徭之前征发的人群就包括刑徒、奴隶、县卒和践更县者,也就是说"县卒"和"践更县者"承担的委输传送任务并不算作徭役。"践更县者"是本身就在服役的人群,因此和徒隶一样被当作先征发的人群。杨振红已经论证过"县卒的身份是士兵",而其又不同于"更卒",那为什么在作为徭役任务的"委输传送"中会征发这批人呢?我们注意到这次"委输传送"任务输送的是"甲兵","甲"是铠甲,"兵"是"兵器",都是军用物资,因此征派作为士兵的"县卒"就非常合理了,而且"县卒"不同于戍边的士兵,是在本县内服役,其承担传送军用物资的任务不被算作徭役,而是本身的职责。

相比于岳麓简和张家山汉简中的内容,里耶秦简中的这条令文并没有涉及"县官车牛",这主要是因为里耶秦简中的这条令文虽然在内容上和岳麓秦简的内容大致一致,但其并不是单独的律令条文,而是出现在文书中,作为上级向下级传达命令的律令依据,因此,发文的人主要摘取其中和所下达文书内容相关的部分,而非完全抄录律令全文。对比岳麓秦简和睡虎地秦墓竹简中的《徭律》内容,我们也不难发现,同为秦时的律令文献,岳麓秦简《徭律》和睡虎地秦墓竹简《徭律》内容几乎完全不相关,这也反映出,不单单在文书中会对律令内容有所选择,在正式被传抄的律令中,不同地区的官员也会抄选跟本地或本职工作相关的法律条文,而非照搬全文,因此每一批秦汉简牍资料中的《徭律》应都不是秦政府推出的《徭律》律文的全貌,而都只是节选。

除了以上列举出来的岳麓秦简、里耶秦简和张家山汉简中列举出来的这三条律令内容,岳麓秦简中还有一则律文也和委输传送有关,整理小组整理的释文如下:

繇(徭)律曰:委输传送,重车负日行六十里,空车八十里,徒行百里……尽兴隶臣妾、司寇、居赀赎责(债),县官□之□传输之,其急事,不可留殹(也),乃为兴繇(徭)。(简1394+简1393+简1429)

岳麓秦简中的这条律文也涉及以上三则律令中的"委输传送",其内容也和以上所分析的三则律令非常相近。其后文中的"县官□之□传输之"一句中有两个未释字,位于简首的字墨迹非常少,不容易辨认;第二个字,整理小组释为"之",而在该简的下方也出现了"之",两相比对,如图2-1、图2-2所示。

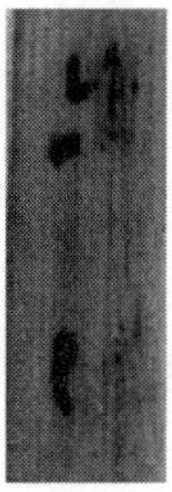

图 2-1 　　　　　图 2-2

　　图 2-2 中的字确为 "之" 字，如果图 2-1 中的字也为 "之" 字，则它和下方字的间距明显大于同一支简中出现的图 2-2，这样过大的字符间距并不合常理，因此该字是否为 "之" 字还非常值得商榷。对比 1429 简中的这个字和其他简中的相关字，可见图 2-3、图 2-4、图 2-5、图 2-6、图 2-7 所示。

1429　　　　1269　　　　1294　　　　1232
图 2-3　　图 2-4　图 2-5　　图 2-6　　图 2-7

　　1429、1269、1294 三支简和 1232 简字体相同，当为同一书手所写。1429 简中原来被释为 "之" 的字的墨迹和 1269、1294、1232 简中出现的 "牛" 字非常吻合。而且 "牛" 字的下半部分刚好可以解释该字和下面的字之间比较大的间距。除此之外，岳麓简 1269 中出现了类似的句式 "先悉县官车牛及徒给之"，由墨迹分析及文意比较，1429 简的前两个字当为 "车牛"。"车牛" 之后还有一字未释。其图版及相关图版如图 2-8 ~ 图 2-10 所示。

1429　　　　1269　　　　1255
图 2-8　　图 2-9　　图 2-10

1429 简"牛"之后的字和 1269 简"牛"之后的字非常相近，而且和其他同一书手所书写的"以"字笔迹也非常相近，据此推断，1429 简"牛"之后的字为"以"字。根据以上补充的字，这句话就可以完整地释为"县官车牛以传输之"，而这条律文中的"尽兴隶臣妾、司寇、居赀赎责（债）、县官车牛以传输之"和岳麓秦简 1269 中的"先悉县官车牛及徒给之"相对应。其中"隶臣妾、司寇、居赀赎（责）债"就是前文中的"徒"，"县官车牛"则前后两条律文以及张家山汉简 411 号简的记录完全相同。

关于委输传送的每日行程问题，岳麓秦简和张家山汉简中相关记载内容如下：

徭律曰：委输传送，重车负日行六十里，空车八十里，徒行百里。（岳麓秦简 1394）

委输传送，重车重负日行五十里，空车七十里，徒行八十里。（二年律令·徭律简 412）

对比以上两则律文，句式、用词几乎一模一样，除以上简牍文献中所见内容之外，在汉代的《九章算术》一书中也有相关的记载"车载二十五斛，重车日行五十里，空车日行七十里"，"今有程传委输，空车日行七十里，重车日行五十里。"邢义田曾就张家山汉简中的相关记载指出"此简可证《九章算术》确有所本，也可见这样的行车和载重标准从汉初到《九章算术》写成的时代未曾改变"①。《九章算术》中记载的"委输传送"的行程和张家山汉简中的记载完全相同，传世文献和出土文献可以相互印证。而岳麓秦简和张家山汉简中的相关内容，在里程问题上却有明显的差别，秦时关于"重车重负"和"空车"的行程比汉代的相关规定都多出十里，而关于"徒行"的规定则更是多出二十里。结合之前讨论中"兴徭不当"对于"乡啬夫和吏主者"的惩罚力度，秦时也是明显比汉代要重一些。可见，秦代的徭役相较于汉代徭役明显繁重一些，不光是对于行徭之人，对于相关官吏的处罚也更重。

除了数据上的变动，岳麓秦简和张家山汉简中的这条律文内容是完全一致的，这种几乎不做任何改动直接把秦的律令照搬过来的律令条文则直接体现了"汉承秦制"的特点。周海锋就曾指出：秦始皇二十六年一统六国，进行了一系列的革新，大至政治体制，小到名物称谓。法律制度的调整自然也是题中之义，但是这方面的变革是完全在承继旧成果的基础上进行的，而非颠覆性的。或者说，从残存的秦律文本所传达的信息来看，秦统一后对法律制度的变革力度相对而言是比较温和的。

---

① 邢义田：《张家山汉简〈二年律令〉读记》，载于《燕京学报》2003 年新 15 期。

### (五)《徭律》中的"补缮邑院"

岳麓秦简和张家山汉简《徭律》中各有一条关于"补缮邑院"的规定,两者内容基本相同,为便于分析,先录之如下:

繇(徭)律曰:补缮邑院、除田道桥、穿汲(陂)池、渐(堑)奴苑,皆县黔首利殹(也),自不更以下及都官及诸除有为殹(也),及八更,其睆老而皆不直更者,皆为之,冗宦及冗官者,勿与。除邮道、桥、驰道,行外者,令从户□□徒为之,勿以为繇(徭)。(1255+简1371+简1381)

补缮邑院,除道桥,穿波(陂)池,治沟渠,堑奴院,自公大夫以下☒勿以为徭。市垣道桥,令市人不敬者为之。(二年律令·徭律 简413+简414)

这两则律文表述的内容几乎完全一致,都是关于类似于今天的公共基础设施建设的内容,岳麓秦简的表述更加全面细致一些,而张家山汉简则简省了很多。关于这两则律文,主要有以下几点可以讨论:

(1)张家山汉简413号简"自公大夫以下",整理小组注释为:下,疑为上字之误。整理小组这样注释的原因,可能是将后文中的"勿以为徭"理解为"不让他们承担徭役",实际上该处的"勿以为徭"应该相当于睡虎地秦墓竹简中的"勿计为徭"①,是"不算作征发徭役"的意思。岳麓秦简中的相关记载"自不更以下及都官及诸除有为殹(也)……皆为之"和此处的"自公大夫以下……勿以为徭",句式几乎相同,其区别只在于从秦到汉相关规定的爵位由"不更"变为了"公大夫"。因此笔者认为张家山汉简整理小组的注释可能有误,此处就应为"下"字,而不是"上"字的讹误。结合岳麓秦简的内容,这条律文的意思当为"修补县邑的围墙、修整道路桥梁、整治水池等(是对百姓自身有利的事情),从公大夫爵位以下的人都要参与,并且不计算作徭役"。

(2)虽然这两条律文内容非常相近,但还是有一些差异,从这些差异也可以帮助我们更好地理解秦汉法律的演变。岳麓秦简中的记载为"补缮邑院、除田道桥、穿汲(陂)池、渐(堑)奴苑,皆县黔首利殹(也),自不更以下及都官及诸除有为殹(也),及八更,其睆老而皆不直更者,皆为之,冗宦及冗官者,勿与",而张家山汉简中的记载为"补缮邑院,除道桥,穿波(陂)池,治沟渠,堑奴院,自公大夫以下☒勿以为徭",这里最明显的区别为岳麓秦简中是

---

① 睡虎地秦墓竹简整理小组:《睡虎地秦墓竹简》,文物出版社1990年版。

"自不更以下",而张家山汉简中却是"自公大夫以下",这中间的爵级的变化就在一定程度上体现了秦和汉初在法律规定中的不同。

就目前公布的秦律令及文书中,以"公大夫"作为划分界限的规定几乎没有,而多见以"不更"为界限的规定:

(1) 岳麓秦简中相关律令文本:

繇(徭)律曰:发繇(徭),自不更以下繇(徭)戍,自一日以上尽券书,及署于牒,将阳信(伸)事者亦署之,不从令及繇(徭)不当。(简1305)

□牛,兴不更以下车牛,各比爵繇(徭)员槫以二尺牒=书不更以下当使者车牛人一牒上□。(简0170)

或①不复而不能自给者,令不更以下,无复不复,更为典、老。(简1235)

者各一甲,丞令令史各一盾,毋爵者不足,以公士。县毋命。为典老者,以不更以下,先以下爵。其或复未当事。(简1293)

置吏律曰:县除小佐毋秩者,各除其县中,皆择除不更以下到士五史者为佐,不足,益除君子子、大夫子、小爵。(简1396)

任者免徒,令其新啬夫任,弗任,免周盗除,不更以下到士五许之。(简1247)

(2) 里耶秦简中的记载:

卅五年九月丁亥朔乙卯贰春乡守辨敢言:上不更以下繇(徭)计二牒。敢言之。(简8-1539)

岳麓秦简①②两条和徭、戍有关,其中的"发繇(徭),自不更以下繇(徭)戍"和"兴不更以下车牛"则表述了在秦时征发徭役和车牛都只能征发爵位在不更以下的人。而在张家山汉简中则是"发传送,县官车牛不足,令大夫以下有赀者,以赀共出车牛",可见到了汉初,征发车牛的对象也从"不更以下"改为了"大夫以下"。③④⑤⑥条释文虽然不属于相同的律令,但其表达的内容比较接近,都是说任命典、老、佐等低级的小官都是从"不更以下"的人中任命。除了岳麓秦简中有这么多关于"不更以下"的记载,里耶秦简中这则文书内容的表述也非常清晰,"上不更以下繇(徭)计二牒",其和岳麓秦简第①条中的规定"发繇(徭),自不更以下繇(徭)戍,自一日以上尽券书,及署

---

① 此处《岳麓书院藏秦简(肆)》原释文为"成",陈伟根据图版内容及上下文认为这个字当为"或",参见陈伟:《岳麓秦简"尉卒律"校读(一)》,武汉大学简帛网,2016年3月21日,http://www.bsm.org.cn/show_article.php?id=2489

于牒"刚好可以相互印证，岳麓秦简中规定要征发不更以下的人参加徭戍，而且要将其服徭戍的情况记录在券书上并且登录在牒书中，而里耶秦简中则刚好记载有"上不更以下繇（徭）计二牒"。无论在岳麓秦简还是在里耶秦简中"不更以下"都是一个非常重要的界限，既和徭戍征发息息相关，在低级官吏的任命中也是一个标准。

到了汉初的张家山汉简中，情况则发生了改变：

节（即）载粟，乃发公大夫以下子、未傅年十五以上者。

补缮邑院，除道桥，穿波（陂）池，治沟渠，堑奴苑，自公大夫以下▢勿以为繇（徭）。

张家山汉简《徭律》中的"载粟"以及补缮邑院等劳作皆是从公大夫以下开始征发，明显不同于秦律令中的规定。

李均明先生在《张家山汉简所反映的二十等爵制》一文中根据张家山汉简的各种资料对汉初的二十等爵制进行了分析。他根据《二年律令·户律》的记载把汉初二十等爵划为四个大的档次，其中"公乘与公大夫间爵级亦相邻，而受宅数量落差亦达 11。落差大的爵级之间显然彼此属于不同的档次。""公大夫以下至公士属第四。"[①] 根据《二年律令·户律》的资料以及李均明先生的分析可知，从公大夫以下到公士属于爵级中最低的一个档次，就是"士"，也就是说"公大夫"是一个非常重要的分水岭。

然而刘劭在《爵制》中的记载明显和张家山汉简中关于爵位的记载有所不同。刘劭云："秦依古制，其在军赐爵为等级，其帅人皆更卒也。有功赐爵，则在军吏之例。自一级以上至不更四等，皆士也。大夫以上至五大夫五等，比大夫也。九等，依九命之义也。自左庶长以上至大庶长，九卿之义也。关内侯者，依古圻内子男之义也……列侯者，依古列国诸侯之义也……吏民爵不得过公乘者，得贳与子若同产，然则公乘者，军吏爵之最高者也。"[②] 根据刘劭的这段记载，在秦时从公士到不更四个爵级属于"士"阶层，从大夫到五大夫属于"大夫"阶层，"不更"是作为"士"阶层和"大夫"阶层的分界线。可见在爵制的划分上，汉初已经明显不同于秦制。

秦汉之际，由于战争引发百姓大量逃亡，户口流失严重，汉初统一后汉高祖采取了普赐民爵吸引户口的重要措施，汉高祖五年五月"诏曰：'诸侯子在关中者，复之十二岁，其归者半之。民前或相聚保山泽，不书名数，今天下已定，令各归其县，复故爵田宅，吏以文法教训辨告，勿笞辱。民以饥饿自卖为人奴婢

---

① 李均明：《张家山汉简所反映的二十等爵制》，载于《中国史研究》2002 年第 2 期，第 37～48 页。
② 《续汉书》，第 3631 页，《百官志》刘昭补注引刘劭《爵制》。

者，皆免为庶人。军吏卒会赦，其亡罪而亡爵及不满大夫者，皆赐爵为大夫。故大夫以上赐爵各一级，其七大夫以上，皆令食邑，非七大夫以下，皆复其身及户，勿事。'又曰：'七大夫、公乘以上，皆高爵也。诸侯子及从军归者，甚多高爵，吾数诏吏先与田宅，及所当求于吏者，亟与。爵或人君，上所尊礼，久立吏前，曾不为决，甚亡谓也。异日秦民爵公大夫以上，令丞与亢礼。今吾于爵非轻也，吏独安取此！且法以有功劳行田宅，今小吏未尝从军者多满，而有功者顾不得，背公立私，守尉长吏教训甚不善。其令诸吏善遇高爵，称吾意。且廉问，有不如吾诏者，以重论'。"这一举措，无疑使汉朝廷直接掌握的户口迅速增多，《史记·高祖功臣侯者年表》："天下初定，故大城名都散亡，户口可得而数者十二三，是以大侯不过万家，小者五六百户。后数世，民咸归乡里，户益息，萧、曹、绛、灌之属或至四万，小侯自倍，富厚如之。"在初期阶段，普赐民爵与律文规定之斩捕赐爵相辅相成，起着调整平衡各种社会关系的作用，但赐爵制从此亦向着轻滥的方向发展，有甚者如允许以钱买卖爵位，汉惠帝时，"民有罪，得买爵三十级以免死罪"，又六年"令民得卖爵"。（王笑）

## （六）繇律中的"更卒"

很多学者将"徭役"称为"更卒徭役"。最早在《左传》成公十三年，"秦师败绩，获秦成差及不更女父。"杜注曰："不更，秦爵。"随后商鞅变法，创军功爵制，其中爵名之一为"不更"。《汉书·百官公卿表》颜师古注："不更，谓不豫更卒之事"。另，《汉书·食货志》颜注："更卒，谓给事郡县一月而更者也。"据此，学者普遍认为"更卒"就是对服徭役之卒的称呼，"不更"就是不服更卒徭役的意思。随着睡虎地秦墓竹简、张家山汉墓竹简、松柏木牍等相继出土，更多有关秦汉时期《徭律》的内容得以公布，学者们对于"更卒"的解释又进行了更深入的探讨。

"更卒"一词并不见于出土秦汉简牍文献中，但学者们多借助于秦汉出土文献来对"更卒"进行研究。学界对于"更卒"的认识主要存在以下观点：钱剑夫认为"秦汉的徭役有三：更卒、正卒和戍卒……西汉更卒徭役的服役期限即承秦制，每人每年用一个月的时间服役于郡县"，也就是从秦到西汉都是实行在郡县服行一个月的更卒之役的制度；杨振红的观点和钱剑夫的有相同之处，"将'徭'理解为给中都官或公家供役的正卒劳役，而与'给郡县'的更卒之役是两种不同性质的劳役，是最妥当的看法"[1]，她的观点也就是说"更卒之役"是郡

---

[1] 杨振红：《徭、戍为秦汉正卒基本义务说——更卒之役不是"徭"》，载于《中华文史论丛》2010年第1期，第331~362页。

县内的劳作，而"徭役"则为中央征发的正卒劳役，并将"更卒"和"正卒"从服役范围上进行了对比。鹫尾佑子认为"更卒是各种徭役、兵役普遍采用的方式，但不是所有记载践更的例子都是更卒之役……更卒是由尉征发的一种兵卒，但从秦到汉初开始逐渐转用到其他徭役之中，至汉中期转化为从事徭役的卒"。综合各种观点，学界对"更卒"的认识主要有两种：其一，认为"更卒"为秦汉时期服月更之徭的人，而"更卒之役"则是正卒的基本任务，即每年承担一个月的劳役；其二，认为在秦及汉初，"更卒"并不是从事徭役的卒，而是兵卒。

因对于"更卒"这一词语的理解牵涉秦汉徭役、兵役等的研究，故而一直都是学界讨论的一个热点，但"更卒"一词却并不见于秦汉简牍文献中，其在传世文献正文中最早出现是在《汉书·食货志》，也仅出现了一次，"又加月为更卒已复为正一岁屯戍一岁力役三十倍于古"。因此对于"更卒"的讨论几乎都是依据秦、西汉之后的人对《史记》、《汉书》等做的注释，其中尤以如淳的"更有三品"说最为重要。就目前的简牍资料和传世文献资料而言，称秦及汉初的徭役为"更卒之役"似为不恰当的。

"更卒"一词和"不更"有很大关系，《汉书·百官公卿表》中颜师古的注释为："不更，言不豫更卒之事也。"而同样在《汉书·百官公卿表》中颜师古对于"左更、中更、右更"的注释为"更言主领更卒，部其役使也"，刘劭爵制曰："秦依古制，其在军赐爵为等级，其帅人皆更卒也，有功赐爵，则在军吏之例……四爵曰不更。不更者，为车右，不复与凡更卒同也……自左庶长已上至大庶长，皆卿大夫，皆军将也。所将皆庶人、更卒也，故以庶更为名。"综合以上记载，可知"不更""左更""中更""右更""左庶长"等都是军爵，"不更"是第四等爵，不再与更卒做相同的事情；"左更、中更、右更以至大庶长"都是率领更卒的人。这些爵位最初都是作为军爵而产生的，也就是说"更卒"应该也是一个跟军队相关的名词，而非后来我们所讲的承担"月更之徭"的人。

《说文》："更，改也。"对于跟秦及汉初《徭律》相关的"更"的理解，学界主要有三种观点：其一，张金光、彭浩等人认为"更"就是更换、更替的意思，而简牍中所见三更、四更、五更等就是指批次①；其二，广濑熏雄、陈伟认为更数可能就是轮到践更的比例，也就是间隔几个月轮到一次更的意思，如三更

---

① 张金光认为"三更"即三个更次，亦即将全县更卒分组编制成为三个部分，也可以说三个队列（张金光：《说秦汉徭役制度中的"更"——汉牍〈南郡卒编更簿〉小记》，载于《鲁东大学学报》2011年第2期，第67~72页）。彭浩指出"更数有三更、四更、五更、六更、七更、九更，即把服役之卒分为不同的批次，每批人数相同，轮替服役。因各县和侯国的人口多少不一，故可征用的卒数也不同，卒数多的县和侯国，分成的批次也多。"（彭浩，《读松柏出土的西汉木牍（四）》，武汉大学简帛网，2009年4月12日，http://www.bsm.org.cn/show_article.php?id=1019）

就是每隔两个月轮更一月；其三，臧知非认为"更"是指免除轮更而言，如《二年律令·史律》中的"乃得为祝五更"就是可以免除五次更役的意思，他还进一步指出更役是一月一次，而非一年一次，一年要践更多次直至十二次，而律文中"乃得祝五更"，就是免除五次更役，每年只要服七次更役的意思①。

秦汉简牍中并无"更卒"词例，和徭相关的"更"主要分以下几类：践更、一更（三更、五更等）、更戍。

"践更"一词的运用主要有两种情况：一是"践更"；二是"践××月更"，其主要出现于以下秦汉简牍条文中：

（1）节（即）传之，必先悉行乘城卒、隶臣妾、城旦舂、鬼薪白粲、居赀赎责（债）、司寇隐官、践更县者……嘉、穀、尉各谨案所部县卒、徒隶、居赀、赎责（债）、司寇、隐官、践更县者簿，有可令传甲兵，县弗令传之而兴黔首，【兴黔首】可省少弗少而多兴者，辄劾移县，县丞以律令具论，当坐者言名史（事）泰守府。（里耶秦简J1-16-6A）

（2）及诸当隶臣妾者亡，以日六钱计之，及司寇、冗作及当践更者亡，皆以其当冗作及当践（岳麓秦简1981）更日，日六钱计之，皆与盗同灋。（岳麓秦简1974）。

（3）泰上皇时内史言：西工室司寇、隐官、践更多贫不能自给糧（粮）。（岳麓秦简0587）

（4）责及司寇、践更者，不足乃遣城旦、鬼薪，有□不疑亡者。遣之不如令或□杀及□□□□。（岳麓秦简0326）

（5）五百石以下至有秩为吏盈十岁，年当睆老者为十二更，践更。（二年律令·史律 简485）

（6）启陵津船人高里士五启封当践十二月更，□廿九日□□。（里耶秦简8-651）

（7）讲曰：践更咸阳，以十一月行，不与毛盗牛。毛改曰：十月中与谋曰：南门外有纵牛，其一黑牝，类扰易捕也。到十一月复谋，即识捕而纵，讲且践更，讲谓毛勉独捕牛，买（卖），分讲钱。到十二月已嘉平，毛独捕，牵买（卖）雍而得。它如前。诘讯毛于诘，诘改辞如毛，其鞫曰：讲与毛谋盗牛，审。二月癸亥，丞昭、史敢、铫、赐论，黥讲为城旦。今讲曰：践十一月更外乐，月不尽一日下总咸阳，不见毛……讲曰：十月不尽八日为走马魁都庸（佣），与偕之咸阳，入十一月一日来，即践更，它如前

---

① 臧知非：《从张家山汉简看"月为更卒"的理解问题》，载于《苏州大学学报（哲学社会科学版）》2004年第6期，第92~94页。

……处曰：讲赎更咸阳，毛独牵牛来，即复牵去。它如故狱。魁都从军，不讯，其妻租言如讲。（奏谳书100）

以上为秦汉简牍中出现的"践更"和"践××月更"。前四条简文中出现的"践更"都和司寇、隐官、冗作等词语并列出现，只有（5）和（7）条中的"践更"单独出现，并没有和其他特殊身份的人员并列出现，但也不难发现前四条中的"践更"都是名词，也就是"践更（县）者"，而（7）中的"践更"则是作动词用，指代一种特殊的劳作，（5）这条律文内容或不全，并不确定"践更"后面还有没有文字。（6）和（7）简文中分别是"践十二月更"和"践十一月更"，由此也可推断，秦及汉初应当还有"践一月更"、"践二月更"、"践三月更"以至于"践十二月更"，"践××月更"的意思也就是在几月去践更，而不是承担十二个月的更役。从以上所有出现"践更"的简文可以得知"践更"共有两种意思：其一为名词，指践更县者，其身份类似于司寇、隐官、冗作等人；其二为动词，指承担一种特殊的劳役，而且这种劳役时长为一个月，每个月轮番进行。

除"践更"之外，"××更"也多见于秦及汉初的简牍文献中，如：

以四月、七月、十月、正月肤田牛。卒岁，以正月大课之，最，赐田啬夫壶酉（酒）束脯，为旱〈皂〉者除一更，赐牛长日三旬；殿者（简13），谇田啬夫，罚冗皂者二月。（秦律十八种·厩苑律）

·戍律曰：戍者月更。君子守官四旬以上为除戍一更。（岳麓秦简1299）

金痍、有口病，皆以为罢癃，可事如睆老。其非从（简408）军战癈也，作县官四更，不可事，勿事。勿以口眕瘳之令、尉前（简409）。（二年律令·徭律）

以祝十四章试祝学童，能诵七千言以上者，乃得为祝五更（简479）。（二年律令·史律）

其能诵三万以上者，以为（简477）卜上计，六更。（二年律令·史律）

史、卜年五十六（简484），佐为吏盈廿岁，年五十六，皆为八更。六十，为十二【更】。（二年律令·史律）

补缮邑院、除田道桥、穿汲〈波（陂）〉池、渐（堑）奴苑，皆县黔首利殹（也），自不更以下及都官及诸除有为殹（也）（岳麓秦简1255），及八更，其睆老而皆不直（值）更者，皆为之，冗宦及冗官者，勿与。（岳麓秦简1371）

五百石以下至有秩为吏盈十岁，年当睆老者为十二更，践更。（简485）

（二年律令·史律）

畴尸、茝御、杜主乐皆五更，属大祝。祝年盈六十者，十二更，践更大祝（简486）。（二年律令·史律）

以上简文为睡虎地秦墓竹简、岳麓秦简和张家山汉简中的"××更"词例，除此之外，记载武帝建元、元光年间南郡"卒更"状况的《南郡卒更簿》中也多次出现了"××更"，其释文为"巫卒千一百一十五人，七更，更百四十九人，余三十九人"，其他释文和此条释文格式相同，共记载了南郡17个县（侯国）之下，各县卒的人数、更的次数和每更人数及剩余或不足的人数。释文中分别出现了"七更"2次，"九更"1次，"三更"10次，"四更"1次，"五更"1次，"六更"2次。松柏《南郡卒更簿》中的"更"都为相同的含义。综合以上所有出现"××更"的秦汉简牍材料，分别出现了"一更""三更""四更""五更""六更""七更""八更""九更""十二更"，只缺"二更""十更"和"十一更"就刚好有十二个"更"。

以上睡虎地秦墓竹简、岳麓秦简、张家山汉简和松柏木牍中虽然都出现了"××更"，但笔者认为其含义有很大的区别。以上所列条文中（1）、（2）、（3）、（4）条中的"××更"当为"××月"的意思，因为（1）中的"为皂〈皁〉者除一更"出自睡虎地秦墓竹简，时间较早，对其讨论也较多。整理者对其解释为"免除饲牛者一次更役"，高敏认为"'一更'是一个固定的时间概念。'除一更'，即免除'一更'徭役。"[①] 杨剑虹认为"'除一更'是免除乡民徭役，每月一更"[②]。于琨奇也认为"所谓'除一更'，即是免除一年中一月之'卒更'徭役"[③]，以上三位的观点虽略有不同，但意思都是一致的，即都认为"除一更"是免除一月更役的意思。刘华祝则和以上三位的观点全然不同，指出"对受奖、罚者的时间分别是三旬、一更和二月，故'一更'的期限只能理解为一年"[④]，以此类推，"二更"就是二年，"三更"则为"三年"，笔者认为这种观点似不可取。结合（2）、（3）、（4）简文的内容再来理解"除一更"会更容易一些。笔者认为"一更"并不特殊指"更役"，而仅指一个时间单位，也就是一个月。"为皂者除一更"的意思就是为养马牛的人免除一个月的养马牛的劳役，而岳麓简1299中的"君子守官四旬以上为除戍一更"就是守官四十天以上的君子可以

---

① 高敏：《秦汉的徭役制度》，载于《中国经济史研究》1987年第1期，第13~33页。
② 杨剑虹：《从简牍看秦汉的乡与里组织》，引自周天游主编：《陕西历史博物馆馆刊（第3辑）》，西北大学出版社1996年版，第136~144页。
③ 于琨奇：《秦汉粟价与更赋考》，载于《扬州教育学院学报》1999年第3期，第10~14页。
④ 刘华祝：《说张家山汉简〈二年律令·史律〉中小吏的"为更"》，载于〔韩〕中国古中世史学会编：《中国古中世史研究》第21辑2009年。

免除一个月的戍役。《二年律令·徭律》中的"其非从军战痍也，作县官四更"则是指那些不是因为打仗而有伤残的人要在县中劳作四个月。而（4）中的"为祝五更"则也是说能背诵祝十四章中七千字以上的祝学童可以担任五个月的祝。（1）、（2）、（3）、（4）中分别出现的"除一更""除戍一更""作四更"及"为五更"中的"××更"都是一个时间概念，相当于一个役期单位，指一个月、四个月及五个月。

（6）、（7）、（8）、（9）简文中的"××更"则不同于以上四条中的"××更"的意思。关于此处"××更"的意思，臧知非先生认为是免除轮更的意思，广濑薰雄则解释为：更数也可能就是轮到践更的比例，意为践更几个月轮到一次。本律所见的更数有五更、六更、八更、十二更这四种。相比而言，广濑薰雄的解释更加合理。

松柏木牍的《南郡卒更簿》中多次出现的"更"，陈伟认为此处的"更"和《二年律令·史律》中多次出现的"更"为相同的含义，赞同广濑薰雄的解释，认为也是轮到践更的比例。张金光认为"牍文所示'三更'等诸更，其义极简明。今以'三更'为例言之，'三更'义即三个更次，亦即将全县更卒分组编制成为三部分，也可以说是三个队列。他皆仿此。"① 彭浩认为"牍文的'更'是更换、替代之意。更数有三更、四更、五更、六更、七更、九更，即把服役之卒分为不同的批次，每批人数相同，轮替服役。因各县和侯国的人口多少不一，故可征用的卒数也不同，卒数多的县和侯国，分成的批次也多。"松柏木牍中出现的"更"若解释为"轮到践更的比例"完全是根据《二年律令·史律》中的"更"的意思来推断其含义，笔者认为是不合理的，而且就此解释"三更"为每隔两个月就践更一个月，这样每年就要践更四个月，劳役力度过大，并不符合实际情况。张金光和彭浩两位的解释当更为合理，在这里出现的多次"更"当为根据该地人数和劳役情况来计划性地将全县可以服更役的人分成若干的批次，各县情况不同，有三更、四更、五更、六更等。

根据不同的语言环境，"××更"可以有不同的解释，但其所有解释都是从其"月更"之意引申出来的，也就是其所具有的役期性质而言。就目前的材料而言，"××更"具有三层含义：一是役期，"××更"也就是几个月；二是轮到践更的比例，主要是对史、卜、祝的特殊情况而言；三是批次，也就是每个县每年共征发几个批次的更役，主要针对松柏《南郡卒更簿》而言。

综合以上对"践更"及"××更"的解读，笔者认为"更卒"并非指承担

---

① 张金光：《说秦汉徭役制度中的"更"——汉牍〈南郡卒编更簿〉小记》，载于《鲁东大学学报》2011年第2期，第67~72页。

徭役任务的人，而应该指承担特殊劳役——月更之役的人。月更之役不等同于徭役，也不等同于戍役，是区别于这两者的每个县每年固定的劳作。松柏木牍的出土就证明了更役是具有一定的计划性的，每个县每年征发几更都是根据该县的人数和劳役的量来提前制定好计划的，亦即提前制定好的征发更役的批次计划。所以更卒并非徭役承担者，杨振红就曾说"'更'役不同于'徭'。因为践更县者在'兴徭'之前已经在服'践更'之役了，换言之，无论是否兴'徭'，县都要例行兴发'更'役，因此，'更'役从本质上与'徭'无关。""月更之役"为每年每县固定的劳役，主要在县里劳作，县中的劳作都要先征发徒隶及践更之人，而不应该先征发徭役。

除作为承担月更之役劳作的人，秦及汉初出现的"更卒"也多指"戍役更卒"，但是其和常见的"戍卒"又有很大的区别。根据居延汉简等边境地区出土的简牍材料可知，"戍卒"多指远离家乡到边疆担任戍卒，承担戍役的人，而岳麓简中又明确记载"戍者月更"，考虑到"月更"的实际情况，也不难想到这些月更的"戍卒"是不可能背井离乡到很远的边疆担任戍卒的，故此，笔者认为这部分"月更"的戍者应为"更卒"中的一部分，主要承担"践更县"的任务，而不是到边境服役。

根据以上分析，"更卒"并不是承担徭役的人，更役是每年固定有一个月的劳役，徭役则具有临时性，而且徭役的具体天数也是根据该次徭役的实际情况而有所不同，如里耶秦简中有"繇（徭）二日，员三万"，说明该次行徭的天数是两天。

  除不更以下的百姓，官吏也是有"徭使"的，如：
  ·议吏徒以县官事往来繇（徭）使及吏归休、徙官，当行庄道，庄道败绝不通者，令行水道。（岳麓秦简0548）
  廷下仓守庆书言令佐赣载粟启陵乡。（里耶秦简8－1525）
  今廷史申繇（徭）使而后来，非廷尉当，议曰：当非是。（张家山汉简108）
  相国、御史请关外人宦、为吏若繇（徭）使，有事关中……（二年律令·津关令）

以上，岳麓秦简、里耶秦简和张家山汉简中的记载都表明官吏也是参加徭使的，陈松长先生就曾指出"'廷史'已是有一定级别的官吏，但他也有'繇使'。这可见秦汉时期的兴繇和发繇的对象，并不全是黔首百姓或奴婢和服刑之人，而是包括各级官吏，这些官吏的'繇使'也许就如现在各级行政管理人员出'公差'，它并不是一种劳役或苦役，而只是一份差事而已。"①

---

① 陈松长：《秦汉时期的繇与繇使》，载于《湖南大学学报（社会科学版）》2014年第4期，第20~22页。

此外，睡虎地秦墓竹简和岳麓秦简中都明确载有"春城旦出繇（徭）者"①这样的内容，此外，岳麓秦简中有"传送委输，先悉县官车牛及徒给之"，里耶秦墓竹简中也有"嘉、穀、尉各谨案所部县卒、徒隶、居赀、赎责（债），司寇、隐官、践更县者簿，有可令传甲兵，县弗令传之而兴黔首"，可见刑徒是兴繇中优先考虑的对象。睡虎地秦墓竹简《繇律》中载有"兴徒以为邑中之红（功）者"，"兴徒以斩（堑）垣离（篱）散及补缮之"，对于其中的"徒"，整理小组并没有给出注释，在译文中则是以"徒众"称之，孙闻博对该句中"徒"的解释为"徒"同样指服繇役者。沈家本曾对上引郑玄注解释说："周之徒，庶人在官充役者也，汉之徒，有罪在官充役者也。其人异，其义同。"现在来看，沈氏对"汉之徒"的理解或可修正，但"其人异，其义同"，即"在官充役者"的认识，仍有可取处。②结合岳麓秦简新公布的材料，笔者认为这里的"徒"当指"繇徒"，而繇徒并不仅仅指刑徒，其指代所有服繇役的人。如岳麓秦简中有一条律文："岁上春城旦、居赀续（赎）、隶臣妾缮治城塞数、用徒数及黔首所缮用徒数于属所尉（1248 简）"其意为每年要将春城旦、居赀赎、隶臣妾修缮城塞的数量以及徒数和黔首修缮城塞所用的人数上报给属所的尉，其中黔首的人数也是用"徒数"来表述，可见"徒"在秦简中不仅仅指"刑徒"。又和"繇徒"有关的简牍文献如下：

  其不审，以律论度者，而以其实为繇（徭）徒计。繇（徭）律。（睡虎地秦墓竹简·秦律十八种 简 124）

  繇（徭）律曰：岁兴繇（徭）徒，人为三尺券一，书其厚焉。（岳麓秦简 1241）

  节（即）券繇（徭），令典各操其里繇（徭）徒券来与券以畀繇（徭）徒。（岳麓秦简 1363）

虽然"繇徒"一词在简牍文献中出现的次数并不多，但是根据以上睡虎地秦墓竹简和岳麓秦简中的内容"繇徒计""岁兴繇徒""其里繇徒券"可知，这些"繇徒"并不特指某类人，而是指所有服繇役的人。

综合以上，可知承担繇役任务的并不是"更卒"，而是"繇徒"，这是两类不同的人群，"更卒"承担的是每年固定的一个月更役，而"繇徒"则是承担繇役的人，每年可能被多次征发，而且多是临时性的，并不固定在某个时候要去服繇役。（王笑）

---

① "春城旦出繇者"在睡虎地秦墓竹简和岳麓秦简中的表述完全相同，都是《司空律》的内容。
② 孙闻博：《秦汉"军兴"、〈兴律〉考辨》，载于《南都学坛》2015 年第 2 期，第 1～3 页。

## 五、秦汉《徭律》比较分析

目前所见出土秦汉《徭律》有三批，睡虎地秦墓竹简《徭律》1 则，岳麓秦简《徭律》7 则，张家山二四七号汉墓竹简《徭律》5 则。三批《徭律》条文同中有异，为比较研究提供了极好的契机，尤其是岳麓秦简与张家山汉简之间可互校互勘之处不少，给律文断句、编联、释读以及理解带来新的思索。法律条文同中有异，为研究秦汉《徭律》流变及其原因创造了条件。

### （一）互补互勘

史书载萧何以秦律为蓝本造《九章律》，之前有不少学者质疑此说，然以出土《二年律令》比勘出土秦律条文，汉律承袭秦律之痕迹十分明显。试看以下两组律文：

> ·繇（徭）律曰：补缮邑院、除田道桥、穿汲〈波（陂）〉池、渐（堑）奴苑，皆县黔首利殹（也），自不更以下及都官及诸除有为（岳麓秦简 1255）殹（也），及八更，其睆老而皆不直（值）更者，皆为之，冗宦及冗官者，勿与。除邮道、桥、驼〈驰〉道，行外者，令从户。（岳麓秦简 1371）
> □□徒为之，勿以为繇（徭）（岳麓秦简 1381）。① 补缮邑□，除道桥，穿波（陂）池，治沟渠，堑奴苑，自公大夫以下，（简 413）勿以为繇（徭）。（二年律令·徭律）②

通过比较可知，两条律文内容相似，《二年律令·徭律》显然是承袭秦律而来，只是在个别语词上加以修订。《二年律令·徭律》"补缮邑"之后的阙文据岳麓秦简可补"院"字，《二年律令与奏谳书》一书的编撰者利用红外线扫描仪亦将原本未释之字补释为"院"③。又岳麓秦简中的"穿汲池"必是"穿波池"之讹。又据岳麓秦简可断定《二年律令·徭律》"自公大夫以下"与"勿以为徭"之间必缺简。退一步讲，就简文而言，"勿以为徭"指不算作徭役，不登录在徭员券上，《秦律十八种·徭律》中提到的"勿计为徭""不得为徭"。"自公大夫以下"直接跟"勿以为徭"，显得十分突兀，很不好理解。可能正是因为张家山汉墓竹简的整理者将"勿以为徭"理解为"不以之服徭"，故认为"自公大

---

① 陈松长主编：《岳麓书院藏秦简（肆）》，上海辞书出版社 2015 年版，第 118 页。
② 张家山二四七号汉墓竹简整理小组：《张家山汉墓竹简［二四七号墓］（释文修订本）》，文物出版社 2001 年版，第 64 页。
③ 彭浩、陈伟、［日］工藤元男编著：《二年律令与奏谳书》，上海古籍出版社 2010 年版，第 248 页。

夫以下"之"下"乃"上"之讹。① 参照岳麓秦简《徭律》可知汉初公大夫以下爵位者均要参加补缮邑院，除道桥，穿陂池，治沟渠，垦奴苑等于切身利益有关之役事。

通过对勘两批《徭律》，还可以纠正过去律文句读方面的讹误，试以下面律文为例说明之：

  繇（徭）律曰：委输传送，重车、负，日行六十里，空车八十里，徒行百里。其有□□□？（岳麓秦简1394）②

  吏及宦皇帝者不与给传送。事委输，传送重车、重负日行五十里，空车七十里，徒行八十里。（二年律令·徭律）③

  载粟乃发教童年十五岁以上。史子未傅先觉（学）觉（学）室，令与粟事，教童当行粟而寡子独与老（岳麓秦简1236）父老母居，老如免老，若独与癃（癃）病【父】母居者，皆勿行。（岳麓秦简1231）。④

  诸当行粟，独与若父母居老如睆老，若其父母罢癃（癃）者，皆勿行。（二年律令·徭律）⑤

  县弩春秋射各旬五日，以当繇（徭）。戍有余及少者，赎后年。（二年律令·徭律⑥）

张家山汉墓竹简整理小组将"事委输"作为一个意群来理解，显然不合适，先前已有学者根据传世文献中常见的"委输传送"与"传送委输"指出"事"从上读，应在"委输传送"后加逗号⑦，今以岳麓秦简律文验之，的确极有道理。又"重车负"乃"重车重负"之省称，重车即载重之车，与"空车"相对成文，"重负"与"徒行"相对而言。

张家山汉墓竹简整理小组将"独与若父母居老如睆老"视为一个整体，但没有给予任何注释。一般读者或许不太明白此句话究竟要表达什么意思。以岳麓秦简比对之，可知其存在误抄、漏抄，使得简文扞格不通。"若父"当为"老

---

① 张家山二四七号汉墓竹简整理小组：《张家山汉墓竹简［二四七号墓］（释文修订本）》，文物出版社2001年版，第65页。
② 陈松长主编：《岳麓书院藏秦简（肆）》，上海辞书出版社2015年版，第150页。
③ 张家山二四七号汉墓竹简整理小组：《张家山汉墓竹简［二四七号墓］（释文修订本）》，文物出版社2001年版，第64页。
④ 陈松长主编：《岳麓书院藏秦简（肆）》，上海辞书出版社2015年版，第120页。
⑤ 张家山二四七号汉墓竹简整理小组：《张家山汉墓竹简［二四七号墓］（释文修订本）》，文物出版社2001年版，第64页。
⑥ 张家山二四七号汉墓竹简整理小组：《张家山汉墓竹简［二四七号墓］（释文修订本）》，文物出版社2001年版，第64页。
⑦ 彭浩、陈伟、[日]工藤元男编著：《二年律令与奏谳书》，上海古籍出版社2010年版，第248页。

父"之讹①，其后又漏抄一"居"字。"独与老父老母居"后要顿开，"老如睆老"是对"老父老母"状态之限定，指父母达到睆老的年龄（睆老界定依爵位而定，爵位越高，越早成为睆老）。

"县弩春秋射各旬五日，以当繇（徭）。戍有余及少者，隤后年"应重新断读为"县弩春秋射各旬五日，以当繇（徭）戍，有余及少者，隤后年"。下面谈谈如此句读的理由。"徭戍"在秦汉文献中出现时，常视为一个词组，中间无需顿开，例如：

　　……县节（即）有（简1429）繇（徭）戍，其等当得出，令繇（徭）戍，繇（徭）戍已，辄复居。当繇（徭）戍，病不能出及作盈卒岁以上，为除其病岁繇（徭）（简1420），勿聂（躡）。（简1424）②

　　当繇（徭）戍而病盈卒岁及敷（系），勿聂（摄）。（二年律令·徭律）③

　　邮人勿令繇（徭）戍，毋事其户，毋租其田一顷，毋令出租、刍稾。（二年律令·行书律）④

从上面引用秦汉律条可知，"徭戍"乃当时常用的固定词组，不当拆开。又岳麓秦简一则《徭律》条文能更为直接地证明张家山汉墓竹简整理小组原先的句读有问题。兹引律文如下：

　　繇（徭）多员少员，赖（隤）计后年繇（徭）戍数。（简1355）

从岳麓秦简1420号可知"徭戍"有时可简称为"徭"，1355号第一个徭也是简称，而"戍"作为"徭戍"的省称却找不到任何例证。

## （二）汉律对秦律的修订

上一节论及《二年律令·徭律》与岳麓秦简《徭律》有诸多相似之处，为律文互勘补正提供了便利。然仔细比较却发现没有一则律文是完全雷同的，二者在一些细节上的差异是显而易见的，兹例举四组律文如下：

　　第一组：岳麓秦简：繇（徭）律曰：委输传送，重车负日行六十里，

---

① 何有祖亦有此看法，而余文写于2015年12月之前，何先生文见武汉大学简帛网，2016年3月26日，《利用岳麓秦简校释〈二年律令〉一则》，http：//www.bsm.org.cn/show_article.php?id=2498
② 陈松长主编：《岳麓书院藏秦简（肆）》，上海辞书出版社2015年版，第151页。
③ 张家山二四七号汉墓竹简整理小组：《张家山汉墓竹简［二四七号墓］（释文修订本）》，文物出版社2001年版，第64页。
④ 张家山二四七号汉墓竹简整理小组：《张家山汉墓竹简［二四七号墓］（释文修订本）》，文物出版社2001年版，第46页。

空车八十里，徒行百里。①

《二年律令·徭律》：委输传送，重车、重负日行五十里，空车七十里，徒行八十里。②

第二组：岳麓秦简《徭律》：凡免老及敖童未傅者，县勿敢使（使），节（即）载粟乃发敖童年十五岁以上。③

《二年律令·徭律》：免老、小未傅者、女子及诸有除者，县道勿敢繇（徭）使。节（即）载粟，乃发公大夫以下子未傅年十五以上者。④

第三组：岳麓秦简·繇（徭）律曰：补缮邑院、除田道桥、穿汲〈波（陂）〉池、渐（堑）奴苑，皆县黔首利殹（也），自不更以下及都官及诸除有为殹（也），及八更，其睆老而皆不直（值）更者，皆为之，冗宦及冗官者，勿与。⑤

《二年律令·徭律》：补缮邑【院】，除道桥，穿波（陂）池，治沟渠，堑奴苑，自公大夫以下，勿以为繇（徭）。⑥

第四组：岳麓秦简《徭律》：敖童当行粟而寡子独与老父老母居，老如免老，若独与痍（癃）病母居者，皆勿行。⑦

《二年律令·徭律》：诸当行粟，独与若父母居，老如睆老，若其父母罢痍（癃）者，皆勿行。⑧

通过比较上面四组律文，可知汉律在承继秦律基本框架的同时，对一些具体问题进行了调整。整体而言，汉代徭戍较之秦代有所减轻。单就委输传送来讲，汉律所规定车辆每日行驶里程比秦律要少十里，徒步行走要少二十里。秦代十五岁以上敖童均为载粟征发对象，汉代十五岁以上的未傅籍者同样为载粟征发对象，但仅限于公大夫以下爵位者之子。秦律规定敖童独自一人与年迈的父母居住在一起，父母为免老或罢癃，可不参与行粟。汉律将此项恩惠推广至所有人，不仅限于敖童，只要是独自与父母居，父母为睆老或罢癃，均可不参与行粟。比较

---

① 陈松长主编：《岳麓书院藏秦简（肆）》，上海辞书出版社 2015 年版，第 150 页。
② 张家山二四七号汉墓竹简整理小组：《张家山汉墓竹简［二四七号墓］（释文修订本）》，文物出版社 2001 年版，第 64 页。句读有改动。
③ 陈松长主编；《岳麓书院藏秦简（肆）》，上海辞书出版社 2015 年版，第 120 页。
④ 张家山二四七号汉墓竹简整理小组：《张家山汉墓竹简［二四七号墓］（释文修订本）》，文物出版社 2001 年版，第 64 页。
⑤ 陈松长主编：《岳麓书院藏秦简（肆）》，上海辞书出版社 2015 年版，第 118 页。
⑥ 张家山二四七号汉墓竹简整理小组：《张家山汉墓竹简［二四七号墓］（释文修订本）》，文物出版社 2001 年版，第 64 页。原缺字据岳麓秦简《徭律》增补。
⑦ 陈松长主编：《岳麓书院藏秦简（肆）》，上海辞书出版社 2015 年版，第 120 页。
⑧ 张家山二四七号汉墓竹简整理小组：《张家山汉墓竹简［二四七号墓］（释文修订本）》，文物出版社 2001 年版，第 64 页。句读有调整。

第三组律文可知汉代爵位的"含金量"不若秦代，秦代不更以上爵位者均无需参加补缮邑院、除田道桥等杂役，而汉代只有公大夫以上爵位者才可免除，这就意味着处在同一爵位者，在秦代享有更多的特权。

秦代徭役繁重是导致百姓揭竿而起的重要原因之一，史书上有不少记录：

《史记·李斯列传》：又作阿房之宫，治直道、驰道，赋敛愈重，戍徭无已。于是楚戍卒陈胜、吴广等乃作乱，起于山东，杰俊相立，自置为侯王，叛秦……①

《史记·秦始皇本纪》：右丞相去疾、左丞相斯、将军冯劫进谏曰："关东群盗并起，秦发兵诛击，所杀亡甚众，然犹不止。盗多，皆以戍漕转作事苦，赋税大也。"②

《汉书·食货志》：董仲舒上书言："至秦则不然，……又加月为更卒，已，复为正一岁，屯戍一岁，力役三十倍于古；田租口赋，盐铁之利，二十倍于古。或耕豪民之田，见税什五。故贫民常衣牛马之衣，而食犬彘之食。重以贪暴之吏，刑戮妄加，民愁亡聊，亡逃山林，转为盗贼，赭衣半道，断狱岁以千万数。汉兴，循而未改。"③

从传世史书记载可知，汉初统治者正是意识到徭戍过重会危及统治，故颁布了一系列轻徭薄赋的条令，比如汉高祖实行"十五税一"的田租，规定"民产子，复勿事二岁"，"漕转关东粟以给中都官，岁不过数十万石"，百姓的徭役租税负担大大减轻。（周海锋）

## 第三节　岳麓秦简《田律》及相关问题研究

### 一、《田律》的名义辨析

#### （一）《田律》律名解

《田律》一词的文献记载最早见于《周礼》的注疏。《周礼·秋官·士师》："士师之职，掌国之五禁之法……四曰野禁……"郑注："古之禁尽亡矣，今野

---

① 《史记·李斯列传》，第3098页。
② 《史记·秦始皇本纪》，第343页。
③ 《汉书·食货志》，第1137页。

有田律。"又《周礼·夏官·大司马》："遂以蒐田，有司表貉，誓民……"郑注："誓民，誓以犯田法之罚也。誓曰：'无干车，无自后射'。"贾疏："此据汉田律而言。"① 贾公彦认为田律乃"犯田法之罚"，意为《田律》是关于违反田猎相关规则后的处罚规定。清沈家本《历代刑法考》云："《周礼·秋官·士师》'五禁'注'今野有田律'，按，田律谓田猎之律，非田亩之事也。观后所引军礼，郑注《大司马》云：'犯田法之罚'，彼所言者搜田之法也"。② 沈家本认为《田律》是关于"田猎"方面的法律规定，而与农田管理无关。但当睡虎地秦墓竹简、张家山汉简等秦汉简牍文献出土后，由于田律的律文内容多与农业生产、管理相关，田律的定义出现了很大的分歧，分歧点主要集中在田律是否包括田猎的内容。比如，李均明认为《田律》是关于垦田、缴纳刍稾、保护山林等与农业、林业、畜牧业相关的法律。③ 高恒也认为《田律》是关于农村社会秩序、农田管理，以及收缴田税的法律，而不包括"田猎"的内容。④ 曹旅宁指出《田律》应包括渔猎和农业生产两部分。⑤ 张伯元也指出：《田律》是关于农田生产、牲畜管理方面的律文，而不是纯粹的田猎。⑥ 那么，秦汉《田律》到底是否应该包括田猎的内容呢？

要回答这个问题，我们无妨先讨论一下秦汉时期"田"字的内涵。"田"字在殷墟卜辞中多作田形，只在第四期出现一些变体，即在"囗"内增加横或竖画，例如田、田、田、田等形态⑦。田字在甲骨卜辞中的句式，大概有以下几种："田十受年""圣田""王往於田""王其田向""祭名十田""多田""於田"等，在这些句式中，"田"分别用来表示"农田""田猎、"田祭"等意义。⑧ 在秦汉时期的史料中，"田"字除了用来表示农田以外，田猎的用法仍然比较常见。在已出土的秦代简牍中，就有不少以"田"作为"田猎"意义的法律条文。比如，睡虎地秦墓竹简中有不少涉及田猎活动的法律规定：

    春二月，毋敢伐材木山林及雍（壅）隄水。不夏月，毋敢夜（擇）草為灰，取生荔、麛䴆（卵）、鷇，毋□□□□□□毒魚鱉，置穽罔（網），到七月而纵之。唯不幸死而伐绾（棺）享（椁）者，是不用时。……邑之

---

① 中华书局编辑部编：《十三经注疏·周礼注疏》，中华书局1980年版，第769页。
② 沈家本：《历代刑法考》，中华书局1985年版，第167页。
③ 李均明：《秦汉简牍文书分类辑解》，文物出版社2009年版，第170页。
④ 高恒：《秦汉简牍中法制文书辑考》，社会科学文献出版社2008年版，第130~136页。
⑤ 曹旅宁：《秦汉魏晋法制探微》，人民出版社2013年版，第44页。
⑥ 张伯元：《〈汉律摭遗〉与〈二年律令〉比勘记（上）》，引自《沈家本与中国法律文化国际学术研讨会论文集（下）》，中国法制出版社2005年版，第726页。
⑦ 徐中舒：《甲骨文字典》，四川辞书出版社1998年版，第79页。
⑧ 彭明瀚：《田字本义新释》，载于《考古与文物》1995年第1期，第85页。

沂（近）皂及它禁苑者，麛时毋敢将犬以之田。百姓犬入禁苑中而不追兽及捕兽者，勿敢杀；其追兽及捕兽者，杀之。

河（呵）禁所杀犬，皆完入公；其它禁苑杀者，食其肉而入皮。（简4－7）

龙岗秦简中也有与田猎相关的内容：

田不从令者，论之如律……（117简①）

一盾；非田时殹（也），及田不□□坐……（118简）

而舆宂（从车。？）疾（驱）入之，其未能兆（从衣。逃），亟散离（？）之，唯毋令兽□……（119简）

汉承秦制，《二年律令》中也有一条有关"田猎"的律文与《秦律十八种》中的十分相近：

禁诸民吏徒隶，春夏毋敢伐材木山林，及进（壅）堤水泉，燔草为灰，取产䴠（麛）卵𪇱（鷇）；毋杀其绳重者，毋毒鱼。（简249）。

上述简文虽然部分有些残缺不全，但是从整体上理解，其中的"田"字显然不是指"田地"，而是表示"田猎""狩猎"。关于"田"字的本义，许慎《说文解字·田部》云："田，陈也，树谷曰田。②"因此，学术界一般认为"田"字的本义属于"农田"的范畴。但也有学者认为"田"的原始意义当为田猎。如徐中舒先生认为"田"象田猎战阵之形，古代贵族有囿以为田猎之所，囿有沟封以为疆界……此井田乃农耕之田，已非田猎之所，后世不知农田阡陌之形初本田猎战阵之制，故《说文》云"田，陈也，树谷曰田"不确③。劳幹认为"田"与陈同音，陈即阵也，故"田"的最初含义与田猎有关，而不是种植之义。④ 不管"田"的本义是田猎还是农耕，有一点已很明确，即早在商代时期"田"字就具有了田猎的含义。既然"田"字既可表示耕作之"田"又可表示狩猎之"田"，那么田猎与农业生产有什么关系呢？

殷商甲骨卜辞中所记载的关于"田"的活动多以"焚林而田"的形式进行，对于这种开辟原始土地的简而易行的"刀耕火耨"的方法，学界历来有两种解释。一是认为"焚林而田"就是原始农业；二是认为"焚林而田"的田是指打

---

① 本书关于《龙岗秦简》的简文依据中国文物研究所、湖北省文物考古研究所编：《龙岗秦简》，中华书局2001年版。

② 许慎：《说文解字》，岳麓书社2006年版，第201页。

③ 徐中舒：《甲骨文字典》，四川辞书出版社1989年版，第1466页。

④ 劳幹：《战国秦汉的土地问题及其对策》，载于《大陆杂志》第2卷第5期。

猎，即田猎。"在上古时代两者实际上是不可分的，焚林田猎不仅具有开发土地、垦殖农田，还能为农田除禽兽之害、保护农作物正常生长、促进农业生产的发展。"① 殷商早期禽兽众而人民少，于是出现了"烧山林，破增薮，焚沛泽，猛兽众也"② 的现象，这些都是当时被认为有效的驱兽方式。随着定居和农业生产的发展，为了避免野生动物对农作物的破坏，维护正常的农业生产和保证收获，自然也要对野兽进行捕获或驱逐，如《礼记·月令》孟夏之月所载："驱兽毋害五谷"郑玄注："兽，麌、鹿之属，食谷苗，驱之令勿害也。"③ 又如《左传·庄公十七年》："冬多麋。"杜预注："麋多则害五稼，故以灾书"。秦人以放牧和狩猎为生，秦本是游牧民族，从事渔猎自是本分，而且农业本来起源于采集业，最早的区分并不明显。④ 秦代虽已是农业经济为主的社会，但狩猎对维护农业生产，减少野生动物对农作物的破坏也发挥一定的作用。

在了解了田猎与农业生产的关系之后，我们再来探讨秦代"田猎"的性质，以下是几则涉及秦汉"田猎"内容的简文：

·故大夫斩首者，**罨**（迁）。·分甲以为二甲蒐者，耐。·县毋敢包卒为弟子，尉赀二甲，免；令，二甲。·轻车、跻张、张强、中卒所载傅〈传〉到军，县勿夺。夺中卒传，令、尉赀各二甲。（秦律杂抄 简7-9）

射虎车二乘为曹。虎未越泛薜，從之，虎環（還），赀一甲。虎失（佚），不得，车赀一甲。虎欲犯，徒出射之，弗得，赀一甲。·豹旋（遂），不得，赀一盾。（秦律杂抄·公车司马猎律 简25-26）

诸禁苑为奥，去苑卅里，禁毋敢取奥中兽，取者其罪盗禁中【同】
诸禁苑有奥者，□去奥廿里毋敢毎（谋）杀……敢毎（谋）杀……
射奥中□□□之□有□□A（也）□□□其□
时来鸟，黔首其欲弋射奥兽者勿禁。（龙岗秦简27-30简）

上述简文体现了秦关于狩猎活动的法律规定，通过研读分析律文，可以看出秦朝已经形成了较为完备的生产狩猎纪律。简文反映出秦代田猎活动具有以下特征：

首先，田猎要遵循时令。《秦律十八种·田律》4—7简规定：在春夏之际，不允许砍伐山林、夜草为灰，不准进行毒杀鱼鳖、纵犬狩猎等活动。作如此规定

---

① 孟世凯（《商代田猎性质初探》）认为商代的田猎是当时不可缺少的社会活动，具有开发土地、垦殖农田、保护庄稼、补充部分生活资料和军事训练等多方面的性质和作用，即是农业和牧畜业的一项补充。文章引自胡厚宣主编：《甲骨文与殷商史》，上海古籍出版社1983年版，第204~222页。
② 《管子校正·国准》，第388页。
③ 中华书局编辑部编：《礼记正义》，中华书局1980年版，第1365页。
④ 曹旅宁：《秦汉魏晋法制探微》，人民出版社2013年版，第45页。

的理由当是春夏季节正是动植物休养繁衍的重要时节,春生夏长,在这一时段禁止田猎有利于维护生态平衡和保持自然环境的生物多样性。《龙岗秦简》118 简对田猎不遵循时令的行为规定了严厉的刑罚。

其次,田猎是官府组织的。根据律文规定,禁苑田猎活动的参加者,除了皇帝、朝廷军队还包括部分官吏,而平民百姓是不允许进行田猎活动的。比如,《龙岗秦简》15 简"从皇帝而行,及舍禁苑中者皆……",表明田猎活动的主体是皇帝。另外,像"公车司马"这样的皇室卫队在田猎之时也要遵守一定的法律规定,说明朝廷军队、军士也是田猎活动的参加者。《秦律十八种·田律》4—7 简规定"百姓犬入禁苑中……其追兽及捕兽者,杀之。"由此可见,平民百姓是不允许在禁苑中狩猎的。当然,在禁苑之外的山林之中,平民百姓还是可以自由狩猎的。

再次,田猎必须遵守一定的方式和号令。根据律文规定,狩猎不能超过法律限定的额度和规模;在田猎时禁止用毒药去毒杀猎物;大规模围猎猎物时要遵守一定的方式和军法规定。《秦律十八种·田律》4—7 简规定"毋毒鱼鳖",这与《周礼·地官·迹人》的规定不谋而合,"迹人掌邦田之地政,为之厉禁而守之。凡田猎者受令焉,禁麛卵者,与其毒矢射者。"① 《秦律杂抄·公车司马猎律》25—26 简规定大规模围猎猎物时,用田猎的车舆驱赶并逐渐包围猎物,同时注意将猎物相互分离,逐一击破。这种行猎方式章法严密,更像是朝廷卫队行军作战的军事演习。

最后,违法田猎将受到严厉处罚。田猎不是滥猎,必须遵循田猎法规,律文对田猎的时令、规模和限度、围猎的方式等各方面都作出了规定,任何违反规定的行为都会受到严厉的刑事处罚。《龙岗秦简》117 简规定"田不从令者,論之如律……",对于田猎时违反法令规定的行为将依照相关法律论处。此简反映出官吏打猎若是超过了限度和规模将会受到法律严惩。根据《龙岗秦简》118 简推测,田猎不从时节的刑罚可能是"赀罚"或"连坐"。《公车司马猎律》则规定:虎逃走,没有猎获,每车赀一甲;虎要进犯时,出车射虎没有猎获,赀一甲;豹逃走,没有猎获,赀一盾。②

秦代田猎活动的上述特征使其具有了军事训练与演习的特征。有学者指出:"古者田猎军战本为一事。观军战断耳以计功,田猎亦断耳以计功而未获之前,田物谓之丑,敌众亦谓之丑,即获之后,田物谓之禽,敌众以谓之禽。是古人视田时所逐之兽,与战时所攻之敌无异,禽与敌等视,则田而获禽,犹之战而执讯

---

① 中华书局编辑部编:《周礼注疏(卷十六)》,中华书局 1980 年版,第 748 页。
② 参见《秦律杂抄·公车司马猎律》释文。睡虎地秦墓竹简整理小组编:《睡虎地秦墓竹简》,文物出版社 1990 年版。

矣，田猎须驾车马，合徒兵，执兵戈，进与禽兽搏斗，故田猎尚不止含有娱乐意义、经济意义，且有治兵的重要意义隐于其间，为什么军事训练和演习可以借用田猎来举行呢？战争最初出现于原始公社瓦解时期，所用武器就是狩猎工具，战争凡是也与集团围猎相同。"①

综上所述，在秦汉时期"田"字同时用来表示"农田"和"田猎"的内涵，在已出土的秦代简牍中，就有不少以"田"作为"田猎"意义的法律条文。田猎对维护农业生产，减少野生动物对农作物的破坏也发挥一定的作用。据此，我们认为《田律》是关于田猎生产活动管理和农村社会秩序、农田生产管理、牲畜管理及田租刍藁税缴纳等农业生产活动管理相关内容的法律规定。

### （二）《田律》与相关律令的关系

1. 《田律》与《田令》

在传世文献中，《田令》最早载于《后汉书·黄香传》："延平元年，迁魏郡太守。郡旧有内外园田，常与人分种，收谷岁数千斛。香曰：田令：'商者不农'，《王制》'仕者不耕'，伐冰食禄之人，不与百姓争利。"② 出土文献中，睡虎地秦墓竹简《语书》中简略提及《田令》，后在岳麓秦简中发现了关于县官田的《田令》令文。这些《田令》令文的发现，无疑是证明秦汉时期不仅有《田律》，还有《田令》的有力论据，但要厘清二者的关系，我们还是要从律与令的关系说起。

秦汉律与令之间的关系，是法制史上是一个比较棘手的问题。相关记载存在很大歧异，比如，杜周云："前主所是著为律，后主所是疏为令。"③ 文颖曰："萧何承秦法所作为律令，律经是也，天子诏所增损，不在律上者为令。"④ 杜预认为"律以正罪名，令以存事制"⑤，但这未必符合汉代的情况。汉代律中也存在着大量所谓"存事制"的内容。另《唐六典》载："律以正刑定罪，令以设范立制"⑥。在以上的疏解中，除前两者之外，均是后人从对当时的律令关系的认识出发而扩展到对秦汉律令的理解，若以此标准去审视秦汉律、令，就会很容易出现如沈家本所说的"诸书所引律、令往往相淆"情况，进而认为"盖由各律中本各有令，引之者遂不尽别白"⑦。程树德也认为"秦汉律、令有时别不严，

---

① 郭宝钧：《中国青铜时代》，三联书店1978年版，第161页。
② 《后汉书·文苑上》，第1764页。
③ 《史记·酷吏列传》第3153页。
④ 《汉书·宣帝纪》第252页。
⑤ 《太平御览》，第2859页，《刑法部四·律令下》。
⑥ 李林甫等撰、陈仲夫点校：《唐六典·尚书刑部》，中华书局1992年版，第174页。
⑦ 沈家本：《历代刑法考》，中华书局1985年版，第1366页。

难以分辨"①。不过可以明确的是，汉代并不是依靠刑罚和非刑罚的标准对律令进行分类，因为在文献中也总能找出与之相反的例证。而对于《田律》与《田令》而言，后两者的解释则明显不适用。随着出土资料中的律、令文书的大量发现，使得学界又兴起了讨论的热潮，有的根据新材料去探寻新的解释模式、有的从律令生成的角度去进行阐释。相比较而言，律令转化，律主令辅，令对律起补充、说明、修正作用的说法最为合理②。

上述秦汉律与令的关系是否也同样适用于《田律》与《田令》呢？我们先看以下几则涉及秦汉《田令》的简文：

田不从令者，论之如律……（龙岗秦简 117 简）

百姓居田舍者毋敢酤酒，田啬夫、部佐谨禁御之，有不从令者有罪。（秦律十八种·田律 简12）

·田律曰：黔首居田舍者毋敢醓酒，有不从令者迁之，田啬夫、士吏、吏部弗得，赀二甲。·第乙（岳麓秦简·田律 简0994）

在秦及汉初的律文中，"律令转化"的含义包括两层含义：第一，秦及汉初的律文中，留存有令的痕迹，律是由令转化而来的。第二，以律的主旨为基础，以令的形式进行阐发，令作为律的细化出现。③ 先秦时期，各国成文法名称并不统一，"刑""法""宪"等称谓并用；用以表达法律意义的，或以"法""令"，或以"法令""号令"，或以"诏令""宪令"，而其中以"令"最为通用。《说文》："令，发号也"④，亦即"令"字的本意是"集众人而命令之"⑤，又"令者，上敕下之词，命令、教令、号令，其义同。法令则著之书策，奉而行之，令甲、令乙是也。"⑥ 与"令"相比，"律"作为法律载体的称谓，出现年代是比较晚的。"律"字在先秦典籍中频繁出现，多指音律、约束、纪律、效法，而非通常意义上所说的法律之律。⑦ 战国中后期以后，"律"字才逐渐取代其他而成

---

① 程树德：《九朝律考》，中华书局2006年版，第11页。
② 张忠炜：《秦汉律令关系试探》，载于《文史哲》2011年第6期，第90～102页。
③ 中田薰曾论述过"律令的转换"问题，他认为律令转换就是"令变为律"，典型事例是《金布令》变为《金布律》，"律令的转换"的这一提法，与张忠炜所说的"律令转化"，在名称上有相近之处，内涵却有根本差异。而且，对于《金布令》与《金布律》，张忠炜认为是同名律篇、令篇，两者同时并存而非由令转换为律。
④ 许慎撰、段玉裁注：《说文解字注》（九篇上"令"条），上海古籍出版社1988年版，第430页。
⑤ 于省吾主编、姚孝遂按语编撰：《甲骨文字诂林》（"令"条引罗振玉语），中华书局1996年版，第366页。
⑥ 沈家本著，邓经元、骈宇骞校：《历代刑法考》（律令一"令"条），中华书局1985年版，第812页。
⑦ 祝总斌：《"律"字新释——关于我国古代的"改法为律"问题》，载氏著：《材不材斋文集：祝总斌学术研究论文集（上编）》，三秦出版社2006年版，第326～412页。

为最使用最普遍的称谓。然而，法律意义的"律"虽然出现，却是以"令"为其表达形式，换言之，早期"律"所表达的是"令"的内容，这正是当"律"取代其他而成为通用法律称谓时，表达或叙述的是以前其他词汇所涵盖的内容，其中又以王者之命（令）形式出现的法律为主。所以，与汉代以后的"律"不同，秦及汉初的"律"所表达的，并非都是相对稳定少变的内容，可能也包含着诏令性质的规定①。

对文中的"不从令者"，睡虎地秦墓竹简整理者注："不从令，违反法令，秦汉法律习语，如《墨子·备城门》：'不从令者斩。'"②，有人认为简中的"不从令"并不意味着在所有的简文中都含义相同，不宜把所有的这些"令"泛指为"法令"。此简虽然标示出《田律》，但也不一定表示内容就是《田律》的律文，而有可能是表示列于田律之下的对《田律》的补充性规范，只是表示其部门法的属性。③ 既然属于《田律》部门之下的令，那么自然也属于《田律》，故其实是"律文"而不是"令文"，正如杨振红所说："律本来就是作为编辑加工后的稳定的令而出现的，它来源于令，这才是律的本质。"④ 上述三条简文的表述方式基本相同：先作出必须遵守的规定或要求，一旦违犯则受到相应的惩罚。凡是出现"不从令者"，都是对触犯律文规定的惩罚，亦即对违反律文规定的惩处。所谓的"不从令者"，实际同于"不从律者"，从这个角度看，"律"与"令"的称谓虽不同，但起初分别并不是很严格的。这似源于早期"律"、"令"的性质，即"律"中留存有"令"的遗迹，律由令转化而来。

再看第二层含义，以律的主旨为基础，令作为律的细化出现。如论者所言，令作为律的补充，扩大调整对象与范围；令作为比律更灵活的法律载体，统治者的意志可随时通过令得以实现，故相对于律的稳定性而言，秦汉对法律补充大多是在令的范畴中进行的。⑤ 将《秦律十八种·田律》简12和岳麓秦简《田律》简0994比较来看，除了明显反映时代变化的"黔首"外，整个律令的形式也发生了变化："田律曰"置于句首，这可能与抄写者的习惯有关，但其内容则是来自《田律》；睡虎地秦墓竹简中只提到"有不从令者有罪"，而岳麓秦简却将相应的惩罚即"罪刑"具体化。由此可见，《田律》本身也在随着时间的发展而不断改进，而那些被细化的内容，有可能来自制定者的愿望，也有可能是为了应对

---

① 张忠炜：《秦汉律令关系试探》，载于《文史哲》2011年第6期，第90~102页。
② 睡虎地秦墓竹简整理小组：《睡虎地秦墓竹简》，文物出版社1990年版，第30页。
③ 张建国：《秦令与睡虎地秦墓竹简相关问题略析》，载于《中外法学杂志》1998年第6期，第34~40页。
④ 杨振红：《从〈二年律令〉的性质看汉代法典的编纂修订与律令关系》，载于《中国史研究》2005年第4期，第27~57页。
⑤ 徐世虹主编：《中国法制通史（第一卷·战国秦汉）》，法律出版社1999年版，第258页。

基层执行时出现歧义而进行的调整。在正式的《田律》颁布之前,那些改进的内容也只能以《田令》的形式公布,到重新修订律文时,才能正式成为《田律》的内容。

所谓"律主令辅",即孟彦弘所言"律比令更重要,令是律的辅助,令对律起补充、说明、修正作用"①,中田薰、大庭脩认为令是作为律的补充和副法出现的,何以说明?我们先看以下几则岳麓秦简《县官田令》简文:

> ·县官田有令,县官徒隶固故有所给为,今闻或不给其故事而言毋徒以田为辞及发(简1800)徒隶┕,或择其官急事而移作田及以官威征令小官以自便其田者,皆非善吏殹,有如此者,以大犯(简1788)令律论之·县官田令甲十八。(1803②)

> 县官田者或夺黔首水以自(溉)其田┕,恶吏不事田,有为此以害黔首稼┕。黔首引水以(溉)田者,以水多少1721为均,及有先后次┕。县官田者亦当以其为均,及有先后次。县官田者亦当以其均,而不殹,直以威多夺黔首水,不须其次,甚非殹。有如此者(见到1808)皆当以大犯令律论之。·县官田令甲 廿二(1811③)

上述两则简文以令的形式具体规定了"县官田"相关事项,秦对官府直接控制的官田,有一套经营管理的具体办法。《秦律十八种·田律》1—3简规定:"雨爲澍,及秀粟,辄以书言澍稼、秀粟及垦田暘无稼者顷数。稼已生后而雨,亦辄言雨少多、所利顷数。旱及暴风雨、水潦、螽虫、群它物伤稼者,亦辄言其顷数。近县令轻足行其书,远县令邮行之",这是关于各级地方官必须向上级报告本地庄稼播种与生长情况的规定。报告的内容包括已耕种、未耕种、受雨、抽穗及遭受水、旱、虫灾的顷亩数。《田律》中还有不许壅隄水、不准损坏庄稼、不准农户卖酒以及令"田啬夫、部佐谨禁御之,有不从令者有罪"等规定。这说明官府设专门官吏如"田啬夫""部佐"等主管农田耕作之事。从某种情况而言,这两则令文是对秦县官田管理的进一步细化规定,令文规定县官田的日常开垦种植由田徒负责,不能役使有其他差役任务的徒隶从事田间劳动,不能以垦田为借口役使有其他差役任务的徒隶,更不能将有紧急差役的徒隶遣作田徒。令文还规定田间引水灌溉必须有先来后到的次序和官民引水多少要均衡的原则,不能凭借官威抢夺百姓的水,违反规定者按"大犯令律论之"。至于"大犯令"的内

---

① 孟彦弘:《秦汉法典体系的演变》,载于《历史研究》2005年第3期,第19~36页+第190页。
② 待刊。
③ 待刊。

容我们不得而知，但可以看出田令对田律不仅具有细化、补充的作用，而且在某种程度上二者是相辅相成的。

另外，我们还能在秦简中为"令是作为律的补充和副法出现"的说法找到例证，睡虎地秦墓竹简《语书》简4云："故腾为是而修法令、田令及为间私方而下之，令吏明布，令吏民皆明智（知）之，毋巨（距）于罪"，对于"间私方"，睡虎地整理者注："当为惩处有奸私行为的法令"，但学界一般认为其属于"间令"，具有律令补充的性质，那么《田令》与"间私方"① 语法上并列，说明二者性质相同，当属于田律的补充和副法。

综上所述，《田律》在发展的过程中，一直在不断地吸收和整理《田令》，所以《田律》留存有《田令》的痕迹；《田令》以《田律》的主旨为基础，《田令》作为《田律》的细化出现；《田令》对《田律》起到一定的补充作用，《田令》是对《田律》的追加法，其中的条文与田律中的规定没有本质上的区别，只有形式上的不同，当在下一次对律进行修订和整理时，才正式成为"律"的内容。二者虽有主辅之分，但也具有同等的法律效力。

2.《田律》与《公车司马猎律》

秦汉简牍文献中的《公车司马猎律》仅一条律文，见于睡虎地秦墓竹简《秦律杂抄》，其简文内容如下：

  ·射虎车二乘为曹。虎未越泛薜，从之，虎还，赀一甲。虎失（佚），不得，车赀一甲。虎欲犯，徒出射之，弗得，赀一甲。·豹旘（遫），不得，赀一盾。·公车司马猎律。（简25－27）

但是由于《公车司马猎律》仅此一条，而且律名分别抄写在两枚简上（"公车司马"抄写于简26，"猎律"抄写于简27），所以林清源认为，"公车司马"与"猎律"可能分别属于两章，并不存在《公车司马猎律》这一律名。② 但曹旅宁坚持认为，"公车司马"与"猎律"是连读的，证据在于"公车司马"与大狩之间存在密不可分的关系……将二者分开，无法表明该律的正确含义和内容。③ 相比较而言，曹先生的看法更加合乎情理。一方面，虽然"猎律"抄写于简27上，但这并不能表明"公车司马"与"猎律"在内容上的区别，查阅睡虎

---

① 睡虎地秦墓竹简线装本云："间令，补充法律的诏令"，平装本："间，读为干，《淮南子说林》注：'乱也．'译文解释为：干扰法律的行为。"学界一般认为"间令"是指"间"于相对简略"律"条文空隙中的"令"，起补充法的作用。笔者认为睡虎地秦墓竹简线装本的解释比较合理。

② 林清源：《睡虎地秦简标题格式析论》，载于《"中央研究院"历史语言研究所集刊》2002年73本第4分，第790～793页。

③ 曹旅宁：《秦汉魏晋法制探微》，人民出版社2013年版，第52～53页。

地秦墓竹简图版①，我们不难发现，"猎律"二字之所以另抄写在简 27 上，是因为简 26 已无空间可写，只得写在 27 号简简首。另一方面，"猎律"二字虽然另抄写在简 27 上，但紧接其后的简文开头有表示界隔作用的墨点符号，且从内容上来看，墨点之后的简文明显与狩猎无关。其后的简文云：

> ·伤乘舆马，决革一寸，赀一盾；二寸，赀二盾；过二寸，赀一甲。课駃騠，卒岁六匹以下到一匹，赀一盾。志马舍乘车马後，毋（勿）敢炊饮，犯令，赀一盾。已驰马不去车，赀一盾。（睡虎地秦墓竹简·秦律杂抄简 27－29）

大意讲的是对乘舆马、駃騠、志马（即特马，未经阉割不适于驾车的雄马）等的饲养、考核规定，其内容与厩苑律的内容相近，而与狩猎无关。由此可见，《公车司马猎律》这一律名是客观存在的。

那么，《公车司马猎律》是关于什么方面的法律规定？我们首先得弄明白"公车司马"的含义。睡虎地秦墓竹简整理小组注："公车司马，朝廷的一种卫队，《汉书·百官公卿表》属卫尉，注：'《汉官仪》云公车司马掌殿司马门，夜徼宫中，天下上事及阙下凡所徵召皆总领之，令秩六百石。'"② 整理小组的解释基本无误，但过于笼统。《汉书·百官公卿表》云："卫尉，秦官，掌宫门卫屯兵，有丞。景帝初更名中大夫令，后元年复为卫尉。属官有公车司马、卫士、旅贲三令丞。"③ 又《后汉书·百官志二》云："卫尉，卿一人，中二千石。注曰：掌宫门卫士，宫中徼循事。丞一人，比千石。"④ 可见，卫尉是秦朝就已存在的官职，汉初沿袭了这一官职，卫尉官秩两千石，掌管宫门的卫士和宫中的巡逻。卫尉下设有卫尉丞，是卫尉属官，秩比一千石。卫尉的属官还有"公车司马"，又称为"公车司马令"，如《后汉书·百官志二》云："公车司马令一人，六百石。注曰：'掌宫南阙门，凡吏民上章，四方贡献，及徵诣公车者。'献帝起居注曰：'建安八年，议郎卫林为公车司马令，位随将、大夫。旧公车令与都官、长史位从将、大夫，自林始。'"⑤ 由引文可知，"公车司马令"主要负责宫中的警卫事宜，掌管掌南宫南面的阙门，凡是上章表的低级官吏和百姓、四方进贡的贡品、被公车征召而前往皇宫觐见者，都需要得到公车司马令的批准，才得以出入皇宫。另外"公车司马令"手下有丞、尉各一人。"公车司马令丞"选用通晓忌讳和律法的人担任，"公车司马令尉"则负责统领驻扎在阙门附近的士兵，以

---

① 图版见于睡虎地秦墓竹简整理小组：《睡虎地秦墓竹简》，文物出版社 1990 年版，第 45 页。
② 睡虎地秦墓竹简整理小组：《睡虎地秦墓竹简》，文物出版社 1990 年版，第 86 页。
③ 《汉书·百官公卿表第七》，第 457 页。
④ 《后汉书·百官志二》，第 2989 页。
⑤ 《后汉书·百官志二》，第 2994 页。

应对各种意外。如《后汉书·百官志二》云："丞、尉各一人。本注曰：'丞选晓讳，掌知非法。尉主阙门兵禁，戒非常。'胡广曰：'诸门部各陈屯夹道，其旁当兵，以示威武，交戟，以遮妄出入者。'"① 且"公车"指代公车司马令的官署，故"公车司马令"又多简称为"公车令"，如《后汉书·丁鸿传》云："'赐御衣及绶，禀食公车，与博士同礼。'李贤注：'公车，署名。公车所在，因以名。诸待诏者，皆居以待命，故令给食焉。'"② 又陈直《汉书新证》载："《张释之传》中公车司马令简称为公车令……汉代人民上书，皆由公车司马代递，见汉旧仪、汉官仪、及东方朔传。"③ 此外，也有人认为"'公车司马'是秦王的亲信和贴身侍卫，一般由郎官充任，享有一定的政治、经济特权"④，这种情况也是有可能的。

弄清楚了"公车司马"的含义，下面我们来看《公车司马猎律》是关于什么方面的法律规定。首先从《公车司马猎律》的律文规定来看，"公车司马"在参加狩猎活动时，必须遵循法律规定的方式，有意无意地违反律文规定而使猎物逃脱都将受到严厉的惩罚。比如，包围猎物时，律文规定"首先使用田猎的车舆驱、包围野兽，然后趁野兽未能逃跑，尽快将其隔离开来，逐一击破。"这样的狩猎方式系统周密，狩猎纪律严明，犹如朝廷的卫队在做行军作战的模拟演练。这让"公车司马"的狩猎活动具有了军事训练和演习的特征。以下这则睡虎地秦墓竹简中与《公车司马猎律》密切相关的律文可供佐证：

·故大夫斩首者，罢（迁）。分甲以为二甲蒐者，耐。……夺中卒传，令、尉赀各二甲。（睡虎地秦墓竹简·秦律杂抄 简 7 - 9）

睡虎地秦墓竹简整理小组注："甲，《战国策·秦策》：'秦下甲以攻赵。'注：'甲，兵也。'蒐，以检阅军队为目的的一种田猎活动。"整理小组的注当属无误。关于"大蒐礼"文献记载非常丰富，大蒐具有军事检阅、军事演习和军事部署的性质，这一点是毋庸置疑的，《左传》中就有很多例证，《周礼·夏官·大司马》中有关于"大蒐礼"的详细记载，《周礼正义》中旁征博引，讲疏完备⑤。李亚农更是在《大蒐解》一文中做了详细考证⑥。杨宽也对西周、春秋战国时期的田猎活动从制度层面作了深入探讨，指出"大蒐礼"原为借用田猎活动来进行军事检阅和军事演习，具有公民大会的性质，是当时推行政策、加强通知、准

---

① 《后汉书·百官志二》，第 2995 页。
② 《后汉书·桓荣丁鸿列传》，第 469 页。
③ 陈直：《汉书新证》，天津人民出版社 1979 年版，第 92 页。
④ 曹旅宁：《秦汉魏晋法制探微》，人民出版社 2013 年版，第 38 页。
⑤ 孙诒让：《周礼正义》，中华书局 1992 年版，第 2322～2363 页。
⑥ 李亚农：《"大蒐"解》，载于《学术月刊》1957 年第 1 期，第 42 页。

备战争的重要手段①。为什么军事训练和演习可以借用田猎来举行呢？有学者指出："战争最初出现于原始公社瓦解时期，所用武器就是狩猎工具，战争凡是也与集团围猎相同，古者田猎军战本为一事。观军战断耳以计功，田猎亦断耳以计功而未获之前，田物谓之丑，敌众亦谓之丑，即获之后，田物谓之禽，敌众以谓之禽。是古人视田时所逐之兽，与战时所攻之敌无异，禽与敌等视，则田而获禽，犹之战而执讯矣，田猎须驾车马，合徒兵，执兵戈，进与禽兽搏斗，故田猎尚不止含有娱乐意义、经济意义，且有治兵的重要意义隐于其间"。②秦国也是要举行大蒐礼的，以上引用的《公车司马猎律》和《秦律杂抄》中关于蒐的规定就是最有力的例证。又《春秋公羊传》昭公五年："秦者，夷也，匿嫡之名也。"何休注云："嫡子匿不以名，令于四境择勇猛者而立之。"③可能说的就是秦代大蒐礼活动的相关内容。新出秦封泥还有"左田之印"和"郎中左田"两枚封泥，有学者考证有可能就是田猎之官的印章所致④。由此推知，《公车司马猎律》应该是秦代有关军事检阅和军事演习方面的法律规定。

那么，《公车司马猎律》与《田律》之间存在什么样的关系？前文已对《田律》律名的内涵作出了详细论述，《田律》是关于田猎生产活动和农村社会秩序、农田生产管理、牲畜管理及田租刍稾税缴纳等农业生产活动管理相关内容的法律规定。通过细致比较可发现，《公车司马猎律》和《田律》两种律的律文内容都包含了田猎活动相关方面的法律规定，而且从律文限定的主体上来看，两种律虽有区别但并不明显。既然两种律的差别甚微，那为什么还要将其定为两种律名呢？曹旅宁认为，《公车司马猎律》最早的雏形应该是在田猎生产活动中形成的劳动纪律，然后才发展成军事纪律的成文法。⑤也就是说，《公车司马猎律》是军事纪律，是由《田律》中有关田猎生产活动的劳动纪律发展而来的。仔细研读秦汉简牍文献中关于田猎活动的简文，我们不难发现，《田律》中有关田猎活动的法律规定确实与《公车司马猎律》存在这种延续与发展的关系。前文已说，"原始农业和田猎早期二者不可分，焚法田猎不仅具有开发土地、垦殖农田，还能为农田除禽兽之害、保护农作物正常生长、促进农业生产的发展。"⑥

---

① 杨宽：《西周史》，上海人民出版社1999年版，第693~715页。
② 郭宝钧：《中国青铜时代》，三联书店1978年版，第161页。
③ 中华书局编辑部编：《十三经注疏·春秋公羊传注疏（卷二十二）》，中华书局1980年版，第1107页。
④ 刘瑞：《"左田"新释》，引自黄留珠主编：《周秦汉唐研究第1册》，三秦出版社1998年版，第149~154页。
⑤ 曹旅宁：《秦汉魏晋法制探微》，人民出版社2013年版，第43~51页。
⑥ 孟世凯：《商代田猎性质初探》，引自胡厚宣主编：《甲骨文与殷商史》，上海古籍出版社1983年版，第204~222页。

所以《田律》中有关田猎活动的法律规定其主要目的是为了避免野生动物对农作物的破坏，维护正常的农业生产和保证收获，同时保证狩猎生产活动的正常进行。但随着秦汉农业经济的发展，田猎活动作为狩猎生产方式的功能逐渐弱化，而军事化特征反而愈加明显，田猎就逐渐演变成"公车司马"等朝廷卫队常有的一种军事训练与军事演习的方式。"由于田猎集团围猎的方式与战争中的围剿战术类似，故军事训练和演习多借用田猎来举行，"① 因此，《公车司马猎律》就由《田律》中有关生产狩猎纪律逐渐延续发展，成为一种尚不成熟的军事律文。

3. 《田律》与《金布律》

张家山汉简《田律》篇中有一条律文，从律文内容上来看，与岳麓秦简中一条《金布律》非常相近，这两条律文摘录如下：

　　卿以下，五月户出赋十六钱，十月户出刍一石，足其县用，余以入顷刍律入钱。（张家山汉简·田律 简255）

　　·金布律曰：出户赋者，自泰庶长以下，十月户出刍一石十五斤；五月户出十六钱，其欲出布者，许（简1287）之，十月户赋，以十二月朔日入之，五月户赋，以六月望日入之，岁输泰守。十月户赋不入刍而入钱（简1230）者，入十六钱。吏先为？即敛，毋令典、老挟户赋钱（简1280）。（岳麓秦简·金布律）

为便于比较，我们首先对张家山汉简中这条所谓的《田律》和岳麓秦简中的这条题署为《金布律》的律文内容作简要释读：

"卿以下"：张家山汉简整理小组没有对"卿以下"注解，朱绍侯先生认为，"卿是从大庶长以下到左庶长这九级爵位的代称"②，若按二十级军功爵制的等级划分，卿爵以下分为大夫级爵和小爵，按爵位由高至低的顺序，大夫级爵分别为：五大夫、公乘、公大夫、官大夫、大夫，小爵分别为：不更、簪袅、上造、公士。所以"卿以下"一定包括左庶长以下的大夫级爵五爵和小爵四爵的，但公士以下无爵位者，如公卒、士五、庶人和司寇、隐官是否也包括在内呢？答案应该是肯定的。张家山汉简《户律》中有律文云："公卒、士伍、庶人各一顷，司寇、隐官各五十亩""公卒、士伍、庶人一宅，司寇、隐官半宅。欲为户者，许之"，可见，公卒、士五、庶人和司寇、隐官不仅可以受田，而且还能立户，既然有权利立户，那么肯定也有义务交纳户赋。另外，此处"卿以下"中的"卿"字之后疑有脱文，抄写者似乎将"卿及以下"漏抄为"卿以下"。将此条

---

① 郭宝钧：《中国青铜时代》，三联书店1978年版，第161页。
② 朱绍侯：《西汉初年军功爵制的等级划分—〈二年律令〉与军功爵制研究之一》，载于《河南大学学报（社会科学版）》2002年第5期，第99~101页。

律文与上引岳麓秦简《金布律》对比研读,可发现两条律文中对户赋上交数量上的规定比较一致,五月每户出赋均为十六钱,只是十月每户出刍的数量有些许差别,汉为一石,秦代为一石十五斤。很明显,岳麓秦简的这条《金布律》其内容是有关"爵位为卿及以下者"上交户赋的规定。又张家山汉简《户律》简317云:"[卿]以上所自田户田,不租,不出顷刍稾。"律文对"爵位在卿以上者"在赋税方面给予很多特权,不用上交田租和刍稾税。言外之意就是"爵位为卿及以下者"是上交户赋和其他租税的。

"足其县用,余以入顷刍律入钱":意为各县所收的刍足够当年需要即可,超出的部分折算成钱征收,折算的标准与"入顷刍律"相同。所谓"入顷刍律",应该是张家山汉简《田律》所云:"其余令顷入五十五钱以当刍稾。刍一石当十五钱,稾一石当五钱"、"刍稾节(即)贵于律,以入刍稾时平贾(价)入钱。"大意是:1石刍相当于15钱,1石稾相当于5钱;如果刍稾的市价高于法律所规定的标准,则按征收刍稾时的市价折算收钱。《张家山汉简·金布律》简439-430云:"租、质、户赋、园池入钱,县道官勿敢擅用,三月壹上见金、钱数二千石官,二千石官上丞相、御史。"据此可以推知,户赋的征收形式有刍和钱两种,但刍的征收量以"足够各县当年需要"为标准,超过的部分折算成钱征收,与"五月户赋十六钱"一并上缴给朝廷和中央府库。

"泰庶长以下":泰,大也,《说文解字注》:"泰,滑也,又大也。后世凡言大而以为形容未尽则作太,如大宰俗作太宰"①,故泰庶长即为大庶长。《汉书·食货志》:"令民入粟边,六百石爵上造,稍增至四千石为五大夫,万二千石为大庶长。"师古曰:"大庶长,第十八等爵也。"又"从大庶长以下到左庶长这九级为卿爵。"② 所以,"泰庶长以下"即为前文所说"爵位为卿及以下者",包括公卒、士五、庶人和司寇、隐官等公士以下无爵位者。

"泰守":即太守,又称郡守,官秩二千石。《汉书·百官公卿表》:"郡守,秦官,掌治其郡,秩二千石。有丞,边郡又有长史,掌兵马,秩皆六百石。景帝中二年更名太守。"③ 张家山汉简《金布律》简429-430云:"租、质、户赋、园池入钱县官道,勿敢擅用,三月壹上见金、钱数二千石官,二千石官上丞相、御史。"律文中所说"二千石官"指的应该就是郡守。历史文献中"两千石官"常用来指代郡尉、郡守。如《汉书百官公卿表》云:"郡尉,秦官,掌佐守典武职甲卒,秩比二千石。有丞,秩皆六百石。景帝中二年更名都尉。"又《汉书刑

---

① 许慎撰、段玉裁注:《说文解字注》,上海古籍出版社1988年版,第2074页。
② 朱绍侯:《西汉初年军功爵制的等级划分——〈二年律令〉与军功爵制研究之一》,载于《河南大学学报》2002年第5期,第99~101页。
③ 《汉书·百官公卿表第七上》,第1916页。

法志》云："自今以来，县道官狱疑者，各谳所属二千石官，二千石官以其罪名当报之。"很显然，此处的"二千石官"不可能是指掌管军事的郡尉，应当是指郡守。

通过仔细研读，我们可发现，张家山汉简中的这条所谓《田律》的内容全部被包含在岳麓秦简的这条题署为《金布律》的律文中，其律文内容主要是关于户赋缴纳方面的一些法律规定，因此，可以断定这条所谓的《田律》实际上是一条《金布律》。

对于《金布律》律名的含义及其所涵盖的法律内容，《汉书》："金布令甲"颜师古曰："金布者，令篇名也。其上有府库金钱布帛之事，因以名篇。令甲者，其篇甲乙之次。"有学者认为：金布令是有关应纳入国库的金钱布帛等财务的出纳收入的重要诏令。[①] 高恒对《金布律》的性质和内容作了较为深入的研究，认为《金布律》是有关财政制度的法规，其主要内容包括：货币管理；以及各类货币折算比例；财务出纳记账方式；官、民间债务偿还办法；官吏享受的物质待遇；囚衣领发制度；官府财务保管和废旧物资的处理等几个方面。[②]

那么，为什么《金布律》内容中会有关于户赋缴纳的方面的内容呢？张家山汉简和岳麓秦简《金布律》篇中均有一条律文，从律文内容上来看非常相近，或许还能为上述观点提供一些佐证，其律文内容摘录如下：

官为作务、市及受租、质钱，皆为缿，封以令、丞印而入，与叁辨券之，辄入钱缿中。上中辨其廷。质者勿与券。租、质、户赋、园池入钱，县道官勿敢擅用，三月壹上见金、钱数二千石官，二千石官上丞相、御史。
（张家山汉简·金布律 简 429－430）

·金布律曰：官府、为作务市受钱，及受赍、租、质、它稍入钱，皆官为缿，谨为缿空（孔），嬰毋令钱简（1411）能出，以令若丞印封缿而入，与入钱者叁辨券之，辄入钱缿中，令入钱者见其入。月壹输简（1399）缿钱，及上券中辨其县廷，月未尽而缿盈者，辄输之，不如律⌐，赀一甲。（简1403）（《岳麓秦简·金布律》）

对比上引两条律文，尽管睡虎地秦墓竹简这条律文的后半段在睡虎地秦墓竹简中没有，但其前半段所说的内容却基本相同，都是关于"作务市""受钱""入其钱缿中"等有关官府在市中收纳钱的规定。睡虎地秦墓竹简这条律文的后半段主要是关于"租钱""质钱""户赋""山林川泽及园池苑囿的租税"等各

---

① ［日］中田薰：《汉律令》，引自中国政法大学法律古籍整理研究所编：《中国古代法律文献研究（第三辑）》，中国政法大学出版社2007年版，第101～124页。

② 高恒：《秦汉简牍中法制文书辑考》，社会科学文献出版社2008年版，第137～138页。

类赋税征收方面的规定。简文规定:"租、质、户赋、园池入钱,县道官勿敢擅用,三月壹上见金、钱数二千石官、二千石官上丞相、御史。"可见,这些租钱、赋税首先上交到县道官的手中,县道官不得擅用,而后须上报给二千石官(即郡守,前文已作详细论述),进而由二千石官上报给丞相、御史。可见,这些"受钱""作务、市的租钱""质钱""户赋""山林川泽及园池苑囿的租税"无疑都属于国家财政的管理范围,应上缴朝廷和中央府库。

综上所述,户赋中"足其县用"的部分属于国家财政的管理范围,应上缴朝廷和中央府库。因此,不论是从户赋的性质上还是从律文的具体内容上来看,张家山汉简中这条所谓的《田律》都应该属于《金布律》的内容(吴美娇)。

## 二、岳麓秦简《田律》律文研究

岳麓秦简《田律》共6条,主要涉及对征收田租、刍稾的管理,邮亭给乘传出行者提供炊具或做饭,官吏归休途中贷粮草于地方政府,返还被误判没收的田宅,禁止黔首居田舍时"酤酒"等方面的法律规定。

> 田律曰:租禾稼、顷刍稾,尽一岁不膚(毕)入,及诸貣它县官者,书到其县官,盈卅日弗入,及有逋不(简1278)入者,赀其人及官啬夫、吏主者各一甲,丞令、令史各一盾。逋其入而死、亡有罪,毋后,不可得者,有令官啬(简1282)夫、吏代偿。(简1283)

秦代征收的土地税包括田租与刍稾。其中刍稾的征收方法,睡虎地秦墓竹简《田律》明确记载:"入顷刍稾,以其受田之数,无垦(垦)不垦(垦),顷入刍三石、稾二石。"但关于田租的征收,目前尚没有发现明确的法律条文。有学者曾推断秦代田租的征收方式与刍稾一样,采用以顷计征,不管农户是否授足百亩土地,都得按照田百亩的标准缴纳田租。上述田律条文尽管也没有明确记载田租征收方法,但"租禾稼"、"顷刍稾"的提法,说明秦代田租与刍稾的征收方式存在差异,以顷计征的只有刍稾,不能将两者混为一谈。

从龙岗秦简的记载看,秦代田租征收过程中采用了"取程"的形式,简文中多次提到程、程租、虚租、败程、遗程、匿田等内容。在岳麓秦简《数》与张家山汉简《算数书》的租税类算题中,"程"是计算田租的基本单位,通常表述为"若干步一斗",即收获一斗粮谷所需要的步数。以程为标准,可以将若干步的亩换算成若干程,程数与一斗之积即该块农田的田租。近年来彭浩根据《数》与《算数书》的算题,对于秦代田租征收又提出了一种新的看法,认为秦代征收田租是从农户耕种的农田中划出一部分作为"税田",比例大致是总面积的十分之一，税田的全部收成就是田租。① 笔者推测，在由劳役地租到分成租的变革中，从减轻田租征收稽管的负担出发，秦的做法是从总农田中划出部分税田作为农田产量的采样标本，根据税田产量确定"程"，做为计算同类作物产量的基本单位，以此为标准对其余农田征收田租。将对做为田租征收基础的农田产量的核对，转化为了对部分税田产量的掌握。

这条律文是对征收田租、刍稾的管理规定，内容包括对不按时缴纳田租、刍稾和借贷禾稼、刍稾不及时归还的处罚措施，法律处罚的对象包括拖欠者和管理者双方。负责管理的官啬夫、吏主者不仅要与拖欠者处以同样的罚款，如果出现拖欠者死亡，或者有罪逃亡而没有后代的情况，官啬夫、吏主者还要代为赔偿他们拖欠的田租、刍稾。要求官啬夫、吏主者代偿，是基于他们的失职使得这部分田租、刍稾已经无法收取。由官吏承担其失职行为导致的财政损失，是秦代官员问责制的重要内容。睡虎地秦墓竹简《金布律》规定："百姓叚（假）公器及有责（债）未赏（偿），其日臧（足）以收责之，而弗收责，其人死亡；及隶臣妾有亡公器、畜生者，以其日月减其衣食，毋过三分取一，其所亡众，计之，终岁衣食不臧（足）以稍赏（偿），令居之，其弗令居之，其人死亡，令其官啬夫及吏主者代赏（偿）之。"百姓借用官府器物和负债未还，时间足够收回而没有收回，或者隶臣妾丢失官府器物、牲畜，没有按规定要求其偿还，该人死亡，无法继续追讨，要由官啬夫及吏主者代偿。《效律》规定："仓漏朽禾粟，及积禾粟而败之，其不可食者不盈百石以下，谇官啬夫；百石以上到千石，赀官啬夫一甲；过千石以上，赀官啬夫二甲；令官啬夫、冗吏共赏（偿）败禾粟。禾粟虽败而尚可食殹（也），程之，以其耗石数论负之。"因粮仓漏雨而烂坏粮食，和堆积粮食而腐败了，官啬夫与众吏不仅要受到罚款等处置，而且要赔偿败坏的粮食。

田律曰：侍蒸（蒸）邮、门，期足以给乘传晦行求烛者，邮具二席及斧、斤、凿、锥、刀、甕、繘，置梗（绠）井旁，吏有（简1277）县官事使而无仆者，邮为饎（飤），有仆，叚（假）之器，毋为饎（飤），皆给水酱（浆）。（简1401）

这条田律是邮、亭给乘传出行者提供炊具或做饭的规定。张家山汉简《二年律令·行书律》有条律文的后半部分与这条律文内容相近："一邮十二室。长安广邮廿四室，敬（警）事邮十八室。有物故、去，辄代者有其田宅。有息，户勿减。令邮人行制书、急书、复，勿令为它事。畏害及近边不可置邮者，令门

---

① 彭浩：《谈秦汉数书中的"舆田"及相关问题》，简帛网，2010年8月6日，http：//www.bsm.org.cn/show_article.php?id=1281

亭卒、捕盗行之。北地、上、陇西，卅里一邮；地险陕不可邮者，得进退就便处。邮各具食，设井磨。吏有县官事而无仆者，邮为炊；有仆者，叚（假）器，皆给水浆。"

　　邮的主要任务是传递文书，门亭的主要任务是维护地方治安，都不是接待官吏往来的部门。秦汉时期官方设立的传舍，才是为官吏因公出差及其他乘传出行者提供免费食宿的专门机构。然而，尽管秦汉国境内普遍设置传舍，但传舍之间相距较远，当时内郡传舍一般设置在县或县以上的治所，少数大县才可能有两个传舍，边郡人烟稀少，各县相距较远，传舍则与负责传递文书的"置"并置一处。汉代酒泉郡内交通线长694汉里，有"置"11处，大约六十汉里（约五十华里）设一置。因此，传舍并不能完全满足因公出行者的食宿需要。相反，邮、亭的设置则相当密集，《二年律令·行书律》规定"十里置一邮。南郡江水以南，至**素**（索）水南，廿里置一邮"，《汉书·百官公卿表》记载"大率十里一亭"，而且邮、亭都具有一定的食宿设施。因此利用其来弥补传舍数量上的不足，一旦因公出行者无法赶到县治，可以选择在邮、亭食宿。据尹湾汉简"元延二年日记"统计，墓主师饶当年有38天夜宿传舍，同时也有29晚是在亭住宿，另有两天分别住在邮与置①。

　　邮、亭由于不是专门的接待机构，其食宿设施相对简单。"侍苿（蒸）邮、门，期足以给乘传晦行求烛者"。这里的"侍"，当指常居邮驿和门亭的侍役。蒸为细小的木柴，这里指用于炊事的薪柴。《诗·小雅·无羊》"尔牧来思，以薪以蒸，以雌以雄"，郑玄笺"粗曰薪，细曰蒸"。《周礼·天官·甸师》"帅其徒以薪蒸，役外内饔之事"，贾公彦疏"薪蒸，给炊及燎。粗者曰薪，细者曰蒸"。律文强调邮、亭的侍役和薪柴要足够满足乘传出行者的需求，这可以说是做为食宿场所最基本的条件。相对而言，亭的食宿条件可能又比邮强些。律文规定，对于求炊者，邮只提供用于休息的席具，以及斧、斤、凿、锥、刀、甕、繘等必不可少的炊食器。即便是因公出行的官吏，邮也只增加提供水浆，至多替没带仆人的官吏做饭。而睡虎地秦墓竹简《传食律》规定："御史卒人使者，食粺米半斗，酱驷（四）分升一，采（菜）羹，给之韭葱。其有爵者，自官士大夫以上，爵食之。使者之从者，食**糳**（粝）米半斗；仆，少半斗"；"不更以下到谋人，粺米一斗，酱半升，采（菜）羹，刍稾各半石·宦奄如不更"；"上造以下到官佐、史毋（无）爵者，及卜、史、司御、寺、府，**糳**（粝）米一斗，有采（菜）羹，盐廿二分升二"。可见，选择在邮食宿的因公出行者无法享受到其应得待遇。由此可以理解，师饶元延二年外出公干，选择宿亭有29次，而宿邮

---

① 侯旭东：《传舍使用与汉帝国的日常统治》，载于《中国史研究》2008年第1期，第61~83页。

只有 1 次。邮通常只是出行者临时休息的场所或者迫不得已的选择。《汉书·循吏传》载南阳太守召信臣"躬劝耕农,出入阡陌,止舍离乡亭,稀有安居",《后汉书·刘宽传》载南阳太守刘宽"每行县止息亭传,辄引学官祭酒及处士诸生执经对讲",他们外出到地方巡行,都是以亭为常用的止宿之所。

《田律》是有关农田生产方面的法律规范,这条律文看似与农事完全没有关系,却出现在《田律》中。对照上引《二年律令·行书律》律文,应该是由于律文抄录不完整。上引《行书律》律文的前半部分,有对邮人所占田宅的特殊规定。律文表明,当时一个邮的户数是固定的,如果出现邮人死亡或去职,他们的田宅由补充的邮人占有。由此可知,在秦与汉初的授田制下,邮人的田宅与其他人的田宅是分开管理的,这部分田宅只能由从事邮人这一职业者相继占有。这是为了保证邮人能够维持衣食所需,安心于文书传递。

> 田律曰:吏归休,有县官吏乘乘马及县官乘马过县,欲贷刍槀、禾、粟米及买菽者,县以朔日(简1284)平贾受钱,先为钱及券缿,以令丞印封,令令史、赋主各挟一辨,月尽发缿令丞前,以中辨案(简1285)雠钱,钱辄输少内,皆相与靡(磨)除封印,中辨藏县廷。(简1281)

这条律文是官吏归休,贷粮草于途径各县的具体规定。官吏归休途中,需"贷刍槀、禾、粟米及买菽",说明他们没有享用传食的权力。睡虎地秦墓竹简《传食律》只涉及各类人员的饮食标准,但张家山汉简《二年律令》有能够享用传食者范围的规定,可以帮助理解这条律文。《二年律令·传食律》规定:"诸吏乘车以上及宦皇帝者,归休若罢官而有传者,县舍食人、马如令。"这里的"吏乘车以上",即禄秩在百六十石以上的吏。《张家山汉简·秩律》规定:"都官之稗官及马苑有乘车者,秩各百六十石,有秩毋乘车者,各百二十石。""宦皇帝者"指的是皇帝侍臣,主要包括中大夫、中郎、外郎、谒者、执楯、执戟、武士、驺、太子御骖乘、太子舍人等,他们不属于吏,没有禄秩。①这条《传食律》强调秩百六十石以上的官吏与皇帝侍臣在休假或罢官的情况下,如果持有"传",则可以按令享用传食。这说明并非所有官员休假回家都可以享用传食,而且能够享用传食的官员所享用的传食也不能超过标准。这个标准既包括各自的饮食标准,也包括能够享用传食的随从与马匹的数量。《二年律令·传食律》规定:"食从者,二千石毋过十人,千石到六百石毋过五人,五百石以下到二百石毋过二人,二百石以下一人。使非吏,食从者,卿以上比千石,五大夫以下到官大夫比五百石,大夫以下比二百石。"

---

① 阎步克:《论张家山汉简〈二年律令〉中的"宦皇帝"》,载于《中国史研究》2003年第3期,第73~90页。

这条律文中"县官吏"与"县官"并列，比照《二年律令·传食律》律文，前者可能是指承担行政事务的官员，而后者是指皇帝侍从，派遣承担各种随机事务的特殊官员。这说明汉初"吏"与"宦皇帝者"相区分的格局在秦代应该也是存在的。前条所引睡虎地秦墓竹简《传食律》对于传食等级的规定中有"宦奄如不更"。"宦奄"不同于"御史卒人"有行政级别，其传食等级也不同于其他非官员根据自身的爵位，与汉代的"宦皇帝者"可能有某种一致性。郎中、谒者、舍人在秦汉间的政治活动中非常活跃，刘邦集团中有大量客、中涓、舍人之类的人员，这些人员可能就属于"县官吏"之外的"县官"系列。"乘马"指四匹马。《诗·大雅·崧高》"路车乘马，我图尔居"，毛传"乘马，四马也"。律文强调县官吏"乘乘马"及县官"乘马"过县而贷粮草，反映秦代对于官员休假途中享用传食的规定可能比汉初宽松，县官吏与其乘坐的一匹马及县官本人都可能有享用传食的资格。

休假官员途中所需超出能享用的传食标准，"欲贷刍稾、禾、粟米及买菽者，县以朔日平贾受钱"。这是方便官员出行，而给予他们的待遇。《二年律令·传食律》同样规定："使非有事，及当释驾新成也，毋得以传食焉，而以平贾（价）责钱。"不是因为公事出行，不能享用传食，但可以用"平贾"购买。汉代普通百姓可以在亭舍自费食宿，《后汉书·郭躬列传》记："汝南有陈伯敬者……行路闻凶，便解驾留止，还触归忌，则寄宿乡亭。年老寝滞，不过举孝廉。"这条律文强调需要是"休假官员"贷粮草而以平贾受钱，表明秦代邮亭可能与传舍一样，都没有对普通百姓开放。

律文中的"平贾"是一种官府定价，主要用于官府对市场的干预和控制，以及政府财政统计、货币折算、司法案件中的量刑与赔偿等方面。"平贾"一词在汉代文献中常见，但秦代是否实行平贾制度，以往并不确切。尽管睡虎地秦墓竹简《封诊式·告臣》有"令少内某、佐某以市正贾贾丙丞某前"，文中的"市正贾"似乎有市场中通行的官定价格的含义。这条律文的出现肯定了秦代是存在平贾制度的。汉代按月定平贾，《史记·吴王濞列传》"卒践更，辄与平贾"，集解引《汉书音义》曰"吴王欲得民心，为卒者顾其庸，随时月与平贾"；《周礼·天官·小宰》郑众注"质剂，谓市中平贾，今时月平是也"。但也有学者根据《二年律令·金布律》"有罚、赎、责（债），当入金，欲以平贾入钱……以其二千石官治所县十月金平贾予钱，为除"等，推断西汉平贾的制定是在每年十月，并提出"'平贾'的制定周期随着历史的演进不断缩短，汉初每年的'十月平贾'，新莽一季度一修订，东汉则出现了'月平'"。[①] 这条律文提到"以朔

---

[①] 慕容浩：《秦汉时期"平贾"新探》，载于《史学月刊》2014年第5期，第12~20页。

日平賈受钱",说明秦代平賈是一月一订,可见平賈的制定周期并没有逐渐缩短的现象。上引《金布律》强调十月平賈,只不过因为汉初以十月为岁首,规定罚金、赎金与还债按照当年首月的"金平賈"进行金与钱的折算。同时,通过这一律文,也可以进一步得知秦汉平賈的制定是在每月的朔日,也就是当月的第一天,这是现有汉代平賈材料中所没有的信息。

律文后半部分是官府对于出贷"刍槀、禾、粟米"及出售"菽"所得钱、券的管理。官府对所得货币的管理,岳麓秦简《金布律》中有专门规定,其律文如下:"金布律曰:官府为作务、市受钱,及受齎、租、质、它稍入钱,皆官为缿,谨为缿空(孔),婴毋令钱能出,以令若丞印封缿而入,与入钱者叁辨券之,辄入钱缿中,令入钱见其人。月壹输缿钱,及上券中辨其县廷,月未尽而缿盈者,辄输之,不如律,赀一甲。"两相对照,可知这条《田律》可以印证《金布律》的规定并补充更多细节。为避免重复,律文涉及的这方面内容,将在分析上引《金布律》律文时一并观察。

田律曰:有罩,田宇已入县官,若已行,以赏予人而有勿(物)故,复(覆)治,田宇不当入县官,复畀之其故田宇。(简1276)

这条律文是关于返还误判没收田宅者田宅的规定。没收罪犯的田宅,张家山汉简《二年律令·收律》有明确规定:"罪人完城旦春、鬼薪以上及坐奸腐者,皆收其妻、子、财、田宅。其子有妻、夫,若为户、有爵及年十七以上,若为人妻而弃、寡者,皆勿收。"秦代虽然还没有发现明确的法律条文,但应该也是采取同样的措施。正是由于罪犯田宅已经充公,秦代才能大量利用他们来耕作公田。里耶秦简8-755、8-759是一组与公田经营有关的文书,其中记载:"(迁陵)丞言徒隶不田,奏曰:司空厌等当坐,皆有它罪,耐为司寇……令曰:吏仆、养、走、工、组织、守府门、勮匠及它急事不可令田,六人予田徒四人。徒少及毋徒,薄(簿)移治房御史,御史以均予。今迁陵廿五年为县,廿九年田。廿六年尽廿八年当田,司空厌等失弗令田。弗令田即有徒而弗令田且徒少不傅于奏。及苍梧为郡九岁乃往岁田,厌失,当坐论"。宋杰先生指出,"秦汉县道的'司空'监管刑徒劳作"。①迁陵丞因"徒隶不田"而上告监管刑徒劳作的司空厌,司空厌因为没有安排刑徒农作或者安排从事农作的刑徒过少而以"失弗令田"被论罪,反映出秦代刑徒的主力就是由隶臣妾、城旦春和鬼薪白粲构成的徒隶。岳麓秦简《县官田令》有:"廿一年十二月己丑以来,县官田田徒有论系及诸它缺不备获时,其县官求助徒获者,各言属所执法,执法乃为调发……"。令文规定县官田田徒不足时,县官可向执法官员申请,由他们负责调发。田徒既

---

① 宋杰:《秦汉国家统治机构中的"司空"》,载于《历史研究》2011年第4期,第15~34页。

然由执法官员调发，也反映其主要来源是违法罪犯。

这条律文为秦代施行的国家授田制提供了进一步的信息。秦代施行国家授田制，已经由睡虎地秦墓竹简《田律》的"受田之数"，《为吏之道》附抄的《魏户律》"勿令为户，勿鼠（予）田宅"，放马滩秦简《日书》的"受田"吉日，龙岗秦简的"行田"之律（简102），里耶秦简"行田宇"等记载（简8-161+8-307）一再证实。这条律文中的"行"指行田，为此提供了新的证据。但秦代授田后是否要归还，以往却不确切。根据《韩非子·诡使》用以激励士卒的"善田利宅"是要"身死田夺"的推测，秦代授田可能是终身占有或者年老归田，但一直没有文献记载能够证实。这条律文规定，因为有罪，田宅被官府没收，如果已经重新分配给其他庶民，或者已经用来赏赐给有军功者，而重新审查案件后发现不应该处以没收田宅，在后来获得这些田宅者去世后，再将这些田宅还给被误判者。由此可见，秦代不管是授予庶民的田宅，还是依据军功爵赐予的田宅，在死后都是要交还国家重新分配的。只不过，从王翦伐楚"请园池为子孙业"看，当时可能有将赏赐的部分田宅复赐予死者子孙的规定。

如果说授田在去世后要被收回重新分配，体现了秦代土地的国有属性，那么要归还被误判者的原有田宅，而不是仅仅分配给他同样数量的其他田宅，以及必须等得到被授予或赐予田宅者去世后，才能重新分配他们得到的田宅，则体现了秦代土地的私人占有已经趋于凝固化，并且获得了法律肯定。将田地的频繁更换改变为农户对田地长期稳定的占有，是符合农业发展要求的。因为只有这样，农户才可能树立起长远打算的恒心，对自己所占土地的经营作出合理的规划和安排，提高其细治田畴、兴修水利、改良土壤以提高土地丰度的热情。然而一旦采取长期占有的做法，土地私有的观念和事实就会逐渐衍生。尽管国家仍然努力对田地进行控制，秦代授田制下田地其实已经具有观念上的国家所有与实际上的私人占有双重特性。

田律曰：黔首居田舍者毋敢醢酒，有不從令者遷之，田嗇夫、士吏、吏部弗得，貲二甲。·第乙（简0994）

黔首居田舍者毋敢醢酒，不從令者遷之，田嗇夫、吏、吏部弗得，貲各二甲。丞令、令史各一甲。（简1400）

这两条律文基本相同，是禁止黔首在居作的田舍"醢酒"的规定。与此条相同的内容又见于睡虎地秦墓竹简《田律》："百姓居田舍者毋敢酤西（酒），田嗇夫、部佐谨禁御之，有不从令者有罪。"酤指卖酒，又有买酒的含义，醢古同槛，是盛酒的容器，律文大概都是禁止居田舍的百姓买酒喝。不过，睡虎地秦墓竹简律文只说明不从令者"有罪"，而岳麓秦简律文对于违法行为的处罚则说得相当具体，不从令者要"迁之"，没有完成监管责任的田嗇夫、士吏、吏部、丞令、令史也要分别处以"二甲"或"一甲"的罚款。这条律文的细化和严密化，可能是由于秦统一天下后对秦律有过大规模的整理与修订。在睡虎地秦墓竹简与岳麓秦简抄录的这条律文中，前者说"百姓"，后者说"黔首"。黔首是秦始皇统一六国后对百姓的专称，反映两者抄录的律文分别属于秦统一前后。

西汉有禁群饮的制度。《史记·孝文本纪》集解引文颖曰："汉律，三人已上无故群饮，罚金四两。"但田舍并不一定是集体耕作者暂居的场所。睡虎地秦墓竹简《封诊式·贼死》载："男子死（尸）所到某亭百步，到某里士五（伍）丙田舍二百步。"《史记·高祖本纪》载：刘邦秦末为亭长时，"常告归之田。吕后与两子居田中耨，有一老父过请饮，吕后因餔之……老父已去，高祖适从旁舍来，吕后具言客有过，相我子母皆大贵"。这里"居田中"即是居田舍之中，"旁舍"指别家的田舍。可见，秦代普通百姓都有各自的田舍。所谓田舍，大概就是田间的小茅棚，平时供农夫休憩，农忙时也可以在那里过上几夜。禁止居田舍者买酒喝与禁群饮应该没有什么关联。法律禁止居田舍者买酒喝，可能与秦代"重农"有关。秦律对农事活动事无巨细都有相关规定，有些甚至看上去显得是多管闲事。农作物成熟期间，有时会需要人住在田舍看护，为了保证作物不受损失，规定居田舍者不能喝酒是可能的。居田舍者禁酤酒，更可能是出于当时的农业禁忌。酿酒要耗费粮谷，秦汉灾害发生后往往会"禁酤酒"，如《汉书·景帝纪》"中三年，夏旱，禁酤酒"，《后汉书·和帝纪》永元十六"诏兖、豫、徐、冀四州比年雨多伤稼，禁酤酒"，《桓帝纪》永兴二年诏"朝政失中，云汉作旱，川灵涌水，蝗螽孳蔓，残我百谷……其令郡国不得卖酒，祠祀裁足"。"禁酤酒"除了是应对灾害造成粮食短缺而采取的方法，可能还有祈禳粮食丰收的意图。

简0994所载《田律》带有天干序号"第乙"，这是一种特殊的现象。以往所见，标志次第的序列号只出现于"令"中，是对不断增加的令文进行整理、编集时确定的编号。张家山汉简《二年律令·津关令》的二十三条令文便各有编号，分条编号写于简首。由于令的不稳定性，这个序号在再次整理时是否会有变动或被废弃，目前不得而知。首次见于律文中的这个天干序号有助于对秦律面目的理解。徐世虹曾提出："汉代立法并无统一的法典，而是由单篇律与令共同构成律令体系。"① 从现有资料看，秦代恐怕也是如此。但简0994的天干序号表明，尽管秦律篇次比较随意，各单篇律却是经过统一编纂整理的，单篇律中的各条律文已经有固定的排列顺序。单篇别行是先秦古籍编写、流传的主要方式。秦

---

① 徐世虹：《说"正律"与"旁章"》，引自孙家洲、刘后滨主编：《汉唐盛世的历史解读——汉唐盛世学术研讨会论文集》，中国人民大学出版社2009年版，第285～298页。

律在修订与颁行时采用单篇别行的方式,而不是以统一的法律编纂物面貌出现,符合当时的习惯。完全依照西方法典的定义来讨论秦代有无法典的问题,强调秦律篇目的不固定,恐怕不是切合实际的做法。(王勇)

## 三、从岳麓秦简《田律》看秦代的授田制

青川木牍、睡虎地秦墓竹简的刊布为研究秦的授田制创造了条件,围绕战国时期是否普遍实行授田制问题,土地能否买卖问题,学者们见解不一。杨宽认为战国时代普遍实行国家授田,其土地属于国有性质,并进一步指出"国家推行的按户授田制,就是以大量的国有土地为基础的。"[1] 袁林认为:"战国,特别是商鞅变法之后秦的基本田制为授田制,此制一直延续到秦始皇统一六国之后。"[2] 但是也有学者提出截然不同的观点,如唐赞功认为授田制反映的是土地私有制而非国有[3]。高敏则提出了一个折中的看法,认为商鞅废除井田制后,土地国有和土地私有制并存,土地私有制在迅速发展[4]。李恒全认为"战国土地可以继承、转让和买卖的事实说明,战国土地所有制的基本形式是土地私有制,而不是土地国有制"[5]。杨振红以"张家山汉简《二年律令》为中心考察战国秦汉时期的土地制度形态——以爵位名田宅制。这套制度在商鞅变法时确立,并作为基本的土地制度为其后的秦帝国和西汉王朝所继承。"[6] 张金光认为秦至汉初实行普遍的授田制,其土地性质为国家所有制[7]。

前辈学者的研究成果均有值得借鉴之处,然依据新见材料,尚可对秦田制进行更为深入的研讨。

通过《二年律令·户律》可知,所谓授田,即国家将手里控制的田地按照一定准则分配给齐民耕种,连带授予的还有宅基地。秦国早就实行过授田制

---

[1] 杨宽:《云梦秦简所反映的土地制度和农业政策》,载氏著:《杨宽古史论文选集》,上海人民出版社2003年版,第23页。
[2] 袁林:《战国授田制试论》,载于《甘肃社会科学》1983年第6期,第62~68页。
[3] 唐赞功:《云梦秦简所涉及土地所有制形式问题初探》,引自中华书局编辑部:《云梦秦简研究》,中华书局1981年版,第53~66页。
[4] 高敏:《从云梦秦简看秦的土地制度》,载氏著:《云梦秦简初探(增订本)》,河南人民出版社1981年版,第133~154页。
[5] 李恒全:《论战国土地私有制——对20世纪80年代以来战国授田制观点的质疑》,载于《社会科学》2014年第3期,第130~143页。
[6] 杨振红:《秦汉"名田宅制"说——从张家山汉简看战国秦汉的土地制度》,载于《中国史研究》2003年第3期,第49~73页。
[7] 张金光:《普遍授田制的终结与私有地权的形成——张家山汉简与秦简比较研究之一》,载于《历史研究》2007年第5期,第49~65页。

的直接有力的证据来源于《秦律十八种·田律》:"入顷刍稾,以其受田之数,无垦(垦)不垦(垦),顷入刍三石、稾二石。"① 律文规定按照受田顷数多少,每顷缴纳刍三石、稾二石。但是关于授田的具体细则,无论是睡虎地秦墓竹简还是传世典籍,都无相关记载。岳麓秦简《田律》有一则律文可略补缺憾,律文曰:

  田律曰:有皋,田宇已入县官,若已行、以赏予人而有勿(物)故,复(覆)治,田宇不当入县官,复畀之其故田宇。(简 1276)②

  岳麓秦简《田律》1276 号是对返还旧有田宅的规定,律文的大意是:若一个人犯罪,田地和宅宇已没入官府,或者已经被授予、赏赐他人而碰上其他变故,再次审理案件时发现田地和宅宇不应该没收,则应该将其返还。但是通过简文我们依旧无法得知"田宇"是由官府先前授予的,还是赏赐的。这二者性质是很不一样的,若由官府授予,受者只有使用权,并无所有权;若是赏赐所得,完全归私人所有,可以出售或由他人继承。秦自商鞅起实行军功爵制,常赐予有军功者以田宅爵禄,《商君书·境内》:"能得爵首一者,赏爵一级,益田一顷,益宅九亩,一除庶子一人,乃得入兵官之吏。"③ 又《史记·白起王翦列传》载王翦前往攻打楚国时向秦始皇"请美田宅园池甚众"④。

  关于授田对象问题,也是值得探究一下的。已有学者指出授田制是以户籍制度为基础的,⑤ 然需要补充的是并非入籍者均可受田。首先,登记户口固然可以为授田提供某些参考,但是实行户籍制度还有其他目的,如有效地控制人口、征收赋税及兴发徭役等等,而受田者所必需承担者是田租和刍稾税。《法律答问》对"匿户"进行了解释:"可(何)谓'匿户'及'敖童弗傅'?匿户弗繇(徭)、使,弗令出户赋之谓殹(也)。"⑥ 由此可以反推,制定户籍制度的最为主要的目的是为了征收户赋和征发徭役。其次,治下之民,职业各异,重农抑商是秦向来之主张,那些入市籍的商人是不可能被授予田宅的。此外,刑徒、赘婿、奴婢等,由于其身份特殊,无法享受一般庶民该有的权利,即使名籍可查,也不能受田宅。

  刑徒、奴婢不能受田自不待言,至于赘婿,因其不可能成为户主,自然也不

---

 ① 睡虎地秦墓竹简整理小组:《睡虎地秦墓竹简》,文物出版社 1990 年版,第 21 页。
 ② 陈松长主编:《岳麓书院藏秦简(肆)》,上海辞书出版社 2015 年版,第 105 页。
 ③ 蒋礼鸿:《商君书锥指》,中华书局 1986 年版,第 119 页。
 ④ 《史记·白起王翦列传》,第 2841 页。
 ⑤ 唐杏来:《再论战国国家授田及土地私有问题》,载于《文教资料》2011 年第 8 期,第 97~98 页。
 ⑥ 睡虎地秦墓竹简整理小组:《睡虎地秦墓竹简》,文物出版社 1990 年版,第 132 页。

可能被授予田宇，这从《魏户律》可以得知：

> 廿五年闰再十二月丙午朔辛亥，告（简165）相邦：民或弃邑居壄（野），入人孤寡，徼（简175）人妇女，非邦之故也。自今以来，叚（假）门逆（简185）吕（旅），赘婿后父，勿令为户，勿鼠（予）田宇（简195）。三枼（世）之后，欲士（仕）士（仕）之，乃（仍）署其籍曰：故（简205）某虑赘婿某叟之乃（仍）孙。（简215）①

"赘婿后父，勿令为户"，虽然律文讲得是魏国的规定，但是从秦简所见有关赘婿资料来看，秦人对赘婿也极为鄙视，授田于赘婿的可能性不大。试看岳麓秦简相关简文：

> 狱史、令史、有秩吏、及属、尉佐以上，二岁以来新为人赘壻（婿）者免之。其以二岁前为人赘壻（婿）而（简0559）能去妻室者勿免，其弗能行者免∟。（简0359）②

从简文可知，低级官吏近两年来为人赘婿者将被罢免，两年前即入赘若能离开妻室，可以继续留用，否则亦要罢免。又从传世典籍可知，赘婿地位极为低下，常与罪犯、商贾同等对待，或被强征戍边、服苦役，或规定不得为吏，如《史记·秦始皇本纪》："三十三年，发诸尝逋亡人、赘婿、贾人取陆梁地。"③《汉书·贡禹传》中说："孝文皇帝时，贵廉洁，贱贪污，贾人、赘婿及吏坐赃者，皆禁锢不得为吏。"④

要保证授田顺利进行，国家必须控制相当数量的田地，从秦简材料看来，国家手里的田地数量可观。那些没有被授出的田被称为"公田"或"县官田"，其负责人称"田啬夫"或"田官守"。公田有一整套严密的管理体系，此问题不是几句话可以讲清，此不多叙。在此要交代的是，国家每年都要核查授田的耕种情况，垦田是官员考课的一项重要指标。如里耶秦简载"元年八月庚午朔庚寅，田官守顾敢言之：上狼（垦）田课一牒，敢言之。"（9-1869正）⑤田官守在每年年末要将全年的垦田情况上报，此为考课上计的一项重要内容。又比如里耶秦简8-1763号载："☐当狼（垦）田十六亩。☐已狼（垦）田十九亩。"⑥，从内容推测，此为迁陵县某乡一年之内应当完成和已经完成的垦田数。"当狼（垦）

---

① 睡虎地秦墓竹简整理小组：《睡虎地秦墓竹简》，文物出版社1990年版，第174页。
② 陈松长主编：《岳麓书院藏秦简（肆）》，上海辞书出版社2015年版，第205~206页。
③ 《史记·秦始皇本纪》，第323页。
④ 《汉书·贡禹传》，第3077页。
⑤ 郑曙斌、张春龙等编著：《湖南出土简牍选编》，岳麓书社2013年版，第109页。
⑥ 陈伟主编：《里耶秦简牍校释（第一卷）》，武汉大学出版社2012年版，第388页。

田十六亩"显然是根据所授田亩数制定的标准,"已狠(垦)十九亩"中多出来的三亩当是黔首新开辟的私田。

黔首除了耕种国家授予的田地之外,似乎十分热衷于私自垦荒,兹录里耶秦简材料数则如下:

> 卅五年三月庚寅朔丙辰,貳春乡兹爰书:"南里寡妇憨自言:'谒狠(垦)草田,故枲(桑)地,百廿步,在故步北,恒以为枲(桑)田。'"(简9-14正)①

> 卅三年六月庚子朔丁巳,守武爰书:高里士五吾武自言:谒狠(垦)草田六亩,武门外,能□藉以为田,典□占。(简9-2350正)②

> 六月丁巳,田守武敢言之:上黔首狠(垦)草□□,敢言之。(简9-2350背)③

以上两封爰书均出自里耶秦简,从内容可知都是向政府请求开垦荒地的。如此看来,只要申请得以允许,所垦之地当是合法的。至于新垦之地是否要缴纳租赋,光从秦简所蕴涵的信息中无法得知。但是《史记》中的一则材料或为此问题之解决提供一些思路。

《史记·秦始皇本纪》"三十一年,使黔首自实田"④,马端临在《文献通考·田赋考》中认为"使黔首自实田",是由于"秦坏井田之后,任民所耕,不计多少,已无可稽考,以为赋敛之厚薄。"⑤马氏其时尚未见到秦授田方面的资料,故勉强对"使黔首自实田"这一历史事件作出了解释。实则,由官府授予黔首之田地,有详细的田籍,记载田地本身之状况、转让、归属者等信息,这从《二年律令》中可知。依浅见,秦始皇三十一年主要统计的应当是黔首私自开垦的草田,之所以要统计这部分田地,其中一个原因当然是为了征收租税。依据里耶秦简,秦代垦荒活动从未停止过,且规模不容小觑。私田不要缴纳刍槀税、田租,故黔首们垦荒的劲头十足,若任其发展,后果只有一种,黔首纷纷抛弃官府授予之田而耕种私田,如此不但田地将面临抛荒之后果,政府的收入将大受影响。故秦始皇才有重新核查田亩之数的政令下达。(周海锋)

---

① 郑曙斌、张春龙等编著:《湖南出土简牍选编》,岳麓书社2013年版,第98页。原书没有句读,个别字词重新加以释读,本书凡引此书者均类此,不累注。
② 郑曙斌、张春龙等编著:《湖南出土简牍选编》,岳麓书社2013年版,第114页。
③ 游逸飞、陈弘音:《里耶秦简博物馆藏第九层简牍释文校释》,武汉大学简帛网,2013年12月22日,http://www.bsm.org.cn/show_article.php?id=1968
④ 《史记·秦始皇本纪》,第321页。
⑤ 马端临:《文献通考》,中华书局1986年版,第31页。

## 四、从岳麓秦简《田律》看秦田赋的缴纳

秦简公七年（公元前408年）实行税制改革，颁布了"初租禾"法令，"初"为首次，"租"为田赋，"禾"一般指粮食，"初租禾"就是首次按亩征税，其性质与鲁国在公元前594年开始实行的"初税亩"制度一样，旨在增加政府收入，提高耕种者的劳作积极性。"初租禾"原本指按照田亩数缴纳粮食，但是已经刊布的秦汉律文中多次提及刍稾税而未见缴纳粮食的内容。从《秦律十八种·田律》中可知刍稾税按顷征收："入顷刍稾，以其受田之数，无垦（垦）不垦（垦），顷入刍三石、稾二石。"① 一顷地要缴纳刍三石、稾二石，此征税标准在汉初依旧被沿用，《二年律令·田律》："入顷刍稾，顷入刍三石；上郡地恶，顷入二石；稾皆二石。令各入其岁所有，毋入陈，不从令者罚黄金四两。收入刍稾，县各度一岁用刍稾，足其县用，其余令顷入五十五钱以当刍稾。刍一石当十五钱，稾一石当五钱。"② 值得庆幸的是通过岳麓书院藏《田律》的一则律文可知，田赋的确还包括粮食：

 ·田律曰：租禾稼、顷刍稾，尽一岁不廥（毕）入及诸貣它县官者，书到其县官，盈卅日弗入及有逋不1282入者，赀其人及官啬夫、吏主者各一甲，丞、令、令史各一盾。逋其入而死、亡有罪毋（无）后，不可得者，有（又）令官啬（简1278）夫、吏代偿。（简1283）③

律文提及的"租禾稼"即缴纳粮食，表明其时田租需缴纳实物，此则律文是为了敦促及时上缴田赋而制定的，从简文可知田赋在当年要完成，否则要罚一甲，相关的官吏也将连坐。但是律文依旧没有提及一顷地究竟要缴纳多少粮食。关于秦代田租问题，学者们多有讨论。秦国田租税率究竟是多少，史无明载，汉高祖立国之初，实行休养生息政策，田租税率曾低至十五税一，即将收成的十五分之一缴纳给官府，据此可知秦田租必然高于十五税一。黄今言认为秦代征收田租，是以一户有百亩的假设，按照人户征收，不满百亩的农户同样要缴纳顷田之租，到汉代才按实际拥有土地数征收田租。④ 而李恒全等认为田租的征收方式不

---

① 睡虎地秦墓竹简整理小组：《睡虎地秦墓竹简》，文物出版社1990年版，第21页。
② 张家山二四七号汉墓竹简整理小组：《张家山汉墓竹简［二四七号墓］（释文修订本）》，文物出版社2006年版，第41页。
③ 陈松长主编：《岳麓书院藏秦简（肆）》，上海辞书出版社2015年版，第103页。
④ 黄今言：《秦代租赋徭役制度研究》，载于《江西师范学院学报》1979年第3期，第74~90页。后收入氏著：《秦汉赋役制度研究》，江西教育出版社1988年版，第80~82页。

同于刍稾税，田租征收单位是亩而非顷。① 于振波认为秦田租征收采取了寓"公田"于"私田"之中的办法，由田部官吏按照一定的比例（1/10）从各户田地中划出一部分作为"税田"，"税田"上的收获物作为"田租"全部上缴。这种田租属于分成租而非定额租。②

以上学者们对秦田租征收方式的探讨是极有意义的，但受限于材料或思考方式，始终未能推算出具体的田租税额。这个问题的答案或可从里耶秦简中得之：

迁陵卅五年貇（垦）田舆五十二顷九十五亩，税田四顷□□
户百五十二，租六百七十七石。衔（率）之，亩一石五；
户婴四石四斗五升，奇不衔（率）六斗。（简Ⅲ 8 – 1519）
启田九顷十亩，租九十七石六斗。A
都田十七顷五十一亩，租二百卌一石。A
贰田廿六顷卅四亩，租三百卅九石三。A
凡田七十顷卌二亩。·租凡九百一十。A
六百七十七石。（简 B8 – 1519 背）③

按照整理者意见，多于三十五年垦田数的部分，盖为原有田亩④。如此一来，迁陵县在卅五年垦田达五十二顷九十五亩，而原有田亩数只有区区十七顷卌七亩，显然不合常理。其实简文中的"垦"不能作开垦解，而要作耕种解释。秦汉法律规定黔首垦田要及时上报，里耶秦简载"律曰：已貇（垦）田，辄上其数及户婴。户婴之。"⑤（9 – 39）《二年律令·田律》："县道已貇（垦）田，上其数二千石官，以户数婴之，毋出五月望。"⑥ 迁陵卅五年耕种田地计五十二顷九十五亩，其中启陵乡九顷十亩，都乡十七顷五十一亩，贰春乡田廿六顷卅四亩。迁陵卅五年共有田亩数为七十顷卌二亩，除去耕种亩数，剩下的休耕田计十七顷卌七亩。休耕田十七顷卌七亩共出田租二百三十三石，每亩约 0.13 石。看来无论田地是否耕种，均要缴纳田租税，刍稾税之征收也遵从这一原则，如《秦律十八种·田律》规定"入顷刍稾，以其受田之数，无貇（垦）不貇

---

① 李恒全、朱德贵：《对战国田税征收方式的一种新解读》，载于《中国社会经济史研究》2003 年第 4 期，第 16 ~ 21 页。
② 于振波：《秦简所见田租的征收》，载于《湖南大学学报（社会科学版）》2012 年第 5 期，第 8 ~ 10 页。
③ 陈伟主编：《里耶秦简牍校释（第一卷）》，武汉大学出版社 2012 年版，第 345 ~ 346 页。
④ 陈伟主编：《里耶秦简牍校释（第一卷）》，武汉大学出版社 2012 年版，第 347 页。
⑤ 郑曙斌、张春龙等编著：《湖南出土简牍选编》，岳麓书社 2013 年版，第 102 页。
⑥ 张家山二四七号汉墓竹简整理小组：《张家山汉墓竹简［二四七号墓］（释文修订本）》，文物出版社 2001 年版，第 42 页。

(垦)，顷入刍三石、稾二石。"① 卅五年垦田达五十二顷九十五亩，其中税田数从"户百五十二，租六百七十七石。衡（率）之，亩一石五"一句可以计算出约有四顷五十一亩。如此可推知免税田约为四十八顷卌四亩。税田与免税田的比率约为0.093，不足十分之一。

综上所述，秦代税田田租为亩一石五，与税田相对的为免税田，而为了有效地防止抛荒，休耕田也课以租税，每亩约为 0.13 石。而根据于琨奇的意见，秦汉时期粮食亩产量为小亩亩产 2 小石，大亩亩产 3 大石。② 秦所行为大亩，税田田租为亩一石五，正好是收成的一半。（周海锋）

## 五、秦汉《田律》中的几个语词考释

### （一）"县官田"

"县官田"一词在岳麓秦简中多次出现，为便于讨论，我们先录之如下：

> 县官田有令，县官徒隶固故有所给为，今闻或不给其故事而言"毋徒以田"为辞及发（简1800）徒隶╛，或择其官急事而移作田及以官威征令小官以自便其田者，皆非善吏殹，有如此者，以大犯（简1788）令律论之。
> ·县官田令甲十八（简1803）
> 县官田者或夺黔首水以自灌（溉）其田╛，恶吏不事田，有为此以害黔首稼╛。黔首引水以灌（溉）田者，以水多少（简1721）为均，及有先后次╛。县官田者亦当以其均，而不殹，直以咸多夺黔首水，不须其次，甚非殹。有如此者（简1808）□□以大犯令律论之。 ·县官田令甲廿二（简1811）③

"县官田"一词，在之前的传世文献和出土文献中都从未出现。但"官田"却不乏文献记载，《周礼·地官·载师》云："以官田、牛田、赏田、牧田，任远郊之地。"郑玄引郑司农曰："官田者，公家之所耕田。"郑玄注："官田，庶人在官者其家所受田也。"贾公彦疏："司农云'官田者公家之所耕田'，后郑不从者，下云近郊十一，皆据此士官田之等；若官田是公家所耕，何得有税乎？故后郑以为府史之等仕在官，家人所受田也。"④ 可见，"官田"一词的含义存在两

---

① 睡虎地秦墓竹简整理小组：《睡虎地秦墓竹简》，文物出版社1990年版，第21页。
② 于琨奇：《秦汉时代粮食亩产量考辨》，载于《中国农史》1990年第1期，第1~6页+第19页。
③ 岳麓书院藏秦简，待刊。
④ 中华书局编辑部编：《十三经注疏·周礼注疏（卷十三）》，中华书局1980年版，第97页。

种不同的解释，一是公家之所耕田，即"公田"，一是庶人在官者其家所受田。所谓"庶人在官者"指的是何人？《礼记正义》载："庶人在官者，其禄以是为差也。诸侯之下士视上农夫，禄足以代其耕也。"注："农夫皆受田于公，曰肥墝有五等，收入不同也。庶人在官，谓府史之属。"疏："'庶人在官，谓府史之属'者，即《周礼·大宰》云'府六人，史十有二人。''之属'，谓工人、贾人及胥徒也。'下士视上农夫，禄足以代其耕也'，则庶人在官者，虽食八人以下，不得代耕，故《载师》有官田，谓庶人在官之田。"① 由文可知，"庶人在官者"就是指府、史，贾人，胥徒等低级官吏，他们位卑禄少，所以其家人要耕种受田才能维持生活。

那么，官田到底是什么？是公田还是府史、贾人、胥徒等低级官吏家属所受之田呢？之所以郑、贾认为官田不是指公田，是因为"若官田是公家所耕，何得有税乎？"。事实上，耕种公田也是要缴纳田税的，如《谷梁传·哀公》载："古者公田什一，用田赋，非正也。"注："古者五口之家，受田百亩，为官田十亩，是为私得其什，而官税其一，故曰'什一'"。疏："'为官田十亩者'，受田百亩之外，又受十亩以为公田，是为私得其十，而官税其一。"② 又如《左传》载："初税亩。"注："公田之法，十取其一。今又屦其余亩，复十收其一。"③ 可见，平民受田百亩之余还要负责耕种公田十亩，田赋什一，或者官府直接将公田出租给平民耕种不收田赋只收其租税。但也存在不需缴纳田赋的情况，一是官府将公田分给平民耕种，公田所获禾稼归朝廷所有，而不再向平民收取私田的田赋。《谷梁传·宣公》载："初税亩。初者，始也。古者什一，藉而不税。"注："藉此公田而收其入，言不税民。"疏："'藉而不税'，谓借民力治公田，不税民之私也。"④ 二是将公田借给贫民耕种，如《汉书·元帝纪》载："鳏寡孤独高年贫困之民，朕所怜也。前下诏假公田，贷种、食。"⑤ 因此，"官田"就是指公田。

秦代是否存在着由国家直接控制的公田？多数学者对此持肯定意见，如张金光认为"秦代土地在国有制的前提下，存在两种占有形态和经营方式，一部分是由官府机构直接经营管理，一部分则是通过国家授田而转归私人占有和经营使

---

① 中华书局编辑部编：《十三经注疏·礼记注疏（卷十一）》，中华书局1980年版，第396页。
② 中华书局编辑部编：《十三经注疏·春秋谷梁传注疏（卷二十）》，中华书局1980年版，第963页。
③ 中华书局编辑部编：《十三经注疏·春秋左传正义（卷二十四）》，中华书局1980年版，第577页。
④ 中华书局编辑部编：《十三经注疏·春秋谷梁传注疏（卷十二）》，中华书局1980年版，第784页。
⑤ 《汉书·元帝纪》，第74页。

用。"① 肖灿从《岳麓书院藏秦简·数》中相关算题提供的信息，判明了秦代存在着政府直接经营的公田②，而王文龙在此基础之上又进一步从县府征税的角度证实了秦代确有官府直接管理的公田③。沈刚认为秦代存在公田是非常确定的，并根据《里耶秦简（壹）》中与公田相关简牍资料，对秦代公田的存在及其管理作了深入研究。④另外，里耶秦简 J1（8）63 云："廿六年三月壬午朔癸卯，左公田丁敢言之：佐州里烦故为公田吏，徒属，事苔不备，分负各十五石少半斗，值钱三百一十四。"关于"左公田"一词，《里耶秦简校释》解释为："管理公田的官吏"。无独有偶，在《秦汉南北朝官印征存》一书中也收录有"右公田印"，即秦王朝管理公田的官吏之印。⑤由此可见，秦代存在官府直接管理的大规模的公田应当是毋庸置疑的。

实际上，秦汉时期这些官府直接管理的公田，其来源主要是从前代继承下来的官田、由士卒新垦辟的农田、官府没收的私人土地以及户绝田。秦汉时期公田的经营最初通常采用假民耕种的形式。⑥《汉书·沟洫志》载武帝诏令："左右内史地，名山川原甚众。细民未知其利，故为通沟渎，畜陂泽，所以备旱也。今内史稻田租挈重，不与郡同，其议减。"关于"租挈"，颜师古释为："收田租之约令也"，王先谦又云："挈字同契"。⑦可见汉武帝时左右内史地是租赁给平民而收取田租的。办理假田手续、签订契约和征收假税，当是农监的主要职责。《里耶秦简》简 8-672："卅年二月己丑朔壬寅，田官守敬敢言之，官田自食薄（簿），谒言泰守府□之。"可见除"假民耕种"之外，还有部分公田是由有官府直接管辖的，如封赐高爵和官宦之田、牧田、屯田等。

简文中的"县官田"就是官府直接经营和管理的县管公田。从令文的规定可以看出："县官田"是由县官田徒专门负责耕种的，不允许田徒从事其他差役，只有在"田不急时"⑧才允许"令田徒及车牛给它事"，之后在田急时"以它徒偿"。对官府直接控制的公田，朝廷有一套经营管理的具体办法，睡虎地秦

---

① 张金光：《秦制研究》，上海古籍出版社 2004 年版，第 2 页。
② 肖灿：《从〈数〉的"舆（与）田"、"税田"算题看秦田地租税制度》，载于《湖南大学学报（社会科学版）》2010 年第 4 期，第 11~14 页。
③ 王文龙：《秦及汉初算数书所见田租问题探讨》，载于《咸阳师范学院学报》2013 年第 1 期，第 18~20 页。
④ 沈刚：《里耶秦简（壹）所见秦代公田及其管理》，引自杨振红、邬文玲主编：《简帛研究（二〇一四）》，广西师范大学出版社 2014 年版，第 34~42 页。
⑤ 罗福颐：《秦汉南北朝官印徵存》，文物出版社 1987 年版。
⑥ 王勇：《秦汉地方农官建置考述》，载于《中国农史》2008 年第 3 期，第 16~23 页。
⑦ 王先谦：《汉书补注》，中华书局 1983 年版，第 860 页。
⑧ 参见岳麓秦简 1306："县（系）者归田农，种时、治苗时、獲（获）时各二旬"，这些时节可统称"田急时"。

墓竹简《田律》规定：

> 雨为澍及秀粟，辄以书言澍稼、秀粟及垦田无稼者顷数。稼已生后而雨，亦辄言雨少多，所（简1）利顷数。旱及暴风雨、水潦、螽虫、群它物伤稼者，亦辄言其顷数。近县，令轻足行其书；远（简2）县，令邮行之。

律文规定，各级地方官必须向上级报告本地庄稼播种与生长情况的规定。报告的内容包括已耕种、未耕种、受雨、抽穗及遭受水、旱、虫灾的顷亩数。睡虎地秦墓竹简《田律》还有关于"乘马服牛"，凭"致"由官府禀给饲料的规定。其中有"禀大田而无恒籍者，以其致到之日禀之"的条文，这说明服牛（即驾车、耕田之牛）属农官"大田"管辖，用以耕种公田。另外，睡虎地秦墓竹简《厩苑律》中有称作"牛长"的官职，应属主管饲养官牛的"皂者"。"皂者"饲养的官牛，被称作"田牛"。以"田牛"耕种土地称作"以其牛田"。既然牛是由官府饲养的官牛，则以官牛为"田牛"时所耕种的土地，只能是公田。我们从睡虎地秦墓竹简《仓律》中也可以看到官府管理公田的一些规定。如对于种子，条文有："种：稻、麻，亩用二斗大半斗，禾、麦亩一斗，黍、荅亩大半斗，叔亩半斗。"这显然是关于公田使用种子数量的规定。又如条文有："隶臣田者，以二月月禀二石半石，到九月尽而止其半石"，这讲的是官府男性奴隶从事耕作时的口粮标准。官府奴隶耕种的土地，无疑是属于公田的。再如条文中有："稻后禾熟，计稻后年。已获上数，别籺、糯、黏稻。"这讲的是，农田收获上缴官府时应如何记账以及如何区分品种等事。

另外，秦代国家直接经营和管理的土地，除了这种由县官田徒专门负责耕种的县管公田之外，还有一些归其他政府机构管理的特殊公田。比如，张家山汉简《二年律令·行书律》："一邮十二室。长安广邮廿四室，警事邮十八室。有物故、去，辄代者有其田宅。有息，户勿减。"简文中所说的田宅虽然拨给负责传递文书的邮人，但邮人只有暂时使用权而没有占有权，这些田地、宅舍是国家的固定资产，所有权归属国家。国家拨给邮人的田宅，可供邮人家庭住宿、耕作以维持正常生活需要，如果邮人突然死亡或调免，新来的邮人可继续使用前一任邮人的田宅。这种专门机构所管理的公田，在《秦汉魏晋南北朝官印征存》[①] 中也能够找到相应佐证，此书中收录了两方官印，一是"厩田仓印"，注云"此为掌厩马专田所产粮储之仓"，一是"泰寑（寝）上左田"，注云"泰，战国属楚，此当是寝园掌田之官"。可推知，秦代"厩田""寝田"也应当是为供应"厩""寝"开支的田地。当然，归其他政府机构管理的特殊公田除了以上提及的这几种，可能还有其他的种类，由于还未发现相关资料，故留作以后再作进一步

---

① 罗福颐：《秦汉南北朝官印征存》，文物出版社1987年版。

深入研究。

### (二)"徒隶"与"吏徒"

在岳麓秦简的律令文书中,"徒隶"一词很常见,如:

> ·县官田有令,县官徒隶固故有所给为,今闻或不给其故事而言"毋徒以田"为辞及发(简1800)徒隶凵,或择其官急事而移作田及以官威征令小官以自便其田者,皆非善吏殹,有如此者,以大犯简(1788)令律论之。
> ·县官田令甲 十八(简1803) ·田不急时欲令田徒及车牛给它事,而以田急时以它徒赏(偿),许之,其欲以车牛赏(偿),有(又)许之。
> ·县官田令甲(简1870-1+1870-2)①

在传世文献中,关于"徒隶"的记载不少,《尚书》载:"释箕子囚,封比干墓,式商容闾。"孔安国注:"囚,奴,徒隶。"孔颖达疏:《周礼·司厉职》云:"其奴男子入于罪隶。"郑众云:"为之奴者,系于罪隶之官。"是"囚"为奴,以徒隶役之也。②《史记·孝景本纪》:景帝八年,"春,免徒隶作阳陵者。"③《汉书·高惠高后文功臣表》载:"生为愍隶,死为转尸。"颜师古注:"愍隶者,言为徒隶,可哀愍之也。"④《汉书·惠帝纪》:"三年六月发诸侯列侯徒隶二万人城长安。"⑤虽然"徒隶"在文献中多次出现,但历代注家均无注释。

张家山汉简《二年律令》中有三条简文提及"徒隶"。

> 禁诸吏民徒隶,春夏勿敢伐材木山林,及进(壅)堤水泉,燔草为灰,毋敢产麛卵鷇;毋毒鱼。(简249)

> 寇、徒隶,饭一斗,肉三斤,酒少半斗,盐廿分升一。(简293)

> 诸内作县官及徒隶,大男,冬稟布袍表里七丈、络絮四斤,绔(裤)二丈,絮二斤;大女及使小男,冬袍五丈六尺,絮三斤,绔(裤)丈八尺(简418)。

但张家山汉简整理小组对"徒隶"都没有作注释。睡虎地秦墓竹简《为吏之道》载"徒隶攻丈,作务原程",睡虎地秦墓竹简整理小组于此也无注。俞伟

---

① 岳麓书院藏秦简,待刊。
② 中华书局编辑部编:《十三经注疏·尚书正义注疏》,中华书局1980年版,第209页。
③ 《史记·孝景本纪》,第287页。
④ 《汉书·高惠高后文功臣表》,第479页。
⑤ 《汉书·惠帝纪》,第97页。

超曾指出："'徒隶'连用，汉代屡见，指刑徒与奴婢"①。陈直认为："按刑名的不同，刑徒包括髡钳城旦舂、完城旦舂、隶臣妾、鬼薪白粲、司寇、罚、驰刑徒、黥徒、大奴、无任等，从刑徒的来源上来看，可分为官犯和民犯。"② 陈先生对"刑徒"的研究非常深入，但他认为"刑徒"与"徒隶"二者概念相同，因此并未考究"刑徒"与"徒隶"二者的区别。

《里耶秦简》有两处提及"徒隶"：

> 廿七年二月丙子朔庚寅，洞庭守礼谓县啬夫、卒史嘉、叚（假）卒史穀、属尉，令曰："传送委输，必先悉行城旦舂、隶臣妾、居赀赎责（债）。急事不可留，乃兴繇（徭）。"今洞庭兵输内史及巴、南郡、苍梧，输甲兵当传者多。节（即）传之，必先悉行乘城卒、隶臣妾、城旦舂、鬼薪白粲、居赀赎责（债）、司寇、隐官、践更县者。田时殹（也），不欲兴黔首。嘉、穀、尉各谨案所部县卒、徒隶、居赀赎责（债）、司寇、隐官、践更县者簿，有可令传甲兵，县弗令传之而兴黔首，（兴黔首）可省少弗省少而多兴者，辄劾移县，（县）亟以律令具论，当坐者言名史泰守府。嘉、穀、尉在所县上书，嘉、穀、尉令人日夜葉（牒）行。它如律令。[里耶秦简J1（16）5]

> 卅三年二月壬寅朔朔日，迁陵守丞都敢言之：令曰：恒以朔日上所买徒隶数。问之毋当令者，敢言之。（简J1（8）154）

李学勤通过上下文的对比，对读"悉行乘城卒、隶臣妾、城旦舂、鬼薪白粲、居赀赎责（债）、司寇、隐官、践更县者"、"谨案所部县卒、徒隶、居赀赎责（债），司寇、隐官、践更县者簿"几条律文，明确指出："徒隶就是隶臣妾、城旦舂、鬼薪白粲。这些都是刑徒，其罪名由政府判加，人身为政府所拘管。"他还根据J1（8）154简指出："这正是奴隶制的法律。要求每月朔日上报买进'徒隶'数量。"③ 这反映出隶臣妾、城旦舂、鬼薪白粲等刑徒的罪犯奴隶属性。高恒将秦刑徒分为终身服役的刑徒和有服劳役期限的刑徒，前者包括城旦舂、鬼薪白粲、隶臣妾、司寇、候；后者包括赀繇、赀居边、赀戍、居赀、赎债。④ 曹旅宁结合两者观点并进一步补充论证，认为"徒隶"指城旦舂、隶臣妾、鬼薪白粲，既是刑徒，也是终身服劳役的官奴隶，能被政府所买卖，具有罪犯奴隶的

---

① 俞伟超：《古史分期问题的考古学观察》，载氏著：《先秦两汉考古学论集》，文物出版社1985年版，第1~33页。
② 陈直：《两汉经济史料论丛》，中华书局2008年版，第248~273页。
③ 李学勤：《初读里耶秦简》，载于《文物》2003年第1期，第73~81页。
④ 高恒：《秦律中的"隶臣妾"问题的探讨》，载于《文物》1977年第7期，第43~51页。

性质①。

上文引述对"徒隶"的解释可谓论据充足，但也有可作补充之处。"徒隶"从刑罚的轻重上包括城旦舂、隶臣妾、鬼薪白粲，他们都是刑徒，又是终身服劳役的官奴隶。另外，从服劳役工作范围的不同，还可将"徒隶"作其他分类。我们先看以下律文：

> 隶臣妾其从事公，隶臣月禾二石，隶妾一石半；其不从事，勿禀。小城旦、隶臣作者，月禾一石半石；未能作者，月禾一石。小妾、舂作者，月禾一石二斗半斗；未能作者，月禾一石。婴儿之毋（无）母者各半石；虽有母而其母冗居公者，亦禀之，禾月半石。隶臣田者，以二月月禀二石半石，到九月尽而止其半石。舂，月一石半石。
> 
> 隶臣、城旦高不盈六尺五寸，隶妾、舂高不盈六尺二寸，皆为小；高五尺二寸，皆作之。仓（秦律十八种·仓律 简49-52）
> 
> 城旦之垣及它事而劳与垣等者，旦半夕参；其守署及为它事者，参食之。其病者，称议食之，令吏主。城旦舂、舂司寇、白粲操土攻（功），参食之；不操土攻（功），以律食之。仓（秦律十八种·仓律 简55-56）
> 
> 赎者皆以男子，以其赎为隶臣。女子操敃红及服者，不得赎。边县者，复数其县。仓（秦律十八种·仓律 简62）
> 
> 丞言徒隶不田，奏曰：司空厌等当坐，皆有它罪，耐为司寇，有书，书壬手。（里耶秦简 简8-755+简8-756）

根据简文可知，"隶臣妾其从事公"就是为官府服役的"徒隶"；"隶臣田者"及"徒隶不田"就是耕种县官田的"徒隶"，即岳麓秦简中的"田徒"；"城旦之垣"就是筑城、筑墙的"徒隶"；"守署"即为伺寇房、站岗的"徒隶"；"操土功"就是做土工的"徒隶"；"操敃红及服者"就是从事文绣女工和制作衣服的"徒隶"。由此可见，"徒隶"从事的劳役内容种类是有所区别的，不同的差役每个月领取到的口粮是不一样的，一般而言，劳动强度大的差役每个月领取到的口粮相对较多。陈直先生也曾指出："徒的工作范围，有因罪名而固定的，有因工作需要暂时抽调的，但因固定工作不多，因而多变抽调工作。"②岳麓秦简中还有令文规定：

> 县官徒隶固故有所给为，今闻或不给其故事而言"毋徒以田"为辞及发徒隶，或择其官急事而移作田及以官威征令小官以自便其田者，皆非善吏

---

① 曹旅宁：《释"徒隶"兼论秦刑徒的身份及刑期问题》，载于《上海师范大学学报（哲学社会科学版）》2008年第5期，第61~65页。

② 陈直：《两汉经济史料论丛》，中华书局2008年版，第257页。

殴，有如此者，以大犯令律论之。

简文明确规定了"徒隶固故有所给为"，即"徒隶"都有各自原本要从事的差役。而不经许可是不能随便更换劳役岗位的，官吏也不能以"无徒以田"为辞滥发"徒隶"，如有违反，依"大犯令律"论之。但遇到紧急差役时是允许"徒隶"更换差役的，岳麓秦简1611－1612简规定：

县官田田徒有论毄及诸它缺不备获时，其县官求助徒获者，各言属所执灋，执灋乃为调发。

由令文可知县官无权调发"徒隶"，调发"徒隶"首先要向执法申请，由执法调发，可见秦对"徒隶"的管理是相当严格的。

说完"徒隶"再来看"吏徒"，睡虎地秦墓竹简《封诊式·迁子》云："告法（废）丘主：士五（伍）咸阳才（在）某里曰丙，坐父甲谒鋈其足，䙴（迁）蜀边县，令终身毋得去䙴（迁）所论之，䙴（迁）丙如甲告，以律包。今鋈丙足，令吏徒将传及恒书一封诣令史，可受代吏徒，以县次传诣成都，成都上恒书太守处，以律食。法（废）丘已传，为报，敢告主"。

睡虎地秦墓竹简整理小组注释云："押解犯人的吏和徒隶。"

县官马、牛、羊，罚吏徒主者。贫不能赏（偿）者，令居县官；□□城旦舂、鬼薪白粲也，答百，县官，县官皆为赏（偿）主，禁毋牧彘。（简253－254）

羣盗杀伤人、贼杀伤人、强盗，即发县道，县道亟为发吏徒足以追之，尉分将，令兼将，亟诣盗贼发及之所，以穷追捕之，毋敢□界而环（还）。吏将徒，追㪍盗贼，必伍之，盗贼以短兵伤其将及伍人而勿能得捕，皆戍边二岁……夺其将爵一级，免之，毋爵者戍边二岁；而罚其所将吏徒以卒戍边各二岁。兴吏徒追盗贼，已受令而遬，以畏愞论之。（简140－143）

对这两条简文中的"吏徒"，张家山汉简整理小组均未作注，《〈二年律令〉与〈奏谳书〉》校释引述《封诊式·迁子》的注释，并作了进一步解释：

"《汉书·贾山传》：'死葬乎骊山，吏徒数十万人。'师古曰：'吏以督领，徒以役作也。'"与"吏徒"有关的简文还见于《里耶秦简》8－1517简，其正面云："卅五年三月庚寅朔辛亥，仓衔敢言之：疏书吏、徒上事尉府者膺北（背），食皆尽三月，迁陵田能自食。谒告过所县，以乡次续食如律。雨留不能投宿赍。当腾腾。来复传。敢言之。"其背面云："令佐温。更戍士五城父阳翟执。更戍士五城父西中痤。"陈伟认为正面所说的"吏徒"显然就是背面的"令佐温"和两位"更戍"。也就是说，"吏徒"实指军吏和士卒，与"吏卒"

相当①。

上述各家对"吏徒"的解释各有其理据，但笔者认为"吏徒"指的应当是吏及吏的随从。根据简文，当出现"羣盗杀伤人、贼杀伤人、强盗"情况时，"县道亟为发吏徒足以追之"，若"勿能捕"都将接受处罚，负责的将领降爵一级，无爵者戍边两年，"吏徒"卒戍边各两年。如果将"吏徒"之"徒"解释为供人役使的刑徒，于理不符。刑徒本身就是触犯法律之后被处罚的罪犯，何以还能将追捕盗贼这么重要的差事交给他们去做呢？朱德贵认为，"更戍"作为秦的一种正式的戍边制度，"更戍"者身分较为复杂，有编户民，也有带"赀甲"或"赎耐"者，但根据简文"更戍"后的"士五"来看，更戍者是具有正式户籍而没有爵位的普通百姓。② 可见，这里的"徒"只是临时性的士卒，百姓在更戍期间充当士卒的身份，更戍期满后恢复原本身份。

将"徒"解释为官吏随从的文例在睡虎地秦墓竹简中有一例，《法律答问》180简云："使者（诸）侯、外臣邦，其邦徒及伪吏不来，弗坐。可（何）谓邦徒、伪使？徒、吏与偕使而弗为私舍人，是谓邦徒、伪使。"

睡虎地秦墓竹简整理小组引《左传》昭公四年注："徒，从者"，并在译文中进一步解释为"吏的随从"。笔者推测，吏这种随从者的身份，可能是刑罚较轻的徒，也有可能是官奴婢，或是服役的平民。

## （三）释"善吏"与"恶吏"

"善吏"和"恶吏"同时见于岳麓秦简中：

・县官田有令，县官徒隶固故有所给为，今闻或不给其故事而言"毋徒以田"为辞及发（简1800）徒隶⌐，或择其官急事而移作田及以官威征令小官以自便其田者，皆非善吏殹，有如此者，以大犯（简1788）令律论之。　・县官田令甲十八（简1803）

・县官田者或夺黔首水以溉（溉）其田⌐，恶吏不事田，有为此以害黔首稼⌐。黔首引水以溉（溉）田者，以水多少（简1721）为均，及有先后次⌐。县官田者亦当以均，而不殹，直以咸多夺黔首水，不须其次，甚非殹。有如此者（简1808）□□以大犯令律论之。　・县官田令甲廿二（简1811）③

---

① 陈伟在"《里耶秦简牍校释》第一卷出版告知"一文中指出，《里耶秦简》8－1517简正面中的"吏徒"显然就是背面的"令佐温"和两位"更戍"。也就是说，"吏徒"实指军吏和士卒，与"吏卒"相当。武汉大学简帛网，2012年3月20日，http：//www.bsm.org.cn/show_news.php?id=423
② 朱德贵：《秦简所见"更戍"和"屯戍"制度新解》，载于《兰州学刊》2013年第11期，第48～54页。
③ 岳麓书院藏秦简，待刊。

在传世文献中，亦有不少有关"善吏"的相关记载，《汉书·酷吏传》云："吏民益雕敝，轻齐木强少文，豪恶吏伏匿而善吏不能为治，以故事多废，抵罪。"师古曰："恶吏不肯为用，独善吏在，故不能治事也。"① 又《汉书·何武王嘉师丹传》云："复幸得蒙大赦，相等皆良善吏，臣窃为国惜贤，不私此三人。"② 可见，"善吏"即为"良吏"。那么，何为"良吏"，"良吏"应该符合什么条件？睡虎地秦墓竹简《语书》云："凡良吏明法律令，事无不能殹（也）；有（又）廉絜（洁）敦愨而好佐上；以一曹事不足独治殹（也），故有公心；有（又）能自端殹（也），而恶与人辨治，是以不争书（署）。"简文规定了"良吏"的行事准则和应当具备的道德标准，因此有人将这部分内容称为"课吏令"③。另外，睡虎地秦墓竹简《为吏之道》和岳麓秦简《为吏治官及黔首》中也有类似《语书》的"良吏为官准则"。《为吏之道》云："吏有五善：一曰中（忠）信敬上，二曰精（清）廉毋谤，三曰举事审当，四曰喜为善行，五曰龚（恭）敬多让。五者毕至，必有大赏。"《为吏治官及黔首》云：吏有五善：一曰忠信敬上，二曰精廉无旁（谤），三曰举吏审当，四曰喜为善行，五曰龚（恭）敬多让，五者毕至必有天当。比较而言，"《为吏治官及黔首》与《为吏之道》可以相互参照，除开个别字词抄写的不同，其他基本相同，也应该是抄自于同一类母本"④，其内容要比《语书》中的内容明细得多。

根据上引简文，"良吏"应当符合以下道德标准：明悉法令、忠信敬上；廉辨自洁、心正无谤；行事审慎、举吏得当；仁民爱物、喜为善行；躬而有礼、谦尊有光等。岳麓秦简田律中说明了两种情况"皆非善吏殹"，一是"县官徒隶固故有所给为，今闻或不给其故事而言'毋徒以田'为辞及发徒隶"，即县官以"田作徒隶不足"为借口将徒隶遣去从事田作，而不让他们从事原本的差役的情况。这明显违背了"良吏"道德标准第一条"明悉法令、忠信敬上"，律文明确规定徒隶都有各自原本的差役任务，官吏不能随便调遣徒隶从事其他差役，若遇到特殊情况，劳动力实在紧缺，县官也要先向执法申请，然后由执法调发。如岳麓秦简《田律》1612－1611简云："廿一年十二月己丑以来，县官田田徒有论穀及诸它缺不备获时，其县官求助徒获者，各言属所执灋，执灋乃为调发"。二是"或择其官急事而移作田及以官威征令小官以自便其田者"，即官吏把正从事紧急差役的徒隶遣来从事田作且凭借官威征用命令小官吏以利其田的情况。这一情

---

① 《汉书·酷吏传》，第489页。
② 《汉书·何武王嘉师丹传》，第466页。
③ 吴福助将睡虎地秦墓竹简《语书》的后半部分称为"课吏令"，认为其内容就是良吏与恶吏的分辨准则。参见吴福助：《睡虎地秦墓竹简论考》，文津出版社1994年版，第109页。
④ 廖继红：《岳麓秦简〈为吏治官及黔首〉文献学研究》，湖南大学2011年硕士学位论文。

况明显违背了"良吏"道德标准第四条"仁民爱物、喜为善行",反映出官吏不顾大局,毫无公正之心,玩忽职守。

至于"恶吏",相关出土文献记载比"良吏"的内容要多出不少,除了睡虎地秦墓竹简《语书》《为吏之道》,还有岳麓秦简《为吏治官及黔首》、北大秦简《从政之经》等,比如岳麓秦墓竹简《为吏治官及黔首》相较于睡虎地秦墓竹简《为吏之道》,关于"恶吏"的内容不仅有"五失"、"五过"而且还有"五则""六殆",笔者也将《语书》《为吏治官及黔首》《为吏之道》《从政之经》四种文献,如下。

《语书》:恶吏不明法律令,不智(知)事,不廉絜(洁),毋(无)以佐上,输(偷)随(惰)疾事,易口舌,不羞辱,轻恶言而易疾人,毋(熱)公端之心,而有冒抵(抵)之治,是以善斥(诉)事,喜争书。争书,因兹(佯)镇目扼捥(腕)以视(示)力,呼询疾言以视(示)治,誣訑丑言麃䜌以视(示)险,坑阆强肮(伉)以视强,而上犹智之殹(也)。

《为吏之道》:吏有五失:一曰夸以泄,二曰贵以大(泰),三曰擅裚割,四曰犯上弗智(知)害,五曰贱士而贵货贝。一曰见据教(傲),二曰不安其量(朝),三曰居官善取,四曰受令不偻,五曰安家室忘官府。一曰不察所亲,不察所亲则怨数至;二曰不智(知)所使,不智(知)所使则以权衡求利;三曰兴事不当,兴事不当则民伤指;四曰善言隋(惰)行,则士毋所比;五曰非上,身及补死。

《为吏治官及黔首》:吏有五失:一曰视黔首渠鹜,二曰不安其朝,三曰居官善取,四曰受令不偻,五曰安其家忘官府,五者毕至是胃(谓)过主。吏有五过:一曰夸而央,二曰贵而企,三曰宜(擅)折割,四曰犯上不智(知)其害,五曰间(贱)士贵货贝。吏有五则:一曰不祭(察)所亲则韦(违)数至,二曰不智(知)所使则以(权)索利,三曰举事不当则黔首指,四曰喜言隋(惰)行则黔首毋所比,五曰善非其上则身及于死。吏有六殆:不审所亲,不祭(察)所使,亲人不固,同某(谋)相去,起居不指,屚(漏)表不审,(徽)蚀(识)不齐。

《从政之道》:一曰不察亲,不察亲则怨数之(至),二曰不智(知)所使,不智(知)所使则以权衡利,三曰兴事不当,兴事不当则民锡指,四曰善言隋(惰)行则士毋比,五曰喜非其上,喜非其上则身及于死。

上述引文讲的是"恶吏"的评判准则,将这四则简文仔细比照研读,可发现"官吏处理政事不力"这一过失行为在各则简文中都有所反映,《语书》云:

"恶吏无公端之心",所谓"公端之心"包括善治其署、善理其政等两项内容①。《为吏治官及黔首》中的"视黔首渠骛;受令不倓"显然也是说的官吏署理政事不力的情况。"不倓",廖继红认为"倓,表示迅速、立刻的含义"②,故"受令不倓"意为接受上级的命令不迅速执行,做事拖沓。《为吏之道》中也有:"受令不倓",说的是官吏接受政令应立即执行,署理政务不许推诿拖延。而"官吏处理政事不力"这一过失行为在岳麓秦简中也有所体现:"县官田者或夺黔首水以自溍(溉)其田,恶吏不事田,有为此以害黔首稼。"官田和民田都需要引水灌溉农田时,恶吏不治理农事。"黔首引水以溍(溉)田者,以水多少为均,及有先后次。县官田者亦当以其均,而不殹,直以威多夺黔首水,不须其次,甚非殹。有如此者□□以大犯令律论之。"律文规定,百姓引水灌溉农田应按先后顺序,引水多少平均,县官田引水灌溉同样要按照规定,凭借官威争夺百姓的引水或不按先后顺序的是严厉禁止的。同时,《为吏治官及黔首》中还有"五者毕至是胃(谓)过主"这样一句,"过"即"祸"也,由于官吏"无公端之心",最后造成政事不治,上级或主管官吏自然因此连坐,因此称之为"祸主"。

秦代的"恶吏"或"非善吏"均会依律处罚。岳麓秦简对于"恶吏""非善吏"的处罚都是按"大犯令"律论之。(吴美娇)

## 第四节 岳麓秦简《金布律》及相关问题研究

### 一、"金布"的名义略考

作为秦汉律令名目的"金布"一词,大体有以下几种解释:

第一,"金布"一词中"金""布"为当时流通货币的名称,故"金布"为当时流通货币"金""布"的合称。

《史记·平准书》:"虞夏之币,金为三品,或黄,或白,或赤。……或钱,或布,或刀,或龟贝。"③《汉书·食货志下》:"是为布货十品。"颜师古注:

---

① 于洪涛:《岳麓秦简〈为吏治官及黔首〉研究》,吉林大学2013年硕士学位论文。
② 廖继红:《岳麓秦简〈为吏治官及黔首〉文献学研究》,湖南大学2011年硕士学位论文。
③ 《史记·平准书》第1442页。

"布亦钱耳。"① 此二例中"金"和"布"皆为当时流通的货币。另,《史记·平准书》载"米至石万钱,马一匹则百金"裴骃《集解》引臣瓒云:"秦以一镒为一金,汉以一斤为一金。"可知"金"亦可作古代计算货币的单位。

除了上述的传世文献,在秦的出土简牍材料中也可找到"金""布"作为货币释义的相关内容,睡虎地秦墓竹简《金布律》中简就记载了布币的流通规格和质量、布币与钱的比价和在市场贸易中严禁择取行钱、行布等内容。《岳麓书院藏秦简·金布律》中亦还有对布的记载:

  金布律曰:出户赋者,自秦庶长以下,十月户出刍一石十五斤;五月户出十六钱,其欲出布者,许之。(简1287)

由此可知,"金布"一词中的"金"和"布"当可释为战国时期秦国及秦代的流通货币的名称。汉承秦制,《金布律》这一律名也被汉代所继承,故《张家山汉墓竹简·二年律令》与《睡虎地秦墓竹简·秦律十八种》和《岳麓书院藏秦简》皆含有律令篇名为《金布律》的相关法律内容。

需要注意的是,《睡虎地秦墓竹简》《岳麓书院秦简》分别为秦国统一六国前后所适用的法律条文,二者皆有"布币"的记载;而摘录于汉代法律的《张家山汉墓竹简·二年律令》并不见"布币"的相关记载,且《张家山汉墓竹简·二年律令》中已出现专门管理货币的《钱律》。

第二,"金布"一词中"金""布"分别指代"货币、财货"和"禀衣",二者皆为《金布律》所包含的法律内容,故"金布"为秦汉《金布律》规定的重要法律内容"货币""禀衣"的合称。

关于"禀衣(授衣)"制度,传世文献与出土文献皆有相关史料记载。如《诗·豳风·七月》云:"七月流火,九月授衣。"毛传曰:"九月霜始降,妇功成,可以授冬衣矣。"孔颖达疏:"可授冬衣者,谓衣成而授之。"又如睡虎地秦墓竹简《金布律》九〇-九六号简:"受(授)衣者,夏衣以四月尽六月禀之,冬衣以九月尽十一月禀之,过时者勿禀。……已禀衣,有余褐十以上,输大内,与计偕。都官有用□□□□其官,隶臣妾、舂城旦毋用。在咸阳者致其衣大内,在它县者致衣从事之县。县、大内皆听其官致,以律禀衣。禀衣者,隶臣、府隶之毋(无)妻者及城旦,冬人百一十钱,夏五十五钱;其小者冬七十七钱,夏卌四钱。春冬人五十九四五钱,夏卌四钱;其小者冬卌四钱,夏卅三钱。隶臣妾之老及小不能自衣者,如春衣。·亡、不仁其主及官者,衣如隶臣妾。"再如张家山汉简《金布律》四一八-四二〇号简:"诸冗作县官及徒隶,大男,冬禀布袍表里七丈、络絮四斤,绔(袴)二丈、絮二斤;大女及使小男,冬袍五丈六

---

① 《汉书·食货志下》,第1178页。

尺、絮三斤，绔（袴）丈六尺、絮二斤；未使小男及使小女，冬袍二丈八尺、絮一斤半斤，未使小女，冬袍二丈、絮一斤。夏皆禀襌，各半其丈数而勿禀绔（袴）。夏以四月尽六月，冬以九月尽十一月禀之。布皆八稯、七稯。以裘、皮绔（袴）当袍、绔（袴），可。"

《秦律十八种》和《二年律令》中《金布律》都记载了禀衣的内容，可见禀衣是秦汉时期《金布律》必不可少的重要部分，且二者的律文内容可相互对校。禀衣，指官府分发冬衣，禀，《汉书·礼乐志》颜师古注："谓给授也。"。可知"布"亦可指代"禀衣"制度，也就是从《金布律》所包含的两项重要的法律内容即货币和禀衣来定篇名，李学勤更为认可此观点，他认为《金布律》有禀衣用布、当食县官马牛的饲料供应标准，律文提到官府为鲔受钱，加以上面说的禀衣用布说明了律文"金布"的来由①。

第三，"金布"为一专门的官署名称。在《里耶秦简》② 中"金布"多次以专门的官署名称出现，朱红林举如"简⑧156：四月丙午朔癸丑，迁陵守丞色下少内谨案致之，书到言，署金布发。它如律令。欣手。"和"简⑨1正面：……四月己酉，阳陵守丞厨敢言之：写上谒报，[报]署金布发，敢言之。儋手。"等为例证进而认为，"金布"不仅是个法律篇名，更是一专门的官府机构名称，且"《金布律》当得名于'金布'这样一个管理金钱财物的机构，律条中规定的各项内容当然也就和'金布'这个机构的职能有关。"③ 即"金布"得名于此官府机构的职能。陈伟在《里耶秦简牍校释》中将"金布"注释为"管理金钱、布帛等财物的机构。"④ 王焕林明确指出"'金布律'之得名，很有可能与'金布'这样一个职务或机构有关。"⑤《里耶秦简》中的简文"治所发"与"金布发"相类似，而治所为古代地方长官的官署，《汉书·朱博传》："使者行部还，诣治所。"颜师古注："治所，刺史所止理事处。"可见"金布"应与"治所"性质相同，即为官府机构。

---

① 李学勤：《论张家山二四七号墓汉律竹简》，引自大庭脩编：《一九九二年汉简研究国际讨论会报告书：汉简研究的现状与展望》，关西大学出版部1993年版，第178页。引自彭浩、陈伟、工藤元男主编：《二年律令与奏谳书》，第250页。
② 《里耶秦简》为陈伟主编的《里耶秦简牍校释（第一卷）》，武汉大学出版社2012年版的简称，下同。
③ 朱红林：《里耶秦简"金布"与〈周礼〉中的相关制度》，载于《华夏考古》2007年第2期，第112~117页。
笔者附注："四月丙午朔癸丑，迁陵守丞色下少内谨案致之，书到言，署金布发。它如律令。欣手。"为Ⅱ8-155号简，陈伟主编：《里耶秦简牍校释（第一卷）》，武汉大学出版社2012年版，第94页。
④ 陈伟主编：《里耶秦简牍校释（第一卷）》，武汉大学出版社2012年版，第23页。另附本书第36页中对"少内"一词的注释，方便下文讨论。少内，朝廷、县府掌管钱财的官署。
⑤ 王焕林：《里耶秦简校诂》，中国文联出版社2007年版，第50页。

除了"金布","少内"也是秦代县廷主管钱财的机构①,学术界对二者关系尚有争议。有学者认为"金布"隶属于少内,此种观点主要依据为《里耶秦简》8-155号简简文"四月丙午朔癸丑,迁陵守丞色下少内:谨案致之,书到言,署金布发,它如律令。欣手。四月癸丑水十一刻 刻下五,守府快行少内。"②王焕林认为《里耶秦简》8-155号简"署金布发"中"署"为"官署,此指县少内","金布"为"县少内金钱、财物主管";同时以睡虎地秦墓竹简、张家山汉简《金布律》所列条文为据指出秦汉之"金布"职掌金钱布帛、公私债务清算、工商税收管理、市场价格规范、公物损害赔偿、废旧物资变卖、徒隶衣物禀给、牲畜饲料发放等事务。③王彦辉则首先据《里耶秦简》提出,秦迁陵县设有少内、尉曹、吏曹、户曹、仓曹、库曹、司空曹、狱曹和厩等九曹,同时将《里耶秦简》中的"金布"与"少内"的注释相比较,以秦迁陵县为例指出,迁陵县不可能同时存在"金布"与"少内"这两个管理钱物的部门,并认为《里耶秦简》8-155号简是迁陵县守丞色下发给少内的命书,"发文时要求签署发文单位,即迁陵金布,省称'署金布发'。按公文的书写格式及内容,金布隶属于少内。类似的提法还有'迁陵金布发洞庭'、'廷金布发'等。"从而得出"金布"为秦迁陵县九曹之一的少内的下属机构观点:"就迁陵县而言,少内是县廷主管钱物的机构,金布则是少内的一个主司出纳、核算的具体办事单位,类似现代的财会科室。"④另有观点则认为"金布"与"少内"是县廷两个独立机构,虽然均主管财物,但并不存在隶属关系。孙闻博指出《里耶秦简》所见县级组织的突出特点是曹、官之分,且"金布"和"少内"虽均主管货币、财务,然过去将二者混淆或认为"金布"是"少内"的下属机构的观点均不妥当,孙闻博将"金布""少内"分别归入秦县的"列曹"与"诸官",并认为"金布"为县廷的组成部门,与作为下级机构的"少内"治事不在一起,"金布"应为两汉以来的"金曹"⑤。吴方基认为,金布是秦代直接隶属于县廷

---

① 可参看罗开玉:《秦国"少内"考》,载于《西北大学学报》1981年第3期,第83~110页;宫长为:《云梦秦简所见财政管理——读〈睡虎地秦墓竹简〉札记》,载于《史学集刊》1996年第3期,第59~65页;陈治国、张立莹:《从新出简牍再探秦汉的大内与少内》,载于《江汉考古》2010年第3期,第132~136页;陈伟主编:《里耶秦简牍校释(第一卷)》,武汉大学出版社2012年版;王彦辉:《〈里耶秦简〉(壹)所见秦代县乡机构设置问题蠡测》,载于《古代文明》2012年第4期,第46~57页;吴方基:《论秦代金布的隶属及其性质》,载于《古代文明》2015年第2期,第55~64页。
② 陈伟主编:《里耶秦简牍校释(第一卷)》,武汉大学出版社2012年版,第94页。
③ 王焕林:《里耶秦简校诂》,中国文联出版社2007年版,第50页。
④ 王彦辉:《〈里耶秦简〉(壹)所见秦代县乡机构设置问题蠡测》,载于《古代文明》2012年第4期,第46~57页。
⑤ 孙闻博:《秦县的列曹与诸官——从〈洪范五行传〉一则佚文说起》,武汉大学简帛网,2014年9月14日,http://www.bsm.org.cn/show_article.php?id=2077

的机构，而非隶属于少内；并认为过去关于金布性质的讨论受到《金布律》较大影响，存有偏差，进而据新出里耶秦简认为县金布应为列曹之一，"主管统计库中的兵、车、工用、工用器和少内机构中的器物、金钱等财物，核准县属各机构的国有资财增减情况的考核记录－'课'。"① 笔者较为赞同二者并不存在隶属关系，分别为秦代县的独立机构的观点，"金布"应为秦代县中的"列曹"之一，《金布律》的内容则为我们更好地了解"金布"这一机构的具体职责提供了很大便利。

我们认为将"金布"释为当时流通货币"金""布"合称的观点，忽视了当时三种并存的流通法定货币中的"钱币"；而将"金布"释为秦汉《金布律》规定的重要法律内容"货币"、"禀衣"合称的说法，则不甚全面，《金布律》包含的内容十分宽泛，除了货币管理、禀衣还有市场交易管理、公物管理、马的管制等内容。前两种观点皆稍欠妥当，故笔者更偏向于将"金布"释义为官署名称的观点，通过对《里耶秦简》简文的研读，"金布"或还是此官署机构主要官吏的职官名称。

在《里耶秦简》中与"署金布发"格式结构相类似的"有吏谒报署主吏发敢言之"，"署主吏发"中"主吏"为秦汉郡县地方官的属吏，《史记·高祖本纪》裴骃集解引孟康曰："主吏，功曹也。"《读书丛录·都吏》："汉制太守属官……内事考课迁除，皆功曹主之，故称主吏。"即主吏为一官名，那么相似结构的"署金布发"中的"金布"或亦可为官名。下文列举并一一分析《里耶秦简》中与"金布"相关简文格式结构类似的简文：

（1）迁陵金布发洞庭
迁陵主簿发洞庭
主簿，官名，汉代中央及郡县官署多置之，其职责为主管文书，办理事务。与"主簿"一词相对应的"金布"或亦为官名。
（2）廷金布发　廷金布☐　金布发　酉阳金布发
廷主吏发　廷主吏
廷主客发
廷主仓发　廷主仓
廷主户发　廷主户
廷主计
廷令曹发
廷吏曹发　廷吏曹

---

① 吴方基：《论秦代金布的隶属及其性质》，载于《古代文明》2015年第2期，第55~64页。

廷仓曹
廷户曹

主，掌管、主持，《玉篇》："主，典也。"《广韵》："主，掌也。"主吏，官名，秦汉郡县地方官的属吏，《史记·高祖本纪》裴骃集解引孟康曰："主吏，功曹也。"主客，官名，《汉书·匈奴传上》："匈奴主客问所使。"主仓、主户、主计亦应为官名，即主管仓、户、计的官吏。曹，指管某事的职官，《三国志·蜀志·杜琼传》："古者名官职不言曹，始自汉已来，名官尽言曹，吏言属曹，卒言侍曹。"可见，"金布"在作为官署名称的同时还是此机构主要官吏的职官名称。

综上所述，在秦汉简牍文书中，"金布"同时作为官署名称和其机构主要官吏的职官名称在使用，法律条目《金布律》即以此官署名称为名，此官署、职官所承办的即为《金布律》规定的相关事务。（贺旭英）

## 二、《金布律》所涵盖的法律内容

何谓《金布律》，目前学术界有以下几种观点：

睡虎地秦墓竹简整理小组注释：关于货币、财物方面的法律。汉代有金布律，或称金布令，《汉书·萧望之传》颜师古注："金布者，令篇名也，其上有府库金钱布帛之事，因以名篇。"《晋书·刑法志》："金布律有毁伤亡失国家财物，……金布律有罚赎入责以呈黄金为价，……"[①]

李均明认为是关于会计出纳的法律；[②]《金布律》是秦汉时期有关财政管理的一项重要法规，内容主要涉及到国家财政的收入和支出[③]；朱红林认为，《金布律》是关于国家财政收入和支出的法律[④]。

高恒对《金布律》的性质内容作过较为全面的概括总结：

从字面上说，"金"、"布"均为货币。以金、布作法律篇名，也反映出该法律是有关财政制度的法规。秦简有秦《金布律》一篇，共有律文十六条，也有

---

[①] 睡虎地秦墓竹简整理小组：《睡虎地秦墓竹简》，文物出版社1990年版，第36页。
[②] 李均明：《中国古代法典的重大发现——谈江陵张家山二四七号汉墓出土〈二年律令〉简》，载于《中国文物报》2002年5月3日第7版。引自彭浩、陈伟、[日]工藤元男主编：《二年律令与奏谳书》，上海古籍出版社2010年版，第250页。
[③] 李均明：《张家山汉简〈二年律令〉概说》，引自李学勤主编：《长沙三国吴简暨百年来简帛发现与整理国际学术研讨会论文集》，中华书局2005年版，第325页。
[④] 朱红林：《睡虎地秦墓竹简和张家山汉简中的〈金布律〉研究——简牍所见战国秦汉时期的经济法规研究之一》，载于《社会科学战线》2008年第1期，第84~90页。

助于判断汉《金布律》的性质。其主要内容有：

（1）货币管理，以及各类货币折算比例。

（2）财务出纳记账方式。

（3）官、民间债务偿还办法。

（4）官吏享受的物质待遇。

（5）囚衣领发制度。

（6）官府财务保管和废旧物资的处理①。

以上为各位学者对《金布律》性质内容的观点，但在讨论秦汉《金布律》所涵盖的法律内容之前，我们需要对秦汉《金布律》记载的内容进行梳理，在秦汉简牍发现之前，文献中已有关于《金布律》的记载主要有：

（1）酎金。

（2）罚赎入责以呈黄金为价。《晋书·刑法志》云："《盗律》有还赃畀主，《金布律》有罚赎入责以呈黄金为价，科有平庸坐赃事，以为《偿赃律》。"

（3）战争事项支出。《汉书·高帝纪下》注引臣瓒说《金布令》和《汉书·萧望之传》所载《金布令甲》都记载了战争事项支出。

（4）毁伤亡失国家财物。《晋书·刑法志》："《贼律》有贼伐树木、杀伤人畜产及诸亡印，《金布律》有毁伤亡失国家财物，故分为《毁亡律》。"

出土的简牍文献更是为我们窥探秦汉《金布律》的大体适用范围提供了可能，出土简牍材料中对《金布律》法律内容的记载主要有：

（1）货币形制、货币间比价、不能择取流通货币及官府出入钱等货币相关规定。见于睡虎地秦墓竹简《金布律》，需要注意的是，汉代货币的形制规定见于张家山汉简《钱律》。②

（2）明码标价、收取矿产相关税、禁止市场欺诈行为等等市场相关规定。见于睡虎地秦墓竹简《金布律》、岳麓秦简《金布律》和张家山汉简《金布律》，另外汉代市场管理方面的规定则更多地为张家山汉简《关市律》所记载。

（3）禀衣禀食等相关规定。见于睡虎地秦墓竹简《金布律》和张家山汉简《金布律》。

（4）假借公器、已损坏公器的处理、损失公器、官府畜生等公物管理相关规定。见于睡虎地秦墓竹简《金布律》、岳麓秦简《金布律》和张家山汉简《金布律》。

---

① 高恒：《汉律篇名新笺》，载于《吉林大学学报（社会科学版）》1980年第3期，第64~73页。

② 《张家山汉墓竹简·二年律令·钱律》简称为张家山汉简《钱律》，下同。至汉初，《金布律》一分为二，分为《金布律》和专门的货币法律《钱律》。张家山汉简《钱律》对行钱、行金等货币形制等做了详细规定。

（5）有债于公及赀、赎（罚、赎、债）和购、偿等规定。见于睡虎地秦墓竹简《金布律》和张家山汉简《金布律》。

（6）对马牛的管理。见于睡虎地秦墓竹简《金布律》、岳麓秦简《金布律》、岳麓秦简《金布令》和张家山汉简《金布律》。

（7）账目管理，主要见于睡虎地秦墓竹简《金布律》。

（8）对户赋、园池入钱的收纳管理。张家山汉简《金布律》429号简中记载将"户赋、园池入钱"和"租""质"并列。岳麓秦简《金布律》中有对户赋的收取的专门规定。

通过分析秦汉《金布律》内容，将其所涵盖的主要法律内容进行大体分类：

（1）财政收支主要项目管理。

（2）货币流通及管理。

（3）市场管理。

（4）公物管理。

（5）马牛管理。

（6）账目管理。

在整理了秦汉《金布律》主要法律内容后，发现以往学术界对《金布律》性质内容的观点都不十分全面，仅仅为《金布律》众多法律内容中的一个或几个部分。其中高恒先生对秦律《金布律》内容的概括较为全面，但仍有可商榷的地方，如睡虎地秦墓竹简《金布律》和岳麓秦简《金布律》中有相同律文记载的"有买（卖）及买殹（也），各婴其贾（价）；小物不能各一钱者，勿婴。"并不能将其归类其中。又如睡虎地秦墓竹简七二-七四号简，即"都官有秩吏及离官啬夫，养各一人，其佐、史与共养；十人，车牛一两（辆），见牛者一人。都官之佐、史冗者，十人，养一人；十五人，车牛一两（辆），见牛者一人；不盈十人者，各与其官长共养、车牛，都官佐、史不盈十五人者，七人以上鼠（予）车牛、仆，不盈七人者，三人以上鼠（予）养一人；小官毋（无）啬夫者，以此鼠（予）仆、车牛。狠生者，食其母日粟一斗，旬五日而止之，别"在记载了官吏享受的物质待遇的相关标准的同时对马牛管理也进行了相关规定。以往对《金布律》性质内容的界定经常忽视官府对马牛的管理，实际上在秦汉对重要交通运输工具——马牛的管理也是秦汉《金布律》重要内容。

秦汉《金布律》中市场管理内容还涉及《关市律》，而关于货币的管理在秦汉有着很大的变化，即汉初将秦《金布律》中一部分货币管理内容专门编入《钱律》，但汉《金布律》中仍包含对货币的部分管理，如不准择行钱。由于秦汉《金布律》所包含的内容十分驳杂，故只能笼统地将其性质界定为有关经济制度的法律规定。即秦汉《金布律》是有关经济制度的法律规定，主要内容包括财政收支主要项目管理、货币的流通及管理、市场管理、公物管理、马牛管理和账目管理等方面。

另外,《金布律》作为战国至秦汉时期特有的法律律名,后世不见于文献记载,实际上仅是作为法律条目——律名的消失,其法律内容被分解、重组后归入其他法律条目之下仍于后世发挥其法律职能。如《晋书·刑法志》的记载:"《金布律》有毁伤亡失国家财物,故分为《毁亡律》。……《令乙》有呵人受钱……故分为《请赇律》。……《金布律》有罚赎入责以呈黄金为价,科有平庸坐赃事,以为《偿赃律》。"再如《汉书·高帝纪》师古注:"金布者,令篇名,若今言《仓库令》也。"程树德按:"魏晋皆有毁亡律,北齐曰毁损律,隋开皇律删毁亡,唐律弃毁官私器物,在杂律二。"[①] 显而易见秦汉《金布律》本身所具有的法律内涵并没有随着其律名的消失而消亡。

就目前已出土的《金布律》材料来看,其记载应大体反映了秦汉时期《金布律》的主要内容,然而在比对睡虎地秦墓竹简和张家山汉简的具体内容后可以发现,在秦代《金布律》中占有很大篇幅的货币内容,在张家山汉简《金布律》中已无对应记载了,而是出现了专门货币内容的《钱律》。睡虎地秦墓竹简《金布律》包含有对货币的律条款,而岳麓秦简只发现了《金布律》而尚未发现《钱律》,或汉代之前尚未出现专门的《钱律》,就目前已知的材料推测,《钱律》或最早出现于汉代《二年律令》颁行的时期,其内容应继承自秦律;至汉文帝五年"除盗铸钱令,使民放铸"(《汉书·文帝纪》),《史记·将相名臣表》作除钱律;景帝六年,"定铸钱伪黄金弃市律"(《汉书·景帝纪》);王莽币制改革亦是以汉初《钱律》为基础,刑罚轻重有所差别而已[②]。总之汉代《钱律》规定了哪些行为构成犯罪,并明确规定了相应的刑罚及自告、告发的购赏等。唐代以后,律典中已无《钱律》,"盗铸钱"和"弃毁官私器物"等内容归入了《杂律》[③]。

睡虎地秦墓竹简《金布律》为秦代所适用的法律条文,其内容除了货币内容,还包括市场管理、禀衣禀食和公物管理等,专门涉及货币内容的有4条简文,其中一条简文为对官府货币的收取、封存及使用的相关规定;一条简文严令禁止在市场贸易过程中择取钱物;另两条则规定了布币的流通规格及与钱币换算的比例。而《二年律令·钱律》则是汉代初年针对货币的专门法律条款,它是在吸收、继承了秦律的基础上而形成的,且它总称货币为"钱",律名为《钱律》,可谓"钱"作为货币总称之始,《钱律》共八条律文,除了一条简文对

---

① 程树德:《九朝律考》,中华书局1963年版,第89页。
② 其发展大体脉络参见程树德:《九朝律考》,中华书局1963年版。
③ 程树德:《九朝律考》,中华书局1963年版,第89页。

"行钱""行金"的规定，剩下的七条简文从罚、赏两方面去禁止"盗铸钱"即钱币的铸造方面的内容。从某种意义上来说，《钱律》是根据现实需要从秦代《金布律》中独立出来的、对货币更为细致完善的法律规定，秦《金布律》到了汉初则一分为二，分别归入《钱律》和《金布律》中。那么从睡虎地秦墓竹简《金布律》到《二年律令·钱律》，货币制度都发生了哪些变化呢？

  秦代至汉初货币制度发生的最大的变化就是货币种类的变化，由三种到两种的演变，其中涉及布币的消亡。睡虎地秦墓竹简的律文内容符合《史记·平准书》记载的秦代货币体系中将货币分为上中下三等的历史记载，自战国晚期秦国时期起，流通领域使用的货币有上币黄金，中币布，下币钱，此三种并行流通的货币构成了战国晚期秦国法定货币种类，并分别以"镒""布""钱"为货币计量单位。在汉初以前布币曾作为通行于六国的货币在流通，睡虎地秦墓竹简《金布律》对布币的标准、与钱的比价等方面进行了较为详细的规定，前文已述，此处不再赘述。但从张家山汉简《钱律》的规定专门针对的是金和钱两种货币而无对布币的记载来看，也就是说至汉初，布币已不再作为法定货币流通于世了。

  睡虎地秦墓竹简适用时期使用布币的原因有其特定的历史原因，主要是因为布币材质较为常见，而铸钱的材质——铜，秦国产量较少且很多用来制作战车、武器和盔甲等军事设备，故秦国铸造半两钱的数量受到限制，于是政府就下令让布来充当货币以弥补货币量不足，另外布币的使用或受到"布"曾作为货币使用惯例的影响，《诗经》中"氓之蚩蚩，抱布贸丝"的记载即为其证。秦国政府用立法的形式规定了布为法定货币，构成了其金、布、钱并行流通的货币体系，在推动了布的生产的同时也产生了用以流通的法定货币，对当时秦国市场贸易等经济有极大的推动作用，一定程度上增强了秦国实力，为其强大的军事实力提供物质支持。即便如此，布币在汉代消亡是有其必然性的。首先，布币在流通过程中使用不便，布币较钱币来说既重且大，不如半两钱体小量轻，不适合日常的小额交易；布币较黄金来说，除体积大外，价值还过低，不利于大额交易。其次，布币在使用过程中很容易磨损，而睡虎地秦墓竹简《金布律》中明文规定了"布恶……不能行"，故其磨损度导致其使用频率不像金、钱那么高。或因布币上述不便的原因，人们更偏爱金、钱两种货币，故法律明文规定不能择行钱、行布。至汉初，半两钱轻重不一，故亦严令禁止择取货币。而与此同时秦统一六国后有了丰富的铜矿资源且不再需要消耗大量铜去制造军事武器，秦国对布币的使用也不再迫切，布币的形制和流通由此受到极大冲击。更重要的是当时市场贸易的现实需要使货币制度由金、布、钱三种货币并行流通向金、钱两种货币使用发展，布币最终消亡在历史长河中。即从睡虎地秦墓竹简《金布律》到张家山汉简《钱律》，即秦代汉初这一时段，法律由认可实物货币"行布"到排斥实物货币"行布",这是货币史上的一个很有意义的进步。关于货币方面的法律由初具基础到更加细化,走向完善,为汉武帝时铸造推行五铢钱,从法律上奠定了良好的基础①。

在各类律文内容或有交叉的秦汉时期,很多律文都涉及对同一事项的管理,如秦汉时期《金布律》与《厩苑律》也有较为密切的关系。秦代《厩苑律》见于《睡虎地秦墓竹简·秦律十八种·厩苑律》②、《睡虎地秦墓竹简·秦律杂抄》部分相关律文和《龙岗秦简》部分相关律文③;而根据《睡虎地秦墓竹简·秦律杂抄·内史杂》中有"如厩律"的记载,故推测《厩苑律》、《厩律》应为同一种法律条文④。《晋书·刑法志》明文记载萧何所作之汉九章律是在商鞅六律(《盗》《贼》《囚》《捕》《杂》《具》)的基础之上增加了《兴》《厩》《户》三篇而成,故汉代《厩律》虽目前还不见于文献记载,但汉代肯定实行过《厩苑律》的相关规定。

睡虎地秦墓竹简《厩苑律》条文共计三条,前两条在简后明确标有"厩苑",第三条则是睡虎地秦墓竹简整理小组据简文内容将其分至《厩苑律》的。

第一条律文是对考课官有耕牛、并据考课结果主管官吏和饲养者的相应奖惩等事宜的记载,载于睡虎地秦墓竹简《厩苑律》13-14号简:

> 以四月、七月、十月、正月胅田牛。卒岁,以正月大课之,最,赐田啬夫壶酉(酒)束脯,为旱(皂)者除一更,赐牛长日三旬;殿者,谇田啬夫,罚冗皂者二月。其以牛田,牛减絜,治(笞)主者寸十。有(又)里课之,最者,赐田典日旬;典,治(笞)卅。

这条律文明确指出除了耕牛外,服牛也要进行考课。

第二条律文记载了假借官府铁器后,铁器损坏后并不需按价赔偿的一个特例,见于睡虎地秦墓竹简《厩苑律》15号简:"叚(假)铁器,销敝不胜而毁者,为用书,受勿责。"

在秦汉《金布律》中规定了假借公物(公物包括公器和公牲畜)时造成实质性损坏的需要按照平贾进行赔偿,似乎官府并不能承担损失;而此条《厩苑

---

① 罗运环:《中国秦代汉初货币制度发微——张家山汉简与睡虎地秦墓竹简对比研究》,载于《武汉大学学报(人文科学版)》2012年第6期,第98~104页。
② 《睡虎地秦墓竹简·秦律十八种·厩苑律》简称为睡虎地秦墓竹简《厩苑律》,下同。
③ 本书关于《龙岗秦简》的简文依据中国文物研究所、湖北省文物考古研究所编:《龙岗秦简》,中华书局2001年版。其残简较多,下文所选相关律文为其较为完整的相关简文,且由于其简文残缺不便分类,故将对《龙岗秦简》的内容放入整体分析中。
④ 徐世虹:《睡虎地秦墓竹简法律文书集释(二):〈秦律十八种〉〈田律〉〈厩苑律〉》,引自《中国古代法律文献研究(第七辑)》,社会科学文献出版社2013年版,第82~102页。

律》恰恰讲述了一个不需要赔偿的特例,即假借铁器,因为铁器自身破旧而损坏的,只需以"用书"报告相关情况给官府,官府收回铁器并不需要假借人进行赔偿,但如果是假借人对公器的损耗是有过错的则需要按价赔偿。可见,秦汉《金布律》和《厩苑律》都涉及公器的假借管理。

第三条律文记载了官有马牛丢失、死去等各种情况的处理规定和服牛考核及其相关惩罚规定,见于睡虎地秦墓竹简《厩苑律》16-20简:

> 将牧公马牛,马牛死者,亟谒死所县,县亟诊而入之,其入之其弗亟而令败者,令以其未败直(值)赏(偿)之。其小隶臣疾死者,告其□□之;其非疾死者,以其诊书告官论之。其大厩、中厩、宫厩马牛殹(也),以其筋、革、角及其贾(价)钱效,其人诣其官。其乘服公马牛亡马者而死县,县诊而杂卖(卖)其肉,即入其筋、革、角,及索(索)入其贾(价)钱。钱少律者,令其人备之而告官,官告马牛县出之。今课县、都官公服牛各一课,卒岁,十牛以上而三分一死;不盈十牛以下,及受服牛者卒岁死牛三以上,吏主者、徒食牛者及令、丞皆有罪。内史课县,大仓课都官及受服者。

由此条律文中可知,秦将官有马牛大体分为三种:第一,普通的官有牛马,在放牧中死去,负责放牧马牛的人要及时向所在县报告并上交马牛尸体,如因报告上交不及时而导致马牛尸体腐败不能使用的则要以其未腐败尸体的价格赔偿。但如果放牧人是小隶臣的话,则因马牛死因不同而分为两种:马牛因疾病死亡,应为向县报告并上交马牛尸体即可[①];死因非疾病的话则要论责。第二,大厩、中厩、宫厩中的马牛,相关人员要在它们死去后将马牛的筋、皮革、角及卖肉所得的钱上交给官府。第三,乘服公马牛应与睡虎地秦墓竹简《田律》11号简中的"乘马服牛"同义,即官府用来驾车的牛马。在使用官有驾车牛马的过程中将牛马丢失需按价赔偿;驾车牛马死去则要向当地所在县报告,县确认之后将其肉变卖,并上交马牛的筋、皮革、角及卖肉所得的钱上交给官府,如果所入钱数较律规定的少则需要补赔。律文同时记载了对官有服牛的考核及其奖惩标准。睡虎地秦墓竹简《金布律》详细记载了分配、使用官府牛车时官吏职位及数量的标准,并无对牛等牲畜考课的规定;张家山汉简《金布律》中也没有对牛等牲畜考课的记载,仅433号简似是此条《厩苑律》内容的部分摘录:"亡、杀、伤县官畜产,不可复以为畜产,及牧之而疾死,其肉、革腐败毋用,皆令平贾(价)偿。入死、伤县官,贾(价)以减偿。"仅简略地提到在使用、放牧过程中,将官有畜生(当然也包括马牛)丢失、伤亡的,以及放牧过程中官有畜生

---

① 徐世虹认为所空两个字□□应为"官人",其说可从。参见徐世虹:《睡虎地秦墓竹简法律文书集释(二):〈秦律十八种〉〈田律〉〈厩苑律〉》,第82~102页。

因病而死的都要按照平价赔偿，上交其有用的肉、皮革也抵消相应价格赔款。

《睡虎地秦墓竹简·秦律杂抄》中应属《厩苑律》内容的律文主要有以下三条，见于 27-31 号简：

> 伤乘舆马，决革一寸，赀一盾；二寸，赀二盾；过二寸，赀一甲。·课驺骡，卒岁六匹以下到一匹，赀一盾。·志马舍乘车马后，毋（勿）敢炊饮，犯令，赀一盾。已驰马不去车，赀一盾。（简 27-28）

此条律文较为详细地记载了伤害乘舆马的处罚规定、对良马驺骡训练的考课、特马和乘车马的位置规定和驾车马不及时卸套的处罚规定。

> 肤吏乘马笃，㨂（胔），及不会肤期，赀各一盾。马劳课殿，赀厩啬夫一甲，令、丞、佐、史各一盾。马劳课殿，赀皂啬夫一盾。（简 29-30）

可知吏乘马考课的具体内容主要包括笃（马行迟缓）、胔（马体瘠瘦）和马劳（马服役的劳绩）等，考课结果不好的和考课不按时参加的皆会受到相应惩罚。

> 牛大牝十，其六毋（无）子，赀啬夫、佐各一盾。羊牝十，其四毋（无）子，赀啬夫、佐各一盾。·牛羊课。（简 31）

这是一条"牛羊课"，即关于牛羊繁殖方面考课的相关规定。

我们将所引《厩苑律》的内容和前文已述的《金布律》进行比较，可知《金布律》和《厩苑律》是互为补充而又相互区别的。

首先，二者所管理的牲畜的所属权不同，故其律文规范的对象不同。《厩苑律》主要管理的是以官有马牛为代表的官有牲畜，因而所制定的法律针对的是官府内负责相关事务的人员，据其行为对其实行相应的奖惩；而《金布律》所管理的以马牛为主的牲畜是整个社会的牲畜，既包括官有的也包括非官有的，故其律文是针对着整个社会实行的，如《金布律》中还规定市场交易中马牛的年齿、身高等，并制定相应"占质""质"的措施。

其次，《厩苑律》记载了对考课牲畜的相关规定，而《金布律》并不涉及此方面，此项具体内容的不同是由二者所管理的牲畜的所属权不同决定的。据简文内容，《厩苑律》对官有牲畜的考课则主要包括以下四种：

（1）官有耕牛，睡虎地秦墓竹简《厩苑律》13-14 号简中明确规定了考课时间、具体手段和对相关人员的奖惩。四次考课的时间为四月、七月、十月、正月，其中以正月为"大课"，有学者提出其他三次考课和正月"大课"是具体考核与综合考核或季度考核与年终考核的关系。[①]"肤"是考核的具体手段，即简

---

① 徐世虹：《睡虎地秦墓竹简法律文书集释（二）：〈秦律十八种〉〈田律〉〈厩苑律〉》，第 82~102 页。

文后面的"牛减絜"与否，如果使用耕牛而让其腰围减少，少一寸则要笞打相关人员十下。

（2）服牛，睡虎地秦墓竹简《厩苑律》19-20号简文记载了对官有服牛的考核及其奖惩标准。即对县、都官的驾车牛一年进行一次考核，驾车牛十头以上但超过三分之一死去或十头以下和一年领用驾车牛的死掉三头以上，主管官吏、饲养管理驾车牛的人员以及令、丞都有罪，并规定了考核的机构：县的驾车牛由内史来考核而都官和领用驾车牛的则由大仓来进行考核。

（3）吏乘马，《睡虎地秦墓竹简·秦律杂抄》29-30号简文规定了吏乘马考课笞（马行迟缓）和觜（马体瘠瘦）成绩不好的和考课不按时参加的都赀一盾；马劳（马服役的劳绩）考课被评为下等，罚厩啬夫一甲，令、丞、佐、史和皂啬夫各一盾。

（4）牛羊繁殖，《睡虎地秦墓竹简·秦律杂抄》31号简明文规定成年母牛十头有六头不生育小牛或母羊十头有四头不生育小羊的，罚啬夫、佐各一盾。

另外，《厩苑律》还记载了对駃騠的考课，但需要注意的是其所指的是对驯教駃騠人员的考课。駃騠，睡虎地秦墓竹简整理小组注云：《淮南子·齐俗》注："北翟之良马也"，《史记·李斯列传》载有"而骏良駃騠不实外厩"。《睡虎地秦墓竹简·秦律杂抄》27-28号简文规定满一年所驯教駃騠的数量在六匹以下的罚一盾。

再次，二者皆记载了将官有马牛丢失、致死的相关规定。睡虎地秦墓竹简《厩苑律》除了记载较张家山汉简《金布律》详细外，似乎也更为合理。睡虎地秦墓竹简《厩苑律》中考虑到了诸如疾病等非人为因素，故更为人性化；而张家山汉简《金布律》则无论何种原因对官有马牛造成损失，都要按照平价赔偿。曹旅宁对此解释：或因汉律过于简约，或因出土律文不全故尚未见到其他相关规定[①]。除了睡虎地秦墓竹简《厩苑律》和张家山汉简《金布律》《龙岗秦简》112号简也有相关内容记载"亡马、牛、驹、犊、【羔】，马、牛、驹、犊、【羔】皮及□皆入禁□□（官）□☒"可见其将马牛分类得更为细致；又101号简"马、牛杀之及亡之，当偿而谇□□□□□□☒"，其似为故意杀马牛或因过导致失丢失，故要赔偿且被责骂。

最后，假借公器是二者除了马牛管理外也都有的法律内容。《厩苑律》记载了假借官有铁器后，铁器损坏后并不需按价赔偿的一个特例，即铁器为自然耗损的情况下。

综上所述，《金布律》和《厩苑律》都涉及对马牛的管理和假借公器管理，

---

[①] 曹旅宁：《秦律〈厩苑律〉考》，载于《中国经济史研究》2003年第3期，第148~152页。

但其具体内容又有所不同,可谓互相区别而又互相补充。(贺旭英)

## 三、岳麓秦简《金布律》律文研究

金布律曰:诸亡县官器者,必狱治,臧(赃)不盈百廿钱,其官自治,勿狱。(简1402)

秦代有一套严密的官有财产管理制度,对于亡损官有器物,有明确的赔偿制度与量刑标准。律文规定"诸亡县官器者,必狱治"。所谓狱治,即以掌治狱的官署治其罪。学者指出:"两汉的'狱'基本上附设在行政长官的府寺之内,主要拘押判决的嫌疑犯,或是尚未被执行死刑、徒刑的待决犯人以及被'传逮'、即传唤到案提供证词的人证。"这种主要关押未定罪嫌疑人的"狱",有别于做为刑徒拘押场所的"司空""狱司空"或"狱"[1]。汉代的这套监狱制度应该是承自秦代。秦代从京师到地方县道普遍建有常设的"狱"。《史记·项羽本纪》载:"项梁尝有栎阳逮,乃请蕲狱掾曹咎书抵栎阳狱掾司马欣,以故事得已。"同书《曹相国世家》曰:"平阳侯曹参者,沛人也。秦时为沛狱掾,而萧何为主吏,居县为豪吏矣。"《太平御览》卷749《工艺部·书下》引《书断》:"隶书者,秦下邽人程邈所作也。邈字元岑,始为县狱吏,得罪始皇,幽系云阳狱中。"狱有狱史、狱掾负责审讯与议罪定刑,属于审判机构,而非单纯的关押场所。

"狱治"与下文"其官自治"的处理方式是相对的。狱治,意味着在立案之后,要缉捕人犯和传讯证人,将其押送到有关法庭所在的监狱接受审讯与判决。尽管睡虎地秦墓竹简《封诊式》"治狱""讯狱"一再强调通过拷打取得实情是下策,但监狱生存环境之恶劣可以想见。沈家本《历代刑法考·狱考》列举了《汉书》各传狱中吏卒侵辱戕害犯人的事例,并评论说:"汉代狱中情状,大氐尽于此数事矣。临江王以故太子迫而自杀,周勃、周亚夫以丞相之贵见辱于狱吏。以贵宠体貌之大臣,小吏得施其詈骂榜笞,积威之渐,子长言之可云痛心。"秦代当有过之而无不及。律文规定"诸亡县官器者,必狱治",对于官有财产使用或保管者无疑是有震慑力的,同时也体现了国家对官有财物管理的重视。

律文规定"其官自治,勿狱"的范围是"臧(赃)不盈百廿钱",即所丢失的官有器物价值很低。在这种情况下,可能只是简单要求官有财产丢失者向相关部门交纳赔偿。之所以"勿狱",大概是因为没有达到量刑的标准。睡虎地秦

---

[1] 宋杰:《汉代监狱制度的历史特点》,载于《史学集刊》2013年第2期,第28~39页。

墓竹简《效律》规定:"数而赢、不备,直(值)百一十钱到二百廿钱,谇官啬夫;过二百廿钱到千一百钱,赀啬夫一盾;过千一百钱到二千二百钱,赀官啬夫一甲;过二千二百钱以上,赀官啬夫二甲。""县料而不备其见数五分一以上,直其贾(价),其赀,谇如数者然。十分一以到不盈五分一,直过二百廿钱以到千一百钱,谇官啬夫;过千一百钱以到二千二百钱,赀官啬夫一盾;过二千二百钱以上,赀官啬夫一甲。百分一以到不盈十分一,直过千一百钱以到二千二百钱,谇官啬夫;过二千二百钱以上,赀官啬夫一盾。"清点数目而有超过或不足,称量物质而不足,与丧失国有财物性质相似。前者在"直百一十钱"的情况下,实施谇、赀;后者依据出入比例,"不盈五分一"或"不盈十分一"的情况下,"直过二百廿钱"或"直过千一百钱",分别实施谇、赀。如果低于上述价值,律文并没有相应的量刑标准。可见,并不是只要数量有出入就意味着"有罪"。睡虎地秦律中只有盗罪与"城旦舂毁折瓦器、铁器、木器","直一钱"就要给予刑事制裁,相对而言,丢失官有器物的主观恶意要小很多。张家山汉简《二年律令·金布律》规定:"亡、杀、伤县官畜产,不可复以为畜产,及牧之而疾死,其肉、革腐败毋用,皆令平贾(价)偿。入死、伤县官,贾(价)以减偿。""亡、毁、伤县县官器财物,令以平贾(价)偿。入毁伤县官,贾(价)以减偿。"对于亡损官有器物的惩处更轻。

律文中的"臧(赃)不盈百廿钱",怀疑是"臧(赃)不盈二百廿钱"的误写。睡虎地秦墓竹简《金布律》规定:"贾市居列者及官府之吏,毋敢择行钱、布;择行钱、布者,列伍长弗告,吏循之不谨,皆有罪。""钱十一当一布。其出入钱以金、布,以律。"可见布币一度是秦的法令货币,并且钱与布的折算比例是11:1。受此影响,秦代的定罪量刑标准都是十一的倍数。上引《效律》中的百一十钱、二百廿钱、千一百钱、二千二百钱等无不如此。即便秦统一后或者汉初废行布币,也仍然延续了以十一的倍数做为定罪量刑标准的做法。如张家山汉简《二年律令·盗律》:"盗臧(赃)直(值)过六百六十钱,黥为城旦舂。六百六十到二百廿钱,完为城旦舂。不盈二百廿到百一十钱,耐为隶臣妾。不盈百一十到廿二钱,罚金四两。不盈廿二钱到一钱,罚金一两。"以"臧(赃)不盈百廿钱"来区分是否狱治,不符合与秦汉刑罚制度。

  金布律曰:有买及卖殹(也),各婴其贾,小物不能各一钱者,勿婴。
(简1286)

  睡虎地秦墓竹简《金布律》有与此完全相同的律文,律文中的"婴"是"系","婴其价",指在货物上系签标明价格。这里规定市肆内出售的货物应该分别系签标明价格,只有价值不到一钱的小件物品不必系签。给商品明码标价的做法由来已久,《周礼·天官·典妇功》条有"辨其苦良,比其小大而贾之,物书而楬之",郑玄注:"郑司农:苦读为盬。谓分别其缣帛与布绉之粗细,皆比方其大小,书其贾数而著其物,若今时题署物。"明码标价能方便买主了解行情,防止货主漫天要价,有利于正常的商品流通,也有利于市场官员的稽查。

然而,在以往的研究中,这一规定时常被拿来与秦汉时期实行的平贾制度联系在一起,被认为是市场价格由官府统一规定的体现。前面提到,"平贾"做为一种官府定价,主要用于官府对市场的干预和控制,以及政府财政统计、货币折算、司法案件中的量刑与赔偿等方面。诚然,张家山汉简《二年律令·津关令》记载汉初有"过平令",《汉书·景武昭宣元成功臣表》记载太始四年梁期侯任当千"坐卖马一匹贾钱十五万,过平,臧五百以上,免"。但"过平"所针对的只可能是哄抬物价、谋取暴利的行为,而不是体现直接由官府规定商品价格。睡虎地秦墓竹简《日书》有"市良日"的条目,《史记·货殖列传》称汉初商贾谋利,"贪贾三之,廉贾五之";《三国志·魏书·卫臻传》注引《郭林宗传》曰:"兹弱冠与同郡圈文生俱称盛德。林宗与二人共至市,子许买物,随价雠直,文生譬呵,减价乃取。"可见秦汉时期市场交易的价格是由商人自定的。

事实上,商品质量参差不齐,用强制手段规定商品价格并不符合经济规律,反而会促使人们以次充好。《孟子·滕文公上》中针对许行提倡的"市贾不贰",孟子指出:"夫物之不齐,物之情也。或相倍蓰,或相什百,或相千万。子比而同之,是乱天下也。巨屦小屦同贾,人岂为之哉?从许子之道,相率而为伪者也,恶能治国家?"战国时期,人们已认识到商品价格随供求关系而波动对生产与流通的作用。《史记·货殖列传》载计然曰:粮价"上不过八十,下不减三十,则农末俱利,平粜齐物,关市不乏,治国之道也。"《汉书·食货志下》记载:王莽改制时规定,"诸司市常以四时中月实定所掌,为物上、中、下之贾,各自用为其市平,毋拘它所……万物卬贵,过平一钱,则以平贾卖与民。其贾氐贱减平者,听民自相与市,以防贵庾者"。可能这里的"中贾"就是政府用于财政统计、货币折算、量刑与赔偿等方面的官定价格,而"上贾"与"下贾"则是市场商品流通中商人能够自定的价格区间。

  金布律曰:出户赋者,自泰庶长以下,十月户出刍一石十五斤;五月户出十六钱,其欲出布者,许(简1287)之。十月户赋,以十二月朔日入之,五月户赋,以六月望日入之,岁输泰守。十月户赋不入刍而入钱(简1230)者,入十六钱。吏先为印,敛,毋令典、老挟户赋钱。(简1280)

这是关于秦代户赋征收的具体规定。睡虎地秦墓竹简《法律答问》在解释何谓"匿户"时称,"匿户弗徭、使,弗令出户赋之谓殹(也)";里耶秦简有:"卅四年,启陵乡见户当出户赋者志☒见户廿八户,当出茧十斤八两☒。"(简8—518)证实了秦代户赋的存在。但关于秦代户赋的征收方式,以往主要是依据江陵张家山汉简、凤凰山汉简反映的汉初情况进行推测,这条金布律提供了秦代户赋征收方式的详细内容。律文规定爵位在泰庶长以下的人要缴纳户赋。泰庶长为秦代二十等军功爵制的第十八级,仅次于关内侯与彻侯。户赋每户的征收标准是一致的,每年分两次缴纳。第一次在十月,每户出刍一石十五斤,如果不出刍,可以折算成十六钱。第二次在五月,每户出十六钱,如果不想出钱,可以用布代替。十月与五月的户赋都可以不在当月缴纳,十月户赋的缴纳截止时限是当年十二月初一,五月户赋的缴纳截止时限是当年六月十五。

金布律的上述规定,很多能从里耶秦简的记载得到印证。上引里耶秦简简8—518 "当出户赋者志"中有"见户廿八户,当出茧十斤八两"。茧丝是织布的材料之一,这二十八户户赋"出茧",应该是"其欲出布者,许之"的变通。二十八户共出茧十斤八两,平均每户六两。而里耶秦简中有多枚记有"茧六两"的残简,如"茧六两　卅五年六月戊午朔丁卯少内守☐"(简8-96)、"茧六两　卅五年五月己丑朔甲☐☐"(简8-447),"茧六两　卅五年六月戊午朔乙☐"(简8-889),"茧六两 卅"(简8-1673)。这些简文中的"茧六两"与每户的户赋额相同,而记录时间在卅五年的五月或六月。跟这条金布律所规定的五月户赋可以"出布",并且在六月十五之前缴纳相吻合。里耶秦简又有"☐十月户刍钱三百☐"(简8-559),"户刍钱六十四　卅五年☐"(简8-1165)的内容。所谓户刍钱,应该就是按户缴纳的刍折算征收的钱数。而且简8-1165中,户刍钱六十四正好是十六的倍数。跟这条金布律所规定的十月户赋可以折算成十六钱相吻合。

张家山汉简《二年律令·田律》规定:"卿以下,五月户出赋十六钱,十月户出刍一石,足其县用,余以入顷刍律入钱。"将之于秦代的这条金布律比较,可见汉初户赋征收基本是继承了秦代的制度。秦代规定户赋的征收对象是爵位在"泰庶长以下"者,汉初规定的是"卿以下",但据于振波等研究,张家山汉简中的"卿"爵对应的就是二十等爵制中从左庶长到大庶长这九级爵位[①]。由此可见,秦与汉初关于户赋征收对象的规定是完全一致的。五月出钱,十月出刍,两者的征收物品也都相同。只不过汉初十月每户出刍一石,略少于秦代的一石十五斤。如果用钱折纳,秦代是每户出十六钱,而汉初规定"以入顷刍律入钱",所谓"入顷刍律"应即《二年律令·田律》中的"刍一石当十五钱",即如果用钱折纳,每户出十五钱。

秦代户赋的规定中有"岁输泰守",而汉初的规定中有"足其县用",似乎表明两者户赋的归属存在区别。但仔细分析简文,秦代律文中"岁输泰守"可

---

① 于振波:《张家山汉简中的"卿"》,载于《文物》2004年第8期,第73~74页。

能针对的主要是承上的"五月户赋",即户赋中的货币部分要上缴郡府;而汉初律文中"足其县用"主要针对的是承上的"十月户赋",即户赋中的实物部分供本县使用。不过,户赋的现金部分可能在汉初已经实现了由供郡开支到供县开支的转化。张家山汉简《二年律令·金布律》有如下规定:"租、质、户赋、园池入钱,县道官毋敢擅用,三月壹上见金、钱数二千石官,二千石官上丞相、御史。"即县道官员对于户赋等入钱不能擅用,必须定期上报郡级机构现有金、钱的数量。尽管对户赋入钱的使用受到监管,但已经不同于秦代"岁输泰守",由郡府统一调度。

律文规定"吏先为印,敛,毋令典、老挟户赋钱",说明秦代户赋由基层机构中的里典、里父老负责征收,但他们不能持有户赋钱。睡虎地秦墓竹简《金布律》载:"官府受钱者,千钱一畚,以丞、令印印。不盈千者,亦封印之。"按照当时的制度,这部分钱在缴纳时可能随即用印封存,体现了秦代对货币管理的重视。

> 金布律曰:官府为作务、市受钱,及受赍、租、质、它稍入钱,皆官为缿,谨为缿空(孔),婴毋令钱(简1411)能出,以令若丞印封缿而入,与入钱者叁辨券之,辄入钱缿中,令入钱者见其入。月壹输(简1399)缿钱,及上券中辨其县廷,月未尽而缿盈者,辄输之,不如律,赀一甲。(简1403)

这条律文是对官府现金收入的管理规定。律文中的缿是一种受钱器,《说文·缶部》"缿,受钱器也。从缶后声。古以瓦,今以竹",《汉书·赵广汉传》"又教吏为缿筒",师古注"缿,若今盛钱臧瓶,为小孔,可入而不可出"。律文强调"官府为作务、市受钱,及受赍、租、质、它稍入钱",要用缿来收取,并且用县令或县丞印封缿后才能收钱,钱入缿前需开具叁辨券做为凭证,入缿时需让付钱者亲眼看见。睡虎地秦墓竹简《关市律》:"为作务及官府市,受钱必辄入其钱缿中,令市者见其入,不从令者赀一甲。"张家山汉简《二年律令·金布律》:"官为作务、市及受租、质钱,皆为缿,封以令、丞印而入,与叁辨券之,辄入钱缿中,上中辨其廷。质者勿与券。租、质、户赋、园池入钱,县道官勿敢擅用,三月壹上见金、钱数二千石官,二千石官上丞相、御史。"可与此条相互印证。

律文所涉及的款项,学者已经有过较为详细的考证。"官府为作务、市受钱"大致是指官府出售官营作坊产品与其他交易所获得的钱币。里耶秦简 8-495"仓课志"有"作务产钱课"一项,简 8-1272 题为"作务入钱",反映出作务收入是政府的现金来源之一。不过,里耶秦简中作务与为笱、为席、治枲等手工劳动并列,作务课又与漆课、畤竹课、池课、采铁课、市课、县官有买用钱等并列，似乎作务还不是指宽泛意义上的手工业生产，有学者推测里耶秦简中的"作务"特指负责售卖的人员，类似现在的售货员。① 律文中的"市"，可能不是指官府直接经营商品贸易的收入，而是官府因为各种原因变卖官有财物而获得的钱币。睡虎地秦墓竹简《金布律》有县、都官等出卖"公器不可繕者"的规定，《厩苑律》有出卖在本县死亡的"公牛马"肉的规定，《仓律》有出卖官府"猪、鸡之息子不用者"的规定，可见这种情况在秦代比较普遍。"赀、租、质、它稍入钱"中，所谓赀钱是接受损坏公物后依价赔偿的钱款，租钱是市肆租税所入的市租钱，质钱是官府为大型交易提供质剂而收取的税钱。里耶秦简8-488"户曹计录"有"租质计"一项，简8-2226题为"租质入钱"。② 这些必须用缿收取的钱，显然都是没有固定额度的政府收入，而且收缴时间也无法固定，对它们的管理做出特殊规定，目的是防止官府人员私吞所得钱财。

岳麓秦简《田律》规定："吏归休，有县官吏乘乘马及县官乘马过县，欲贷刍臬、禾、粟米及买菽者，县以朔日平贾受钱，先为钱及券，缿以令丞印封，令、令史、赋主各挟一辨，月尽发缿令丞前，以中辨案雠钱，钱辄输少内，皆相与靡（磨）除封印，中辨藏县廷。"官吏归休途中贷买粮草于途径各县，县所受钱必须入缿，这是"市受钱"必须入缿的体现。这条田律有助于对入钱时开具的"叁辨券"的认识。叁辨券由"令、令史、赋主各挟一辨"，也就是由主管者、收款者和付款者分持。在令、丞身前发缿时，"以中辨案雠錢"，说明令所持的应该是叁辨券中的中辨。悬泉汉简有："永始三年六月戊寅朔丙戌司空守啬夫顺以令为椠楑，叁辨券，右居官，中辨移大守府，左与常书并编封以☐"。（简ⅡT0214②：280）这个叁辨券的中辨上交主管部门，右辨由经手官员持有，左辨与椠楑同行，交给死者家属。两相参照，入钱缿中时，令史持的可能是右辨，而赋主持左辨。入缿之钱每个月底要移送县廷，如果不到一月缿就满了，必须马上移送，数量核对无误后，"中辨藏县廷"，供日后检核。相对于两分券，叁辨券可以更有效地监督与控制钱的收缴。

在张家山汉简《二年律令·金布律》中："租、质、户赋、园池入钱，县道官勿敢擅用，三月壹上见金、钱数二千石官，二千石官上丞相、御史。"这里"租、质"与"户赋、园池"收入的走向是一致的。秦代"租、质"这类数量不稳定的收入与"岁输泰守"的户赋不同，很可能是在县廷保管。上引岳麓秦简田律规定，发缿后"钱辄输少内"。睡虎地秦墓竹简《法律答问》载："府中公金钱私贷用之，与盗同法。可（何）谓府中？唯县少内为府中，其他不为。"

---

① 邹文玲：《里耶秦简所见"户赋"及相关问题琐议》，引自武汉大学简帛研究中心主编：《简帛（第8辑）》，上海古籍出版社2013年版，第215~228页。
② 陈伟：《关于秦与汉初"入钱缿中"律的几个问题》，载于《考古》2012年第8期，第69~79页。

整理者注释："县少内，县内收储钱财的机构。"① 里耶秦简 8－427 "稍入不能自给，卅六年徙□☑"，显示地方政府的日常开支有部分可能要靠包括"赀、租、质"在内的稍入钱支撑。

　　金布律曰：市衡术者，没入其卖殹（也）于县官，吏循行弗得，赀一循（盾）。县官有卖殹（也），不用（简1289）此律。有贩殹（也），旬以上必于市，不者令续（赎）迁，没入其所贩及贾钱于县官。典、老、伍人见及或告之（简1288）而弗告，赀二甲。有能捕告赎迁罪一人，购金一两。卖瓦土毄（毁）粪者，得贩卖室中舍中，租如律令。（简1233）

　　这是规范买卖场所的法律条文。衡术意为大道，睡虎地秦墓竹简《法律答问》有"有贼杀伤人衡术，偕旁人不援，百步中比野，当赀二甲。"《左传·昭公元年》："（子皙）欲杀之而娶其妻。子南知之，执戈逐之。及衡，击之以戈。"杜预注："衡，交道。"晋左思《魏都赋》："内则街衡辐辏，朱阙结隅。"律文前段规定，货物的交易不能在道路旁进行，否则官府没收其货物。当时安排官吏在道路上巡察，如果不能发觉，巡察的官吏也要受到"赀一盾"的惩处。道路上行人众多，自然是出售货物的理想场所，但不便于官府管理，故而法律予以禁止，只有官府出售货物可以例外。

　　律文中段强调贩卖活动超过十天必须在市场上进行，否则由官府没收其贩卖货物和卖得款项的同时，还要令其"赎迁"。张家山汉简《二年律令·具律》曰："赎迁，金八两。"同里的"典、老、伍人"有告发的法律义务，违背者"赀二甲"。《后汉书·百官志》："里有里魁，民有什伍，善恶以告。"注曰："里魁掌一里百家。什主十家，伍主五家，以相检察。民有善事恶事，以告监官。"这条律文的上述规定是秦汉法律同伍者相互伺察、有罪相告规定的具体体现。"有能捕告赎迁罪一人，购金一两"，应该是秦律购赏赏格的一般标准，用在这里是因为对于不在市场贩卖者的刑罚是赎迁。律文最后一段是对中段的补充，贩卖"瓦土毄（毁）粪"者可以不上市场交易。睡虎地秦墓竹简《厩苑律》曰："叚（假）铁器，销敝不胜而毁者，为用书，受勿责。"《金布律》曰："县、都官以七月粪公器不可繕者。""瓦土毄（毁）粪"大致是指粗重的建筑材料和回收的破旧废弃物品，考虑到这些物品搬运不易或者不美观，允许贩卖者在家交易。

　　律文体现出秦代对商贩贸易的管理非常严格，符合其抑商的精神。秦自商鞅变法，便重视用赋税手段限制农民弃农经商。《商君书·垦令》曰："重关市之赋，则农恶商，商有疑惰之心。"《外内》曰："欲农富其国者……不农之征必

---

① 睡虎地秦墓竹简整理小组：《睡虎地秦墓竹简》，文物出版社1990年版，第101页。

多，市利之租必重。"要求贩卖都在市场进行，能方便官府对商业活动的控制与市租的征收。征收市租是秦汉市政管理的重要工作。《汉书·食货志下》载贡禹言"除其贩卖租铢之律"，师古注"租铢，谓计其所卖物价，平其锱铢而收租也"，可见当时凡入市销售的商品，都要按商品销售的总额计征市租。律文规定"瓦土㲉（毁）粪"能在室中贩卖，但同时强调"租如律令"，反映出市租征收应该是要求交易集中于市场的原因之一。此外，律文强调贩卖"旬以上"必于市，可能是为了给小农在市集外的交易留有余地。《盐铁论·散不足》曰："今间巷县佰，阡伯屠沽，无故烹杀，相聚野外。负粟而往，挈肉而归。""负粟而往，挈肉而归"，其身份无疑是农民，这种偶尔相聚野外进行的物物交易大概在秦代也是允许的。

  金布律曰：禁毋敢以牡马牝马高五尺五寸以上，而齿未盈至四以下，服輂车及粮（䆫）田、为人（简1229）就（僦）载，及禁贾人毋得以牡马牝马高五尺五寸以上者载以贾市及为人就（僦）载，犯令者，皆（简1279）赀各二甲，没入马县官。有能捕告者，以马予之。乡亭啬夫吏弗得，赀各一甲；丞令、令史赀（简1410）各一盾。马齿盈四以上当服輂车、粮田、就（僦）载者，令厩啬夫丈齿令丞前，久（灸）右肩，章曰：当乘。（简1398）不当乘，窃久及诈伪令人久，皆迁之，没入马县官。（简1365）

  这是关于马匹管理的法律规定。《唐六典》卷十七《太仆寺》"马牧牝马四游五课"，注曰"四、三者，皆言其岁而游牝也"，意思是马四岁成年，开始交配，五岁进入最佳使用期，开始征课。律文规定马"齿盈四以上"才能拉车、垦田、雇用，显然是为了保护未成年马匹。马"高五尺五寸"应该同样是衡量马匹是否成年的标准。秦人判断是否成年，年龄与身高标准是并存使用的。睡虎地秦墓竹简《仓律》载："隶臣、城旦高不盈六尺五寸，隶妾、舂高不盈六尺二寸，皆为小；高五尺二寸，皆作之。"这是已身高做为是否成年的标准。而《史记·白起列传》云：长平之战中"秦王闻赵食道绝，王自之河内，赐民爵各一级，发年十五以上悉诣长平，遮绝赵救及粮食"。这是已年龄做为服役的标准。律文反映，秦代在判断马匹是否成年方面，同样是年龄与高度标准并用。

  "高五尺五寸"指的是马的体高，而不是头高。睡虎地秦墓竹简《秦律杂抄》："募马五尺八寸以上，不胜任，奔挚（絷）不如令，县司马赀二甲，令、丞各一甲。先赋募马，马备，乃鄰从军者，到军课之，马殿，令、丞二甲；司马赀二甲，法（废）。"这是秦代骑兵用马的挑选标准，要求马高在五尺八寸以上，比一般的用马严格。秦代一尺约今0.23米，五尺八寸约1.33米。秦始皇陵二号兵马俑坑出土的骑兵陶马均为雄性，通首高1.72米，至髻胛高1.33米，与秦律选拔骑兵马的标准高度相同①。敦煌出土西汉建始二年悬泉置"传马名籍"。名籍中的传马高度都在五尺六寸至六尺一寸之间，以高五尺八九寸者居多；马龄都在七岁至十九岁之间，以齿八九者居多。不仅符合"高五尺五寸以上""齿盈四以上"的服役标准，而且应该经过挑选。

不能役使未成年马匹的规定，在睡虎地秦墓竹简的法律条文中也有体现。《秦律杂抄》："伤乘舆马，决革一寸，赀一盾；二寸，赀二盾；过二寸，赀一甲。课驮驘，卒岁六匹以下到一匹，赀一盾。志马舍乘车马后，毋（勿）敢炊饬，犯令，赀一盾。已驰马不去车，赀一盾。"这是秦代制定的部分马匹保护措施。律文中的"志马"，整理者注释："志，疑读为特。《周礼·校人》：'颁马攻特。'注：'夏通淫之后，攻其特，为其蹄齧不可乘用。郑司农云：攻特，谓騬之。'据此，特马是未经阉割不适于驾车的雄马。"② 特马是尚未交配、阉割的未成年马匹，律文规定特马应安置于乘车马的后面，并且不准加以鞭打。特马与乘车马并列，显然特马不能用于驾车。

律文规定马匹达到服役标准，必须由厩啬夫在令丞前检测马的年齿身高，并且灸上"当乘"的标识，才能使用。灸有烧灼之意，《后汉书·光武帝纪下》："敢灸灼奴婢，论如律。"这里当指给马烙印。用印烙马在春秋战国已经出现。《庄子·马蹄》："及至伯乐曰：我善治马。烧之，剔之，刻之，雒之，连之以羁馽，编之以皂栈，马之死者十二三矣。"刘文典《庄子补正》引清俞樾曰："雒疑当为烙，《说文》火部新附有烙字，曰灼也，今官马以火烙其皮毛为识，即其事矣。"所发现的战国燕国"日庚都萃车马"印，就是烙在马身上的印记③。烙印是马匹管理的重要依据，目的是防止奸弊、欺冒。如果私自给未"当乘"的马匹烙印或者通过欺骗手段获得烙印，要处以"迁之"的处罚，并且没收马匹。睡虎地秦墓竹简《效律》记载："马牛误职（识）耳，及物之不能相易者，赀官啬夫一盾。"可见给马的标识出错，官吏也要受到惩处。汉代延续了秦的制度。张家山汉简《二年律令·津关令》"其买骑、吏乘、置传马者，县各以所买名匹数告买所内史、郡守，内史、郡守各以马所补名为久，久马"，即是要求将马的名字烙印在马身上做为标识。居延汉简中有不少在牛马身上烙印记的记载，如"□久左肩□齿九岁"（简149-29），"牛一黑牡，左斩，齿三岁，久左□"（简510-28）。马匹在古代是重要的军用与运输物资，秦代对于马匹的使用与管理有一套严格的制度。律文禁止商贾以五尺五寸以上的马匹装载货物以及用于租赁，事实上是禁止商人使用马车。《汉书·食货志上》称：汉初"天下既定，民

---

① 袁仲一：《秦兵马俑坑》，文物出版社2003年版，第62~63页。
② 睡虎地秦墓竹简整理小组：《睡虎地秦墓竹简》，文物出版社1990年版，第86页。
③ 萧高洪：《烙马印及其作用与马政建设的关系》，载于《农业考古》1988年第2期，第346~357页。

亡盖臧，自天子不能具醇驷，而将相或乘牛车。"秦代商人能够使用的只能是比马车低上一档的牛车。据《后汉书·舆服志》，汉代也一直有"贾人不得乘马车"的规定。

  金布律曰：黔首卖马牛勿献（谳）廷，县官其买殹，与和市若室，毋敢强。买及卖马牛、奴婢它乡、它县，吏（简1415）听□传书□致以归它县，弗为书，官啬夫吏主者，赀各二甲，丞、令、令史弗得，赀各一甲。其有事关外，以私（简1428）牛羊行而欲行卖之及取传卖它县，县皆为传，而欲徙卖它县者，发其传为质。黔首卖奴卑（婢）、（简1300）马牛及买者，各出廿二钱以质市亭。皇帝其买奴卑（婢）、马，以县官马牛羊贸黔首马牛羊及买，以为义（简1301）者，以平贾买之，则予其主钱而令虚质，毋出钱，过旬不质，赀吏主者一甲，而以不质律论黔首，自（简1351）告，吏弗为质，除。黔首其为大隃取义，亦先以平贾直之。质奴婢马牛者，各质其乡，乡远都市，欲［徙］。（简0990）

  （缺简）老为占者皆迁之。舍室为里人盗卖马牛人，典、老见其盗及虽弗见或告盗，为占质，黥为（简1226）城旦，弗见及莫告盗，赎耐，其伍同居及一典，弗坐。卖奴婢马牛者，皆以帛书质，不从令者，（简J42）赀一甲。卖半马半牛者，毋质诸乡。（简1263）

  这条律文是关于奴婢、马牛等大型买卖的法律规定。律文反映秦代私人买卖奴婢、马牛是百姓的合法权力。简1415中的献意为进献、奉献。张家山汉简《二年律令·津关令》有"关外郡买计献马者"，整理者注释："计献，上计、贡献。《礼记·射义》正义：'汉时谓郡国送文书之使为计吏，其贡献之物与计吏俱来，故谓之计偕物也'。"所谓计献马，大致是郡国上计时进献给天子的马匹。"黔首卖马牛勿献（谳）廷"，是指百姓的马牛用于出卖而不是进献给官府。在这种情况下，如果官府想要购买，律文强调必须按照正常的市场交易原则，不能使用强力。

  奴婢、马牛的买卖可以在本地市场或者百姓家中进行，也可以前往他乡、他县买卖。岳麓秦简《金布律》规定"有贩殹（也），旬以上必于市（简1288）"，但百姓出卖自己饲养的马牛不属于贩卖范畴，自然可以在家中出卖。"与和市若室"，即指在市场或室内进行交易。如果百姓想到外地买卖奴婢、马牛，官府要替其出具传书或致书，做为往返时通关的凭证。官府不出具传书或致书，主管与监管的官吏要分别受到"赀二甲"或"赀一甲"的惩罚。不过，如果是出关，律文强调"私牛羊"可以取传"徙卖"，而不包括上下文均提到的奴婢与马，说明私人的奴婢与马应该不能随意卖到关外。张家山汉简《二年律令·津关令》："禁民毋得私买马以出扞关、郧关、函谷关、武关及诸河塞津关。"《贼律》："□

来诱及为间者，磔。"《捕律》："捕从诸侯来为间者一人，拜爵一级，有（又）购二万钱。"可见汉初对于马匹与人口流出关中的控制非常严格，这是当时强干弱枝政策的体现。秦同样是以关中为基础建国，关东是朝廷防患的重点。汉初控制马匹与人口流出关中，理应是承自秦代制度。

达成奴婢、马牛的交易后，要签订买卖契券。律文规定买卖双方各出廿二钱"以质市亭"，由市亭负责立券。市亭为市吏治事之所。这是针对百姓之间的买卖。如果是官府购买百姓的奴婢、马，或者用官府的马牛羊与百姓的马牛羊交易，则付款后令"虚质"。后文提到"毋出钱"，所谓虚质可能是指签订买卖契券却不用交纳质钱。立券必须及时，超过十日不立券，主管官员要"赀一甲"并且按照"不质"的相关法律论处，百姓告发官吏不肯立券者可以免罪。奴婢、马牛的买卖契券必须使用帛书。立券时，奴婢或者马牛的价值应该是要标明的内容。如果以平贾购买，自然没有问题。要是购买价格大大超过平贾，券上的价值也要先按平贾标注①。

市亭不止提奴婢、马牛的买卖立券，也要负责对买卖的审核。"质奴婢马牛者，各质其乡"，文中的第二个质可能是指验证或询问。马王堆和江陵凤凰山汉墓出土漆器铭文中有"南乡之市"、"中乡之市"等戮记。居延汉简简139·13载："五月甲戌居延都尉德库丞登兼行丞事下库城仓☐用者书到令长丞侯尉明白大扁书乡市里门亭显见☐。"可知秦汉时期各乡普遍设市，市场上的大型买卖向乡官验证应该不太困难。当然，如果"乡远都市"，也有变通的措施。尽管律文在这里有残缺，但前文提到在它县进行交易，可以"发其传为质"，即是传也可以做为拥有合法所有权的凭证。律文中的占质可能指为签订买卖契券提供合法性证词。《汉书·昭帝纪》："罢榷酤官，令民得以律占租。"师古注："占，谓自隐度其实定其辞也……今犹谓狱讼之辨曰占。"而隐有审核之意。《尚书·盘庚下》："邦伯师长，百执事之人，尚皆隐哉。"孔颖达疏："隐，谓审也。"典、老知道同里者盗卖奴婢、马牛，而为立券提供合法性证词，要"黥为城旦"，即便没有亲眼看见盗窃或有人告发，也要处以"赎耐"。律文还规定有其他提供虚假证词的情况及相应的处罚措施，因简文残缺，不能知其详。

如果卖的是"半马半牛"，立券时无需跟乡官验证。卖"半马半牛"，从字面推测，可能是出卖马牛的一半所有权。江陵凤凰山汉墓出土的"中舨共侍约"，河南偃师出土的"侍廷里父老僤买田约束石券"，表明共有产权在秦汉时期是合法的。由于马牛价值较高，加之不一定经常使用，平民共同拥有马牛供彼

---

① 整理者注释：义，平也。《孔子家语·执辔》："以之礼则国安，以之义则国义。"王肃注："义，平也。"律文中的"取义"可能即取平，即取其平贾，"大腧取义"指交易价格大大超过平贾的标准。

此依次使用，无疑是解决家庭财力不足的办法。《九章算术》卷七《盈不足章》有一题："今有共买牛，七家共出一百九十，不足三百三十；九家共出二百七十，盈三十。问家数、牛价各几何。答曰：一百二十六家，牛价三千七百五十。"尽管题中一百二十六家共买一牛，户数相当多，但反映出平民共同购买马牛的现象是存在的。买卖双方愿意共同拥有马牛，关系必然十分密切。在这种情况下，买方对所买马牛所有权知根知底，也就无需再向乡官验证了。

张家山汉简《二年律令·金布律》与岳麓秦简《金布律》中都出现有"质钱"。对于秦汉律文中质钱的理解，学者间存在较大的分歧。张家山汉简整理小组注释："质，抵押。"在质做抵押解释的基础上，质钱被认为是用于抵押的钱，或者因抵押行为而产生的钱，或者与官方行为下的经济活动或债务关系有关①。后来陈伟提出质钱应理解为"官府为大型交易提供质剂而收取的税金"②。这一说法得到不少学者赞同。但李力认为质钱的契税说与抵押之钱说均难以成立，他认为质是秦汉律中债的一种担保方式，质钱是因官府占有民之物以保证其借贷而产生的，是官府在借贷期限届满时所收到的、由民交来的款项③。这条关于奴婢、马牛交易的《金布律》很好地解决了这一争议。律文显示，质是进行奴婢、马牛等大型交易时签订的买卖契券，质钱则是在市亭立券时买卖双方交给官方之钱。

质的立券材料为缯帛。金布律规定："卖奴婢马牛者，皆以帛书质。"在秦汉出土简牍文献中没有发现奴婢与马牛的买卖契券，可能与这一规定有关。但是出土简牍中有不少汉代买卖衣物的契券。如敦煌汉简简1708：

神爵二年十月廿六日广汉县廿郑里男子节宽惠卖布袍一陵 胡隧长 张仲孙所贾钱千三百约至正月□□任者□□□□□□□（A）正月责付□□十时在旁候史长子仲戍卒杜忠知券□沽旁二斗（B）④。

建昭二年闰月丙戌甲渠令史董子方买鄣卒□咸裘一领 直七百五十约至春钱毕已旁人杜君隽。（居延汉简简26.1）

终古隧卒东郡临邑高平里召胜字游翁 贳卖九緵曲布三匹匹三百卅三凡直千觯得富里张公子所舍在里中二门东入任者同里徐广君。（居延汉简简282.5）

居延汉简中还有一件土地买卖契券：□置长乐里乐奴田卅五畞贾钱九百

---

① 陈松长：《睡虎地秦墓竹简"关市律"辨正》，载于《史学集刊》2010年第4期，第16~20页；李明晓、赵久湘：《散见战国秦汉简帛法律文献整理与研究》，西南师范大学出版社2011年版，第506页；徐世虹：《也说质钱》，引自王沛主编：《出土文献与法律史研究》（第2辑），上海人民出版社2013年版。
② 陈伟：《关于秦与汉初"入钱缿中"律的几个问题》，载于《考古》2012年第8期，第69~79页。
③ 李力：《秦汉律所见"质钱"考辨》，载于《法学研究》2015年第2期，第176~191页。
④ 吴礽骧等释校：《敦煌汉简释文》，甘肃人民出版社1991年版，第178页。

钱毕已丈田即不足计**叚数环钱旁人淳于次孺王充郑长卿古（沽）酒旁二斗皆饮之。**（简 557.4）

买卖衣物尚且立券，奴婢、马牛价值更高，其买卖自然也会要立券。现在能看到的秦汉买卖契券都是私契，质尽管是官契，其格式和内容与私契应该大体一致。从上引简文看，完整的契券当包括买卖日期、买卖双方的籍官、身份、姓名、买卖物品的名称、价钱、立券地点和见证人等。奴婢、马牛买卖质于市亭，除了立券地点为市亭、见证者为市亭机构或其官员外，私契的其他内容在"质"上也都应有标明。

市亭给奴婢、马牛买卖立券，买卖双方需各出廿二钱给官府，称为质钱。按照陈伟的意见，质钱属于税金，大致即是指契税。不过，一般认为契税始自东晋。《隋书·食货志》载："晋自过江，凡货卖奴婢、马牛、田宅有文券。率钱一万，输估四百入官，卖者三百，买者一百。无文券者，随物所堪，亦百分收四，名为散估。历宋、齐、梁、陈如此。"东晋征收的"估"被认为是契税的源头。马端临《文献通考》卷十九《征榷考·杂征敛》称："税契，始于东晋，历代相承，史文简略，不能尽考。"那么，质钱的出现是否意味着契税的历史可以提前到秦代呢？

事实上，质钱的性质与契税还是有区别的。契税属于财产转移税，其定价方式通常以买卖价格为基数。秦代的质钱与奴婢、马牛的买卖价格无关，除了官府参与的交易，都是买卖双方各出廿二钱，共四十四钱做为质钱。参照当时的私人契券，质钱的性质应该更接近官府为买卖进行担保而收取的佣金。在签订奴婢、马牛的买卖契券时，市亭起到的是相当于秦汉私人买卖契券中任者、旁人的见证与担保作用。质与任同义，文献中也有质任的用例。私人契约中的任者与旁人，买卖双方要进行酬谢。上引敦煌汉简简 1708 中"沽旁二斗"，居延汉简简 557.4 中"古（沽）酒旁二斗"，大致是指买卖双方在契约签订后设酒席酬谢旁人。而在官契中，则以质钱代替了酒席。质的目的是为奴婢、马牛买卖提供来自官方的权力保障，收取质钱意味着官方对买卖的合法性负责。因此，为防止以后有纠纷，官府在立券时不只是收钱，还要"各质其乡"，对买卖进行审核。张家山汉简《奏谳书》案例十七属秦王政时期，其中记载："元年十二月癸亥，亭庆以书言雍廷。曰：毛买（卖）牛一，质，疑盗，谒论。"亭庆即管理市亭的官吏庆，他就是在毛前来市亭立券的时候，审查发现毛所买卖的牛可能是盗窃的。（王勇）

## 四、秦律中的甲盾比价及相关问题

睡虎地秦墓竹简中有关秦律的赀罚，有赀一盾、赀二盾、赀一甲、赀二甲的规定。由于没有甲、盾价格的明确信息，而且"赀二盾"只出现过一次，其与"赀一甲"的关系也不明确，加之进入汉代以后，法律直接采用罚金而不是赀甲、盾等实物，因此，关于上述赀罚的规定所表示的等级，学术界有不同的认识。若江贤三认为，赀二盾等于赀一甲，故赀罚可分为三个等级，赀一盾相当于5000 钱①。冨谷至推断秦律赀罚分为四个等级，即赀一盾、赀二盾、赀一甲、赀二甲②。张家山汉简《二年律令》中已无赀甲、盾的规定，而代之以罚金，任仲爀将秦律赀甲、盾与汉律罚金的相关规定加以比对后认为，赀罚原来分为赀一盾、赀二盾、赀一甲、赀二甲四个等级，后来"赀二盾"逐渐消失，形成赀一盾、赀一甲、赀二甲三个等级。这三个等级的比例为 1∶2∶4，与二年律令的罚金一两、二两、四两的比例关系相一致，并推断赀一盾的罚额为 672 钱③。这些学者的观点，都是利用旁证进行推论而形成的，出现这样的分歧，自然不可避免。如果能够找到"赀二盾"与"赀一甲"关系的法律资料，或者能够找到有关甲、盾具体价格的证据，秦律赀甲、盾分为三级还是四级的问题，自然迎刃而解。岳麓书院从香港地区抢救回收的秦简，含有大量秦代律、令资料，恰好为我们提供了关于甲、盾价格的信息。本书就从甲盾比价入手，试做讨论。

### （一）岳麓书院藏秦简中有关甲、盾价格的资料

岳麓书院藏秦简中的相关简文如下：

赀一甲，直钱千三百卌四，直金二两一垂。一盾直金二垂。　赎耐，马甲四，钱一（？）千六百八十。（简 0957）

马甲一，金三两一垂，直钱千□百廿。金一朱，直钱廿四。赎入马甲十二，钱二万三千卌。（简 0970）

这两条简文提到了用于赀与赎两种刑罚中甲、盾和马甲的价格。赀罚以甲、盾计，这在睡虎地秦墓竹简中已经多次提到，至于赎用马甲，则是此前所不知道的。

简文中出现了金的计量单位——垂（锤）、两和朱（铢），锤与铢、两的换算关系，值得讨论。简 0957"钱一千六百八十"中的"一"，中间部分稍有残

---

① ［日］若江贤三：《秦律中的赎刑制度》（上）（下），载于《爱媛大学法文学部论集·文学科编》18、19，1985 年、1986 年。引自 ［日］藤田高夫著，杨振红译：《秦汉罚金考》，载李学勤、谢桂华主编：《简帛研究（2001）》，广西师范大学出版社 2001 年版，第 602～613 页。
② ［日］冨谷至著，柴生芳译：《秦汉刑罚制度研究》，广西师范大学出版社 2006 年版，第 32～38 页。
③ ［韩］任仲爀：《秦汉律的罚金刑》，载于《湖南大学学报（社会科学版）》2008 年第 3 期，第 26～31 页。

损，是否为"一"，值得怀疑。简 0970 "钱千□百廿"之"□"，只存左边部分笔画，疑为"六"或"九"。凡此种种，都为我们确定甲、盾的价格造成一定的困扰。

### （二）计量单位"垂（锤）"与铢、两的关系

"垂"作为计量单位，在睡虎地秦墓竹简中曾经出现过，作"锤"，见《秦律十八种·司空》：

"一脂、攻间大车一辆（两），用胶一两、脂二锤。攻间其扁解，以数分胶以之。为车不劳，称议脂之"（简 130）。（整理小组注：锤，重量单位，相当八铢，即三分之一两。见《说文》及《淮南子·说山》注。此外古书又有八两、十二两等不同说法，数量较大，恐与简文不合）①

这条简文并没有注明锤与其他计量单位的关系。据《说文解字·金部》："锱，六铢也"，"锤，八铢也"②。《淮南子·说山》"有千金之璧，而无锱锤之礛诸"高诱注："六铢曰锱，八铢曰锤，言其贱也。"③ 则锱为六铢，锤为八铢。然而，同样是高诱，对于《淮南子·诠言》"虽割国之锱锤以事人，而无自恃之道，不足以为全"一语，其注释又有所不同："六两曰锱，倍锱曰锤。"④ 也就是说十二两为一锤。由于上述简文中的脂用于车的润滑，一辆车的用量不可能太大，因此，睡虎地秦墓竹简整理者认定，锤相当于八铢。

不过，问题并没有就此解决。尽管根据上述秦简可以推定，锤所表示的重量不会很大，从而可以否定高诱"六两曰锱，倍锱曰锤"的说法，但是，还有一锤等于六铢之说，需要辨明。《一切经音义》引《风俗通义》云："铢六则锤，锤，晖也；二锤则锱，锱，炽也；二锱则两者也。"⑤《一切经音义》成书于唐代，但其所引用的《风俗通义》却是东汉应劭所著，与《说文解字》及《淮南子》高诱注的成书时代大体相同。其中所提到的锤、锱、两三种计量单位，大小相权，呈倍数递增，似乎也存在一定的合理性。六铢与八铢，数量比较接近，哪一个更符合史实呢？这一问题在睡虎地秦墓竹简中无从索解。

前面所引述的岳麓书院藏秦简中的两条简文，幸好同时用金与钱两种货币标

---

① 睡虎地秦墓竹简整理小组：《睡虎地秦墓竹简》，文物出版社 1990 年版，第 50 页。
② 许慎著、段玉裁注：《说文解字段注》，成都古籍书店据上海世界书局 1936 年 10 月版本影印 1990 年版，卷 14 上《金部》，第 749～750 页。
③ 刘安著、高诱注：《淮南子》（《诸子集成》第 7 册），上海书店据世界书局本影印 1986 年版，（卷 16）《说山》，第 280 页。
④ 《淮南子》，卷 14《诠言》，第 241 页。
⑤ （唐）释慧琳：《一切经音义》卷 75 "锱铢"条，《正续一切经音义》，上海古籍出版社 1986 年版，第 2970 页。

注赀、赎中甲、盾的价格。尽管某些数字不易辨识，仍然可以根据已知条件，推算出垂（锤）与铢、两这几种计量单位的换算关系：

（1）简 0970 提到"金一朱，直钱廿四"，即金 1 铢 = 24 钱。

（2）简 0957 提到"赀一甲，直钱千三百卌四，直金二两一垂"，即 1 甲 = 1344 钱 = 金 2 两 1 锤。

（3）已知，金 1 铢 = 24 钱，1 甲 = 1344 钱，可知，1 甲 = 金 56 铢。

（4）已知，1 两 = 24 铢，可知，56 铢 = 2 两 8 铢，即 1 甲 = 金 56 铢 = 金 2 两 8 铢。

（5）已知，1 甲 = 金 2 两 1 锤，又根据（4）可知，1 甲 = 金 2 两 8 铢。在这两个等式中，与 1 锤对应的，正是 8 铢，可见，1 锤 = 8 铢。

至此，《说文解字》关于锤与铢数量关系的记述可以得到确认，睡虎地秦墓竹简整理小组的推断终于可以定谳了。传世文献中关于锱和锤的说法之所以如此纷纭，可能是进入汉代以后，这两个计量单位逐渐被放弃，以至于东汉时期，人们虽然知道它们所表示的数量比较微小，但很多人已经说不清其确切数量了。高诱在注释同一部书时，先后用两个相差比较大的数值来解释"锤"，其原因正在于此。

### （三）赀罚中的甲、盾价格与刑罚等级

既然锤与铢两个计量单位的换算关系已经明确，接下来讨论秦律赀罚中甲与盾的关系。"赀一甲"相当于 1344 钱，已见于简 0957。"赀一盾"相当于金 2 锤（即金 16 铢）。已知金 1 铢 = 24 钱，因此，"赀一盾"相当于 384 钱（金 16 铢）。这样，我们可以把秦律赀罚中甲、盾与金、钱的数量关系列在表 2 – 3 中。

表 2 – 3　　　　　　　　甲、盾与金、钱的数量关系

| 赀罚 | 金 | 钱 | 居赀 | |
|---|---|---|---|---|
| | | | 八钱 | 日六钱 |
| 赀二甲 | 112 铢（14 锤，即 4 两 2 锤） | 2688 | 36 | 448 |
| 赀一甲 | 56 铢（7 锤，即 2 两 1 锤） | 1344 | 68 | 224 |
| 赀二盾 | 32 铢（4 锤，即 1 两 1 锤） | 768 | 6 | 128 |
| 赀一盾 | 16 铢（2 锤，即 2/3 两） | 384 | 8 | 64 |

睡虎地秦墓竹简《秦律十八种·司空》如下规定：

> 有罪以赀赎及有责（债）于公，以其令日问之，其弗能入及赏（偿），以令日居之，日居八钱；公食者，日居六钱①。

---

① 睡虎地秦墓竹简整理小组：《睡虎地秦墓竹简》，文物出版社 1990 年版，第 51 页。

因罪被处以赀、赎之罚者，若无力缴纳赀、赎款项，可以用劳役抵偿，每天劳作抵八钱，如果由官府提供伙食，则每天劳作抵六钱。表中所列"居赀"项，就是分别按每天八钱和六钱计算所得出的应该为官府提供劳役的天数。

根据表 2-3，可知"赀二盾"与"赀一甲"绝对不是一个等级，因此秦律之赀甲、盾分为四个等级而不是三个等级。冨谷至与任仲爀两先生的推断比较符合史实。

若江贤三认为赀一盾相当于 5000 钱，与实际相差过多；任仲爀认为赀一盾的罚额为 672 钱，仍然偏高。实则赀一盾只相当于 384 钱。

### （四）关于"马甲"

马甲作为赀赎物品之一，目前仅见于岳麓书院藏秦简，主要用于赎刑。马甲与甲的区别，可能前者为战马所服，后者为战士所服。

马甲的价格，见于简 0970，为金 3 两 1 锤。已知 1 锤 = 8 铢，金 1 铢 = 24 钱，所以每个马甲的价格为 1920 钱。根据该简"赎入马甲十二，钱二万三千卌"，即 12 个马甲的价格为 23040 钱，也可确定每个马甲的价格为 1920 钱。可见马甲的价格高于甲，二者不是同一种物品。

前文已经提到，简 0970 "马甲一……直钱千□百廿"之"□"，只存左边部分笔画，疑为"六"或"九"。现在可以确定，其中的"□"是"九"。简 0957 之"马甲四"，价格应该是 7680。本书前面提到该简"马甲四，钱一千六百八十"中的"一"，中间部分稍有残损，是否为"一"，值得怀疑。现在可以确定，这个字应该是"七"。（于振波）

## 五、秦代"户赋"新证

秦代是否有"户赋"的问题，一直有争议，这主要是因为在已经发表的秦简牍材料中，仅在睡虎地秦墓竹简《法律答问》中出现了"户赋"之名：

> 可（何）谓"匿户"及"敖童弗傅"？匿户弗繇、使，弗令出户赋之谓殹。（简 165）①

故有些学者仍认为仅以此不足以证明秦代实施了"户赋"的征税制度。《里耶秦简》第一卷出版后，学者已发现了许多与秦代"户赋"相关的信息，如：

> 卅四年启陵乡见户，当出户赋者志

---

① 睡虎地秦墓竹简整理小组：《睡虎地秦墓竹简》，文物出版社 1990 年版，第 132 页。

见户廿八户当出茧十斤八两（8－518）①

尽管这仍然只是出现了一次户赋的名字，但有学者根据其简牍文书的内容解读，确认了秦代已有户赋。如邬文玲曾就此简文指出：由此可见，"户赋"的确是秦代的税目之一。同时，她指出：这枚简提供了秦代户赋征收的详细内容：第一，户赋的征收内容不止一种，因此需要分别进行统计；第二，茧是户赋征收的内容之一；第三，每户交纳的户赋应是等额的。在此基础上，她还通过对张家山汉简《二年律令·田律》中的相关内容的解读，详细讨论了秦汉户赋的一些具体内容②。

在最近出版的《岳麓书院藏秦简（肆）》中，有一条关于"户赋"的完整律文，它既可作为秦代实施"户赋"的新证，同时又提供了比睡虎地秦墓竹简和里耶秦简更详细的规定秦代户赋的具体内容，为我们更好地解读秦代的户赋制度提供了崭新的资料。为讨论的方便，我们且先将释文录之如下：

· 金布律曰：出户赋者，自泰庶长以下，十月户出刍一石十五斤；五月户出十六钱，其欲出布者，许（简1287）

之。十月户赋，以十二月朔日入之，五月户赋，以六月望日入之，岁输泰守。十月户赋不入刍而入钱（简1230）

者，入十六钱。　　吏先为印，敛，毋令典、老③挟④户赋钱。（简1280）

这三枚简的文字形体相同，内容前后连贯，系联应该没什么问题。但值得注意的是，第三枚简的后半段文字与前面的律文之间有一段空隔，这空白处又看不出有刮削的痕迹，而这后面的文字抄写于两道编绳之间，其字体也与前者有点不同，因此，我们认为，它很可能是律文之后附加上去的有关这条律文的实施条款。

这条律文中不仅多次出现"户赋"的名称，而且对收取"户赋"的对象、时间、数量、品种和征收的要求等都作了详细的规定，下面我们且分别作些讨论。

首先，这是一条明确题为"金布律"的律文，它至少说明"户赋"的管理，

---

① 湖南省文物考古研究所：《里耶秦简（壹）》，文物出版社2012年版。
② 邬文玲：《里耶秦简所见"户赋"及相关问题琐议》，引自武汉大学简帛研究中心主办：《简帛（第八辑）》，上海古籍出版社2013年版，第215～228页。
③ 典、老：指里典和里父老。里父老，见《居延汉简甲乙编》45.1："东利里父老夏圣等教数"。《汉书·食货志》："二千石遣令长、三老、力田及里父老善田者受田器"。
④ 挟：持也，藏也。《汉书·惠帝纪》："省法令妨吏民者，除挟书律。"颜师古注引应劭曰："挟，藏也。"

在秦代是金布律的内容之一，这或许也可说明，睡虎地秦墓竹简《法律答问》中所讨论的"弗令出户赋"之类的问题，也应该是跟金布律有关的相关规定。但是，部分内容基本相同的简文，在《二年律令》中却属于"田律"：

> 卿以下，五月户出赋十六钱，十月户出刍一石，足其县用，余以入顷刍律入钱。（简 255）①

这条律文与岳麓秦简《金布律》中的这条律文部分文字基本相同，显然也是一条有关户赋的法律条文，但它怎么又归在《田律》中呢？或许我们可以这样解释，因为刍稾的生产都与田作和收成有关，而户赋就是根据"入顷刍律入钱"的，因此，户赋或许也可能是田律的内容之一。

但从内容看，它又与《二年律令》中其他《田律》的内容多少有些距离。我们知道，户赋和田赋并不是一回事，缴纳田赋确实是田律的内容，这在睡虎地秦墓竹简《田律》中就有：

> 入顷刍稾，以其受田之数，无垦不垦，顷入刍三石，稾二石。…田律（简 8-9）②

同样的内容在《二年律令·田律》中也有：

> 入顷刍稾，顷入刍三石，上郡地恶，顷入二石；稾皆二石。（简 240）③

可见，入田赋确是《田律》的内容，这也说明秦汉律文是一脉相承的。但户赋尽管与田赋有关，但毕竟不是田赋，它是面对所有有户籍者征收赋税的一种财政制度，在现在所看到的秦汉简牍文献中，有关财政制度的法规基本上都是金布律的内容。这一点，高恒曾对秦简中出现的金布律做过详细的解释，他说："从字面上说，金、布均为货币。以金、布作法律篇名，也反映出该法律是有关财政制度的法规。

秦简有《金布律》一篇，共有律文十六条，也有助于判断汉《金布律》的性质，其主要内容有：

（1）货币管理以及各类货币折算比例。

（2）财物出纳记账方式。

（3）官、民间债务偿还办法。

---

① 张家山二四七号汉墓竹简整理小组：《张家山汉墓竹简［二四七号墓］（释文修订本）》，文物出版社 2001 年版，第 43 页。

② 睡虎地秦墓竹简整理小组：《睡虎地秦墓竹简》，文物出版社 1978 年版，第 27~28 页。

③ 张家山二四七号汉墓竹简整理小组：《张家山汉墓竹简［二四七号墓］（释文修订本）》，文物出版社 2001 年版，第 41 页。

（4）官吏享受的物质待遇。

（5）囚衣领发制度。

（6）官府财务保管和废旧物资的处理。"①

可以说，高恒的解释，基本上概况了睡虎地秦墓竹简《金布律》条文中的所有内容，而这些内容都没超出所谓"财政制度"的范围。岳麓秦简中的这条有关户赋的金布律，显然也是秦代财税制度的一个重要组成部分，故其律名之为《金布律》是与睡虎地秦墓竹简中的《金布律》的内容完全一致的。因此，我们怀疑《二年律令》中的这条名之为《田律》的律文也许本来就是《金布律》的律文，只是在整理简文排序中，将其误入了《田律》的条文之中。因为这条律文之后并没有《田律》作为律名的明确标注，故将其从《田律》中拿出，归入《金布律》之中应该也没有什么大碍。

其次，律文中的"出户赋者，自泰庶长以下"明确规定出户赋的对象，即缴纳户赋的是"泰庶长以下"的人。我们知道，泰庶长即大庶长，是秦爵的第十八级，是级别很高的一种爵位。但是，这里所记载的"泰庶长以下"在《二年律令·田律》中却变成了"卿以下"，整理小组对此没有出注，大概是认为"卿"比较常见，无需出注。其实，这里应该给予界定的是，这个"卿"并不是汉代所谓三公九卿的"卿"，而是指汉代军功爵中的卿级爵，如《二年律令·赐律》记载：

赐不为吏及宦皇帝者，关内侯以上比两千石，卿比千石，五大夫比八百石，公乘比六百石，公大夫、官大夫比五百（简291）石，大夫比三百石，不更比有秩，簪裹比斗食，上造、公士比佐史②。

这里的"卿"位于"关内侯"和"五大夫"之间，显然是秦汉时期二十等级军功爵中的一个专指代称，也就是"卿级爵"的简称。对此，朱绍侯曾指出："从《二年律令》所载律文中可以看出，汉初军功爵的等级划分有侯级爵、卿级爵、大夫级爵、小爵四大等级。"③ 他同时指出：所谓卿级爵即十级左庶长、十一级右庶长、十二级左更、十三级中更、十四级右更、十五级少上造、十六级大上造、十七级驷车庶长、十八级大庶长的总称。④ 这就告诉我们，《二年律令·田律》中的"卿以下"，也就是卿级爵以下，更准确点说，也就是第十级左庶长

---

① 高恒：《秦汉简牍中法制文书辑考》，社会科学出版社2008年版，第137~138页。
② 张家山二四七号汉墓竹简整理小组：《张家山汉墓竹简［二四七号墓］（释文修订本）》，文物出版社2001年版，第49页。
③ 朱绍侯：《军功爵制考论》，商务印书馆2008年版，第233页。
④ 朱绍侯：《军功爵制考论》，商务印书馆2008年版，第234页。

以下①。

我们知道，汉初的军功爵等级与秦代是完全一样的，朱绍侯在这里只是根据《二年律令》来讨论汉初的军功爵制而已。

两相比较，我们可以看出，从"泰庶长以下"到"卿以下"的变更，多少说明汉初户赋征收的对象范围相对秦代来说是缩小了。因为按岳麓秦简《金布律》的律文理解，其户赋征收的对象是包括"泰庶长"以下的有爵位者，即十七级驷车庶长等八个卿级爵都是被征收的对象，而《二年律令》中则用"卿"来代指所有卿级爵者，所谓的"卿以下"，即所有的卿级爵都不在户赋征收的范围之内。这也许正可说明，秦代的户赋征收，相对汉初来说，是涵盖范围更广、更苛酷的一种赋税形式。

再次，律文中的"十月户赋，以十二月朔日入之，五月户赋，以六月望日入之，岁输泰守。"明确交代了秦代户赋征收的次数和上交县郡的具体时间。所谓"十月户赋"和"五月户赋"，说明秦代的户赋征收是每年两次，一次是岁首的十月，一是年中的五月，且征收的时间都有明确的截止时间，即十月的户赋要在十二月朔日"入之"，而五月的户赋要在六月望日"入之"，这里所谓"入之"，即将所收"户赋"上交县官或县官所辖之机构。这种具体的期限规定，正好解决了里耶秦简中那几枚"茧六两"残简中所记时间的问题：

茧六两卅五年六月戊午朔丁卯少内守　（简 8-96）
茧六两卅五年五月己丑朔甲　　　　　（简 8-447）
茧六两卅五年六月戊午朔乙　　　　　（简 8-889）

邬文玲指出："简文中的日期集中在三十五年的五、六月份，很可能与五月交纳户赋的制度有关。虽然规定五月交纳，但在实际执行过程中，稍微后延至六月出亦在情理之中。"② 现在看来，邬文玲的这种推论是完全可以成立的，因为岳麓秦简的律文中明确规定，"五月户赋，以六月望日入之"，那么，凡"六月望日"之前的记载都是完全符合律文规定时限范围内的正常记录。而里耶秦简中所记的时间，也正好是六月望日之前交纳茧数的凭证记录，故其中第三条中的"戊午朔乙"就应该是"乙丑"日，也即六月八日，而不可能是十八日的"乙亥"日。

除了这么明确的户赋征收时间限定外，简文中还有"岁输泰守"几个字也

---

① 关于"卿以下"的理解，有学者认为"卿以下"即包括卿在内，这样，张家山汉简和岳麓秦简中所指都是一样的。如于振波：《从简牍看汉代的户赋与刍稾税》，载于《故宫博物院院刊》2005 年第 2 期，第 151~155 页。

② 邬文玲：《里耶秦简所见"户赋"及相关问题琐议》，上海古籍出版社 2013 年版，第 215~228 页。

很重要。它说明各乡县分两次所征收的户赋,在"足其县用"之后,每年都要向上输送给郡守,因此,户赋的征收应该是秦代郡级财政税收的一个重要组成部分。

最后,律文中的"十月户出刍一石十五斤;五月户出十六钱,其欲出布者,许之。"明确规定了秦代户赋征收的具体内容,它包括两个方面,一是每户所出户赋的数量,二是每户入缴户赋的品种。

每户所出的刍数和钱数分别为"十月户出刍一石十五斤"和"五月户出十六钱",也就是说,每年要缴纳两次户赋,一次是"出刍",一次是出钱。如果在十月"出刍"的时候,"不入刍而入钱者",那也是"出十六钱",这样,如果都按入钱计算的话,那一年两次的户赋数量一共是三十二钱。

每户入缴户赋的品种原则上是两种,即十月"出刍"、五月入钱。也就是说,户赋的品种主要是刍和钱,当然,这里所说的"刍"本来就是"刍稾"的简称,因此,我们或许可以说,秦代户赋的品种主要是刍稾和钱两种,我们知道,刍稾是物、钱为货币,两者是可以换算的,而秦代作为货币之一的"布"也是容许进行换算和替换的,故律文规定,如果有户不出钱而出布者,也是容许的。因此,从这条律文来看,秦代户赋征收的品种好像只有刍稾、钱和布三种。但我们从里耶秦简中发现,作为户赋的实物除了刍稾之外,还有"茧",如上引的里耶秦简就注明是:

卅四年启陵乡见户当出户赋者志
见户廿八户当出茧十斤八两。(简 8-518)

邬文玲就此推论:"二十八户的户赋总额为茧十斤八两,换算成两,共为一百六十八两,除以二十八,为六两。即每户要交纳简六两。"同时,她还发现《里耶秦简》(壹)中有好几枚残简上都有"茧六两"的记载,据此,她认为这正好是每户应纳的户赋数额。① 这也就证明,秦代的户赋品种除刍稾、钱、布之外,确实还有"茧",其数量是每次交纳六两。我们知道,湖南、湖北在战国秦汉时期是丝织业很发达的地区,而茧是丝织业的重要原料,故在两湖地区用茧顶替刍稾作为户赋的征收对象也是很自然的事。

这里所说的"户出刍"实际上是可以与钱或布折算的。如里耶秦简中就有"十月户刍钱三百"(简 8-559)、"户刍钱六十四"(简 8-1165)②,就直接说的是"刍钱",按,根据岳麓秦简中有关户赋的数量规定,"十月户刍钱三百"可能是三十的笔误。至于刍与钱的折算标准,这在《二年律令·田律》中有明

---

① 邬文玲:《里耶秦简所见"户赋"及相关问题琐议》,上海古籍出版社2013年版,第215~228页。
② 释文引自陈伟主编:《里耶秦简牍校释(第一卷)》,武汉大学出版社2012年版,第179页。

确的规定：

"入顷刍稾，顷入刍三石，上郡地恶，顷入二石；稾皆二石。令各入其岁所有，毋入陈，不从令者罚黄金四两。收入刍稾，县各度一岁用刍稾，足其县用，其余令顷入五十五钱以当刍稾。刍一石当十五钱，稾一石当五钱。"①

这里有三点值得注意，一是顷入刍稾的数量，即按田亩的面积规定每顷要交刍三石、稾二石。二是这刍稾与钱的折算比值是"刍一石当十五钱，稾一石当五钱"。三是县一级征收户赋时，主要是征收当年所收割的刍稾，在保证"足其县用"后，其余的就折算成钱上交郡守，其折算的比值就是"刍一石当十五钱，稾一石当五钱"，故律文中规定"令顷入五十五钱以当刍稾"，这五十五钱也正好是顷入刍三石和稾二石所折算的钱的总数。

关于这折算的比价问题，秦简中的记载好像有些差异，对此，邬文玲曾指出：

从简9"户赋钱六十四"的记载，不难推算出，秦代刍与钱的比价应为"刍一石当十六钱"，跟《二年律令·田律》"刍一石当十五钱"的规定略有差异。湖南大学岳麓书院藏秦简《数》书中关于刍、稾与钱换算的算题，亦可左证秦代一石等于十六钱。其算题为：

刍一石十六钱，稾一石六钱，今刍稾各一升，为钱几可（何）？得曰：五十分钱十一，术曰：刍一升百钱十六，稾一升百分钱六，母同，子相从。

稾石六钱，一升得百分钱六，刍石十六钱，一升得百分。

这两则算题中设定的刍与钱的比价皆为"刍一石十六钱"或"刍石十六钱"，与简九的推算结果相同，则秦代每户每年的户赋总额为三十二钱。简九9"户刍钱六十四"应为四户交纳的户赋②。应该说，这种推断是很有理据的，但现在我们所看到的岳麓秦简中的这条律文却又有给这种推论提供了重新思考的材料。这里记载的是：十月每户所出的刍数是"一石十五斤"，而且后面有专门的说明："十月户赋不入刍而入钱者，入十六钱"。这说明所谓的十六钱，乃是"刍一石十五斤"，而并不是一石。而《二年律令·田律》中记载是："五月户出赋十六钱，十月户出刍一石，足其县用，余以入顷刍律钱。"两相比对，岳麓秦简中多出了一个"十五斤"这该怎么解释呢？

我们知道：汉代是"三十斤为钧，四钧为石"，一石为一百二十斤。如果按张家山汉简《二年律令》中规定的刍、钱换算规定来计算，"刍一石当十五钱"，

---

① 张家山二四七号汉墓竹简整理小组：《张家山汉墓竹简［二四七号墓］（释文修订本）》，文物出版社 2001 年版，第 41 页。

② 邬文玲：《里耶秦简所见"户赋"及相关问题琐议》，上海古籍出版社 2013 年版，第 215～228 页。

那么，每一斤刍当是0.125钱，而十五斤就应该是1.875钱，也就是说，这十五斤换算出来的钱也不是一钱，而是1.875钱。这是不是可以这样解释，秦代的所谓刍一石十六钱，乃是刍一石十五斤十六钱的省称。这十五斤所折算的钱可能本身就是一个大致的估量数。因为对刍稾的计算还有一个容量的考虑，这15斤也许就是汉代一斗的大致重量，如果这样理解的话，那刍一斗也许就是1.5钱。此外，汉代还多见大石和小石的记载，据日本学者冨谷至的研究，"大石与小石的比例为6比10"，如"出谷小石十五石，为大石九石。148·15""入糜小石十二石，为大石七石二斗 148·41"① 如果这种大小石的换算由来已久的话，那么，岳麓秦简中所记载的"十五斤"是否也可以看作是小石"十五斤"？如果可以这样处理的话，那这"十五斤"换成大石就是"九斤"，再按"刍一石当十五钱"计算，这大石的"九斤"可以换算成1.125钱，按四舍五入的方式处理，也就大致是一钱。如果这种推算可以成立的话，我们至少可以这样认识：《二年律令》中的"刍一石当十五钱"和秦简中的"刍一石十六钱"并不矛盾，因为这条有关户赋的秦律中明确注明了，秦代的"刍一石十五斤"才是十六钱。也许是这"十五斤"的计算比较麻烦，故在汉初就取消了这"十五斤"的单独计算，而是直接以整数"刍一石当十五钱"来计算了。（陈松长）

## 六、睡虎地秦墓竹简《关市律》辨正

睡虎地秦墓竹简的《秦律十八种》中，第五种为"关市律"，它位于"金布律"之后，仅有一条。为讨论的方便，我们且先录之如下：

> 为作务及官府市，受钱必辄入其钱缿中，令市者见其入，不从令者赀一甲。关市（简97）②

由于仅此一条，且简文后面又清楚地题署了"关市"的律名，故谁也不曾怀疑过其作为"关市律"的可靠性。且多为之加注和解说。如日本学者大庭脩曾这么解释：

《关市律》仅见一条。其内容是有关官府的市中收纳钱的规定，但"关市"的"关"是否意味着"关津"的"关"尚不明确。也许包括类似于《汉书·汲黯传》注中应劭所引的一条律名不详的汉律："胡市吏民不得持兵器及铁出关"这样的规定。汉律中的"胡市"，战国分裂时代自然也存在有关与他国贸易的规

---

① ［日］冨谷至：《文书行政的汉帝国》，江苏人民出版社2013年版，第302页。
② 睡虎地秦墓竹简整理小组：《睡虎地秦墓竹简》，文物出版社1990年版，第42页。

定,其内容可能包括在《关市律》中①。

尽管大庭脩是在为仅此一条的《关市律》作注,但他也感觉到这一条"关市律"仅仅是有关"市中收纳钱的规定",而并没有"关津"之类的法律规定,言外之意就是这条仅存的《关市律》并不能反映秦代《关市律》的真实面目。

睡虎地秦墓竹简整理小组在注解中曾对"关市律"作过这样的解释:"关市,官名,见《韩非子·外储说左上》,管理关和市的税收等事物。《通鉴·周纪四》胡注认为关市即《周礼》的司关、司市,战国之时合为一官。此处关市律系关于关市职务的法律。"②

如果这样解释可以成立的话,那么,这条律文却并不是"关于关市职务的法律"条文,而仅仅是"有关官府的市中收纳钱的规定",且根本没有"关津"的意味。因此,这条律文是否是秦代《关市律》的法律条文,还有重新审视的必要。

张家山汉简中原有两条简文,后署"□市律",注云:"本简原可见'市律'二字,现磨灭。"③ 后来彭浩在其论文中曾直称其为《关市律》,并指出:原释文中的简 74-76 应从《盗律》中分出,归入《关市律》。④ 为便于比较,我们且摘录如下:

> 贩卖缯布幅不盈二尺二寸者,没入之。能捕告者,以畀之。絺绪、缟翻、缘、朱缕、(屫)、布縠、荃菨,不用此律。(简258、简259)

> 市贩匿不自占租,坐所匿租臧(赃)为盗,没入其所贩卖及贾钱县官,夺之列。列长、伍人弗告,罚金各一斤。啬夫、吏主者弗得,罚金各二两。诸诈绐人以有取,及有贩卖贸买而诈绐人,皆坐臧(赃)与盗同法,罪耐以下有(又)迁之。有能捕若诃吏,吏捕得一人,为除戍二岁;欲除它人者,许之。(简260、简261、简262)

> 盗出财务于边关徼,及吏部主智(知)而出者,皆与盗同法;弗智(知),罚金四两。使者所以出,必有符致,毋符致,吏智(知)而出之,亦与盗同法。(简74、简75)

> 盗出黄金边关徼,吏、卒徒部主者智(知)而出及弗索,与同罪;弗智(知),索弗得,戍边二岁。(简76)

---

① [日]大庭脩:《秦汉法制史研究》,上海人民出版社1991年版,第51页。
② 睡虎地秦墓竹简整理小组:《睡虎地秦墓竹简》,文物出版社1990年版,第43页。
③ 张家山二四七号汉墓竹简整理小组:《张家山汉墓竹简[二四七号墓](释文修订本)》,文物出版社2001年版,第169页。
④ 彭浩:《谈〈二年律令〉中几种律的分类与编联》,引自中国文物研究所:《出土文献研究(第六辑)》,第61~69页。

这四条律文，前两条是原"□市律"的律文，其内容显然是关市所司掌的内容。后两条原来归在《盗律》中，彭浩认为：其律文内容是禁止私自携带、运输黄金及其他禁物出边关徼，与《津关令》的内容相近，因此，应归入《关市律》。①

我们将这四条汉初的《关市律》与睡虎地秦墓竹简中的《关市律》比对，两者之间有着明显的差异，这种差异究竟是什么原因造成的呢？这在没有新的材料佐证之前，是很难判断其是非的。

其实，早在张家山汉简《二年律令·金布律》中，就有一条题署为《金布律》，但内容却与睡虎地秦墓竹简《关市律》非常相近的律文：

> 官为作务、市及受租、质钱，皆为缿，封以令、丞印而入，与参辨券之，輒入钱缿中，上中辨其廷。质者勿与券。租、质、户赋、园池入钱（简429），县道官勿敢擅用，三月壹上见金、钱数二千石官，二千石官上丞相、御史。

尽管这条律文的后半段在睡虎地秦墓竹简中没有，但其前半段所说的内容却基本相同，都是关于"作务""受钱""入其钱缿中"等"有关官府的市中收纳钱的规定"。因此，张家山汉简整理小组在注解"缿"之后还特别加了一句："本条以上参见《睡虎地秦墓竹简·秦律十八种》之《关市》律。"② 这多少告诉我们：这两条律文有相同之处。但令人费解的是：秦律中的《关市》律，怎么到了汉初就变成《金布律》了呢？

我们知道，"关市律"和"金布律"在秦汉时期并不是同一个概念，《汉书》中多有金布令的记载，颜师古注曰："金布者，令篇名，若今仓库令也。""金布者，令篇名也，其上有府库金钱布帛之事，因以名篇"。据此，有学者指出：所谓金布令是有关应纳入国库的金钱布帛等财务的出纳收入的重要诏令。③

高恒曾对"金布律"作过详细的解释："从字面上说，'金'、'布'均为货币。以金、布作法律篇名，也反映出该法律是有关财政制度的法规。秦简有秦《金布律》一篇，共有律文十六条，也有助于判断汉《金布律》的性质。其主要内容有：货币管理，以及各类货币折算比例；财务出纳记账方式；官、民间债务偿还办法；官吏享受的物质待遇；囚衣领发制度；官府财务保管和废旧物资的处

---

① 彭浩：《谈〈二年律令〉中几种律的分类与编联》引自《出土文献研究》（第六辑），2004。
② 张家山二四七号汉墓竹简整理小组：《张家山汉墓竹简［二四七号墓］（释文修订本）》，文物出版社2001年版，第191页。
③ 参见［日］中田薰《汉律令》，引自中国政法大学法律古籍整理研究所编：《中国古代法律文献研究（第三辑）》，中国政法大学出版社2007年版，第101~124页。

理"。①

应该说，高恒的解释已对秦律《金布律》的性质和内容作了比较准确而全面的概括。准此，睡虎地秦墓竹简中的这条律文既然是"有关官府的市中收纳钱的规定"，那么，它也应该是属于《金布律》的法律条文，而不是所谓《关市律》的内容。这一点，我们在整理《岳麓书院藏秦简》中发现了更直接的证据。下面，我们且先将整理编联后的简文录之如下：

  金布律曰：官府为作务市，受钱及受赁租、质它稍入钱，皆官为缿，谨为缿空，婴毋令钱。（简1411）

  能出，以令若丞印封缿而入，与入钱者参辨券之，辄入钱缿中，令入钱者见其入。月壹输。（简1399）

  缿钱，及上券中辨其县廷；月未尽而缿盈者，辄输之。不如律，赀一甲。（简1403）

这三枚简相对比较完整，我们在根据文义编联后发现，其内容正可与上揭睡虎地秦墓竹简中的《关市律》和张家山汉简中的《金布律》的相关条文进行勘校和比对研究，这里，我们且先参照睡虎地秦墓竹简和张家山汉简作些简单的校注。

"官府为作务市"：睡虎地秦墓竹简中作："为作务及官府市"。整理小组对此只注释了"作务"一词："作务，《墨子·非儒下》：'堕于作务。'《汉书·尹赏传》：'无市籍商贩作务。'王先谦《补注》引周寿昌云：'作务，作业工技之流。'即从事于手工业。"按，"作务"既然是"作业工技之流"，那怎么可以与"官府"并列，且排在"官府"之前呢？又"为作务及官府市"的主语是谁呢？简文没有交代，也很不好理解。一般说来，"市"在这里可有不同的解读，一是作为一种临时或定时进行的一种商贸活动，如《易·系辞下》："日中为市，致天下之民，聚天下之货，交易而退，各得其所。"如果照此解读，那"为作务及官府市"就是为手工业者和官府进行一种商贸活动。很显然，为手工业者进行商贸活动是合情合理的，但为官府进行商贸活动就不合情理。"市"另一种解读就是贸易、买卖。如《左传·僖公三十三年》："郑商人弦高将市于周。"《荀子·修身》："故良农不为水旱不耕，良贾不为折阅不市。"这种文例很多，但如果将其置于简文中，其文义就很不好理解。官府怎么会直接参与贸易、买卖呢？这也许是整理者也不好解释的问题，因此注释中都阙而不论。这次发现的岳麓秦简中作"官府为作务市"，尽管文字都差不多，只少了一个"及"字，但因语序的不同，文义就豁然贯通了。原来这里是"官府为作务市"，其主语很明确，是"官

---

① 高恒：《秦汉简牍中法制文书辑考》，社会科学文献出版社2008年版，第137~138页。

府"。对象也很明确，是"作务"。谓语也很清楚，就是"日中为市"的"市"。"官府为作务市"也就是官府为手工业者之流专设商贸市场的意思。两相比较，显然是岳麓秦简比睡虎地秦墓竹简说的明白清楚，而睡虎地秦墓竹简显然有误抄之嫌，或者说，其抄录时所据文本有误。

有意思的是，张家山汉简《金布律》中抄作："官为作务、市及受租、质钱，"秦简中的"官府"在汉简中省为"官"，而秦简中属上读到"市"被解读为与"作务"及"受租、质钱"并列的语词，中间用顿号隔开。其实整理小组在注释这条简文时已注明："本条以上参见《睡虎地秦墓竹简·秦律十八种》之《关市律》"①，说明整理者对睡虎地秦墓竹简的解读是有不同认识的，因此将"市"字用顿号断开，将它与"作务"并列。其实这样断句是有问题的。首先，"作务"与"市"不是并列关系，与"受租、质钱"也不是并列关系。其次，如果将""作务""市""受租、质钱"均视为并列关系，那都变成了介词"为"的宾语，那这句话没有谓语了。因此，这句话应根据岳麓秦简来重新句读，去掉"市"字之前的逗号，读为："官为作务市及受租、质钱"，其中"市"与"受租、质钱"是并列的，其所针对的对象都是"作务"，也就是手工业者。

"受钱及受赍租"：睡虎地秦墓竹简只有"受钱"二字，张家山汉简则只有"受租"二字，相比之下，岳麓秦简是两者兼有，且更详细。"赍"，付也。《礼记·聘礼》："又赍皮马"，郑玄注："赍，犹付也。""赍租"即所交付的税款。

"质它稍入钱"，此句睡虎地秦墓竹简中没有，张家山汉简中仅有"质钱"二字。注曰："质，抵押。"② 所谓"质钱"，也就是用于抵押的钱，至于是什么钱，没有交代。岳麓秦简中则作了限定，即用于抵押的钱必须是"它稍入钱"。"稍入钱"曾见于《居延汉简甲编》1414简："……谨移稍入钱"。对此，于豪亮曾做过考释：

"稍入，官吏禄禀之所入也。《周礼·内宰》云：'内宰，掌书版图之法，以治主内之政令，均其稍食，分其人民以居之。'郑注：'稍食、吏禄禀也。'贾疏：'谓宿卫王宫者以米禀为禄之月奉。'又同书《掌客》云'宾客有丧，惟刍稍之受。'郑注：'稍、人禀也。'贾疏：'云受刍稍之受者，君行师徒，卿行旅从，须得资给，故受刍稍也。'又云：'云稍人禀也者，师从旅从须给稍，即月禀是也。'故简文所说的稍入钱，即月禀所入之钱。"③

---

①② 张家山二四七号汉墓竹简整理小组：《张家山汉墓竹简［二四七号墓］（释文修订本）》，文物出版社 2001 年版，第 191 页。

③ 于豪亮：《〈居延汉简甲编〉补释》，载氏著：《于豪亮学术文存》，中华书局 1985 年版，第 238 页。

今按，这种解释所据的文献依据是《周礼》，在《周礼》中所说的"稍食"这种比较少用的语词在秦汉时期是否还在使用，这是很难确定的问题。因此，"稍入钱"或也可解读为"渐入之钱"。《说文·禾部》："稍，出物有渐也。"段玉裁注："凡古言稍稍者，皆渐、进之谓。"据此，"质它稍入钱"或就是典押其他渐入之钱的意思。

"皆官为缿"，睡虎地秦墓竹简中没有，张家山汉简中少了一个"官"字，两相比较可以看出，岳麓秦简中的记载说明秦代对"缿"的制作和监控要严格许多，作为盛钱的器皿，必须是"官为"，不然就缺少权威性呢。

"谨为缿空，婴毋令钱能出"，此句在睡虎地秦墓竹简和张家山汉简中都没有，它是有关"官为缿"的细节描写和具体规定。"空"，"孔"也。《说文·穴部》："空，窍也。"《集韵·董韵》："空，窍也。通作孔。""婴"与"须"通。《史记·陈丞相世家》："且又乃吕后弟吕婴之夫。"《汉书·陈平传》"婴"作"须"。"须"犹要求也。这句话是对"官为缿"的具体要求，一是要小心为缿作孔眼，既不能太大，也不能太小。二是务必要求放进去的钱不得出来。这都是为了准确核对缿中钱数的具体措施。

"以令若丞印封缿而入"，此句睡虎地秦墓竹简没有，张家山汉简作："封以令、丞印而入"，两者的差异主要是在"令""丞"之间多一个"若"字。我们知道，"若"作为连词，多表选择，相当于"或"，《汉书·晁错传》："其亡夫若妻者，县官买予之。"这就告诉我们，封缿的时候，"令"、"丞"印两者皆可，而并不是要同时钤押令印和丞印。因此，岳麓秦简的记载相比张家山汉简更加清楚和明确些。

"与入钱者叁辨券之"，此句亦不见于睡虎地秦墓竹简，张家山汉简作："与叁辨券之"。注云："'券'字下疑脱'书'字。"① 今按：参校岳麓秦简，"券"字下应没有"书"字，倒是在"与"字后脱了"入钱者"三字。

"辄入钱缿中"：张家山汉简完全相同，而睡虎地秦墓竹简作："辄入其钱缿中"，多有一个指代词"其"。从前后文义来看，"其"所指代的无非是前面所说的"受钱"而已。

"令入钱者见其入"：张家山汉简没有此句，睡虎地秦墓竹简作："令市者见其入"。"市者"既可理解为市场上的人，也可解读为市场上的直接交易者，指称相对比较宽泛。岳麓秦简中的"入钱者"则指称更加明确。因为简文前面已点明"与入钱者叁辨券之"，即入钱者在入钱时已券分为叁，有明显的契约性

---

① 张家山二四七号汉墓竹简整理小组：《张家山汉墓竹简［二四七号墓］（释文修订本）》，文物出版社 2001 年版，第 191 页。

质。因此，钱入缿时必然要入钱者目验其所入之钱是否真正放入了缿中，这也是签约双方互相信任，防止作弊的必要手段之一，而"令市者见其入"则或可解读为仅仅是一种公众监督的手段而已。

"月壹输缿钱"：此句睡虎地秦墓竹简中没有，张家山汉简在相同的位置上也没有，但在后文中有"三月壹上见金、钱数二千石官，二千石官上丞相、御史。"我们知道，二千石官在汉代至少是郡一级的官吏，"县道官"一级才六百石左右，因此，这里的"三月壹上"显然是指县道官一级向郡守级的二千石官上缴"见金、钱数"。那"县道官"一级什么时候收缴入缿之钱呢？汉简中没有交代。岳麓秦简的"月壹输缿钱"，无疑是填补了"县道官"什么时候从缿中收取钱数的重要环节。

"及上券中辨其县廷"：张家山汉简中作"上中辨其廷"，注释曰："叁辨券之中间一份。"① 与岳麓秦简相校，句中少了三个字，即句首的"及"字和句中的"券"和"县"字。仔细读来，这三个字都不是可有可无的字，它们在句中分别都有承接上下文和修饰限定语词的作用。如"及"字是紧承上句"月壹输缿钱"而来，将"上券中辨"与"月壹输缿钱"构成并列关系的用词，有此"及"字，我们就很清楚，这两者都是每月同时上缴县廷的对象。张家山汉简中由于漏抄了"月壹输缿钱"之句，所以"及"字也就没有存在的必要了。

"月未尽而缿盈者，辄输之"：这一句均不见于睡虎地秦墓竹简和张家山汉简，它是对"月壹输缿钱"的补充规定，入缿之钱原则上是每月输送县廷一次，但如果入缿之钱很多，不到一个月就满了的话，就可以及时收缴，不要因缿的原因而影响手工业者的商贸活动和收缴税款。应该说，这是一条很便于操作的法律条文。

"不如律，赀一甲"：睡虎地秦墓竹简中作："不从令者，赀一甲"。"不从令者"的"令"显然是律令的"令"，但睡虎地秦墓竹简中没有秦令的条文，这枚简后面所抄署的也是"关市"二字，意即"关市律"，且归并在《秦律十八种》之中。因此，此"令"字很可能是因上文"令市者见其入"的"令"字的而误。岳麓秦简中的"不如律"也许可以作为这种推断的理据之一。

通过以上的简单校释，我们可以看到，睡虎地秦墓竹简中的所谓《关市律》的这条律文的内容全部包括在岳麓秦简的这条《金布律》中，而岳麓秦简中的这条《金布律》又与张家山汉简中的一条《金布律》的条文基本相同，都是关于货币管理等方面的法律条文，而并不是"关于关市职务的法律"，因此，我们

---

① 张家山二四七号汉墓竹简整理小组：《张家山汉墓竹简［二四七号墓］（释文修订本）》，文物出版社 2001 年版，第 191 页。

基本可以判断，这条所谓的《关市律》实际上是一条《金布律》。之所以在这枚简后署为"关市"，很可能是抄写者所根据的底本有误，或者是抄写者本身误抄所致。这方面，我们还可以从这条律文语词的颠倒错乱和内容的单一等方面得到印证。

在律文语词的前后错位方面，我们在前面的分析中已经指出，"为作务及官府市"就是"官府为作务市"的误倒。至于内容的不完整方面，我们通过与岳麓秦简的比对，已发现这条律文完全是一则节选，它将本是这条法律条文的许多内容都删掉了。这种删减，如果没有岳麓秦简的发现，人们是不敢轻致可否的。就是张家山汉简中《金布律》中出现了相关的汉律条文后，人们也不敢贸然判断两者之间的关系。而只是在"皆为缿"后面注明"以上参见《睡虎地秦墓竹简·秦律十八种》之《关市》律"。①而并不知道这条所谓的《关市》律其实就是一条《金布律》的摘抄，且摘抄得非常糟糕。

我们从岳麓秦简和张家山汉简中知道，这条律文包括了官府怎样"为作务市"的许多操作环节，如怎样为缿、怎样封缿、怎样与入钱者分券、怎样入钱、怎样向县廷输送缿钱等，可谓详细而具体，可睡虎地的这条律文中，就只剩下"受钱必辄入其钱缿中，令市者见其入"这一项内容了，显得单薄而费解。（陈松长）

## 第五节　岳麓秦简《置吏律》及相关问题研究

岳麓秦简共有 5 则《置吏律》条文，均由"置吏律曰"四字起首，计 16 支简，其中有 1 则律文后面尚有缺简。这 5 则律文涉及任免官吏、保举人为吏等内容，是研究秦代职官制度的重要材料。又律文内容多有与《秦律十八种·置吏律》《秦律杂抄·除吏律》《二年律令·置吏律》相同、相似或互补者，为研究《置吏律》条文之演变创造了良好契机。

岳麓秦简《置吏律》对任免官吏、保举人为吏等作出了相关规定，条文细致、具体、灵活而具可行性：须除县中人为有秩吏、小佐，迁赎罪以上及曾为官被废者、俘虏、收入、人奴、群耐子、免者、赎子不可充任佐吏及在官府中从事某些职役，被保举为吏者须无不良表现，除吏时间在十二月至三月。这些规定都很具操作性，兼顾原则性，体现了秦人的行政智慧。

---

① 张家山二四七号汉墓竹简整理小组：《张家山汉墓竹简［二四七号墓］（释文修订本）》，文物出版社 2001 年版，第 191 页。

## 一、除吏之籍贯要求

翻阅秦汉古籍可知，本地人一般不能充任地方长吏，然属吏却几乎全部由本地人担任。江苏连云港尹湾汉简《东海郡吏员簿》所载官员档案信息可以极好地佐证这一点①。如此，既可以防止行政长官与地方势力相互勾结形成尾大不掉的局面，又能减少行政阻力保证政令畅通。这一举措乃古人政治智慧之体现，其究竟始于何时已不可考，但在岳麓秦简法律条文中已经对地方行政官吏的籍贯有明确规定：

> 置吏律曰：县除有秩吏，各除其县中。其欲除它县人及有谒置人为县令、都官长、丞、尉、有秩吏，能任。（简1272）
> 者，许之└。（简1245）②
> 置吏律曰：县除小佐毋（无）秩者，各除其县中。（简1396）③

从上面征引两则律文可知，秩级是秦代划分官吏层级的一个标准。传统观点认为有秩吏指秩禄百石以上之吏，"有秩吏"见于《秦律十八种·仓律》："其毋（无）故吏者，令有秩之吏、令史主，与仓□杂出之，索（索）而论不备"，整理小组注释云："秩，俸禄。有秩，见《史记·范雎列传》'今自有秩以上至诸大吏'，指秩禄在百石以上的低级官吏。王国维《流沙坠简》考释：'汉制计秩自百石始，百石以下谓之斗食，至百石则称有秩矣。'"④ 王氏对"有秩"的考释大抵不错，若笼统地说俸禄在百石以上均可称为"有秩"，然据笔者考察，秦汉文献中"有秩"特指俸禄在三百石以下、一百石以上的官吏。《二年律令·赐律》载"赐不为吏及宦皇帝者，关内侯以上比二千石，卿比千石，五大夫比八百石，公乘比六百石，公大夫、官大夫比五百石，大夫比三百石，不更比有秩，簪褭比斗食，上造、公士比佐史"⑤，据此有秩吏俸禄的上限为三百石。《二年律令·赐律》又载"赐吏酒食，衛（率）秩百石而肉十二斤、酒一升；斗食令史

---

① 《尹湾汉墓简牍》所载东海郡所辖县及侯国县令、县长、县丞、家丞、相、尉、都官长丞均由它郡人充任。连云港市博物馆、中国社会科学院简帛研究中心等编：《尹湾汉墓简牍》，中华书局1997年版。
② 陈松长主编：《岳麓书院藏秦简（肆）》，上海辞书出版社2015年版，第136~137页。
③ 陈松长主编：《岳麓书院藏秦简（肆）》，上海辞书出版社2015年版，第137页。
④ 睡虎地秦墓竹简整理小组：《睡虎地秦墓竹简》，文物出版社1990年版，第27页。
⑤ 张家山二四七号汉墓竹简整理小组：《张家山汉墓竹简［二四七号墓］（释文修订本）》，文物出版社2001年版，第49页。

肉十斤，佐史八斤，酒七【升】"①，据此可知有秩吏指俸禄在百石以上者。又《二年律令·秩律》载"都官之稗官及马苑有乘车者，秩各百六十石，有秩毋乘车者，各百廿石"②，"有秩毋乘车者"即有秩吏之无乘车者，据此还可知"有秩吏"分有乘车和无乘车两种，前者之级别高于后者。又从 1272 号简文"有秩吏"与"县令、都官长、丞、尉"并列，可知"有秩吏"不包括县、都官之长吏。通过上文可知，"有秩"不是特指某个职官，而是对俸禄在百石以上、三百石以下官吏的统称。"有秩"之下尚有"斗食"和"佐、史"等无秩之吏，1396 号简称"小佐无秩"者即此类。

秦代县级行政机构的吏员构成，尤其是丞尉以下的小吏究竟如何设置，传世材料所记颇为疏略，故无法推断秦代所谓"有秩吏"究竟包括那些官职，所幸出土里耶秦简牍材料可稍补此缺陷：

迁陵吏志：AⅠ
吏员百三人。AⅡ
令史廿八人，AⅢ
【其十】人繇（徭）使，AⅣ
【今见】十八人。AⅤ
官啬夫十人。BⅠ
其二人缺，BⅡ
三人繇（徭）使，BⅢ
今见五人。BⅣ
校长六人，BⅤ
其四人缺，BⅥ
今见二人。CⅠ
官佐五十三人，CⅡ
其七人缺，CⅢ
廿二人繇（徭）使，CⅣ
今见廿四人。CⅤ
牢监一人。CⅥ
长吏三人，DⅠ
其二人缺，DⅡ

---

① 张家山二四七号汉墓竹简整理小组：《张家山汉墓竹简〔二四七号墓〕（释文修订本）》，文物出版社 2001 年版，第 50 页。

② 张家山二四七号汉墓竹简整理小组：《张家山汉墓竹简〔二四七号墓〕（释文修订本）》，文物出版社 2001 年版，第 80 页。

今见一人。D Ⅲ

凡见吏五十一人。D Ⅳ 7 - 67 + 9 - 631①

从上边所征引里耶秦简材料可知，秦代迁陵县某一时期吏员设置总数额为103人，其中真正在官署办公的只有51人，其他或出公差在外，或因其他原因阙如。吏员构成有长吏、官啬夫、令史、校长、官佐、牢监，其中官佐和令史所占比例最大。《汉书·百官公卿表上》载"县令、长，皆秦官，掌治其县。……皆有丞、尉，秩四百石至二百石，是为长吏"，知一县之中，县令（县长）、县丞、县尉被称为长吏，"迁陵吏志"所记"长吏"三人与史书相符。官啬夫指乡啬夫、诸曹主事及田官负责人之类，见于里耶秦简者有启陵乡啬夫（8 - 770）。又诸曹主事称某守而不称某啬夫，里耶秦简中所见迁陵县曹署有：司空曹（8 - 480）、仓曹（8 - 776）、户曹（8 - 1533）、车曹（8 - 562）、尉曹（8 - 453）、兵曹（9 - 712）、狱东曹（8 - 996）、狱南曹（8 - 1886）、吏曹（8 - 1700）等。里耶秦简中田官之主事称守而非啬夫，然其所指无二。以上所列乡、田部以及诸曹主管均属有秩吏之列。

亭设有校长，里耶秦简 9 - 112 号木牍有"唐亭假校长壮"，此外尚见校长囚吾（8 - 167）、校长宽（8 - 167）、校长予言（8 - 823）、校长援（8 - 671）以及"将奔命校长周"（8 - 439），唐亭校长与将奔命校长显然有别。主管一亭之内治安的校长直接对县尉负责，其所在乡级政府似不能驱使。里耶秦简 9 - 112 号文书可以极好佐证之：

廿六年二月癸丑朔丙子，唐亭段（假）校长壮敢言之：唐亭旁有盗，可卅人，壮卒少，不足以追，亭不可空，谒遣□索（索），敢言之。/二月辛巳，迁陵守丞敦狐敢告尉、告乡主：以律令从事。尉下亭鄣署士吏谨备。贰［春］乡上司马丞。/亭手/即令走涂行。二月辛巳不更輿里戍以来/丞半　壮手②

从"尉下亭鄣署士吏谨备"一句可知亭、鄣由尉直接管辖，迁陵守要通过县尉才可调动亭、鄣内的士吏。

将奔命校长属于低级军官，与亭之校长不同，故《二年律令·秩律》校长秩禄有百六十石与百二十石之别：

田、乡部二百石，司空及銜〈卫〉官、校长百六十石③。

---

① 郑曙斌、张春龙等编著：《湖南出土简牍选编》，岳麓出版社2013年版，第18页、第104页。
② 游逸飞、陈弘音：《里耶秦简博物馆藏第九层简牍释文校释》，武汉大学简帛网，2013年12月22日，http://www.bsm.org.cn/show_article.php?id=1968。
③ 张家山二四七号汉墓竹简整理小组：《张家山汉墓竹简［二四七号墓］（释文修订本）》，文物出版社2001年版，第74页。

县、道司马、候、厩有乘车者，秩各百六十石；毋乘车者，及仓、库、少内、校长、髳长、发弩、衘〈卫〉将军、衘〈卫〉尉主吏、都市、亭、厨有秩者及毋乘车之乡部，秩各百廿石。①

上面所见校长秩级有异，所指不同，与"司空""卫官"并列的校长乃亭之校长，与髳长、发弩、卫将军并列之"校长"显然是军官。综上所知，亭所设之校长属于有秩吏行列。

牢监乃监狱长官，里耶秦简8-270简有牢监襄，尹湾汉简《东海郡吏员簿》所载东海郡属县绝大多数设有牢监一名。兹移录东海郡治所在县吏员簿如下：

海西吏员百七人，令一人，秩千石，丞一人，秩四百石，尉二人，秩四百石，官有秩一人，乡有秩四人，令史四人，狱史二人，官啬夫三人，乡啬夫十人，游徼四人，牢监一人，尉史三人，官佐七人，乡佐九人，亭长五十四人，凡百七人②。（YM6D2 正）

从上面引述岳麓书院藏《置吏律》可知，必须任用本县人为有秩吏、小佐，若要起用他县人，必须有人保举。又请求任用某人为县令、都官长、丞、尉、有秩吏，也需有人作保。而县之长吏必须任用他县人或他郡人。从里耶秦简材料来看，尚未见本地人任有秩吏的材料，连乡及官署之执掌者也为外郡人：

卅二年，贰春乡守福当坐。士五（伍），居桼（资）中华里。·今为除道8-2014通食。（简8-2014）

卅二年，启陵乡守夫当坐。上造，居梓潼武昌。今徙8-1445为临沅司空啬夫。时毋吏。（简8-1445）

少内守谢，士五（伍），朐忍成都归休□。（简8-1469）③

贰春乡守福、启陵乡守夫、少内守谢分别来自资中、梓潼、朐忍，而三县均位于蜀地，这应当不是巧合。这既与秦法律规定担任地方长官者须为外地人有关系，又与里耶独特的地理位置和历史渊源有关。里耶处于湘黔边陲沅水上游，是蜀地通往楚地的通道，地理位置十分重要，曾经一度是秦楚反复争夺的区域。楚曾在此设立黔中郡，秦攻占后改设巫黔郡，后又更名为黔中郡、洞庭郡。正是由于其战略地位重要，故秦政府必须派遣故秦之人充任长吏。游逸飞认为迁陵县为移民社会④，此说值得商榷，笔者认为普通民众仍以土著为主，士卒、官吏则

---

① 彭浩、陈伟、[日]工藤元男编著：《二年律令与奏谳书》，上海古籍出版社2010年版，第293页。
② 连云港市博物馆等编：《尹湾汉墓简牍》，第79页。本文对于尹湾汉简的引用，均依据此书。
③ 陈伟主编：《里耶秦简牍校释（第一卷）》，武汉大学出版社2012年版，第418、327、334页。
④ 游逸飞：《里耶秦简所见的洞庭郡——战国秦汉郡县制个案研究之一》，武汉大学简帛网，2015年9月29日，http://www.bsm.org.cn/show_article.php?id=2316.

大都来自他郡。

从上论述可知，具体行政往往与律条规定有偏差，而如果考虑到维护统治的需要，这种"偏差"又是可以理解的，甚至是必要的。

需要补充的是，岳麓书院藏秦律对任用和罢免官吏的时间也作了规定：

　　·置吏律曰：县、都官、郡免除吏及佐、群官属，以十二月朔日免除，尽三月而止之。其有死亡及故有缺者，（简1227）

　　为补之，毋须时。郡免除书到中尉，虽后时，尉听之⌐。（简J43）①

从律文可知每年十二月到三月是官吏集中调整的时间，若有突发情况，可以灵活处理，这一规定是对《秦律十八种·置吏律》条文的沿袭，体现了秦制的延续性。又如《秦律十八种·内史杂律》："官啬夫免，□□□□□□其官亟置啬夫。过二月弗置啬夫，令、丞为不从令"，官啬夫空缺时间不能超过两个月，否则令、丞以不从令处置。所谓"不从令"，即未按法律所规定的去办。

## 二、为吏之身份要求

秦汉时期对为吏者的身份有一定要求，汉代史籍记载刘邦曾明令商贾不得为吏，又如赘婿、刑徒等贱民，以及曾经获重罪者均不可除为吏。又为吏者似要有一定的资财，《史记·淮阴侯列传》云韩信"始为布衣时，贫无行，不得推择为吏"②，特意强调韩信"贫"。其实在秦代对为吏者之资格审查要更具体细致些，仅录岳麓书院藏《置吏律》相关律文如下：

　　置吏律曰：县除小佐毋（无）秩者，各除其县中，皆择除不更以下到士五（伍）史者为佐，不足，益除君子子、大夫子、小爵；（简1396）

　　及公卒、士五（伍）子年十八岁以上备员，其新黔首勿强，年过六十者勿以为佐⌐。人属弟、人复子欲为佐吏；（简1367）③

　　置吏律曰：有辠以䙴（迁）者及赎耐以上居官有辠以废者，虏、收人、人奴、群耐子、免者、赎子，辄傅其；（简1389）

　　计籍。其有除以为冗佐、佐吏、县匠、牢监、牡马、簪裹者，毋许，及不得为租。君子、虏、收人、人奴、群耐子、免者、1418赎子，其前卅年五月除者勿免，免者勿复用；（简1378）④

---

① 陈松长主编：《岳麓书院藏秦简（肆）》，上海辞书出版社2015年版，第141页。
② 《史记·淮阴侯列传》第3165页。
③ 陈松长主编：《岳麓书院藏秦简（肆）》，上海辞书出版社2015年版，第137～138页。
④ 陈松长主编：《岳麓书院藏秦简（肆）》，上海辞书出版社2015年版，第138～139页。

害（宪）盗，除不更以下到士五（伍），许之；（简1247）①

补军吏、令、佐史，必取壹从军以上者，节（即）有军殹（也）；（简J47）

1262：遣卒能令自占，自占不审及不自占而除及遣者，皆赀二甲，废。（简1262）②

以上材料大意是秦代对为吏者的爵位、出身、年龄、资历都有一定要求。罪迁赎耐以上及曾为官被废者以及房、收人、人奴、群耐子、免者、赎子等身份低贱者要计入簿籍，不得为吏，不得为县官工。为了更好地理解以上律文，我们且对几个语词略加考释。

1396号简"君子子"与"大夫子"并列，此"君子"当指有一定爵位者，又从"大夫子"后依次为"小爵及公卒、士五（伍）子"可知排列顺序越靠前，爵位越高。故"君子"之爵位当高于"大夫"。《礼记·礼器》"是故君子大牢而祭謂之礼"，郑玄注云"君子谓大夫以上"③，然郑玄所言"大夫"是与"卿"、"大夫"相对的概念，与二十等爵中的"大夫"恐怕不是一回事。然秦代称爵位在大夫以上者为"君子"，或是受到前代制度的影响。"君子"表示具有某一爵位之人的用法见于睡虎地秦墓竹简，前人早就指出。《秦律十八种·置吏律》："官啬夫节（即）不存，令君子毋（无）害者若令史守官，毋令官佐、史守"，睡虎地秦墓竹简整理小组认为君子"疑指有爵的人"④，注释依据为《秦律杂抄·除吏律》："有兴，除守啬夫、叚（假）佐居守者，上造以上不从令，赀二甲。"⑤ 整理小组对"君子"的认定是有道理的，只是限于其时所见材料，对它的界定范围失之过宽。

《为狱等状四种》"学为伪书案"载"君子子癸诣私书赠所，自谓冯将军毋择子，与舍人来田南阳"，学冒充冯毋择儿子癸，被揭发后自述曰："君子子，定名学，居新壄（野）。非五大夫冯将军将军毋择子⋯⋯学父秦居赀，吏治（笞）秦，以故数为学怒，苦俚（耻）之。归居室，心不乐，即独拚（矫）自以为五大夫冯毋择子，以名为伪私书，问赠，欲貣（贷）钱胡阳少内。"⑥ 学的真实身份为"君子子"，知晓将军冯毋择将军的私人信息，可知其非常人。冯毋择是秦国著名人物，为一般人所知晓也不足为奇，然要想知道冯毋择儿子的名字

---

① 陈松长主编：《岳麓书院藏秦简（肆）》，上海辞书出版社2015年版，第137页。
② 陈松长主编：《岳麓书院藏秦简（肆）》，上海辞书出版社2015年版，第141页。
③ 李学勤主编：《十三经注疏·礼记正义》，北京大学出版社1999年版，第735页。
④ 睡虎地秦墓竹简整理小组：《睡虎地秦墓竹简》，文物出版社1990年版，第56页。
⑤ 睡虎地秦墓竹简整理小组：《睡虎地秦墓竹简》，文物出版社1990年版，第79页。
⑥ 朱汉民、陈松长主编：《岳麓书院藏秦简（叁）》，上海辞书出版社2013年版，第227~228页。

并非普通人能办到。综上推测,学应当出自官宦人家,父亲秦或因公事获赀刑。简文中的"君子"与《置吏律》中"君子"所指应当相同,指爵位在大夫以上者。

通过以上考证可知"君子"指爵位在大夫以上者,那么"君子子"是否可以简单地理解为君子之子呢?我们无妨对"子"以及秦代"小爵"作一考察。

上揭简文"县除小佐毋(无)秩者,各除其县中,皆择除不更以下到士五(伍)、史者为佐,不足,益除君子子、大夫子、小爵1367及公卒、士五(伍)子年十八岁以上备员","君子子""大夫子"与"小爵""公卒、士五(伍)子"并列,其性质当类似。小爵指未傅籍成人者占有的爵位,刘敏已有精彩论证①。然关于"小爵"问题,笔者尚有一些补充,兹先罗列秦汉简牍中所见的相关代表性材料如下:

☑□二户。AⅠ
大夫一户。AⅡ
大夫寡三户。AⅢ
不更一户。AⅣ
小上造三户。AⅤ
小公士一户。AⅥ
士五(伍)七户。☑BⅠ
司寇一【户】。☑BⅡ
小男子□☑BⅢ
大女子□☑BⅣ
·凡廿五☑BⅤ②(简单8-19)

今见一邑二里:大夫七户,大夫寡二户,大夫子三户,不更五户,□□四户,上造十二户,公士二户,从廿六户☑③。(简8-1236+简8-1791)

·丞相上南阳叚(假)尉书言:贲、兴、者、小簪袤未等追群盗,未与鬭,死事。(岳麓秦简0661)④

不更以下子年廿岁,大夫以上至五大夫子及小爵不更以下至上造年廿二岁,卿以上子及小爵大夫以上年廿四岁,皆傅之。(二年律令·傅律 简364)⑤

---

① 刘敏:《张家山汉简"小爵"臆释》,载于《中国史研究》2004年第3期,第19~26页。
② 陈伟主编:《里耶秦简牍校释(第一卷)》,武汉大学出版社2012年版,第32~33页。
③ 陈松长主编:《岳麓书院藏秦简(肆)》,上海辞书出版社2015年版,第297页。
④ 岳麓书院藏秦简,待刊。
⑤ 张家山二四七号汉墓竹简整理小组:《张家山汉墓竹简[二四七号墓](释文修订本)》,文物出版社2001年版,第58页。

从里耶秦简、岳麓秦简可见"小公士""小上造""小簪褭"等小爵名称，但未见"小不更""小大夫"及以上爵位的小爵名。8-1236+8-1791 简有"大夫子"这一称谓，笔者认为即"小大夫"之异称，指承继大夫爵位的未傅籍者。岳麓秦简《置吏律》1396 号简文"君子子、大夫子、小爵"并列，可推知"小爵"指承继不更、簪褭、上造和公士爵位的未傅籍者。据此可以略微修正刘敏的论点，在秦代狭义的"小爵"指承继不更及不更以下爵位的未傅籍者。既然 1396 号简文中小爵是不更子、簪褭子、上造子和公士子的合称，那么"大夫子"、"君子子"分别指承继大夫和君子爵位的未傅籍者。《学为伪书案》君子子学矫爵为伪书时年十五，尚未达到秦代傅籍年龄，这也侧面证明了"子"指未傅籍者。故将 1389 组律文中的"赎子"和"群耐子"理解为被处以赎刑、耐刑的未傅籍者可能更为妥当。

1378 号简"除以为冗佐、佐吏、县匠、牢监、牡马、簪褭者"一段简文并列了小吏、官府工匠及杂役职称，其中"牡马"、"簪褭"之性质值得探究一番。"牡"在文献中常与"牝"相对，表示雄性动物，然若将"牡马"解释为公马，在简文中显然说不通。笔者认为"牡"通"牧"，"牧马"指官府中负责饲养马匹的杂役。《诗经·鲁颂·駉》"駉駉牡马"，《正义》云："定本'牡马'字作'牧马'"①，又《颜氏家训·书证》："《诗》云'駉駉牡马'，江南书皆作牝牡之牡。河北本悉为放牧之牧。"② "簪褭"在秦汉作为爵名，表示二十等爵第三等，这已经是学者们耳熟能详的，然在简文中显然不能作为爵名来解释，只能作为职官或职役名称来理解。

据出土秦汉简牍，秦统一前二十等爵第三等常称为"走马"，而非"簪褭"。《为狱等状四种》中有走马达、走马喜、小走马义、走马路，据文例"走马"均为爵名无疑。张家山汉墓竹简《奏谳书》中两个秦王政时期的案例分别出现"走马魁都"和"走马仆"，"走马"亦为爵名无疑。可见，在秦统一之前，"走马"为二十等爵之一等。陈松长和贺晓朦辨认出里耶秦简 8-461 号更名木方其中一行为"走马如故更簪褭"③。据陈侃理先生《里耶秦方与书同文字》一文，里耶秦方"A 如故更 B"句式宜理解为 A 在某些场合保持不变，在某些场合更为 B。④ 寻此文例，"走马如故更簪褭"应当理解为走马在某些场合不变，在某些场合更为簪褭。检里耶秦简文书以及《二年律令》，簪褭均作爵名。由此反

---

① 李学勤主编：《十三经注疏·毛诗正义》，北京大学出版社 1999 年版，第 1386 页。
② 王利器撰：《颜氏家训集解（增补本）》，中华书局 1993 年版，第 414 页。
③ 陈松长、贺晓朦：《秦汉简牍所见"走马"、"簪褭"关系考论》，载于《中国史研究》2015 年第 4 期，第 57~66 页。
④ 陈侃理：《里耶秦方与书同文字》，载于《文物》2014 年第 9 期，第 76~81 页。

推，"走马"在秦统一前兼表军功爵第三级名称和职官名。秦国爵名常兼为官职名，如"大良造"、"大庶长"等。秦统一之后"走马"表示爵位名称的功能被"簪褭"替代，故在秦统一后的文献中再也找不到"走马"作为爵位名的材料，然亦未找到"走马"作为职官名的材料，一种可能的解释是"走马"这一职官名秦以后就消失了，或改为他称。

"簪褭"作为爵位名见于《商君书·境内》篇，"能攻城围邑斩首八千已上则盈论；野战斩首二千则盈谕。吏自操及校以上，大将尽赏行间之吏也。故爵公士也，就为上造也。故爵上造，就为簪褭。【故爵簪褭】，就为不更。【故爵不更，就为大夫】"①。关于《商君书·境内》篇的成书，"一般人都认为是商鞅所作，有人认为是商鞅变法时所拟订的一个法制草案，但在流转过程中有了脱误"②。通过上文论证，不难知晓"簪褭"原文当作"走马"，后代学者以当时称谓改之。

需要补充的是秦第三等爵还有一个异称叫"谋人"：

> 不更以下到谋人，粺米一斗，酱半升，采（菜）羹，刍稾各半石。·宜奄如不更。（秦律十八种·传食律 简181③）

> 上造以下到官佐、史毋（无）爵者，及卜、史、司御、寺、府，櫺（粝）米一斗，有采（菜）羹，盐廿二分升二。（秦律十八种·传食律 简182④）

《传食律》是关于邮亭驿站为过往公职人员提供饭食的法律规定。"不更以下到谋人"之主语为官吏。大概供食时要同时参照官秩和爵位两个标准，同一官阶者按爵位高低授予食物。如同为斗食之吏的佐、史，爵位高者得食善且多。

回到岳麓秦简《置吏律》条文，1396组律文规定担任小佐者，先以不更以下爵位者至于无爵的士伍，只有符合条件的人员不足时才会考虑君子子、大夫子、小爵以及公卒、士伍子等年十八岁以上者。从上文引用里耶秦简迁陵县吏员统计情况来看，一县之吏不过百多人，除去长吏和官啬夫，佐吏不过数十人，而在一般情况下，一县之户数大者过万，小者数千，何以会出现低爵者不敷充任佐吏的情况呢？从岳麓秦简可知，秦代"避为吏"的现象十分普遍⑤，之所以不愿担任基层小吏，这与其境遇有极大关系。为吏不但不能带来好处，反而常有无妄之灾，故黔首都不愿为吏。在秦代担任基层小吏，常常是一种无奈的选择。"其

---

① 蒋礼鸿：《商君书锥指》，中华书局1986年版，第116页；脱文据俞樾意见补。
② 张觉：《商君书校注》，岳麓书社2006年版，第146页。
③ 睡虎地秦墓竹简整理小组：《睡虎地秦墓竹简》，文物出版社1990年版，第60页。
④ 睡虎地秦墓竹简整理小组：《睡虎地秦墓竹简》，文物出版社1990年版，第60页。
⑤ 关于"避为吏"问题，笔者有专文讨论，详参《秦代官制略论》一文相关章节。

"新黔首未强"一句也可侧面反映出充任"小佐"并非好差事,因为在岳麓秦简中多次出现优待新黔首的记载,不强迫新黔首为小佐也可视为一种优待。

秦律对担任佐吏者有年龄限制,《秦律十八种·内史杂》:"除佐必当壮以上,毋除士五(伍)新傅。苑啬夫不存,县为置守,如厩律。"① 可知秦任用佐官的年龄下限为"壮",从岳麓秦简《置吏律》"年过六十者勿以为佐",又知担任佐官的年龄上限为六十岁。"壮"究竟指多大年龄,学者尚有不同看法。睡虎地秦墓竹简整理小组沿用传统观点,认为"壮"指三十岁②。然笔者通过分析相关文献得知秦汉时的"壮"指傅籍成丁,而非只有年三十岁才称壮。兹引数条材料如下:

《史记·李将军列传》:李陵既壮,选为建章监,监诸骑。③

《史记·韩信卢绾列传》:及生男,高祖、卢绾同日生,里中持羊酒贺两家。及高祖、卢绾壮,俱学书,又相爱也。④

《史记·吕太后本纪》:或闻其母死,非真皇后子,迺出言曰:"后安能杀吾母而名我?我未壮,壮即为变。"⑤

《史记·燕召公世家》:还报燕王曰:赵王壮者皆死长平,其孤未壮,可伐也。⑥

《里耶秦简牍校释》:迁陵狱佐士五(伍)朐忍成都谢,长七尺二寸,年廿八岁,白皙色。舍人令佐最占。(简8-988)⑦

以上所见之"壮"很难说都指"三十岁"以上,尤其是"赵王壮者皆死长平"中的"壮者"实际上包括所有能拿得起武器的男人。长平之战,秦赵均倾尽全力,秦国十五岁以上的男性都披甲上阵,而作为生死垂于一线的赵国,为了抵御秦国的攻势,甚至连小孩都派上了。史书载长平之战赵国损失军队四十五万,只有年纪尚小的二百多人被放回赵国。里耶秦简所见迁陵狱佐谢的年龄为廿八岁。

从出土秦简材料来看,一般二十岁左右就可以任基层史官,如《编年纪》载喜十六岁傅籍,十八岁"揄史",二十一岁为安陆令史。《为狱等状四种》"触

---

① 睡虎地秦墓竹简整理小组:《睡虎地秦墓竹简》,文物出版社1990年版,第62页。
② 睡虎地秦墓竹简整理小组:《睡虎地秦墓竹简》,文物出版社1990年版,第62页。
③ 《史记·李将军列传》,第3477页。
④ 《史记·韩信卢绾列传》,第3197页。
⑤ 《史记·吕太后本纪》,第511页。
⑥ 《史记·燕召公世家》,第1886页。
⑦ 陈伟主编:《里耶秦简牍校释(第一卷)》,武汉大学出版社2012年版,第257页。

为令史廿二岁，年卅三"①，可知触二十一岁即做令史。"佐"是常与"史"并称的基础小吏，二者品秩地位相当，所起用的年龄标准也应相近。故秦任用佐官的年龄标准应当是十八岁左右，傅籍年龄为十七岁，故其时所谓"壮"当指傅籍之后的年龄段。

此外，秦代为军吏、令、佐史者必有从军经历，"补军吏、令、佐史，必取壹从军以上者"。睡虎地秦墓竹简《编年纪》载"（秦昭王）五十三年，吏谁（推）从军"，整理小组认为"谁"与"推"通，解释为"推择"②，有一定道理。笔者认为"吏谁（推）从军"还可以作如下理解：自今起，择吏必取有从军经历者；在职吏员若无从军经历，必须补足。但是从喜的履历来看，去军中服役又未必在为吏之前。喜在秦王嬴政三年即被任为史，六年为安陆令史，七年为鄢令史，十三年从军，十五年又从平阳军。可见实施法律过程中会有一定变通。

## 三、任人为吏的规定

为吏途径之一是通过他人保举，《史记·范雎列传》载范雎发迹后"任郑安平，使击赵"，结果郑安平"为赵所围，急，以兵二万人降赵"，应侯范雎作为举荐担保人依秦律"罪当收三族"，"秦之法，任人而所任不善者，各以其罪罪之"③，即被保举者犯罪，保举人与之同等处罚。事实上，倘若保举人犯罪，被保举者也会被免职，出土秦律条文也有相关记载，此外秦律关于任人为吏方面还有不少更为具体的规定：

> 岳麓秦简：置吏律曰：县除有秩吏，各除其县中。其欲除它县人及有谒置人为县令、都官长、丞、尉、有秩吏，能任（简1272）者，许之⌐。县及都官啬夫其免徙而欲解其所任者，许之。新啬夫弗能任，免之，县以攻（功）令任除有秩吏⌐。任者免徙，令其新啬夫任，弗任，免。（简1245）④

> 岳麓秦简：置吏律曰：敢任除战北、奰、故徼外盗不摎及废官者以为吏及军吏、御右、把钲鼓志及它论官者（简1426）□□□□谒置□□丞、尉□□卒史、有秩吏及县令除有秩吏它县者，令任之，其（简1303）任有辠刑辠以上，任者赀二甲而废；耐辠、赎辠，任者赀一甲；赀辠，任者弗坐。任人为吏及宦皇（简1302）帝，其谒者有辠，尽去所任，勿令为吏及

---

① 朱汉民、陈松长主编：《岳麓书院藏秦简（叁）》，上海辞书出版社2013年版，第191页。
② 睡虎地秦墓竹简整理小组：《睡虎地秦墓竹简》，文物出版社1990年版，第9页。
③ 《史记·范雎列传》，第2932页。
④ 陈松长主编：《岳麓书院藏秦简（肆）》，上海辞书出版社2015年版，第136~137页。

官⌐。为吏而置吏于县及都官，其身有辠耐以上及使（简1352）故徼外不来复令而臣遝（？）者，其所置者皆免之，非计时殹（也），须已计而言免之。（简0991）①

《法律答问》：任人为丞，丞已免，后为令，今初任者有罪，令当免不当？不当免。②

《秦律十八种·置吏律》：啬夫之送〈徙〉见〈视〉它官者，不得除其故官佐、吏以之新官③。

《秦律杂抄·除吏律》：任法（废）官者为吏，赀二甲。④

从岳麓秦简1272组《置吏律》条文可以得出以下信息：（1）有秩吏一般任用本县人，若用它县、它郡人必须有人作保。（2）有秩吏一般按照功令任用，也可通过他人保举。（3）作保者的官秩、地位一定比被保举者高，若要保举县令、都官长，保人肯定是郡守郡尉及以上级别的官吏。县令、都官长可以保举有秩吏及以下官吏。（4）通过他人作保而为吏者，若被弃保，则无法继续任职。旧有作保人徙官、免官，若有其他衙署主管级别的官员担任新的作保人，可以继续任职。岳麓秦简1426组《置吏律》主要规定所任有罪时保人依情节严重情况而要连带被罚或获罪。曾经有不良记录，如"战北、獒、故徼外盗不援"等，是不能被保举为吏的。关于作保者是否与被保者处以同等刑罚问题，据《史记·范雎列传》"秦之法，任人而所任不善者，各以其罪罪之"⑤，保人与被保者同等处罚。然据岳麓秦简《置吏律》："其任有辠，刑辠以上，任者赀二甲而废；耐辠、赎辠，任者赀一甲；赀辠，任者弗坐"⑥，被保举者所犯罪在肉刑以上，作保人赀二甲并罢免官职；被保人犯耐罪、赎罪，作保人赀一甲；被保人犯赀罪，作保人不要连坐。此规定与《范雎列传》所载有所不同，或是律令修改的结果。又或者若被保者有重大罪过，作保人不得降等处置，应当与被保人同罪。

被保者与作保人的命运是紧密联系在一起的利益共同体，一损则具损，倘若作保人犯罪，被保人也无法继续任职。"任人为吏及宦皇帝，其谒者有辠，尽去所任，勿令为吏及宦。为吏而置吏于县及都官，其身有辠耐以上及使故徼外不来复令而臣遝（？）者，其所置者皆免之，非计时殹（也），须已计而言免之。""谒者"即担保人，或与"任"连用，《二年律令·史律》"谒任史、卜，上计

---

① 陈松长主编：《岳麓书院藏秦简（肆）》，上海辞书出版社2015年版，第139～140页。
② 睡虎地秦墓竹简整理小组：《睡虎地秦墓竹简》，文物出版社1990年版，第127页。
③ 睡虎地秦墓竹简整理小组：《睡虎地秦墓竹简》，文物出版社1990年版，第56页；个别字词释读据己意改动。
④ 睡虎地秦墓竹简整理小组：《睡虎地秦墓竹简》，文物出版社1990年版，第79页。
⑤ 《史记·范雎列传》，第2932页。
⑥ 陈松长主编：《岳麓书院藏秦简（肆）》，上海辞书出版社2015年版，第140页。

修法，谒任卜学童，令外学者，许之"①，《为狱等状四种》"绥任谒以补卒史，劾它吏，卑（俾）盗贼不发"，②"任谒课以补卒史，劾它吏"③。"谒者"与"置者"却是不同的概念，虽然这二个角色可能由同一个人充当。比如甲县县令保举某人去乙县做佐史，县令的身份是"谒者"，而"置者"为乙县相关部门的主管者。若县令保举一人为自己属下，则县令既是"谒者"，又是"置者"。据律文，"所置者"比"所任者"的地位要稳固些，"置者"犯耐罪以上，所置者免职，"谒者有罪，尽去所任"，而耐罪以下尚有赀罪等。又县"所置"之吏，只有郡才有权罢免，故要等到"上计"时将所免状一起奉上，由郡予以免职。

上所引用《法律答问》材料可看作对《置吏律》条文的补充，律文意思比较迂曲，睡虎地秦墓竹简整理小组给出的译文为"保举他人为丞，丞已免职，事后本人为令，如果原来保举过的那个人有罪，令应否免职？不当免。"④ 曾所保举过的人已不担任官职，若犯罪，保人不当连坐。

## 四、秦汉《置吏律》之比较

作为实用性极强的法律条文，为了适应社会发展之需要会适时加以修订，秦《置吏律》条文能极好地证明这一常识性的判断：

  县、都官、十二郡免除吏及佐、群官属，以十二月朔日免除，尽三月而止之。其有死亡及故有夬（缺）者，为补之，毋须时。（秦律十八种·置吏律）⑤

  置吏律曰：县、都官、郡免除吏及佐、群官属，以十二月朔日免除，尽三月而止之。其有死亡及故有缺者（岳麓简1227），

  为补之，毋须时。郡免除书到中尉，虽后时，尉听之└。补军吏、令、佐史，必取壹从军以上者，节（即）有军殹（也）（岳麓秦简J43），

  遣卒能令自占，自占不审及不自占而除及遣者，皆赀二甲，废（岳麓秦简1262）⑥。

通过比较上面两则律文，可得知秦律文本有一定的稳定性，但又不时会进行

---

① 张家山二四七号汉墓竹简整理小组：《张家山汉墓竹简［二四七号墓］（释文修订本）》，文物出版社2001年版，第82页。
② 朱汉民、陈松长主编：《岳麓书院藏秦简（叁）》，上海辞书出版社2013年版，第181页。
③ 朱汉民、陈松长主编：《岳麓书院藏秦简（叁）》，上海辞书出版社2013年版，第191页。
④ 睡虎地秦墓竹简整理小组：《睡虎地秦墓竹简》，文物出版社1990年版，第127页。
⑤ 睡虎地秦墓竹简整理小组：《睡虎地秦墓竹简》，文物出版社1990年版，第56页。
⑥ 陈松长主编：《岳麓书院藏秦简（肆）》，上海辞书出版社2015年版，第141页。

一些修订。岳麓秦简1227组《置吏律》划线部分显然是承袭《秦律十八种》而来,但细细观察,二者又有一个显著的不同。《秦律十八种》中的"十二郡"在岳麓秦简中被改写为"郡"。这至少可以说明如下几点:(1)《秦律十八种》此则《置吏律》条文制定时,秦只有区区十二郡。至于秦拥有十二郡之地的时间,学者们各有看法,至今无定论。但是有一点可以肯定,在秦完全统一六国前,其统治区域已不止十二郡。(2)1227组《置吏律》条文的修订必在战国末期以后,因为随着秦疆域急速扩张,郡数也在不时刷新,而律文却不可能随时加以修订,即使能做到及时修订,律文传抄、刊布以及运用到日常行政之中尚需一段时间,故出现具体的郡目数显然不合适,索性统称为"郡"更为便利。

顺便臆测一下1227组律文的构成。此则律文前后所规定的内容有一定差距,故抄录者以┘隔开。笔者认为这两段内容原本各自为独立的律文,抄录者依据需要将其摘录在一起。前半部分讲郡、县、都官等地方行政机构和中央派出机构官吏任免时的规定,后面讲军吏任用规定。我们知道由于二者功能之差异,文臣武将的任用条件必有较大差距,军吏任免的律文必然是单独制定的。

"郡免除书到中尉,虽后时,尉听之"一段尤为引人注目。郡罢免起用官吏的文书要上呈到中尉手中,这在以前的文献中无相关信息。按照一般认识,郡直接对中央负责,关于人事任免这样的事务,理应是丞相或皇帝亲自料理的,如何会呈送到中尉。据《汉书·百官公卿表》"中尉,秦官,掌徼巡京师,有两丞、候、司马、千人。武帝太初元年更名执金吾",如淳曰:"所谓游徼、徼巡,禁备盗贼也。"[①]《二年律令·秩律》中尉秩二千石,汉名臣周亚夫、郅都均任过中尉一职。可见此中尉是掌管京师治安的,乃中二千石之官,与地方行政无多大关系。然《华阳国志·蜀志》载秦惠王时有中尉田真黄与司马错力主伐蜀[②],又秦封泥有"中尉之印"[③],可证"中尉"确为秦官。汉代中尉之名虽承秦而来,但二者所掌或有不同。

关于中尉一职的来源,王先谦在《汉书补注》中指出:"又赵烈侯官荀欣为中尉,则是官不独秦有也。"[④] 王氏所据出自《史记·赵世家》,其文曰:

公仲乃进三人。及朝,烈侯复问:"歌者田何如?"公仲曰:"方使择其善者。"牛畜侍烈侯以仁义,约以王道,烈侯逌然。明日,荀欣侍,以选练举贤,任官使能。明日,徐越侍,以节财俭用,察度功德。所与无不充,君悦。烈侯使

---

① 《汉书·百官公卿表》,第732~733页。
② 任乃强:《华阳国志校补图注》,上海古籍出版社1987年版,第126页。
③ 傅嘉仪:《秦封泥汇考》,上海书店2007年版,第159~160页。
④ 王先谦:《汉书补注》,中华书局1983年版,第302页。

谓相国曰:"歌者之田且止。"官牛畜为师,荀欣为中尉,徐越为内史。①

牛畜以仁义王道教导赵烈侯,故被任为师傅;徐欣选举官吏得当,任为中尉;徐越"节财俭用,察度功德",被任为内史。可见战国时赵国所设之中尉专主举荐人才择选官吏。考赵烈侯公元前408年至前387年在位,而秦惠文王是公元前337年承继大位,《华阳国志》所载中尉田真黄与司马错力主伐蜀事则更在其后。秦国职官大多借鉴三晋而设,"中尉"或亦如此。因为中尉负责官吏之任免,故各郡任免官吏的文书要上呈之,明白此关节,律文"郡免除书到中尉,虽后时,尉听之"一段就不难理解了。

汉承秦制然并非全盘蹈袭,秦汉"中尉"名同而实异,这是值得注意的。

《二年律令·置吏律》有数则律文与岳麓秦简《置吏律》颇为相似,其承继痕迹是显而易见的。兹引二则如下:

> 有任人以为吏,其所任不廉、不胜任以免,亦免任者。其非吏及宦也,罚金四两,戍边二岁②。

岳麓秦简:

> 置吏律曰:敢任除战北、奊、故徼外盗不援及废官者以为吏及军吏、御右、把钲鼓志及它论官者(简1426)□□□□□谒置□□丞、尉□□卒史、有秩吏及县令除有秩吏它县者,令任之,其(简1303)
>
> 任有辠刑辠以上,任者赀二甲而废;耐辠、赎辠,任者赀一甲;赀辠,任者弗坐。任人为吏及宦皇。(简1302)
>
> 帝,其谒者有辠,尽去所任,勿令为吏及宦┘。为吏而置吏于县及都官,其身有辠耐以上及使。(简1352)
>
> 故徼外不来复令而臣逋(?)者,其所置者皆免之,非计时殹(也),须已计而言免之(简0991)。③

从上面引用律文可知,《二年律令·置吏律》和岳麓秦简《置吏律》均对任人为吏作了规定,二者最大不同在于前者简约精炼而后者细密具体。其次,《二年律令》仅针对所任吏不廉、不胜任而免的情况该如何处置问题加以规定,而岳麓秦简针对的是被保举为吏者犯罪时,依其轻重程度举荐人当如何处理。又岳麓秦简还规定了"战北、奊、故徼外盗不援及废官者……及它论官者"这几类人是不能被保举为吏的,《二年律令·置吏律》中不见这方面的内容。

---

① 《史记·赵世家》,第2166页。
② 张家山二四七号汉墓竹简整理小组:《张家山汉墓竹简〔二四七号墓〕(释文修订本)》,文物出版社2001年版,第36页。
③ 陈松长主编:《岳麓书院藏秦简(肆)》,上海辞书出版社2015年版,第139~140页。

秦汉《置吏律》对为官者的籍贯均有所要求：

《二年律令·置吏律》：都官除吏官在所及旁县道。都官在长安、栎阳、雒阳者，得除吏官在所郡及旁郡。①

岳麓秦简：

置吏律曰：县除有秩吏，各除其县中，其欲除它县人及有谒置人为县令、都官长、丞、尉、有秩吏，能任。（简1272）

者，许之┕。县及都官啬夫其免徒而欲解其所任者，许之。新啬夫弗能任，免之，县以攻（功）令任除有秩吏┕。任者免徒，令其新啬夫任，弗任，免。（简1245）②

从秦汉《置吏律》可知，都官和县一般任除本县人为官吏，只有在他人作保的情况下，才能任用它县人。但是这种规定仅仅限于啬夫吏以下的官员，在秦汉时期，各县之长吏，甚至部门的主事者均由它县人担任。里耶秦简所见迁陵县吏员籍贯明确之长吏以及乡守和官啬夫，籍贯均为秦之故地，如贰春乡守福、启陵乡守夫、少内守谢分别来自资中、梓潼、胸忍，而三县均位于蜀地，这应当不是巧合。又《尹湾汉墓简牍》东海郡下辖长吏名籍均为他县甚至他郡③。

通过对以上4种秦汉律条的比较可知，秦汉律条有不少可以互勘互补之处，这对复原原始文本和正确解读律文是极有裨益的。史书习言"汉承秦制"，其在法律制度方面的表现尤为明显，萧何以秦律为蓝本制定汉律是毋庸置疑的。但是汉初之国情异于秦代，统治者的治国理念也发生了变化，这些改变表现在律条上就是汉律在许多方面较秦律宽松些。又在个别事项的规定上汉律较秦律更为合理，后出而易转精。但就准确、规范程度，汉律则不如秦律。此外，汉人失之粗疏，不若秦人严谨，这一点从秦汉律抄本的讹误率亦可以看到。（周海锋）

## 五、岳麓秦简中几个官吏名略考

正在整理的岳麓秦简中，出现了好些比较少见、或容易引起误解的官名（包括官署名），对这些官名的分析和解读，或将有助于我们对秦代职官制度的进一步认识和了解，因此，不揣浅陋，试做考略，以请教于大家。

---

① 张家山二四七号汉墓竹简整理小组：《张家山汉墓竹简［二四七号墓］（释文修订本）》，文物出版社2001年版，第38页。
② 陈松长主编：《岳麓书院藏秦简（肆）》，上海辞书出版社2015年版，第136~137页。
③ 连云港市博物馆、中国社会科学院简帛研究中心等编：《尹湾汉墓简牍》，第15~22页。

## （一） 执灋

"执灋"这个官名在《睡虎地秦墓竹简》《里耶秦简》（壹）中都没有出现，但在岳麓秦简中却多次出现，如：

> ·御史、丞相、执灋以下有发征及为它事皆封其书，毋以檄（檄）。不从令，赀一甲。·卒令乙八·令辛。（简1872）

> □曰：□□□发，必官吏及丞相、御史、执灋发，卒史以下到县官佐使，皆毋敢名发。其发治狱者，官必遣。（简1689）

这两条律文中出现的"执灋"都与"丞相、御史"并列，很显然，"执灋"当是与"丞相"、"御史"职位或职级相同的官名。这种用法，同样见于传世文献，如《史记·滑稽列传》："执灋在旁，御史在后。"这里的"执灋"也是与"御史"并列者，再如《战国策·魏策四》："秦自四境之内，执灋以下至于长挽者，故毕曰：'与嫪氏乎？与吕氏乎？'虽至于门闾之下，廊庙之上，犹之如是也。"这里所谓的"庙堂之上"，说的是其官位之高，这也就是说，"执灋"是位居朝廷之上的高官。岳麓秦简中的"执灋"与"丞相"、"御史"并列，或正可与传世文献记载相印证。

但岳麓秦简中除了上述两条简文之外，还有不少简文中出现的"执灋"并不是与"丞相""御史"并列者，如：

> 一牒署初狱及断日，辄上属所执灋，执灋辄上丞相，以邮行，且以□□□□及弗以为事，当论而留，弗亟。（简1781）

> ·廿一年十二月己丑以来，县官田田徒有论殼及诸它缺不备获时，其县官求助徒获者，各言属所执灋、执灋辄。（简1612）

> 为调发。书到执灋而留弗发，留盈一日，执灋、执灋丞、吏主者，赀各一甲，过一日到二日，赀各二甲，过二日【到三】。（简1611）

这两条简文中的"执灋"显然不是与"丞相"并列的朝廷命官，而是"丞相"之下的专属灋官。前面有一个"属所"的定语，说明这"执灋"不是朝廷灋官，而是"属所执灋"。

简1612中更是明言，"其县官求助徒获时"，"各言属所执灋"，可见这"属所执灋"是比"县官"更具"调发"力和权威的官或官署。既然是比"县官"的权威和职能要大，那么，这属所也就可能是郡或县的特殊"属所"，它可能更负有特定的使命。

我们在岳麓秦简中发现，这里的所谓"属所"或当是"狱属所"的省称。岳麓秦简1973中有"咸阳及郡、都县恒以计时上不仁邑里及官者数狱属所执灋，县道官别之"的记载，或可证明这"属所"当是郡或县的"狱属所"，即郡县中专司狱事的机构。如果这种推断成立的话，那么，所谓的"属所执灋"也就是郡县内专司法律事务的官名或官署名。也许正因为是郡县的"属所执灋"，故有关狱案的情况要由"执灋"上报"丞相"。

作为郡或县的"执灋"，它有独立的官署和下属的吏员，其官署或称"府"，如岳麓秦简0346上就记载："勿令兵计，皆识射其执灋府"，其下属的吏员有"丞"、"吏主"、"卒史主"之类，例见上引秦简1611上就明确云："执灋、执灋丞、吏主者赀各一甲"。由此可知，"执灋"是有丞为其辅佐的，所谓的"执灋丞"多少可与文献中常见的"县丞"相比拟。

在岳麓秦简中，"执灋"常与"县官"发生关系，上引1612简上记载的是县官在收获季节缺少劳力时，要报请"执灋"去协调调发，说明"执灋"比"县官"的职权大。同时，我们也看到"执灋"又常与"县官"并列，如简1034上记载："·诸执灋、县官所治而当，上奏当者。"又如简1304上记载："□会狱治，诣所，县官、属所执灋即亟遣为质，日□行日，日行六十里。"可见"执灋"或"属所执灋"是常与"县官"相提并论的。这多少也说明，"执灋"是不同于"县官"的一个由朝廷直接派遣和管控的专司狱状的法官。

综上所述，我们或许可以大致归纳如下几点：

（1）"执灋"在秦代是一个常见的官名或官署名。

（2）"执灋"既可以是朝廷法官，与丞相和御史并列，又可以是郡或县里专管狱状的灋官。

（3）"执灋"的职权范围大于县官，它有专门的官署和属吏。

## （二）属

"属"或称为"属官""属吏"，在汉代是很常见的一个泛指官称，如《汉书·百官公卿表》："少府，秦官，掌山海池泽之税，以给共养，有六丞。属官有尚书、符节、太医、太官、汤官、导官、乐府、若卢、考工室、左弋、居室、甘泉居室、左右司空、东织、西织、东园匠十六官令丞"。有关于汉代郡县的属官制度，早在我国台湾严耕望的《秦汉地方行政制度》① 中做过详细的分析。后来北京社科院历史所的谢桂华结合出土的尹湾汉墓简牍的研究，也对西汉地方行政制度中的属吏进行过细致的探讨②。在此基础上，我国台湾的廖伯源更做过很

---

① 严耕望：《秦汉地方行政制度》台北"史语所"专刊之45，1961年版。
② 谢桂华：《尹湾汉墓简牍和西汉地方行政制度》，载于《文物》1997年第1期，第42~48页。

细密的研究①，应该说，关于汉代的属官制度，在他们的论著中多已阐释得很清楚了。这里，我们之所以再将"属"专门提出来讨论，是因为在秦代简牍中反复出现的"属"的使用，我们不能简单地都理解为泛指的"属官"或"属吏"，它还是一个经常专指的官称。如：

  佐弋隶臣阳家臣，免为士五，属、佐弋而亡者，论之，比寺车府、内官、中官隶臣。（简0782）

我们知道，"佐弋"是一个特定的官名。《汉书·百官公卿表》曰："秦时少府有佐弋，汉武帝改为佽飞，掌弋射者。"可见"佐弋"本身就是少府中掌管弋射的属官之一，因此，简文中的"属"就不可能是"佐弋"的属官，而应是与"佐弋"并列的一种特指的官名。

与此相类似者亦见于岳麓简0559：

  ·狱史、令史、有秩吏、及属、尉佐以上，二岁以来新为人赘壻者免之。

又见于简1866：

  诸吏为诈，以免去吏者，卒史、丞、尉以上上御史，属、尉佐及乘车以下上丞相。

两条简文中的"属"都与"尉佐"并列，"尉佐"本来就是尉的属官，自然"尉佐"本身不会再配属官，所以，这里的"属"也不是"尉佐"的属官，而应是特定的官名。

关于"属"这种官称，在尹湾汉简中排列得更加清楚：

《尹湾汉简》1正："（东海郡）大守一人，丞一人，卒史九人，属五人，书佐十人，啬夫一人，凡廿七人。"

这里很明确，"属"是相对于"卒史""书佐"而单列的官名。

秦简中值得注意的是，"属"并不与"卒史"并列，而是与"尉佐"并列，可见它的级别要略低与"卒史"。

至于"属"的职掌范围到底如何？这可能不太好具体落实。《史记·儒林列传》记载："文学掌故补郡属。"苏林注曰："属亦曹史，今县令文书解言属某甲也。"既然类似于曹史，那职掌的范围就会比较宽泛，它可能是专司某一方面的曹史，或类似于今天的专门助理。但从简文中所并列的那些官名如"佐弋"、"尉佐""书佐"来推断，它又应该是跟"尉佐""书佐"相类的所谓"少吏"②。

---

① 廖伯源：《汉代郡县属吏制度补论》，载氏著：《简牍与制度》，广西师范大学出版社2005年版。
② 《汉书·百官公卿表》："百石之下有斗食、佐史之秩，是为少吏。"

据此，我们可以大致判断，"属"在秦代即可泛指，即所谓"属官""属吏"之类，也可以特指，即是与"斗食、佐史"相类似的一类曹史。当然，虽然同是"属"或"属官"，也有朝廷公卿府属、郡属和县属的差别。上引《汉书·百官公卿表》的属官是少府的属官，是朝廷公卿府的"属"，《尹湾汉简》中的"属"是东海郡太守、丞下面的佐官，是郡属，这也与上引《史记·儒林列传》的记载正可相印证。而县属的名称，亦见于岳麓秦简中，如

县属而有所之，必谒于尉，尉听，可许者为期日。（简1404）

关于郡属和县属的具体官名如何？严耕望曾指出："大抵秦及汉初常统称一切属吏曰史，郡府属吏曰卒史，县丞尉属吏曰丞史、尉史，县令属吏则曰令史也。"①

其实，严先生的推论当只是概论之而已，因为郡和县的属官远不是"史"所能包括代替者，仅就尹湾汉墓所出的《东海郡吏员簿》所统计的郡县属吏名目就有：卒史、属、书佐、用算佐、小府啬夫、官有秩、乡有秩、令史、狱史、官啬夫、乡啬夫、游徼、牢监、尉史、官佐、乡佐、邮佐、佐、亭长等②。

至于郡属和县属的秩禄差别如何？我们暂时只能根据"卒史"这类官称的秩禄来做些推断。

《史记·儒林列传》："比百石已下，补郡太守卒史。"《汉书·儿宽传》："以射策为掌故，功次，补廷尉文学卒史。"颜师古注引臣瓒曰："《汉注》：卒史秩百石。"严耕望曾指出："西汉郡国皆有百石卒史"，又曰："丞以下之大吏曰卒史。"③ 可见卒史是郡吏级别之最高者，既然"卒史"其秩百石，那么，与"卒史"并列的郡属就当是秩百石以下。至于县属就应该是百石以下的所谓"斗食、佐史"之类的曹史了。

## （三）里人

"里人"是一个最容易被忽视的官名，在已出的秦汉简牍文献中，"里人"还从没享受过被注释的待遇，因此也常常被误解为同里之人。

在张家山汉简《二年律令·置后律》中有"里人"的记载：

诸当拜爵后者，令典若正、伍里人毋下五人任占。

整理小组在释文时就将"里人"与"伍"连读，其意思可能认为是伍里之人，所以没有出注。仅注："任、保。占，登记。"后来朱红林作集释时，一仍

---

① 严耕望：《秦汉地方行政制度》，载于1961年台北"史语所"专刊之45，第45页。
② 廖伯源：《汉代郡县属吏制度补论》，第53页。
③ 严耕望：《秦汉地方行政制度》，载于1961年台北"史语所"专刊之45，第108～109页。

其旧①。

正在整理的岳麓秦简第四卷中两次出现了"里人",其一是:

> ·里人令军人得爵受赐者出钱酒肉饮食之,及予钱酒肉者,皆赀戍各一岁。(简0634)

此处的"里人"有指令军人的职权,那么,它肯定不是一般的所谓同里之人的泛指。

其二是:

> 廿年二月辛酉内史言:里人及少吏有治里中,数昼闭门不出入。(简0443)

这里的"里人"与"少吏"并列,且能"治里中"。故知"里人"是与"少吏"一样的基层官吏。

其实,里人作为官名的解读,在传世文献中就有,《国语·鲁语上》:"若罪也,则请纳禄与车服而违署,唯里人之所命次。"注曰:里人:里宰,犹里长也。

据此,我们知道,岳麓秦简中的这两个"里人"都是官称,即里宰或里长。准此,再反观《二年律令·置后律》中的简文,其句读或许应作如下调整:

> 诸当拜爵后者,令典若正、伍、里人毋下五人任占。(简390)

简文中的典或即里典、田典,正即里正,伍即士伍、里人即里宰,他们都是并列的里一级的小吏,律文规定是这样的小吏不能少于五人才能取担保登记。(陈松长)

## 六、秦汉简牍所见"走马""簪袅"关系考论

出土秦汉简牍中,"走马"和"簪袅"是一对有着密切关系的语词,其中,"簪袅"一词作为秦汉时期特定的爵位名称,似乎并没有什么歧义。但"走马"一词的词义演变就比较复杂,它与"簪袅"之间的关系也比较模糊,有的学者仅简单地认为两者是不同时代词义相同的爵位名称,② 至于两者之间究竟是什么关系?则多阙而不论。随着出土文献的不断公布,人们的认识也在不断深化,尤其是新近出版的《里耶秦简(壹)》中的一方木牍③上的相关记载,为我们仔细

---

① 朱红林:《张家山汉简〈二年律令〉集释》,社会科学文献出版社2005年版。
② 王勇、唐俐:《"走马"为秦爵小考》,载于《湖南大学学报(社会科学版)》2010年第4期,第15~16页。
③ 湖南省文物考古研究所编:《里耶秦简(壹)》,文物出版社2012年版,第68页。

探讨这个问题提供了可资推论的宝贵资料。

### (一)"走马"的不同解读

在出土秦汉简牍材料中,"走马"的辞例最早见于张家山汉简《奏谳书》,共有两处:

· 讲曰:十月不尽八日为走马魁都庸(佣),与偕之咸阳,入十一月一日来,即践更,它如前。(简111)①

走马仆诣白革鞼傒(系)绢,曰:公士孔以此鞼予仆,不智(知)安(简215)取②。

整理小组仅对第一条简文中的"走马"作了注释:"走马,周金文多见,即《周礼》趣马"③。第二条简文中的"走马"没有出注,显然是认为与第一条简文中的词义相同。

我们知道,在先秦文献中,"趣马"多见,如《尚书·立政》:"虎贲、缀衣、趣马、小尹"④。《诗经·小雅·十月之交》:"聚子内史,厥维趣马。"郑玄笺:"趣马,中士也,掌王马之政。"⑤ 由此可知,整理小组肯定是参照传世文献中的注解确定这两"走马"是同一种官职名称的。

2011年12月出版的《岳麓书院藏秦简(贰)》中也出现"走马"的辞例:

夫=(大夫)、不更、走马、上造、公士,共除米一石,今以爵衰分之,各得几可(何)?大夫三斗十五分斗五,不更二斗十五分斗十,走马二斗,上造一斗十五分五,公士大斗半。各直(置)爵数而并以为法,以所分斗数各乘其爵数为实……⑥

简文显示,"走马"处于"大夫、不更、走马、上造、公士"的递进爵称结构之中,而且简文又明称这五者为"爵",可知其应为爵位名称。故王勇就此撰文指出,"'走马'在秦代为爵称,而非官称",并引《汉书·百官公卿表》有

---

① 张家山二四七号汉墓竹简整理小组:《张家山汉墓竹简[二四七号墓](释文修订本)》,文物出版社2001年版,第101页。
② 张家山二四七号汉墓竹简整理小组:《张家山汉墓竹简[二四七号墓](释文修订本)》,文物出版社2001年版,第110页。
③ 张家山二四七号汉墓竹简整理小组:《张家山汉墓竹简[二四七号墓](释文修订本)》,文物出版社2001年版,第102页。
④ [清]皮锡瑞:《今文尚书考证》,中华书局1989年版,第406页。
⑤ [清]王先谦:《诗三家义集疏》,中华书局1987年版,第677页。
⑥ 朱汉民、陈松长主编:《岳麓书院藏秦简(贰)》,上海辞书出版社2011年版,第18页。

关二十等爵的记载，推证"秦爵'走马'应相当于汉二十等爵中的簪袅"①。

2013 年 6 月，《岳麓书院藏秦简（叁）》出版，其中亦有"走马"的辞例，共计七处，其中一处为"小走马"：

> 多曰：小走马。以十年时，与母兒邦亡荆。亡时小，未能与兒谋。
> 问：多初亡时，年十二岁，今廿二岁，巳（已）削爵为士五（伍）。②

简文记载，"多"年少的时候为"小走马"，到了后来长大的时候，已被削"爵"为"士五"，可知"走马"也确为爵名。

应该说，这两处的解释都有是很有理据的。但王勇说"走马"在秦代是爵称而非官称，这相当于直接否认了张家山汉简整理小组的意见。其实，张家山汉简中出现"走马"一词的案例也是秦代的案例，换言之，张家山汉简中"走马"的称谓也是秦代的称谓。因此，有关"走马"到底是爵称还是官称的问题，好像结论并不像王勇所说的这么简单。

在传世文献中，"走马"作为爵称者很罕见，倒是多见作为官称使用者。如《诗经·大雅·绵》："古公亶父，来朝走马"。王先谦《诗三家义集疏》："《玉篇·走部》：'趣，遽也，'《诗》曰'来朝走马'，言早且疾也"，③ 这里，王先谦直接用"趣"来释"走"，这也就是说，所谓"走马"就是"趣马"。《说文·走部》："走，趋也。""趣"与"趋"多通用，如《汉书·贾谊传》："行以鸾和，步中《采齐》，趣中《肆夏》，所以明有度也。"颜师古注："趣，读曰趋，趋，疾步也。"④ 可见，先秦文献中的"走马"即"趣马"，根据上揭郑玄的解释，它就是为王府掌管马政的"中士"，也就是一个官称。也许正因为如此，故张家山汉简整理小组就直接将"走马"释读为"趣马"。

先秦文献中的这种用法，在汉以后的文献中也偶有出现，如韩愈的《与鄂州柳中丞书》："不闻有一人援桴鼓誓众而前者，但日令走马来求赏给，助寇为声势而已。"⑤ 司马光的《涑水纪闻》卷七："应机至州，未几，有走马入奏事。"⑥《宋史·本纪第二十》："辛巳，诏诸路走马承受毋得预军政及边事"⑦，《宋史·吕诲传》："今走马承受官品至卑"⑧ 等，很明显，上引唐宋文献中的

---

① 王勇、唐俐：《"走马"为秦爵小考》，载于《湖南大学学报（社会科学版）》第 4 期，第 15~16 页。
② 朱汉民、陈松长主编：《岳麓书院藏秦简（叁）》，上海辞书出版社 2013 年版，第 27 页。
③ ［清］王先谦：《诗三家义集疏》，第 836 页。
④ 《汉书·贾谊传》，第 2249 页。
⑤ ［唐］韩愈撰、马其昶校注：《韩昌黎文集校注·卷三》，上海古籍出版社 1986 年版，第 222 页。
⑥ ［宋］司马光：《涑水纪闻》，中华书局 1989 年版，第 128 页。
⑦ 《宋史·徽宗》，第 374 页。
⑧ 《宋史·吕诲传》，第 10428 页。

"走马"、"走马承受"均为官职名。

既然先秦文献中的"走马"和汉以后唐宋文献中"走马""走马承受"都可作为官职名称使用，那么，出土的秦代简牍文献中，"走马"怎么就只是爵称呢？这一点，我们在新出的《里耶秦墓竹简（壹）》中找到了解答的材料。

### （二）里耶秦简的新发现

《里耶秦简（壹）》中有一方编号为 8-455 的木牍①，胡平生根据《史记·秦始皇本纪》中有关"更名"的记载，将这方木牍命名为"更名木方"②。由于木方字迹残损严重，整理者的原释文仍存在一些不确定的地方。2012 年，《里耶秦简（壹）》出版，让人们见到了非常清晰的简文图版，在此基础上，陈伟等做了新的校释，并将其编号改为 8-461 号③。在这枚木方的第一栏第 9 列，由于木方残存字迹较为模糊，原释文与校释释文仍都只释作"□□如故更□□"。我们根据其前后缺字的残留笔画，分别与里耶秦简、睡虎地秦墓竹简和岳麓秦简的字形进行比较分析，认为此处的前后缺字可以分别补释为"走马"和"簪袅"。

木方（局部）如图 2-11 所示。

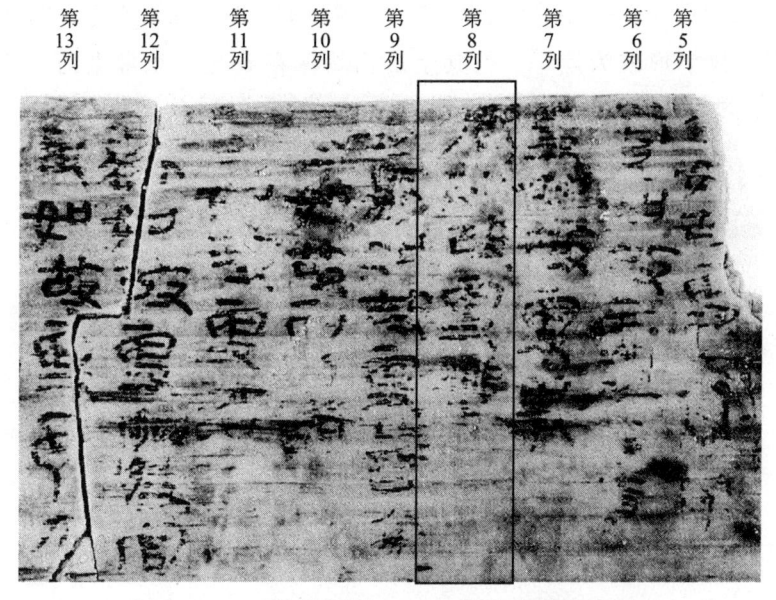

第13列　第12列　第11列　第10列　第9列　第8列　第7列　第6列　第5列

图 2-11　《里耶秦简》8-455 更名木方（局部）

---

① 湖南省文物考古研究所编：《里耶秦简（壹）》，文物出版社 2012 年版，第 68 页。
② 胡平生：《里耶秦简 8-455 号木方性质刍议》，引自武汉大学简帛研究中心编：《简帛》2009 年第 4 辑，上海古籍出版社 2009 年版，第 17~26 页。
③ 陈伟主编：《里耶秦简牍校释》（第一卷），武汉大学出版 2012 年版，第 155 页。

第一字 模糊不清，《里耶秦简（壹）》所见"走"：(8-63)、(8-133背）以及 (8-135)，均与木方中的字形接近，参照睡虎地秦墓竹简 （日甲一三背）①，岳麓秦简《数》 （《衰分》0972.1）的字形，此处当可释为"走"字。

第二字 ，字迹残缺，但若与此木方第一栏 25 列"王马曰乘与马"中的字迹 与 对比，则可以看出字形十分接近，比对岳麓秦简《数》中的"马"字 （《物价》0970.2）、 （《衰分》0950.1）和睡虎地秦墓竹简中的"马"字 （《秦》120），此处当可确释为"马"字，故此列所缺前两字应隶定为"走马"。

"如故更"后的 字，字迹模糊，但根据《里耶秦简（壹）》中清晰的"簪"字字形，如：

8-781、 8-752、 8-1574（1）、 8-1574（2）、 8-1866 等，可以明显看出 字当为"簪"，稍有不同的是这块木方上的书写空间受到限制，故字形较为扁平，但其字形仍然保存着与《里耶秦简（壹）》中"簪"字极为相近的笔画和笔意。

最后一字 ，字迹十分模糊。《里耶秦简（壹）》中"簪褭（袅）"共出现四次，选择其中较为清晰的字形举例如图 2-12 和图 2-13 所示。

8-781　　　　8-1574
图 2-12　　　图 2-13

可以看出，这里的 字保存了上举例中"褭（袅）"字的形意，因此，我们完全可以根据文义和字形推断此字应当为"褭（袅）"字。所以，释文中所缺的后两字应补为"簪褭（袅）"，其整条释文就应当是"走马如故更簪褭

---

① 张守中：《睡虎地秦墓竹简文字编》，文物出版社 1994 年版，第 16 页。

（裹）"。

　　这块"更名木方"所记载的内容，主要是秦王朝统一全国时，就两个方面所作的变更和规定，一个是"书同文"的具体规定，即对某些文字的字形和使用情况作出变更规定；另一个则是关于"皇帝"名号以及各种专门用语和称谓的变更规定。这块木方尽管文字残缺非常严重，很多文句都没释读出来，但其相同文句格式中的关键用语"如故更"三字还比较清晰，可以明确释读。所谓"如故"，就是跟往常一样的意思。如《史记·张仪列传》中有："怀王后悔，赦张仪，厚礼之如故"①。而"如故更"的解释则存在有两种可能性，其一，甲保持不变，而将乙变更为甲，这种情况表现出来的是一种绝对的变化，乙变为甲的过程是不可逆转的，其结果会是乙的停止使用。其二，甲所固有的一些使用功能保持不变，但其所具有的某个特定使用功能则用乙来代替，就是说，将甲的使用功能进行限制，被限制的功能用乙来代替。针对这种解释上的两可性，陈侃理曾作过细致的论证。他通过对里耶秦简和睡虎地秦墓竹简的用字情况进行比较分析，得出结论说："'某如故更某'句式意在根据不同的词义场合，区分原先混用的字"，即所谓"甲如故更乙"应当断句为"甲如故，更乙"，即应当按照第二种解释来理解"如故更"的含义。

　　陈文以睡虎地秦墓竹简和里耶秦简进行比较后指出：前者代表秦统一以前的用字情况，后者代表秦统一以后的用字情况。陈氏举"吏"、"事"两字为例，指出在睡虎地秦墓竹简中大量出现的表示事务之"事"全部写作"吏"，可说明用"吏"字记录事务之"事"是秦统一前较为流行的用字习惯；而里耶秦简的情况则恰好相反，大量使用的事务之"事"全部写作"事"，官吏的"吏"则没有写作"事"的现象，而且，岳麓秦简《质日》篇中也可看到"事"、"吏"两字已有明确分工。因此，里耶秦简 8-455 号木方中"吏如故，更事"的涵义，就是将原来通用的"吏""事"二字的词义作了区分，即将以前用"吏"表示事务之"事"改用"事"字，而官吏之"吏"则仍使用"吏"字。因此，陈氏认为，木方中使用"某如故，更某"句式的文句，其主旨就是对文字的使用进行规范。比如：从"大"分出"泰守"的"泰"，从"赏"分出负偿的"偿"，从"卿"分出乡里的"乡"，从"酉"分出酒食的"酒"，从"灋"分出"废官"的"废"，从"鼠"分出"予人"的"予"等②。详见表 2-4。

---

① 《史记·张仪列传》，第 2289 页。
② 陈侃理：《里耶秦方与"书同文字"》，载于《文物》2014 年第 9 期，第 76~81 页。

表 2-4 "更名木方"释文对照

| 列数 | 校释释文 | 陈文补释释文 | 本文补释释文 |
|---|---|---|---|
| 第 5 列 | □【如故】更□□ | 大如故，更泰守 | |
| 第 6 列 | □如故□□□ | 赏如故，更□□ | |
| 第 7 列 | □如故更事 | 吏如故，更事 | |
| 第 8 列 | □如故更□ | 卿如故，更乡 | |
| 第 9 列 | □□如故更□□ | | 走马如故，更簪袅 |
| 第 10 列 | □如故【更】□ | | |
| 第 11 列 | □如故更□ | 酉如故，更酒 | |
| 第 12 列 | □如故更废官 | 灋如故，更废官 | |
| 第 13 列 | □如故更予□ | 鼠如故，更予人 | |

由上述分析可知，这块木方中所记载的"走马如故更簪袅"，应理解句读为"走马如故，更簪袅"，也就是说，"走马"本身除了可以用作爵称之外，还是官称，当时为了区分其多义性，故将"走马"所具有的表示爵位的功能取消，专门用"簪袅"来代替了。

### （三）"走马""簪袅"关系考论

里耶秦简 8-455 号木方上"走马如故，更簪袅"的记载，证明了"走马"作为爵称的使用功能被"簪袅"所取代。关于这一点，我们还可从其他出土材料中得到证实。如张家山汉简《二年律令·置后律》中记载：

> 疾死置后者，彻侯后子为彻侯，其毋适（嫡）子，以孺子□□□子。关内 侯 后子为关内侯，卿 侯 〈后〉子为公乘，【五大夫】后子为公大夫，公乘后子为官（简367）大夫，公大夫后子为大夫，官大夫后子为不更，大夫后子为簪袅，不更后子为上造，簪袅后子为公士，其毋适（嫡）子，以下妻子、偏妻子。（简368）①

简文所说的是在"疾死置后者"的情况下，"大夫后子为簪袅"，这里所说的都是爵位继承。在岳麓秦简中，也可以发现类似的记载，如"识劫案"中说道：

> 沛死，蕉（义）代为户、爵后②。

而在该案的开头部分中又说：

---

① 张家山二四七号汉墓竹简整理小组：《张家山汉墓竹简〔二四七号墓〕（释文修订本）》，文物出版社 2001 年版，第 59 页。

② 朱汉民、陈松长主编：《岳麓书院藏秦简（叁）》，上海辞书出版社 2013 年版，第 33 页。

十八年八月丙戌，大女子媛自告曰：七月为子小走马蒹（义）占家訾（赀）①。

可见，"蒹（义）"在"沛"死后所承袭的"爵"位为"走马"，且案中又称"大夫沛"，则可知"沛"曾获得"大夫"的爵位，这恰好可以与张家山汉简《置后律》中"大夫后子为簪袅"的记载相印证。岳麓秦简中所出现的"走马"，其时间均在秦始皇统一以前；而张家山汉简《置后律》的制作时间，高敏先生认为有可能制定于"刘邦死后和惠帝即位之初"②。这就说明，在秦始皇统一以后，"走马"所表示的爵称已被"簪袅"所取代了。

既然"走马"和"簪袅"之间确有这种替代关系，那么，二者之间发生转变关系的时间究竟是什么时候呢？

《岳麓书院藏秦简（叁）》中的"尸等捕盗疑购案"记载：

廿五年五月丁亥朔壬寅，州陵守绾、丞越敢谳之。乃二月甲戌，**走马**达告曰：盗盗杀伤**走马**好。③

整理者注曰："本简所见'走马'为秦王政二十五年，为走马最晚辞例。里耶秦简所见'簪袅'属于秦始皇二十七年，是簪袅最早辞例，故此推测二十六年前后走马被簪袅替代。"④注释中所说的"二十六年"，在《史记·秦始皇本纪》中有这样的记载：

二十六年……臣等谨与博士议曰："古有天皇，有地皇，有泰皇，泰皇最贵。臣等昧死上尊号，王为'泰皇'，命为'制'，令为'诏'，天子自称曰'朕'"。王曰："去'泰'，著'皇'，采上古'帝'位号，号曰'皇帝'。他如议。"制曰："可"。⑤

由此可知，在秦始皇"二十六年"，朝廷实施了"更名"的政策，而"走马"被"簪袅"所替代也正好是这个时候。我们在岳麓秦简中看到的都是"走马"，因为它们是秦始皇"廿五年"之前的记载，而里耶秦简中则只有"簪袅"的记载，没有发现"走马"的踪迹，如：

卅一年七月辛亥朔癸酉，田官守敬、佐壬、稟人□出稟屯戍**簪袅**襄完里黑、士五（伍）胸忍松涂增 六月食，各九斗少半。令史逐视平。敦长**簪袅**

---

① 朱汉民、陈松长主编：《岳麓书院藏秦简（叁）》，上海辞书出版社 2013 年版，第 32 页。
② 高敏：《〈张家山汉墓竹简·二年律令〉中诸律的制作年代试探》，载于《史学月刊》2003 年第 9 期，第 32~36 页。
③ 朱汉民、陈松长主编：《岳麓书院藏秦简（叁）》，上海辞书出版社 2013 年版，第 16 页。
④ 朱汉民、陈松长主编：《岳麓书院藏秦简（叁）》，上海辞书出版社 2013 年版，第 117 页。
⑤ 《史记·秦始皇本纪》，第 236 页。

襄坏德中里悍出。壬手。(简 8 - 1574 + 简 8 - 1787)①

我们知道，里耶秦简的书写年代始于迁陵设县的秦王政二十五年，绝大多数写于秦统一以后。里耶秦简所见"簪袅"为爵名者，均抄写于秦始皇统一之后。这样，岳麓秦简、《史记》的记载、里耶秦牍三者之间在时间序列上正好前后衔接，这种时间上的顺接关系正好可以用来解释"走马"和"簪袅"之间的变更过程。

其实，"走马如故，更簪袅"的变更，也是跟秦汉之交爵制与官制的分割密切相关的。林剑鸣先生曾认为，"秦的官、爵制度在统一前后发生了变化。统一前，官、爵授赐皆依军功，官、爵合一，当官为吏，必须有爵；统一后，有爵者不一定为官，为官者不一定有爵。这一变化主要是由于大规模的战争已结束，官爵一致的原则已不适应统一的需求。"②

"簪袅"在秦代取代"走马"，成为秦汉时期的一个爵称，正好也说明了秦汉政治制度中由官、爵合一到官、爵分立的演变关系。

此外，"簪袅"取代"走马"，也有其字义上的联系，所谓"簪袅"其实与"走马"的形义均非常接近。魏人刘劭《爵制》曰："簪袅，御驷马者，簪袅，古之马名也。驾驷马者，其形似簪，故曰簪袅也。"③ 可见"簪袅"就从驾驷马而得名，所以"袅（裹）"字从"马"取义。而"走马"即"趣马"，亦因驾马奔驰而得名，故汉以下文献中，多将"走马"作为驾驭车马的军职官名使用。

这种字义上的关联，从官、爵与军功的关系上也可看出一些痕迹。刘劭曾将二十等爵大致分为四个等级，他说：

一爵曰公士，……二爵曰上造，皆步卒也，三爵曰簪袅，……驾驷马者，……四爵曰不更，不更者为车右，不复与凡更卒同也。五爵曰大夫，大夫者在车左也，六爵为官大夫，七爵为公大夫，八爵为公乘，九爵为五大夫，皆军吏也。……十爵为左庶长，十一爵为右庶长，十二爵为左更，十三爵为中更，十四爵为右更，十五爵为少上造，十六爵为大上造，十七爵为驷车庶长，十八爵为大庶长，十九爵为关内侯，二十爵为列侯。自左庶长以上，至大庶长皆卿大夫，皆军将也，所将皆庶人、更卒也，故以庶、更为名。④

据刘劭所说，二十等军功爵共分四大等级：一至四等爵是军士的爵称，五至九等爵是军吏的爵称，十至十八等爵是军将的爵称，十九级和二十级是侯的爵称。簪袅位列三级，属于最低等的军士爵称，从与之邻近的"不更"为"车右"

---

① 陈伟主编：《里耶秦简牍校释（第一卷）》，武汉大学出版社2012年版，第363页。
② 林剑鸣：《秦代官、爵制度变化的奥秘》，载于《光明日报》1983年5月25日，第3版。
③ 《后汉书·百官五》注，第3631页。
④ 《后汉书·百官五》注，第3632页。

来看，可以确知簪袅即所谓"驾驷马者"，也就是负责驾驭战车的军士。而"走马"的职责本来就是主管马政之官，故该爵称其实还是秦代以前以军功授官、爵，官、爵合一的遗存。张家山汉简中所见的"走马魁都"，其时间属于秦王政二年，整理小组用"趣马"来解释"走马"，也反映了秦国的"走马"兼有官名和爵名的历史事实。

再从刘劭对二十等爵的分级来看，秦代的爵称最初多是军士、军吏、军将之名。卫宏的《汉旧仪》也同样认为秦的爵位是从军职发展而来。对于这个问题，西嶋定生说："在某种场合，我们也看到了爵称与官职之未分离状态。因为军职也是官职，两者在某种场合是未分离状态，或者处于不即不离状态。"①《商君书·境内篇》记载："故客卿相论盈就正卿。就为大庶长。"朱师辙注曰："庶长，春秋时已有此官。《左传》襄公十一年传：'秦庶长鲍、庶长无帅师伐晋。'杜注：'庶长，秦爵。'"② 马非百曾认为，庶长一爵最初似为官名，后来分化为左庶长、右庶长、驷车庶长及大庶长四爵。③ 本文所讨论的"走马"，其演变过程亦当与"庶长"的情况相同。

朱绍侯曾指出：军功爵出现于春秋，确立于战国，在秦汉的政治舞台上曾起到一定的历史作用。先秦诸子对军功爵制时有论述，《史记》《汉书》和秦汉时期的其他著作中也都有所记载，但自东汉以后，军功爵制除最后两级外，已失去实际作用，流于形式，趋于衰亡。④ 这或许正是"走马"作为爵名罕见于汉代以后传世文献的个中原因。

王勇在其《"走马"为秦爵小考》一文中说："走马在秦代为爵称，而非官称"。⑤ 我们认为，王勇的看法还有进一步修正的必要。他认为"走马在秦代为爵称"是正确的，但说走马"非官称"则欠考虑。里耶秦简8-455号木方所载"走马如故，更簪袅"，明确可知秦代的"走马"除了爵称之外，还有官称的指称功能。

另外，《商君书·境内篇》记载了商鞅所制定的爵位等级序列，其中有"簪袅"而没有"走马"，这是否说明"簪袅"作为爵称很早就已存在呢？其实，《商君书》的成书及其编订，历经众手，经历了许多的变动和更改。《商君书》中最开始使用的应该也是"走马"这一名词，它是兼具官称和爵称的，秦始皇二十六年以后，"走马"用作爵称的功能被"簪袅"取代，汉代的经生在整理

---

① ［日］西嶋定生：《二十等爵制》，国际文化出版公司1992年版，第56~57页。
② 蒋礼鸿：《商君书锥指》，中华书局1986年版，第118页。
③ 马非百：《秦集史》，中华书局1982年版，第876页。
④ 朱绍侯：《军功爵制试探》，上海人民出版社1980年版，第1页。
⑤ 王勇、唐俐：《"走马"为秦爵小考》，载于《湖南大学学报（社会科学版）》2010年第4期，第15~16页。

《商君书》时，也就用"簪袅"替代了"走马"。汉代以下，一承秦制，完全用"簪袅"替代了"走马"，这也就导致了"走马"作为爵称的使用在传世文献中彻底消失了。

综上所述，我们认为，"走马"和"簪袅"的关系应该是："走马"曾兼官称和爵称于一身，而"簪袅"则仅只作为爵称来使用。在历史上，"走马"的使用在前，"簪袅"的使用在后，"走马"作为爵称的废止和"簪袅"的使用，是秦始皇二十六年发生的，而《商君书》中的"簪袅"也应是汉代经生更改的结果，这同时也说明，传世的《商君书》应该是汉代人的修订本。（陈松长、贺晓朦）

## 第六节　岳麓秦简《尉卒律》及相关问题研究

### 一、《尉卒律》律名解析

岳麓秦简中有五支简均以"尉卒律曰"起首，"曰"前为律名，后为律文，此与《秦律杂抄》中《戍律》《捕盗律》的律名书写方式一样，而与《秦律十八种》《二年律令》置律名于简尾或篇末的做法不同。将律名前置或后置，表面看来只是个人的书写习惯不同所致，但可据此判断简牍来源及其性质。众所周知，若是原始官文书，必有其特定的书写、编纂范式，同类文书不会出现样式各异的情况。律令文书乃官文书之一，某一时期内，当遵循统一的书写格式。从《秦律十八种》和《二年律令》来看，两批简记律名的方式很不一样，前者是在一则律文抄写完毕之后将简名随记于简末，后者是在一类律抄写完毕之后将篇名单独书写在一枚竹简上。又湖北云梦睡虎地M77汉墓所见《葬律》篇名亦单独书写在一枚竹简上，简首涂有小黑方块，律名标注方式与《二年律令》相同。上述三批简均出自墓葬，可见作为私人收藏的法律简，其律名的书写位置具有多样性。岳麓秦简律名大都书于一则律文的首简，以"某某律曰"的格式开头，但也有特例，如1656号简将篇名"杂律甲"书写在简尾，且前以大黑点隔开，此与睡虎地秦律绝大多数篇名的书写方式一致。

"尉卒"作为律名首见于岳麓秦简之中，其含义是值得探究的。睡虎地秦墓竹简中有《尉杂律》二则，整理者认为"尉"指廷尉，"尉杂"是关于廷尉职务的各种法律规定。其中完整的那则律文内容为"岁雠辟律于御史"，整理者正是根据此断定《尉杂律》之性质。然从岳麓书院藏《尉卒律》之内容来看，与廷尉关系不大，与县尉倒是密切相关，这从1409号简律文可极好地得以证明："尉卒律曰：县尉治事，毋敢令史独治，必尉及士吏与，身临之，不从令者，赀一甲"。

其他四组律文也是与"县尉"有关的，故统归于《尉卒律》之下。关于县尉，传世文献保留的资料有限，出土材料正可弥补此缺陷。

传世文献中所见律令名含有"卒"字的只有"戍卒令"，是关于戍卒的令文，见于《史记·将相名臣年表》"大事记"载孝文十三年（公元前167），"除肉刑及田租律、戍卒令"。岳麓书院藏律令简中以"卒"命名的有卒令乙、卒令丙、廷卒甲、廷卒乙、廷卒己、廷卒令甲、郡卒令己、尉郡卒令第乙、尉郡卒令及四司空卒令等。就内容来看，"卒令乙"与"卒令丙"主要是有关文书管理和传递方面的规定。"廷卒乙"的内容有关于官员上书时对文书格式所作的一些要求，也有对俘获或窝藏蛮夷者所采取的赏罚条例。"廷卒己"惟有一条，是有关赏赐制度的。"郡卒令己"是有关车马管理的。"尉郡卒令第乙"一条，律文只有四字，无法知悉内容。从这么多"卒令"的内容来看，这"卒"字应该不是一个简单的"戍卒"的卒，而应该是一个涵括面很广的概念。

## 二、《尉卒律》中所见的县尉与士吏

关于县尉和士吏，前贤已作了一些研究，取得一定成果；兹利用岳麓秦简《尉卒律》及里耶秦简、睡虎地秦墓竹简相关资料，对二者重新加以考察，冀有所推进。

据《汉书·百官公卿表》，秦汉一县之长吏有县令（县长）、县丞和县尉，可见县尉在基层行政中有举足轻重的地位。县尉一般有两名，即左尉与右尉。《太平御览》卷二百三十一引韦昭《辨释名》曰："廷尉、县尉皆古尉也，以尉尉人也。凡掌贼及司察之官皆曰尉。尉，罚也，言以罪罚奸非也"，应劭曰"自上安下曰尉，武官悉以为称"。韦昭认为所有以尉命名的官均有打击盗贼和监察的职责。韦昭注的确指出了县尉的一些基本执掌，但是仍不完备，应劭之注则太笼统。

县尉基本的职责就是打击盗贼维持社会治安，这在《二年律令·捕律》中表现的极为明显：

> 盗贼发，士吏、求盗部者，及令、丞、尉弗觉智（知），士吏、求盗皆以戍边二岁，令、丞、尉罚金各四两。令、丞、尉能先觉智（知），求捕其盗贼，及自劾，论（简144）吏部主者，除令、丞、尉罚。一岁中盗贼发而令、丞、尉所不觉智（知）三发以上，皆为不胜任，免之。（简145）

县尉还负责戍卒的征发,《秦律杂抄》:"戍律曰:同居毋并行,县啬夫、尉及士吏行戍不以律,赀二甲"。除了征发戍卒,县尉有时还要将戍卒送到服役之地,《史记·陈涉世家》中被杀二尉即负责押解服役者前往渔阳。

监督军中口粮发放情况也是县尉的职责之一。《秦律杂抄》载:

> 不当禀军中而禀者,皆赀二甲,法(废);非吏殹(也),戍二岁;敦(屯)长、仆射弗告,赀戍一岁;令、尉、士吏弗得,赀一甲。

有人冒领军粮,县尉未察觉者,当受到赀一甲的惩罚。

此外,县尉还要巡察监管戍卒施工,以保证工程的质量:

> 令戍者勉补缮城,署勿令为它事;已补,乃令增塞埤塞。县尉时循视其攻(功)及所为,敢令为它事,使者赀二甲。

由上可知县尉之执掌繁多,其在县级行政事务中发挥着重要作用。下面再据有关材料谈谈其权限。《秦律杂抄·除吏律》载:"除士吏、发弩啬夫不如律,及发弩射不中,尉赀二甲"。可见县尉有权任用自己的属吏,如"士吏""发弩啬夫"等,前提是要按照法律规定办事,否则会受到惩处。此外,县尉还可以任命求盗和邮人,《里耶秦简》载:

> 小男子说,今尉征说以为求盗。(简8-2027)
> 尉已除成、旬为启陵邮人,其以律令。(简8-157)

关于典、老的名额配置和产生方式在传世文献中少有记载,从岳麓秦简《尉卒律》可知县尉有权决定典、老的人选,监督典、老推选工作。为便于论述,先将《尉卒律》相关律文誊录于下:

> ·尉卒律曰:里自卅户以上置典、老各一人,不盈卅户以下,便利,令与其旁里共典、老,其不便者,予之典。(简1373)
>
> 而勿予老。公大夫以上擅启门者附其旁里,旁里典、老坐之。置典、老,必里相谁(推),以其里公卒、士五(伍)年长而毋(无)害。(简1405)
>
> 者为典、老,毋(无)长者令它里年长者。为它里典、老,毋以公士及毋敢以丁者,丁者为典、老,赀尉、尉史、士吏主。(简1291)
>
> 者各一甲,丞、令、令史各一盾。毋(无)爵者不足,以公士,县毋命为典、老者以不更以下,先以下爵。其或复,未当事。(简1293)
>
> 或不复而不能自给者,令不更以下无复不复,更为典、老。(简1235)

以上律文的大意为:一里户数在三十以上的可设置里典和老各一人,三十户以下的,如果方便,可与邻近的里共用典、老;如果不便,(即使户数不足三十）也要设里典，但不能设置老。爵位在公大夫以上的可另设里门，但是不可脱离本里而依附相邻的里，（若有此种事情发生）相邻里之典、老将因此获罪。典、老一定要通过推举方式产生，只有本里年长的公士或士伍且熟悉政令者才能被推举为典、老，若本里无年长者，可以它里符合条件者充当。不能以公士及丁壮者担任他里典、老，若有此类情况，负责此事的县尉、尉史和士吏将受到赀一甲的处罚，县丞、县令和令史将受到赀一盾的处罚。没有爵位的人选不够，可以由公士充当他里典、老，县级政府务必使充当本里典、老者爵位在不更以下，爵位低者优先。有免除徭戍，不用服役者以及需服役但不能承受徭戍费用者，只要其爵位在不更以下，不论是否免除徭役，均可轮流担任典、老。

上一组律文对典、老的产生程序作了极其细致的规定，为研究秦代基层行政提供了十分宝贵的资料。难能可贵的是，这些规定不仅仅是停留在条文里，而是的确贯彻到行政实践之中：

> 卅二年正月戊寅朔甲午，启陵乡夫敢言之：成里典、启陵邮人缺。除士五（伍）成里匃、成，成为典，匃为邮人，谒令尉以从事。敢言之。（里耶秦简 简8-157）

> 正月戊寅朔丁酉，迁陵丞昌却之启陵：廿七户已有一典，今有（又）除成为典，何律令（应）？尉已除成、匃为启陵邮人，其以律令。/气手。/正月戊戌日中，守府快行。正月丁酉旦食时，隶妾冉以来。/欣发。壬手。（里耶秦简 简8-157背）

启陵乡请求迁陵县，想通过尉为成里设置一里典，结果被迁陵县丞昌否决了，理由是只有二十七户人的成里，现已有一里典，若再任命一典，与律令不符。核以《尉卒律》"里自卅户以上置典、老各一人，不盈卅户以下，便利，令与其旁里共典、老，其不便者，予之典而勿予老"之规定，二者若合符契。

通过岳麓书院藏《尉卒律》我们还得以知晓县尉在会计与人口控制方面也担当了极为重要的角色，相关律文如下：

> 尉卒律曰：为计，乡啬夫及典、老月辟其乡里之入（穀）、徙除及死亡者，谒于尉，尉月牒部之，到十月乃。（简1397）

> 比其牒，里相就殴（也）以会计。黔【首】之阑亡者卒岁而不归，其计，籍书其初亡之年月于，善臧（藏）以戒其得。（简1372）

> ·尉卒律曰：缘故徼县及郡县黔齿〈首〉、县属而有所之，必谒于尉，尉听，可许者为期日。所之（简1404）它县，不谒，自五日以上，缘故徼县，赀一甲；典、老弗告，赀一盾。非缘故徼县殴（也），赀一盾；典、老弗。（简1290）

告，治（答）□□。尉【布】令不谨，黔首失令，尉、尉史、士吏主者赀各一甲，丞、令、令史各一盾。（简1292）

1292简"尉令不谨"之"尉"后当脱一"布"字，"布令不谨"为秦律习惯用语，又见于岳麓秦简1085号简。与"布令不谨"相对应的是"谨布令"，见于岳麓秦简1154、1358、1087、0341和2099号简文。从1404组律文可知县尉还要承担会计工作，核计的范围包括人口增加、人口迁徙、死、亡情况，尤其注意统计逃亡者的情况。为了有效地控制人口流动，百姓和县吏前往他县，必须先向县尉提出申请，得到批准的必须在指定日期内返回。未经允许私自前往他县，超过五天的，将受到处罚，典、老连坐，此类情况若发生在边境附近，处罚力度会更大。典、老未及时将私自出入县境者上报，会处以笞刑；县尉在发布律令时工作不到位以致黔首触犯律令，县尉、尉史、负责执行的士吏都要赀一甲，县丞、县令及令史赀一盾。

又《尉卒律》中还有一条类似于后世行政法规的律文，对县尉及其属吏如何开展工作作出指示：

·尉卒律曰：县尉治事，毋敢令史独治，必尉及士吏与，身临之，不从令者，赀一甲。（简1409）

"治事"指行使职权，又见于《睡虎地秦墓竹简·为吏之道》，"凡治事，敢为固，谒私图……"。律文规定县尉在开展日常行政工作时，不能让尉史一人包干，县尉本人和士吏也必须在场，违犯此令，应罚赀一甲。此种规定使得权力行使者相互牵制、互相监督，可以较为有效地防止官员徇私枉法。在《里耶秦简》中有类似的规定：

廿年十一月庚申朔丙子，发弩守涓敢言之：廷下御史书曰县□治狱及覆狱者，或一人独讯囚，啬夫长、丞、正、监非能与□□殹，不参不便。书到尉言。·今已到，敢言之。（简8-141+简8-668）

上引里耶文书规定不能让一人独自审讯囚犯，必须有三个以上执掌不同的官吏参与，所谓"不参不便"。文书虽然讲得是对治狱和覆狱的规定，但是与《尉卒律》条文有相通之处，这也从另一个方面表明秦代律令的贯彻是十分到位的。

此外，对县尉失职行为，亦有相关的惩处：

尉【布】令不谨，黔首失令，尉、尉史、士吏主者赀各一甲，丞、令、令史各一盾。

县尉在向百姓解说宣布国家律令时出现偏差，使得百姓因没有充分理解律令内容而犯法，县尉、尉史和士吏之主事者都将受到赀一甲的处罚，县丞、县令和令史都将受到赀一盾的处罚。

论及县尉就不得不附带谈谈与其关系密切的"士吏"，前辈学者对"士吏"之执掌有所考证，然仍有待补充完善之处。"士吏"在睡虎地秦墓竹简中多次出现，整理者的对"士吏"的注释为："一种军官，见居延汉简，其地位在尉之下、侯长之上。《汉书·匈奴传》注引汉律：'近塞郡皆置尉，百里一人，士史、尉史各二人，巡行徼塞也。'士史应即士吏。"需要指出的是居延汉简与《汉书·匈奴传》注引汉律中出现的尉为都尉，而非县尉，故其所属之"士吏"与县尉所属之"士吏"，名虽同而执掌或有异。秦律中出现的"士吏"多为县尉之属官，其职责在民事而非战事。如《秦律杂抄·除吏律》载："除士吏、发弩啬夫不如律，及发弩射不中，尉赀二甲"，可见士吏直接由县尉聘任，但必须按照法律执行，否则会受到赀二甲的惩处。又上文征引《尉卒律》1409号简规定士吏与县尉一道处理日常行政事务。

在秦代县尉所属之士吏有时负责具狱工作，这一点从里耶行政文书中可知：

元年七月庚子朔丁未，仓守阳敢言之：狱佐辨、平、士吏贺具狱，县官食尽甲寅，谒告过所县乡以次续食。（简5-1）

从文书可晓，一位名叫贺的士吏与两名狱佐一起负责具狱工作，请求所过县乡官府提供膳食。

士吏还负责缉拿、追捕盗贼，打击各种非法犯罪活动：

廿六年二月癸丑朔丙子，唐亭叚（假）校长壮敢言之："唐亭旁有盗可卅人。壮卒少，不足以追，亭不可空，谒遣□素。敢言之。"/二月辛巳，迁陵守丞敦狐敢告尉、告乡主："以律（正面）令从事。尉下亭鄣，署士吏，谨备。贰【春】乡上司马丞。"/亭手。/即令走涂行。

二月辛巳，不更舆里戍以来。/丞半。壮手。（背面）（里耶秦简9-1112）

·田律曰：黔首居田舍者毋敢酤〈（酤）〉酒，有不从令者（迁）之，田啬夫、士吏、吏部弗得，赀二甲。·第乙（岳麓秦简0994）

此外，征发戍卒亦为士吏职责之一，《秦律杂抄》：

戍律曰：同居毋并行，县啬夫、尉及士吏行戍不以律，赀二甲。

综上可知，作为县尉属官的士吏，负责具狱、缉拿盗贼、打击非法犯罪活动、征发戍卒等事宜，有一定职掌，且有固定配额，不是一般的散吏。（周海锋）

# 第七节　岳麓秦简《行书律》及相关问题研究

## 一、岳麓秦简中的行书律令初论

经初步整理，岳麓书院藏秦简中有关行书律令的简至少有 11 枚，共九条律令。其中以"行书律"三字起首的秦律条文有五条共七枚简，而以"卒令"的形式出现的秦令有三条共四枚简。为讨论的方便，我们先录之如下：

·行书律曰：毋敢令年未盈十四岁者行县官恒书，不从令者，赀一甲。（简 1377）

·行书律曰：有令女子、小童行制书者，赀二甲。能捕犯令者，为除半岁繇，其不当繇者，得以除它。（简 1384）

人繇（简 1388）。

·行书律曰：传行书，署急辄行，不辄行，赀二甲。不急者，日瘠（毕）。留三日，赀一盾；四日上，赀一甲，二千石官书。（简 1250）

留弗行，盈五日，赀一盾，五日到十日，赀一甲，过十日到廿日，赀二甲，后有盈十日，辄驾（加）一甲。（简 0792）

行书律曰：传书受及行之，必书其起及到日月夙暮，以相报。宜到不来者，追之。书有亡者，亟告其县。（简 1271）

行书律曰：县请制，唯故徼外盗以邮行之，其它毋敢擅邮行书。（简 1417）

·恒、署书皆以邮行。·卒令丙二（简 1173）

·令曰：书当以邮行，为检令高可以旁见印章，坚约之，书检上应署，令并负以疾走。不从令，赀一甲。·卒（简 1162）

令丙三（简 1169）

·令曰：邮一行书留半日，赀一盾；一日，赀一甲；二日，赀二甲；三日，赎耐；三日以上，耐。·卒令丙五（简 1805）

这些律令条文，都属于摘抄的形式，虽并不足以反映秦代律令中有关"行书律"的全部内容，但相对于 1975 年出土的睡虎地秦墓竹简来说，又无疑是一种极大的补充。

我们知道，秦代的文书传递制度，所见资料非常有限，在《睡虎地秦墓竹简·秦律十八种》中，仅有三枚简，共两条《行书律》的律文：

> 行命书及书署急者，辄行之；不急者，日觱（毕），毋敢留。留者以律论之。行书（秦律十八种·简183）

> 行传书、受书，必书其起及到日月夙暮，以辄相报也。书有亡者，亟告官。隶臣妾老弱及不可诚仁者勿令。书适辟有日报，宜到不来者，追之。行书"（秦律十八种·简184－简185）

两相比勘，我们发现，《睡虎地秦墓竹简》中的这两条律文，与岳麓书院藏秦简中的1250号、0792号和1271号简文内容基本相同，但又有些出入，可校可补者颇多。

如《睡虎地秦墓竹简·秦律十八种》中的183号简文就与岳麓秦简的1250号和0792号简文内容基本相同，但文字和表述又多有差异，如睡虎地秦墓竹简开头所说是"行命书及书署急者，辄行之"，意即凡"命书"和"书署急者"，就要立即传递。这里特别点出了"命书"。我们知道，所谓"命书"，也就是"制书"，《史记·秦始皇本纪》："命为制，令为诏"。蔡邕认为："制书，帝者制度之命也，其文曰制。"《汉书》颜师古注："天子之言，一曰制书，二曰诏书。制书者，谓为制度之命也。"可见这里特别强调的是凡"命书"之类的"天子之言"必须迅速传递下达。而岳麓秦简中，却没有"命书"这一项，而只是强调"署急"者而已。而且，从行文的语气来分析，两者也略有不同，前者针对"命书"和"书署急者"两种文书而言，而后者则是就一般的"传行书"而言，所强调的只是"署急辄行"罢了。关于"命书"，已有学者指出：秦统一六国后已将"命书"改称"制书"与"诏书"两种，故"命书"之称谓至秦统一时即已废止。① 准此，那"岳麓秦简"中的"行书律"当是摘抄自秦始皇统一六国之后的法律文本，其抄写时代当略晚于睡虎地秦墓竹简。

再如睡虎地秦墓竹简中所强调的是"行命书及书署急者，辄行之"，但"不辄行"该怎么处置？没有说。而"岳麓秦简"中就有很明确的处罚措施："不辄行，赀二甲"。不止如此，睡虎地秦墓竹简中强调："不急者，日觱（毕），毋敢留。留者以律论之。"只是注明"留者以律论之"，但到底该怎么论处，并不清楚。而岳麓秦简则有详细的规定："不急者，日觱（毕）。留三日，赀一盾；四日上，赀一甲，二千石官书留弗行，盈五日，赀一盾，五日到十日，赀一甲，过十日到廿日，赀二甲，后有盈十日，辄驾（加）一甲。"由此可知，岳麓秦简所摘录的行书律条文要细密很多，这也许间接的说明秦始皇统一六国后，在秦代法律的制定方面经历了一个细密修订的过程。

---

① 详见李均明：《秦汉简牍文书分类辑解》，文物出版社2009年版。

《睡虎地秦墓竹简·秦律十八种》第184、185简的内容与岳麓秦简的1272号简文基本相同，但从律文的行文来看，后者似乎更加简洁了，因为律文中的"传书受及行之，必书其起及到日月夙暮，以相报"本身就是行书"日报"的内容，所以后者省去了"书适辟有日报"一句，而将"宜到不来者，追之"置于"书有亡者，亟告其县"之前，显得更有层次和条理。此外，睡虎地秦墓竹简中的"隶臣妾老弱及不可诚仁者勿令"一句放在简文中显得比较突兀，因前面是说"书有亡者，亟告官"，突然来一句"隶臣妾老弱及不可诚仁者勿令"，而后面又接着是"宜到不来者，追之"，语义上显得很不连贯。从简文内容来解读，"隶臣妾老弱及不可诚仁者勿令"乃是规定不能令这三类人传送官府文书，与简文中的"日报"和"书有亡者"和"宜到不来者"的处置办法显然不是同一码事。也许正是基于这些考虑，所以岳麓秦简中就将这类律令条文另外摘抄：

行书律曰：毋敢令年未盈十四岁者行县官恒书，不从令者，赀一甲（简1377）。

·行书律曰：有令女子、小童行制书者，赀二甲。（简1384）

这里虽然没有"隶臣妾"及"不可诚仁者"的规定，但对于"女子"、"未盈十四岁"的"小童"都明确规定不能令其传递文书，特别是"制书"，有违令者，还是"赀二甲"的重罚。由此我们可以看出，秦统一六国后，一定对沿袭已久的秦国法律作过很详密的修订。

除了这几条与睡虎地秦墓竹简可资比勘的《行书律》之外，在岳麓秦简中还第一次发现了以"卒令"的形式出现的有关秦代官府文书传递的法令条文：

·恒、署书皆以邮行。　　·卒令丙二（简1173）

·6·令曰：书当以邮行，为检令高可以旁见印章，坚约之，书检上应署，令并负以疾走。不从令，赀一甲。·卒（简1162）

令丙三（简1169）

·7·令曰：邮一行书留半日，赀一盾；一日，赀一甲；二日，赀二甲；三日，赎耐；

三日以上，耐。·卒令丙五（简1805）

这是我们初步整理中所发现的三条"卒令"简，简末有当时的编号，分别是"丙二""丙三""丙五"，可见这三条"卒令"都是同一性质的，都是关于"行书"、而且都是关于"邮行"的具体规定。

关于"邮行"，在已出土的秦代简牍中并不少见，但对"邮行"的内容、方式等都缺少明确的规定，以致常常出现不同的解读。

如"睡虎地秦墓竹简·语书"中有这么一句:"以次传,别书江陵布,以邮行"。对此,就曾出现过不同的解释。首先是在句读方面,就有学者将"布"字属后读,认为"布以邮行"就是"按邮传制度来宣布"① 而台湾马先醒主持的《睡虎地秦墓竹简校注》② 则将"布"字属上读,认为"别书江陵布"是"本文书另录一份,在江陵公布"。

两相比较,我们觉得后者更有道理,这主要是简文中的"以次行"和"以邮行"是秦简中常见的两种文书的传递方式,"以次传"也就是"以县次传",如《睡虎地秦墓竹简·法律答问》:"今咸阳发伪传,弗智(知),即复封传它县,它县亦传其县次,到关而得……""睡虎地秦墓竹简·封诊式":"令吏徒将传及恒书一封诣令史,可受代吏徒,以县次传诣成都。"对此,有学者曾指出:简文中所说的"传其县次""以县次传"都和"以次传"同义。可见秦时邮驿的行程,有一定的次序。③

《语书》中首先强调的是这份南郡守腾文书必须"以县次传",即依次传至各县公布。而也许是江陵曾是楚国的都城,是楚人的旧势力比较集中的地方,因而也是南郡守特别关注的地方,所以要专门另录一份到江陵去公布,而另录的这份文书,特别注明"以邮行"的方式传递。也就是说,"以邮行"的对象是"别书江陵布",而不是前面"以次传"的文书。有学者曾认为,这里的"以次传"和"以邮行"是"两种传递方式传送同一种文书",并认为"传递方式的不同,不是由于文书本身的重要程度的差别。"④ 这至少是对"别书江陵布"没给予充分的认识。试想,如果是同一种文书,简文中有必要分别注明"以次传"和"以邮行"吗?只有将"以邮行"理解为比"以次行"的规格要求更高的一种传递方式,才可解释《语书》中之所以单独注明"别书江陵布,以邮行"的必要性。也许正因为其规格高而重要,所以才常常特别注明"以邮行"。如"湘西里耶秦简"中简1:6:2号签牌中就专门注明:

"迁陵以邮行洞庭"。⑤

这说明这块签牌所标注的文书都是由迁陵县"以邮行"的方式发往洞庭郡的重要文书,而不是"以县次传"的一般文书。

那么,秦代的"邮行"究竟是一种什么规格的文书传递方式呢?在"岳麓秦简"发现以前,我们只能从睡虎地秦墓竹简中看到一些零星的记载,如《田

---

① 熊铁基:《秦代的邮传制度》,载于《学术研究》1979 年 3 期,第 93~97 页。
② 马先醒主持:《睡虎地秦墓竹简校注》,载于《简牍学报》1981 年第 10 期。
③ 吴福助:《〈语书〉论考》,载氏著:《睡虎地秦墓竹简论考》,文津出版社 1994 年版。
④ 高敏:《秦汉邮传制度考略》,载于《历史研究》1985 年第 3 期,第 69~86 页。
⑤ 见《湘西里耶秦代简牍选释》,载于《中国历史文物》2003 年 1 期。

律》中说:"近县令轻足行其书,远县令邮行之",这就是说,"邮行"的地方必须是"远县",而"近县"是不用"邮行"的,这也就告诉我们,秦代的"邮行"并不是随便使用的,而"邮行"本身也不是文书传递的代名词,而只是当时文书传递的一种重要方式。这次新发现的岳麓秦简中的三条"卒令"和一条"行书律",对我们深入准确地理解秦代的"邮行"特征具有重要的价值和意义。

首先,它注明了"邮行"所传递的文书内容是"恒、署书"。

简 1173:"恒、署书皆以邮行"。

意即凡"恒、署书"都以"邮行"的方式传递。这显然是对"邮行"文书的一种特殊规定,这也说明"邮行"和"以次传"的文书是有区别和限定的。那么,什么是"恒书"和"署书"呢?

"恒书"之名,曾见于《睡虎地秦墓竹简·封诊式》:"令吏徒将传及恒书一封诣令史,可受代吏徒,以县次传诣成都,成都上恒书太守处,以律食。"整理者对什么是"恒书",没有解释。有关专门论述秦汉官文书的著作[①]和论文[②]中,也找不到有关这种文书的解释。高敏曾在一篇文章中指出:"恒书是讲述犯人情况及处理办法的。"[③] 如果此说成立的话,那"恒书"就类似一种案例的处理意见书,是某种重要的官府文书,所以才以"邮行"的方式传递。我们在岳麓秦简中也看到,在"行书律"中也特别强调:"毋敢令年未盈十四岁者行县官恒书,不从令者,赀一甲。"可见"恒书"或就是指县官所要传递的重要文书之一,所以未盈十四岁者禁止传递这种文书。

再说"署书",这是一个不常见的特殊文书名。署者,签署也。"署书"当是"书署急者"的省称。《睡虎地秦墓竹简·行书律》:"行命书及书署急者,辄行之"。岳麓秦简中,也有相类似的律文条款:简 1250:"行书律曰:传行书,署急辄行,不辄行,赀二甲。"这里的"署急"正是"睡虎地秦墓竹简"中的"书署急者",因此,我们很怀疑所谓"署书",也就这种签署加急的官府文书,而这类"署书"在秦律中是与"命书"并列的,肯定是需要以特别方式传递者,故简文中特别注明要"以邮行"。

其次,这几枚"卒令"简第一次详细记载了"以邮行"文书的封检方式和要求:

---

[①] 李均明、刘军:《简牍文书学》,广西教育出版社 2001 年版。

[②] 薛英群:《汉代官文书考略》,载甘肃省文物工作队编:《汉简研究文集》,甘肃人民出版社 1984 年版,第 258~297 页。

[③] 高敏:《从〈睡虎地秦墓竹简〉看秦代若干制度》,引自《睡虎地秦墓竹简初探》,台湾万卷楼图书有限公司出版 2000 年版。

・令曰：书当以邮行，为检令高可以旁见印章，坚约之，书检上应署，令并负以疾走。不从令，赀一甲。・卒（简1162）

令丙三（简1169）

简文中非常明确的注明：凡当以邮行之文书，在封检时，必令封检之木或封泥高出所封文书之上，并且可以看见封签的印章，然后用麻绳将其牢牢地捆束好，封检上还应签署令文，就像前揭秦律中所说的"署急者"一样。在签署之后，要"负以疾走"，而"不从令"者，将处以"赀一甲"的处罚。这也就告诉我们，秦代的邮行有着很严密的操作程序。我们知道，检是书函之盖，《急就篇》颜师古注："检之言禁也，削木施于物上所以禁闭也，使不得辄开露也。"简文中的"为检令高"，就是用于封函的检盖要高，高到可以从旁边看到封泥上所加盖的印章。同时函与盖的捆束要牢靠，检盖上还应签署令文等，这样细密的规定，无疑说明当时"以邮行"的要求之严格和规范。这种封检形制，我们还可在长沙东牌楼出土的东汉简牍中看到许多具体形象的实物。①

最后，"卒令"中还对邮行的延误有很明确的处罚规定：

・令曰：邮一行书留半日，赀一盾；一日，赀一甲；二日，赀二甲；三日，赎耐；三日以上，耐。・卒令丙五。（简1805）

这里对邮行过程中延误半日、一日、二日、三日以及三日以上，都有详细的可操作的具体惩罚规定，这说明秦代法律对邮行的文书是严格限时的，凡延迟者，都有相应的惩罚措施。而这些处罚法令正好与前引编号为1250和0792的《行书律》可以互补。该律曰："不急者，日觱（毕）。留三日，赀一盾；四日上，赀一甲，二千石官书留弗行，盈五日，赀一盾，五日到十日，赀一甲，过十日到廿日，赀二甲，后有盈十日，辄驾（加）一甲。"律文所针对的是"不急"的文书，只要求当日传递而已，而处罚措施也是从"留三日"开始计算，与"卒令"中规定的"留半日，赀一盾"来说，显然要宽松得多，而这也间接地说明，秦代对"以邮行"的速度要求严格得多。

除了这三条"卒令"之外，岳麓秦简编号为1417的"行书律"中，还专门记载了不得擅自"以邮行"的法律条文：

行书律曰：县请制，唯故徼外盗以邮行之，其它毋敢擅邮行书。

尽管律文中有个别文字不能识读，但大致意思是县一级发送文书，"唯故徼外盗"可"以邮行"，即只有边塞之地有外盗出现，才可"以邮行"的方式传

---

① 详见长沙市文物考古研究所、中国文物研究所编：《长沙东牌楼东汉简牍》，文物出版社2006年版，图版第1~8页。

递,其他则"毋敢擅邮行书"。这说明,当时是不能随便使用邮行这种传递方式的。这一点,我们在"睡虎地秦墓竹简·田律"只看到过:"近县令轻足行其书,远县令邮行之"的法律规定,但尚没看到不能擅自以邮行的规定。其实,对"以邮行"的严格规定,在《张家山汉简·行书律》中也有很明确的界定:

> 书不当以邮行者,为送告县道,以次传行之;
> 书不急,擅以邮行,罚金二两;
> 诸狱辟书五百里以上,及郡县官相受付受财物当校计者书,皆以邮行。

这虽然是汉初的法律规定,但其对"以邮行"的明确规定,显然是秦代法律制度的一种传承,我们完全可以借助它来解读秦代邮行制度的一些具体规定。

根据上面所引述的秦汉简文我们大致可以知道:作为一种官文书传递的重要方式,它必须具备以下一些条件才行:

一是必须是"远县",且在"五百里以上"才用"邮行"。

二是县一级发送文书,只有边塞之地有外盗出现,才可用邮行传递信息。

三是必须是重要文书、加急文书或"郡县官相受付财物当校计者书"等才用"邮行"。

四是如果"擅以邮行,罚金二两"。也就是说,"邮行"是不可擅自乱用的。

那么,作为一种官府文书的传递方式,"以邮行"到底与"以次传"有什么区别呢?

高敏曾指出,"以次传",也就是《睡虎地秦墓竹简·封诊式》中"以县次传诣成都"中的"以县次传"的意思,而"邮行"则是由驿马于驿道传递[①]。按,这种解释,也许并不准确,因为在《张家山汉简·行书律》中明确规定:"书不当以邮行者,为送告县道,以次传行之。"接着又有:"书以县次传,及以邮行,……"注释曰:"传,驿传。"如果注释不误的话,所谓由驿马于驿道传递乃是指"以县次传",而不是"邮行"。根据现在已知的秦汉简牍文献记载,"邮行"应该是专人"疾走"传送的。如岳麓秦简中注明是要"负以疾走",而张家山汉简中更规定:"邮人"要"一日一夜行二百里",按常理推断,只有步行,这才是一个强度比较大的里程规定,如果是用驿马或驿车传递,那显然不是什么难事。因此,我们理解,"以邮行"应该是由专人限时送达的,中间不可延迟和开启文书。这类似于我们今天所说的机要快件。而"以次传"则应是不限时间,可依次开启、发布文书内容的一种普通的传递方式。

---

① 高敏:《从〈睡虎地秦墓竹简〉看秦代若干制度》,引自《睡虎地秦墓竹简初探》,台湾万卷楼图书有限公司2000年版。

为更进一步了解秦至汉初的"邮行"制度,我们无妨借助《张家山汉简·行书律》的记载来看看当时对"邮行"的具体记录和法律规定。

第一,是关于邮是设置:

《张家山汉简·行书律》:"十里置一邮。南郡江水以南至索南水,廿里一邮","北地、上、陇西,卅里一邮"这说明,汉代初年,邮的设置一般是"十里置一邮",而并不是《史记·留侯世家》《索引》引《汉官旧仪》的"五里一邮,邮人居间,相去二里半。"有学者曾根据《汉官旧仪》的记载推断:这"五里一邮"是和"十里一亭"联在一起的,"十里一亭"是秦制,"五里一邮"当然也是秦制。① 现在据张家山汉简所记,"五里一邮"显然不是秦制,而且简文中还明确记载,地理情况比较特殊的郡,还可"廿里一邮"或"卅里一邮"。尽管这是汉初的法律,但在汉承秦制这一点上,作为吕后二年的法律文书,自然比《汉官旧仪》所载要可信得多。

第二,是有关邮置的规模:

《张家山汉简·行书律》:"一邮十二室。长安广邮廿四室,敬(警)事邮十八室"。

注释云:"室,家"。准此,那"十二室"也就是十二家,这也就是说:一邮的规模至少是十二家,还有十八家、二十四家的。可见当时的"邮",并不是简单的邮舍或邮亭,它是至少由十二家以上组成的一个邮站。

第三,是有关邮人的职责和待遇:

《张家山汉简·行书律》:"令邮人行制书、急书,复,勿令为它事","邮人勿令繇戍,毋事其户,毋租其田一顷,勿令出租、刍藁。"这说明,当时的"邮人"是专职的,他们主要负责传递"制书、急书",并规定"勿令为它事"。他们作为专职的官府文书传递人员,还有着特殊的待遇,即"毋令繇戍"、"毋令出租、刍藁"等。也许正因为如此,故岳麓秦简中特别强调:

　　·行书律曰:毋敢令年未盈十四岁者行县官恒书,不从令者,赀一甲。(简1377)

　　·行书律曰:有令女子、小童行制书者,赀二甲。(简1384)

第四,是对邮人传递文书的速度规定:

《张家山汉简·行书律》:"邮人行书,一日一夜行二百里,不中程半日,笞五十;过半日至盈一日,笞百;过一日,罚金二两。"不仅如此,对邮人过界而羁留者,也给以处罚的明确规定:"邮吏居界过书,弗过而留之,半日以上,罚金一两。"这里值得注意的是"邮吏"二字,简文前面是说"邮人",这里说

---

① 熊铁基:《秦代的邮传制度》,载于《学术研究》1979年3期,第93~97页。

"邮吏"，如果是同一所指的话，他就告诉我们，当时的邮人并不是随便什么人都可以作的，因为他本身已是一种公职，是经过挑选，有着特定待遇的基层小吏。

第五，是有关"邮"的功能：

《张家山汉简·行书律》："邮各具席，设井磨。吏有县官事而无仆者，邮为炊；有仆者，假器，皆给水浆。"这就意味着，邮还兼有客舍和接待过往官吏的功能。

通过对《张家山汉简·行书律》的律文分析，我们看到，至少在汉初，邮行都是一种特置的文书传递体系，特别是"邮人勿令繇戍，毋事其户，毋租其田一顷，勿令出租、刍槀"等规定，多少说明当时的汉王朝为保证邮行的畅通是付出了代价的，同时，由于对邮人的要求和制约不一般，如"邮人行书，一日一夜行二百里，不中程半日，笞五十；过半日至盈一日，笞百；过一日，罚金二两。"这"一日一夜行二百里"，可不是一般人所能作得到的，可见当时对邮人和"以邮行"的规定是何等的严酷。由此，我们反观秦代有关行书律令和官府文书中之所以对"邮行"的特别强调，其原因也就不难理解了。

以上是对岳麓秦简中有关行书律令内容的初步探讨，应该说，现在所知的秦汉简牍中，有关行书律的材料还是比较零散的，这对全面了解秦代的邮传制度和法律规定都多少有些"文献不足征"的遗憾。但我们感到些许欣慰的是，岳麓秦简中所发现的这些有关秦代文书传递的律令条文，已给我们深入分析解读秦代的文书传递和邮传制度提供了虽然不多但亦颇有价值的新材料。（陈松长）

## 二、《行书律》与《田律》的关系略论

岳麓秦简中的《田律》中有一条律文，其内容与张家山汉简《行书律》中的一条律文内容非常相近，为便于比较，我们先将这两条律文摘录如下：

·田律曰：侍莁（蒸）邮、门，期足以给乘传晦行求烛者，邮具二席及斧斤、凿、锥刀、瓮、繘，置楑〈梗（绠）〉井旁。吏有（简1277）县官事使而无仆者，邮为饮（饪），有仆，叚之器，毋为饮（饪），皆给水酱（浆）。（简1401）①

一邮十二室。长安广邮廿四室，警事邮十八室。有物故、去，辄代者有其田宅。有息，户勿减。令邮人行制书、急书、复，勿令为它事。畏害及近边不可置邮者，令门亭卒、捕盗行之。北地、上、陇西，卅里一邮；地险陕

---

① 陈松长主编：《岳麓书院藏秦简（肆）》，上海辞书出版社2015年版。

不可邮者，得进退就便处。邮各具食，设井磨。吏有县官事而无仆者，邮为炊；有仆者，皆给水浆。（二年律令·行书律 简265－简267）

岳麓秦简中的这条律文相对比较完整，其内容恰好可与张家山汉简中的这条《行书律》的相关条文进行勘校和比对研究，这里，我们且先就上两条简文作些简要的释读和校注。

"侍㷉（蒸）邮、门"：侍，疑为常居邮驿和门亭的侍役。㷉，读为蒸，《周礼·天官·甸师》："帅其徒以薪蒸役外内饔之事。"孙诒让《正义》："薪蒸即薪柴也。"① 又《周礼注疏》："以式法共祭祀之薪蒸木材。"疏："薪蒸，给炊及潦。粗者曰薪，细者曰蒸。木材给张事。委积薪刍者，委积之薪刍也。"② 因此，此处"㷉"应该是指用于炊事的薪柴。邮，传递文书的驿站。《汉书·薛宣朱博传》："过其县，桥梁邮亭不修。"师古曰："邮，行书之舍，亦如今之驿及行道馆舍也。"③ 门，指门亭，负责地方治安的机构，亦承担某些边远或治安欠佳地区的文书传递工作。《二年律令·津关令》："塞邮、门亭行书者得以符出入"。《二年律令·行书律》："畏害及近边不可置邮者，令门亭卒、捕盗行之"。简文规定"侍㷉（蒸）、邮、门"的数量需"期足以给乘传"，其大意为邮驿和门亭的侍役要备足数量足够的薪柴来满足来往官府公务人员的需要。

"邮具二席及斧斤、凿、锥刀、瓮、繘"：此句相较于上引张家山汉简《行书律》的那条律文，内容上更加详细，张家山汉简《行书律》只简略提及"邮各具食，设井磨"，但岳麓秦简中的这条《田律》具体规定了邮驿应该给来往驿站的官府公务人员提供必备的生活用具，包括两副供坐卧铺垫的席具，还有斧釿、凿及锥刀，这些物件无疑都是人们日常生活中必不可少的器具。另《汉书·淮南衡山济北王传》云："请处蜀严道邛邮，遣其子、子母从居，县为筑盖家室，皆日三食，给薪菜盐炊食器席蓐。"颜师古曰："邛，邮置名也；邮，行书之舍；炊器，釜鬲之属，食器，杯椀之属。"④ 瓮，古文作瓫、罋，是用于汲水的罐子，如《说文》云："瓮，汲缾也。"又《易·井》云："井谷射鲋，瓮敝漏。"繘，井上汲水的绳索。如《说文》云："繘，绠也。从糸，矞声。"又《玉篇》云："繘，用以汲水，汲索也。"

"置槾（綆）井旁"：槾，应该是"綆"字的讹误。"綆"通"绠"，"绠"者，亦是井上汲水所用的绳子。"置绠井旁"即强调必需将汲水绳子放置在井旁，以便于过往邮驿的行人随时汲水。

---

① 《十三经注疏，周礼注疏》（卷四），中华书局1980年版，第201页。
② 《十三经注疏，周礼注疏》（卷十六），中华书局1980年版，第319页。
③ 《汉书·薛宣朱博传》，第4096页。
④ 《汉书·淮南衡山济北王传》，第2016页。

通过上文简要释读和校注，我们可发现，岳麓秦简《田律》篇中的这条律文与上引张家山汉简中的《行书律》关系非常密切，虽然张家山汉简中的《行书律》前半部分的律文内容在岳麓秦简的这条律文中没有，但对于"邮人所受田宅"、"邮舍炊食"等方面的规定，这些律文或详或简均有所涉及。那么，为什么《田律》和《行书律》的律文内容会相互重叠？也许有人认为岳麓秦简中的这条律文原本属于《行书律》的内容，但这条律文简首明显题署"田律曰"。

我们认为，之所以会出现两种律的律文内容部分重叠的情况，是因为这两种律涉及了同一个法律主体——邮人。以下我们结合相关简文，探讨一下"邮人"与《田律》《行书律》之间的相互关系。

《二年律令·行书律》云："一邮十二室。长安广邮廿四室，敬（警）事邮十八室。有物故、去，辄代者有其田宅。有息，户勿减。"根据律文的规定，我们可以了解到，秦汉时期邮人的生活是有充分保障的，官府专门拨给邮人田宅，可供邮人家庭住宿、耕作以维持正常生活需要，如果邮人突然死亡或调免，新来的邮人可继续使用前一任邮人的田宅，可见这些田地、宅舍是官府的固定资产，邮人只有暂时使用权而没有所有权。《二年律令·行书律》简 268 云："复蜀、巴、汉（？）中、下辨、故道及鸡劅中五邮，邮人勿令繇（徭）戍，毋事其户，毋租其田一顷，毋令出租、刍稾。"由此可知，邮人专职负责传送公文书，同时还要自己耕作官府拨给的农田，但可免除一些租赋，而且不负担徭戍。所以，邮人在政治地位上与一般庶民没有区别，也要自食其力，只是以传送邮书的工作代替了常人的徭戍。

另外，岳麓秦简《田律》云："侍羕（烝）邮、门，期足以给乘传晦行求烛者，邮具二席及斧斤、凿、锥刀、瓮、䌷，置楗〈梗〉井旁，吏有（简 1277）县官事使而无仆者，邮为饎（飤），有仆，叚之器，毋为饎（飤），皆给水酱（浆）（简 1401）"，而《二年律令·行书律》云："邮各具席，设井磨，吏有县官事而无仆者，邮为炊，有仆者，假器，皆给水浆。"对比研读两条律文可知，秦汉时期的邮驿带有简易驿馆的性质，备有一般的日常生活用具和饮食的设施，邮驿中可能还有专门的侍人负责招待因公务出差的官府人员。对往来邮驿的官吏没有仆从的，侍人为他们做饭；有仆从的，将炊具借给他们使用，但都要供给水浆。

根据《二年律令·行书律》的记载："十里置一邮。南郡江水以南，至索南水，廿里一邮"、"一邮十二室。长安广邮廿四室，敬（警）事邮十八室"、"畏害及近边不可置邮者，令门亭卒、捕盗行之。北地、上、陇西，卅里一邮，地险陕不可邮者，得进退就便处。"这些法律条文加上邮程表，就充分反映了秦汉时期全国范围内的非常发达、完善有效的邮置网络：在关中人口稠密地区十里一邮，在南郡长江以南人口较少的地区二十里一邮，北地、上郡、陇西等人口稀少的地区则卅里一邮，地势险恶逼窄不宜设邮的地方，距离可以或更远一些或稍近一些，在合适方便的地点设邮。每一邮有十二家人，长安广，一邮有二十四家人，警事邮下有十八家人。当然，如此发达、完善的邮置网络一定是由一个庞大的"邮人"群体建立起来的。前文已说，邮人耕种国家拨给的田地可以减免一些赋税，这些赋税也包括刍稾税、田租等，既然《田律》中有关于刍稾税、田租征收方面的规定，那么这些有关刍稾税、田租减免的内容无疑也要在《田律》中有所体现，才不至于出现法律的漏洞。如此，《田律》与《行书律》也就不可避免地会出现律文内容重叠的现象。当然，不同种类的律文出现内容重叠也并不是不正常的罕见现象，比如睡虎地秦墓竹简《秦律十八种》中"仓律"与"效律"就有好几条律文内容是重叠的①。（吴美娇）

---

① 睡虎地秦墓竹简"仓律"简 21~22 与"效律"简 168-170 同样属于律文内容重叠的情况。见睡虎地秦墓竹简整理小组：《睡虎地秦墓竹简》，文物出版社 1990 年版，第 25 页、第 58 页。

# 第三章

# 岳麓秦简所见秦令研究

## 第一节 岳麓秦简中的秦令令名与令文格式

岳麓秦简中的秦令篇幅较大，经过近十年的整理和研读，我们已经清理出的1000余枚秦简的内容大致都是秦令，我们之所以说是"大致"，是因为有些简文我们至今还不能确定它到底是秦律还是秦令，故这里姑且以"大致"言之。

我们之所以将这么多简的内容"大致"称为秦令，这不仅是其简文内容可以作为判断的主要依据，而且其令名和令文的行文格式给我们提供了足够的信息和证据。下面谨就作者研读所得，对岳麓秦简中的令名和令文格式作一些粗浅的分析。

我们曾在2009年介绍岳麓秦简的内容时说：

"经初步整理，这批秦简中出现的令名有如下二十余种：

内史郡二千石官共令、内史官共令、内史仓曹令、内史户曹令、内史旁金布令、四谒者令、四司空共令、四司空卒令、安□居室共令、祠令、辞式令、尉郡卒令、郡卒令、廷卒令、卒令、县官田令、食官共令、给共令、赎令、迁吏令、捕盗贼令、挟兵令、稗官令。"

现在看来，当时的认知还比较粗浅，有些错误先需要更正：

一是当时有些文字尚没释出，现在可以补上了。如"安"字后的空框应补释为"台","安台"乃秦汉时期所设的专门机构名,在秦代封泥中就有"安台丞印"。而且,"居室"二字下有重文符号,故此令的全称应该是"安台居室、居室共令"。再如"□□□又它祠令",前面三个字现在通过红外线的释读可以补释为"卜祝酹",而"又"字乃是"及"字之误释。补释后它的全称应该是"卜祝酹及它祠令"。

二是个别令名理解有误,如所谓的"赎令",就是在没有简文系联的情况下作出的判断。因为这是一枚简的起首,即:

赎令七牒·尉郡卒令第乙七十六（简1878）

简首就写了"赎令七牒"四个字,而后面是"尉郡卒令第乙七十六"的令名,所以就想当然地认定起首的"赎令"二字就是令名,现经研读和简文的系联得知,"赎"字实际上应该属上读,其系联后的简文是:

它郡人为吏它郡者,得令所为吏郡黔首为除赀赎,属邦与内史通相为除、为节爵者,独得除赀。（简1789+简1804）
赎。令七牒。·尉郡卒令第乙七十六。（简1878）

因此,所谓"赎令"是不存在的。

再如"挟兵令"也是在没读懂简文的情况下所得出的结果。该令的简文如下:

·新黔首公乘以上挟毋过各三剑,┗公大夫、官大夫得带剑者,挟毋过各二剑,┗
大夫以下得带。（简0347）
剑者,毋过各一剑,皆毋得挟它兵,过令者,以新黔首挟兵令议之。·
十一（简0676）

这两枚简的系联从形制和文义上看,都没有问题,我们从简文的理解上可以看到,这里所说的"挟兵令"是专门针对"新黔首"所颁布的令文,所以,单说"挟兵令"其实是不准确的,应该更名为"新黔首挟兵令"。

此外,所有的"共令"其实都不是令名,而应该是令文汇总编辑后所给的篇名,因此,不应将其与令名混为一谈。

三是个别令名的文字隶定不对,造成了误释,如:

备盗贼令廿三。（简1883）

当时将"备"字误释为"捕"字,结果错成了"捕盗贼令"。

"备盗贼"既可理解为官名,见张家山汉简《二年律令·秩律》记载:"中司马,郡司马,骑司马,中轻车司马,备盗贼,［关］［中］司马,［关］［司］

县有塞、城尉者,秩各减其郡尉百石。"或也可理解为防备盗贼,亦见张家山汉简《二年律令·捕律》:"吏主若备盗贼、亡人而捕罪人,及索捕罪人,若有告劾非亡也,或捕之而(简154)非群盗也,皆勿购赏。"

不管是哪一种解释,都不影响我们的更正,因为字形就是"备"而不是"捕",所以,所谓的"捕盗贼令"应更正为"备盗贼令"。

除了以上的错误更正外,我们还发现有几个被遗漏的令名,如:

■祠令甲(简0129)

为诈便。・臣相死请。制曰:可。・廿九年四月甲戌到胡阳。 ・史学童诈不入试令 ・出廷丙廿七。(简1859)

【大】,不盈万以下为小。・迁吏归吏群除令甲 廿八(简1904)

这三个令名中,0129简上的是一条有墨丁的令名简,其令名的确定不用讨论。但后两个令名则很有意思,1859简中的令名"史学童诈不入试令"是一个类似于"新黔首挟兵令"一样的事类令名,本应在其后面加注天干编号或数字编号即可,但这令名的后面又接着加注这条令文的出处:"出廷丙廿七",即此令出自廷令的丙篇第廿七条。而1904简中的令名是"迁吏归吏群除令",这说明这条令是针对迁吏、归吏和群除者所颁布的令,由此可知,这应该不是一个单一对象或事件的令名,而是对好几类对象所颁布的令。

经过重新清理和释读,我们认为,岳麓秦简中的秦令令名至少应该分为两类来表述,第一类是篇名而非单一的令名,他们是:

(1)内史郡二千石官共令

(2)廷内史郡二千石官共令

(3)内史官共令

(4)安台居室、居室共令

(5)食官共令

(6)给共令

(7)四司空共令

(8)四司空令

(9)四谒者令

(10)尉郡卒令

第二类是单一的令名,他们是:

(1)内史仓曹令

(2)内史户曹令

(3)内史旁金布令

(4)祠令

（5）辞式令

（6）郡卒令

（7）廷令

（8）廷卒令

（9）卒令

（10）县官田令

（11）迁吏令

（12）备盗贼令

（13）史学童诈不入诚令

（14）迁吏归吏群除令

（15）新黔首挟兵令

（16）稗官令

应该注意的是，这一类的令名也有细微的差别，如后两个令名并不是在简末单独标注的令名，而是简文中出现的令名。还有，这类令名虽大多是单一的令名，但同时也有针对多类对象所颁布的令，因此，我们也应对其单一性的各类情况进行具体分析。

通过上述分析和排比，我们认为，岳麓秦简中出现的所谓令名虽有 26 种之多，但真正针对某一对象或某一事项的令名应该只有第二类中的 16 种。这 16 种令名中，既有所谓"挈令"，也有所谓"事项令"，但这些令名的后面大都附注有天干的编号，如果按所谓"干支令"来分类的话，那这些令大部分都可归入"干支令"之列，因此，我们认为，令名后所附的干支只是这些令文在汇集整理过程中所作的编号而已，专门以所谓"干支"来给令文分类的方式应该是不太合适的。

秦令是岳麓秦简中的重要组成部分。我们在岳麓秦简的整理研读过程中，确定秦令的一种简单方式是观察简文中是否有令名的存在？但遗憾的是，我们所看到的岳麓秦简中，有令名的毕竟不多，那我们该怎样判断简文的内容就是秦令呢？我们认为：秦令的行文格式也应该是我们确定其是否为令文的重要参考依据。因此，本文试对岳麓秦简中秦令的行文格式作一些粗浅的归类分析和讨论。

第一类最容易判断令文与否的行文格式，是简文的起首有明显标注者，这种标注，又可大致分为如下几类：

一是以"令曰"起首者，如：

· 令曰：黔首徒隶名为秦者更之，敢有（有）弗更，赀一甲。（简2026）

· 令曰：治书，书已具，留弗行，盈五日到十日，赀一甲，过十日到廿

日，赀二甲。后盈【十】日，辄【驾一甲】。（简1893）①

这种以"令曰"起首者，经初步统计，有40余例，这种例子有的是由1枚简记载，有的是2枚以上的简组成，因此，这40余例并不是只有40余枚秦简，而应该是有40多条完全可以确定的秦令。当然，如果仔细区分，这一类又可分为简末有令名和无令名者，如上举2例是简末都是未附令名者。这种情况在"令曰"起首的简文中其实并不多，其他大部分都是简末附有令名的，如

　　·令曰：书当以邮行，为检令高，可以旁见印章；坚约之，书检上应署，令并负以疾走。不从令，赀一甲。·卒（简1162）
　　令丙三（简1169）
　　·令曰：邮一行书留半日，赀一盾；一日，赀一甲；二日，赀二甲；三日，赎耐；三日以上，耐。·卒令丙五（简1805）

这些有令名的令文，当然是岳麓秦简中最容易判断为秦令者，但其令名与令文的关系如何？又是很值得讨论的问题，例如上举两条"卒令"的内容，都是关于行书的法律规定，那"卒"与行书的关系究竟如何就很值得讨论。

与此类相似的还有一种，如：

　　县官田有令└：县官徒隶固故有所给为└，今闻或不给其故事而言毋徒以田为辞及发（简1801）；
　　徒隶└，或择其官急事而移作田及以官威征令小官以自便其田者，皆非善吏殹，有如此者，以大犯（简1788）；
　　令律论之　·县官田令甲十八。（简1803）

这条令起首不是说"令曰"，而是说"县官田有令"，且在"令"字后用钩识符号来加以强调，这显然与"令曰"有相同的强调功能。当然，我们也可以将"县官田有令"就理解为"县官田令"，如果是这样的话，那就是岳麓秦简中以令名起首的唯一的例子。

这类以"令曰"起首的令文，其"令"字该怎么理解？这是个很有争议的问题。我们认为，它应该不是作为法律文本中的律令的"令"，它与上揭"县官田令"的"令"也应该不是一回事，它应该是皇帝所颁布的诏令的令。

这一点，我们也许可以从下面一条令文得到左证：

　　昭襄王命曰：置酒节（即）征钱金及它物以赐人，令献（谦），丞请（情）出；丞献（谦），令请（情）出，以为恒。·三年诏曰：（简0519）

---

① 释文大部分选自正在整理中的《岳麓书院藏秦简》（伍）（陆）（柒），待刊。下同。

复用（简0352）。

秦始皇廿六年改命为制、改令为诏的记载大家都很熟悉，准此，这里所谓的"昭襄王命曰"，也就是昭襄王制曰，只是因为昭襄王时用"命"而不用"制"而已。据此，岳麓秦简中的"令曰"者，其意义或也就等同于这条令文中的"命"，或者按照《史记》的说法，也就是改令为诏的诏令。

如上所述，"命"和"令"都是秦始皇廿六年改制前的用语，那凡是"令曰"者是否就全是秦始皇廿六年以前的诏令令文呢？仔细检查所有"令曰"起首的令文，似乎又不尽然，如：

· 令曰：吏及黔首有赀赎万钱以下而谒解爵一级以除［及］当。□□□（简1168）

同样是以"令曰"起首，但令文中又出现了"黔首"一词。有关"黔首"与"百姓"的区别，也是人们区分秦代简牍文献时代早晚的代表性语词，一般都认为"黔首"也是秦始皇改制之后的用语，如果照此推断，那这里的"令曰"就不太可能是秦始皇改制前的用语，因为按改制的要求，这里的"令曰"应改为"诏曰"才对。但有点疑惑的是，岳麓秦简的令文中，没有一条是以"诏曰"起首者，而岳麓秦简的律令部分比睡虎地秦墓竹简的时代略晚，大部分是秦始皇改制之后所抄写，为什么会出现这么多与改制不符的用语呢？我们推断，这也许是当时的法律文书抄写的诸多因素决定的，或者说，这也许是由于皇帝改制与全面实施之间还需要有一个过程等原因所决定的。

下层官吏在抄写这些法律文书时或有依其习惯而忘记更改者，或因皇帝改制的全面实施程度有限，故远处南郡的下层官吏所抄写的这些秦令文本并不像正式的法律文本那样严格规范等。总之，不管是哪种原因，这里的"令曰"也就是所谓"制曰"或"诏曰"的意思。或有人认为，秦始皇廿六年后的律令文本的抄写，凡秦始皇改制之前的一些特定语词都会在抄写时改过来，如将"令"改为"诏"，将"庄襄王"改写为"泰上皇"之类，我们觉得是太理想化的一种推测而已，实际上是不太可能的。

二是以"制曰"起首者，如：

· 制曰：吏上请、对，奏者皆传（傅）牒牍数，节（即）不具而却。复上者，令其牒牍毋与前同数，以为恒。·廷卒乙（简1737）

岳麓秦简中出现了10余次"制曰"，但用以起首者，仅此一例而已。据《秦始皇本纪》记载："命为制，令为诏。"这里直接称为"制曰"，这说明此令是始皇帝直接发出的诏令，而且，它也说明其抄写的时代应该比"令曰"起首的令文要晚，也就是说，其抄写的时间应该是在秦始皇二十六年之后。

值得注意的是，虽是以"制曰"起首，但在其令尾还是注明了"廷卒乙"的令文编号，这说明这条诏令在当时已经编入了"廷卒"令之中。

三是以"制诏御史"起首者，如：

· 制诏御史：吏上奏当者，具傅（附）所以当者律令、比、行事。固有令，当各署其所用律令、比、行事。（简 1009）

以"制诏御史"起首的令文在岳麓秦简中出现了三次，这种格式，也曾两见于《二年律令·津关令》，如：

制诏御史：其令扜（扞）关、郧关、武关、函谷【关】、临晋关，及诸其塞之河津，禁毋出黄金，诸奠黄金器及铜，有犯令。（简 492）

制诏御史：其令诸关，禁毋出私金。或以金器入者，关谨籍书，出复以阅，出之。籍器，饰及所服者不用此令。（简 493）

这种皇帝直接诏令御史的令文，无疑是很容易判断的令文格式之一。

跟这种格式相同的还有一种"制诏丞相"，如：

· 制诏丞相斯：所召博士得与议者，节有逮，告劾，吏治者辄请之，尽如宦显大夫逮。斯言罢。（简 1129）

博士者，请辄除其令。（简 1130）

这是直接诏令丞相李斯的令文，这里的"丞相"，在《二年律令·津关令》中换成了"相国"，如：

制诏相国、御史，诸不幸死家在关外者，关发索之，不宜，其令勿（索），具为令。相国、御史请关外人宦为吏若繇（徭）使，有事关中（简 500），［不］［幸］［死］，县道各（？）属所官谨视收敛，毋禁物，以令若丞印封椟橼，以印章告关，关完封出，勿　（索）。椟橼中有禁物，视收敛及封。（简 501）

可见皇帝直接诏令丞相、御史是很常见的事，虽然我们现在看到的这类令文不是很多，但这毕竟保存了令文的最初格式。

四是以"某某言"起首者，如：

· 御史丞相言：置发弩啬夫，固以泰射辞于弩事者补之，谨，勿令乘，计皆识射其执灢府。·廿五（简 0346）

· 定陶忠言：律曰：显大夫有辠当废以上勿擅断，必请之。今南郡司马庆故为冤句令訑课，当（简 1036）

废官，令以故秩？为新地吏四岁而勿废，请论庆。制书曰：诸当废而为

新地吏勿废者，即非废。（简1010）、

第一条的"御史丞相言"只有御史丞相向皇帝请制的内容，但后面没有"制曰：可"之类的批复，因此，这也许是一条没有抄全的令文，它只抄录了请制的文字而已。但作为令文的标志之一是其简末已标注了数字的编号，根据我们上面所讨论的简末仅标注数字编号的令文格式推断，这也应该是作为一条已经确定的令文而抄录下来的，只是后面漏抄了"制曰：可"的批复文字而已。

第二条比较完整，其内容大致如下：先是定陶县令忠上奏曰：有律规定：凡显大夫有罪当废以上不能擅自论断，必须请示。现有南郡司马庆，以前的冤句县令以巧言诈课，当废官。令以故秩为新地吏四岁而不废官，请示有关庆的论处是否可行。制书曰：凡当废而为新地吏勿废者，即不要废其官。

这种令的行文的格式，在张家山汉简《二年律令·津关令》中多次出现，如：

相国上长沙丞相书言，长沙地卑湿，不宜马，置缺不备一驷，未有传马，请得买马十，给置传，以为恒。·相国、御史以闻，请（简516）给买马。·制曰：可（简517）。

丞相上备塞都尉书，请为夹溪河置关，诸漕上下河中者，皆发传，及令河北县为亭，与夹溪关相直。阑出入、越之，及吏（简523）卒主者，皆比越塞阑关令。·丞相、御史以闻，制曰：可。（简524）

两相比较，只是起首的"某某言"有所不同而已，"言"之后的内容都是郡县级官吏在自己的职权范围内面对各种事项和问题向上请示诏令的内容。然后是皇帝在批阅之后再发布诏令。值得注意的是，岳麓秦简上的是"制书曰"，而《二年律令》上的都是"制曰"，这多少也说明这种请求诏令的格式也许在岳麓秦简中还不是非常规范。

已有学者指出，这种格式的令文是制诏的形式之一：

关于秦令的制定手续，大庭修的关于汉代制诏的研究是可以适用的，也就是说，根据大庭修的研究，汉代的制诏可以分类为以下三种形式。

第一种形式："皇帝根据自己的意志下达命令"。

第二种形式："官僚在自己委任的职权范围内，为了完成自己的任务向皇帝献计献策，皇帝认可（计策）之后，作为皇帝的命令予以公布"。

第三种形式："皇帝根据自己的意志下达命令，但是下达命令的对象只限于一部分特定官员，特定官员的答申是必要的"。

很显然，这里所说的第二种形式就是我们所讨论的这种令文格式，这种格式其实也就是所谓"事项令"的一种典型格式。

这类令文格式中，还有一条很特殊的令文，其内容如下：

＞泰上皇时内史言：西工室司寇、隐官、践更多贫不能自给粮。议：令县遣司寇入禾其县，毋禾（简0587）

＞当貣者，告作所县偿及贷。西工室伐干沮、南郑山，令沮、南郑听西工室致。其入禾者及吏移西（简0638）

＞0681：工室。·二年曰：复用。（简0681）

从令文的格式看，这也是属于"某某言"一类的诏令形式，但这里是"泰上皇时内史言"，即前朝的内史所报告，而后面的批复也不是"制曰：可。"而是"二年曰：复用"。这里的"二年"我们的理解是秦二世二年，也有人认为是秦始皇二年，但不管是哪个二年，那"复用"二字说明这条令所报告的内容并不是当今内史所呈请皇帝颁布诏令的内容，它只是转引前朝曾出现过的某一事项，呈请当今皇帝批准其仍然具有法律效用而已。

五是以"自今以来"起首者，如：

＞【·】自今以来，有诲传言以不反为反者，辄以行詑律论之，其有不□者，徙洞庭，洞庭处多田所。·十三（简1017）

＞·自今以来，禁毋以壬癸哭临，葬以报日。犯令者，赀二甲。·廷卒乙十七（简1706＋简1784）

按，"自今以来"作为一个法律上表示时间起止的特定术语，是秦令中习见的起首语之一，不仅如此，这"自今以来"的特定术语也常见于上请皇帝诏令的请词中，如：

＞·数言赦，不便。请：自今以来，节（即）为令若有议为殴（也），而当以赦为根者，皆以其赦令出之明日为根，曰：某年某月某（简1786）日以来。·廷卒乙廿（简1713）

大家知道，所谓"请"字都是上请皇帝下发诏令的特定语词，而"自今以来"作为"请"的起首语，显然是令文的专门用语，因此，凡有"自今以来"起首者，肯定都是秦令而不是秦律。

六是行文中有"某年某月某日以来"者，如：

＞·十四年四月己丑以来，黔首有私挟县官戟、刃没〈及〉弓、弩者，亟诣吏，吏以平贾（价）买，辄予钱。（简1357）

＞□□□□后捕诇告者。廿年八月乙巳以来，皆以捕死辠（简1897）

·廿六年十二月戊寅以来，禁毋敢谓母之后夫叚（假）父，不同父者，毋敢相仁（认）为兄、姊、弟˥。（简1025）

　　秦代的法律文献中，凡出现"某年某月某日以来"的行文，基本可判断其就是令文，因为在岳麓秦简中的"廷令"中有明确的规定：

　　·数言赦，不便。请：自今以来，节（即）为令若有议为殹（也），而当以赦为根者，皆以其赦令出之明日为根，曰：某年某月某（简1786）日以来。·廷卒乙廿（简1713）

　　这虽然说的是赦令要注明"某年某月某日以来"，但其他诏令的具体实施也离不开这种具体时间点的界定。上揭三例中，1357简和1025简上所记的具体时间在起首，而所言的"某年某月某日以来"，很明显是诏令颁发实施的时间界定点，因此，一看就是一条令文的起首。此外，这类"某年某月某日以来"的行文格式也会出现在所谓事项令的中间，如1897简上所记，该简虽然简首残缺，但其"廿年八月乙巳以来"也是很明显的令文格式，可以很好的帮助我们去判断其令文与否。

　　第二类容易判断令文与否的格式是令文之后有注明令名者，如：

　　☐者。·迁吏令（简j66-6）

　　这是一条前面残缺，唯独在简文最后留有令名的简文，从图片上看，"令"字已到达简末，后面已没有再写文字的可能，但我们还不能确定，这条令文是否全部结束了，因为在岳麓秦简中，简末只注明令名者就此一例，其他都是在令名后还附注有天干编号和数字编号者，而且大多是兼有天干和数字编号者，单独附注天干编号的也只有几例，如：

　　及戍者。·迁吏令甲（简1791）

　　诸当以赏免除鼻人，狱已断盈六月而弗以免除人者，止，毋行其赏。　·廷甲（简1616）

　　节（即）吏有请，若上书者，有言殹。其所请言节已行而后有请（情）☐其等者，必尽具写其前所已行。（简1856-1+简1794）

　　与奏偕上，以为恒。　　　　　　·廷卒乙（简1785）

　　这是完全可以确定简末只有天干编号的几个例子，其他大多数则都是在天干编号后再加注编号者，如：

　　视事毋过五日，过五日，赀二甲。　·迁吏令甲廿八（简1775）

　　当治论皆毋以谴论。　　　　　　·廷甲第廿一（简52）

日以来。　　　　　　　　　　・廷卒乙廿（简1713）

・恒署书皆以邮行。　　　　　・辛令丙二（简1173）

这种简末的令名标注，可以帮助我们很容易判断：凡用这种格式抄写的简文，肯定是秦令而非秦律。当然，这种简末标注令名的格式也有与简首标注"令曰"或"制曰"的格式在同条令文中共存者，如：

・令曰：邮人行书；留半日，赀一盾；一日，赀一甲；二日，赀二甲；三日，赎耐；过三日以上，耐。　・辛令丙五十（简1805）

・制曰：吏上请┗、对┗、奏者皆傅牒牍数，节不具而却，复上者，令其牒牍毋与前同数，以为恒。　・廷卒乙（简1737）

应该说，这种两者共存的格式，更是我们最容易判断其内容是否为秦令的格式之一。值得注意的是，这种简末的令名标注其实并没有一种固定的格式，其具体表现是：

（1）令名的表述或可省略"令"字，例如：

及成者。　・迁吏令甲（简1791）

□　　　・迁吏甲卅（简2126）

很显然，2126号简上的"迁吏甲卅"应该是直接省略了"令"字，所谓的"迁吏甲卅"只能是"迁吏令甲卅"的省称。再如：

以次为置守俑。・迁吏卅三（简1774）

其中的"迁吏廿三"也应该是"迁吏令廿三"的简称。准此，我们也可以对下面的一些简称做出明确的判断，例如：

庸吏收钱为取就不为旁钱。　・廷甲十九（简1736）

一岁而勿均　　　　　　　　・廷己八（简1964）

这里所标注的"廷甲十九"和"廷己八"的令名就应该是"廷令甲十九"和"廷令己八"的省称。同理，我们在简文中常见的所谓"廷卒"令名简，如：

禁市贩。　・廷卒甲廿七（简1699-1）

其赐。　　・廷卒己廿一（简1684）

其中的"廷卒"都应该是"廷卒令"的简称。有趣的是，在岳麓秦简中，也出现过"廷卒令"的全称者，如：

□　　　・廷卒令甲（简1116）

由此更可证明，简文中大量出现的"廷卒"这类的令名，其全称也就是"廷卒令"，这与上揭"迁吏"即"迁吏令"的省称是同一种表述方式。

（2）令名后面的编号记录并不统一，这表现为四种方式：

①令名后只有天干编号者，如上面所例举的"廷卒令甲"、"廷甲"、"迁吏令甲"之类。

②令名后面的天干编号后又加数字编号者，如上举"廷卒甲廿七"、"迁吏甲卅"之类。

③令名后没天干编号，而只有数字编号者，如："迁吏卅三"。

第三种方式或许是一种特例，因为在我们检索过的所有令名简文中，仅有两例是没有天干编号的，除此之外，还有：

备盗贼令廿三。（简1883）

因此，我们很怀疑这两条令名是漏抄了天干的编号。如果这种怀疑可以成立的话，那这也许不应该算是一种特殊的方式。

④是令名后的天干编序有加"第"字者，如：

赀二甲，废。丞令、令史、官啬夫弗得，赀二甲。·内史仓曹令第乙六。（简1780）

骖乘└。它执法官得乘傅马覆狱行县官及它县官事者比·内史旁金布令第乙九。（简1920）

从令名的理解上看，加不加"第"好像无关紧要，因为都是同样的令名，就有不加"第"字者，如：

溥。有不以实者而弗得，坐，如其稗官令。·内史仓曹令甲卅。（简1921）

·令曰：遣吏市者必遣真官啬夫、吏、令史，不从令者，赀各二甲。·内史旁金布令乙四。（简1768）

由此可见，简末的令文标识中，有无"第"字也许本身并没有太多的意义，它或许仅仅是天干编号表述的强调而已。

第三类可以判断为令文的简文格式是简末标注有数字编号者，这种数字编号均与简文隔有一定的距离，然后以墨点标识后再标注数字编号。如：

·自今以来敢有盗取蜀、巴、洞庭犀牛者，黥为城旦舂。·六（简0550）

【·】自今以来有诲传言，以不反为反者，辄以行訞律论之，其有不安？者，徙洞庭，洞庭处多田所。·十三（简1017）

·诸有辠当罨（迁）输蜀巴及恒辠所者，辠已决，当传而欲有告及行有告，县官皆勿听而亟传，诣（简 1123）

　　罨（迁）输所，勿留。·十九（简 0966）

　　这种简末所标注的数字编号，应该是秦代令文的标志之一。我们之所以这么认为，其理由大致有三：

　　其一是现在所看到的秦汉律文中，无论是睡虎地秦墓竹简、龙岗秦简、岳麓秦简还是张家山汉简，都没有看到在律文之后用数字编号者。

　　其二是上揭岳麓秦简的许多令文中，在简末令名的天干编序后大都附有数字编号，因此，这种数字编号应该是秦代令文在汇集整理过程中的具体编号。

　　其三是这类简文的简首多有墨点标示，而且还有一些秦汉令文中所特有的专用语词可以帮助我们进行律令与否的区分和判断，如简首的"自今以来"、"诸"等语词就是秦汉令文中用之于首端的常见语词。

　　此外，简文中一些令文的特有语词，也可佐证这些简末的数字编号只能是令文的编号而不是律文的编号，如：

　　·制诏御史：闻狱多留或至数岁不决，令无辠者久毄（系）而有辠者久留，甚不善。其举留狱上。（简 1125）

　　之┕。御史请：至计，令执灋上寙者各牒书上其余狱不决者，一牒署不决岁月日及　（系）者人数为。（简 0968）

　　最偕上御史，御史奏之，其执灋不将计而郡守丞将计者，亦上之。制曰，可。·卅六（简 0964）

　　这三枚简的简首是墨点标识，接着是"制诏御史"这样明确的令文代表用语，简末还有"制曰：可。"之类的皇帝批复用语，这一看就是一条令文，故其简末的数字编号也只能是这类令文的编号而已。（陈松长）

## 第二节　岳麓秦简中的几个令名小识

　　岳麓秦简中出现了大量的秦令，且有些还是从不见于文献的令名，怎么解读这些令名，这是我们绕不过去的一些具体问题，下面谨就本人的研究所及，试做一些探讨，不当之处还请大家指正。

## 一、共令

岳麓秦简中出现了很多的"共令",如:

(1) ■内史郡二千石官共令　　　第甲（简0355）
(2) ■廷内史郡二千石官共令　　·第庚　·今壬（简1131）
(3) ■安台居室共令　　　　　　·甲（简2165）
(4) ■食官共令　　　　　　　　·乙（简0174）
(5) ■给共令　　　　　　　　　·乙（简0126）

"共令"这种令名,在秦汉及以后的律令文献中都没出现过,"共"字该怎么解释？这也许是解读这种令名的一个关键。一般认为,共者,同也,皆也。《说文》:"共,同也。"《论语·子罕》:"可与共学,未可与适道。"《史记·高祖本纪》"天下共立义帝,北面事之。"可见"共"都是一同、共同的意思。但放在我们所看到的秦令名中,照此理解,尚有不可解释处,如"内史郡二千石官"可以理解为内史、郡二千石官两类官员,而"廷内史郡二千石官则是廷、内史、郡二千石官三类官员,"那将两类或两类以上的官吏共同遵守的令叫"共令"的话,这还是可以理解,这也就是说,那所谓的"共令"就应该是两类或两类以上的官吏或官署所应该共同遵守的令。但奇怪的是,岳麓秦简中还有"内史官共令"和"食官共令",这里的"内史官"如果还可以理解为内史的所有属官的话,那"食官"就显然不可直接理解为食的属官了,这里的"食官"显然只能是一种官吏或官署的名称,那为什么也称"食官共令"呢？当然,也许有人会认为"食官共令"是一种要食官共同遵守的一条令,如果这样理解的话,那不仅要将"食官"理解为多个食官,还要将"共"字解读为"共同遵守",这多少有增字作解的毛病。其实,岳麓秦简中除了"食官共令"之外,还有一个所谓"给共令",这"共"字前就一个字,不管这个"给"字的所指是官署还是特定的一种行为,它都没有谁去跟它一同或共同去操作的可能。

因此,我们认为,这里的"共令"应该不是一同、共同的意思,而应该读为"供"。

《左传·僖公三十年》:"行李之往来,共其乏困,君亦无所害。"《经典释文》:"共,本亦作供。"

《汉书·百官公卿表》:"少府,秦官,掌山海池泽之税,以给共养,有六丞。"颜师古注:"大司农供军国之用,少府以养天子也。"

《说文》:"供,设也。从人,共声。一曰供给。"

很显然,"共"读为"供",乃典籍中常见之现象。而岳麓秦令中的所谓"给共令",实际上也就应该是"给供令",这也可以证明这里的"共"就应该读为"供"。因此,我们认为:所谓"共令"也许并不是一个词,而应该分开理解,"共"者,提供也。这样,简文中的"食官共令"就是供食官遵守使用的令。准此,所谓的"内史郡二千石官共令"也不是内史、郡二千石官共同去遵守的令,而应该是专门供内史、郡两千石官所遵守使用的令。

如果这样理解并无大碍的话,那么,这里面有两个层次需要讨论:

第一个层次是这种令并不是针对某一项具体事项所颁布的令,而是供不同的官吏或官署在具体的行政管理过程中需要遵守的令,这种令显然不是单独的一条令,而应该是一批令,也许正因为如此,故岳麓秦简中,有关"内史郡二千石官共令"才都用干支来排序而没有具体令数的记录。如:

■ 内史郡二千石官共令　　第甲（简0355）
■ 内史郡二千石官共令　　第乙（简0690）
■ 内史郡二千石官共令　　第丙（简0522）
■ 内史郡二千石官共令　　第丁（简0351）
■ 内史郡二千石官共令　　第戊（简0465）
■ 内史郡二千石官共令　　第己（简0316）
■ 内史郡二千石官共令　　第庚（简0617）

当然,这些简都是篇题简,其前面有墨丁标志也说明这都是一类简的篇题,而不是一条具体的令文。因此,我们可以这样判断,所谓的"共令"并不是具体的令名,我们不应该将其作为具体的令名来讨论,它应该只是某一类令的标题而已。

第二个层次是这么多按天干排序的"内史郡二千石官共令"的出现,显然是一次校对编排的结果。学界曾对秦汉时期有无法典展开过很多讨论,比较一致的意见是秦汉时期并没有经过大规模编撰的法典,而都是以单篇的律令形式存在的法律文本。甚至对秦汉时期有无法律文献的整理编辑都多少有些疑问。现在看来,我们固然尚没发现魏晋以后才出现的所谓法典,但岳麓秦简中的很多材料已足够证明,秦代的律令文献都是多少进行过校对、编辑和整理的。例如:

■ 廷内史郡二千石官共令　　·第己0932：　　·今辛（简0081）
■ 廷内史郡二千石官共令　　·第庚　·今壬[1]（简1131）

这两条"共令"在简尾都标注了"今辛""今壬"两个字,且其书体也与

---

[1] 岳麓书院藏秦简,待刊。

前面的完全不同，很显然，这是在整理编辑过程中标注的更正记录。这应该是在编辑整理的过程中，发现这批共令的编序有错，即原来编排为"第己""第庚"的两批令应归入第辛、第壬的序列内，所以在后面标注"今辛""今壬"。有意思的是，现在仅存的这两枚"廷内史郡二千石官共令"的排序正好是连着的，前者是"第己""第庚"，改序后的是"今辛""今壬"，两者正好是有序地向后移两位，这多少说明，这批"廷内史郡二千石官共令"肯定是进行过编辑整理和调整的。

目前学界多认为秦汉时期尚没有由朝廷统一颁布的法律编纂物，而只有以单篇别行的方式行世的"律令集合体"，也就是说，"秦汉时没有国家统一颁行的、篇目固定的法律编纂物，而是由单篇律与令篇构成的律令法体系"。[①] 但从岳麓秦简来看，我们虽然不能说这是在作秦代令典的编辑，但可以肯定地说，我们现在所看到的岳麓秦简中的秦令都是经过了有序编排的，它并不是单篇散乱的秦令汇集。

我们说秦令是经过编排整理的，这不仅表现在这些篇题简上的标注和修订中，而且在不是篇题简在令名记录中，也可看到一些必须进行整理的信息和痕迹。例如同是"共令"的1926号简，其简文的最后标注："·内史官共令 第戊卅一"，这里既标注了这条令的归属，说明它是给"内史官"参照使用的令，同时又说明它被编排在"第戊"的组别内，而且还标注了这条令是这批令中的第"卅一"条，由此可以想见，就"第戊"组中的"内史官共令"都有"卅一"条之多（也许这还不是最后一条），那么，这么多令的汇集，如果没有整理编辑是不可想象的。这里的"内史官共令 第戊卅一"的记录应该都是有关内史官令的整理记录，而不应该是秦令本身的原始编号。

## 二、"四××令"

岳麓秦简中出现了三次以"四"字开头的令，它们分别是：

▋ 四谒者令　　·丙（简2000）
● 四司空共令　·甲（简2005）
● 四司空辛令　（简0153）

这三条都是单独的令名简，其前面不是有长条形墨丁就是有不规范的墨点，这显然都是标注篇题的符号。

---

[①] 张忠炜：《秦汉律令法系研究初编》，社会科学文献出版社2012年版，第93页。

大家知道，"谒者"，官名，典籍中常见，如：《国语·晋语四》："谓谒者曰：沐则心覆，心覆则图反，宜吾不得见也。"但从没见有"四谒者"的记载。同理，2005和0153简上的"司空"也是常见的官名，但也从没见过"四司空"这类官名，因此，这"四"字显然不能跟后面的"谒者"和"司空"连读，也就是说，他不应该是"谒者"、"司空"这类官名的专属数量词，而应该与后面的官名分开解读。

我们前面已指出，这三条简也是篇题简，作为篇题，都是对某一类相同令文的总称，因此，这"四谒者令"应该就是四条或四组或四篇谒者令的省称，也许正因为如此，故其后也以天干给其分篇或分类分组。同理，所谓的"四司空共令"也就是四篇或四组供司空去遵守的令，而"四司空卒令"也就是四篇或四组给司空卒的令。

也许可以互证的是，在岳麓秦简的律令简中就有一枚是专门标注分篇的，且也是"四篇"：

  ☒第丁、戊、己、庚四篇 （简1134）

由于简首残缺，我们尚不太清楚这"四篇"是指哪四篇，但简文中以天干分篇的意思是很明白的。因此，我们将"四谒者令"中的"四"解读为四篇或四组也就应该不会太离谱。

当然，关于"四司空卒令"中的"卒"也许还有不同的解释，因为在岳麓秦简的所有法律文本中，"司空卒"仅此一见，它也许就等同于岳麓秦简中多见的"郡卒令"或"尉郡卒令"中的"卒"，（参见下文有关"尉郡卒令"的讨论）。我是很怀疑这"卒"字很可能是"共"字之讹写。因为岳麓秦简中一共才出现两次"四司空"，且都是题篇简，现在一个是"共令"，一个是"卒令"，总觉得有点奇怪。

此外，这条令名简后应该有天干的编号，但因为残存的些许墨迹完全不能确定是不是字的残痕，所以只好阙如了。

## 三、卜祝酹及它祠令

在岳麓秦简的篇题简中，还出现了两次有连词"及"的令，它们分别是：

  卜祝酹及它祠令 ·甲（简2154）
  ■卜祝酹及它祠令 ·乙（简2001）

这也是两条篇题简，其中的2154简首残，看不到是墨丁还是墨点，2001简上的墨痕虽然也很虚淡，但还是可以看到墨丁或墨点的样子，我们在这里姑且将其作为墨丁标志。

作为篇题简,这两枚简的后面也有天干的排序,即"甲"、"乙"两种,这至少也说明这类简有甲、乙两组。

有意思的是,如果将其视之为令名,那这令名也是够长的。我们从其"令"字前面的6个字来分析,其中的"卜祀酎祠"四个字可以说都是同性质内容的字词,但"及"是个连词,而"它"是一个作限制用的代词,这6个字合在一起,显然不是一种单独的令名。而只能是跟上述的"郡两千石官共令"一样,都是令文整理者给某一类或某一组令所标注的篇名。也就是说,这条简所标注的实际上就不是一条具体的令名,而只是这一组或一篇有关卜祀祝祷的令文和相关祠令的总合标题而已。

## 四、尉郡卒令

岳麓秦简的篇题简中,可以与"内史郡二千石官共令"相匹配的一组简是题为"尉郡卒令"的简,一共有5枚,且其简尾的天干排序相当整齐,这里先录之如下:

▌尉郡卒令　　·甲（简0619）
▌尉郡卒令　　·乙（简0695）
▌尉郡卒令　　·丙（简0731）
▌尉郡卒令　　·丁（简0742）
▌尉郡卒令　　·戊（简0554）

我们在岳麓秦简的律名简中,曾发现了5枚"尉卒律"的律名简,关于"尉卒"的认知,已有学者作过讨论。我们知道,睡虎地秦墓竹简中有《尉杂律》,整理者认为"尉"即廷尉,"尉杂"是关于廷尉职务的各种法律规定。但在岳麓书院藏《尉卒律》中,其内容却似乎与廷尉的关系不大,而是与县尉有着密切相关。如:

·尉卒律曰:县尉治事,毋敢令史独治,必尉及士吏与,身临之,不从令者,赀一甲。(简1409)

这里明确标明是"县尉",可见这里所说的尉确定无疑是指县尉而不是廷尉。

也许可以这样说,岳麓秦简中的"尉卒律"的"尉"确是指县尉,但我们现在所讨论的"尉郡卒令"中的"尉"又显然不是指县尉,而应该是廷尉,因为"郡"已是很明确的郡级机构,那位列"郡"之前的"尉"肯定不会低于

"郡"的级别,就如前面所讨论的"廷内史郡二千石官"一样,廷、内史、郡都是平级的,都是二千石官,而其中的"廷"就相当于这里的"尉",也就是廷尉,只是一个称"廷",一个称"尉"罢了。

既然"尉"和"郡"是平级的机构,那尉、郡之间是应该读断来理解的,这就如"廷内史郡二千石官"应该理解为廷、内史、郡二千石官一样。因此,所谓的"尉郡卒令"就应该读为"尉、郡卒令",也就是"尉卒令"与"郡卒令"的合称。岳麓秦简中有单独的"郡卒令"而没有"尉卒令",只有"尉卒律",这看起来好像不太对称,但按照我们上述的解释,其实这个问题并不存在,因为简文中并不是没有"尉卒令",而只是整理者在编辑的过程中将它与"郡卒令合并在了一起,才让人感觉有些困惑。"

令名中的"卒"也是一个很费商量的词。我们在整理的过程中就听到了许多不同的意见,或认为应该读为"萃",即汇集的意思;或以为应该读为"倅",即副本的意思,或以为就是睡虎地秦墓竹简中的"尉杂律"的"杂",或以为就读本字,就是士卒的"卒",我们的整理稿采用了读"卒"为"杂"的意见,简注中仅用"尉杂"二字来解释而已,现在看来,这种解释还是有很大的讨论空间,因为岳麓秦简中有写得很清楚的"杂律"二字,而简文中所有的"卒"字都写得没有一个是与杂字相近或相混的,所以,有学者就专文指出:

《尉卒律》中的"卒"当读为"萃"。古书中"卒"常通"萃",如马王堆帛书《易·卒》:"亨,王假有庙",今传本"卒"作"萃",初六、六三、九五例此。又《楚辞·天问》:"何卒官汤",朱熹《集注》曰:"一作萃"。萃有聚、集的意思,《易·序卦》:"萃者,聚也";《诗·墓门》:"有鸮萃止",《毛传》曰:"集也"。《礼记·王制》:"三十国以为卒",郑玄注"犹聚也","卒"本身没有聚的意思,只有通借为"萃"后才有,故郑玄注说"犹聚也"。据此,"尉卒律"之"卒"或可当聚、集解。"尉卒律"指与县尉有关的律文的汇集①。

按,这种解释并不是新解,而是在我们上举的几种解释中选择了一种再加以论证,但将"尉卒律"解释为"与县尉有关的律文的汇集"也是不很妥当的,怎么能把律文的名称说成是"律文的汇集"呢?

现在看来,也许我们并不要太费周折,就读其本字,也许并不大碍。岳麓书院藏律令简中以"卒"命名的律令除上面所说的"尉卒律"外,还有很多的令名,诸如:卒令乙、卒令丙、廷卒甲、廷卒乙、廷卒令甲、郡卒令 尉郡卒令和四司空卒令等。这些令名如果以"卒"出现的情况看,可以分为卒、廷卒、郡

---

① 周海锋:《岳麓秦简"尉卒律"研究》,载武汉大学简帛研究中心主办:《简帛(第11辑)》,上海古籍出版社2015年版,第101~110页。

卒、尉郡卒（尉卒和郡卒）、司空卒，其中的廷或可理解为县廷，司空也或可解读为县司空，但我们根据"廷内史郡二千石官"来判断，这里的"廷"也应该是指郡一级的"廷"，也就是说，这里的廷卒、郡卒、尉郡卒、司空卒都应该是同一个层面上的，而"卒令"的"卒"也许就是廷卒、郡卒、尉郡卒和司空卒之泛称，因此，所谓的"卒令"，也就是关于郡一级官署中的卒所应遵守的令文。

大家知道，"卒"在秦汉时期是一个外延很广的专称，即可指士卒，也可指戍卒，还可以百人为卒，而在郡一级的属官中，卒史更是很重要的属官之一，《汉书·陈胜传》："遣故上谷卒史韩广北徇燕"，颜师古注："卒史，曹史也"。既然"卒史"可训释为"曹史"，而"曹"又是郡级行政管理中必不可少的常设机构，如岳麓秦简中有"内史仓曹"、"内史户曹"的记录，因此，我很怀疑，这里所反复出现的"卒令"很可能就是给郡一级各曹的卒史们在各类官府事物运作中所颁布的令文。（陈松长）

## 第三节 岳麓秦简中的令文研究

### 一、岳麓秦简中的两条秦二世令文探析

关于岳麓秦简的时代下限问题，作者曾在《岳麓书院藏秦简综述》[①] 一文中，根据当时研读"卅五年私质日"简的分析排序，初步断定这批秦简的时代下限可能是秦始皇三十五年（公元前212年）。这个认识，曾多次被人引述，但现在看来，这个认识必须修订了。因为我们在研读即将出版的《岳麓书院藏秦简》（肆）中的律令条文时，至少已发现两条可以确定为秦二世时期的令文。下面，我们且以令文一、令文二的顺序分别做些解读和探析，不是之处，请各位方家指正。

为讨论方便，我们先将令文一的释文录之如下：

泰上皇时内史言：西工室司寇、隐官、践更多贫不能自给粮。议：令县遣司寇入禾其县，毋禾。（简0587）

当贵者，告作所县偿及贷。西工室伐干沮、南郑山，令沮、南郑听西工室致。其入禾者及吏移西。（简0638）

工室。·二年曰：复用。（简0681）

---

① 陈松长：《岳麓书院所藏秦简综述》，载于《文物》2009年第3期，第75-88+1页。

这三枚简从形制、背划线、书体、内容等诸方面考察，前后编联是没什么问题的。下面我们且就其令文内容做些解析：

"泰上皇时内史言"：这是令文的起首语。大家知道，"……言"是秦汉时期就专门事项颁发令文的一种常见格式用语。这在岳麓秦简中多次出现，如简0346："御史丞相言"；简1114："泰山守言"等。这种格式用语不只岳麓秦简如此，汉初的《二年律令·津关令》中也多次出现这种令文的格式用语，如"御史言"、"相国上内史书言""相国上南郡守书言"、"丞相上鲁御史书言"① 等，这多少说明，这种专门事项类的令文格式，是秦汉律令文献中常用的格式用语，岳麓秦简中出现这类格式用语，足以说明，在秦代，它已是常见的令文格是用语之一。

"泰上皇时"：即秦庄襄王时。庄襄王在位三年，即公元前250～前247年。庄襄王被尊称为"泰上皇"是秦始皇二十六年（公元前221年）的事，《史记·秦始皇本纪》记载："二十六年，……追尊庄襄王为泰上皇"。据此可知，这条令文所记的事是庄襄王时的事，而这条令文的书写则是秦始皇二十六年（公元前221年）以后的事。因此，这既说明这条令文是泰上皇时针对内史所言的事项所制定的，同时又说明这条令的抄写是在秦始皇二十六年（公元前221年）之后。

"内史"：官名。《汉书·百官公卿表》序："内史，周官，秦因之，掌治京师。"史书上有记载的秦内史就有内史肆、内史腾、内史蒙恬等，尤其是内史腾其人，有学者曾指出，他与《睡虎地秦墓竹简·语书》中的"南郡守腾"当是同一个人。据他的考证，此人在秦始皇十六年为南阳假守，十七年为内史，二十年为南郡太守②。如果其说可以成立的话，那么，秦代的内史至少是比"假守"更高一级的官，或者说是与郡守相类似的郡一级的官员，至于其执掌的范围，可能并不全是《汉书·百官公卿表》中所说的"掌治京师"，也许还有专门负责监管手工业的制作等事宜者，如《睡虎地秦墓竹简·秦律十八种·均工》："新工初工事……盈期不成学者，籍书而上内史。"③ 这里所说的内史，就可能是指负责监管诸工的官称或机构。

"西工室"：曾见于1978年发现于宝鸡凤河岭公社建河大队的二十六年戈，其铭文是：

"廿六年丞相□（守？）□之造西工室阎工□（内正）·武库（内背）。"④

---

① 张家山二四七号墓汉简整理小组：《张家山汉墓竹简［二四七号墓］（释文修订本）》，文物出版社2001年版。
② 吴福助《〈语书〉论考》，载氏著：《睡虎地秦墓竹简论考》，文津出版社1994年版。
③ 睡虎地秦墓竹简整理小组：《睡虎地秦墓竹简》，文物出版社1990年版。
④ 王红武、吴大焱：《陕西宝鸡凤阁岭公社出土一批秦代文物》，载于《文物》1980年第9期，第94～95页；又李仲操：《二十六年秦戈考》附另一摹本，载于《文博》1989年第1期，第51～53页。1978年宝鸡凤阁岭公社建河大队出土。

王辉在考证"西盐"官印时曾指出:"西为陇西郡西县,即今日甘肃省礼县。民国初年天水出土的秦公簋盖外刻:'西一斗七升大半升,'1978年宝鸡凤阁岭出土的二十六年戈有'西工室','西'与此印同。"此外,他在考证"咸阳工室丞"工官印时还指出:"咸阳是首都,制作器物甚多,故设工室。工室亦见太原拣选的五年相邦吕不韦戈,该戈铭有'少府工室阾',宝鸡出土的二十六年戈铭有'西工室阍',西为秦之旧都,亦有工室。"①

我们知道,工室为主作器械之机构,这在秦代的兵器铭文和官印中多有反映,如上引的"少府工室"就是秦朝廷直管的专用工室,而官印中的"咸阳工室丞"、"栎阳右工室丞"等则都是秦都城的专营工室,西县与栎阳一样,都是秦之旧都,故其工室的职能当与"栎阳右工室"完全相同。

戈铭所说的二十六年曾有两种意见,一种认为是秦昭襄王二十六年,一种认为是秦始皇二十六年,现据简文所知,这里所说的"西工室"肯定是秦始皇二十六年之前的西工室,这也许可旁证该戈所载的二十六年应该是指秦昭襄王二十六年。

"司寇、隐官、践更":是县遣至西工室劳作的三类人,因为他们可授田宅,张家山汉简《二年律令·户律》第312简:"……公卒、士五、庶人各一顷,司寇、隐官各五十亩。"② 故有田者须"入禾"。而做工的刑徒如"工城旦""工鬼薪""工隶臣"等无田,所以此令不提及。

"令县遣司寇入禾其县":遣,遣送。司寇,这里承上省略了"隐官、践更"。入禾,即向官府缴纳称为"禾"一类的实物田租,见睡虎地秦墓竹简《秦律十八种》第28简:"入禾稼、刍稾,辄为廥籍,上内史。"③ 此句的意思是,请令县所派遣去西工室居作的司寇、隐官、践更都在其所属县缴纳"禾"一类的实物田租。

"干":《说文·木部》:"干,筑墙端木也。"段注:"假令版长丈,则墙长丈,其两头所置木曰干。"可知干乃是古代筑墙时作挡板的材料。由此而引申为制器原材料的总称,且多用于指代制作弓箭的木材。《礼记·月令》:"是月也,命工师令百工审五库之量,金铁、皮革、筋角、齿羽、箭干、脂胶、丹漆,毋或不良。"郑玄注:"干,器之木也。"孔颖达正义:"《周礼·弓人》掌作弓,云'凡折干',故知干,弓干。此则总论材干,不独指弓,但器之材朴,总谓之干。"西工室既然是手工业制作的机构,自然需要制器的原材料,故需组织人员去特定的地方采伐这些原材料。

---

① 王辉、程华学:《秦文字集证》,台湾艺文印书馆1999年版。
② 《张家山汉墓竹简·二年律令》(释文修订本)。
③ 睡虎地秦墓竹简整理小组:《睡虎地秦墓竹简》,文物出版社1990年版。

"沮、南郑"：西工室采伐原材料的地方。"沮"与"南郑"并列，应该是沮县之省称，秦封泥有"沮丞之印"，也可证"沮"是县名。张家山汉简《二年律令·秩律》："菹"，注："菹，亦名'沮'，汉初疑属汉中郡，《地理志》记属武都郡。"按，张家山汉简的注释之所以称"疑属"，也许是因为觉得尚无确定的文献依据，因为尽管《说文·水部》有："沮，水，出汉中房陵，东入江。"但那毕竟是指沮水而非沮县，而沮县之建置，史书记载是西汉元鼎六年才置沮县。故址在今陕西省勉县茶楼镇。故整理者很谨慎地称为"汉初疑属汉中郡"。今据岳麓秦简可知，沮县应在秦时已置县，只是单称为"沮"而已。简文中"沮"与"南郑"并列，显然是两个相邻的县区。其中"南郑"是战国时秦所置的县名，秦时为汉中郡的郡治所在地。《汉书·地理志》记载汉中郡有南郑县，王先谦《汉书补注》："秦躁公时，南郑反，盖其地入蜀，故惠公伐蜀取南郑，见《秦纪》。《沔水注》：'汉水自褒中来，东经汉庙堆下，东过南郑县南，县故褒之附庸也。'"今陕西省仍有南郑县，正与勉县接壤。从地理上看，沮和南郑虽都是汉中郡所管辖的范围，但"西工室"是秦国都城制作机械的机构，故它可以派员到汉中郡所管辖的沮、南郑两县去"伐干"。而且还要内史"令沮、南郑听西工室致"，也就是说，要沮县和南郑两县根据西工室的致书办理相关的采伐事宜。

"移"：指移书。睡虎地秦墓竹简《语书》："移书曹"，注："移书，致送文书，战国末至秦汉时习语，如《韩非子·存韩》：'二国事毕，则韩可以移书定也。'"① 简文"其入禾者及吏移西工室"的意思是，那些在沮、南郑伐干的司寇、隐官、践更等的毋禾者用居作偿抵的入禾数及参与的吏员数都要移书给西工室。由此可想见，当时的西工室一定是负责着很重要的机械（包括弓箭之类的兵器）制作任务，故出产原材料的沮、南郑都要以西工室的致书为准，尽管他们是在居作地用劳作来抵偿其应交的入禾数，但其具体数目仍需报知西工室。

简文到此都是引述"秦上皇时内史言"的具体事项内容，从律令文本的角度来看，这并不是具体的律令条文，而是秦汉时期作为"决事比"依据的所谓"故事"，这类可供"决事比"的"故事"，我们在即将出版的《岳麓书院藏秦简》（肆）中简称为"比"。"二年曰：复用"，这是律令条文中皇上对丞相或御史议请的回复。在此之前，我们所看到的一般都是"制曰：可"之类的回复。如《里耶秦简》（壹）："臣昧死请·制曰：可。"（简8-1668）② 这种格式在《张家山汉简·二年律令·津关令》中很常见，如：

---

① 睡虎地秦墓竹简整理小组：《睡虎地秦墓竹简》，文物出版社1990年版。
② 湖南省文物考古研究所：《里耶秦简（壹）》，文物出版社2009年版。

相国上内史书言，诸以传出入津关而行□子□未盈一岁，与其母偕者，津关谨案实籍书出入。·御史以闻，制曰：可。

议，禁民毋得私买马以出扞（扞）关、郧关、函谷【关】、武关及诸河塞津关。其买骑、轻车马、吏乘、置传马者，县各以所买名匹数告买所内史、郡守，内史、郡守各以马所补名为久久马，为致告津关，津关谨以籍（籍）、久案阅，出。诸乘私马入而复以出，若出而当复入者，出，它如律令。御史以闻，请许，及诸乘私马出，马当复入而死亡，自言在县官，县官诊及狱讯审死亡，皆津关，制曰：可①。

由是可见，秦即汉初的这类令文中，"制曰：可"是很常见的皇帝制书格式，但这条令文的议请结果却不一样，用的是"二年曰，复用。"这种差异该怎么理解呢？我们认为，这是由这类令文的特殊性所决定的，因为它不是秦二世所颁布的新令，而是引述前朝所颁布的具体事项条文，故他不能用"制曰：可"来确定行不行，而是要诏准这条前朝的比是不是还有法律效用。故只能诏准为"复用"。

这里的二年，当即秦二世二年，因为前面我们已指出，泰上皇之称是秦始皇统一六国后为其父庄襄王专设的尊号，既然简文中直称其为"泰上皇时"，那此令文的抄写肯定在秦始皇二十六年之后，因此，所谓"二年"，就只能是秦二世二年。而所谓"曰"，应是"制曰"、"诏曰"的漏抄或省称。

无独有偶，这种令文的行文格式，在岳麓秦简的另一条令文中也有很清楚的展示。

昭襄王命曰：置酒②节（即）征钱金及它物以赐人，令献（䜴）③，丞请（情）出④；丞献（䜴），令请（情）出，以为恒。·三年诏曰（简0519）：

复用（简0352）。

这就是我们所要讨论的令文二。这条令文的格式与令文一基本相同，都是从秦国前朝的律令文本中摘录出一条比之类的具体事项条文，然后奏请秦二世诏准。两相比较，所不同者有三：一是其所选取的前朝不一样，令文一是选取泰上

---

① 张家山二四七号墓竹简整理小组：《张家山汉墓竹简［二四七号墓］（释文修订本）》，文物出版社 2006 年版。
② 置酒：办酒席。《史记·高祖本纪》："西入关，至栎阳，存问父老，置酒。"
③ 献，读为䜴，即䜴报。
④ 请（情）出：根据上奏文书中的实际数额出纳财物，不能肆意为之。如《二年律令·效律》："出实多于律程，及不宜出而出，皆负之。"简文中的"令献（䜴），丞请（情）出，丞献（䜴），令请（情）出"是朝廷对县令、县丞在管理钱财物方面的具体规定，它使令与丞之间有一种明显的互相制约的关系。

皇时的具体事项条文，而令文二则是选取昭襄王时的条文。二是议请的内容不同，前者是丞相或御史"议"，后者是"昭襄王命"。三是所诏准的时间不一样，前者是"二年"而后者是"三年"，而且前者是"曰"，后者是"诏曰"等。这些不同，给我们提供了许多值得注意的细节和信息。

首先，我们知道，泰上皇还是秦二世的祖父，"复用"泰上皇时的令文，还可以说是秉承祖训，可昭襄王是秦惠文王之子，虽然他是秦国历史上的中兴之主，在位时间长达46年（公元前306至前251年），但他在位的时间据秦二世已有半个世纪之久，秦二世三年还将其所颁布的令文重新"复用"，这就不是一般的秉承祖训了。我们推想，秦二世之所以要将昭襄王时的令文找出来"复用"，很可能是面对令文中所述及的事项，一时没有具体的法律条文来规范，故从前朝明主所颁布的令文中寻找现成的令文来颁布，这可能也是一种便捷的方式。但另一方面，这多少也说明，秦二世在位的两三年间，他既要安抚民心，又要大兴土木，平定叛乱，且大权为赵高所独控，故已根本没有可能来具体制定新的律令，所以就从前朝颁布的律令文本中去照搬套用。

其次，这条令文中引述昭襄王令文时，称为"昭襄王命曰"，这"命"字就充分说明这条令文确是昭襄王时所颁布的。众所周知，秦始皇二十六年（公元前221年）统一六国，改命为制，改令曰诏。是知皇帝的旨令在秦始皇二十六年（公元前221年）后才称为"制"，此前都称为"命"，此处抄为"命曰"，正说明它确是昭襄王时所颁布的令文。

再次，是简文的最后称为"三年诏曰"，我们知道，"诏"也是秦始皇二十六年改制之后的事，此处称为"诏"，就明确告诉我们，这里所说的"三年"就是秦始皇二十六年（公元前221年）后的"三年"，也就是秦二世三年。与令文一比对，除了纪年不同之外，这里多出了一个"诏"字，据此，令文一中也许是抄漏这个重要的"诏"字。

这里值得注意的是，为什么在"诏曰"前面要加上具体的年份呢？我们认为，这大概是秦二世作为袭位之君在刊布本朝律令时的一种谨慎姿态的表现，因为其刚刚袭位，对执掌国政肯定没有头绪，故只好在祖辈所制定的律令比中去寻找适合处理当朝事务的律令文本，并在重新审定诏准前加上其确认的具体年份。也许正是这个年份的出现，更加真实地反映了秦二世二年和三年重新复用前朝律令条文的一些实际情况。

通过以上的讨论，我们可以确定，这是两条秦二世期间诏准"复用"的令文，其抄写的时代下限最早是在秦二世三年，由此也可初步判断，岳麓秦简的时代下限显然不是秦始皇三十五年，而应该是秦二世三年，即公元前207年左右。（陈松长）

## 二、岳麓秦简"毋夺田时令"探论

岳麓秦简中有一条由六枚简组成的令,根据简牍形制、书体、简背划线等方面的分析,此令应属于"内史郡二千石官共令"。此令简文存在一些特殊的现象,从书体上看,简 59 和本令其他简不同,另外,简 59 的文字数少,导致其简末大片留白,而简 58 的简首无字,并且似有刮削痕迹,但是两简内容可以连读。我们将此令称为"毋夺田时令",内容如下:

·郡及关外黔首有欲入见亲、市中县[道],[毋]禁锢者殹,许之。入之,十二月复,到其县,毋后田。田时,县毋。(简 0325)

入殹。而澍不同,是吏不以田为事殹。或者以澍穜时繇黔首而不顾其时,及令所谓春秋。(简 0317)

试射者,皆必以春秋闲时殹。今县或以黔首急耕、穜、治苗时已乃试之,而亦曰春秋试射之。(简 0318)

令殹,此非明吏所以用黔首殹。丞相其以制明告郡县,及毋令吏。(简 59)

以苛繇夺黔首春夏时,令皆明焉。以为恒,不从令者,赀丞令、令史、尉、尉史、士。(简 58)

吏、发弩各二甲。(简 0717)。

以下对令文中的几个问题进行分析。

### (一)关于"郡""关外"和"中县道"

令文的第一部分涉及黔首进入中县道的出行许可管理,相关内容如下:

郡及关外黔首有欲入见亲、市中县[道],[毋]禁锢者殹,许之。入之,十二月复,到其县,毋后田。田时,县毋入殹。而澍不同,是吏不以田为事殹。

大致意思是:"设置郡的地区以及关外地区的黔首有想要去中县道探亲或做生意的,如果没有被禁锢,应予准许。去的黔首十二月启程返回,回到本县不应在田时之后,田时就不能允许黔首去。假若致使黔首不能参与播种,说明吏不以田作为大事。"

以上内容可以与岳麓秦简《尉卒律》中的一条律对读:

·尉卒律曰:缘故徼县及郡县黔齿〈首〉、县属而有所之,必谒于尉,尉听,可许者为期日。所之(简 1404)它县,不谒,自五日以上,缘故徼县，赀一甲；典、老弗告，赀一盾。非缘故徼县也，赀一盾。典、老弗（简1290）告，治（笞）定。尉令不谨，黔首失令，尉、尉史、士吏主者赀各一甲，丞令、令史各一盾。（简1292）①

通过对读可以发现，令文是在《尉卒律》规定基础上的细化。

首先，《尉卒律》规定黔首出行它县的一般规定，而令文是规定黔首入特定地区即中县道的管理规则。因为前者是适用范围较广的律，而令文属于《内史郡二千石官共令》，规定的事项较为具体。

其次，《尉卒律》规定了通行许可令由县尉颁发，"缘故徼县"和郡县的黔首和县属出行它县须求得县尉许可并发令，令出问题要追究县尉及其属吏的责任。令文规定县官发布的许可令不可耽误田时，令文末的官吏责任追究同样提到尉及尉史，这和《尉卒律》相符。

此外，通过对读令文和《尉卒律》，可发现令文规定"郡及关外黔首"，而《尉卒律》规定"缘故徼县"和郡县的黔首及县属，对象有所不同。令文规定的情况是相关黔首进入"中县道"的问题，下面试作分析。

第一，"中县道"指内史所辖的县道。根据岳麓秦简《亡律》将"中县道"、"陇西县道"和"郡县道"并列的内容，可得出这个结论。毋夺田时令涉及黔首入中县道，因此被编入《内史郡二千石官共令》。

第二，"故徼"之内的地区，包括秦于战国中期获得的汉中、巴、蜀。《尉卒律》的"缘故徼县"是秦统一后对战国中期疆域之缘边县的改称，见《里耶秦简》8-461"更名木方"："边塞曰故塞，毋塞者曰故徼"。"故塞"见《史记·匈奴列传》："匈奴得宽，复稍度河南与中国界于故塞。""故徼"见《史记·西南夷列传》："及汉兴，皆弃此国而开蜀故徼。"据上下文，意为汉廷弃西南夷，并开启秦的蜀郡故徼作为边界，可知蜀郡在秦"故徼"范围内。"故塞"、"故徼"并不是对过去的若干边界的泛称，对汉初来说，秦始皇扩张形成的边界也是一条过去的边界线，然而《史记》所见"故塞"和"故徼"是特指不是泛指，中原政权放弃秦始皇开拓的土地而退至秦战国中期的边界，这时"故塞"和"故徼"就用来指退却后的边界。"故塞"和"故徼"在岳麓秦简中合称"故塞徼"，简称"故徼"。

岳麓秦简的律令文本中有佐证，规定有协助相关人员出蜀郡、巴郡之界逃亡的行为，以协助逃亡故徼外地区的罪名来惩罚。另外，将"故徼县"和"新地县"分列，将"故黔首"和"新黔首"并称②，可见秦代的疆域可分为两部分，

---

① 见陈松长主编：《岳麓书院藏秦简（肆）》，上海辞书出版社2015年版。
② 于振波：《秦律令中的"新黔首"与"新地吏"》，载于《中国史研究》2009年第3期，第69~78页。

其中战国中期前的固有疆域在"故徼"内，统一战争时期占据的"新地"在"故徼"之外。

第三，秦"关"和秦"故徼"大致对应。秦"关"是以律令规定的若干关隘为基础而形成的概念，可供参考的是《二年律令·津关令》所见汉初由五关组成的"关"。"故徼"根据里耶"更名木方"的记载，指秦战国中期的边境。秦"关"概念的基础是若干点状的重要关隘，而相较之下秦"故徼"更具有连续边界线的意味，因此《尉卒律》的"缘故徼县"指特定的"故徼"线旁的县，无论这些县是否有律令规定的重要关隘。

"关中"大致位于"故徼"之内。"关中"和"关外"相对，见张家山汉简《二年律令·津关令》："关外人宦、为吏若徭使，有事关中。"王子今、刘华祝指出传世文献中有一种广义的"关中"用法，对应《二年律令·津关令》的五关划定的地域，包括汉中、巴、蜀、上郡、北地。① 此地域与前述"故徼"之内地域大致相合。"关外"大致是指"故徼"外的"新地"。

据以上讨论可知，令文中"郡及关外黔首"不仅指新地诸郡黔首，而且包括"故徼"之内诸郡的黔首，来源包括汉中、巴、蜀、上郡、北地这些郡。由于这些黔首前往内史所辖"中县道"，因此令文的"郡"也应该包括陇西郡。而正如上文所引的"陇西县道"和"郡县道"有时是分列的，可见"陇西郡"的地位特殊。

## （二）关于"澍穜时"

令文"澍穜时"指播种农作物的田时，简称"穜时"见简0318："今县或以黔首急耕、穜、治苗时已乃试之"。播种作业称为"澍"，见简0317："而澍不同，是吏不以田为事殴。"

"黔首急耕、穜、治苗时"，"治苗"见《周礼·夏官·大司马》："遂以苗田，如蒐之法，车弊献禽以享礿。"郑玄注："夏田为苗，择取不孕任者，若治苗，去不秀实者。"郑注说明了治苗是指去除不结子实的农作物的劳动。

令文和其他出土文献的相关材料可以互相映证。

第一，播种称"澍"。见睡虎地秦墓竹简《日书甲种》一二四正叁："未不可以澍（树）木，木长，澍（树）者死。"整理者读澍为树。《原本玉篇残卷·水部》："澍，时雨，所以树生万物者也。"段玉裁《说文解字注》认为："树澍以叠韵为训。"澍、树音通，都可用作种植之义。《吕氏春秋·任地》："而树麻

---

① 王子今、刘华祝：《说张家山汉简〈二年律令·津关令〉所见五关》，载于《中国历史文物》2003年第1期，第44~52页。

与菽",高诱注:"树,种也。"

农夫播种谷物称"澍",雨水催生植物也称"澍"。睡虎地秦墓竹简《秦律十八种》第一简:

雨为澍〈澍〉,及诱(秀)粟,辄以书言澍〈澍〉稼、诱(秀)粟及垦(垦)田畼毋(无)稼者顷数。稼已生后而雨,亦辄言雨少多,所利顷数。

简文大意是:"雨为润泽及使得粟生长,立即以文书上言雨润泽稼、雨催生粟以及雨淋到的已垦而无稼的土地顷数。稼已生而后下雨,也立即上言雨的多少及其所施利的土地顷数。"

首先,律文要求上言降雨促使农作物生长的情况,还强调即使稼生以后的降水也要立即上言,律文所有内容都涉及降雨,将"诱粟"理解为和降雨无关的农作物生长情况,是不妥的。

其次,"澍"是动词。整理者注:"澍,及时的雨。"雨为及时雨,语法不通且表达繁冗。此处主语是雨,澍是润泽之而使之生长的意思。例见《淮南子·泰族训》:

春雨之灌万物也,浑然而流,沛然而施,无地而不澍,无物而不生。

再次,"诱"也是动词。整理者认为"诱"通"秀",是名词,引《尔雅·释草》:"不荣而实者谓之秀。"日本中央大学秦简讲读会认为:"诱,释文读秀,但本译文仍作诱(使发芽)。"①本书支持此说。律文"雨为澍及诱粟","诱粟"承上省略主语"雨",又"辄以书言澍稼、诱粟","澍稼"和"诱粟"同为动宾结构。《礼记·乐记》:"知诱于外",郑玄注:"诱,犹道也,引也。""诱粟"即指雨导引粟生长。《睡虎地秦墓竹简法律文书集释》列举若干学说,然而其按语采整理者观点,认为"澍"和"诱"是名词②。

第二,令文"澍穜时"之"澍穜"是同义复词,义为播种。此同义复词可倒装为"种树"。如前所述,澍、树叠韵,而穜同种。例见《马王堆汉墓帛书·经法·论》:

动静不时,穜(种)树失地之宜。

尹湾汉墓《集簿》一号木牍背面第六行:

春种树六十五万【六千】七百九十四亩多前四万六千三百廿亩。

---

① [日]中央大学秦简讲读会:《〈睡虎地秦墓竹简〉訳注初稿》,载于《论究》1978年第10卷第1期,第88页。转引自中国政法大学中国法制史基础史料研读会:《睡虎地秦墓竹简法律文书集释(二):〈秦律十八种〉(〈田律〉〈厩苑律〉)》,引自中国政法大学法律古籍整理研究所编:《中国古代法律文献研究(第七辑)》,社会科学文献出版社2013年版,第84页。

② 中国政法大学中国法制史基础史料研读会:《睡虎地秦墓竹简法律文书集释(二):〈秦律十八种〉(〈田律〉〈厩苑律〉)》,引自中国政法大学法律古籍整理研究所编:《中国古代法律文献研究(第七辑)》,第84页。

王子今分析了将《集簿》"春种树"解释为春季种植树木的观点,指出这与牍文原意不合,汉代人所谓"种树"是说农作物的种植①。以上两则出土文献的例证可以和令文"澍穜时"互相参照。传世文献"种树"见《史记·周本纪》:"好种树麻、菽,麻、菽美。"又见《汉书·文帝纪》:"岁劝民种树",颜注:"树,谓艺殖也。"

### (三) 关于"春秋试射"

令文与"春秋试射"相关的内容是:

> 及令所谓春秋试射者,皆必以春秋闲时殹。今县或以黔首急耕、穜、治苗时已乃试之,而亦曰春秋试射之令殹,此非明吏所以用黔首殹。

大意是:"春秋试射之令规定必须在春秋两季农闲时举行,如今有的县吏在农忙时集合黔首参加试射,却说这也是根据春秋试射之令,这不是明吏征发使用黔首的方法。"

岳麓秦简《为吏治官及黔首》有涉及春秋试射的内容,史达根据简背划线和反印字迹给出《为吏治官及黔首》新简序②,原简 13 后接原简 25,两简的第三栏连读是:"发弩材官,春秋肄试"。

对令文中提到的春秋试射之制,分析如下:

第一,组织试射者是县吏,县吏征发黔首参与试射,参见张家山汉简《二年律令·徭律》第 414 简:

> 县弩春秋射各旬五日,以当繇(徭)。

"县弩"是指县的发弩,是县吏征发本县黔首而组建的发弩兵种部队,指挥者称发弩啬夫。毋夺田时令末尾规定对不从令的"发弩"赀二甲,根据上下文分析,这个"发弩"指发弩啬夫,因为其不从令而组织的春秋试射影响了黔首田作,而应予以惩罚。

第二,参加试射者,有发弩和材官两兵种。

《为吏治官及黔首》简 13(1539)"发弩材官",整理者注:

发弩:专司射弩的兵种。睡虎地秦墓竹简《秦律杂抄》:"·除士吏、发弩啬夫不如律,及发弩射不中,尉赀二甲。·发弩啬夫射不中,赀二甲,免,啬夫任之。"材官:秦汉始置的一种地方预备兵兵种。《史记·韩长孺列传》:"当是

---

① 王子今:《尹湾〈集簿〉"春种树"解》,载于《历史研究》2001 年第 1 期,第 169~173 页。
② [德] 史达,黄海译:《〈岳麓书院藏秦简·为吏治官及黔首〉的编连修订——以简背划线与反印字迹为依据》,引自《出土文献与法律史研究》(第三辑),上海人民出版社 2014 年版。

时,汉伏兵车骑、材官三十余万,匿马邑旁谷中。"也可能指武卒或供差遣的低级武职。《史记·张丞相列传》:"申屠丞相嘉者,梁人,以材官蹶张从高帝击项籍,迁为队率。"①

发弩材官是参与春秋试射的兵种,发弩已经为上引注释所说明,而材官参与试射,那么材官和弓弩射击的关系如何呢?

文献见材官蹶张,见上引整理者注所引《史记·张丞相列传》,裴骃《集解》引如淳曰:"材官之多力,能脚踏强弩张之,故曰蹶张。律有蹶张士。"又《史记·绛侯周勃世家》见"材官引强",《集解》:"骃案,汉书音义曰:能引强弓官,如今挽强司马也。"以上两类材官的名目都和弓弩有关,并不是偶然,可见材官使用弓弩,那么材官和发弩同样有必要参与射术的演练和考核。材官又见《史记·秦始皇本纪》:"尽征其材士五万人为屯卫咸阳。"张守节《正义》:"谓材官蹶张之士。"教射和肄射相应。《为吏治官及黔首》既然提到"发弩材官",下一句"春秋肄试"就不必再用"射"字。

值得注意的是,发弩和材官另有用作官署名的用法,《汉书·地理志上》:"南郡,有发弩官。"颜注:"主教放弩也。"颜指出南郡的发弩官署的执掌是教施放弩,这和令文中发弩材官兵种学习射艺是存在一定关系的,但令文中试射是由县来组织的,而南郡发弩官是属郡的。

第三,试射的内容,有演练和考核两方面。《为吏治官及黔首》简25(0931)"春秋肄试",整理者注:

肄:学习;练习;演习。《礼记·曲礼下》:"君命,大夫与士肄。"郑玄注:"肄,习也。"《史记·刘敬叔孙通列传》:"上既观,使行礼,曰:'吾能为此。'乃令群臣习肄,会十月。"司马贞索隐:"肄亦习也。"《汉书·刑法志》"外有楼船,皆岁时讲肄,修武备云。"颜师古注曰"肄,习也。"试:比试;考较。《管子·七法》:"春秋角试以练,精锐为右。"肄试:演习比试②。

春秋试射又称春秋肄试,根据上引注释,肄指演练,因此试射的内容不仅有考核也包括演练,"肄""射"搭配使用可见《吕氏春秋·孟冬》的辞例"肄射御角力"。《史记·秦始皇本纪》:"尽征其材士五万人为屯卫咸阳,令教射。"教射和肄射相对,材官兵种演练射术是由吏负责教的。前引《二年律令·徭律》:"县弩春秋射各旬五日,以当繇(徭)。"春秋两季试射各旬五日的规定,说明律令安排了教学和演练射术的必要时间。

以上探讨的是令文中规定的春秋试射,然而文献中又见以吏作为考核对象

---

① 朱汉民、陈松长主编:《岳麓书院藏秦简》(壹),上海辞书出版社2010年版,第114页。
② 朱汉民、陈松长主编:《岳麓书院藏秦简》(壹),上海辞书出版社2010年版,第120页。

的试射。邬勖统计，李均明从居延汉简中共辑得 19 条《功令第卌五》，邬指出该条也见于《额济纳汉简》及《肩水金关汉简》，文本略有差异，邬认为其令文大致是：

> ·功令第卌五候长、士吏、烽燧长皆试射，射去埻帑、弩力如发弩，发十二矢，中帑矢六为程，过六及不满六，赐、夺劳矢各十五日①。

大致意思是："候长、士吏、烽燧长都参与试射，射击位置和靶标的距离以及弩力，都如发弩。射十二矢，中靶标六矢是程，超过或者不满六矢，分别赐劳或夺劳，每差一矢则赐夺劳十五日。"相关的吏根据此令进行试射，在居延汉简中被称为"以令秋试射"。"射……如发弩"，本书认为是指吏试射的射距、弩力等如发弩试射一般。可见是县发弩春秋试射的制度较为久远，汉西北的吏秋射的组织是比照发弩试射进行的。汉代西北边疆地区的吏秋试射就和郡县地区的县发弩春秋试射之间产生了一定的联系。

汉西北边地的吏有秋试射赐夺劳制度，秦代也有对吏试射的规定。睡虎地秦墓竹简《秦律杂抄》："·除士吏、发弩啬夫不如律，及发弩射不中，尉赀二甲。·发弩啬夫射不中，赀二甲，免，啬夫任之。"其中"发弩啬夫射不中"，是指发弩啬夫试射不中程，要被处以赀二甲和免职的惩罚。射术不过关的秦基层军吏要被免职，这彰显秦对军吏武艺的严格要求。《汉书·百官公卿表上》：

> 仆射，秦官，自侍中、尚书、博士、郎皆有。古者重武官有主射以督课之。

这里是说秦人对射术的重视，若干官署设置了执掌监督课试射术的吏。《说文》："课，试也。"督课就是监督并课试，与吏试射相对应。

岳麓秦简《三十四年质日》简 64（0728）"卅年正月甲申射"，整理者注：

> 卅年正月甲申射：射，乡射礼。《礼记·射义》："古者诸侯之射也，必先行燕礼；卿大夫之射也，必先行乡饮酒之礼。"从卅年到卅四年，只有卅一年正月无甲申日。"卅年正月甲申射"记在卅四年后九月，颇疑"卅"字后抄漏了一个"四"字。至于为什么要补记在后九月中？原因不明。②

此射可以确定不是乡射礼，而很可能是《质日》作者参与的试射。秦黔首或吏的试射和乡射礼之间存在本质的不同。首先，从目的上，秦试射是为了军事需要而进行试射，而乡射礼是为了确立和巩固儒家理想中的乡里秩序。其次，秦

---

① 邬勖：《读金关简札记（三则）》，2014 年 10 月第四届"出土文献与法律史研究"学术研讨会，会议论文。

② 朱汉民、陈松长主编：《岳麓书院藏秦简（壹）》，上海辞书出版社 2010 年版，第 89 页。

试射的内容就是演练和考核军事技能，而乡射礼不强调射艺，而是讲究礼仪和美德。最后，两者的参加者也不同。

《韩非子·内储说上》：

> 李悝为魏文侯上地之守，而欲人之善射也，乃下令曰：人之有狐疑之讼者，令之射的，中之者胜，不中者负。令下而人皆疾习射，日夜不休，及与秦人战，大败之，以人之善战射也。

肄，习也。习射，即肄射。李悝习射令和秦春秋试射之令，都是直接服务于军事需要，力求优异的射击成绩，与乡射礼迥然不同。

综上所述，我们所讨论的"毋夺田时令"是一条规定若干事项的令，其中一项是黔首进入中县道的管理，二是春秋试射的相关规定。令文的这两部分内容又统一在不耽误黔首农作时令的原则之下。

令文规定的两事项分别需要与其他律令条文配套施行，这里就存在一事项需要若干律令予以规范的现象。就黔首进入中县道的管理而言，令文强调了相关县给黔首颁发出行许可令不可耽误其农时，然而此规定不能单独施行，必须根据《尉卒律》相关内容，由县尉发放许可通行令给黔首。就春秋试射而言，令文明确指出某些县组织试射是违反了已颁行的"春秋试射之令"的规定，重申试射不能在田时的原则，并且规定了一些细节。

毋夺田时令的内容体现了制定令的中央官署、执行律令的县吏和黔首三方之间的关系。

首先，制定者三令五申黔首出行和县吏兴繇不能耽误农时，"毋令吏以苛繇夺黔首春夏时"的内容和《为吏治官及黔首》所见"善度黔首力"的告诫相应，表面上统治者宣扬了体恤黔首力的思想，实质上统治者为了自身利益的最大化，将田租税和军事训练等繇役都强加于黔首，通过春秋试射制度的施行，平时官府不必供养长时间脱产的弓弩射手，而且官府在各种租税上也没有损失，在战时就能征发受过一定军事训练的士卒。在律令中规定吏不得兴苛繇，统治者就自以为苛繇就不会祸害黔首了，于是就能继续征收各种租税，甚至向长期服繇役而不能在家农作的黔首征收田租税。

其次，对黔首来说，秦代"耕""战"的双重压力都由他们负担，即使在没有战事的年份，仅仅是春秋试射一项，相关的黔首就要春秋两季分别有十五日去进行军事训练。一旦发生战事，黔首必须从军打仗，负担更重。

最后，对于县吏来说，毋夺田时令要求他们不得耽误黔首春夏的农时，否则就要给予处罚。然而，可以想见，春秋试射之令会规定，如果试射征发黔首不够、训练时间不足、考核成绩欠佳，相关的吏也要受到处罚。这样吏就陷入两难境地，尤其是春夏是农忙之时，既要保证黔首的农作，又要征发黔首进行为期十五日的春试射，这在实践中难免顾此失彼。

《汉书·食货志》：

"（秦）又加月为更卒，已复为正一岁，屯戍一岁，力役三十倍于古；田租口赋，盐铁之利，二十倍于古。"

秦赋役极重，是名副其实的苛政。毋夺田时令表面上反对苛徭，力图缓和官府和黔首之间的矛盾，但这个规定实际上很难实施。（欧扬）

# 第四章

# 岳麓秦简所见奏谳文书研究

## 第一节 岳麓秦简与张家山汉简奏谳书的比较研究

### 一、"诊问"文书比较研究

出土文献所见的秦汉时代侦查案情类文书中,诊问类文书是最主要的一类。我们根据《为狱等状四种》《奏谳书》,结合《睡虎地秦墓竹简》的《封诊式》,可以探讨秦汉时期侦查案情类文书的功能、特征与写作的格式。

诊问文书包含很多种类,狱史为了捕捉到有罪者所做的对案发地的勘察检验文书以及对附近居民的讯问文书属于这一类。在官方捕得有罪者后,有罪者住所地的乡根据各种资料所作的记录有罪者名事里和犯罪前科等的覆问文书也属于诊问文书。可以说,为了侦查案情,无论是捕捉到有罪者之前或者之后,在对有罪者的诘讯文书之外,其他各类文书如勘察、文书调查、对相关人员的讯问等文书都属于诊问文书。这些诊问文书在鞫以前会统合起来,吏据此写出综合性的诊问文书。在鞫也就是对案件的事实情况进行终局性判定的时候,吏会根据诘讯文书和诊问文书来作出案件事实判定的结论,也就是"鞫"文书。然而在鞫以后的疑案奏谳环节,为了避免重复,写奏谳文书时,诊问文书被删减,只要是在诘讯文书中已经记录的事实,在诊问文书这里均得以删除,因此在《奏谳书》案例里诊问文书就不复存其原貌，很多学者更是直接将《奏谳书》的诊问文书与居延汉简的验问文书联系起来，这样的研究就得不到诊问文书所具有的侦查案情的功能。

### （一）"诊问"文书名释义

《奏谳书》案例文本中，存在一个独立的部分，即"问"文书。在存在"问"文书的案例中，较为特殊的情况是案例十六相应部分写作"诊问"，其他案件都写作"问"。另外案例一七的记录当事人伤情的两份"诊"文书和一份全案"问"文书分开编排。

《为狱等状四种》案例多见诊问文书，其名称比较特殊的一例称"诊丈问"，是案例一五绾等畏懦还走案："·诊、丈、问：得等环（还）走卌（四十）六步，獠等十二步；术广十二步，垣高丈。忌等死时，得、绾等去之远者百步。它如辞（辞）。"这个名称中"丈"列于"诊"与"问"中间，可见三者是并列关系，"诊"如《封诊式》之"诊"，是现场勘验和尸体检验、医学鉴定等的统称。"丈"是丈量勘测结果。"问"是文书征询情况。"诊问"不能作为一个程序来理解为居延汉简所见"验问"的代名词，而应将"诊问"理解为"诊""问""丈"等数类程序及文书的统称，这在"诊、丈、问"释读以后，就没有疑问了。

从《为狱等状四种》所见的一例"诊丈问"，到汉初《奏谳书》所见"诊问"和"问"，虽然案例数量偏少，不宜作趋势性描述，但我们可以发现这一类文书名称趋于固定。这体现了从秦代到汉初司法文书名称的规范和统一过程。从本书其他章节对"当"文书名称的统一规范过程的探讨，可以同样看出这一点。

先来探讨"问"文书作为司法文书的独立性，从文书起首符角度看，存在"问"文书的案例，在起始处都有文书分隔符，从这一点可见"问"文书是独立的文书。也存在特殊的情况，如案例四和案例一四，案例四的文书起首符的使用方式独特，这个案例属于特例，而案例一四更类似案例六到案例一三的格式，即全篇用两个文书起首符把案例文本划分为两部分。"问"文书在《奏谳书》各案例文本的位置是固定的，处于"告劾""诘讯"之后，而在"鞠（鞫）"之前，没有例外。

对这类独立的"问"文书，《张家山汉墓竹简（释文修订本）》没有注释，而它对其他文书则基本都有注释进行说明。《二年律令与奏谳书》对案例一之"问：如辞"的注释，引用闫晓君的观点解释"如辞"是指"验问"和"诊问"的结果与有罪者供述辞一致。此处闫晓君是把《奏谳书》的诊问文书与《奏谳书》中出现的"验问"和"诊问"联系到一起,并结合了居延汉简的相关案例。本书认为这个观点是值得商榷的,《奏谳书》似乎未见典型的"验问"。

《奏谳书》的"诊"文书和"问"文书之间的关系。在明确出现"诊"文书的案例里,有案例五:"·问:武士五(伍),年卅七岁,诊如辞。"也就是编辑案例五所使用的原始文书材料里,"诊"文书和"问"文书是分开的,但在"鞫"之后编辑奏谳文书之时,编辑者将"诊"文书和"问"文书合在一栏,即本书所称的"诊问"栏,这个部分处在同一个文书起首符"·"之下,看上去似乎是一篇文书。另,案例一六"诊问"栏是以"诊问"始,"诊问"两字位于第八八简开头,图版第八七简末端残损,所以原来"诊问"前有无文书分隔符"·"不能确定。从案例五和案例一六看,"诊"和"问"这两类文书在奏谳文书编辑者眼里是联系比较紧密的,所以这两类文书被编辑整合在奏谳文书的一个固定的位置,可以看作一个栏,即本文所谓的"诊问"栏。

作为例外的例子,最明显的"诊"文书和"问"文书在《奏谳书》案例中分别编排的例子,是案例一七乞鞫案。此案例在"鞫之"之前有"问如辞"。而在这"问如辞"之前,案例中另外两篇"诊"文书,分别是对讲和毛的因"笞讯"导致伤情进行的鉴定文书。而这两篇"诊"文书在案例中的位置,大致是:讲乞鞫辞——讲诘讯文书——讲诊文书——毛诘讯文书——毛诊文书——问文书。其中在两篇诘讯文书里分别有相关证人的文书,毛诘讯文书里还有讲的相关证辞,但大体结构如此。也就是本案例在启动乞鞫后,大致将文书材料分成有关讲和有关毛两大部分,两人的"诊"文书分别编入两部分,但每一部分还是在编辑的时候保持了其他案例先是诘讯文书后是诊文书的编排结构。

本文将《奏谳书》编排在一个固定位置的"诊"文书和"问"文书,合并在一起称为"诊问"栏来进行探讨。

《张家山汉墓竹简(释文修订本)》对"问"文书开始部分的标点处理不统一。案例一是"问,如辞";案例二是"问媚:年卅岁";案例三如案例一;案例四是"问解故黥劓";案例五是"问,武……";案例一四是:"问:平……";案例一五同案例一四;案例一六是"诊问苍、信、丙、赘";案例一七"问如辞";案例一八:"问南郡……";案例二二"问如辞"。可见该书对此标点的混乱程度,同样是"问如辞"三个字,就有问字后加逗号和不加逗号之分,同样是问字后接人名,也有问字后加冒号和不加冒号之分。可见其释文体例明显不统一。

## (二) 奏谳文书 "诊问" 栏的内容

**表 4-1** 《为狱等状四种》《奏谳书》"问"内容与《封诊式》诸"覆问"问题表的对应关系

| | | | | | | |
|---|---|---|---|---|---|---|
| 《睡虎地·封诊式·有鞫》问题表 | 名事里 | 所坐论 | 何罪赦 | 或覆问毋有 | （其他） | 封守有鞫者 |
| 《封诊式·告臣》问题表 | 名事里 | 所坐论 | 何罪赦 | 或覆问毋有 | 赏（尝）身免丙復臣之不 | 封守 |
| 《封诊式·黥妾》问题表 | 名事里 | 所坐论 | | 或覆问毋有 | 其问如言不然 | |
| 《封诊式·覆》问题表 | 名事里 | 所坐论 | 何罪赦 | 或覆问毋有 | 幾籍亡，亡及逋事各幾何日 | |
| 《封诊式·亡自出》"问"文书的答復内容 | 名事定 | 毋它坐 | | 莫覆问 | 以二月丙子将阳亡，三月中逋筑宫廿日，四年三月丁未籍一亡五月十日【对应《覆》的问题】 | |
| 里耶秦简 14-18 问题表 | 名事里 | 它坐，论云何 | [何] 罪赦 | 或覆问之毋有 | 亡年日月 | 以律封守 |
| 《奏》案二 | 媚年卅岁 | | | | | |
| 《奏》案例三 | | | 解故黥劓 | | | |
| 《奏》案例五 | 武，士五，年卅七岁 | | | | 诊如辞 | |
| 《奏》案例一四 | 平爵五大夫，居安陆和众里，属安陆相 | | | | | |
| 《奏》案例一五 | | | | | 恢盗赃过六百六十钱，石亡不讯 | |
| 《奏》案例一六 | 诊问：苍、信、丙、贅…（下略） | | | | 布、餘及它当坐者，县论 | |
| 《奏》案例一七 | | | | | 【另有诊讲背、诊毛背文书】 | |

续表

| 《睡虎地·封诊式·有鞠》问题表 | 名事里 | 所坐论 | 何罪赦（《睡》：罪刑罚） | 或覆问毋有 | （其他） | 封守有鞠者 |
|---|---|---|---|---|---|---|
| 《奏》案例一八 | | | | | ……（略） | |
| 《为狱等状四种》案例○一 | | | | | ●诊、问：死辠（罪）购四万三百廿（二十）；羣盗盗杀人购八【万六百卌（四十）钱。……】□。 | |
| 《为狱等状四种》案例○五 | 多初亡時，年十二歲，今廿（二十）二歲；巳（已）削爵爲士五（伍）。 | | | | | |
| 《为狱等状四种》案例一五 | | | | | 得等环（还）走卌（四十）六步，獿等十二步；术广十二步，垣高丈。忌等死时，得、绾等去之远者百步。 | |

可见《为狱等状四种》《奏谳书》"问"的内容与《封诊式》诸"覆问"问题表，完全可以对应。《为狱等状四种》与《奏谳书》的诸多案例的"诊问"文书的内容不同，这是因为经过删减的关系，每个疑案奏谳时都将与定罪疑问没有关系的内容删去，将与定罪有关的内容留下，所以我们会看到《为狱等状四种》案例一五的"诊丈问"留下了详细的相关人员逃跑的步数，相关人员就是根据逃跑的步数多少来定刑罚轻重的。以及《奏谳书》案例三的"诊问"部分提及解曾经受过劓刑，因为受过肉刑的人犯罪再执行肉刑，律令对此有特别的规定。

值得注意的是，《为狱等状四种》所见"诊问"内容，相关的购金规定，并不是抄录在定罪量刑文书中，如案例○一将捕获死罪罪人的购赏规定抄录于"诊问"文书。这一现象，不见于《奏谳书》。第一，《奏谳书》不含疑购案件，所以没有类似的内容。第二，很可能秦代的相关司法文书，还没有完全成为固定格式，因此死罪购金数字等规定可以抄录在"诊问"文书中，作为查询到的相关事实。而汉初对此已经有了严格的规定，可见《奏谳书》案例一五，"诊问"只见到恢的犯罪赃值，而没有抄录赃值对应的相关律令规定。

里耶秦简 14-18 释文披露于张春龙发表的论文《里耶秦简中迁陵县学官和相关记录》①，本文根据《封诊式》逐条内容，对其 14-18 正面释文校改如下："廿六年七月庚辰朔乙未，迁陵拔谓学佴：学童拾有鞫，与狱史畸徽执，其亡，不得。上奔牒而定名事里，它坐，亡年日月，论云何，[何]罪赦（赦），或覆问之毋有。与狱史畸以律封守上牒。"② 此简内容与《封诊式》诸条相近，在表中体现为问题表的一支。里耶秦简的内容更接近实际文书，因此更具有可信度。还值得注意的是，与《封诊式》诸条相比，该简文凸显从迁陵县廷出发办案的狱史畸的作用，狱史畸前往迁陵县的学室调查学童拾的案件，带有县令拔写给学室的管理人"学佴"（根据里耶秦简 15-172，此"学佴"名"亭"）的公文书，要求的事务有两项，第一是征询拾的相关信息，问题表如上表所列，第二是要求"学佴"与狱史一起对学童拾进行"以律封守"。征询问题表、封守和狱史调查工作，这三个因素都清晰地记录于里耶秦简 14-18。

表 4-1 说明《奏谳书》的"诊问"栏内容和《封诊式》诸"覆问"条问题表之间存在着紧密联系，可以说"诊问"栏的内容就包括对"覆问"问题表的逐一回答，但"诊问"栏内容又不仅限于此。可以确定，《奏谳书》的"诊问"栏内容的来源与"诘讯"文书不同，部分内容是来自有罪者原籍地乡提供的有罪者户籍财产犯罪记录等资料。对有罪者展开刑事调查的县机关会向有罪者原籍地县乡发出征询性质文书，《睡虎地秦墓竹简·封诊式》相关诸篇就是这类"问"文书，而调查有罪者的县得到原籍地县乡的回复后，会将这些资料编辑入该案卷宗的"诊问"栏中。因此，《封诊式》的"覆问"诸条的文书传递方向就很好理解了，归纳如下：

《封诊式·有鞫》：A 县 敢告 B 县主，有鞫者居 B 县某里。

《封诊式·覆》：A 县 敢告 B 县主，有鞫者居 B 县某里。

《封诊式·告臣》：A 县丞 告（A 县）某乡主，有鞫者居 A 县某乡某里。

《封诊式·黥妾》：A 县丞 告（A 县）某乡主，有鞫者居 A 县某乡某里。

《封诊式·亡自出》：A 县某乡 敢言之 A 县主，有罪者居 A 县某乡某里。

《封诊式·封守》："以某县丞某书"，A 县某乡【敢言之】A 县主，有鞫者

---

① 张春龙：《里耶秦简中迁陵县学官和相关记录》，引自清华大学出土文献研究与保护中心编：《出土文献（第一辑）》，中西书局 2010 年版，第 232~234 页。

② 按：原披露释文：廿六年七月庚辰朔乙未，迁陵拔谓学佴：学童拾有鞫，与狱史畸徽执，其亡，不得。上奔牒而定名事里。它坐亡年日月，论云何，[何]辜，赦或覆问之，毋有。与狱史畸以律封守上牒。

居 A 县某乡某里。

里耶秦简 14-18：迁陵县令 谓 学佴，学童 有鞫。（"学佴"为迁陵县的学室的管理者，"学童"应该由"学佴"监管。）

以下对"诊问"栏文书的内容进行分类探讨。

### （三）名事里和罪赦

《奏谳书》案例文的"诊问"文书肯定包含了关于有罪者"名事里"的内容，也包含了有罪者在以前的犯罪和刑罚以及赦免等情况。有些事实是诘讯程序没有掌握的，《奏谳书》案例文本就予以保留，如案例二关于媚的年龄，也许是在诘讯中没有查明，所以在"诊问"栏保留了"媚年卅岁"，而这个年龄情况在县写作鞫文书的时候，写在"鞫"文书的末尾，这是值得注意的。

案例四的"诊问"栏保留了"解故黥劓"的情况。从常理讲，解受过劓刑是非常容易在讯问的时候发现的，"诊问"栏记载了"故黥劓"即受到过肉刑处罚，这个情况得到了原籍地乡的确认，从而排除了解的黥劓是由私刑造成的可能。解曾受肉刑的情况，对解在本案的量刑，有很重大的意义，《二年律令·具律》关于肉刑的具体执行有规定："有罪当黥，故黥者劓之，故劓者斩左止，斩左止者斩右止，斩右止者府之。"在"当"也就是初步确认犯罪行为适用的律令条文后，对有罪者具体确定应该执行的刑罚，还要根据《具律》，依照有罪者过去所受过的刑罚，来对有罪者执行本次的刑罚。所以就算仅从这个角度讲，有罪者曾受刑罚情况对量刑工作相当重要，在《睡虎地秦墓竹简·封诊式》中称为"罪赦"，需要官方的"问"文书确认。

1. 犯罪基本事实

《奏谳书》案例一五的"诊问"栏："问：恢盗赃过六百六十钱，石亡不讯，它如辞。"明显包含了刑侦类文书的内容。可以毫无疑问地推论，此文书取材的原始诸文书里有对恢的盗窃赃物的勘察检验文书。由此案例文本可见，诊问文书的范围不仅仅是关于有罪者的名事里罪赦等相当于个人档案的情况，也有对犯罪地的勘察检验。这一点案例一五的"诊问"栏内容就和案例二二的诸多刑侦类文书取得了联系。另外，《睡虎地秦墓竹简·封诊式》有数篇尸体检验、现场勘验的文书，这些文书应该被编辑入相应案卷的"诊问"栏。

由于《奏谳书》诸案例文本的编辑方式，主要是通过有罪者的供述辞来叙述犯罪行为，所以记叙同样的犯罪行为细节的诊问文书就被删节，仅存一些诘讯没有得到的事实情况，这就是在案例文本中较少看到犯罪基本事实的原因。从案例一五和案例二二推测，诊问文书的原始文书原是记载了犯罪行为的详细情况的。

根据上文探讨，可见编入《奏谳书》案例"诊问"栏的文书种类非常多，从诸多公文书到整齐的一项"诊问"栏，必然存在官吏的整理和汇总工作。宫宅潔指出，一个案件的侦查要有多名官吏分工，其中有在县的吏听取供述，而乡亭之吏去调查有罪者居住地等，因为侦查工作是分工进行，为了形成案例卷宗以供审判，必须有综合工作。宫宅潔对"诊问"程序的复原，此文推测出办案官吏们一边查阅案件卷宗一边针对案情进行互相问答的工作场景，并据此指出，"诊问"阶段通过这样的工作已经完成了对案情的汇总或综合①。宫宅潔描述的负责一个案件的诸多官吏互相交流合作整理卷宗的工作，本书认为是必然存在的，但宫宅潔认定这项工作完全在"诊问"阶段完成，本书与他有不同观点，"诊问"阶段完成了"诊问"栏的整合，而整个案情的汇总需要承担"鞫狱"工作的官吏整合"诘讯"栏和"诊问"栏。另外，"诊问"之"问"，宫宅潔认为是口头问答之问，所以他推测的"诊问"工作场景有官吏之间的问答。其实，秦汉时代的征询信息的公文书可以称"问"，如调查有罪者居住地的诸文书往来都可统称"问"文书，在里耶秦简牍中多见各类征询信息的"问"文书。这样，"诊问"之"问"不必拘泥于口头问答，更不必拘泥于"讯问"的意思。本文认为，"诊问"之"问"就是取自刑案侦查必有的征询有罪者居住地的程序，这一类征询的往来文书称"问"，加上现场勘察的"诊"，就形成了称谓"诊问"。

《急就篇》有："辞穷情得具狱坚，籍受证验记问年。"② 第一，供述辞在前句，"验"、"问"在后句，明显将刑侦划分为两部分工作，"验""问"在此处不是指对有罪者的讯问。第二，"问"的对象有"年"，就是有罪者的年龄，正与《睡虎地秦墓竹简·封诊式》和《奏谳书》案例联系起来。颜注："记问年者，具为书记抵其本属问年齿也。幼老少耄科罪不同，故问年也。"颜指出了"问年"的方式是以文书到其本属地查询，与前文结论相符合。而对"问年"工作的功能，提出这个事实是刑案定罪的重要因素。第三，"证验"，刑案需要收集证据来查明事实，如按照高恒等的说法，《奏谳书》就没有体现搜集供述辞以外证据的内容，与《急就篇》此处也矛盾了。第四，《急就篇》该处"验""问"可对应《奏谳书》"诊问"和《封诊式》"覆问"。

2. "诊问"文书的性质

《为狱等状四种》、《奏谳书》中的"诊问"文书与《睡虎地秦墓竹简·封诊式》的部分篇目之间的关系比较明显，诸多学者已经有所发现并作出论述。

---

① ［日］宫宅潔著、徐世虹译：《秦汉时期的审判制度——张家山汉简〈奏谳书〉所见》，引自籾山明主编：《中国法制史考证》（第一卷丙编），中国社会科学出版社2004年版，第310~311页。

② 管振邦译注、宙浩审校：《颜注急就篇译释》，南京大学出版社2009年版，第263页。

对《奏谳书》的"问",闫晓君认为案例一"问如辞",是"指'验问'、'诊问'的结果与犯人供述一致。"此说为《二年律令与奏谳书》在问文书初次出现处,其注释所收录的唯一说法①,对学界之后的研究造成显著影响。高恒《汉代诉讼制度论考》称"《奏谳书》所录爰书中的'问',即'复问'程序。"以张汤故事的张晏注为据。"张晏曰:传,考证验也。爰书,自证不如此言,反受其罪,讯考三日复问之,知与前辞同不也。"高恒以《封诊式》诸条"覆问"为"复问"。②

籾山明、宫宅絜是将《奏谳书》的"问"文书联系《封诊式》诸条内容,并得出两者一致的结论。而"验问说"学者将《奏谳书》"问"文书联系居延汉简的"验问"。详见下文引述(见表4-2)。

表4-2 《奏谳书》"(诊)问"文书性质的两种观点

| 《奏谳书》"问"性质的观点 | 观点简述 | 观点持有者 | 本文观点 |
| --- | --- | --- | --- |
| "验问"说,再一次对有罪者的讯问 | 联系张晏注的"三日复问",联系居延汉简的"验问"制度 | 闫晓君、高恒等 | 不赞同 |
| "覆问"说,讯问之外的侦查文书 | 联系《封诊式》若干条县征询乡的关于有罪者情况的文书,认为两者存在紧密联系 | 籾山明、宫宅絜等 | 赞同 |

其实"验问"具有较为广阔的含义,指调查特定的事,不一定局限于刑侦,《居延新简》EJT1:2有:"书到,二千石遣毋害都吏严教属县令以下、啬、吏、正、父老杂验问乡里吏民赏取婢及免奴以为妻……"。这里的"杂验问"明显看不出"三日复问"的内涵。而传世文献"验问"同样运用广泛,《史记·今上本纪》有:"天子使使验问巫锦",《史记·封禅书》有:"天子使使验问"。即使是在刑侦领域的"验问"也看不出"三日复问",如《居延新简》F22:1~35:"……杂与候史辅验问隧长忠等七人……"。

《奏谳书》的案例经过编辑整理,已经有相当部分的删节,相对而言《封诊式》的诸篇目更多地保存了某些文书的原貌。

籾山明《中国古代诉讼制度研究》论述秦汉时代诉讼程序复原,专门将"通知县、乡"划为独立的程序。他所利用的材料即是《封诊式》的《有鞫》条和类似诸条(《覆》《黥妾》《亡自出》)。籾山明引用了宫宅絜的观点,即在

---

① 彭浩、陈伟、[日]工藤元男主编:《二年律令与奏谳书——张家山二四七号汉墓出土法律文献释读》,上海古籍出版社2007年版,第335页。

② 高恒:《汉代诉讼制度论考》,社会科学文献出版社2008年版,第452页。

"鞫"之前必须要"通知"有罪者的原籍所在地,本文注意到宫宅洁用"通知"这一提法,即为籾山明归纳的"通知县、乡"的起源。本文认为,《奏谳书》的文书起首符已经明确了"诊问"栏的独立性,该内容的获得是在"鞫"文书写作完成之前。籾山明将《奏谳书》案例二的"问"文书的功能,归纳为通知有罪者原籍地的核实。并将"问"文书的功能与《封诊式》的相关条目联系起来①。

进行刑事调查的县与有罪者原籍地县不同,会产生上述两位日本学者所说的"通知"原籍县乡的需要。如果是有罪者原籍地县本身负责案件的调查,可参见《封诊式·亡自出》条,该条即是有罪者原籍地的乡捕得有罪者并将其诣县廷的例子。全文如下:"亡自出。乡某爰书:男子甲自诣,辞曰:士五(伍),居某里,以迺二月不识日去亡,毋(无)它坐,今来自出。问之囗名事定,以二月丙子将阳亡,三月中逋筑宫廿日,四年三月丁未籍一亡五月十日,毋(无)它坐,莫覆问。以甲献典乙相诊,今令乙将之诣论,敢言之。"首先,本条最末"以甲献典乙相诊,今令乙将之诣论,敢言之",也就是乡命令乙将有罪者甲带到县廷去接受刑事调查,可见之前的部分都是乡爰书,在该篇乡爰书送达县廷以前,此案尚未和县廷发生关系。其次,本篇由两部分组成,有罪者甲的供述辞和"问"文书。尤其是"问"文书的特性十分明显,可以对照针对亡人的《封诊式》的《覆》篇:"覆。敢告某县主:男子某辞曰:士五(伍),居某县某里,去亡。可定名事里,所坐论云可(何),可(何)罪赦,或覆问毋(无)有,几籍亡,亡及逋事各几可(何)日,遣识者当腾,腾皆为报,敢告主。"《覆》篇由两部分组成:供述辞和征询问题表,正因为《覆》篇案例的有罪者捕得地和原籍地不是一地,因此负责刑事调查的县需要发文书到原籍地县进行征询,请求原籍地的县写作"问"文书来回复。而看《亡自出》的"问之"之后的"问"文书,可以说是基本按照《覆》关于亡人的问题表来写作的。"定名事里",回答"名事定",具体细节在《封诊式》编辑时被省略;"几籍亡,亡及逋事各几何日"对应"以二月丙子将阳亡,三月中逋筑宫廿日,四年三月丁未籍一亡五月十日";"所坐论云何,何罪赦,或覆问无有"对应"无它坐,莫覆问"。

从《封诊式》的《亡自出》和《覆》两篇,原籍地乡提供的"问"文书特点归纳如下。第一,"问"文书有相对固定的问题表或者格式。第二,"问"文书由有罪者原籍地的乡写作。第三,如果在原籍地的乡捕得有罪者或有罪者自首,乡会主动用爰书记录有罪者的名事里等,主动根据固定问题表写作"问"

---

① [日]籾山明:《中国古代诉讼制度研究》,上海古籍出版社2009年版,第60页及以下。

文书，一并将有罪者和爰书发送至县廷。第四，只有在有罪者原籍地和有罪者捕得地不在一个县的情况下，捕得有罪者的县会发类似《覆》的文书到亡人原籍地的县，而原籍地县会将文书发到原籍地乡，由该乡进行调查写作"问"文书，将"问"文书回复给亡人捕得地的县。也就是说所谓"通知县乡"不是普遍的情况，而是若干情况的一种。

《亡自出》和《覆》是关于逃亡犯罪的情况，以上讨论所得也可以运用于其他犯罪，《封诊式》其他篇，如《有鞫》《黥妾》《告臣》也有关于"问"文书写作的记载。《有鞫》和《覆》同样是县对县的文书："敢告某县主：男子某有鞫，辞曰：士五（伍），居某里。可定名事里，所坐论云可（何），可（何）罪赦，或覆问毋（无）有，遣识者以律封守，当腾，腾皆为报，敢告主。"这是对有罪者进行刑事调查的县对有罪者原籍地县要求"问"文书并要求封守的文书范式，正在经受刑事调查的有罪者被称为"有鞫者"，要调查"有鞫者"必然要发文书征询其原籍地乡，因此这篇征询文书是调查"有鞫者"所必须的，因此《封诊式》编者把它题名为"有鞫"，而这个题名并不意味着这份爰书就被称为"有鞫爰书"。相比之下，《覆》条内容是关于逃亡犯罪，《告臣》和《黥妾》分别对应特定的一类犯罪，这三篇是针对特定罪名的犯罪者的。

《告臣》相关部分有"丞某告某乡主；男子丙有鞫，辞曰：某里士五（伍）甲臣。其定名事里，所坐论云可（何），可（何）罪赦，或覆问毋（无）有，甲赏（尝）身免丙复臣之不（也）？以律封守之，到以书言。"这是县发往乡的文书，因为这个案例不涉及不同县的问题，县发文书至乡进行征询，要求乡制作"问"文书，并要求进行"封守"。而"甲尝身免丙复臣之不"是告臣类案件所特别需要的一个问题，因为告臣类案件的成立需要当事人之间的人身臣属关系的官方确认。《黥妾》相关部分类似《告臣》："丞某告某乡主：某里五大夫乙家吏甲诣乙妾丙，曰：乙令甲谒黥劓丙。其问如言不然？定名事里，所坐论云可（何），或覆问毋（无）有，以书言。"同样是县下方乡，要求写作问文书，但此例没要求"封守"。

关于"覆问"。上述的《封诊式》关于"问""封守"的数篇，固定的征询事项表有一项："或覆问毋有？"问题表中只有这一项出现了"或"字，这个现象是很值得注意的。《睡虎地秦墓竹简》和《奏谳书》里"或"字经常是引出并列的定罪量刑意见等内容。推测这个"或"是问原籍地所在的县乡，这个案件有没有其他的"覆问"？本文推测，正因为这个"或"，所以《有鞫》和《覆》，以及《告臣》和《黥妾》的相关部分，分别是县对县或者县对下辖乡的"覆问"文书，这也正是《覆》篇得名的由来。由于调查有罪者必须得到原籍地乡发来的"问"文书，所以原籍地县乡对此有罪者有没有经过其他县机构的

"覆问"是了解的。《封诊式·亡自出》的编辑者是有罪者原籍地的乡,乡掌握了主动投案的有罪者,于是乡主动写作"问"文书并报告这个有罪者"莫覆问",也就是这个有罪者的犯罪行为尚未被其他县乡"覆问"。而"覆问"两字又和"问"文书的"问"字有关,《亡自出》篇明文"问之名事定",也就是《有鞫》等篇要求的文书的起首就是"问",按照《奏谳书》各独立文书起首一字即为文书名的例子,可以推测《亡自出》此处就是"问"文书。所以,《有鞫》诸篇是一边询问有无别的机关对此案进行"覆问",一边要求原籍地提供"问"文书。推测"覆问"就是"问",之间的联系就很明显了。学界对《封诊式》的"覆问"的性质有不同的观点,本书推测"覆问"就是《有鞫》《覆》这类发往有罪者原籍地县乡征询有罪者资料的文书。传世文献中的"覆问"见《汉书·外戚传下》:"妾伏自念,入椒房以来,遗赐外家未尝逾故事,每辄决上,可覆问也。"许皇后此处陈述自己在关于赐外家的实情上,有所决定都上奏,并记录在案,因此可以通过"覆问"来征询实情。这里的"覆问"是针对文书记录的查证工作。与本书所讨论的对有鞫者信息的征询存在一定的联系。与"覆问"可联系的是"覆视",见《春秋左传·定公四年》:"其载书云:'王若曰,晋重、鲁申、卫武、蔡甲午、郑捷、齐潘、宋王臣、莒期。'藏在周府,可覆视也。"践土之盟载书收藏于周府,可以"覆视",也就是查阅。这里去收藏处"覆视"资料的行为,与案例一七的"覆视其故狱"存在联系,后者"覆视"的内容是案件"故狱",应该同样是前往资料收藏处查阅的行为。所以"覆"带有查证文书的意思,对有鞫者的信息进行查证,办案的县派出狱史,找到有书面记录可查的有鞫者原籍乡进行具体查询工作,称为"覆问",是很适宜的。

《睡虎地秦墓竹简·封诊式》的"封守"与《二年律令·收律》的关系值得探究。《收律》有一条:"当收者,令狱史与官啬夫、吏杂封之,上其物数县廷,以临计。(《二年》第一七九简)"整理小组的注释是:"此律可与《睡虎地秦墓竹简·封诊式》之《封守》条参照。"《封守》篇:"乡某爰书:以某县丞某书,封有鞫者某里士五(伍)甲家室、妻、子、臣妾、衣器、畜产。甲室、人:一宇二内,各有户,内室皆瓦盖,木大具,门桑十木。妻曰某,亡,不会封。花板子大女子某,未有夫。子小男子某,高六尺五寸。臣某,妾小女子某。牡犬一。几讯典某某、甲伍公士某某:甲党(倘)有它当封守而某等脱弗占书,且有罪。某等皆言曰:甲封具此,毋(无)它当封者。即以甲封付某等,与里人更守之,侍(待)令。"确实如整理小组注释所言,两者有类似之处。但不同点也是明显的,两种措施针对的对象就不同。《收律》此律条的开始是"当收者","当"在本文其他章节有详细的讨论,"当"是作出定罪量刑结论的过程,到"当收者",已经是官方对有罪者作出了定罪量刑的结论,到了开始执行收这一刑罚的时候。也就是说收律这一条是如何执行"收"刑罚的具体规定。而《封守》篇明文针对的是"有鞫者"某,因为封守本身和"问"文书写作同时进行,官方尚未对"有鞫者"完成制作鞫文书的程序,尚未有对其犯罪行为的权威性结论,更不谈定罪量刑。从"封守"看,《睡虎地秦墓竹简》在其他章节有所谓"毁封"犯罪的规定,也就是说"封"其实是做标识。所以本文认为,两者虽有相似性,但在性质上封守是侦查阶段的一种措施,而收是刑罚的一种。

有必要将近来公布的里耶秦简的相关材料与《奏谳书》《封诊式》对比。
里耶秦简有若干征询功能的"问"文书:

卅二年三月丁丑朔朔日,迁陵丞昌敢言之:今日上葆缮牛车簿,恒会四月朔日太守府。·问之迁陵毋当令者,敢言之。(里耶秦简8-62)①

……月己亥朔辛丑,仓守敬敢言之:令下覆狱遝迁陵隶臣邓……名吏(事)、它坐、遣言。·问之有名吏(事),定,故旬阳隶臣,以约为……史,有遝耐辠以上,系迁陵未决,毋遣也。谒报覆狱治所,敢言……(里耶秦简8-136+简8-144)②

按:"遣言"之"遣",校释者读"谴",罪过③。按:应标点为"遣,(以书)言"。

卅三年二月壬寅朔朔日,迁陵守丞都敢言之:今日恒以朔日上所买徒隶数。·问之毋当令者,敢言之。(里耶秦简8-154)④

迁陵丞昌下乡官曰:各别军吏。·不当令乡官别书军吏,军吏及乡官弗当听。……其问官下此书军吏。弗下下,定当坐者名吏里、它坐、訾能入訾不能,遣诣庭。(里耶秦简8-198+8-213+8-2013)⑤

按:"弗下下"处,标点为"其问官下此书军吏弗下?下,定……"似乎更好。"名吏里",校释者读"吏"为"事",即《睡虎地秦墓竹简·封诊式》屡见之"名事里"。

卅五年八月丁巳朔己未,启陵乡守狐敢言之:廷下令书曰取鲛鱼与山今鲈鱼献之。问津吏徒莫知。·问知此鱼者具署物色,以书言。·问之启陵乡

---

① 陈伟主编:《里耶秦简牍校释(第一卷)》,武汉大学出版社2012年版,第47页。
② 陈伟主编:《里耶秦简牍校释(第一卷)》,武汉大学出版社2012年版,第76页。
③ 陈伟主编:《里耶秦简牍校释(第一卷)》,武汉大学出版社2012年版,第80页。
④ 陈伟主编:《里耶秦简牍校释(第一卷)》,武汉大学出版社2012年版,第93页。
⑤ 陈伟主编:《里耶秦简牍校释(第一卷)》,武汉大学出版社2012年版,第109页。

吏、黔首、官徒，莫知。敢言之……八月□□□邮人口以来。（里耶秦简8－769）①

按：此文书传递使用了邮人。问鱼物色，无关司法。值得注意的是，其"问"文书的征询格式语类似《封诊式》若干条征询犯罪者名事里的格式。

应书廷，廷校，今少内……尉言毋当令者，节……署金布发。（里耶秦简8－64）

此书注释："应书，亦见于汉简。于豪亮认为，上级官府就某一特定问题对下级有所探询或索取资料，下级回复的文书便称为'应书'。《汉书·沟洫志》：哀帝初，平当使领河堤，奏言：'九河今皆寘灭，按经义治水，有决河深川，而无堤防壅塞之文。河从魏郡以东，北多溢决，水迹难以分明。四海之众不可诬，宜博求能浚川疏河者。'下丞相孔光、大司空何武，奏请部刺史、三辅、三河、弘农太守举吏民能者，莫有应书。"②

按：猜测其回复类似："·问之毋当令者，敢言之。"这被称为"莫有应书"，而回复"没有"的文书必定收到很多。

居訾亦杂诊。……上诊一牒，敢言之。（里耶秦简8－2035③）

按：本条与《急就篇》的"亭长游徼共杂诊"有直接关系，正是在犯罪地的"诊"，与犯罪地乡的征询"问"，才形成了复合词"诊问"（见表4－3）。

之所以提到有广义的"问"文书，第一从广义"问"文书可知，各种"问"文书具有共性，也就是都具有征询情况的功能。这一共性，显然刑事领域的"问"文书也具有，这对深入考察狭义"问"文书的性质有一定帮助。第二也可以提供一定的思考，特定的征询有罪者名事里和居所情况的往来文书，是否应该有一个特定的名称。本书就认为这个狭义的"问"文书在当时的称呼就是《封诊式》提到的"覆问"文书，"覆"在此是修饰"问"的，"覆"带有刑事司法的含义，于是"覆问"文书就有了特定的内涵，诸"问"文书的分类如表4－3所示。

表4－3　　　　　　　　诸"问"文书的分类

| 征询事务 | 类别 | 意义 | 定性 |
| --- | --- | --- | --- |
| 鱼 | 非司法事务 | 完成献鱼任务 | 广义"问"文书 |
| 征求治水者 | 非司法事务 | 水患的治理 | 广义"问"文书 |

---

① 陈伟主编：《里耶秦简牍校释（第一卷）》，武汉大学出版社2012年版，第222页。
② 陈伟主编：《里耶秦简牍校释（第一卷）》，武汉大学出版社2012年版，第51页。
③ 陈伟主编：《里耶秦简牍校释（第一卷）》，武汉大学出版社2012年版，第421页。

续表

| 征询事务 | 类别 | 意义 | 定性 |
|---|---|---|---|
| 有罪者名事里及相关情况 | 刑事司法事务 | 完成刑事案件卷宗必须的诊问文书 | 狭义,刑事审判过程中对有罪者情况的"问" |

## 二、"诘讯"文书比较研究

在《为狱等状四种》和《奏谳书》中,有一类以"讯"或"诘"起首的文书,本文按《奏谳书》及里耶秦简辞例称之为"诘讯"① 文书,其功能是通过讯问有罪者而得到案件实情,这一点学界基本无异议。"诘讯"的过程,宫宅洁已经指出,"应该诘问的第一点,是供述者玩弄的谎言。……对没有提供虚假供述,认为自己行为正当的供述人,让他承认自己的行为是犯罪,也属于诘问阶段。此时围绕着律令解释,供述人与审判官之间也会发生分歧。"② 宫宅洁指出存在"诘讯"的第二种功能。他认为:"'诘问'追究的目的是'服',即自认罪状。嫌疑人如实坦白了自己的行为,承认这应当受到刑罚惩处。"③ 坦白与承认应该受罚,是两种"诘讯"各自的任务。本书根据宫宅洁的成果,比较研究一下《为狱等状四种》和《奏谳书》中的"诘讯"文书。

### (一)"诘讯"文书内容的分类

《为狱等状四种》和《奏谳书》很多案例记载了"诘"文书。我们可以在《奏谳书》看到目的不同的两种内容关注点不同的"诘"文书,一种"诘"文书的目的是求得案件的实情,也就是探求有罪者到底做了什么行为,即《封诊

---

① 按:"诘讯"为《奏谳书》案例一七(第一〇简)和案例二二(第二一八简)的提法,并见于里耶秦简牍 8-231:"诘丮兼寄戍卒大夫□食",校释者认为"'丮'疑读为'讯'"。见陈伟主编:《里耶秦简牍校释(第一卷)》,第 119 页。"讯问"和"诘问"的联系紧密,因此本文采"诘讯"提法,一并讨论。另,秦汉时代对"诘讯"还有其他称呼,如"讯囚",里耶秦简牍 8-141+8-668:"卅年十一月庚申朔丙子,发弩守涓敢言之:廷下御史书曰县治狱及覆狱者,或一人独讯囚,啬夫长、丞、正、监非能与□□也,不参不便。书到尉言。·今已到,敢言之。"见陈伟主编:《里耶秦简牍校释(第一卷)》,第 81 页。因为"不参不便",所以"讯囚"可称为"参问",《风俗通义》有"宜遣主者参问变状",见王利器:《风俗通义校注》,北京:中华书局 2010 年版,第 571 页。这可能与以下材料有关,《论衡·是应篇》:"狱讼有是非,人情有曲直,何不并令屈轶指其非而不直者,必苦心听讼,三人断狱乎?"马宗霍认为:"'三人断狱'未详,疑'三人'当作'三日'。"见马宗霍:《论衡校读笺识》,北京:中华书局 2010 年版,第 238 页。
② [日]宫宅洁著、徐世虹译:《秦汉时期的审判制度——张家山汉简〈奏谳书〉所见》,中国社会科学出版社 2003 年版,第 303 页。
③ [日]宫宅洁著、徐世虹译:《秦汉时期的审判制度——张家山汉简〈奏谳书〉所见》,中国社会科学出版社 2003 年版,第 304 页。

式·讯狱》描述的"诘"。这一种"诘"见于《奏谳书》案例二二。此类"诘"随着有罪者供述了相关行为的细节而达到其目的,犯罪行为可以称"罪状",那么在这一阶段,有罪者已经承认了"罪状"。《急就篇》有"欺诬诘状还反真",颜注:"囚系之徒,或欺诈闭匿,或诬冤良善,既被考诘,穷治由状,乃归实也。"① 这种"诘"是为了求得犯罪之"状",从而案情"反真"。有罪者承认罪状的供述辞,在官吏整合案件侦查成果时,即"鞫狱"时,是重要的材料。《奏谳书》"鞫"文书有格式语"审",有罪者的供述辞格式语有"诚(审)为某事",两者存在联系②。格式语"诚为某事"的例子可见里耶秦简8-1354:"辞曰:诚与仓……"③ 传世文献中的认罪的"诚"格式语多见,例如《汉书·武五子传》:"罪死有余,诚皆有之。"颜注:"诚,实也。"另一种"诘"文书,时间上是有罪者坦白犯罪行为的细节之后,吏将有罪者行为对应具体的律令条文,也就是关注有罪者行为在法律上的性质,然后结合案情,认定有罪者的罪名,并要求有罪者回答对此的意见。第二种"诘"在记录了有罪者"解辞"对吏这种定性的意见而达成目的,并不一定需要有罪者承认官吏对其定性的罪名,有罪者承认或反对均可,而只需要记录在案。这种"诘"对之后的定罪量刑程序有一定影响。显而易见,这两种"诘",后者是在前者的基础之上进行的。本文将上述的两类"诘"分别称为"事实诘"和"定罪诘"。"定罪诘"与"当"程序密切相关。

如《为狱等状四种》案例〇六:"诘暨:赢(累)论有令,可(何)故曰赢(累)重?可(何)解?暨曰:不幸过误失,坐官弗得,非敢端犯瀍(法)令,赴隧以成私殹(也)。此以曰赢(累)重。毋(无)它解。它如前。"

引文的诘问及其回答,不是针对犯罪事实或情节的争议,而是关于是否适用累论的争议。罪人的回答认为不应累论,并提出了相关理由。吏的诘问根据涉及累论的令,所以说"累论有令",而暨的回应是对这一"累论有令"令文的解释,当然是对他有利的解释。暨的回应中,"不幸过误失""端犯法令"就是对令文的引用或解读。

较为完整的"定罪诘"文书可看典型的《奏谳书》案例四的相关部分:"诘解:符虽有名数明所,而实亡人也。·律:娶亡人为妻,黥为城旦,弗知,非有减也。解虽弗知,当以娶亡人为妻论。何解?解曰:罪,毋解。"可见"定罪

---

① 管振邦译注、宙浩审校:《颜注急就篇译释》,第261页。
② 按:在调查事实领域,"审"和"诚"是通用的格式语,居延新简 E. P. T59:8 有:"书到验问审如猛言"。见甘肃省文物考古研究所等编:《居延新简——甲渠候官与第四燧》,文物出版社1990年版,第359页。
③ 陈伟主编:《里耶秦简牍校释(第一卷)》,武汉大学出版社2012年版,第315页。

诘"的完整形式，明确给出相关律条的全文，并结合案情，做解释和推理，从而将律条和案情对应于一起。其他案例的"定罪诘"文书或省略律条全文，或者解释和推理比较简略。从以上可看出，"定罪诘"文书的内容和对应法与"当"存在联系。《奏谳书》的这种官吏举律令的"定罪诘"，在里耶秦简中也有发现，如里耶秦简 8-1832＋8-1418＋8-1133＋8-1132＋8-1132 背："讯敬：令曰：'诸有吏治已决而更治者，其罪即重若益轻，吏前治者皆当以纵、不直论。'今甾等当赎耐，是即敬等纵弗论也。何故不以纵论？赎。"① 可见官吏对敬的这一诘讯文辞，举出令条全文，然后结合本案的事实，认定敬的行为属于"纵"罪名，并追问敬的解释。与前引《奏谳书》的案例四完整"定罪诘"的结构完全相同。而敬的供述辞或解辞在里耶 8-1107："甾等非故纵弗论也，它如劾。"② 另见里耶秦简牍 8-691（以及其背面）："讯应：不能令且当罪，何解？辞曰：罪……讯：言吏不能其事，故有令。今……"③ 这一段不完整的诘讯记载也属于"定罪诘"，吏的诘讯引用了一条"言吏不能其事"的令，吏指出有罪者应的行为根据此令"当罪"，也就是构成了该罪名，应的解辞对此认罪。综合《奏谳书》和里耶简牍，"罪"作为有罪者的认罪格式语，不是承认罪状的意思，而是有罪者针对吏提出的罪名，承认吏的定罪意见，这种承认称"服罪"，《汉书·杜周传》："会狱，吏因责如章告劾，不服，以掠笞定之。"颜注："皆令服罪如所告劾之本章。"此处吏就是要让有罪者承认"告劾"文书已经给出的罪名，就是"服罪"。

  针对"定罪诘"的有罪者"解辞"，也有其固定的格式。第一，"吏以为即某罪名"。案例五吏诘武，提出武的行为是律条规定的贼伤人罪名，武的"解辞"有："吏以为即贼伤人，存吏当罪，毋解。"这个"吏以为即某罪名"，是一种格式，有罪者先重复吏关于定罪的观点，然后对此陈述自己的意见。里耶秦简 8-620 有罪者解辞有："辞曰：吏以为"，④ 此简牍虽残泐，但可以看出其与《奏谳书》"吏以为即某罪名"相同，这说明"吏以为即某罪名"是普遍适用的"解辞"格式语。《奏谳书》案例一七，讲乞鞫辞有"雍以讲为与毛谋（盗牛）"，就是"吏以为即某罪"格式语具体用于该案的产物，在该案中"雍"是指出雍地的吏，"讲"是有罪者，"谋盗"是雍对讲的行为的定罪意见。第二，"存吏当罪"。这个格式语言出现在案例一与案例三。案例一的有罪者毋忧的供辞承认了"告"对其行为的叙述后，对自己的行为是不是属于律条规定的犯罪，

---

① 陈伟主编：《里耶秦简牍校释（第一卷）》，武汉大学出版社 2012 年版，第 281 页。
② 陈伟主编：《里耶秦简牍校释（第一卷）》，武汉大学出版社 2012 年版，第 278 页。
③ 陈伟主编：《里耶秦简牍校释（第一卷）》，武汉大学出版社 2012 年版，第 204 页。
④ 陈伟主编：《里耶秦简牍校释（第一卷）》，武汉大学出版社 2012 年版，第 186 页。

负责"诘"程序的官吏和毋忧产生分歧,本案"诘"文书和"解辞"文书就此展开,毋忧认为根据法律规定自己没有义务为屯卒,因此其去亡行为不属于犯罪,最后毋忧对自己的行为不是犯罪的评价被记录下来,即"存吏","存吏"的完整形式还要参看案例五。案例五的有罪者武的供辞也基本承认了"告"文书对他行为的叙述,接下来吏对武的"诘"也是围绕行为与罪名的对应问题而展开,"诘"文书提出武的行为的性质"是贼伤人也",而武对此的解辞最后是:"吏以为即贼伤人,存吏当罪,毋解。"也即负责"诘"武的吏认为武伤视的行为是《贼律》具体律条规定的贼伤人罪,武的解辞表示对此不发表意见,吏可以将这个意见记录下来,用来"当罪"。这里"存吏当罪"一起,推理为常用格式,也就是案例一"存吏"的完整形式。从这两个案例可以看出,在有罪者大体承认了"告劾"文书对罪状的叙述,承认的供辞被记录下来后,可以说这时从有罪者供述角度探究案件实情的努力已经结束,但所谓的"诘讯"程序尚未结束。官吏要对有罪者的行为作出定性,即以律令具体条文规定的罪名对应其行为,并"诘"有罪者。有罪者的"解辞"对官吏的定性不发表意见,官吏就可以在"解辞"最后书写格式性用语"存吏当罪",表示这个定性没有经过有罪者的反对。如果有罪者对官吏的定性明确反对,并提出自己的理由,官吏也应书写到"解辞"里,同样文书末尾加上"存吏当罪"。

如表4-4所示,这是同一类格式语,只是详略程度有所不同,简略也是可以理解,既然案卷中已经详细记录了吏诘讯中对有罪者行为与罪名的对应,那么在罪人的解辞记录中可以相应省略"吏以为即某罪名"。这个格式语应该是有类似《封诊式》的公文程式的规定,在有罪者表达对吏诘的反对态度时,就可以适用。可以参考的是《封诊式·讯狱》,规定了在讯问时出现特定情况下的文书程式。可以从"存吏"类格式语的广泛使用反推类似《讯狱》规定的存在。

表4-4　　　　　　　　"存吏"格式语的各种形式

| 详尽形式 | 吏以为即某罪名,存吏当罪,毋解 | 辞例:案例五;里耶简8-620 |
|---|---|---|
| 过渡形式 | 存吏当罪,毋解 | 辞例:(暂无) |
| 简略形式 | 存吏,毋解 | 辞例:案例一 |

### (二)"诘讯"文书与定罪程序"当"

对应"定罪诘"的"解辞"之固定用语"存吏当罪",明显揭示出"当"字和在"鞫"后的"当"程序形成了联系。

本书的推测是,上述书写有"存吏当罪"的有罪者解辞,"存"字意为书写保存,即是保存此这一对定罪诘文书与解辞文书,作为"鞫"文书形成以后吏"当"程序所依据的材料。从这个角度上说有罪者关于定罪的意见被记录保存

("存"),是为了"吏当罪"。即到时参加"当"程序的诸吏可以参考这对"定罪诘"与"解辞"的内容,并综合考虑其他因素来"当"。这对"诘"与"解辞"的内容对参加"当"的吏来说是一种参考性的材料,这些内容并不是严格限定了他们的定罪量刑工作。也就是说,无论"解辞"里有罪者是沉默抑或反对"定罪诘"的定性,都不因此限制参加"当"的吏对定罪量刑问题提出自己的观点,吏可以表达独立的"当"意见,并书面保存下来。这一点可见案例四,吏于"定罪诘"提出解"当以娶亡人为妻论",解对此"罪,毋解"也就是认罪而不做解释。而本案例的议当程序,第一种被记录的议当意见的结论是"解不知其亡,不当论"。可以说支持这一议当意见的吏完全推翻了之前"定罪诘"的定罪意见,虽然有罪者解已经对此行为认罪,但是吏还是根据案情和律令作出了不认为解构成该罪的意见,这一意见得以记录下来成为不同的议罪意见之一,致使此案移交廷尉处断。

由于《奏谳书》所取材的是实际案件奏谳文书。奏谳文书的内容是关注定罪量刑问题的,所以该文书的编辑标准是重点突出在定罪量刑上产生疑问的原因。从这个角度看,《奏谳书》诸案例,尤其是案例一到案例五这个类型的案例,在编辑整篇文书时关注定罪量刑的争议,在编辑"诘讯"栏时也是如此,所以这五个案例关于犯罪事实的讯问和回答都基本省略了,而"诘讯"栏主要保存了与定罪量刑有关的诘讯文书和有罪者解辞,就是本书说的可供"存吏当罪"的"定罪诘"及其解辞。《奏谳书》对"事实诘"记载最详细的是案例二二,它记录了有罪者孔在讯问阶段从否认犯罪到承认犯罪的过程,而案例二二所取材的不是奏谳文书,正因为其目的是为了记载狱史的侦破案件过程,所以才保留了诘讯的过程(见表4-5)。

表4-5 两类"诘"的比较

| | 功能 | 吏格式语 | 有罪者格式语 | 对应的程序 |
|---|---|---|---|---|
| 事实诘 | 查明案件事实 | (材料不足,有待归纳。) | 诚为某事、审为某事。 | 鞫(确定案情) |
| 定罪诘 | 记录有罪者关于定罪的意见。 | 引用律令具体条文,指出有罪者某行为即对应某罪名。何解? | (一)吏以为即某罪名,存吏当罪。(二)罪,毋解。 | 当(定罪量刑) |

本书所称"定罪诘"可在传世文献中找到对应,《周礼·秋官·小司寇》:"以五刑听万民之狱讼,附于刑,用情讯之。"郑注:"附犹著也。"[①] 本段讨论的"定罪诘",不就是"附于刑"对应律令,以及"用情"根据案件事实情节来"讯之"的。

---

① 孙诒让:《周礼正义》,中华书局1987年版,第2766页。

## 三、"鞫"文书的比较研究

《为狱等状四种》与《奏谳书》的案例,大部分都有"鞫"文书,"鞫"是秦汉时代刑事司法程序中的关键,司法官吏的职权行为称"鞫",行为的对象是特定的刑事案件即"狱",于是官吏的这一行为可以称为"鞫狱","鞫狱"程序完成后形成了"鞫"文书,于是读这一文书就被称为"读鞫",而有罪者面临"鞫"的状态则是"有鞫",这样的有罪者状态即是"某有鞫",有罪者被称为"有鞫者"。

### (一)"鞫"程序的功能与"具狱"

《奏谳书》释文的公布引发学界对"鞫"程序功能的探讨,李均明和高恒的阐释截然不同,李均明将"讯鞫"列为一项程序,认为"讯鞫是对案件的审理,包括讯问当事人和证人、收集和审查证据等。"① 首先,李将"讯鞫"作为刑案侦查活动的总称,有其合理性。其次,李并未明确阐释"讯"和"鞫"的不同点,因此李文没有给出"鞫"程序的独立功能。高恒认为:"'鞫'即法官对审讯案件作出的结论:所审问的案情是否真实、行为是否构成犯罪,以及罪行的性质、轻重,适用何种法律,应判何种刑罚。"② 高恒明确将定罪量刑工作也包含入"鞫"程序中,本书不同意此观点。

另一部分学者针对《奏谳书》的"鞫"程序功能的观点较为统一,根据陶安对张建国、宫宅潔和籾山明观点的归纳:"先贤多将其(鞫)理解为'讯问的总结、犯罪事实的确认'等意思。"③ 陶安的归纳明确了"鞫"与其之前的"讯问"程序的关系,即"鞫"是"讯问"得到的案情的总结和确认。那么"鞫"与其之后的"当论"程序之间的关系,宫宅潔阐释"鞫"为案件"适用律令的前提",而宫宅潔论述之后的"当"程序的意义是"援引律令",即是适用④。也就是说,"鞫"总结和确认的案情为案件的定罪量刑工作提供了基

---

① 李均明:《简牍所反映的汉代诉讼关系》,载氏著:《简牍法制论稿》,广西师范大学出版社2011年版,第63页。
② 高恒:《汉代诉讼制度论考》,载氏著:《秦汉简牍中法制文书辑考》,社会科学文献出版社2008年版,第456页。
③ [德]陶安:《试探"断狱""听讼"与"诉讼"之别—以汉代文书资料为中心》,引自张中秋编:《中国法律形象的一面—外国人眼中的中国法》,中国政法大学出版社2012年版,第218页。
④ [日]宫宅潔:《秦汉时期的审判制度》,引自杨一凡、寺田浩明主编:《中国法制史考证(丙编第一卷)》,中国社会科学出版社2003年版,第311页。

础。陈晓枫指出:"'鞫'在两汉是认定被告所有犯罪事实的司法文书,'鞫狱'是一审程序的一个阶段。"① 刘国胜根据《奏谳书》和龙岗木牍,也指出"鞫"具有最终认定案情并为论罪提供事实的功能②。《二年律令与奏谳书》的作者认为鞫"相当于'讯'与'论'之间的阶段",这阶段的功能是"确认由讯问所得到事实,并进行总括。"③ 蔡万进对"鞫"亦持有犯罪事实归纳总结说④。

值得注意的是,宫宅潔推断,"鞫"文书所总结和确认的案情内容,必然需要司法官吏对侦查案情的诸多文书进行整理,然而宫宅潔认为此整理工作基本是在"诊问"程序就完成了,他认为"为了以后将审判推进至量刑,则有必要综合已经明确了的事实关系。实行诊问的意义正在于此。……在鞫这一阶段,需要综合经诊问而确定的犯罪事实。……在诊问阶段,已经汇总了必要的案情,综合了案件的全部真相。而本阶段(鞫)的目的是,作为适用律令的前提,确认犯罪行为是怎样的行为。"⑤ 宫宅潔的意思是,经过"诊问"阶段,案情已经整理完毕,"鞫"是将整理好的案情权威性地宣读出来而已。

我们认为宫宅潔的以上观点有可商榷之处。从《奏谳书》看,"鞫"文书之前的侦查案情部分可分为"诘讯"和"诊问"两栏,在"鞫"以前,这两栏的内容并未整合编辑完毕,也就是并不是如宫宅潔所说的在"诊问"程序就完成了全部案情的汇总。籾山明已经举《奏谳书》案例二的例子,案例二的"诊问"栏内容:"问:媚年卌岁,它如辞。"籾山明指出:"此前'问'以下部分相当于通知其原籍所在地进行的核实。请注意这一点,由媚自身的供述未能得知的年龄,在此得到确认,并被加进'鞫'之中。"⑥ 很明显,籾山明认为"年卌岁"这一情况是在写作"鞫"文书的过程中被加进去的。可以从籾山明指出的现象判定,"诘讯"栏内容和"诊问"栏内容的汇总整理工作是在"鞫"程序中进行的。在案例二的"鞫"文书中也留下了痕迹:"鞫之:媚……年卌岁,得,皆审。""鞫"文书的结构,把得自"诊问"栏的案情"年卌岁"放在最后,而之前是得自"诘讯"栏的案情。官吏在"鞫"程序中整理汇总案情的基本方法可

---

① 陈晓枫:《两汉"鞫狱"正释》,载于《法学评论》1987年第5期,第41页。
② 刘国胜:《云梦龙岗简牍考释补正及其相关问题的探讨》,载于《江汉考古》1997年第1期,第62~69页。
③ 彭浩、陈伟、[日]工藤元男主编:《二年律令与奏谳书——张家山二四七号汉墓出土法律文献释读》,上海古籍出版社2007年版,第128~129页。
④ 蔡万进:《张家山汉简〈奏谳书〉研究》,广西师范大学出版社2006年版,第41页。
⑤ [日]宫宅潔著、徐世虹译:《秦汉时期的审判制度——张家山汉简〈奏谳书〉所见》,中国社会科学出版社2003年版,第310~311页。
⑥ [日]籾山明:《中国古代诉讼制度研究》,上海古籍出版社2009年版,第63页。

见一斑。在"鞠"以前，案情调查的工作没有结束，所以在"鞠"之前，新发现的事实可以随时增补进去。因此《二年律令·具律》第110简："证不言请，以出入罪人者……狱未鞠而更言请者，除。"证人虚假作证，只要在"未鞠"之时坦白实情，就可以免除刑罚，因为那时吏没有结束案情的确认整理工作。

如陶安所总结的，国内外学者多认为"鞠"是对犯罪事实的确认，被称为"鞠"的文书内容是犯罪的事实，而不包括定罪量刑。定罪的工作是"鞠"之后的其他程序所处理的。然而《为狱等状四种》释文公布之后，我们发现部分案例中的"鞠"文书含有定罪量刑相关内容，见《为狱等状四种》案例〇三的"鞠"文书出现的"当"这个定罪量刑术语：

案例〇三的"鞠"文书："·鞠之：达等赦冢，不与猩、敞谋，得衣器告；猩、敞受分，赃过六百六十钱。得。猩当黥城旦，敞耐鬼薪。遝壬午赦。审。"①

本书认为，"猩当黥城旦，敞耐鬼薪"，是该案例"第二审"的"鞠"文书对案例"第一审"定罪量刑文书的抄录。

需要注意的有两点。第一，案例〇三是一个根据上级的命令进行"第二审"的案件，在展开"第二审"的时候，"猩当黥城旦，敞耐鬼薪"已经发生，也就是说刑罚已经执行，所以在"第二审"的案情总结"鞠"文书里，这一点成为了需要记录的案情。这并不意味着"鞠"文书在对猩、敞进行定罪量刑，因为"鞠"文书的特定功能在于总结案件事实。第二，"猩当黥城旦，敞耐鬼薪"，说明了"第一审"后，两位有罪者被确定了相应的刑罚。按照上下文看，本书认为，这两位已经被执行刑罚，后又获得赦免。这个"当某刑"指的是定罪量刑的最终结论，并不是执行刑罚的意思。《为狱等状四种》执行刑罚有专门的文书，具有特定的格式。如案例〇四："狱已断，令黥芮为城旦。"案例〇八："乙卯，丞相、史如论磔……"可见执行刑罚是在"狱已断"之后，也就是定罪量刑有了最终结论后，而且完整的文书应该有日期以及负责执行的吏。但从另一个角度说，定罪量刑的最终结论做出，猩、敞必然会按照量刑结论被执行刑罚，这在《为狱等状四种》编辑者看来确定无疑，所以案例文本没有抄录猩、敞被执行刑罚的文书，而是抄录了之后他们被赦免的文书。

定罪量刑功能的"当"程序的核心工作是将有罪者的行为与具体的律令条文进行对应。"当"程序所依据的案情，正是"鞠"程序所固定下来的。一个案件的"鞠"文书的形成，标志着该案件在事实方面探究进程的结束，也

---

① 整理小组对"猩当黥城旦"的译文："猩应处以黥刑，并贬为城旦。"见朱汉民、陈松长主编：《岳麓书院藏秦简（三）》，第89页。按：将术语"当"理解为应该的意思，这和睡虎地秦墓竹简整理小组的理解是一样的。而且这个译文又牵扯到此句所在的"鞠"文书的功能问题。

就是"事实审"已经有结论,"鞫"文书不仅固定了案件事实而且是用法律语言叙述有罪者的行为,一定程度上已经暗含了定性。到了这个阶段,除非根据"乞鞫"等情况启动"覆狱"程序重新展开事实层面的调查,否则"鞫"文书形成后,吏就不再进行"事实审",接下来的工作是依据固定的案情来进行定罪量刑工作。总之,没有"鞫"文书提供的事实基础,"当"程序无法进行。

"鞫"文书是奏谳文书的重要组成部分,以至于奏谳文书因为存档或抄录的原因,有必要被删减到最短的时候,唯一保留的部分就是"鞫"文书,如《奏谳书》案例六到案例一三所记载的"谳"文书是比较简略的形式,其内容只保留"鞫"文书。官吏"当罪",必须参考"鞫"文书,一份完整的"当罪"文书必须要抄录本案的"鞫"文书,如案例二一的"廷报"文书,在经过陶安、陈剑修正释文后,就清晰地显示出完整的"廷报"文书的"当罪"部分,必然会抄录完整"谳"文书中的"鞫"文书部分,因为简述案情的"鞫"文书是"廷报"文书当罪内容的基础。

闫晓君指出,《汉律·囚律》有"鞫狱"和"断狱",两者"既有区别又有紧密联系。"① 闫引了沈家本观点:"鞫者,推勘之词,断者,论决之事,可区为二,而事实相因,实难分别。"② 沈家本明确区分了两者,但他指出两者有时难以区别。例如《奏谳书》案例一五:"鞫:恢,吏,盗过六百六十钱,审。"本案例的"当"所引律条,一条是规定"盗赃直过六百六十钱"行为的律,一条是规定"吏盗"行为的令。可见"鞫"文书的内容已经按照律令内容进行了编辑,和律令的"行为与后果"结构的"行为"部分一致,"过六百六十钱"明显是根据律令条文的情节区间而对案情下的判断。该案例"鞫狱"吏已经根据律条来描述有罪者的行为,本案例可以说其"鞫"和其"当"两者处在"事实相因"而"实难分别"的状况。

《二年律令》出现"鞫狱故纵",整理小组注:"《汉书·刑法志》'与郡鞫狱'注:'以囚辞决狱事为鞫。'"《二年律令与奏谳书》此处另引用了宫宅潔、池田雄一的观点,如前所述,宫宅潔认为鞫是适用律令定罪量刑前对被告人行为的确认,池田认为鞫是"对审讯的总结"。《二年律令与奏谳书》的作者按语根据"张汤劾鼠"事,认为鞫"相当于'讯'与'论'之间的阶段","鞫"阶段的功能是"确认由讯问所得到事实,并进行总括。"③ 整理小组和《二年律令与

---

① 闫晓君:《秦汉法律研究》,法律出版社2012年版,第298页。
② 沈家本:《历代刑法考》,中华书局1985年版,第1373页。
③ 张家山汉墓竹简整理小组:《张家山汉墓竹简[二四七号墓](释文修订本)》,文物出版社2001年版,第22页。彭浩、陈伟、[日]工藤元男主编:《二年律令与奏谳书——张家山二四七号汉墓出土法律文献释读》,上海古籍出版社2007年版,第128~129页。

奏谳书》没有引全《汉书·刑法志》"与郡鞫狱"的相关注文，其文如下："如淳曰：以囚辞决狱事为鞫，谓疑狱也。李奇曰：鞫，穷也，狱事穷竟也。师古曰：李说是也。"① 本文赞同颜师古意见。先看与李奇的训相关的材料，《礼记·文王世子》郑玄注："告读为鞫，读书用法曰鞫。"孔颖达疏："鞫，尽也，谓推审其罪状令尽也。"孔颖达训"鞫（鞠）"为"穷尽"，这点与李奇相同，而且孔指出"鞫"是探究罪状的穷尽，也就是将"鞫"确定在案情侦查阶段。

再看如淳解释"鞫"为"以囚辞决狱事"，如淳还有一条类似的注文在《汉书·功臣表》："赵弟……坐为太常鞫狱不实。"颜注："如淳曰：鞫者以其辞决罪也。"《汉书补注》引苏舆："《说文》：'鞫，穷理罪人也'，作'鞠'者，假字。"② 刘国胜指出，《说文》无"鞫"字，段玉裁认为"鞫"是"籟"的俗体，《说文》："籟，穷理罪人也。"③ 段玉裁指出《说文》原作"穷治辠人"，是唐人改"治"为"理"。孙诒让引《说文》也作"穷治辠人"。④ "穷治"与"具狱"的关系详见下文。

"鞫狱"工作完成，该案件就可称"具狱"，《于定国传》颜注："具狱者，狱案已成，其文备具也。""穷竟"与"备具"同意，都是指事实审完毕，从而案例卷宗完备。"竟"训为狱事完备的意思还可见《后汉书·安帝纪》的"考竟未报"，同样是案件已"具狱"而尚未"断决"的意思。⑤ 另见《汉书·隽不疑传》："廷尉验治何人，竟得奸诈。"王先谦引王文彬注："竟，究也。谓穷究。"⑥ 此处"竟"意"穷究"与李奇解"鞫"为"穷竟"合。廷尉"验治"就是对案件展开侦查，最终得到案件实情，就是"竟得"。《刑法志》注的李奇说与本文的观点合。如淳将对"鞫"理解为"决狱事"，呼应了《刑法志》原文："决狱不当，使有罪兴邪。""决狱"或"断狱"，是对案件有罪者的定罪量刑。因此某些学者认为如淳注"决狱事"指适用法律，这个理解是说得通的，本书就赞同此观点。但陈晓枫认为这是对如淳注的误解，陈晓枫认为"决"于此处含义为"定"，"决狱事"即"定供辞"，陈指出居延新简《侯粟君责寇恩

---

① 王先谦：《汉书补注》，上海古籍出版社2008年版，第1547页。
② 王先谦：《汉书补注》，上海古籍出版社2008年版，第797页。
③ 刘国胜：《云梦龙岗简牍考释补正及其相关问题的探讨》，载于《江汉考古》1997年第1期，第62~69页。
④ 孙诒让：《周礼正义》，中华书局2015年版，第2768页。
⑤ 《后汉书》，第208页，《安帝纪》。另见王先谦：《后汉书集解》，中华书局1984年版，第99页。按：《后汉书·安帝纪》注文有"报谓断决也"，张家山汉简整理小组误引为"报谓决断也"。
⑥ 王先谦：《汉书补注》，上海古籍出版社2008年版，第4733页。

事》有"更详验问,治决言",陈认为:"可知庭审狱吏最后认定案件全部事实的爰书,称为'决言',而自庭审始到'决言'定,为'决狱'。"因此陈认为李奇和如淳都正确,而颜师古的取舍导致后世学者误解,负有责任。① 本书认为陈的观点可备一说,然而按照陈的观点,"决狱"可指"鞫狱"之决,那么"决狱"既可以指"断狱",又可以指"鞫狱"。用现代术语说,"决狱"既可指案件调查的结束,又可指案件刑罚的确定。似乎矛盾。②

"鞫"程序的功能是总结和确认案件事实,为定罪量刑工作的前提。官吏对刑案"狱"进行"鞫"程序,这一工作即称为"鞫狱"。"鞫狱"工作目的是确认案情,所以《奏谳书》诸案例"鞫"文书的格式语有"审",此格式语表示案情已经得到确认。里耶秦简所见刑案"鞫"文书也以格式语"审"为结尾,见 8-1743+8-2015 背:"鞫之:成吏、间、起赘、平……审。"③ "鞫"文书格式语"审"可以得到《睡虎地秦墓竹简·法律答问》的旁证,第五三简有:"系投书者鞫审谳之"。里耶秦简 8-1344 也见"鞫审"。④ "鞫狱"工作是为了"审",如果负责"鞫狱"的吏没有做到这一点,就要受到惩罚,里耶秦简牍 8-314 有:"辞曰:□等鞫狱弗能审,误不当律……"⑤ 里耶秦简 8-557 有"……能审,误不当律令……"⑥ 8-314 是有罪者对吏"定罪诘"的解辞,承认了自己的行为应该用律条规定的一个特定罪名来评价,此罪名为"鞫狱弗能审误不当律令"。《二年律令·具律》第 93 简有:"鞫(鞫)狱故纵、不直",第 113 简有:"皆以鞫狱故不直论",第 118 简有:"不从律者,以鞫狱故不直论"。《二年律令》这三条"鞫狱不直",就对应里耶秦简牍的"鞫狱弗能审误不当律令"。因为"当"和"直"字义同,所以秦的"鞫狱弗能审误不当律令"会演变为汉"鞫狱不直"。

"具狱"与"鞫"的关系从程序上来看,"鞫"程序结束,"鞫"文书写作

---

① 陈晓枫:《两汉"鞫狱"正释》,载于《法学评论》1987 年第 5 期,第 41 页。
② 按:陈晓枫的观点具有启发性。一个刑案分为两个阶段,分别是调查事实和定罪量刑,可以粗略类比为当代的事实审和法律审。每个阶段的完成,都可能会用带有完备之意思的词汇来描述,正文已经提到,调查事实阶段完成,可称"具""竟""穷"等。而定罪量刑阶段确定,可称"断""决"。陈晓枫说"决"也可指调查事实的结束,本文认为偏颇。但同一个词可以用在两个阶段,是有例子的,如"竟",《隽不疑传》:"廷尉验治何人,竟得奸诈"。此"竟"是指调查事实的结束,"奸诈"是罪状。而《于定国传》"太守竟论杀孝妇"和《汉书·张敞传》"竟致其死事",此二"竟"就是指定罪量刑的确定了。这种现象的存在,提醒研究者尽量仔细考察材料,具体问题具体分析,而不要受表示完备之意的诸词汇影响,就武断地判定材料处于刑事程序的哪个阶段。
③ 陈伟主编:《里耶秦简牍校释(第一卷)》,武汉大学出版社 2012 年版,第 385 页。
④ 陈伟主编:《里耶秦简牍校释(第一卷)》,武汉大学出版社 2012 年版,第 313 页。
⑤ 陈伟主编:《里耶秦简牍校释(第一卷)》,武汉大学出版社 2012 年版,第 132 页。
⑥ 陈伟主编:《里耶秦简牍校释(第一卷)》,武汉大学出版社 2012 年版,第 179 页。

完成，关于案例事实的卷宗已经完备，就可以说"狱已具"①，在定罪量刑程序中该卷宗就称为"具狱"。

"具狱"为动宾词组，如《二年律令·兴律》第396、第397简："县道官所治死罪及过失、戏而杀人，狱已具，毋庸论，上狱属所二千石官。二千石官令毋害都吏覆案，闻二千石官，二千石官丞谨掾，当论，乃告县道官以从事。彻侯邑上在所郡守。"又如《奏谳书》案例一八："狱留盈卒岁，不具、断，苍梧守已劾论……（《奏谳书》第一五三简、第一五四简）"。这个动宾的"具狱"所指的阶段大致对应"鞫狱"阶段。《急就篇》有："辞穷情得具狱坚"，颜注："既穷其辞，又得其情，则鞫讯之吏具成其狱，锻炼周密，文致坚牢，不可反动也。"② 颜注将"鞫讯之吏"的工作与"具狱"紧密联系在一起。

"具狱"也可为名词，《汉书·于定国传》："于公争之，弗能得，乃抱其具狱，哭於府上，因辞疾去。太守竟论杀孝妇。""具狱"可抱，所以颜注："具狱者，狱案已成，其文备具也。"也就是此案件的卷宗已经完备，并移交郡府，郡府的太守等官吏可以据"具狱"阅读分析案情，展开定罪量刑工作。颜注用"狱案已成"解释"具狱"，可参考一些传世文献的记载，陈晓枫引《礼记·王制》："大司寇以狱之成告于王，王命三公参听之。三公以狱之成告于王，王三又（宥）然后制刑。"陈晓枫据此指出，"狱成"是吏对有罪者的犯罪行为作出确凿的结论，然后负责判决的吏根据此结论进行定罪量刑③。

《于定国传》之"具狱上府（郡太守府）"，正合前引《二年律令·兴律》规定。颜师古云"狱案已成"，也就是《奏谳书》中"鞫"程序完成后，"鞫"文书已定，本案的告劾文书、诘讯文书和诊问文书都已经编辑进案卷，这些文书都整理好成为完整的卷宗"具狱"，所以颜注说"其文备具"。但"具狱"之时，司法官吏的定罪量刑工作还未进行，所以案件最终的完结还待"断""决"，《于定国传》有"前太守强断之"，此"断"就是断狱。可见"具狱"与"鞫狱"的密切关系，也就是"鞫狱"工作的完成形成了"鞫"文书和案例卷宗，这一份完备的案例卷宗称为"具狱"，以供负责定罪的官吏阅读并引用律令断决。

---

① 按：《广韵》训"具"为备。另，《三国志·蜀书·霍王向张杨费传》："（向）朗兄子宠……宠弟充……。裴松之注：……充闻之曰：吾闻谯周之言，先帝讳备，其训具也，后主讳禅，其训授也，如言刘已具矣，当授与人也。"见卢弼：《三国志集解》，上海古籍出版社2009年版，第2657页。

② 管振邦译注、宙浩审校：《颜注急就篇译释》，第262页。按："文致坚牢"一句，"文致"见于"文致于法"，致意为当，是将行为对应律令条文之意。颜此句解释"具狱"，联系到定罪阶段的"文致"工作，与本书观点不合。

③ 陈晓枫：《两汉"鞫狱"正释》，载于《法学评论》1987年第5期，第41页。

### (二)"鞫"文书的功能与"读鞫"

"鞫"程序结束,"鞫"文书形成,案例卷宗已经完备,在之后的定罪量刑阶段,"鞫"文书就可以为司法官吏阅读和引用了。

关于程序与文书的关系,可参看张汤劾鼠故事。《史记·酷吏列传》:"张汤者,杜人也。其父为长安丞,出,汤为儿守舍。还而鼠盗肉,其父怒,笞汤。汤掘窟得盗鼠及余肉,劾鼠掠治,传爰书,讯、鞫、论、报,并取鼠与肉,具狱磔堂下。其父见之,视其文辞如老狱吏,大惊,遂使书狱。父死后,汤为长安吏,久之。"

在"讯鞫论报"后,《史记集解》:"苏林曰:谓传囚也。爰,易也。以此书易其辞处。鞫,穷也。张晏曰:传,考证验也。爰书,自证不如此言,反受其罪,讯考三日复问之,知与前辞同不也。鞫,一吏为读状,论其报行也。"在"遂使书狱"下,《史记集解》:"如淳曰:决狱之书,谓律令也。"

张汤劾鼠事,多被用来描述西汉的刑事诉讼程序。从程序和文书的关系这一角度看,此记载也有重要的价值。张汤之父"见之",从这段记载看,汤之父并非目睹了汤对鼠施行诸多诉讼行为,而是阅读到张汤的"文辞",也就是父亲见到了对应诸多程序的公文书。

也就是说程序中的行为与文书的关系,可以说在西汉的刑事司法领域,特定种类的文书是特定程序的记录。因此指代程序和其对应文书的一般是一个词。而只有在特定程序进行完成后,才有可能写作对应的公文书。

因此可以推论,在秦汉时代文风较为简略的背景下,从时间顺序上看,在描绘一个特定案件时,在某一程序已经完成后,再提到指代该程序的名词,那就很明确地是指该程序完成后写作的文书。

从词性上看,程序进行时,如"劾鼠","劾"在此处是动词。又如"鞫欧","欧"为有罪者之名,见里耶秦简 8-209 背①。

在程序完结之后,相应词汇指代文书后,词性就是名词。譬如"鞫",特定案件中,某有罪者的"鞫"程序完结,其"鞫"文书已经写作完成。若在之后的程序里再提到"鞫"或"其鞫",那就是指代早就完成的"鞫"文书,此时的"鞫"是指代文书的名词,因此有"读鞫"这种动宾结构的说法。

从以上推论出发,"读鞫"就是在"鞫"程序完结后,读"鞫"文书的行为。"读鞫"可能成为"鞫"程序之后的其他程序的一部分,但这与已经完结的"鞫"程序是两回事了。

---

① 陈伟主编:《里耶秦简牍校释(第一卷)》,武汉大学出版社 2012 年版,第 114 页。

传世文献"读鞫"源自《周礼·秋官·小司寇》的注疏，《小司寇》："至于旬，乃弊之，读书则用法"，郑注："郑司农云：读书则用法，如今时读鞫已乃论之。"贾疏："鞫谓劾囚之要辞，行刑之时，读已乃论其罪也。"这一段说"弊之"，"弊"是断狱的意思①，"读书则用法"是对断狱程序的详细说明，郑司农以汉代的"读鞫"类比《小司寇》"读书"，认为"读鞫"是官吏读鞫文书。"读书"与"用法"动作的主语都是司法官吏。"用法"，是指官吏进行定罪量刑时适用律令条文的过程，如《二年律令》常见的"不用此律"，意思就是如果有案件是某种情况就不适用本条律，又如《汉书·刑法志》宣帝诏书："吏用法巧文寖深"，也是指官吏适用律令条文来定罪量刑。这是一个司法官吏阅读案例的案卷后，适用法律进行定罪量刑工作的场景。官吏阅读案例卷宗，可以称为"读书"，"书"是泛言卷宗中的各种司法文书，也可称为"读鞫"，"鞫"文书作为案例实情的简要概括，通过阅读它就能基本了解案情。而正如本文其他部分提到的，某些奏谳文书和报当文书会将案情删节到仅留下"鞫"文书。郑此处的"论"是指定罪量刑程序，和经文"弊"的断狱之意存在对应关系。然而贾公彦疏将郑所说的"论"理解为狭义的执行刑罚，于是贾公彦认为"读鞫"的时间是"行刑之时"，并且明确了官吏"读鞫"有对象，即"读鞫"的聆听者是本案有罪者。其实在汉代的语境中，"读书"并不一定有对象，也可以指没有聆听者的独自阅读，《汉书·艺文志》有："诏光禄大夫刘向校经传诸子诗赋"，王先谦《汉书补注》引沈钦韩《汉书疏证》："《文选·魏都赋》注引《风俗通》云，刘向《别录》'雠校者，一人读书，校其上下，得谬误为校；一人持本，一人读书，若怨家相对为雠。'"②"校"是一人"读书"并校正图书文字的工作，这里没有朗读针对的对象。因为贾认定"读鞫"有对象，后世认为这个对象就是被行刑者。"读法"可能是独自阅读法律，而非朗读，见《韩非子·外储说左上》："昭王读法十余简而睡卧矣。"

我们认为贾公彦对"读鞫"的理解偏离了郑司农的意思。但无论是郑还是贾公彦，都明确地把"鞫狱"工作与"读鞫"分开，"鞫狱"指官吏进行的案件调查工作，这项工作完成，就形成了包含"鞫"文书的案例卷宗，而"读鞫"是"鞫狱"工作完成后，承担定罪量刑工作的官吏阅读或朗读案例"鞫"文书，至于"读"的时间是适用法律定罪量刑之时还是"行刑之时"，不影响郑、贾对"鞫狱"与"读鞫"两事时间上不同的理解。而当代有学者将"鞫狱"与"读鞫"混为一谈，已经有部分学者指出其误。如张建国、宫宅潔和闫晓君等。

---

① 见《周礼·秋官·大司寇》"以邦成弊之"的郑注及孙诒让正义，孙诒让：《周礼正义》，第2757页、第2758页。

② 王先谦：《汉书补注》，上海古籍出版社2008年版，第2900页。

再看另一则提到"鞫"与"读鞫"的传世文献,《礼记·文王世子》:"公族其有死罪,则磬于甸人。其刑罪,则纤剸,亦告于甸人。"郑玄注:"告读为鞫,读书用法曰鞫。"这是郑玄对郑司农《周礼·小司寇》注的理解。郑玄认为"磬"和"告"是"用法",于是他将此经文与《周礼·小司寇》的"读书则用法"进行类比,然后郑玄根据郑司农的注文,得出"读书用法曰鞫"。本书认为对此《文王世子》郑玄注的理解要注意几点。首先,郑司农注文是"读鞫"而不是"鞫",这两者是不同的,郑玄在《文王世子》注中将"读鞫"省略为"鞫";其次,郑司农说"读鞫已乃论之","读鞫"完毕后进入"论"的阶段,而不能根据郑玄注字面的意思理解为"读鞫"和"论"可以作为整体概括到"鞫";再次,郑司农的"论"是指代断狱程序,而不是仅仅指执行刑罚,这一点孙诒让已经指出:"《文王世子》注以用法为鞫,亦与先郑说同,此并不涉行刑之事"。①《文王世子》此处的孔颖达疏:"以刑之杀人,皆於甸师氏,何得唯告而已,故以为鞫,《汉》每云鞫狱是也。读书,读囚人之所犯罪状之书。用法,谓其法律平断其罪。鞫,尽也,谓推审其罪状令尽也。"孔对"鞫"和"读鞫"相关程序的解释按照时间顺序可分为三项:第一,"鞫",案情事实调查的穷尽,形成"鞫"文书;第二,"读书"("读鞫"),也就是读"鞫"文书,该文书的内容是"囚人所犯罪状";第三,"用法",适用法律"断其罪",也就是确认刑罚。这条孔疏与前引《周礼·秋官·小司寇》郑司农注的意思一致,而与贾疏的意见完全不同。孙诒让赞同《礼记·文王世子》孔疏的意见,指出孔疏符合郑司农注,"用法"并未涉及执行刑罚,贾公彦疏所谓"行刑之时"根据不足。本书赞同孙诒让的分析梳理②。

作为当代人,我们不会因为在宣判书中有关于案件事实的记载,而将查明案件事实的程序与定罪量刑程序混淆在一起,也不会因为坚持查明案件事实的程序的性质,而否认宣判时宣读已经查明的案件事实的记载。

陈晓枫指出,"读鞫"并不是很多学者认为的是指宣读判决书(见表4-6)。③

表4-6 汉代"读鞫"与当代宣读判决书的事实部分的对比

| | "读鞫已乃论之" | 当代宣读判决书的查明事实部分 |
|---|---|---|
| 所在程序 | 定罪量刑之"论"程序 | 宣判 |
| 文书内容 | "鞫"文书,即查明的犯罪事实 | 查明的犯罪事实 |
| 准备工作 | "鞫狱"工作 | 侦查、审查起诉、法庭调查等工作 |

张建国注意到文献记载的"读鞫"和《奏谳书》中的"鞫"程序存在关

---

① 孙诒让:《周礼正义》,中华书局2015年版,第2768页。
② 孙诒让:《周礼正义》,中华书局2015年版,第2766~2768页。
③ 陈晓枫:《两汉"鞫狱"正释》,载于《法学评论》1987年第5期,第41页。

系，进而对两者关系进行阐释的。张建国指出，"鞫"文书的内容是对犯罪事实的总结。在"鞫"程序结束后，程序中的"读鞫"是面对有罪者宣读"鞫"文书，也就是说"读鞫"程序紧跟着"鞫"程序后，并没有到行刑的阶段。张明确指出贾公彦解释"读鞫"为"行刑之时"宣读罪状是错误的。张指出，贾公彦将"鞫"与"读鞫"混为一谈是望文生义的结果①。

同样，宫宅潔明确区分"鞫"程序和"读鞫"程序，对后者，他认为"为了对确认的事实援引律令，还要经过一个'读鞫'程序，即向被告宣读确认的事实。"②宫宅潔认为"读鞫"是宣读"鞫"文书，宣读的对象是其所谓"被告"。

闫晓君引用了《中国法律通史》第二卷战国秦汉部分的内容："案件审讯后，作出判决，并'读鞫'。鞫，是审讯的意思。……读鞫，就是宣读判决书。宣读后，当事人如果服罪，则照判决执行。"闫指出，这个观点是不完全准确的，将"读鞫"解释为宣判，是对汉人郑司农注的误解③。

综上，"鞫"程序结束，再提到"鞫"如"读鞫"，即读已完成的"鞫"文书。

案例二—有"当非是"，即是已完成的"当"文书不妥。

《奏谳书》多在供述辞文书末有"它如告（劾）"，讯囚之时，"告劾"文书已完成，所以最后编辑时可以这么统称。

《奏谳书》各"问"文书多"它如辞"亦同。

"鞫"文书可读，即"读鞫"。案例"鞫"文书多编入该案的奏谳文书和定罪量刑文书中，有时奏谳文书和定罪量刑相关文书中的案情介绍部分只编入"鞫"文书，而不保留相关供述辞和证辞等。《奏谳书》案例一到案例五以及案例一四等，都有"鞫"字和文书起首符标识"鞫"文书，而在《奏谳书》没有出现"鞫"字的案例中，可以推测"鞫"文书的内容也得到保存，如案例六到案例一三，本文将其划为一个类型，举案例六为例："·北地守谳：女子甑奴顺等亡，自处彭阳。甑告丞相：自行书，顺等自赎。甑所赃过六百六十，不发告书，顺等以其故不论，疑罪。·廷报：甑、顺等受、行赇枉法也。"内容明显可分为"谳"文书和"廷报"文书两部分，与《奏谳书》明确出现"鞫"文书的案例相比，案例六这篇"谳"文书基本只剩下了简述案情的"鞫"文书，再加格式用语"疑罪"。所以说案例六到案例一三这类案例的"谳"文书与案例一等

---

① 张建国：《帝制时代的中国法》，法律出版社1999年版，第311页。
② ［日］宫宅潔著、徐世虹译：《秦汉时期的审判制度——张家山汉简〈奏谳书〉所见》，中国社会科学出版社2003年版，第311页。
③ 闫晓君：《秦汉法律研究》，法律出版社2012年版，第87页。

相应部分的篇幅差异,其实是结构差异,前者只保留了"鞫"文书,而后者还编入了部分"告劾"文书、"诘讯"文书和"诊问"文书的内容。结构差异体现为内容差异。案例二一同样保存了简略的"谳"文书:"今杜谳:① 女子甲,夫公士丁疾死,丧棺在堂上,未葬,与丁母素夜丧,环棺而哭。甲与男子丙偕之棺后内中和奸。明旦,素告甲吏,吏捕得甲,疑甲罪。"陶安、陈剑修正的释文有"谳"字,这部分确定无疑是杜向上的奏谳文书,"疑甲罪"是"谳"文书格式语,"疑"之前的内容简明,其实这部分奏谳文书的核心内容就是该案例"鞫"文书。传世文献记载的案例,对案情的介绍如果较为简明的话,同样是引用"鞫"文书,如董仲舒春秋断狱故事:"甲父乙与丙争言相斗,丙以佩刀刺乙,甲即以杖击丙,误伤乙,甲当何论?或曰:殴父也,当枭首。论曰:臣愚以父子至亲也……"② 这一条"或曰"之前的部分明显摘录于案例的"鞫"文书,可与《奏谳书》案例六的"鞫"文书比较奏谳文书案情部分内容的编删常态见图 4-1。

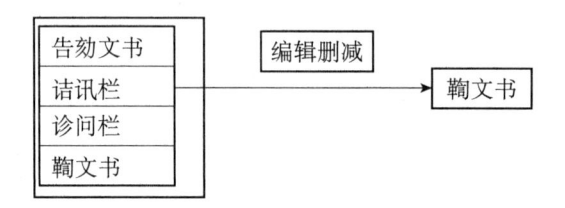

```
┌─────────┐
│ 告劾文书 │
├─────────┤                    ┌───────┐
│ 诘讯栏  │   编辑删减   ──→   │ 鞫文书 │
├─────────┤                    └───────┘
│ 诊问栏  │
├─────────┤
│ 鞫文书  │
└─────────┘
```

**图 4-1 奏谳文书案情部分内容的编删常态**

图 4-1 左方是描述《奏谳书》案例一到案例五,这类案例的案情部分包括告劾文书、诘讯栏、诊问栏和鞫文书。如果吏需要在这种奏谳文书的基础上,写作一个简略的文书,那么可以进一步进行删节,案情部分仅保留鞫文书就可以了,因为鞫文书已经简要描述了案件事实。这就是《奏谳书》案例六到案例一三的案情部分的由来,这些案例文本必然取材于类似案例一到案例五那样的保留案情内容较多的奏谳文书。在传世文献中看到的春秋决狱案例等,其案情描述相当简略,就是仅保留了鞫文书的缘故。

### (三) 有罪者的"有鞫"状态

"鞫"字还有另一个角度的用法,就是"有鞫",《奏谳书》案例一八的第一三七简有:"好畴辟毻有鞫"。其他出土文献的辞例,见《睡虎地秦墓竹简·

---

① 此处释文根据陶安、陈剑的释文改正意见,参见陶安、陈剑:《〈奏谳书〉校读札记》,引自刘钊主编:《出土文献与古文字研究(第四辑)》,上海古籍出版社 2011 年版,第 403 页。

② 引自程树德:《九朝律考》,中华书局 2003 年版,第 161 页。

封诊式》的"有鞫"等条,"有鞫"条的正文出现"有鞫者"。还可以在文献中见到以"有"字为头结合"劾""罪""逮""赀"等,各自标识了对象所处的一种状态。① 从材料看,"有鞫"第一用在某人处在"有鞫"状态,如《封诊式》"有鞫"条,也就是某人是官吏"鞫狱"工作的对象,而此"鞫狱"工作尚在进行,所以《封诊式》"有鞫"条中官吏对"有鞫者"的调查工作还未结束。第二"有鞫"是"有鞫者"的省称。《居延汉简甲编》简 129:"贺未有鞫系时,毋它坐,谒报,敢言之。"② 可见贺这位"有鞫者"还被采取了"系"的强制措施。居延汉简 239.46 载"鞫系,书到,定名县爵里。"③

"颂系"见《奏谳书》案例一六:"公梁亭校长丙坐以颂系"。《汉书·刑法志》:"三年,著令,年八十以上八岁以下,及孕者未乳师侏儒当鞫系者,颂系之。"《刑法志》引文的几类人"当鞫",其实也就是这几类有罪者处于正在进行鞫程序的状态下,这与前述的"有鞫"状态存在密切联系。《汉书·惠帝纪》:"爵五大夫、吏六百石以上及宦皇帝而知名者有罪当盗械者,皆颂系"。"有罪当盗械"者处于刑罚没有确定的状态,据此规定获得"颂系"优待。"有鞫者"被拘系,《奏谳书》多见,《刑法志》所见几类"当鞫系者"获得"颂系"的待遇,不再"系",但"当鞫者"或"有鞫者"的状态不改变。"有鞫者"这一特定状态的称谓相当必要,因为当时有罪者被"鞫系"的时间不短,《睡虎地·法律答问》第六简有"系一岁"。④

《汉书·昭帝纪》有"发三辅及郡国恶少年、吏有告劾亡者。"如淳曰:"告者,为人所告也。劾者,为人所劾也。"师古曰:"告劾亡者,谓被告劾而逃亡。"注释者阐释了"吏有告劾"是被他人告劾的吏。

而简牍也见"有劾",例如《二年律令·收律》第 180 简:"奴有罪,毋收其妻子为奴婢者。有告劾未逮死,收之。"张伯元认为"有告劾未逮死"是告劾后未拘捕得死罪者。⑤ 本文认为"有告劾未逮死"是指有罪的奴正处在被告劾的状态,尚未被逮,在这个时间段内死亡了。对这种特殊情况,《收律》规定了特别的处置方式。尹湾汉简有"曲阳长陈宫有劾"(五正/98),说明陈宫的状态为"有劾"。另尹湾汉简有"二人有劾系(合校 271·22)",张伯元据此指

---

① 按:"有赀"见里耶 9 - 1:"卅三年四月辛丑朔,司空腾敢言之:阳陵宜居士五毋死有赀,余钱八千六十四……"。"有赀"标识了毋死的状态。见湖南省文物考古研究所:《里耶发掘报告》,岳麓书社 2007 年版,第 185 页。
② 陈伟主编:《里耶秦简牍校释(第一卷)》,武汉大学出版社 2012 年版,第 110 页。
③ 睡虎地秦墓竹简整理小组:《睡虎地秦墓竹简》,文物出版社 1990 年版,第 148 页。
④ 睡虎地秦墓竹简整理小组:《睡虎地秦墓竹简》,文物出版社 1990 年版,第 95 页。
⑤ 张伯元:《出土法律文献研究》,商务印书馆 2005 年版,第 223、224 页。

出，尹湾汉简多见的"某有劾"似为"某有劾系"的缩写①。官吏被举劾的状态称为"有劾"，并可能被采取"系"的强制措施，这与上文"当鞫系者"存在联系。

邢义田举出了居延汉简中"有劾"者的一些例子。与本段"有鞫"有关的有：（1）有劾决（126.18，劳图版32）；（2）两人有劾系（271.22，劳图版171）；（3）有劾五千四百（EPT5：47）。邢指出："尹湾牍将'有劾'和'缺'、'免'者分列，证明有劾并不即刻免职出缺。或许因为如此，以上例子中有些记录'有劾，缺'，有些却只记'有劾'。再看以上第一例作'有劾决'，经查图版，三字都十分清晰。或许是有劾，经'决'之后才免职出缺。有劾仅仅是被控有罪，决事指判决定罪。判决定罪以前，并不去职，薪俸照领。唯有劾者因须入狱，虽保有职位名义和薪俸，却不再执行职务。判决罪名一旦成立，即免职出缺。"②

廖伯源根据居延汉简的"有劾系"和"有劾缺"，认为："有劾亦视其见劾情况之不同，待遇有异，其罪名明白又有逃亡之虞者，当下狱；其情节较轻者当仅停职候审。"③前者即"有劾系"，后者即"有劾缺"。《汉书·酷吏传·严延年传》："于是覆劾延年阑内罪人，法至死。"注引张晏："故事有所劾奏，并移宫门，禁止不得入。"廖据此指出："凡受劾奏，不论是否有罪，皆禁止入宫。而劾奏他官有罪，不同时移书宫门禁止其入宫者，罪至死。可见其法因关系皇帝之安全，规定极为严厉。宫官于宫内执行勤务，有劾不得入宫，乃是有劾即暂停其职权。"④劾他官有罪而没有同时移书宫门的行为，根据"故事"是"阑内罪人"，刑罚是死刑。与张晏所引"故事"相关的法律规定，见《周礼·天官·宫正》"几其出入"注引郑司农云："几其出入若今时宫中有罪，禁止不得出，亦不得入，及无引籍不得入宫司马殿门也。"⑤如后世注释家所言，郑司农所说"今时"，是指他所处时代的汉法。"有罪"是指有罪者，这一条是对有罪者出入宫门的限制规定。

传世文献"有罪"与"有鞫"有关。《汉书·文帝纪》："刑者及有罪耐以上，不用此令。"颜注："刑谓先被刑也。有罪，在吏未决者也。"张建国指出："'有罪'二字，师古的解释是指被官府逮捕尚未判决之人。"⑥"有罪"有时可以指被逮捕而未决的人，这一点就和《二年律令·具律》联系起来，⑦《二年律

---

① 张伯元：《律注文献丛考》，社会科学文献出版社2009年版，第379页。
② 邢义田：《地不爱宝：汉代的简牍》，中华书局2010年版，第129~130页。
③④ 廖伯源：《秦汉史论丛（增订本）》，中华书局2008年版，第253页。
⑤ 转引自张伯元：《出土法律文献丛考》，上海人民出版社2013年版，第42页。
⑥ 张建国：《帝制时代的中国法》，法律出版社1999年版，第215页。
⑦ 也可以与上文所引的《二年律令·收律》第一八〇简的"奴有罪"联系。

令·具律》第101简："诸欲告罪人，及有罪先自告而远其县廷者。"可见施行了犯罪行为的人就可以称为"有罪"，例证可见案例二二的"谳"文书，狱史公开宣布违反法定义务的人"有罪"。令《说文解字》："劾，法有罪也。"《急就篇》有："诛伐诈伪劾罪人"，颜注："有罪则举案"。可见《说文》此处"有罪"指犯下罪行的人，"劾"针对的对象就是"有罪者"。另汉高祖七年诏书："狱之疑者，吏或不敢决，有罪者久而不论，无罪者久系不决。"这里"有罪者"的称谓和上文讨论相合。前述《封诊式》之"有鞫者"与"有罪者"有时同指接受刑事调查而尚未判决的人。但"有鞫者"与"有罪者"有一定区别，"有鞫者"已经成为官吏"鞫狱"工作的对象了，而施行了犯罪行为的人在被告劾前或在被官府调查前，就可以被称为"有罪者"了。《具律》多见句式："有罪当某刑罚者，有何种情况或是何种身份，如何加减刑罚。"正是因为"有罪"有刑罚未决的意思，所以可用来称呼这一类未决罪囚，他们已被官吏初步对应其行为触犯的律条，但尚未按照《具律》规定进行加减刑罚，从而最终确定适用的刑罚。《龙岗秦简》第二〇四简："……罪者狱未夬（决）……"，就是"有罪者"的刑罚尚未断决的意思。《龙岗秦简》注释引《韩非子·外储说左下》的"及狱决罪定"①。"狱决"而"罪定"的人就不称为"有罪者"了，可称"已论者"，《汉书·平帝纪》有"天下女徒已论"，如淳注："已论者，罪已定也"。但值得注意的是，同样是指判决未定的人，《封诊式》的"有鞫者"，司法官吏对其案件正在进行"鞫狱"，而《具律》中的"有罪"者，其案例"鞫狱"完成，司法官吏已经在进行定罪量刑工作。所以，"有鞫"者和"有罪"者还是存在一定差异的。

另，里耶秦简8-2208有："一人有狱讯"，"有狱讯"描述此人的状态，涉及刑事案件"狱"，正在接受"讯"②。里耶秦简8-136+8-144有"史，有逮耐罪以上，系迁陵未决"，也表明此人的状态，"有逮""系"，其罪"未决"。③ 里耶秦简8-135有"狼有逮在覆狱已卒史衰、义所"④。狼被逮捕，接受覆狱调查。

以上所举材料证明，如有人为犯罪行为，那么他就可被称为"有罪者"，简称"有罪"，在他应受刑罚被最终确立前，都可以被称为"有罪"，如他是官吏，被"举劾"后可被称为"有劾者"，在他正在接受官府刑事调查时，可以被称为"有鞫者"。"有"字头的法律术语是一类描述有罪者状态的术语，"鞫狱"未成的人，可称"有鞫者"，刑罚即"罪"未确定的人，或者说尚未得到相应惩罚的

---

① 中国文物研究所、湖北省文物考古研究所编：《龙岗秦简》，中华书局2001年版，第134页。
② 陈伟主编：《里耶秦简牍校释（第一卷）》，武汉大学出版社2012年版，第416页。
③ 陈伟主编：《里耶秦简牍校释（第一卷）》，武汉大学出版社2012年版，第76页。
④ 陈伟主编：《里耶秦简牍校释（第一卷）》，武汉大学出版社2012年版，第72页。

人，可称"有罪者"①，"赀"有余未完成赎债的人，可称"有赀者"②，正在接受刑事讯问的人，可称"有狱讯"。可见"有"字标识的对象状态有正在进行而尚未完成的意思，详见表4-7。

表4-7　　　　　　"有"标识的对象状态与程序的对应关系

| 程序 | 状态 | | |
|---|---|---|---|
| 告劾 | 有罪者 | 有鞫者（有鞫系者）<br>有逮者？ | 有劾者 |
| 诘讯 | | | 有狱讯者 |
| 鞫 | | | |
| 当 | | 《具律》常见的"有罪当某"者 | |
| 论（执行刑罚） | 已论者<br>有赀赎责者 | | |

### （四）"乞鞫"的性质

"乞鞫"是案例已经断决后的司法救济制度，这一点众多学界前辈已经有所论述。然而"乞鞫"得名，即是罪囚或其家属乞求司法机关对案件再一次进行"鞫狱"的意思，是从头开始进行案件的再次侦查，来形成新的"鞫"文书。

关于"乞鞫"的性质，用当代的法律术语进行解释，就是申请事实审，因为冤案形成的基础是事实审的错误，所以"乞鞫"制度的核心就是再一次进行事实审。

在此可以将"乞鞫"制度与"疑案奏谳"制度进行比较。首先，"乞鞫"制度与"奏谳"制度是不同的，前者是在案件已经断决后，大多是在有罪者已经被执行刑罚后启动，可以类比现代的再审，而后者的案件没有断决就移交上级来处理定罪量刑，类比的是现代的法律审。其次，之所以称为"乞鞫"，而不是"乞断"或"乞决"是因为冤案昭雪必须从案情调查开始，而不是重新考虑定罪量刑，"鞫狱"工作是重新进行一次案情的调查和确认，只要乞求的"鞫"得以进行，冤案得以昭雪，那么冤案之前的错误定罪必然会得以纠正，所以这一制度的核心就是再次进行"鞫"，因此"乞鞫"名实相符（见表4-8）。

表4-8　　　　　　　　程序中的奏谳与乞鞫

| 鞫 | 议、当、谳 | 断、决（刑罚确定） | 论（刑的执行） | 已论 |
|---|---|---|---|---|
| | 疑案未决，奏谳，得到报，从而断决 | | | |
| | | 已决，乞鞫 | | 复乞鞫 |

---

① 按：因此，说逃亡者或刑徒"有它罪"，这个"它罪"的刑罚是尚未确定的。
② 岳麓秦简："有赀赎责□□□□其年过六十岁者勿遣年十九岁以上及有它罪而成故"。见胡平生：《论简帛辨伪与流失简牍抢救》，载中国文化遗产研究院主编《出土文物研究》第九辑，中华书局，2010年版。

从表 4-8 中看到，"乞鞫"是在行刑完毕后才可以启动的，见《二年律令·具律》第一一四简："罪人狱已决，自以罪不当欲气鞫者，许之。气鞫不审，驾罪一等；其欲复气鞫，当刑者，刑乃听之。""乞鞫"的前提是该案的刑罚已经得以确立，"乞鞫"的目的是将案件推倒重来，从事实调查开始再进行一次刑事诉讼程序，因此学界讲其类比当代的再审制度是有一定道理的。而奏谳制度是以案件刑罚未定为基础的，这一点本质上与乞鞫不同，奏谳完全不能和再审制度进行类比。

关于"乞鞫"制度，有必要提到云梦龙岗秦墓出土的木牍。刘国胜补正后的木牍文字释文："·鞫之：辟死论不当为城旦。吏论失者已坐以论。九月丙申，沙羨丞甲、史丙免辟死为庶人，令自尚也。"① 在刘国胜的成果发表以后，学界基本上是在他补正释文的基础上进行进一步研究。刘国胜已经用《奏谳书》案例一七"乞鞫"案与木牍文字进行联系，但刘文未详细阐释这篇木牍文与"乞鞫"制度的关系。在刘文发布后，部分学者肯定了龙岗木牍文与"乞鞫"制度的关系，如籾山明指出："木牍的原型是记录乞鞫结果的公文书。但是，从人名甲与丙这种符号化的现象判断，该木牍一定是埋葬所适用的拟制文书。"② 籾山明认定木牍文内容是来自于对真实的"乞鞫"公文书的"拟制"或说模仿。而 2001 年中华书局出版《龙岗秦简》完全确认木牍文字就是有罪者的"乞鞫"辞，在此书对"鞫之"的注释："鞫，指对已判决的案件的重新调查。秦汉有'乞鞫'制度，初审判决后犯人可称冤申诉，要求重审。……'鞫之'，是乞鞫文书的格式。（引《奏谳书》案例一、案例二、案例三的"鞫"文书。）"③ 这条注释将"鞫"等同于"乞鞫"，错误明显。若按注释所说，《奏谳书》所有出现"鞫"的案例，包括其引的案例一等就全部是"对已判决的案件的重新审查"了，明显与实际不符。而《龙岗秦简》对木牍文字的译文开头是："请求覆审：辟死不应当判刑为城旦。重审官吏的意见：以往的过失……"④ 同样是混同"鞫"与"乞鞫"的错误，而且将"鞫之辟死论不当为城旦"误解为有罪者或家属的"乞鞫"辞。

本书对龙岗木牍文与"乞鞫"制度关系的观点如下。第一，木牍内容是"鞫之"而非"乞鞫"，学者用《奏谳书》案例一七"乞鞫"案的内容与其联系，仅仅是一种猜测。在没有确凿证据的情况下，就将木牍的"鞫之"阐释为

---

① 刘国胜：《云梦龙岗简牍考释补正及其相关问题的探讨》，载于《江汉考古》1997 年第 1 期，第 65 页。
② ［日］籾山明：《中国古代诉讼制度研究》，上海古籍出版社 2009 年版，第 109 页。
③ 中国文物研究所、湖北省文物考古研究所编：《龙岗秦简》，中华书局 2001 年版，第 144 页。
④ 中国文物研究所、湖北省文物考古研究所编：《龙岗秦简》，中华书局 2001 年版，第 145 页。

"乞鞫",是不够严谨的。第二,木牍文有"辟死论不当为城旦",是对已经论决的错案的纠正。然而秦汉时代的错案纠正制度可能不仅只有"乞鞫"制度,如《奏谳书》案例一六,郡守觉得某事有蹊跷之处,即使他没有掌握证据,他也没法明确指出有罪者,但他仍然可以进行"劾",启动案件的调查。"乞鞫"制度的案件重新侦查结果是新的"鞫"文书,案例一六的调查结果同样是一份"鞫"文书。所以说木牍文以"鞫之"开始,内容是错案的纠正,但此案涉及的错案纠正制度不一定是"乞鞫"制度。比较《奏谳书》案例一七和案例一六,前者通过讲的乞鞫引起"覆者"(第116简)的"覆视其故狱"(第99简)的程序,这就是启动了"覆狱"程序。而案例一六是郡守的劾要求"覆其奸诈(第78简)",也是启动了"覆狱"程序。错案纠正制度称为"覆狱"制度,可由"乞鞫"启动,也可由"劾"启动。第三,即使木牍内容是一个"乞鞫"案的"鞫"文书,那么根据《奏谳书》案例一七"乞鞫"案的两份"鞫"文书,木牍的"鞫"文书内容是官吏重新侦查案件后对该案事实情况的汇总和确认,而不是如《龙岗秦简》注释和译文所认为的,木牍"鞫之"之后是有罪者或家属"请求覆审"的乞鞫文辞。

所以龙岗木牍文并不一定是"乞鞫"制度的实录或模拟。

### (五)"鞫"古训再释

《奏谳书》案例一出现"鞫",整理小组引《尚书·吕刑》正义:"汉世问罪谓之鞫。"《二年律令与奏谳书》沿袭之①。

前文已述及,《二年律令》的"鞫狱故纵",整理小组注:"《汉书·刑法志》'与郡鞫狱'注:'以因辞决狱事为鞫。'"《汉书·刑法志》"与郡鞫狱"相关注文如下:"如淳曰:以因辞决狱事为鞫,谓疑狱也。李奇曰:鞫,穷也,狱事穷竟也。师古曰:李说是也。"② 本书认为如淳观点与《奏谳书》、《汉书·于定国传》等不合。然而,如淳对"鞫"的解释比《吕刑正义》的解释有价值。

《吕刑正义》的这个解释,因为经常被引用,因此对《奏谳书》的研究影响较大,所以有辨析其内容的必要。

首先,"汉世问罪谓之鞫"的解释与《奏谳书》"鞫"不合,如前文所述。

其次,追根溯源,《吕刑》有"狱成而孚,输而孚",孔安国传:"断狱成辞而信,当输汝信于王。谓上其鞫劾文辞。"孔颖达正义:"……汉世问罪谓之鞫,

---

① 张家山汉墓竹简整理小组:《张家山汉墓竹简[二四七号墓](释文修订本)》,文物出版社2001年版,第92页。彭浩、陈伟、[日]工藤元男主编:《二年律令与奏谳书——张家山二四七号汉墓出土法律文献释读》,上海古籍出版社2007年版,第335页。

② 王先谦:《汉书补注》,上海古籍出版社2008年版,第1547页。

断狱谓之劾，谓上其鞫劾文辞也。"① "问罪谓之鞫"与"断狱谓之劾"与《奏谳书》的"劾"、"鞫"均不合。然而孔氏明言"汉世"，不免令人疑惑。孔颖达《吕刑正义》的其他文字说明他并不是对中国古代法制缺乏理解，他对西周"断狱"程序的描述与《奏谳书》记载的程序有相合之处。②

因此，"汉世问罪谓之鞫""断狱谓之劾"这一看似奇怪的记载必有原因。我们猜测，这一段《吕刑正义》可能存在传抄舛误，原文似为"汉世问罪谓之劾，断狱谓之鞫"。这样《汉书·刑法志》注的如淳"以囚辞决狱事为鞫"就可以与"断狱谓之鞫"互证，因为"决"与"断"义同，可备为一说。如前所述，如淳将"鞫狱"与"决断狱事"联系在一起，与本文观点不同。另，《说文解字》："劾，法有罪也"，"问罪谓之劾"与"法有罪"似乎存在联系。

### （六）"读鞫"与"乞鞫"关系

随着秦汉律令文献与司法案例文献的陆续出土与整理出版，学界对秦汉法制的探讨日益升温，"读鞫""乞鞫"是热议已久的问题，诸多前辈学者发表的相关成果为我们理解"读鞫""乞鞫"打下了良好的基础。本段在相关研究成果的基础上，对"读鞫""乞鞫"涉及的一些问题进行分析。

1. 从张俊案解析"读鞫"

传世文献所见汉代"读鞫"实例较少，我们以"张俊案"为材料对"读鞫"制度进行解读。

《后汉书·律历志下》："蔡邕戍边上章曰：……顾念元初中故尚书郎张俊，坐漏泄事，当伏重刑，已出谷门，复听读鞫，诏书驰救，减罪一等，输作左校。俊上书谢恩，遂以转徙。"

《续汉书·袁张韩周列传第三十五》："俊自狱中占狱吏上书自讼，书奏而俊狱已报，谓奏报论死也。廷尉将出谷门，临行刑，邓太后诏驰骑以减死论。俊假名上书谢曰：臣孤恩负义，自陷重刑，情断意讫，无所复望。廷尉鞫遣，欧刀在前，棺絮在后，魂魄飞扬，形容已枯。陛下圣泽，以臣尝在近密，谓为尚书郎，识其状貌，伤其眼目，留心曲虑，特加遍覆。丧车复还，白骨更肉，披棺发槥，

---

① 《尚书正义》，上海古籍出版社2007年版，第790~791页。
② 《尚书正义》，第783页。孔颖达正义："凡断狱者，必令囚之与证两皆来至。囚证具备，取其言语，乃与众狱官共听其入五刑之辞。其五刑之辞简核，信实有罪，则正之於五刑，以五刑之罪罪其身也。"虽然这段"断狱"是孔颖达用来解释西周法制，但其对刑事程序的描述与《奏谳书》所见程序相合。"囚"坦白供述，对应《奏谳书》的"诘讯"栏内容，而"证"对应《奏谳书》"诊问"栏内容，"囚证具备"，两栏内容齐备，则众"狱官"进行"简核"工作，也就是《奏谳书》的"鞫狱"工作，"简核"工作对有罪者的罪状进行确认，"狱官"据此判断罪囚是否"信实有罪"，是否要根据刑书规定的刑罚来处理，即"以五刑之罪罪其身也"。由此可见，孔颖达对古代法制的刑事程序的理解相当深入。

起见白日。"

可以看出两则材料有三种对张俊减罪情景的描述，一是蔡邕上章，二是《列传》中的描述，三是张俊上书。对比情况如表4-9所示如下：

表4-9　　　　　　三种"张俊减罪情景"的描述

| 材料来源 | 描述 |
| --- | --- |
| 《律历志下》蔡邕上章 | 已出谷门，复听读鞫 |
| 《后汉书·袁张韩周列传第三十五》史笔 | 廷尉将出谷门，临行刑 |
| 《后汉书·袁张韩周列传第三十五》张俊上书 | 廷尉鞫遣，欧刀在前 |

这一场景发生于谷门外的刑场，廷尉负责死罪执行。"临行刑"的关头，"廷尉鞫遣"，即廷尉读鞫并论遣，这里"遣"指论罪，而张俊"听读鞫"时"魂魄飞扬"。可以确认，"读鞫"是刑罚执行前的固定的必经程序，这一点汉代注释家已有提到。

汉代司法官吏于读鞫后论罪，可见读鞫不等于论罪。这涉及对一个相关辞例的理解。

《史记·酷吏列传》："传爰书，讯鞫论报。"《史记集解》："张晏曰：传，考证验也。爰书，自证不如此言，反受其罪，讯考三日复问之，知与前辞同不也。鞫，一吏为读状，论其报行也。"①张晏此注分析列表4-10如下：

表4-10　　　　　　对"张晏注"的分析

| 《史记·酷吏列传》原文 | 张晏注 | 修改标点备注 |
| --- | --- | --- |
| 传 | 传，考证验也。 | |
| 爰书 | 爰书自证不如此言，反受其罪。 | "爰书自证"改为连读，即汉简常见"自证爰书"。 |
| 讯 | 讯考三日复问之，知与前辞同不也。 | |
| 鞫 | 鞫，一吏为读状。 | "读状"之后的逗号改为句号。 |
| 论报 | 论，其报行也。 | "论"字之后加逗号。 |

张晏注"论报"："论，其报行也。"意为："论刑，是报复罪囚的犯罪行为。"这里"论"意为执行刑罚，"其"是句首发语词。此句从报应观念解释"论报"，不是对"鞫"的解释。张晏注"鞫"："鞫，一吏为读状。"以读鞫制度来解"讯鞫论报"之"鞫"。

---

① 标点据《史记·酷吏列传》（中华书局2014年"点校本二十四史修订本"），第3810页。

段玉裁《说文解字注》引张晏注:"鞫,一吏为读状,论其报行也。"① 段将这两句连读来解释"鞫",不妥。连读的理解是将"论其报行也"作为对"读状"的解读。然而"读状"是宣读罪状,罪状的内容是案件的事实,并没有涉及定罪论刑,或者说罪状文书并不等于论罪文书,因此无法将"论其报刑也"作为对"读状"的解读。

2. 从"家人乞鞫"探"乞鞫"

杨振红《秦汉"乞鞫"制度补遗》是最近发表的专题研究乞鞫制度的一篇重要论文②。其论述家人乞鞫制度的部分使用了三条涉及魏晋南北朝时期相关制度的传世文献记载,下文在杨文基础上进一步分析这些记载的内容与意义。

《晋书·刑法志》:"二岁刑以上,除以家人乞鞫之制,省所烦狱也。……斯皆魏世所改。"

另见杨文所引沈家本《汉律摭遗》卷六《囚律·鞫狱》"家人乞鞫"条:

《晋志》:"二岁刑以上,除家人乞鞫之制,省所烦狱也。魏世所改。"

按:家人乞鞫,汉制也,魏世除之。《唐律》狱结竟取服辩条《疏议》曰:"其家人亲属唯止告示罪名,不须问其服否,囚若不服,听其自理。"③

第一,曹魏除"二岁刑以上"的"以家人乞鞫之制",从字面上理解,并不是完全废除此制,一岁刑以下仍然允许家人乞鞫。沈家本统而言之"魏世除之",不是很妥当。第二,废除"二岁刑以上"的"以家人乞鞫之制",目的是省却烦难的狱事。然而这一目的与"二岁刑以上"之间存在矛盾。从常理分析,轻刑案件较多而较重刑罚案件较少,轻刑的错案昭雪以后产生的后遗症较小,而较重刑罚案件尤其是死刑案件一旦产生冤假错案,则较难补救。如果要省却烦难狱事又不至于产生大量的难以补救的冤案,立法者应该选择废除轻刑案件的家人乞鞫制度,而非较重刑罚案件。本文据此推测《晋书·刑法志》的"二岁刑以上"是"二岁刑以下"的传抄讹误,曹魏为了省狱事而废除了"二岁刑以下"轻刑案件的家人乞鞫制,保留了较重刑罚案件尤其是死刑案件的家人乞鞫制。这可得到《唐律》的证明,见杨文所引沈家本《汉律摭遗》卷六《囚律·鞫狱》"故乞鞫"条:

《史记·夏侯婴传》集解:"邓展曰:律有故乞鞫。高祖自告不伤人。"索隐:"案《晋令》云,狱结竟,呼囚鞫语罪状,囚若称枉欲乞鞫者,许之也。"

---

① (清)段玉裁:《说文解字注》,江苏古籍出版社2007年版,第867页。
② 杨振红:《秦汉"乞鞫"制度补遗》,引自《出土文献与古文字研究(第六辑下册)》,上海古籍出版社2015年版,第499~509页。下文简称"杨文"。
③ (清)沈家本著,邓经元、骈宇骞点校:《历代刑法考》三,第1493页。引自杨振红:《秦汉"乞鞫"制度补遗》,上海古籍出版社2015年版,第509页。

按：《唐律》，诸狱结竟，徒以上，各呼囚及其家属具告，仍取囚服辩，若不服者，听其自理，更为详审。此即乞鞫之法。索隐引晋令，汉法亦当如是①。

沈家本引唐律："诸狱结竟，徒以上，各呼囚及其家属具告，仍取囚服辩，若不服者，听其自理，更为详审。"唐律的五刑从轻到重分别是笞、杖、徒、流、死。"徒以上"指徒刑以上的较重刑罚案件，这些案件的囚及其家属有听司法官吏"具告（罪状）"并提起不服的权利。而笞、杖案件刑罚轻而数量多，应该是已经废除了乞鞫制度以省狱事。这可以联系《晋书·刑法志》记载曹魏为"省所烦狱"而废除部分案件的家人乞鞫制，很可能《唐律》此处沿袭曹魏之制，可证《晋书·刑法志》"二岁刑以上"应作"二岁刑以下"。

《唐律》"诸狱结竟徒以上各呼囚"条，可得其他文献之证。

《汉书·万石卫直周张传》："张欧……上具狱事，有可却，却之；不可者，不得已，为涕泣，面而封之。其爱人如此。"

晋灼曰："面对囚读而封之，使其闻见，死而无恨也。"

沈钦韩：《史记》作"面对而封之"。按：面囚封上其奏，使知当死。必面封者，恐囚有冤也。《周礼·小司寇》"读书则用法"，郑司农云："若今时读鞫已，乃论之。"《唐书·百官志》："大理寺丞，徒以上囚，则呼与家属告罪，问其服否。"晋说是②。

沈钦韩所引《唐书》内容见《新唐书·百官志》："大理寺……丞六人，从六品上。掌分判寺事，正刑之轻重。徒以上囚，则呼与家属告罪，问其服否。"

《宋书·蔡廓传》："宋台建，为侍中，建议以为：鞫狱不宜令子孙下辞明言父祖之罪，亏教伤情，莫此为大。自今但令家人与囚相见，无乞鞫之诉，便足以明伏罪，不须责家人下辞。朝议咸以为允，从之。"

蔡廓建议的大意是："官吏在进行鞫狱工作时，不宜命令罪囚的子孙下辞明言父亲或祖父的罪状，伤害礼教和人情，没有比这个更大的。请示自今（立这条法令）：只令家人与罪囚相见，如果家人没有提乞鞫之诉，就足以证明服罪，不须强迫家人下辞（服罪）。"

第一，蔡廓建议前，家人乞鞫制度，是由司法官吏对罪囚家人表述罪状，家人被迫在两种行为中择一而行，一是对罪状不服并提起乞鞫之诉，二是"下辞"表示服罪，而这种"下辞"有固定格式，其内容必然明言罪状。司法官吏会强迫家人作出选择。第二，蔡廓建议的内容提供了家人的第三种选择，也就是不提

---

① （清）沈家本著，邓经元、骈宇骞点校，《历代刑法考》三，第1493页。引自杨振红：《秦汉"乞鞫"制度补遗》，上海古籍出版社2015年版，第500页。

② 沈钦韩《汉书疏证》相关内容转引自（清）王先谦：《汉书补注》，上海古籍出版社2008年版，第3609、第3610、第3611页。

乞鞫也不"下辞"服罪，在这种情况下司法官吏不得强迫家人"下辞"，可以视为家人已经服罪。第三，蔡廓建议被立为律令条文的同时，并没有废除家人乞鞫制度。

这条源于蔡廓建议的律令得到唐律继承，可见前文的杨文所引沈家本《汉律撫遗》引《唐律疏议》："其家人亲属唯止告示罪名，不须问其服否"，即司法官吏对罪囚的家人亲属只告知罪名，不须问其是否服罪。这正源于蔡廓建议："但令家人与囚相见，无乞鞫之诉，便足以明伏罪，不须责家人下辞"。不仅内容对应，"不须"的相同用法可窥见其传承。

杨文认为："直至晋末仍允许家人乞鞫，蔡廓因考虑到家人乞鞫时必然要谈论父祖等罪行，于孝道礼教不合，故建议禁止，得到朝议赞同。"① 本书不赞同此观点，引文没有废除家人乞鞫制度的记载，也没有证据可以推定这一点。

《隋书·刑法志》："（梁武帝天监）三年八月，建康女子任提女，坐诱口当死。其子景慈对鞫辞云，母实行此。是时法官虞僧虬启称：'案子之事亲，有隐无犯，直躬证父，仲尼为非。景慈素无防闲之道，死有明目之据，陷亲极刑，伤和损俗。凡乞鞫不审，降罪一等，岂得避五岁之刑，忽死母之命！景慈宜加罪辟。'诏流于交州。至是复有流徒之罪。"

大意是："三年八月，建康女子任提女，坐引诱人口罪，当死罪。她的儿子景慈对鞫下辞，说：母亲确实有此犯罪行为。是时此案法官虞僧虬启称：案，子女服侍父母双亲，有隐无犯，直躬证父，孔子认为不妥。景慈一向没有防闲之道，而对母亲的死罪却提供有明目之证据，将母亲陷于死刑，伤人和损风俗。（律令规定）凡（家人）乞鞫不审，处以罪囚刑罚低一等的刑罚。（死罪低一等是五岁刑），岂能避免五岁刑，而疏忽死罪母亲的命！景慈应该被执行（五岁刑）刑罚。诏书将景慈流放交州。从此以后又设置了称为流徒的刑罚。"

如果景慈既不下辞服罪也不乞鞫，按照源于蔡廓建议的律令规定，尚能使自己免受刑罚和伦理责难，然而景慈下辞服罪，成为母亲死罪案的证人，因此遭受法官谴责。

引文"其子景慈对鞫辞"正对应《宋书·蔡廓传》所见"令子孙下辞明言父祖之罪"、"不须责家人下辞"，因此"景慈对鞫辞"，即景慈对"鞫"下辞服罪。可见罪囚家人是面对"鞫"而选择下辞服罪或提起乞鞫的。而向罪囚家人宣读和解释"鞫"，是司法官吏职责。可以推定司法官吏必须用口头的方式对罪囚家人宣读并解释"鞫"。这一程序采用口头而不采用书面的方式，因为无论是秦汉还是南朝，识字人口的比率都不是很高，而且阅读司法文书需要一定专业能

---

① 杨振红：《秦汉"乞鞫"制度补遗》，上海古籍出版社2015年版，第508页。

力，所以是由司法官吏宣读"鞫"并进行解释，然后要求罪囚家人选择下辞服罪或乞鞫，并记录下来。这种司法官吏与罪囚及其家属进行口头的交流，然后司法官吏将相关情况载于书面的格式，可参见睡虎地秦墓竹简《封诊式》的《讯狱》条：

"凡讯狱，必先尽听其言而书之，各展其辞，虽智（知）其訑，勿庸辄诘。其辞已尽书而毋（无）解，乃以诘者诘之。诘之有（又）尽听书其解辞，有（又）视其它毋（无）解者以复诘之。诘之极而数訑，更言不服，其律当治（笞）谅（掠）者，乃治（笞）谅（掠）。治（笞）谅（掠）之必书曰：爰书：以某数更言，毋（无）解辞，治（笞）讯某。"①

杨文指出，"任提女被判死刑，其子景慈'对鞫辞'，这应处于《唐律疏议》所说'诸狱结竟，徒以上，各呼囚及其家属具告，仍取囚服辩'阶段。当时制度仍然允许家人乞鞫"。此处与《唐律疏议》联系，是可信服的。然而杨文认为家人乞鞫制度在"梁武帝天监三年（公元 540 年）始作为制度废除，并延续下来。"② 引文涉及的家人乞鞫案件导致南梁增设了称为"流徒"的刑罚，上下文没有提到废除家人乞鞫制度。而《唐律疏议》所见的与家人乞鞫制度功能相同规定的存在，证实了从秦汉到唐代，在律令及司法实践中家人乞鞫制度从未被彻底废除。

3. "读鞫"与"乞鞫"的关系小结

《为狱等状四种》案例一二"田與市和奸案"存在读鞫引发乞鞫的记载，如下：

> 辤（辞）丞祒谒更治，祒不许。……·祒曰："论坐田，田谒更治。祒谓：'巳（已）服仁（认）奸，今狱夬（决）乃曰不奸。田尝□毋智，令转□，且有（又）为（？）辠（罪）。'田即受令（命）。"它如爨等③。

此事发生在县丞祒"论"田之时，这里"论"是执行刑罚之意，《为狱等状四种》多见的"论令"是其完整形式，因此田接受刑罚即称"受令"。执行刑罚之前，县丞祒按照律令"读鞫"即宣读田的罪状，田对"鞫"内容不服，"辞丞祒谒更治"，即下辞丞祒请求重新治狱，此处"谒更治"就相当于乞鞫。这里的治狱相当于秦汉简常见的"鞫狱"，指案件事实的侦查工作。最后，田被祒说服接受了刑罚。据引文，可推定"读鞫"的时间点符合传世文献记载的行刑之际，

---

① 睡虎地秦墓竹简整理小组：《睡虎地秦墓竹简》，文物出版社 1990 年版，第 148 页。
② 杨振红：《秦汉"乞鞫"制度补遗》，上海古籍出版社 2015 年版，第 508 页。
③ 朱汉民、陈松长主编：《岳麓书院藏秦简（叁）》，上海辞书出版社 2012 年版，第 205、第 208、第 209 页。

"读鞠"具有的救济功能得以彰显，不像张俊案那样徒留形式。而田"谒更治"是针对"读鞠"，这种请求再次调查案件事实的权利符合乞鞠的概念。"谒更治"在"狱决"之后，符合秦律令规定的乞鞠提起的时间，见睡虎地秦墓竹简《法律答问》："以乞鞫及为人乞鞫者，狱已断乃听，且未断犹听殹（也）？狱断乃听之。"① "狱决"即"狱断"。

综上，读鞠与乞鞠关系紧密。

第一，读鞠与乞鞠制度都含有司法官吏宣读鞠文书即罪状的程序。读鞠是司法官吏宣读鞠文书，宫宅洁、张建国等海内外多位学者均持此说。而乞鞠之启动，是在司法官吏宣读罪状之后，见前引《史记索隐》引《晋令》："狱结竟，呼囚鞠语罪状，囚若称枉欲乞鞠者"。罪囚及其家属如任提女案的景慈"对鞠辞"，也就是面对司法官吏宣读的鞠文书来选择是乞鞠还是下辞服罪。

第二，"读鞠"、"乞鞠"的功能都是避免冤假错案。"乞鞠"为避免冤案，不必赘述。"读鞠"见前引《汉书·万石卫直周张传》"面而封之"的晋灼注："面对囚读而封之，使其闻见，死而无恨也。"宣读罪状使囚听到，避免司法官吏黑箱操作，提供给罪囚一个要求重新调查案件事实的机会，如前引《为狱等状四种》案例一二的罪囚田在"读鞠"后一度"谒更治"。

第三，读鞠与乞鞠的时间不完全对应。读鞠是在司法官吏执行刑罚之际，如《后汉书》张俊案与《周礼·小司寇》郑司农注"今时读鞠已乃论之"。而乞鞠的时间则相对来说较为灵活，在各个时代有所不同，大致说来，在案件定罪量刑之后，即可提起乞鞠。已被执行刑罚的人员也可提起乞鞠，《为狱等状四种》《奏谳书》所见三个乞鞠案例都是这种情况。

## 四、"当"文书比较研究

### （一）文书名"当"从秦到汉的沿革

《奏谳书》中所见的各类刑事司法文书中，有一类"当"文书起定罪量刑的功能。"当"在部分案例中被称为"吏当"，如《奏谳书》案例一："·吏当：毋忧当腰斩，或曰不当论。"与"吏当"类似的有"吏议"见于案例三等。"当"在另一些案例中被称为"当"或"当之"，如案例一四："当：平当耐为隶臣，锢，无得以爵、当、赏免。"案例一六："当之：信、苍、丙、赘皆当弃市，系。"这个"当之"与《奏谳书》常见的"鞠之"结构类似，可见在《奏

---

① 睡虎地秦墓竹简整理小组：《睡虎地秦墓竹简》，文物出版社1990年版，第120页。

谳书》编辑的时期，"当"与"鞫"都是指称刑事司法特定程序的固定称谓，这一点确定无疑。

《为狱等状四种》的情况有所不同，没有一例独立的"当"（或"当之"）文书，也未见一例"吏当"。在明确记载定罪量刑程序的六个《为狱等状四种》案例中（案例〇一、〇二、〇五、〇六、〇七、一四），所见的都是"·吏议"或"吏议曰"。这个现象与《奏谳书》同时有"吏当"和"吏议"的情况截然不同。下文试图对这一现象进行分析。

1. "当"的司法含义

（1）"当"用于评价司法。

战国末期文献已经用"当"字评价当时社会的刑事司法状况，由此"当"字具有一种潜能，也就是它有可能被选为特定的一类刑事司法文书的称谓。

这方面的例子，最著名的见《荀子》，其《正论篇》和《君子篇》有"刑称罪"和"刑当罪"的提法。冨谷至《秦汉刑罚制度研究》引用《荀子·正论篇》："夫德不称位，能不称官，赏不当功，罚不当罪，不祥莫大焉。……刑称罪，则治；不称罪，则乱。故治则刑重，乱则刑轻。"他又引《荀子·君子篇》："故刑当罪则威，不当罪则侮；爵当贤则贵，不当贤则贱。古者刑不过罪，爵不踰德。"冨谷至认为引文中出现的"刑当罪""刑不当罪""罚不当罪""刑不过罪"等，其中的"刑""罚"与"罪"相对应，正如"赏不当功"的"赏"对应"功"一样。也就是说，好行为称为"功"，则对应国家的鼓励"赏"；坏行为称为"罪"，则对应国家的处罚"刑""罚"。[①]

经过冨谷至的解释，《荀子》中多见"刑当罪"是刑罚对应不法行为的意思，"当"是对应的意思，但构成对应的双方在这类用法中是固定的，一方是国家施加的刑罚，一方是有罪者的不法行为。

出土文献中同样有"当"字的这类用法。例如反映了战国时期思想的《马王堆汉墓帛书·黄帝四经》，其"当"字用法，可粗分为两种。

第一，"A 当 B"格式。《经法·国次》："禁伐当罪当亡。"《经法·六分》："诛禁当罪而不私其利。"《经法·四度》："禁伐当罪，必中天理。"《经法·亡论》："伐当罪，见利而反，谓之达刑。"

第二，"C 不当"或"D 当"格式。《经法·国次》："诛禁不当，反受其殃。"《经法·君正》："受赏无德，受罪无怨，当也。"《经法·四度》："生杀不当谓之暴。"《十大经·姓争》："德则无有，措刑不当。"

---

① ［日］冨谷至著，柴生芳、朱恒晔译：《秦汉刑罚制度研究》，广西师范大学出版社2006年版，第252页。

可以明确，第二种其实是第一种的省略用法，例证是《经法·亡论》："所伐不当……所伐当罪，其祸五之；所伐不当，其祸什之。"根据上下文可知"所伐不当"是"所伐不当罪"的省略。《经法·国次》的"诛禁不当"是"诛禁不当罪"的省略①。

《黄帝四经》中的"当"字可以脱离"A 当 B"格式，如果上下文是在评论司法，那么这个"当"字就是刑罚对应不法行为，没有必要再写明"刑"和"罪"在对应。这可对理解出土文献的"论当""不当论"格式语的含义提供参考。

（2）"当"用于"当罪"。

如前所述，"当"在《奏谳书》编辑的时期已经成为了一类文书的称谓，但在刑事司法领域，定罪量刑的工作可以被称为"当罪""抵罪"或"致罪"。《史记·高祖本纪》："法三章耳：杀人者死，伤人及盗抵罪。"三家注："集解应劭曰：抵，至也，又当也。除秦酷政，但至于罪也。李斐曰：伤人有曲直，盗赃有多少，罪名不可豫定，故凡言抵罪，未知抵何罪也。张晏曰：秦法，一人犯罪，举家及邻伍坐之，今但当其身坐，合于康诰父子兄弟罪不相及也。索隐韦昭云：抵，当也。谓使各当其罪。今按：秦法有三族之刑，汉但约法三章耳，杀人者死，伤人及盗者使之抵罪，余并不论其辜，以言省刑也。则抵训为至，杀人以外，唯伤人及盗使至罪名耳。"沈家本《刑制总考二》只引应劭、李斐与韦昭三人的说法，可见沈认为"抵罪"同"当罪"。索隐的按语有"则抵训为至"，此"至"，索隐解释为"唯伤人及盗使至罪名耳"，从"至罪名"可以确定这个"至"通"致"，"致"同样是行为对应法条、刑罚的意思。再看应劭："抵，至也，又当也。""至"即是"致"，那么应劭认为"抵""致""当"三个字都具有行为对应法条、刑罚的意思。三家注中的诸家意见都认为"抵罪"是对应法条、刑罚的意思，然后如韦昭指出的"抵，当也"和索隐按语指出的"训抵为至"，建立起了"抵""致""当"三个字的字义两两对应。

《汉书·司马迁传》："彭越、张敖南向称孤，系狱具罪"。颜注："或系于狱，或至大罪也。"王念孙《读书杂志·汉书十一》"具罪"条认为："如颜注，则正文本作'系狱氐罪'。氐者，至也。……氐字或作抵。"王引《说文》："氐，至也。"说明以至训氐的根据。王还引了三条例证，其中一条是引《汉书·高祖纪》（同《史记·高祖本纪》"伤人及盗抵罪"）的应劭注。还有《吕氏春秋·必已》："宋桓司马抵罪出亡。"高诱注："抵，当也。"《汉书·杜延年传》："或抵其罪法"。颜注："抵，至也。致之于罪法。"王总结："以上凡

---

① 《经法·论约》："彼且自氐（抵）其刑。"这个"氐（抵）"意与"当"同，即自当其刑。

言抵罪者，皆谓至于罪也。"① 如前文所述，"抵罪""致罪""当罪"意思相通。

"当"字在秦到汉初如何逐渐成为文书名，在这个过程中"当"与"致""抵"之间的关系如何，是下文探讨的内容。

2. "当"作为术语

"当"在《睡虎地秦墓竹简·法律答问》中是常见的术语，但它尚未成为占统治地位的律令术语，它是《法律答问》解释律令时所使用的重要律说术语。在西汉初期《奏谳书》编辑的时期，"当"成为了具有排他性的律令术语，类似的术语"致"等已经很少使用。这个术语化的过程与"当"成为文书名的过程是同时的，都在秦时过渡，最终在汉初完成。

（1）"当"作为律令术语。

"当"在秦时已经成为律令术语，《为狱等状四种》案例○一郡报文书引用了一条律令："受人货财以枉律令，其所枉当赀以上，受者、贷者皆坐赃为盗。"②"当"是律令使用的术语。

律令用"当"又可见《法律答问》第 25 简："公祠未阕，盗其具，当赀以下耐为隶臣。"另，《法律答问》第 109 简："葆子狱未断而诬告人，其罪当刑为隶臣。"这两条都是秦律令条文，"当"是律令使用的术语，但如下文所探讨的，它尚未占据统治地位，就是说除了"当"，其他律令术语也在《法律答问》中使用。

律令术语不用"当"而用"致"，见《法律答问》第 177 简："真臣邦君公有罪，致耐罪以上，令赎。"这是秦律令条文，规定特定身份的人犯罪后，对其量刑的特殊优待。同样功能的条文多见于《张家山汉简·二年律令·具律》，如《二年律令》第 82 简："上造、上造妻以上，及内公孙、外公孙、内公耳玄孙有罪，其当刑及当为城旦舂者，耐以为鬼薪白粲。"《法律答问》释文标点应去掉逗号，即"有罪致耐罪以上"，这样可以与《二年律令·具律》中诸多的"有罪当刑"条文内容对应起来。

《法律答问》所引秦律令可见"致某罪"，也可见"当某罪"，而《二年律令·具律》相关条文都作"当某罪"，"当"作为律令术语开始具有统治地位。

罪名也是重要的律令术语，秦罪名不用"当"而用"直"，见《法律答问》第 93 简："论狱何谓'不直'？何谓'纵囚'？罪当重而端轻之，当轻而端重之，是谓'不直'。"在司法领域，"直"字义与"当"通，也是行为对应刑罚的意思。如果吏论狱时没有对应好有罪者的不法行为与刑罚，那么他就要按照"不

---

① 王念孙说法转引自王先谦：《汉书补注》，上海古籍出版社 2008 年版，第 4366 页。
② 第 029 简"受"字以前，简上有明显钩识符号，本书认为这个符号标识了引用律令条文的开始。

直"罪名的规定接受处罚。值得注意的是，《法律答问》用秦亡以后出现的《二年律令》排他性律令术语"当"来解释"不直"罪名的意思。再看"罪当重而端轻之，当轻而端重之，是谓'不直'"。引文的意思是，犯罪行为对应重刑的情况下，吏故意对应轻刑，或者反之，都是"不直"罪。一言以蔽之，"不直"就是"不当"，以"当"解释较为古老的"直"，是一种过渡阶段的现象。

（2）"当"作为律说术语。

以上例子说明在秦时"当"没有成为排他性的律令术语，而《法律答问》全篇的解释说明部分，是对律令的解说，学界多将其与后世的"律说"联系，本文姑且采用这个提法，"当"字在《法律答问》几乎每条都出现，是一常见的律说术语。

籾山明通过对《法律答问》内容性质的研究，指出："围绕疑罪的判断，通过近于比较原型的公文书来表现的书籍是《奏谳书》，而以问答体编辑其疑问点的书籍则是《法律答问》。"① 《法律答问》里的原材料是实际案例，应该存在"当罪"程序。睡虎地整理小组译文对"当"字的理解存在问题。《法律答问》第一次出现"当"字是在第三简："求盗盗，当刑为城旦，问罪当加如害盗不当？当。"整理小组译文："求盗盗窃，应刑为城旦，问是否应像害盗那样加罪？应当。"解释"当"为应当、应该之义。这也是整理者处理《法律答问》全篇所有"当"字的方法，甚至在简文没有"当"字的情况下，译文也照例补上"应"或"应当"，全篇的译文句式以"应"即"应该"为核心，"什么样的情况应该如何处理"。

此现象的根源可见整理小组对《法律答问》的篇前"说明"第四自然段"以案例破法"的表述："《法律答问》很多地方以'廷行事'，即判案成例，作为依据，反映出执法者根据以往判处的成例审理案件，当时已成为一种制度。这种制度表明，封建统治者决不让法律束缚自己的手脚。当法律中没有明文规定，或虽有规定，但有某种需要时，执法者可以不依规定，而以案例办案，这就大大有利于封建统治者对劳动人民的镇压。"② 此"以案例破法律"表述与《法律答问》译文"应该式句式"成立了互相加强的关系。"当"字解释为应该，那么"直"就会被解释为公正。前文所引《法律答问》有"不直"，整理小组注："不直，不公正"。这类公正和应该都体现站在法律之上的价值判断，"应该"句式就含有突破法律创造法律的内涵，这与现实历史中的秦代法制之间存在巨大差别。

---

① ［日］籾山明著、李力译：《中国古代诉讼制度研究》，上海古籍出版社2009年版，第239~243页。

② 睡虎地秦墓竹简整理小组：《睡虎地秦墓竹简》，文物出版社1990年版，第93页。

如前所述，"当"是将罪行与律令、罪名、刑罚对应起来的意思。《法律答问》的核心句式不是"应该"，而是"对应"，核心句式是："什么样的情况，对应律令是如何处理。"这不是破法造法的语气，而是体现秦提倡的司法官吏的谨慎守法精神。

作为《法律答问》常见律说术语的"当"就是行为按照律令对应刑罚的意思。同样作为律说术语的还有"致"，前引《法律答问》"论狱何谓不直"条有："端令不致，论出之，是谓'纵囚'"。"不致"，不致刑罚，所以是"出之"，吏论狱时如果故意如此，要接受"纵囚"罪的处罚。可见律说术语"当"和"致"杂用，"当"几乎每条都有，显得更常用一些。

3. "当"在《为狱等状四种》和《奏谳书》中的意义

（1）《为狱等状四种》"吏议"中的"当"。

如前所述，《为狱等状四种》没有一份名为"当"的文书，也未见一例"吏当"提法。第一，《为狱等状四种》案例数量并未多到可供进行数理统计。第二，《为狱等状四种》部分案例因为功能存在特殊性，所以没有记录定罪量刑程序，或者记载极为简略。如案例〇九和案例一〇两则的内容是向上级汇报狱史追捕盗贼的业绩，这一特殊的文书功能导致了特定的文书编删标准，于是这两则案例没有详细的定罪量刑程序的记录。

根据以上两条，对《为狱等状四种》未见"当"文书，不能轻率地得出结论。然而，这个现象客观存在，有必要对它的成因进行一定的分析梳理。《为狱等状四种》六个案例有"·吏议"部分，其中只有案例〇一的该部分有"当"字，其他五个案例的"·吏议"未见"当""致""抵"这几个术语。

案例〇一："·吏议曰：癸、琐等论当也；沛、绾等不当论。或曰：癸、琐等当耐为候，令琐等还癸等钱，绾等……"。

为了分析这一部分，可与《法律答问》部分内容类比。

前引籾山明已经指出《法律答问》是根据案例编辑而成，其部分内容保留了一些文书术语，如《法律答问》第83简："或斗，啮断人鼻若耳若指若唇，论各可（何）也？议皆当耐。"这一条出现了术语"议"，是原始的案例文书中"吏议"部分的残存。至于没有出现"议"的部分，也可以发现"吏议"的痕迹，如《法律答问》第174简："女子为隶臣妻，有子焉，今隶臣死，女子北其子，以为非隶臣子也，问女子论可（何）也？或黥颜頯为隶妾，或曰完，完之当也。"出现了两种"吏议"意见，以"或曰"分隔，这与《奏谳书》和《为狱等状四种》的"吏议"格式是基本一致的。

《为狱等状四种》案例〇一的术语"不当论"，在《法律答问》的"吏议"意见中常见，也就是行为不对应刑罚的意思，如《法律答问》第44简："甲告乙盗牛，今乙贼伤人，非盗牛也，问甲当论不当？不当论，亦不当购；或曰为告不审。""论当"也就是该刑罚对应了律令的意思。

案例〇一"癸、琐等当耐为候"的表述，与《法律答问》的"吏议"意见中常见的"（某人）当某刑罚"的格式一致。可以说《为狱等状四种》中的"当"不是文书名，但"当"已经成为定罪量刑程序的专门术语，"当"在司法文书领域处在过渡期，如"当"在《法律答问》中已经成为律令术语但尚未成为排他性术语。

"癸、琐等当耐为候"是参与定罪的一部分吏提出的定罪量刑意见，可以确定的是，在做出这个结论性的行为对应刑罚意见之前，相关的吏进行了书面的说理，其中必定包括对案情的分析和对律令的解释，并通过论说将案情和律令结合起来。这是定罪工作的必由之路，可是《为狱等状四种》六个案例记载的"吏议"意见都被编辑得较为简略，没有包括说理部分。这个缺憾目前只能通过对比张家山汉简《奏谳书》来补足。

《为狱等状四种》案例〇一"吏议"部分"癸、琐等当耐为候"的表述，是汉初《奏谳书》"当"成为文书类名的先声。

（2）《为狱等状四种》"鞫"文书中的"当"。

讨论一下《为狱等状四种》"吏议"部分之外出现的"当"。案例〇三的"鞫"文书出现"当"。

案例〇三的"鞫"文书："·鞫之：达等赦冢，不与猩、敞谋，得衣器告；猩、敞受分，赃过六百六十钱。得。猩当黥城旦，敞耐鬼薪。沓壬午赦。审。"①本书认为，"猩当黥城旦，敞耐鬼薪"这句，是该案例"第二审"的"鞫"文书对案例"第一审"定罪量刑文书的抄录。

需要注意的有两点。第一，案例〇三是一个根据上级的命令进行"第二审"的案件，在展开"第二审"的时候，"猩当黥城旦，敞耐鬼薪"已经发生，也就是说刑罚已经执行，所以在"第二审"的案情总结"鞫"文书里，这一点成为了需要记录的案情。这并不意味着"鞫"文书在对猩、敞进行定罪量刑，因为"鞫"文书的特定功能在于总结案件事实。第二，"猩当黥城旦，敞耐鬼薪"，说明了"第一审"后，两位有罪者被确定了相应的刑罚。按照上下文看，本书认为，这两位已经被执行刑罚，后又获得赦免。这个"当某刑"指的是定罪量刑的最终结论，并不是执行刑罚的意思。《为狱等状四种》执行刑罚有专门的文书，具有特定的格式。如案例〇四："狱已断，令黥芮为城旦。"案例〇八："乙

---

① 整理小组对"猩当黥城旦"的译文："猩应处以黥刑，并贬为城旦。"见朱汉民、陈松长主编：《岳麓书院藏秦简（三）》，第89页。按：将术语"当"理解为应该的意思，这和睡虎地秦墓竹简整理小组的理解是一样的。而且这个译文又牵扯到此句所在的"鞫"文书的功能问题。

卯，丞相、史如论礫……"可见执行刑罚是在"狱已断"之后，也就是定罪量刑有了最终结论后，而且完整的文书应该有日期以及负责执行的吏。但从另一个角度说，定罪量刑的最终结论做出，猩、敞必然会按照量刑结论被执行刑罚，这在《为狱等状四种》编辑者看来确定无疑，所以案例文本没有抄录猩、敞被执行刑罚的文书，而是抄录了之后他们被赦免的文书。

（3）《为狱等状四种》"报"文书、下行"覆"文书等中的"当"。

《为狱等状四种》案例〇一、〇二、一四保存郡"报"文书。案例一一、一二保存郡向拘系罪人的县通告罪人乞鞫处理结果等的下行"覆"文书。整理小组将两者统称为"郡报"文书，见其《附录一文书层次表》。两者是否存在区别①，有待考证，但至少两者都是郡发出的下行文书，内容都是定罪量刑。就"报文书"来说，汉初"当"成为定罪量刑文书的类称，县将疑案谳郡，郡对案件的定罪量刑形成结论以后，制作文书回复县，因为这是回复性质的文书，所以称"报"，而该类文书的核心内容是"当"，也就是定罪量刑，所以汉代文献中"当报"常见，如《汉书·刑法志》："狱之疑者，吏或不敢决，有罪者久而不论，无罪者久系不决。自今以来，县道官狱疑者，各谳所属二千石官，二千石官以其罪名当报之。所不能决者，皆移廷尉，廷尉亦当报之。廷尉所不能决，谨具为奏，傅所当比律令以闻。"就《为狱等状四种》案例一一、一二保存的"覆"文书来说，郡都是发给拘系罪人的县，抄录罪人的乞鞫辞及其处理结果，并告知新确定的罪人刑罚名称和刑期。这里包含定罪量刑部分是没有疑问的。

那么《为狱等状四种》案例〇二是疑购案件，其实和刑事疑案的道理是一样，如《荀子》不仅说"刑当罪"，也说"赏当功"。其报文书有："尸等当购金七两……尸等当购金三两。"这个"某人（功）当某购金"的格式语，是对疑购案件购金的结论。这一结论的得出，是要通过对应律令和功劳，这个对应律令可见本案的"吏议"部分："·吏议：以捕群盗律购尸等。或曰：以捕它邦人……"。这与《奏谳书》案例一六的"以此当苍"格式语多么相似，也许"以捕群盗律购尸等"的"以"是"当以"的省略。

案例一二的下行"覆"文书有："田系子县。当系城旦十二岁，沓己巳赦。其赦除田，复为隶臣。"田因为乞鞫不审，结合之前的刑罚，郡最终确定田的刑罚

---

① 案例一二郡发出的下行文书："·谓魏啬夫：重泉隶臣田负斧质乞鞫曰：不与女子市奸，夏阳论耐田为隶臣，不当。"提出乞鞫的是"重泉隶臣田"，其居所是重泉县。对田案进行刑事侦查并对田执行刑罚的是夏阳县。郡是对魏县发出文书，而田拘系于魏县。就这个案例而言，首先，从简文上没有看到"报魏啬夫"之类回复文书的格式语。其次，整理小组把郡发给魏县的文书理解为"郡报"，"报"是回复，这意味着魏县已经就田乞鞫或其他相关问题向郡发出了上行文书，而这一点在简文中没有明文依据。如果魏县没有事先发过上行文书，郡将田新确定的刑罚等事宜告知拘系田的魏县，也是完全有必要，可以说得通的。

是"当系城旦十二岁",这个术语"当"用于终局性的定罪结论,与之前所举的几个例子类似。该刑罚后来因为赦令的颁布而没有执行,这是刑罚执行领域的问题。

(4)《奏谳书》中"当"成为文书类名。

在梳理了《为狱等状四种》案例的定罪量刑文书中"当"作为术语的作用,再看张家山汉简《奏谳书》中作为文书类名的"当"。据此分析从前者演进到后者的进程,可以分为几步:第一,如《为狱等状四种》所见,秦人的刑事司法文书中,定罪量刑结论的格式语已经开始使用"某人当某刑"。第二,这个"当"字开始成为一个动词,来称呼负责吏的职务行为,这个行为就是将有罪者的行为对应具体的律令条文,"当"的动词化在汉高祖时期已经完成,《奏谳书》案例一六发生于汉高祖时期,其简文有:"律:贼杀人,弃市。·以此当苍。""以此当苍"就是以抄录的律文来对应苍的行为。"当"是吏的行为。第三,"当"成为文书类名。既然"当"已经成为了定罪量刑行为的代称,那么记录此行为成果的文书,就被命名为"当"。"当"这个文书类名被各郡县统一使用,成为汉初司法文书制度中不可缺少的一个部分。可与"当"对比的是"鞫",吏进行"鞫"行为,行为完成,吏编辑的相应文书就称为"鞫"文书,这个名称同样于各郡县通用。

在这一点上可以看出,汉初的刑事司法文书制度对秦是有继承,也有发展。

到了《奏谳书》编辑时期,"当"文书是对整个定罪量刑工作的总结,具有严格的格式。需要指出的是,本文认为《奏谳书》案例中的"吏议"和"吏当"是一回事,而它们与《为狱等状四种》六案例的"吏议"也是同样属于一个性质的。

《奏谳书》所见"当"文书的第一部分就是抄录相关律令和案情,但"当"的核心部分是通过推理论说,建构从犯罪行为到律令条文的桥梁。这种说理过程在案例一六等案例中因为删节的缘故没有保存,幸有案例二一保存了完整过程以供学界参考。可见图4-2:

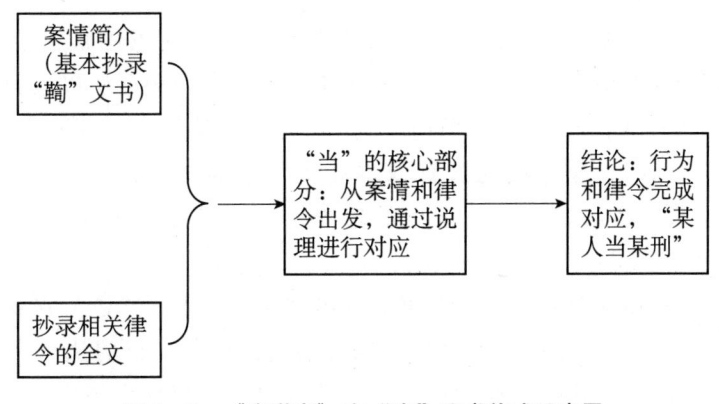

图4-2 《奏谳书》中"当"文书格式示意图

图 4-2 就是《奏谳书》中"当"文书的格式示意图。下面我们且取《奏谳书》案例四作为例子来说明"当"的程序，讨论"吏议"的第二种意见。

根据案例文本可以还原这一"议当"的定罪量刑过程。第一步骤：通过抄录"鞫"文书来简述案情，抄录的律令属于《亡律》，是对罪名"娶亡人为妻"的规定，见《二年律令·亡律》第 168 简："取人妻及亡人以为妻，及为亡人妻，取及所取，为媒者，智其请，皆黥以为城旦舂。"在以上案情和律条的基础上，吏展开了"议"和"当"，这一派吏认为有罪者解的犯罪行为对应律条对"娶亡人为妻"的规定，适用"黥以为城旦舂"的刑罚。在这初步的"当"以后，这一派吏在写作"当"文书的时候，结合"诊问"程序查明的"解故黥劓"情况，引用了《具律》规定，见《二年律令·具律》第八八简："有罪当黥，故黥者劓之，故劓者斩左止，斩左止者斩右止，斩右止者府之。"该条规定了曾受肉刑者执行黥刑的方式，其中曾受过劓刑的人再犯罪"当黥"，应处以"斩左止"，解已初步被对应"黥以为城旦舂"的刑罚，根据其"故黥劓"的情况，最终对应了"斩左止为城旦"的刑罚。最终这一派吏完成了整个"议当"文书，经过《奏谳书》作者的编辑，形成了我们现在看到的简文："·或曰：符虽已诈书名数，实亡人也。解虽不知其情，当以娶亡人为妻论，斩左止为城旦。"也就是解对应的罪名"娶亡人为妻"，到最终确定的刑罚"斩左止为城旦"，两者中间有一个步骤，即根据《具律》的特定规定加重有罪者刑罚。这段简文省略了律令条文和案情抄录，但基于案情和律令的说理部分的精华获得保存。《奏谳书》案例四"吏议"的第二种意见的思维流程可见文末的图。

《为狱等状四种》存有"吏议"的六案例，对"吏议"部分删节较多，尤其是说理的语句已经荡然无存了，这对学界来说是比较遗憾的。案例〇一、〇二保留了郡"报"文书的说理。

（5）小结。

"当"经过秦代的过渡，在汉初成为律令和司法文书中最重要的术语之一，在秦到西汉法制的大背景下，是有其必然性的。商鞅变法以来的秦国，律令具有最高的权威，成为国家进行社会控制的主要手段，并进而推行"以法为教、以吏为师"，律令成为教育课本而吏员成为教师，在这样的环境下，国家青睐技术型司法官吏，并且也能培养出大量的这类官吏，也就可以理解了。

可以从《法律答问》的另一个重要术语"论"说起，"论"在狭义上就是执行刑罚的意思，《为狱等状四种》执行刑罚的文书，吏的执行行为就称为"论"。《法律答问》多见"某人何论？"也就是某人处以什么刑罚？这是追问对罪人最终的实体意义上的处罚。"论"句式是较为古老的,是传统的指代整个定罪量刑程序的术语。

《法律答问》中"当"开始崛起,核心句式"某行为对应律令规定的某处罚"多见。这样的"当"的侧重点不是追问最终的结论,而是关注法律适用的技术问题。"当"句式并不关心结论是否"公正""应该",仅仅是技术性地适用律令条文于具体案件。在秦到汉初时代的司法领域,使用"当"句式的这种思维格式受到国家青睐,"当"逐渐跃升为最重要的术语,最终动词"当"指称定罪量刑行为,而名词"当"成为定罪量刑文书类名,"当"更是成为比"论"更常用的称呼整个定罪量刑程序的术语。这说明了整个定罪量刑工作在当时人看来就是个机械性的技术工作,对应律令就是最核心的工作,司法官吏就是技术官僚,他们不需要有道德感之类多余的思想。在具体案件中,对应律令的核心工作完成,对有罪者执行该刑罚是必然的,这一称为"论"的执行刑罚程序就逐渐被轻视,如前所述,《为狱等状四种》案例〇三在抄录了两位罪人的"当"罪结论以后,没有抄录具体执行刑罚的"论"文书,显然编辑者认为没有必要了。狭义"论"的被轻视导致"论"用于指称整个定罪以及执行工作这一广义用法的衰微,而狭义"当"的崛起导致了"当"在广义上可以指整个定罪量刑程序。可类比里耶秦简牍的常见句式:"何律令应?"意为这样的处理是对应哪条律令的规定。这是秦代人典型的疑问。

吏依律令处理案件,这一思想无疑起着重大作用,但在某些情况下它沦为毫无意义的文书格式语或空泛的命令。如《为狱等状四种》案例一四的郡"谳报"文书对疑案定罪没有给出明确意见,只是说:"谨穷以法论之。"又如《为狱等状四种》案例〇一所见的郡"报"文书的结尾格式语:"它有律令。"

刑事司法领域开始在法律之上考虑"公正"和"应该"等价值,是西汉中后期统治者的思想变化导致的,在刑案奏谳制度领域,《汉书·刑法志》记载:"诸狱疑,若虽文致于法而于人心不厌者,辄谳之。"这一西汉中后期的著名诏令规定除了疑狱要谳,"虽文致于法而于人心不厌"这类案件也要谳,"文致于法"指已经完成当罪,但吏"文致"的过程有时"深"、"巧"过度,导致"人心不厌"。这一点在秦到汉初时期根本不成为问题,因为"文致于法"就是当罪的完成,案件已经解决了。而在西汉中后期的统治者已经考虑在律令之外而存于"人心"之中的"公正"等价值了。司法技术官僚的黄金时代也就结束了。

《奏谳书》案例四的二种意见见图4-3:

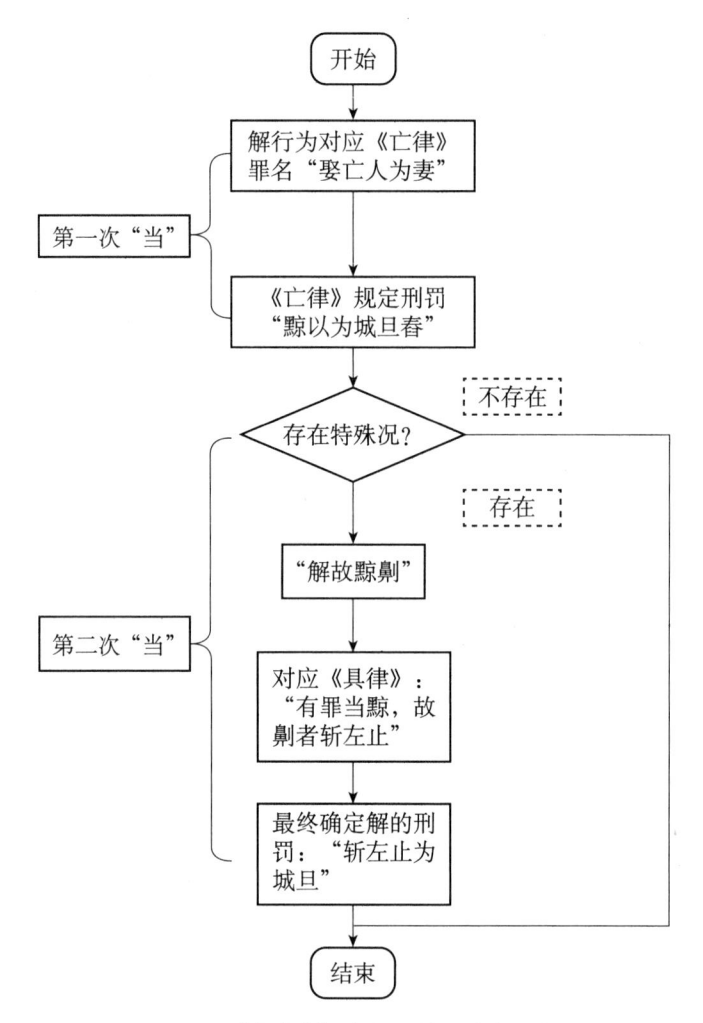

```
                            ┌──────┐
                            │ 开始 │
                            └───┬──┘
                                ↓
                  ┌─────────────────────────┐
                  │ 解行为对应《亡律》       │
              ┌───│ 罪名"娶亡人为妻"        │
              │   └─────────────┬───────────┘
  第一次"当"  ┤                 ↓
              │   ┌─────────────────────────┐
              │   │《亡律》规定刑罚         │
              └───│ "黥以为城旦舂"           │
                  └─────────────┬───────────┘
                                ↓
                         ╱──────────╲      ┌ ─ ─ ─ ┐
                        ╱            ╲─────  不存在  ──┐
                       ╱  存在特殊况? ╲     └ ─ ─ ─ ┘  │
                        ╲            ╱                 │
                         ╲──────────╱      ┌ ─ ─ ─ ┐   │
                                │          │  存在  │   │
                                ↓          └ ─ ─ ─ ┘   │
                  ┌─────────────────────────┐          │
              ┌───│   "解故黥劓"            │          │
              │   └─────────────┬───────────┘          │
              │                 ↓                       │
              │   ┌─────────────────────────┐          │
  第二次"当"  ┤   │ 对应《具律》：          │          │
              │   │"有罪当黥，故            │          │
              │   │ 劓者斩左止"             │          │
              │   └─────────────┬───────────┘          │
              │                 ↓                       │
              │   ┌─────────────────────────┐          │
              │   │ 最终确定解的刑          │          │
              └───│ 罚："斩左止为            │          │
                  │ 城旦"                    │          │
                  └─────────────┬───────────┘          │
                                ↓←──────────────────────┘
                            ┌──────┐
                            │ 结束 │
                            └──────┘
```

图 4-3 《秦谳书》案例四的二种意见简图

4."当"程序分析

对《奏谳书》的"议""当"程序步骤进行分析。

《奏谳书》的定罪量刑的诸多相关程序，都是在"鞫"程序之后进行。本书先从《奏谳书》的案例文本出发，摘取文本的"鞫"文书之后与定罪量刑程序联系最紧密的"议""当"文书，制成表格，以供进一步探讨（见表 4-11）。

表 4-11 《奏谳书》"议""当"文书内容分析

|  | 给出罪名 | 给出刑罚 | 引律、令、比 | 备注 |
| --- | --- | --- | --- | --- |
| 案例一 |  | "吏当：毋忧当腰斩，或曰不当论。" |  | 腰斩刑对应"乏军之兴"，案例未明文提及此罪名。 |

续表

| | 给出罪名 | 给出刑罚 | 引律、令、比 | 备注 |
|---|---|---|---|---|
| 案例二 | | "吏当：黥媚颜頯，畀禄，或曰当为庶人。" | | |
| 案例三（第一种意见） | "吏议：阑与清同类，当以从诸侯来诱论。" | | 引用人婢清案例，清"以亡之诸侯论。" | 据清罪名，阑同类即此，磔。《二贼》第三 |
| 案例三（第二种意见） | "或曰：当以奸及匿，黥舂罪论。" | | | 奸在案二一引匿在亡一六七 |
| 案例四（第二种意见） | "或曰：……解虽不知其情，当以娶亡人为妻论，斩左止为城旦。" | | | 《亡律》第168简，此罪名"皆黥为城旦舂。"案例据鞫查明"解故黥劓"并据《具律》（第八九简）确定刑罚。 |
| 案例五 | | "吏当：黥武为城旦，除视。" | | 武刑罚黥城旦对应的罪名"贼伤人"已在"诘"提到。 |
| 案例一四 | | "当：平当耐为隶臣，锢，无得以爵、当、赏免。" | 自占书名数令。 | 刑罚即为令文明确的刑罚。 |
| 案例一五 | | "当：恢当黥为城旦，无得以爵减免赎。" | 盗律（660以上）；吏盗令。 | |
| 案例一六 | | "当之：信、苍、丙、蓉皆当弃市，系。" | 贼杀人律；谋贼杀人律；纵囚律。 | |
| 案例一八 | | "当之：雁当耐为鬼薪。" | 某令；儋乏不斗律；纵囚律。 | |
| 案例二一 | | "当之：妻尊夫，当次父母，而甲夫死，不悲哀，与男子和奸丧旁，致之不孝、敖悍之律二章，捕者虽弗案校上，甲当完为舂。" | 案例文本开始部分引用诸多在议当中使用的律条。 | |

注：字体加粗部分，为罪名和刑罚。

表4-11已经将《奏谳书》的保存有"议""当"文书内容的相关案例文本都收录了。从表4-11内容，我们可以初步推断出《奏谳书》的相关案例的定罪量刑程序的步骤。

第一步，整理案情和抄录律令。这一步骤是定罪量刑的准备工作。整理案情，就是将该案件的案情相关部分抄录下来，至少抄录该案"鞫"文书，作为定罪量刑的基础。抄录律令，抄录该案有罪者触及的相关诸律令条文。我们可以看到，在《奏谳书》的部分案例中，全文抄录了相关的律令条文。而在另一部分案例文本中，则没有了抄录律令条文文字的内容。本书推测没有抄录的原因是因为各种因素导致的省略。

第二步，"议"。前一步骤已经准备好了案情和律令。于是负责定罪量刑的诸吏从案例事实和法律规定两方面分别出发，用逻辑推理构建罪行与法条之间的桥梁。直到诸吏形成统一的结论，也就是犯罪行为能够对应律令条文的规定，在这种情况下，写作"议"文书。"议"这一步骤侧重于构建案情和规则之间桥梁的过程。

第三步，初步"当"。根据"议"文书形成的结论，按照固定的格式，开始写作"当"文书，其中最重要的内容就是明确指出有罪者触犯的律条，并写出律条已经明文规定的该罪名刑罚。这种将犯罪行为触犯律条列举出的工作，在案例二一比较明显，在简述了犯罪行为后，即指出行为触犯的律条，原文为："致次不孝、敖悍之律二章"，也就是犯罪行为触犯了这两条律文。"致某律"，即是《史记索隐·高祖本纪》的"至罪名"，因为律条规定的就是"罪名"。

第四步，在初步"当"的基础上，吏根据有罪者的爵位官秩等特权身份以及其他特定情况，找到《具律》篇的相应规定，在初步"当"确定的刑罚基础上依《具律》明规定进行加减刑罚，典型例子是《奏谳书》案例四，表4-11已述及。《二年律令·具律》的典型条文是"某身份人或某特殊情况，有罪当某刑罚时，如何加减刑罚。"根据《具律》修正的"当"即是第三步的"当"。将这一根据《具律》而最终确立的刑罚，整理到"当"文书。形成最终的"当"，即定罪量刑结论已经决定了，这种确定即称为"决狱"或"断狱"。

《奏谳书》部分案例在郡级出现了"吏议"而没有形成统一的定罪意见的情况，也就是议而不决。这样不同的定罪量刑意见各自写作"议当"文书，上谳廷尉。

宫宅潔认为"当"是"对犯罪行为援引相应的律令与刑罚"，他举的例子是《奏谳书》案例一六相关部分[①]。正如前文所述，"当"的第一步骤就是抄录相

---

① ［日］宫宅潔著、徐世虹译：《秦汉时期的审判制度——张家山汉简〈奏谳书〉所见》，中国社会科学出版社2003年版，第312页。

关律令和案情，但"当"的核心步骤是通过推理论说，建构从犯罪行为到律令条文的桥梁。这种说理过程在案例一六等案例中因为删节的缘故没有保存，幸而有案例二一保存了完整过程以供学界参考（见图4-4和图4-5）。

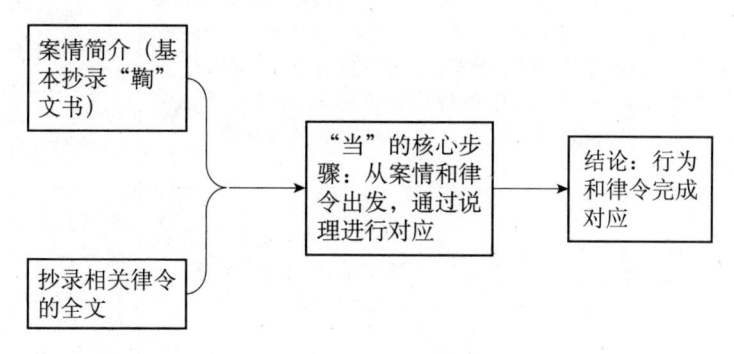

**图4-4　"当"步骤简要示意图**

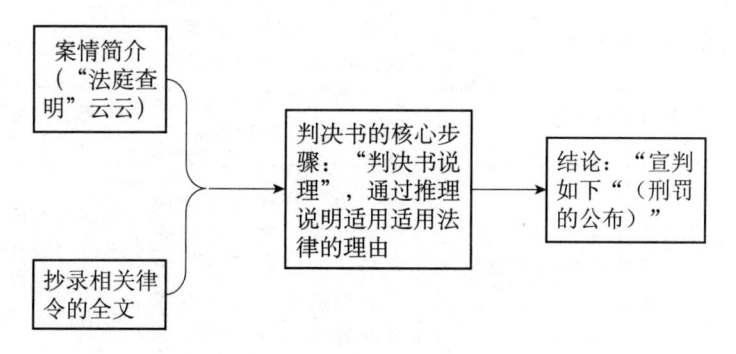

**图4-5　供对比的当代判决书示意图**

当代与秦汉定罪量刑过程的粗略对应，如表4-12所示。

**表4-12　　　　当代与秦汉定罪量刑过程的粗略对应**

| 步骤 | 当代 | 秦汉 | 备注 |
| --- | --- | --- | --- |
| 一、犯罪行为的查明 | 侦查阶段和法庭调查，案件事实查明 | 鞫程序，有罪者的"鞫"文书完成后可供后续程序使用 | "鞫"文书形成，就不再考察案例的事实层面 |
| 二、查找法律条文，寻找罪名 | 根据查明的被告人犯罪行为，找到对应的《刑法》分则的法条，及其规定的罪名 | 找出并抄录相关律令条文，以供议当文书引用。因此郡县之律令条文需要校对。见里耶6-4"令史虑（？）雠律令沅陵"，注释认为校勘律令① | 当代刑事程序，公诉机关以罪名起诉。秦汉时代，吏民以罪名告劾有罪者。都是在定罪前就已有初步对应 |

---

① 陈伟主编：《里耶秦简牍校释（第一卷）》，武汉大学出版社2012年版，第19页。

续表

| 步骤 | 当代 | 秦汉 | 备注 |
|---|---|---|---|
| 三、分析确立罪行与法条的联系 | 解释和分析的过程。通过对法条规定的解释，和对犯罪行为的分析，建立犯罪行为与法条规定罪名的相应关系 | "议"程序。解释律条的文义，分析有罪者的行为，建立罪行与律令条文规定的相应关系，作为确定罪名的基础 | 这个建立联系的过程，典型例子即案例二一和奸案，有详细"议"文书，经过分析确立联系，供"当"程序使用 |
| 四、确定罪名 | 最终确定被告人适用的分则法条，即确定罪名 | "当"程序。最终确定有罪者适用的律令条文，即确定罪名 | 秦汉县或郡向上奏谳疑案，就是请上级完成"议"、"当"程序，确定罪名 |
| 五、裁量刑罚 | 根据分则规定，结合总则的相关规定，在分则法定刑范围内，法官裁量对被告人的刑罚 | "当"程序也意味着确定了刑罚。因律条对罪名的法定刑"绝对确定"。且"当"文书应据《具律》规定"具其加减" | "当"文书确立的刑罚已经根据《具律》规定"加减"，其典型例子为案例四 |
| 六、刑罚的执行 | 判决发生法律效力后，依照法律执行对被告人的刑罚 | 在"当"程序有了终局性的结果，刑罚已经确定后，由对有罪者进行鞫系的机关执行对有罪者的刑罚 | 案例二一的廷尉报文书以"告杜论甲"结尾。推测刑罚由鞫系甲的杜县实际执行 |

当代的判决书一般篇幅不短，但经过删节后，只剩下"某人行为根据某法条规定，判处某刑罚"，即"对犯罪行为援引相应的律令与刑罚"。经过删节的文本当然可以这样描述，但我们在可以观察到判决书全文的情况下，就不应该忽略判决书的核心部分，即说理部分。同样，在得到《奏谳书》案例二一的记载后，我们看到较为完整的"议""当"文书，看到了核心的说理部分，那我们就不能忽视这部分所起的核心作用。

由于秦汉律的罪名与刑罚，同一罪名，相应的刑罚用当代的术语描述就是"绝对确定法定刑"。当时的司法官吏没有被赋予类似于当代法官在法定刑区间内裁量刑罚轻重的空间，官吏将有罪者行为对应罪名后，就只得对罪行给出律令条文明文规定的刑罚。于是可以说，《奏谳书》所记录的当罪名就是当刑罚。所以说《奏谳书》案例文本可以只记录当罪名或当刑罚，而不必同时给出这两个内容。因为写作者和读者都是在手边有常用律令的环境中办公或学习，所以在《奏谳书》案例文本里的定罪量刑诸文书一般不会如案例二一那样书写明白完整。

关于对应了律令条文就等同于对应了具体刑罚的论点，我们可以看我们文献中的例证。《汉书·张释之传》记载："顷之，上行出中渭桥，有一人从桥下走，乘舆马惊。于是使骑捕之，属廷尉。释之治问，曰：县人，来，闻跸，匿桥下。久，以为行过，既出，见车骑，即走耳。释之奏当：此人犯跸，当罚金。上怒曰：此人亲惊吾马，马赖和柔，令它马，固不败伤我乎？而廷尉乃当之罚金！释之曰：法者天下所与天子公共也。今法如是，更重之，是法不信于民也。且方其时，上使使诛之则已。今已下廷尉，廷尉，天下之平也，一倾，天下用法皆为之轻重，民安所错其手足？唯陛下察之。上良久曰：廷尉当是也。"颜注："如淳曰：乙令：跸先至而犯者，罚金四两。师古曰：当谓处其罪也。"

据上述分析的《奏谳书》定罪量刑程序，"县人，来，闻跸，匿桥下。久，以为行过，既出，见车骑，即走耳。"这一句是本案的"鞫"文书。张释之用的《乙令》的"跸先至而犯者罚金四两"这一令条，对应有罪者的行为，然后张对有罪者的刑罚结论就只能是"当罚金"。汉文帝认为此刑罚过轻，然而加重刑罚必定违反法律规定。因此张释之坚持律令明文规定的刑罚。皇帝也不得不采纳张的意见。正是因为加重刑罚就是破坏律令规定，所以张从不可破法立论来规劝皇帝，因此从这里可以看出当时对应律令等同于对应刑罚。

用案例二一的前半部分为例子说明以上归纳的定罪量刑步骤。

第一步骤甲（相关律令的抄录）：故律曰：死□以男为后。毋男以父母，毋父母以妻，毋妻以子女为后。律曰：诸有县官事，而父母若妻死（简180）者，归宁卅日；大父母、同产十五日。敖悍，完为城旦舂，铁系其足，输巴县盐。教人不孝，次不孝（简181）之律。不孝者弃市。弃市之次，黥为城旦舂。当黥公士、公士妻以上，完之。奸者，耐为隶臣妾。捕奸者必案之（简182）校上。

第一步骤乙（奏谳文书的摘录）：今杜谳①：女子甲，夫公士丁疾死，丧棺在堂上，未葬，与丁母素夜丧，环棺而哭。甲与男子（简183）丙偕之棺后内中和奸。明旦，素告甲吏，吏捕得甲，疑甲罪。

第二步骤（"议"）：廷尉毂、正始、监弘、廷史武等卅人议当（简184）之，皆曰：律，死置后之次，妻次父母；妻死归宁，与父母同法。以律置后之次人事计之，夫异尊于妻，（简185）妻事夫，及服其丧资，当次父母如律。妻之

---

① 参见陶安、陈剑：《〈奏谳书〉校读札记》，引自刘钊主编：《出土文献与古文字研究（第四辑）》，上海古籍出版社2011年版，第403页。

为后次夫父母、夫父母死,未葬,奸丧旁者,当不孝,不孝弃市;不孝之(简186)次,当黥为城旦舂;敖悍,完之。

第三步骤("当"):当之:妻尊夫,当次父母,而甲夫死不悲哀,与男子和奸丧旁,致次(简187)不孝、敖悍之律二章。捕者虽弗案校上,甲当完为舂。告杜论甲。(简188)

以上摘录的案例二一前半部分(第180简到第188简)是一篇完整的定罪量刑文书。前三个步骤齐备,而且较《奏谳书》其他案例的定罪量刑部分详细。之所以没有第四步骤根据《具律》加减初步"当"的刑罚,是因为案例二一不存在有罪者的特权身份以及其他特定情况。从这个角度看,同样是定罪量刑的第一步骤,案例二一的文本将律令的抄录放在定罪量刑诸文书的开始部分,而案情在后,另外一些《奏谳书》案例如案例一八在定罪量刑部分则先整理案情再抄录相关律令条文。这个顺序的前后都是正常的。也就是说,案例二一的前半部分是完整的定罪量刑文书,因此有抄录律令的格式,而抄录律令不经意间排在整理案情前处于整个案例二一文本的开始。如果没有意识到这一点,就可能会对案例二一文本的内容编排方式产生一定的疑惑。邢义田分析了案例二一的起首方式的特殊性,邢统计《奏谳书》有4个案例在起首没有邢所谓墨点"·",而此案例居其一。其他三个起首无"墨点"案例的正文开头是年月和"某某谳"的格式,而此案例以律条开始,相当特殊。邢因此断定此简简端残损,"故律"前有缺简①。邢的观点以一定的推理为基础,但有两点需要说明,首先正如邢所言,图版第180简之上编线以上残泐,所以编线之上有无"··"是存疑的,邢因此将案例二一与确切地没有案例起首符"·"的案例联系在一起对比讨论,应该说存在一些疑问。其次是邢是以奏谳书大多数案例的正文起首格式与案例二一的起首比较,而本书认为这正是案例二一文本以定罪量刑文书开始的缘故。

而案例四可以说明根据《具律》加减刑罚的步骤,取"吏议"的第二种意见也就是"廷报"采纳的意见讨论。根据案例文本,可以还原这一"议当"的定罪量刑过程。第一步骤:通过抄录"鞫"文书来简述案情,抄录的律令是《亡律》的相关律条,关于罪名"娶亡人为妻"的规定,见《二年律令·亡律》第一六八简:"取人妻及亡人以为妻,及为亡人妻,取及所取,为媒者,智其请,皆黥以为城旦舂。"在以上案情和律条的基础上,吏展开了"议"和"当",一派认为有罪者解的犯罪行为对应律条对"娶亡人为妻"的规定,适用"黥以为城旦舂"的刑罚。在这初步的"当"以后,吏员在写作"当"文书的时候,

---

① 邢义田:《天下一家:皇帝、官僚与社会》,中华书局2011年版,第492~494页。

结合通过"诊问"程序查明的"解故黥劓"情况，引用了《具律》规定，见《二年律令·具律》第八八简："有罪当黥，故黥者劓之，故劓者斩左止，斩左止者斩右止，斩右止者府之。"该条规定了曾受肉刑者执行黥刑的方式，其中曾受过劓刑的人再犯罪"当黥"，应处以"斩左止"，解已初步被对应"黥以为城旦舂"的刑罚，根据其"故黥劓"的情况，最终对应了"斩左止为城旦"的刑罚。这一派吏议当意见行为我们看到的文本："·或曰：符虽已诈书名数，实亡人也。解虽不知其情，当以娶亡人为妻论，斩左止为城旦。"也就是解对应的罪名"娶亡人为妻"，到最终确定的刑罚"斩左止为城旦"，两者中间有一个步骤，即根据《具律》的特定规定加重有罪者刑罚。

特为案例四这一"吏议"的定罪量刑步骤制作流程图，可以清晰地看到有两次对应律令条文，第一次对应《亡律》，第二次对应《具律》。本案例因为有罪者解存在《具律》规定的特定情况，所以需要第二次对应，如果没有《具律》规定的情况，那么就不必要第二次对应律令条文。

在"当"程序中，《具律》诸规定的功能值得探讨。

在《奏谳书》诸案例的定罪量刑程序中，《具律》在技术层面起了特定的作用。如前所述，《奏谳书》的定罪量刑程序，在初步将有罪者行为对应律条规定的刑罚后，在有罪者具有特殊身份或者案例存在特定情况之时，有一个根据《具律》特定规定来对刑罚进行加减的程序。在这一程序完结后，《奏谳书》定罪量刑程序才最终确定了对有罪者的量刑结论。

同样是将律令条文引用于案例的定罪量刑程序，如前述的案例四，运用《亡律》的罪名对应刑罚的规定，与运用《具律》的有罪者身份如何加减刑罚的规定，这两者的运用是在定罪量刑的不同步骤，因此可以说这两类律条具有不同的功能，而这两位条文的结构也是不同的。《亡律》《贼律》等规定具体罪名的刑罚的条文，固定格式是"某行为者，处某刑罚"。而《二年律令·具律》规定有罪者特殊身份加减刑罚的规定，固定格式为"某身份人，当某刑罚，如何加减此刑罚。"如"上造、上造妻以上，及内公孙、外公孙、内公耳玄孙有罪，其当刑及当为城旦舂者，耐以为鬼薪白粲。（《二年律令》简82）"这个"当"字就是前文归纳的初步"当"，表示定罪量刑程序已经完成了前述的第三步骤，也就是初步的对应刑罚已经完成。《具律》的这些规定，功能就发挥于已经初步对应刑罚后。

《具律》的这一功能，可见《晋书·刑法志》的记载："悝撰次诸国法，着《法经》。以为王者之政，莫急于盗贼，故其律始于《盗》《贼》。盗贼须劾捕，故着《网》、《捕》二篇。其轻狡、越城、博戏、借假不廉、淫侈逾制以为《杂律》一篇，又以《具律》具其加减。是故所著六篇而已，然皆罪名之制也。商君受之以相秦。汉承秦制，萧何定律……"也就是《具律》的功能在于"具其加减"，从"具"的字义训为"备"①，针对有罪者特殊情况进行加刑减刑，从而定罪量刑工作得以完备，完备即定罪量刑得出结论，这个完备的意思可以和强调定罪量刑得到终局性意见的提法"决狱""断狱"联系。从程序的角度看，先是对应其他篇目的律条找到基本的刑罚，再根据《具律》的规定加减刑罚从而得出量刑结论，使得定罪量刑的工作完备。从这角度看，《具律》当然应该编排在其他五篇之后。

然而，我们查阅《二年律令》的《具律》，会发现整理小组确定的《具律》的诸多条文，除了"具其加减"的一类，同时存在对具体罪名的规定。这就对上述的《具律》功能论形成了一定的冲击。

关于张家山整理小组确立的《具律》内容，李均明、王伟和彭浩等学者认为有必要将《具律》拆分，将其部分条文整理进其他律篇如《囚律》或《告律》里。李均明的论点从秦汉律篇的沿革出发，《唐律疏义》记载《法经》有《囚法》一篇，而西汉武帝以后时期的敦煌悬泉置汉简和居延新简出现明文书写的"囚律"字样，《晋书·刑法志》记载的《魏律序》讲述从汉律到曹魏律的变化，明文提到当时也就是东汉末年汉律存在的《囚律》一篇及其相关内容，因此李均明认为，年代在《法经》和悬泉置汉简之间的西汉初年必定存在《囚律》一篇，在《二年律令》中也有《囚律》的内容，因此李主张拆分整理小组确定的《具律》篇。另外，李从出土状况考察，认为整理小组确立的《具律》内容"中间尚间隔其他内容的简"。② 张家山汉简研读班同样从律篇沿革和出土状况两方面论述了从《具律》中分出《囚律》的观点。③ 彭浩认可了李均明等学者的观点，并进一步逐条梳理《二年律令》的内容，将原整理小组确定的《具律》和《告律》分成《告律》《囚律》和《具律》，并给出对应的具体简号。④

我们是从《具律》条款在《奏谳书》定罪量刑程序中的功能来探讨《具律》的拆分问题。可以发现，彭浩的"《具律》应该拆分说"，正是将"具其加

---

① 《广韵》训"具"为备。另，《三国志·蜀书·霍王向张杨费传》："（向）朗兄子宠……宠弟充……裴松之注：……充闻之曰：吾闻谯周之言，先帝讳备，其训具也，后主讳禅，其训授也，如言刘已具矣，当授与人也。"见卢弼：《三国志集解》，第2657页。

② 李均明：《〈二年律令·具律〉中应分出〈囚律〉条款》，载于《郑州大学学报（哲学社会科学版）》2002年第3期，第8~10页、第16页。

③ 张家山汉简研读班：《张家山汉简〈二年律令〉校读记》，引自李学勤、谢桂华主编：《简帛研究（2002~2003）》，广西师范大学出版社2005年版，第177~195页。

④ 彭浩：《谈〈二年律令〉中几种律的分类与编联》，引自《出土文献研究》第六辑，上海古籍出版社2004年版，第61~69页。

减"的内容留在了《具律》篇，而把可以考订为《囚律》等篇目的条文拆分出《具律》。这样，我们能够从《奏谳书》研究的角度为"《具律》应该拆分说"提供支持，而这一说的成果也支撑了我们的观点。

正因为《具律》在定罪量刑的初步当刑罚之后发挥功能，所以其在《法经》六篇的位置位于最后，而规定具体罪名的五篇在其之前。从技术层面看，定罪量刑的前几个步骤需要查阅引用规定具体罪名的律篇目，因此这五篇在具律前是有技术层面的考虑。但到了后世，《具律》位于律篇最后的技术考虑逐渐为人忽略乃至遗忘，其位置随着时间的推移也不再固定在律的最后一篇，因此《晋书·刑法志》记载的《魏律序》会说："罪条例既不在始，又不在终，非篇章之义。故集罪例以为《刑名》，冠于律首。"中国古代法典开始了总则性篇章位于首部的历史。

《晋书·刑法志》记载《具法》篇被编在《法经》六篇的最后，针对这种现象，学界有一种观点认为《具法》相当于先秦古书的叙，《具法》篇编在最后不难理解，因为叙篇被编在书籍最后是先秦、秦汉古书的通例。本书认为这种观点值得商榷。根据古书体例常识，古书的叙篇确实编于最后，其内容是本书的各篇篇名、作者生平考证、作者学术评价等。如果是作者自叙，自叙的内容有作者自我介绍、写作缘由、各篇篇名。也就是说，叙篇的内容是对书的其他内容（"正文"）的介绍。如果书的某篇存在"正文"内容，那就不能说是纯粹的叙篇。如前所述，汉《二年律令·具律》的条文在《奏谳书》案例中是起一定实际作用的。所以秦《具法》或汉《具律》不能简单类比为古书的叙。如果说《具》篇内容兼有实际功能和法典叙功能，恐怕需要更多的证据来证实。

以下探讨汉文帝改革和"当"程序的关系。

汉文帝刑制改革，历来论述众多。本书从前文的基础出发，认为这次改革的技术层面是以形制改革令编入《具律》以改变整个律令体系。我们查看《汉书·刑法志》对此的记载：

"天子怜悲其意，遂下令曰：制诏御史：……其除肉刑，有以易之；及令有罪者各以轻重，不亡逃，有年而免。具为令。

丞相张苍、御史大夫冯敬奏言：……臣谨议请定律曰：诸当完者，完为城旦舂；当黥者，髡钳为城旦舂；当劓者，笞三百；当斩左止者，笞五百；当斩右止，及杀人先自告，及吏坐受赇枉法，守县官财物而即盗之，已论命复有笞罪者，皆弃市。

有罪者狱已决，完为城旦舂，满三岁为鬼薪白粲。鬼薪白粲一岁，为隶臣妾。隶臣妾一岁，免为庶人。隶臣妾满二岁，为司寇。司寇一岁，及作如司寇二岁，皆免为庶人。其亡逃及有罪耐以上，不用此令。前令之刑城旦舂岁而非禁锢者，如完为城旦舂岁数以免。臣昧死请。

制曰：可。"

我们可以看到引文中，天子下令将其肉刑改革主张"具为令"，而丞相等奏言的主体即是"令"，内部有"不用此令"的提法更说明这点。天子最后"制曰：可"，此令文即可颁布施行。这是在《二年律令·津关令》中可以见到的令条的格式。然而"臣谨议请定律"的"定律"提法引起部分学者的注意。张建国就根据"定律"，将丞相等奏言的令文划分为两段，一段规定肉刑改革，一段规定各种刑罚的刑期，张建国分别称之为"定律之段"和"定令之段"[①]。

张建国的观点可以商榷，他是以律和令的区分为预设的前提，看到"定律"就认为是修订律，而记载中的"具为令"等同时存在。张就划分两段来处理这个问题。

其实汉文十三年（公元前 167 年）令是完整的一条，"定律"是这个令的目的，也就是"具为令"以"定律"，而定的"律"，本书推测就是《具律》一篇。同样是举《奏谳书》的案例四为例子，如果该案例发生在汉文帝十三年（公元前 167 年）后，那么前述的定罪量刑的步骤还要加上一个步骤，也就是根据汉文十三年令，将肉刑体系的旧刑罚对应入象刑体系的新刑罚。按照记载，对应如表 4-13 所示：

表 4-13　　　　　　　　　　新旧刑罚的对应关系

| 肉刑体系 | 改革后的刑罚体系 |
| --- | --- |
| 诸当完者 | 完为城旦舂 |
| 当黥者 | 髡钳为城旦舂 |
| 当劓者 | 髡钳为城旦舂，加笞三百 |
| 当斩左止者 | 髡钳为城旦舂，加笞五百 |
| 当斩右止，及杀人先自告，及吏坐受赇枉法，守县官财物而即盗之，已论命复有笞罪者 | 皆弃市 |

我们从汉文帝十三年（公元前 167 年）令中发现了"当某刑罚"的句式，这是定罪量刑进行到初步根据具体律条规定确立刑罚的标志。而令文的对应句式与前文所论的第四步骤根据《具律》"具其加减"条文句式十分类似。而在实践中，至少在刑制改革的过渡期内，司法官吏针对具体案例的定罪量刑工作，可以

---

① 张建国：《西汉刑制改革新探》，载于《历史研究》1996 年第 6 期，第 12~24 页。

首先根据律令文本对应旧刑罚，然后根据新旧刑罚之间的对应关系，最终确定实际执行的新刑罚①。这一两步对应的过程十分类似前述的《奏谳书》案例四的两步骤对应律令过程。刑制改革令所起的功能与前述《具律》条文的功能类似。既然《奏谳书》案例四等的第二步对应律令的条文载于《具律》，那么作用类似的刑制改革令很有可能也编入《具律》。总之，本文推测这一令文是通过编入《具律》篇而在实践中发挥作用。

从变法技术的层面讲，汉文帝十三年的刑制改革，并没有将整个律令体系规定的诸多罪名的肉刑体系刑罚直接改动为象刑体系刑罚，这样的改律运动工作量太大，而汉文帝是采用了"具为令"以"定（具）律"的变法技术，用一个简短的令文即改变了整个刑罚制度，在《具律》篇的"小改"形成对整个刑罚体系的"大改"，可以说是非常高明的技术。

关于本书的"具为令"以"定（具）律"说，"定律"又见于汉景帝时期的令。"景帝元年，下诏曰：加笞与重罪无异，幸而不死，不可为人。其定律：笞五百曰三百，笞三百曰二百。犹尚不全。至中六年，又下诏曰：加笞者，或至死而笞未毕，朕甚怜之。其减笞三百曰二百，笞二百曰一百。"关于景帝两令的记载就相对简略，没有了汉文帝十三年令，汉文帝先下令"具为令"，丞相等"奏言"，皇帝"制曰可"的内容。因此"其定律：笞五百曰三百，笞三百曰二百"有可能是当时丞相等的"奏言"的部分而被皇帝认可，也有可能是皇帝第一步在"具为令"的诏令下达丞相等时就已经提出的立法建议，其细节不得而知。而汉景元年部分的"其定律"三字留了下来，可以作为"具为令"以"定（具）律"说的一个证据。汉景中六年的"其减笞三百曰二百，笞二百曰一百"的"其"，可推测为"其定律"之省。汉景帝两令同样用简略的令文形式，进一步完善了新的刑法体系。并没有颁布冗长篇幅新律令文本，而是事半功倍地完成了中国法律史上这一重大的刑制改革。

### （二）"罪当刑"句式解说

前文已经归纳了《奏谳书》"议当"程序的具体步骤。通过对程序的研究，可证"当"字在当时刑事程序中是行为对应法律条文的意思。"当"字的行为对应后果之义在东周时代就已经使用，在秦汉时代是使用广泛的法律术语，可以分为狭义和广义，狭义就是指犯罪行为对应刑事惩罚，而广义有指血亲复仇中的对

---

① 按：第一阶段行为对应旧肉刑，第二阶段根据旧肉刑对应新刑罚，《汉书·刑法志》将这两步都称为"当"，见："斩右止者又当死。斩左止者笞五百，当劓者笞三百，率多死。""斩右止者又当死"的"当死"是第二阶段之对应，"当劓者笞三百"的"当劓"是第一阶段之对应。

应报复,① 也有指善行对应奖赏的。举例来说,在《荀子·正论篇》和《荀子·君子篇》,"刑称罪"与"刑当罪"就交错出现。在马王堆汉墓帛书《黄帝四经》中屡见"禁伐当罪"等提法。②

陶安对《奏谳书》案例中的"当"做了语用学的分析,指出"当"有"相应(相当)的刑罚"的意思。③

秦汉时代还有几个字与对应律令有关,列表 4-14 分析如下:

**表 4-14　　　　　　　　　　与对应律令有关的字**

| | 含义 | 例子 |
|---|---|---|
| 当 | 对应④ | 案例一四:"以此当平。"《汉书·循吏传》:"(黄霸)为丞,处议当于法,合人心。" |
| 称 | 与"当"并言时,两字同义。 | 前表格 3 注引《荀子·正论篇》和《荀子·君子篇》,"刑称罪"与"刑当罪"互文。 |
| 抵(氐) | 同"当","抵罪"同"当罪"。 | 《史记·高祖本纪》:"法三章耳:杀人者死,伤人及盗抵罪。"《汉书·酷吏传》:"(宁成)抵罪髡钳。" |
| 应 | 用作"对应"律令,里耶秦简牍常见。 | 里耶秦简 8-157 背:"廿七户已有一典,今又除成为典,何律令应?"⑤ 另,8-222"凡有不当律令者"⑥,同里耶诸"应律令"的句式。"当"与"应"在此用例同。 |

---

① 《论语·宪问》:"以直报怨。"《汉书·地理志下》:"或以抱怨过当。"颜注:过其本所杀。见王先谦:《汉书补注》,第 2825 页。按:可见《论语》所言的"直"与"当"意同,都是说报复仇怨要对应对方之前给己方造成的损害。

② 马王堆《黄帝四经》的"当"字用法,可分为三组。

第一组,有明确的"A 当 B"格式。《经法·国次》:"禁伐当罪当亡。"(第 35 页)《经法·六分》:"诛禁当罪而不私其利。"(第 95 页)《经法·四度》:"禁伐当罪,必中天理。"(第 107 页)《经法·亡论》:"伐当罪,见利而反,谓之达刑。"(第 163 页)

第二组,"C 不当"或"D 当"格式。《经法·国次》:"诛禁不当,反受其殃。"(第 35 页)《经法·君正》:"受赏无德,受罪无怨,当也。"(第 60 页)《经法·四度》:"生杀不当谓之暴。"(第 100 页)《十大经·姓争》:"德则无有,措刑不当。"(第 269 页)

第三组,与赏罚无关的广义用法。《经法·四度》:"君臣当位谓之静,贤不肖当位谓之正。"(第 103 页)《经法·论》:"七法各当其名,谓之物。"(第 130 页)

可以看出,"A 当(或 A 不当)"是"A 当 B"的省略用法。最明显的例子是《经法·亡论》:"所伐不当……所伐当罪,其祸五之;所伐不当,其祸什之。"(第 152 页)可见"所伐不当"是"所伐不当罪"的省略。另《经法·国次》的"诛禁不当"是"诛禁不当罪"的省略。

附:《经法·论约》:"彼且自氐(抵)其刑。"按:"氐(抵)"意与"当"同,即自当其刑。

以上注明的页码是来自陈鼓应:《黄帝四经今注今译》,商务印书馆 2007 年。

③ 陶安:《秦汉刑罚体系の研究》,创文社制作,东京外国语大学亚非语言文化研究所发行,2009 年,第 414~415 页。

④ 按:《论衡·自然》有:"下当上安,上安其下。"马宗霍指出:"《吕氏春秋·贵信篇》'寒暑四时当矣',高诱注云:'当犹应也。'《淮南·览冥篇》'群臣准上意而怀当',高注云:'当,合也。'本文之'当',义犹'应'、'合'。下能应上而与上合,则上自安其下矣!"见马宗霍:《论衡校读笺识》,中华书局 2010 年版,第 248 页。

⑤ 陈伟主编:《里耶秦简牍校释(第一卷)》,武汉大学出版社 2012 年版,第 94 页。

⑥ 陈伟主编:《里耶秦简牍校释(第一卷)》,武汉大学出版社 2012 年版,第 118 页。

续表

| | 含义 | 例子 |
|---|---|---|
| 对 | "当"与"对"并言时，两字同义。 | 曹操"对酒当歌";《世说新语》王长史语:"不大当对";俗语"门当户对"①。 |
| 用 | 引用、使用具体律令条文,《二年律令》屡见。 | 《二年·贼律》第一八简:"有挟毒矢……皆弃市。……诏所令县官为挟之,不用此律。"《汉书·刑法志》:"吏用法巧文寖深"。 |
| 直(值) | 《说文解字》:"当,田相值也。从田尚声。"《汉书·地理志》:"报仇过直",颜注:"直,亦当也"。 | 《二年·具律》第九三简:"鞫（鞠）狱故纵、不直,及诊、报、辟故弗穷审者……"《法律答问》:"论狱何谓不直?可（何）谓纵囚?罪当重而端轻之,当轻而端重之,是谓不直。"《汉书·刑法志》:"故齐之技击不可以遇魏之武卒,魏之武卒不可以直秦之锐士,秦之锐士不可以当桓文之节制,桓、文之节制不可以敌汤武之仁义。"颜师古注"直亦当也",与《说文》合。 |
| 中 | 《广韵》:中,当也。 | 《论语》:"……礼乐不兴,则刑罚不中……" |
| 致(至) | 与当罪、抵罪有联系。《汉书·杜延年传》:"或抵其罪法",注:"特致之于罪法。" | 《睡虎地秦墓竹简·语书》:"举劾不从令者,致以律",整理小组注:"致,读为抵。"②《睡虎地·法律答问》:"真臣邦君公有罪,致耐罪以上,令赎。"③ 里耶8－775＋8－884:"以其耐致耐之。"④《奏谳书》案例二一"致次不孝、敖悍之律二章","致某律",即是《史记索隐·高祖本纪》的"至罪名"。《史记·吕不韦传》:"王欲诛相国……王不忍致法。"《汉书·陈汤传》有"执宪之吏欲致之大辟"。⑤《汉书·张释之传》"欲致之族"。《史记·晁错传》"不致于法"。《汉书·严延年传》:"按其狱,皆文致不可得反。"⑥《汉书·魏相传》:"收捕,案致其罪,论弃客市。"《汉书·元后传》:"廷尉致其大逆罪。"《周礼·秋官·士师》:"察狱讼之辞,以诏司寇断狱弊讼,致邦令。"⑦《易·丰》:"君子以折狱致刑。"《尚书·多士》:"我乃明致天罚。" |

---

① 赵翼:《陔余丛考》,河北人民出版社1990年版,第463页。
② 睡虎地秦墓竹简整理小组:《睡虎地秦墓竹简》,文物出版社1990年版,第14页。
③ 睡虎地秦墓竹简整理小组:《睡虎地秦墓竹简》,文物出版社1990年版,第135页。
④ 陈伟主编:《里耶秦简牍校释（第一卷）》,武汉大学出版社2012年版,第224页。
⑤ 王先谦:《汉书补注》,上海古籍出版社2008年版,第4715页。
⑥ 王先谦:《汉书补注》,上海古籍出版社2008年版,第5517页。
⑦ 引文之注:"……致邦令者,以法报之。"疏:"……云致邦令者,此即所察狱讼断讫,致与本官,谓之致邦令也。"按:注将"邦令"解释为"法","致"解释为引用法律,即"以法报",上级据法律给予定罪量刑意见。注的解释与本文观点合。而疏解释"邦令"为"本官",与注之意不合。

以下对表 4-14 中的几个字作具体的分析（见表 4-15）：

表 4-15　　　　　　　　关于"当"的分析

| | 严重违法行为 | 刑事处罚 | 罪名 |
|---|---|---|---|
| 冨谷至划分标准 | "罪"字附近无刑罚名，于是为例外，"真正被当作违法行为的意思"。 | "罪"字附近有刑罚名如"耐"，则都划为"罪"表示刑罚之意。 | |
| 合理的例子 | 《法律答问》第一七〇简："夫有辠，妻先告，不收。……" | 《法律答问》第一简："害盗别徼而盗，加辠之，……" | 《高祖本纪》约法三章，《史记集解》引李斐曰：伤人有曲直，盗臧有多少，罪名不可豫定，故凡言抵罪，未知抵何罪也。 |
| 存疑的例子 | | 《法律答问》第一〇九简："葆子狱未断而诬告人，其辠当刑为隶臣，勿行……" | 《二年·具律》第九九简："一人有数罪也，以其重罪罪之。"数罪，构成数个罪名，以刑罚重的罪名规定处罚。"从一重"。 |

表 4-15 依据的材料是冨谷至《秦汉刑罚制度研究》第 248 页以下。表中提到《法律答问》第 109 简："葆子狱未断而诬告人，其辠当刑为隶臣。"冨谷至将此作为"辠"字为刑罚之意义的例证，见其书第 250 页。而其书第 252 页引用《荀子·正论篇》："凡爵列、官职、赏庆、刑罚，皆报也，以类相从者也。一物失称，乱之端也。夫德不称位，能不称官，赏不当功，罚不当罪，不祥莫大焉。……杀人者死，伤人者刑，是百王之所同也，未有知其所由来者也。刑称罪，则治；不称罪，则乱。故治则刑重，乱则刑轻。"又引《荀子·君子篇》："故刑当罪则威，不当罪则侮；爵当贤则贵，不当贤则贱。古者刑不过罪，爵不踰德。故杀其父而臣其子，杀其兄而臣其弟。刑罚不怒罪，爵赏不踰德，分然各以其诚通。"冨谷至此时认为"刑当罪""刑不当罪""罚不当罪""刑不过罪"等，这里的"刑""罚"与"罪"相对应，正如"赏不当功"的"赏"对应"功"一样。也就是，好行为称为"功"，则对应国家的鼓励"赏"；坏行为称为"罪"，则对应国家的处罚"刑""罚"。这里冨谷至将"刑当罪"的"罪"解释为犯罪行为。而"葆子狱未断而诬告人，其辠当刑为隶臣"，同样是"罪当刑罚（刑为隶臣）"，冨谷至根据出现的具体刑罚名"刑为隶臣"，将这里的"辠"解释为刑罚，与其解释"刑当罪"不同。可见其自相矛盾之处。

值得注意的是，冨谷至用的多数例子都是"A 当罪"或"罪当 A"句式，他集中关注"罪"字的两重含义，但"当"字应该是解开这个句式意义的关键。

表4-15之"罪名"一列，为作者所加，列出"罪"字不同于犯罪行为与刑罚的第三种含义，即罪名。所引李斐之说，后文还将提及。

张家山汉简整理小组在《奏谳书》案例一第一次出现"当"文书时，对"当"字的解释是引《汉书·刑法志》注："当谓处断也。"① 颜师古注释的这个"当"字所在段落，正是《刑法志》记录的汉高祖七年诏书。《说文解字》："当，田相值也。从田尚声。"前述《汉书·刑法志》另有一段引《荀子·议兵》："故齐之技击不可以遇魏之武卒，魏之武卒不可以直秦之锐士，秦之锐士不可以当桓文之节制，桓、文之节制不可以敌汤武之仁义。"颜师古注释"直亦当也"，与《说文》的解释合。《奏谳书》案例文本出现的"当"为何意值得进一步探究。清代学者赵翼对曹操诗句"对酒当歌"的"当"字的含义有自己的意见，他指出诗句中"当"与"对"并言，所以"当"此处就是"对"的意思。赵更举了一些"当"为"对"之意的例子，如《世说新语》王长史语："不大当对"，最后赵提到了俗语"门当户对"。②

高祖七年诏书篇幅不长："狱之疑者，吏或不敢决，有罪者久而不论，无罪者久系不决。自今以来，县道官狱疑者，各谳所属二千石官，二千石官以其罪名当报之。所不能决者，皆移廷尉，廷尉亦当报之。廷尉所不能决，谨具为奏，傅所当比律令以闻。"可见"以其罪名当报之""亦当报之""傅所当比律令以闻"，可见诏书中的"当"与"罪名"、"律令"的密切联系，即郡守等二千石官的"当"是以罪名当，"当"给出疑案的有罪者所触犯的罪名。而廷尉上奏皇帝"傅所当比律令以闻"，可见"当"需要列举相关律令。也就是"当"这个程序需要列举律令条文，以律令条文规定的罪名对应疑案有罪者的犯罪行为。从律令条文规定的罪名对应有罪者的行为这个角度，诏书的"当"与"对酒当歌"的"当"意思相近，同为对的同意。

之前章节已经述及，张家山《奏谳书》的探究与睡虎地《封诊式》联系紧密，互相对照。而对《奏谳书》的"当"程序的研究，也涉及了《睡虎地秦墓竹简·法律答问》。

籾山明《中国古代诉讼制度研究》的结语篇名为"司法经验的再分配"，他举例《法律答问》第8简："司寇盗百一十钱，先自告，可（何）论？当耐为隶臣，或曰赀二甲。"《法律答问》第174简："女子为隶臣妻，有子焉，今隶臣死，女子北其子，以为非隶臣子也，问女子论可（何）也？或黥颜頯为隶妾，或曰完，完之当也。"籾山明指出这两例的两说并存的情况。另引《法律答问》

---

① 张家山二四七号汉墓竹简整理小组：《张家山汉墓竹简〔二四七号墓〕（释文修订本）》，文物出版社2001年版，第92页。

② 赵翼：《陔余丛考》，河北人民出版社2007年版，第463页。

第 83 简："或斗，啮断人鼻若耳若指若唇，论各可（何）也？议皆当耐。"第 56 简："盗封嗇夫可（何）论？廷行事以伪写印。"这两例出现了"议"和"廷行事"。

籾山明将《法律答问》的这些术语与《奏谳书》构建联系。他引用了案例四的相关部分："疑解罪，系，它县论，敢谳之。·吏议：符有数明所，明嫁为解妻，解不知其亡，不当论。·或曰：符虽已诈书名数，实亡人也。解虽不知其情，当以娶亡人为妻论，斩左止为城旦。·廷报曰：娶亡人为妻论之，律白，不当谳。"他指出《奏谳书》之"吏议""廷报"与《法律答问》前引"议""廷行事"对应，两说并存的标志"或曰"也类似。"这不是意味着《奏谳书》也是与《法律答问》类似性质的书籍吗？……围绕疑罪的判断，通过近于比较原型的公文书来表现之的书籍是《奏谳书》，而以问答体编辑其疑问点的书籍则是《法律答问》。"① 籾山明对《法律答问》出现"议""或曰"等术语的现象，比喻为生物的退化器官，意思是《法律答问》内容取材于类似《奏谳书》的疑案议罪文本，然后《法律答问》经过编辑以后表面上不易看出这个起源，但"议""或曰"等用语如未完全消失的退化器官，标识了起源。

既然《法律答问》里的原材料是实际案例，里边应该也存在当罪的程序。本章主题是《奏谳书》的"当"程序，在前文探讨的基础上，结合籾山明的论断，再看《法律答问》，关注整理小组译文对"当"字的翻译。《法律答问》第一次出现"当"字是在第 3 简："求盗盗，当刑为城旦，问罪当加如害盗不当？当。"译文："求盗盗窃，应刑为城旦，问是否应像害盗那样加罪？应当。"解释"当"为应当、应该之义。这也是《睡虎地秦墓竹简》处理《法律答问》全篇出现的"当"字的方法，甚至部分条未出现"当"字，译文也补上了"应"或"应当"，全篇的译文句式以"应"即"应该"为核心。根源在整理小组对《法律答问》的篇前"说明"，其第四自然段"以案例破法"的表述如下："《法律答问》很多地方以'廷行事'，即判案成例，作为依据，反映出执法者根据以往判处的成例审理案件，当时已成为一种制度。这种制度表明，封建统治者决不让法律束缚自己的手脚。当法律中没有明文规定，或虽有规定，但有某种需要时，执法者可以不依规定，而以案例办案，这就大大有利于封建统治者对劳动人民的镇压。"② 该说明的"以案例破法律"表述与《法律答问》译文"应该式句式"成立了互相加强的关系。"应该"句式就含有突破法律创造法律的内涵。

其实可以将前文对《奏谳书》当程序的探讨结果运用于《法律答问》。

---

① ［日］籾山明著、李力译：《中国古代诉讼制度研究》，上海古籍出版社 2009 年版，第 239～243 页。
② 睡虎地秦墓竹简整理小组：《睡虎地秦墓竹简》，文物出版社 1990 年版，第 93 页。

"当"之意思,即将罪行与律令、罪名、刑罚对应起来。《法律答问》的核心句式就不是"应该",而是"对应",并非破法造法的语气,而是体现司法官吏谨慎守法的态度。

1. 关于"抵"("氐""底")

"底罪"见《告巫咸文》:"以底楚王熊相之多辜。"可知战国中期的秦国就有"抵罪"的用法①。

"抵罪"见《高祖本纪》:"伤人及盗抵罪"。关于"当""抵"的重要资料在《史记》的三家注中:"集解应劭曰:抵,至也,又当也。除秦酷政,但至于罪也。李斐曰:伤人有曲直,盗臧有多少,罪名不可豫定,故凡言抵罪,未知抵何罪也。张晏曰:秦法,一人犯罪,举家及邻伍坐之,今但当其身坐,合于康诰父子兄弟罪不相及也。索隐韦昭云:抵,当也。谓使各当其罪。今按:秦法有三族之刑,汉但约法三章耳,杀人者死,伤人及盗者使之抵罪,余并不论其辜,以言省刑也。则抵训为至,杀人以外,唯伤人及盗使至罪名耳。"沈家本《刑制总考二》仅引应劭、李斐与韦昭三人之说,可见沈认为"抵罪"同"当罪"。索隐的按语有"则抵训为至",此处的"至",索隐自己解释为"唯伤人及盗使至罪名耳",从"至罪名"看,可以确定这个"至"就是上表中列出的"致"字,同样是行为对应法条、刑罚的意思。从此出发再看应劭:"抵,至也,又当也。""至"即是"致",那么应劭认为"抵""致""当"三个字都具有行为对应法条、刑罚的意思,根据上表的诸多例子,可以确认是正确的。三家注中所有的意见都认为"抵罪"是对应法条、刑罚的意思,然后如韦昭"抵,当也"和索隐按语的"训抵为至",是"抵""致""当"三个字的两两对应。

《汉书·司马迁传》:"彭越、张敖南向称孤,系狱具罪"。颜注:"或系于狱,或至大罪也。"王念孙《读书杂志·汉书十一》的"具罪"条,认为:"如颜注,则正文本作'系狱氐罪'。氐者,至也。……氐字或作抵。"王引《说文》:"氐,至也。"说明以至训氐的根据。王还引了三条例证,其中一条是引《汉书·高祖纪》(同《史记·高祖本纪》"伤人及盗抵罪")的应劭注。还有《吕氏春秋·必已》:"宋桓司马抵罪出亡。"高诱注:"抵,当也。"《汉书·杜延年传》:"或抵其罪法"。颜注:"抵,至也。致之于罪法。"王最后总结:"以上凡言抵罪者,皆谓至于罪也。"② 如前文所述,"抵罪""致罪""当罪"意思相通,如图4-6所示。

---

① 《告巫咸文》释文见孙作云:《秦〈诅楚文〉释要》,载于《河南师范大学学报(哲学社会科学版)》1982年第1期,第3~14页。

② 王先谦:《汉书补注》,上海古籍出版社2008年版,第4366页。

```
          抵        致
         （氐）    （至）
              当罪

              图 4-6
```

2. 关于"致"("至")

"致"在出土文献中的例子，有《睡虎地秦墓竹简·语书》第 7 简："举劾不从令者，致以律"，整理小组注："致，读为抵。《史记·高祖本纪》索隐引韦昭云：'抵，当也。谓使各当其罪'"。① 整理小组此注迂曲，先读"致"为"抵"，再训"抵"为"当"。具体来说，首先，整理小组认为"致"可读为"抵"，并未明确给出音韵学的具体证据。其次，整理小组引韦昭说，如前段所述，从《高祖本纪》该段的集解引应劭说，就能确认"抵""致""当"三字都具有行为对应法条、刑罚的意思。再次，"致以律"可以与《奏谳书》案例二一"致次不孝、敖悍之律二章"对应，两者都是出土法律文献，说服力较强。

另外，《睡虎地秦墓竹简·法律答问》第 177 简："真臣邦君公有罪，致耐罪以上，令赎。"整理小组注："致，读为至。见上'论狱何谓不直'条注。"② 那么《法律答问》的"论狱何谓不直"条是第 93 简，有："端令不致，论出之，是谓'纵囚'"。注："致，读为至。不致，达不到判罪标准。"③ 首先，《法律答问》第 177 简这句释文标点应该修改，让"有罪致耐罪以上"通畅，这样可以与《二年律令·具律》中诸多的"有罪当刑"条文内容对应起来。《法律答问》此处所引的律令条文与《二年律令·具律》诸条文的格式相同，条文功能也同样是对特定身份犯罪主体的第二次对应刑罚，因此《法律答问》所引该条秦律令条文也应该是秦律《具》篇的内容。其次，《法律答问》的"论狱何谓不直"条注，"致"、"至"互读互通的观点如果用在前引《语书》注中就更好了，这里解释"致"是"至"，"达到"的意思，"端令不致"的整理小组译文作"故意使犯人够不上判罪标准"。这样理解有问题，吏的"论狱"是行使司法职权的行为，"不致"行为是没有"致"，对立面是行为"致"，加上宾语就是"致罪"，"端令不致"的译文应该是"故意造成'致罪'工作的结论是'不致

---

① 睡虎地秦墓竹简整理小组：《睡虎地秦墓竹简》，文物出版社 1990 年版，第 14 页。
② 睡虎地秦墓竹简整理小组：《睡虎地秦墓竹简》，文物出版社 1990 年版，第 135 页。
③ 睡虎地秦墓竹简整理小组：《睡虎地秦墓竹简》，文物出版社 1990 年版，第 115 页。

罪'"。整理小组所谓"犯人够不上判罪标准"是一种状态，而"故意使犯人够不上判罪标准"，吏又如何使得犯人已经确定的行为之前够得上一个标准，之后又够不上一个标准呢？犯人不法行为是一定的，这种状态不会变。真正核心的是吏的行为，"端令不致"全句描述的是吏的不法行为。就算用达到之意来解释，那么"致"或"至"不是某事物达到某个状态，而是甲事物达到乙事物，如前引《高祖本纪》索隐按语有"（行为）至罪名"就是例证。"端令不致"里的"令"有造成、引起的意思，吏的不法行为造成"致罪"工作的结果是"不致罪"。

《周礼·秋官》有"致"法条的例子，如《士师》："察狱讼之辞，以诏司寇断狱弊讼，致邦令。"郑注："诏司寇，若今白听正法解也。致邦令者，以法报之。"此处"致邦令"就是"致"邦国法令的意思，郑注有清晰的解释，司寇将案件"致"邦国法令，就相当于秦汉的"致罪"，所以郑解释"致"有"以法"，要对应上法令的意思，"报"秦汉时代的一类下行司法文书，内容是"当罪"（"致罪"），具体见下文"当与报"的探讨。

"致"是将行为对应法条、刑罚。对应法条罪名的例子，有表18中所列的《汉书·元后传》："廷尉致其大逆罪。"对应刑罚的，如表18所列《汉书·陈汤传》有"执宪之吏欲致之大辟。"而"致罪"的方式可称为"文"，表18有《汉书·严延年传》："其豪桀侵小民者，以文内之。……按其狱，皆文致不可得反。""以文内之"颜注："饰文而入之为罪"，以入罪解释"文内"（文纳），正确。"文致"颜注："致，至密也。言其文案整密也。"① 误，"致"为当罪的意思，"文"是当罪的方式。《严延年传》有："巧为狱文"，"狱"是刑事领域，"文"是当罪的方式，方式精妙可称为"巧"。成语"深文周纳"就是描述吏当罪就理所当然了。另，《汉书·刑法志》有"巧文寖深"，既然有"文"，则必然与当罪有关，正与上下文相符合。《史记·酷吏列传》："汤欲致其文丞相见知"，集解："张晏曰：见知故纵，以其罪罪之"，意即张汤想文致丞相以"见知故纵"罪名。《汉书·刑法志》："诸狱疑，若虽文致于法而于人心不厌者，辄谳之。""若"是或者的意思，这里除了规定疑狱要谳，"虽文致于法而于人心不厌"这类案件也要谳，因为"文致于法"已经完成当罪，但"文致"的过程有时"深"、"巧"过度，导致"人心不厌"。

还要提一下"肆"的问题。《三国志·魏书·卢毓传》："而吏议欲肆之大辟。"其中的"肆"字，对比表18中所列"致"的用法，可见"肆"完全可以换为"致"。例证见《汉书·陈汤传》："执宪之吏欲致之大辟"。"肆"和"致"

---

① 王先谦：《汉书补注》，上海古籍出版社2008年版，第5517页。

韵部同为脂部,"肆"声母为"心",而"致"声母为"知"。具体在《卢毓传》此句的理解上,不能完全排除因为音近,而使得"肆"可通"致"的可能。

3. 关于"直"

《法律答问》第 93 简:"论狱何谓'不直'?何谓'纵囚'?罪当重而端轻之,当轻而端重之,是谓'不直'。"整理小组注:"不直,不公正。见《语书》第二段注二二。《史记·秦始皇本纪》载秦始皇三十四年(公元前 213 年)'谪治狱吏不直者,筑长城及南越地'。"① 整理小组把"不直"解释为"不公正",又如前所述,整理小组把《法律答问》中的"当"理解和翻译为"应该",这两个错误的阐释是具有联系的,两者都是带有道德评价的。其实如上文关于"当"的部分所述,秦律令体现的是技术性要求,"公正"和"应该"这类价值体现在律令条文中,司法官吏的任务仅仅是精确地将犯罪行为对应具体的律令条文而已。

整理小组提到的《语书》第 13 简有:"令、丞以为不直",根据上下文并不能确认此处的'不直'是指治狱不直。整理小组注:"不直,不公正,是秦汉时吏常用的罪名,见《史记·秦始皇本纪》《汉书·张敞传》等。"② 《秦始皇本纪》上文有引,《张敞传》有"鞫狱故不直"。这两个传世文献例证都是指治狱不直这个罪名。

再看《法律答问》第 93 简解释"论狱不直"罪名,是说官吏当罪导致行为与刑罚出现不对应。因此"不直"就是"不当"的意思,是官吏治狱当罪出错的意思。"直"字和"当"字本来就有联系,《说文》:"当,田相值也。从田尚声。"《汉书·地理志》:"报仇过直",颜注:"直,亦当也"。根据辞例,"直"字可以训为"当",因此"不直"就是"不当"。

里耶秦简 8 - 1832 + 8 - 1418 + 8 - 1133 + 8 - 1132 + 8 - 1132 背:"讯敬:令曰:'诸有吏治已决而更治者,其罪即重若益轻,吏前治者皆当以纵、不直论。'今甾等当赎耐,是即敬等纵弗论也。何故不以纵论?赎。"③ 这一则实际案例可以和《法律答问》"论狱何谓不直"条互相映证。讯问敬的吏引用了一条令,具体规定了"纵、不直"两罪名的适用范围。就里耶这个案例来说,在第二次对"甾等"的案件展开治狱工作后,这次得出的定罪量刑结论是"甾等当赎耐",而对"甾等"案件进行第一次治狱的吏"敬等"当时"纵弗论"甾等,所以按照所引的"令文","敬等"应该以"纵"罪名论罪。此"令"明确了判断标准是第二次案件治狱的结论,细化了《法律答问》记载的内容。

---

① 睡虎地秦墓竹简整理小组:《睡虎地秦墓竹简》,文物出版社 1990 年版,第 115 页。
② 睡虎地秦墓竹简整理小组:《睡虎地秦墓竹简》,文物出版社 1990 年版,第 16 页。
③ 陈伟主编:《里耶秦简牍校释(第一卷)》,武汉大学出版社 2012 年版,第 281 页。

除了"当罪"的不直，还有一些行为会被"不直"罪名评价。《二年律令·具律》第112简："劾人不审，为失；其轻罪也而故以重罪劾之，为不直。"和负责"当罪"的吏类似，劾者同样要将告发对象的行为对应刑罚，用《法律答问》的说法，在劾"当轻而端重之"的情况下，劾者就要依"不直"罪处罚。

《史记·高祖功臣侯年表》："（武强侯棕）元鼎二年侯青翟坐为丞相与长史朱买臣等逮御史大夫汤不直，国除。"同一事，《汉书·高惠高后文功臣表》作："坐为丞相建御史大夫阳不直，自杀。"王先谦指出《汉书·表》误"逮"为"建"①，沈家本认为青翟的罪名是"逮不直"，他解释此事为："当云以狱逮之而意不直也。……且汤非无罪之人也。"② 这个所谓"逮不直"罪名归纳与句读有关，如果读为："坐为丞相与长史朱买臣等逮御史大夫汤，不直"，那么这里的罪名就是"不直"，与上文《法律答问》和里耶简牍的"不直"罪相同。沈指出汤不是无罪，在汤的罪重罪轻问题上，青翟"当重而端轻之，当轻而端重之"，对汤进行"逮"并开始侦查，于是构成"不直"。

4. 关于"附""丽"

与当罪有关系的"附"，在《汉书·刑法志》有两处，一处是："所欲活则傅生议，所欲陷则予死比。"另一处是："廷尉所不能决，谨具为奏，傅所当比律令以闻。"两处颜注相同，都是"傅读曰附"。

"附"和"丽"跟司法有关的用法。在《周礼》中有数则，第一则是《秋官·大司寇》："凡万民之有罪过而未丽于法，而害于州里者，桎梏而坐诸嘉石，役诸司空。"郑注："丽，附也。未附于法，未着于法也。"③

第二则，《小司寇》："以五刑听万民之狱讼，附于刑，用情讯之。"郑注："附犹着也。"④

第三则，《小司寇》："以八辟丽邦法，附刑罚。"郑注："辟，法也。……玄谓丽，附也。《易》曰：'日月丽于天。'故书附作付。附犹着也。"⑤

第四则，《乡士》："群士司刑皆在，各丽其法以议狱讼。"郑注："丽，附也。各附致其法以成议也。"⑥

第五则，《讶士》："谕罪刑于邦国。"郑注："告晓以丽罪及制刑之本意。"贾疏："丽罪者，谓断狱附罪轻重也。"⑦

---

① 王先谦：《汉书补注》，上海古籍出版社2008年版，第689页。
② 沈家本：《历代刑法考》，第1506、第1507页。
③ 孙诒让：《周礼正义》，中华书局2009年版，第2752页。
④ 孙诒让：《周礼正义》，中华书局2009年版，第2766页。
⑤ 孙诒让：《周礼正义》，中华书局2009年版，第2771页。
⑥ 孙诒让：《周礼正义》，中华书局2009年版，第2796页。
⑦ 孙诒让：《周礼正义》，中华书局2009年版，第2813页。

综合这数则与《刑法志》两例看，"附""丽"用于司法的时候，与"致法"的意思是相通的。官吏进行司法审判，必须将犯罪行为附着（典籍"附着"）于具体的法条，从而得出特定的刑罚。这个附着的过程在秦汉时代，如前所述，可以称为"当罪"、"抵罪"、"致罪"。逐个来看例子。第一则是说如果危害行为不能对应具体的法条，那么对行为者的惩罚方式。从另一个角度思考，一般危害行为能对应法条，就应该处以法条规定的刑罚。第二则规定官吏听"狱讼"时要"附于刑"，再结合案情进行调查。在"讯"时就已经"附于刑"，如果"讯"取讯问的意思，那这条记载正和《奏谳书》案例中"讯问"部分的内容有相似之处。《奏谳书》多见官吏在讯问有罪者时将其行为对应法条（详见下文"当与诘讯"部分）。第三则"丽邦法"和"附刑罚"并举，前文对秦汉时代"当罪"程序的描述，是根据当时律令条文都是"绝对确定法定刑"，可以说"当某律令"就是"当某刑罚"，其实是一个步骤。"丽邦法"和"附刑罚"也许一样是同一个步骤。看第四则"议"需要"各丽其法"，正如《奏谳书》"当罪"程序中司法官吏所做的，如《奏谳书》案例二一所见的"议"文书即是如此。郑注直接典出"丽其法"是"附致其法"，相当于秦汉时代"致法"、"当罪名"。而这样才能"成议"，换句话说，没有"致法"部分，"议"就不成。可见"议"的功能和特征。第五则郑注使用"丽罪"解释经文，说明"丽罪"在郑注形成的东汉时代并不是佶屈聱牙的古文，而是正在使用中的词，贾疏解释"丽罪"与上文的讨论相合。

在以上讨论的基础上再看《刑法志》两则"傅"。"所欲活则傅生议，所欲陷则予死比。""议"与"比"并称，都是"附"于案例上的，可见"议"和"比"的作用相同，都是"当罪"程序的一个步骤，都构建了犯罪行为和律令条文之间的桥梁。具体见下文"当与议、比"的讨论。

《二年律令》有《傅律》，《二年律令与奏谳书》认为："傅，傅籍。《傅律》是对成年人向政府登记名籍、给公家徭役和年老、残疾者减免劳役年龄的规定。"① "傅籍"之"傅"，按照《周礼》郑注就读为"附"、训为"著"，"傅籍"就是将众人的信息著录于户籍档案。

5. 关于"应"

《荀子·大略》："庆赏刑罚，通类而后应。"王先谦《荀子集解》："通明于类，然后百姓应之。谓赏必赏功，罚必罚罪，不失其类。"② 此处的"应"，和前引《荀子·正论》的"赏不当功"、"罚不当罪"的"当"，以及"刑称罪"的

---

① 彭浩、陈伟、[日]工藤元男主编：《二年律令与奏谳书》，上海古籍出版社 2010 年版，第 230 页。
② 王先谦：《荀子集解》，中华书局 1988 年版，第 500 页。

"称",这三个字都是赏罚对应行为的意思。

里耶秦简多见"应律令"格式语,多指吏民的行为对应具体的律令条文,这里的行为不一定是不法行为。例如里耶秦简 8-157 背:"廿七户已有一典,今又除成为典,何律令应?"① 意思是这个事对应哪条律令?另,8-222 "凡有不当律令者"②,同里耶秦简诸"应律令"、"不应律令"的句式。"当"与"应"在此用例同。

《周礼·秋官·司刑》:"司寇断狱弊讼,则以五刑之法诏刑罚,而以辨罪之轻重。"郑注:"诏刑罚者,处其所应不,如今律家所署法矣。"孙诒让正义对郑注的解释:"平其法之轻重,审处所抵罪之当与不当也。云'如今律家所署法矣'者,郑据汉时律令家有署法,盖谓书其罪及所当之法于牍也。司刑诏刑罚,亦当书署其法,故举以为况。"③ "处"是"断狱"的意思,见下文"当与报"部分。郑注说他当时"律家所署法",也有审视行为与刑罚的对应关系。孙诒让据此进行阐释,可以为本文归纳"当罪"程序的佐证。

6. 作为律令术语的"致""直""当"

前引《睡虎地秦墓竹简·法律答问》第 177 简:"真臣邦君公有罪,致耐罪以上,令赎。"这一秦律令条文用的术语是"致"。《法律答问》第 93 简解释"论狱不直"罪名。可见"致"和"直"是秦律令的术语。然而同样的意思,在《张家山·二年律令·具律》中多用术语"当"来表达,多见的"有罪当刑"正如《法律答问》"有罪致耐罪以上"的结构。《二年律令》仍保留了秦"不直"罪名。从秦到汉,律令中的"致"多被"当"取代,这种趋势可见《法律答问》第 93 简,该条解释的罪名是"不直",解释的文字有"罪当重而端轻之,当轻而端重之。"可见秦人已经用术语"当"来解释律令条文中的"不直",也许这是汉初《二年律令·具律》大量采用术语"当"的渊源所在。

### (三)"当"与其他司法程序的关系

1. 当与告劾

《二年律令·具律》:"治狱者,各以其告劾治之。敢放讯杜雅,求其它罪,及人毋告劾而擅覆治之,皆以鞫狱故不直论。(第 113 简)"官吏"治狱"只能根据告劾的"罪"来治,禁止"求其它罪",也禁止擅自治未经告劾的"罪"。这里的"罪",可能是犯罪行为的意思,而有可能是刑罚的意思。"告劾"文书

---

① 陈伟主编:《里耶秦简牍校释(第一卷)》,武汉大学出版社 2012 年版,第 94 页。
② 陈伟主编:《里耶秦简牍校释(第一卷)》,武汉大学出版社 2012 年版,第 118 页。
③ 孙诒让:《周礼正义》,中华书局 2009 年版,第 2841 页。

与"当"文书存在一定的联系。"告劾"文书是刑事案件诸多文书的第一篇，"告劾"程序是诸多程序中最早描述的，也是最早有可能将行为对应律令的。《二年律令·告律》第126简："诬告人以死罪，黥为城旦舂，它各反其罪。"这里的"诬告人以死罪"，就是"告"文书将所告的有罪者行为与律令规定的罪名联系，而该罪名规定的刑罚是死刑，"它各反其罪"，是诬告他人有犯罪行为，这一行为对应的刑罚（"其罪"）适用于诬告者。诬告人的犯罪行为会对应刑罚，非诬的告应该同样如此。"劾"文书对应具体的刑罚，例如《汉书·严延年传》："即为两劾，欲先白其轻者，观延年意怒，乃出其重劾。……索怀中，得重劾。"可见"劾"文书可以将相同的罪状对应不同的刑罚①。张建国引居延新简EPT10：2A："囚律：告、劾毋轻重，皆关属所二千石官②。"告、劾有轻、重之分，所谓轻重正是指告劾对应的罪行的刑罚，尤其是"重罪"，在秦汉时代有时就用作死刑的代称，如《汉书·刑法志》的"重罪"，注："孟康曰重罪无异谓死刑。"可以确认，告、劾文书在某些情况下是将罪人的行为对应具体的刑罚的。如果告劾者所告发的内容与实际不符，如诬告的情况已见上引律文，而劾有问题的情况见《二年律令·具律》第112简："劾人不审，为失；其轻罪也而故以重罪劾之，为不直。""不直"这个罪名在《睡虎地秦墓竹简·法律答问》里是"论狱不直"，可见"不直"主要是针对负责当罪的吏，而劾者也会以"不直"罪处置。可见劾与当罪的紧密联系。《周礼·秋官·大司寇》："以两剂禁民狱"，郑注："狱，谓相告以罪名者"。从郑注看，刑事案件的"告"必然"以罪名"，以至于郑将这点作为刑案区别于民案的特征。

在上文讨论的基础上，再去查阅"劾"的某些古训，会发现"劾"有被训为与当罪有关的例子，但这种例子容易被误解为"劾"本身有当罪的功能。所以这些例子有时被某些学者回避。本文认为"劾"首要的功能是举报犯罪，"劾"要指出有罪者的罪行对应律令的哪个罪名，这显示"劾"与"当罪"程序存在联系，但"劾"本身不是"当罪"，并不承担定罪量刑的功能。这类的古训最典型的是《周礼·秋官·乡士》："辨其狱讼，异其死刑之罪而要之，旬而职听于朝。"郑注："辨、异，谓殊其文书也。要之，为其罪法之要辞，如今劾矣。"不管郑注对经文的解释是否合理，仅仅分析郑注文本身，"劾"是一种经过编辑（辨、异）的司法"文书"，其内容为"罪法之要辞"，"罪法"之"法"就是犯罪行为对应的特定律令条文。郑注已经明确指出了"劾"的这一特点。

---

① 按：有另一类"劾"文书，如《秦谳书》案例一六之"劾"，郡守仅仅认为某事存在"奸诈"，但没有掌握证据，没有确定有罪者的身份，就通过"劾"来启动该案件的调查。这种"劾"与正文描述的完整形式的"劾"文书不同。

② 《中国法制史考证（甲编第三卷）》，中国社会科学出版社2003年版，第284页。

这样理解"法",联系《说文》:"劾,法有辠也。""有罪"是指犯下罪行的人,"劾"内容包括将有罪者的行为对应"法"。

2. 当与鞫

如前所述,"当"程序的核心工作是将有罪者的行为与具体的律令条文进行对应。"当"程序所依据的案情,正是"鞫"程序所固定下来的。正如前文所述,一个案件的"鞫"文书的形成,标志着该案件在事实方面探究进程的结束,也就是"事实审"已经有结论,"鞫"文书不仅固定了案件事实而且是用法律语言叙述有罪者的行为,一定程度上已经暗含了定性。到了这个阶段,除非根据"乞鞫"等情况启动"覆狱"程序重新展开事实层面的调查,否则"鞫"文书形成后,吏就不再进行"事实审",接下来的工作是依据固定的案情来进行定罪量刑工作。总之,没有"鞫"文书提供的事实基础,"当"程序无法进行。

正如本文之前章节曾经讨论过的,"鞫"文书是奏谳文书的重要组成部分,以至于奏谳文书因为存档或抄录的原因,有必要被删减到最短的时候,唯一保留的部分就是"鞫"文书,如《奏谳书》案例六到案例一三所记载的"谳"文书是比较简略的形式,其内容只保留"鞫"文书。官吏"当罪",必须参考"鞫"文书,一份完整的"当罪"文书必须要抄录本案的"鞫"文书,如案例二一的"廷报"文书,在经过陶安、陈剑修正释文后,就清晰地显示出完整的"廷报"文书的"当罪"部分,必然会抄录完整"谳"文书中的"鞫"文书部分,因为简述案情的"鞫"文书是"廷报"文书当罪内容的基础。

闫晓君指出,《汉律·囚律》有"鞫狱"和"断狱",两者"既有区别又有紧密联系。"① 闫引了沈家本观点:"鞫者,推勘之词,断者,论决之事,可区为二,而事实相因,实难分别。"② 沈家本明确区分了两者,但他指出两者有时难以区别。例如《奏谳书》案例一五:"鞫:悑,吏,盗过六百六十钱,审。"本案例的"当"所引律条,一条是规定"盗赃直过六百六十钱"行为的律,一条是规定"吏盗"行为的令。可见"鞫"文书的内容已经按照律令内容进行了编辑,和律令的"行为与后果"结构的"行为"部分一致,"过六百六十钱"明显是根据律令条文的情节区间而对案情下的判断。该案例"鞫狱"吏已经根据律条来描述有罪者的行为,本案例可以说其"鞫"和其"当"两者处在"事实相因"而"实难分别"的状况。

3. 当与议、比

先讨论"当罪"程序中的"议罪"。

---

① 闫晓君:《秦汉法律研究》,法律出版社 2012 年版,第 298 页。
② 沈家本:《历代刑法考》,中华书局 2006 年版,第 1373 页。

案例一到案例四这4个案例的"当"程序，郡府参加当的吏对定罪量刑问题都没有形成统一意见，因而不能形成有明确刑罚结论的"当"文书。在这种情况下，吏将不同的意见都记录在文书中，将此疑案向上奏谳廷尉。值得注意的是，案例一和案例二的写法是"吏当"，而案例三和案例四的写法是"吏议"。比较案例文本，案例一、二记录的不同意见是直接给刑罚意见，如"毋忧当腰斩"或"不当论"，而案例三、四记录的不同意见，较为详细，给出了不同意见从案情出发适用律条的推理过程，也就是案例三、四的相应部分记录了不同意见的推理过程和刑罚结论，因此书写的"吏议"应该是"吏议当"的省称。"吏议当"即如案例二一的"廷尉毅、正始、监弘、廷史武等卅人议当之"。

案例二一详细描述了由"议"而"当"的连续过程，同时也明确地分别记录了"议"文书和"当"文书。可推测，在诸多吏经过"议"形成了统一意见，就将这个统一意见书写下来，其内容是从案情出发适用法律，从案例二一的这个"议"文书，由于该案的定罪量刑没有直接可以适用的律令条文，只能从涉及的诸多律令条文出发寻找互相之间的关系和原则，逻辑推理的路径比较复杂，但还是形成了"议"的统一结论。在"议"之后，即是"当"文书，较"议"简洁，举出对应的律条，说明行为触犯的罪名，得出结论有罪者应该接受的刑罚。案例二一的由"议"而"当"的过程大致如上。"议"大致相当于"当"的理由书。据此我们可以推理案例三、四的"议当"相应部分书写方式是对类似案例二一的详细文书的缩写，同样可以看出由"议"而"当"的推理过程。而案例一、二的文本就只抄录了刑罚意见，因此只能书"当"而不能书"议"，"议"的内容已被完全省略了。

总之，"议"与"当"的过程是不可分离的，但是"议"文书和"当"文书是各自独立的。首先，由"议"而"当"在实践层面是一个连续的进过推理形成结论的程序。其次，在文书层面，"议"与"当"是具有紧密联系的文书。从法制史研究的角度说，"当"这个决定有罪者的定罪量刑的重要程序，是若干吏经过合议而形成统一刑罚意见的过程，也就是"议"的过程，如果在一个级别的机关不能形成统一意见，同样可以书写"议当"文书，就是要制作两个以上的"议当"意见文书，一起抄录在上行文书里，发往上级机关。郡守级别官府的诸吏不能经"议当"而意见统一，就将各种不同的"议当"意见编入文书而上谳廷尉，廷尉诸吏如不能统一意见，廷尉就将此案奏闻皇帝。

接下来讨论"比"。

《奏谳书》案例三，该案件在报告给廷尉以前，"吏议"出现了两种意见。其中第一种引用如下："·人婢清助赵邯郸城，已即亡从兄赵地，以亡之诸侯论。今阑来送徒者,即诱南。·吏议:阑与清同类,当以从诸侯来诱论。"整理小组注:"上引已成案例,即比,《汉书·刑法志》注:'比,以例相比况也。'"①《汉书·刑法志》此注针对的原文是:"所欲活则傅生议,所欲陷则予死比。""傅生议"与"予死比"并举,"议"是"傅"的宾语,"比"是"予"的宾语,这两字做宾语就是名词,在上下文中是指功能类似的文书。"议"文书上文已经根据《奏谳书》案例二一的内容进行了讨论。再看案例三的"比",其特点如下:第一,引用已成案例的作用是本案例的定罪量刑。第二,本案例的定罪量刑并不是引用已成案例就可据此适用,直接定罪量刑。吏议还是要说明本案例与所引的案例是同类的,即格式语"阑与清同类",这句话只能解释为阑案与清案同类,而不是"阑"罪行和"清"罪行同类,因为如上下文所述,"清"是以"亡之诸侯"罪论的,而吏认为"阑"的行为是"从诸侯来诱"罪。两个案例存在类似的情况,所以可以"比况"。总之,"比"是用来定罪量刑的,但是光靠"比"是不能定罪量刑的,最终还是要适用律令条文。其步骤即:"本案例—引用已成案例—'本案与所引案同类'—本案例适用律令",而并不是:"本案例—引用已成案例—适用所引案例的刑罚于本案有罪者"。

在案情简单的情况下,"当罪"程序不需要引用已成案例,就可以适用律令条文。而在案情复杂,可以称得上"疑案"的情况下,可以引用已成案例,"比况"已成案例适用律令的推理,再结合本案案情,对本案进行适用律令。需要指出的是,并不是说律令没有可适用条文的情况下,就直接引用已成案例的刑罚,适用于本案。律令没有可适用条文的案例,可以"比况"类似案情的已成案例是如何逻辑推理最终适用律令条文的。百川归海,"议"和"比",各种方式最终都是为了适用律令条文,而并非所谓填补律令空白,如图4-7所示。

| 罪状 | 当罪 | 罪名 |
|---|---|---|
| 具体案例 | | 律令条文 |
| 事实层面 | 罪状到罪名的桥梁 | 规范层面 |
| 犯罪行为 | 逻辑推理 | 犯罪类型 |
| | 案例:"比" | |
| | 经典古意 | |

图4-7 "当"程序构建事实与罪名之间桥梁的功能

从图4-7看,案例三的"议"和"比"都是中间桥梁部分,通过说理,从而搭建起行为到法条的对应关系。如上文所分析,案例仅仅适用"比",是不能完成定罪量刑的程序的,最终还是要结合本案的情况,进行"比况",再适用律令

---

① 张家山二四七号汉墓竹简整理小组:《张家山汉墓竹简 [二四七号墓](释文修订本)》,文物出版社2001年版,第93页注释九。

条文。那么从这个意义上来说,中国大陆地区熟悉的教条,所谓汉代法律形式"律、令、科、比"之说,就值得商榷了。"比"既然不能独立适用,那就不能算是独立的法律形式,只能定性为定罪量刑时可以参考的已成案例。既然是参考而不是必须,所以司法官吏适用"比"的自由度就很大,出现"所欲活则傅生议,所欲陷则予死比"的现象,就不奇怪了。还有一种情况,如某决事比有对某种疑案的情况下如何适用律令的内容,或是推理某种疑案适用律令,或是推理不适用,该决事比影响广泛,最终国家机关将其纳入律令,成为律令条文,那么成为律令条文以后,可以说形成制度,此制度的来源是决事比,但就不能因此说决事比可以形成制度或有如律令一般的强制力。另,"比"和"律令"都是"当罪"工作中会引用的东西,《汉书·刑法志》:"廷尉所不能决,谨具为奏,傅所当比律令以闻。"这里的意思就是说,"比、律、令"同为"当"需要的材料,在上呈皇帝的时候,廷尉必须把"当罪"程序涉及的"比、律、令"内容附在文书里。这是从引用的角度讲的,与本书认定"比"不能脱离"律令"条文适用的观点,是不矛盾的。

董仲舒"春秋决狱"案例,也同样不是以"春秋之义"直接判定有罪无罪和具体刑罚,董仲舒是用"春秋之义"作为论说的资料,最终还是要为了说明案件是适用某律令条文还是不适用某律令条文。而董仲舒的"春秋决狱"案例被后世作为"决事比"参考,后世官吏的参考,也不是直接就用董子的决事比结论判案,最终还是要结合案情来适用律令。所以儒家经典在当罪中的作用还值得商榷。下引董子决狱的一个案例。

"甲父乙与丙争言相斗,丙以佩刀刺乙,甲即以杖击丙,误伤乙,甲当何论?或曰:殴父也,当枭首。论曰:臣愚以父子至亲也,闻其斗,莫不有怵怅之心,扶杖而救之,非所以欲诟父也。《春秋》之义,许止父病,进药于其父而卒。君子原心,赦而不诛。甲非律所谓殴父,不当坐。"①

该案例保留了吏议的一派意见,适用律条对于"殴父"行为的刑罚,即枭首。董子的"论"和《奏谳书》的"议"其功能都是为了构建事实到规范的桥梁,当然董子使用了《春秋》经典之义作为论说的材料,这是《奏谳书》中没有见到的。无论使用了什么材料和逻辑进行论说,无论董子引用了《春秋》的哪段类似记载,最终董子还是要结合本案,得出结论说:"甲非律所谓殴父,不当坐。"可见董仲舒论说的最后还是要面对适用律令条文问题的,后世引用董子决事比的司法官吏也是最终要处理本案与律令条文之间的关系,得出结论:构成,或不构成。因此"春秋之义"和"比"都不能脱离律令而适用,它们又如

---

① 转引自程树德:《九朝律考》,中华书局2003年版,第161页。

何能被称为"法律形式"。

4. 当与谳

"谳"为文书的名称，而"谳"文书就是为了请上级对疑案进行定罪量刑，即"当罪"。而这一逐层向上奏谳，上级为疑案进行议当并以报书回复的制度，经过汉高祖七年诏书的确认，成为西汉初期刑事司法体系的重要制度。

官吏在整理向上级移交的案例卷宗文本的时候，需要进行一定的编辑删改工作，这项工作被称为"谳狱"，见《二年律令·具律》第102简："令一尉为守丞，皆得断狱、谳狱。""谳狱"工作的原则可见本书之前章节的探讨。

"谳"程序出现的前提是"当罪"程序出现"当而不决"现象。疑案的有罪者刑罚得以最终确立称为"断"或"决"，所以吏对疑案的"当罪"工作可以称为"断狱"或"决狱"。《易·贲卦·象》："君子以明庶政，无敢折狱"。《易·丰卦·象》："君子以折狱致刑。"这里"折"是断的意思，所以"折狱"就是"断狱"的意思，"折狱"与"致刑"合称，可见与当罪程序联系紧密。《风俗通义》有"哀矜折狱"，且《风俗通义》有一篇名为《折当》。① 另外"弊"（"蔽"）也有这方面的用法。《周礼·秋官·大司寇》："凡庶民之狱讼，以邦成弊之"，郑注引郑司农："弊之，断其狱讼也。故《春秋传》曰'弊狱邢侯'"。《左传·昭公十四年》："晋邢侯与雍子争鄐田……叔鱼摄理。……韩宣子命断旧狱，罪在雍子。雍子纳其女于叔鱼，叔鱼蔽罪邢侯。"杜注："蔽，断也。"孙诒让《周礼正义》引《国语·晋语》："及蔽狱之日，叔鱼抑邢侯。"孙诒让认为郑司农引"弊狱邢侯"是兼取了《国语》。② 徐元诰《国语集解》此处作"及断狱之日"，徐指出："宋庠本'断'作'蔽'"。③《三国志·魏书·明帝纪》："而郡国蔽狱，一岁之中，尚过数百。"卢弼《三国志集解》对此的注释与前引孙诒让《周礼正义》略同。可见"弊狱"（"蔽狱"）就是"断狱"的意思。

5. 当与报

以案例二一为例，"廷报"文书的中心内容就是对疑案的"当"文书，"报"表示的是文书类别为上级回复下级的文书，而"当"表示的是文书内容为对疑案的定罪量刑结论。

《奏谳书》其他案例的"当"文书内容只有记录定罪量刑意见，而案例二一在"当"文书结束后有"告杜论甲"，杜是该案件发生地。"告杜论甲"是文书格式语，标识了廷尉发往杜县的文书的结束。这份公文书的内容是"议当"，属于下行文书，其目的是指示杜的司法官吏按照廷尉的"当"结论来"论"甲罪。

---

① 王利器：《风俗通义校注》，中华书局2010年版，第586页。
② 孙诒让：《周礼正义》，中华书局2009年版，第2757、第2758页。
③ 徐元诰：《国语集解》，中华书局2002年版，第443页。

这类廷尉发出的下行文书，也就是《奏谳书》部分案例记载的"廷报"文书。前文列举《奏谳书》关于"当"的部分，已将部分案例记载的"廷报"部分也列举出来。案例一、三、四、二一这四则案例记载了"廷报"文书，其中案例一、三、四所记录的"廷报"文书内容较为简略，按照本文观点这个简略的格式是原始文书经过编辑删节后的结果，其原始文书的结构应该与案例二一的相关部分是一样的。也就是说"廷报"文书的中心内容就是对疑案的"当"文书，"报"是文书名，而"当"是内容。

另有一类郡发往所辖县的下行文书，其文书的主要内容也是"当"。分别由廷尉和郡发出的这两类文书统称为"报当"。再看高祖七年诏："县道官狱疑者，各谳所属二千石官，二千石官以其罪名当报之。所不能决者，皆移廷尉，廷尉亦当报之。"经过对《奏谳书》"当"与"报"关系的探讨，我们可以对诏书所确定的疑案上谳制度有更确切的了解。这诏书的"当报之"的提法也印证了上述的推测，即"报"文书的主要内容是"当"。

"报"在《奏谳书》中存在特定含义。《奏谳书》首次出现"报"的地方，整理小组的注释引《汉书·胡建传》注"断狱为报。"对"断狱为报"的理解应该结合《二年律令·具律》的相关记载。

《二年律令·具律》："鞫狱故纵、不直，及诊、报、辟故弗穷审者，死罪，斩左止为城旦，它各以其罪论之。"对此处的"报"，整理小组引《后汉书·安帝纪》的注："谓决断也。"①《安帝纪》原文："自今长吏被考竟未报"，李贤注："考谓考问其状也。报谓断决也。"引文误"断决"为"决断"，《二年律令与奏谳书》沿袭此误②。李贤注所谓"断决"或"决断"，本文认为是"断狱"、"决狱"的省称。"报"的内容与"断狱"有关，所以传世文献可见"报断"，如《三国志·魏书·明帝纪》："或辞未出而狱以报断。""考竟"可与"鞫"和"具狱"联系，可参见本文探讨"鞫狱"部分的叙述。"断狱"、"决狱"为"报"的内容，又可见《后汉书·陈宠传》："汉旧事断狱报重，常尽三冬之月"，注："报，论也。重，死刑也。"可见"报"书具有定罪量刑的性质，即注所谓"论也"，其内容是"断狱"，给出案件的刑罚结论，例如死刑。而《后汉书·鲁恭传》："勿以报囚如故事"，注："报囚，谓奏请报决也"。可见跟"囚"有关的刑事"报决"由下级"奏请"而起，而文书有"报决"之称，正说明其

---

① 张家山二四七号汉墓竹简整理小组：《张家山汉墓竹简[二四七号墓]（释文修订本）》，文物出版社 2001 年版，第 22 页注释四。
② 《后汉书·安帝纪》，第 208 页。李贤注："考谓考问其状也，报谓断决也。"另见王先谦：《后汉书集解》，中华书局 1984 年版，第 99 页。李贤注："考谓考问其状也，报谓断决也。"两个版本皆作"报谓断决也"，不知整理小组引作"谓决断也"的依据。

内容是"决狱"。

前述《奏谳书》首次出现"报"处，整理小组引《汉书·胡建传》注针对的《汉书》原文："知吏贼伤奴，辟报故不穷审"，颜师古引苏林："辟，回也。报，论也。断狱也为报。故言有故也。不穷审，穷尽其事也。"① 苏林解释"报"为"论也"，这是将"报"限制在刑案的定罪量刑领域，"断狱也为报"解释了"报"在刑事程序的特定位置，较李贤注"断决也"详细。《具律》之"报"，整理小组的注释针对的原文是"诊、报、辟故弗穷审"这几项具体罪名，而《胡建传》记载的"辟报故不穷审"正是其中的罪名。因此《具律》的注释引用传世文献的注释，选择记载相同罪名的《胡建传》更合适。值得注意的是，可能是因为没有《二年律令》之类的汉代律令的参照，颜师古不认为"辟报故不穷审"是由律令规定的罪名，因而他认为："苏说非也。言为游徼避罪而妄报文书，故不穷治也。辟读曰避。"② 首先，颜师古认为"辟报故不穷审"是对游徼犯罪行为的具体描述，而不是在律令中已经得到抽象典型化规定的罪名。其次，颜师古认为"辟"读"避"，是避罪的意思，颜此观点与《二年律令·具律》之"诊、报、辟故弗穷审"矛盾，"辟"肯定是某种司法文书。本文认为颜师古此处误，而苏林注可与《二年律令·具律》及其他出土文献对照③。

《汉书·食货志下》有一段可与《胡建传》注相互印证，原文："虽黥罪日报，其势不止。……囊禁铸钱，死罪积下"。注："郑氏曰：报，论。苏林曰：

---

① 王先谦：《汉书补注》，上海古籍出版社2008年版，第4587页。
② 王先谦：《汉书补注》，上海古籍出版社2008年版，第4587页。
③ 按：三国时代出土文字资料研究班据颜注，认为《具律》之"辟故弗穷审者"之"辟"通作"避"。参见《张家山汉简〈二年律令〉译注（三）—具律》，《专修史学》第三七号，2004年11月。转引自彭浩、陈伟、[日]工藤元男主编：《二年律令与奏谳书》，第130页。本文认为此观点错误。《二年律令与奏谳书》按语引《二年律令·行书律》第二七六简之"诸狱辟书"，认为"辟指审理"。《具律》此处"辟"和"报"并列，皆是刑事文书的名目，至于前引按语"审理"具体指什么待考。于振波据《行书律》认为："'诸狱辟书'应当是为审理案件而由狱吏发出的某种文书。"见《简牍与秦汉社会》，长沙：湖南大学出版社2012年版，第99页。"辟"另见《急就篇》："闾里乡县趣辟论"，颜注："辟，法也。里、乡及县递相催速，使早报问，则依宪法而论决也。"（管振邦译注、宙浩审校：《颜注急就篇译释》，第263页。）颜将"辟论"与"报问"、"论决"联系，可以推测"辟论"也是刑事文书名目。"辟"、"报"都是文书种类名，那么《胡建传》颜注的错误就完全可以确定了。又按：陈松长披露岳麓秦简1989号的记载："……未盈卒岁而得，以将阳癖，卒岁而得，以阑癖，又行其笞。"陈松长指出"'癖'当读为'辟'，辟犹惩罚也。……所谓'以将阳癖'和'以阑癖'，也就是岳麓秦简1945号上所记载的'以将阳、阑亡律论之'的意思。"见陈松长：《睡虎地秦墓竹简中的"将阳"小考》，载于《湖南大学学报（社会科学版）》2012年第5期，第6页。岳麓简"辟"做动词是论罪的意思，按语之前所引的材料，"辟"是文书类别名。两者结合起来看，"辟"是一种关于论罪的刑事司法公文书。"辟"和"报"同样是关于论罪的刑事文书，但两者之间的区别待考。

下，报也，积累下报论之也。张晏曰：死罪者多，委积于下也。师古曰：苏说是也。"① 第一，与《胡建传》苏林注一样，郑氏注用广义的"论"解释"报"，就是将原文"报"确定在刑案的定罪量刑程序中。第二，苏林认为"下"即是"下报"的简称，而"下报"形式上是上级司法机关对下级的下行回复文书，内容上是量刑终局性意见，例如"死罪"。根据这个称"报"为"下"的例证，可以完全确认，断决刑罚的"报"文书是下行文书。② 这与刑侦领域其他的平行文书"报"和上行文书"报"划清了界限。

《急就篇》有"辄觉没入檄报留"，颜师古注："报者，处当罪人也。"《急就篇》的这一章节内容是关于犯罪和刑罚的，所以颜明确地将刑事领域"报"的功能解释为"处当罪人"，毫无疑问是正确的③。"报"与"当"在处罪人的意思上有联系，见《汉书·张释之传》："廷尉当是也"，颜注："当谓处其罪也。""处"字本身也有"断决"的意思，《汉书·谷永传》："臣愚不能处也"，颜注："处谓断决也。"这里的"断决"不是指刑案的定罪，但也说明了"处"字义与"断决"的联系，"处"字因此可以在刑事领域中与"当"合用，如上引《急就篇》颜注。另见《汉书·刑法志》："二千石官以其罪名当报之。"颜注："当谓处断也。"如前所述，"处""断"义近，因此可连用表示罪名刑罚确定的意思。《后汉书·酷吏列传》的"其章奏处议"，李贤注："处，断也。"

定罪"报"文书在形式上是对下级疑案"谳"文书的回复。岳麓秦简0083号简文有："……南郡假守贾报州陵守绾、丞越：子谳求盗尸等捕秦人治等四人……"；岳麓秦简0163号简文有："……南郡假守贾报州陵守绾、丞越：子谳荆长癸等……"④ 可看出，南郡的"报"文书是对州陵县的"谳"文书的回复。传世文献见《晋书·刑法志》引《魏新律序》："《囚律》有系囚、鞫狱、断狱之法，《兴律》有上狱之事，《科》有考事报谳，宜别为篇，故分为《系讯》、《断狱律》。"编入《新律》的《系讯律》《断狱律》的都是和刑事程序有关的条文，《科》的"考事报谳"，"考事"，就是考得案件的实情，"报谳"是指下级发出的上行"谳"文书获得上级的"报"文书的回复，内容必定是定罪量刑意见，所以《新律》将其编入《系讯律》《断狱律》。《科》"考事报谳"与《后

---

① 王先谦：《汉书补注》，上海古籍出版社2008年版，第1611~1612页。
② 按："下报"与《二年律令·兴律》的特定罪名案件"上狱"制度的"上"，形成了联系。
③ 管振邦译注、宙浩审校：《颜注急就篇译释》，第273页。
④ 简文见陈松长：《岳麓书院藏秦简中的郡名考略》，载于《湖南大学学报（社会科学版）》2009年第2期，第8页。

汉书·安帝纪》"考竟未报"可互相参照。从这条材料可以明确，定罪量刑"报"是对"谳"的回复。

报、当、断狱或决狱的三者关系，如图 4-8 所示。

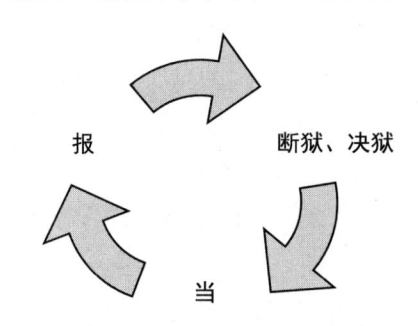

**图 4-8 报、当、断狱或决狱三者关系**

在刑事司法领域，除了上述"断狱为报"的"报"文书，刑案诸多文书里也有其他被称为"报"的文书，取"报"回复之意。例如《封诊式》之《有鞠》等条的文书格式语"皆为报"，这些"皆为报"是在"鞠"文书形成之前的案情调查阶段，所以说"皆为报"是要求文书接受单位接到文书后做出回复，从《封诊式》相关内容看，这类"皆为报"涉及的关于案件侦查工作的文书。而某些学者认为《具律》规定的"报"就是《封诊式》的关于侦查的"报"，这是一种误读。①

在汉代刑事领域又有一种起特定功能的"报"文书，即张汤劾鼠事的"讯鞠论报"之"报"。这种"报"，是在罪囚最终确定适用死刑后，负责执行死刑的司法机关向上级请示执行死刑，当时这类请示文书区分情况被称为"上书请"或"奏请"，上级对请示的回复即是"讯鞠论报"之"报"，这与定罪量刑阶段的"断狱为报"之"报"不同，两种"报"的不同点在：首先，"断狱"的"报"针对的是下级机关的"谳书"或"上狱书"，而回复执行死刑的"报"针对的是"请书"。其次，在刑事程序中的功能不同，如上所述。汉代文献记载有"报杀"的提法，即是获得上级回复后执行死刑。例子见《汉书·酷吏传》："纵一切捕鞠，曰'为死罪解脱'。是日皆报杀四百余人。"颜注："奏请得报而论杀。"②

---

① 参见《张家山汉简〈二年律令〉译注（三）·具律》，引自《专修史学》第三七号，2004 年 11 月。转引自彭浩、陈伟、[日]工藤元男主编：《二年律令与奏谳书——张家山二四七号汉墓出土法律文献释读》，上海古籍出版社 2007 年版，第 130 页。

② 王先谦：《汉书补注》，上海古籍出版社 2008 年版，第 5497 页。按：王先谦引刘敞，认为"是日"是"捕鞠"之日，因此认为颜注为非。另，沈家本也认为不是"奏请得报"，沈将此"报杀"之"报"与《说文》对"报"的解释"当有罪者"联系起来，见沈家本：《历代刑法考》，第 1976~1977 页。

当时存在与司法无关的"报"文书,秦汉文书制度的各种"报"文书,都取"报"广义的"回复"的意思。与刑事司法无关的"报"文书,例如《韩非子·存韩》记载的李斯上奏文末尾"而赐臣报决",李斯请求秦王对上奏给予回复即"报",而李斯请求的"报"的内容是"决",也就是君主对李斯上奏文提议事项的裁决,这里的"决"就不是"决狱"的意思了①。

《奏谳书》的"报"就是上述狭义的"报",其含义指向非常明确,精通律令的许慎在《说文解字》解释"报"字时就直接用狭义的用法:"当罪人也。"正符合本文对《奏谳书》的"当"、"报"关系持有的观点。《奏谳书》的"报"文书内容就是"当罪人"。"报当"文书是确立有罪者刑罚的关键文书,所以《二年律令·具律》将其与"鞠狱故纵、不直"等行为共同列举,犯罪者接受同样的刑罚。

6. 当与论

"论"在秦汉刑事领域有广狭两义。广义的"论"是指针对有罪者的定罪量刑工作的整体,包括"议""当",在疑案和特殊案件的情况下,还会包括"谳"和"报"。例如《睡虎地秦墓竹简·法律答问》的诸条在给出案情后,会问"某当何论?"这是针对该案该罪囚的整个定罪量刑问题发出提问。《奏谳书》多见的"悬论"就是因为案件成为疑案,因此中断或者说悬置案件的定罪量刑工作,提交上级处理。狭义的"论"就是指在案件的判决最终确定后,司法官吏对有罪者的刑罚执行工作。刑罚执行前后,执行对象的身份或者说状态发生了变化,之前称"有罪者",之后就是"已论者",并有了特定的刑徒类别作为身份如城旦舂等。文献狭义"论"的例子即《史记·吕不韦列传》:"太后乃阴厚赐主腐者吏,诈论之。"此处"论"即是官吏对有罪者执行刑罚的意思。《奏谳书》狭义的"论"见案例二二第224简"已论孔完为城旦"。② 执行刑罚有精确的日期,见案例一七第106简:"二月癸亥,丞昭、史敢、铫、赐论黥讲为城旦。"岳麓秦简第1221号:"五月甲辰,州陵守绾、丞越、史获论,令癸、琐等各赎黥,癸行戍衡山郡,居三岁以当法……"③ 相对来说,广义的泛称定罪量刑的"论"有一个时间段,从"议当"到"断决",所以不如刑罚执行之"论"那样有一个精确的时间点如表4-16所示。

---

① 陈奇猷:《韩非子集释》,上海人民出版社1974年版,第44页。
② 整理小组原释为"已亥",《二年律令与奏谳书》改释为"已论"。见彭浩、陈伟、[日]工藤元男主编:《二年律令与奏谳书》,上海古籍出版社2010年版,第382页。
③ 陈松长:《岳麓书院藏秦简中的郡名考略》,载于《湖南大学学报(社会科学版)》2009年第2期,第8页。

表 4-16  "当""论"的狭义和广义

| 鞫狱 | 议、当（狭义，行为对应律令）而不决 | 谳 | 报决 | 论（狭义，执行刑罚） |
|---|---|---|---|---|
| 鞫狱 | "当"的广义，泛称定罪量刑 | | 论（执行刑罚） | |
| 鞫狱 | "论"的广义，泛称定罪量刑和执行刑罚 | | | |

广义的"论"指整个定罪量刑工作，侧重在有罪者最终得到的刑罚。而"当"同样可以泛指定罪量刑工作，侧重在有罪者行为对应的律令条文。所以前引《法律答问》问如何定罪量刑的格式语是"甲当何论"，这个"当"和"论"都是泛指定罪量刑的。

狭义的"论"是吏对有罪者执行刑罚，这一程序具有独立性，记录该程序的文书内容包括执行日期、被执行人即有罪者、参与论罪的吏等，如案例一七："二月癸亥，丞昭、史敢、铫、赐论讲黥为城旦。"从狭义的"当"和"论"的关系上讲，案例的定罪量刑问题有了结论，可称为"断狱"或"决狱"，或简称为"断""决"，只有案例"当"而"断""决"，那么才有可能执行刑罚，也就是"论"。所以"论"在文献中有时和"断""决"联系在一起，如《周礼·秋官·朝士》注引郑司农："若今时徒论决，满三月，不得乞鞫。"又如《二年律令·具律》第 105 简有"其守丞及令、长若真丞存者所独断治论"。反之，"当"而不"断"、"决"，这种情况见《奏谳书》案例一八第 153 简："狱留盈卒岁不具断"。这样"当"而"疑"，"狱留"不"断""决"，案例的刑事程序停滞，罪囚一直被拘系而刑罚无法确定，为了避免这样的现象愈演愈烈，汉高祖七年诏书才会确定疑案奏谳制度，诏书针对的现象正是："狱之疑者，吏或不敢决，有罪者久而不论，无罪者久系不决。"

如前所述，简单的案例"当罪"很简单，而疑案出现后，会出现多种处理意见，会引发"奏谳"和"报谳"的程序，这个漫长的过程终于得出一个结论，就可称为"断"或"决"。《新序·杂事四》有一则："梁有疑狱，狱吏半以为当罪，半以为不当罪，虽寡人亦疑。吾子决是，奈何？"从此材料中可见，"疑狱"也就是疑难案件发生后，出现了两种"当罪"的意见，需要一个确定的结论即"决"。《新序》这个故事和《奏谳书》疑案的处理程序是存在对应关系的。

刑案断狱后才有可能行刑，如前所述，所以断狱和行刑在文献中联系相当紧密，但毕竟不是一个时间，如前所述，行刑有精确到日的时间点，而断狱和行刑之间是有间隔的。《二年律令·具律》第 114 简以下："罪人狱已决，自以罪不当，欲乞鞫者，许之。乞鞫不审，加罪一等；其欲复乞鞫，当刑者，刑乃听之。……狱已决盈一岁，不得乞鞫。"如果罪人被判处肉刑，乞鞫的时间规定如表 4-17 所示：

表 4-17　　　　　　　　　乞鞫时间规定

| 吏 | 狱决 |  | 审查乞鞫 | 刑（执行肉刑） |  | 听复乞鞫 |
| --- | --- | --- | --- | --- | --- | --- |
| 罪人 |  | 乞鞫 |  |  | 复乞鞫 |  |

"当"是定罪量刑的结论性意见，但不是最终的刑罚确定或者说执行刑罚。"论"用于刑罚确定的层面。可以看到无论是案例一到案例五这 5 个案例的谳书的格式性结尾都有"它县论"，案例一四相应处为"种县论"。既然由南郡治的案例一四的上谳文书末尾有"种县论"，可见"县"不是县道之县的意思，而是悬置案件的有罪者的刑罚问题，即等待上级的报当后再对其论罪。这个悬置而不论的状态，有罪者没有自由，所以案例三第 23 简有"·疑阑罪，系，它县论，敢谳之"。疑案的悬置会导致"久系不决"问题，前述汉高祖七年诏书就指出了当时"久系不决"现象并不少见。

对有罪者执行刑罚的主体是县道官吏，他们根据上级的权威性定罪量刑结论，来依法对有罪者适用刑罚，也就是案例二一在廷尉往杜县发的报当文书里最末一句"告杜论甲"。而且依法对有罪者适用刑罚，在上级作出的定罪量刑权威性意见外，还要根据《二年律令》的《具律》的规定对已经受过肉刑的有罪者适用刑罚。

注释家有时将"报"训为"论"，如《后汉书·章帝纪》："律：十二月立春不以报囚。"注："报犹论也。"从《章帝纪》上下文看，还有："冬至之后……而无鞫狱断刑之政。"记载同一事的《后汉书·陈宠传》有："汉旧事断报重，常尽三冬之月，……以为断狱不尽三冬。"其实这次修律，是对相关时间段内整个"鞫狱断刑之政"的暂停，而不仅仅是执行刑罚的暂停，"报"是刑案的重要程序，特别是死刑案件的必须程序，本文认为此处是用"报囚"指称断狱工作。注将"报"训为"论"未尝不可，这里的"论"是本文所谓广义的"论"，指整个定罪量刑工作。

## 五、岳麓秦简《为狱等状四种》与张家山汉简《奏谳书》性质比较研究

对《为狱等状四种》与《奏谳书》的比较研究，应该解答一个问题，也就是这两部文献的性质是什么，两者性质有何异同。

### （一）《奏谳书》性质

学界对《奏谳书》的学术综述已经有多种成果，尤其李力先生的贡献包含

了中日两国学者的成果。本书在这些综述的基础上,从问题的视角来看学界之前的观点。

这个问题历来被划分为《奏谳书》的题名问题和《奏谳书》文本的性质问题,学界过去的讨论热烈。题名和性质,其实都在一个总问题的统摄下,也就是《奏谳书》之名"奏谳书"与其所指228支简的文本内容之间的名实关系。而这个名实之辩又牵涉到名"奏谳书"与汉高祖七年诏书确立的奏谳制度的关系问题。参见下表4-18。

表 4-18　　　　　　　　《奏谳书》的"名实之辩"问题

| 名 | 实 |
| --- | --- |
| 《奏谳书》第228简背之"奏𤅊(谳)书"三字题名的理解问题。 | 《奏谳书》全篇共22个案例文本的性质问题。 |
| 焦点问题:"名"是否得当?《奏谳书》与汉高祖七年诏奏谳制度的关系问题。 | 焦点问题:"实"是否统一?即《奏谳书》的22个案例文本的性质是否能够统一? |
| 结论:无法简单作出结论。"奏谳书"题名与22个案例文本中有部分案例文本不属于奏谳制度文书的矛盾。 | 结论:无法简单作出结论。《奏谳书》文本性质不能一概而论,因为22个案例文本的性质不统一。 |

由表 4-18 可见,《奏谳书》的题名与性质之间存在一定的矛盾,不仅"名"和"实"之间存在矛盾,"名"问题和"实"问题各自内部也存在矛盾。焦点的问题其实只有一个,从泛泛的《奏谳书》名实之辩,深入到分别探讨《奏谳书》的22个案例文本,从本文之前的章节可见。正如表 4-18 所示,首先,在"名"问题方面,《奏谳书》文本与汉高祖七年(公元前200年)诏奏谳制度之间的关系,就不能有一个确切的结论,如说《奏谳书》文本就是奏谳制度形成的文本,这样的结论是无法简单得到的,因为22个案例的部分案例文本是明显不属于奏谳制度的文本。其次,在"实"问题方面,也就是《奏谳书》全篇文本的性质问题。同样由于22个案例文本各自的文本性质之间存在的差异大到了一定的程度,所以对"实"问题也就不能简单地得出结论。

《奏谳书》"名实之辩"的起源在1985年整理小组发表在《文物》上的《江陵张家山汉简概述》,其对竹简明确的题名"奏𤅊(谳)书",考证了"𤅊(谳)"字,云"'𤅊'即'谳'字,《说文》:'议罪也。'刑狱之事有疑上报称为'谳'。"然后整理小组引汉高祖七年诏书相关内容"县道官狱疑者,各谳所属二千石官,二千石官以其罪名当报。所不能决者,皆移廷尉,廷尉亦当报之。廷尉所不能决,谨具为奏,傅所当比律令以闻。"[①] 整理小组的意见,将"奏谳

---

[①] 张家山汉墓竹简整理小组:《江陵张家山汉简概述》,载于《文物》1985年第1期,第11页。

书"三字题名与汉高祖七年诏奏谳制度直接联系起来,在本文所谓"名"问题的方面持有清晰明确的态度。但是由于前文指出的"名实之辩"的复杂性,整理小组的这个意见必然是不全面的,因此这个意见成为学者批评的焦点。2001年出版的《张家山汉墓竹简[二四七号墓]》坚持了这个意见。① 在"实"的方面,也就是《奏谳书》文本的性质问题,整理小组的意见认为《奏谳书》是议罪案例的汇编,是汉代法律形式"比"的起源。②

彭浩指出:"《奏谳书》中少数案例不属于奏谳而是审讯记录,它们被编入书中的原因尚须研究。"彭浩发现了部分案例文本明显不属于汉高祖七年诏书所确立奏谳制度的奏谳文书,也就是在"名"问题上发现了复杂性,在《奏谳书》"名实之辩"上,彭浩审慎地没有作出明确的结论③。在"实"的方面,彭浩发现前述"名"问题值得质疑的方面后,表达了《奏谳书》性质的观点,认为《奏谳书》的形成是由"奏谳案例汇编成册",然而编辑形成之后的《奏谳书》文本不是实际用于刑事司法,而是提供给"县、郡司法官学习法律和断狱治事使用的④。"

张建国对"名实之辩"的解决方式是讲矛盾的两方面结合,指出《奏谳书》22个案例文本从是否属于奏谳制度文本上看明显有两类,那么为了名实相符,张建国将"名"也就是"奏谳书"视为一个他所谓的"合成词",即是"奏书"和"谳书"的合成,"谳书"是奏谳制度规定的文书,而"奏书"则是那些非奏谳文书。在"实"的方面,张建国指出《奏谳书》22个案例"除了谳的部分案例外,还有奏的部分文案"。将案例文本明确划分为两类,分别给予定性。这样《奏谳书》"名实"之间分别两两对应,"谳书"对应"谳的部分案例","奏书"对应"奏的部分文案"。于是在《奏谳书》性质方面,张建国既然已经划分出两类文书,那么他就分别定性。"谳书"的定性就是高七年确立的疑案上报制度的奏谳文书,这一层毫无疑问。而"奏书"是一些特殊案件的上报文书,这些案件的特殊,有的体现在犯罪者的爵位和官职,或者是死刑案件必须依法上报。以上张建国的观点克服了整理小组的片面观点,同时给彭浩的发现予以解释,形成第一个综合性的《奏谳书》"名实之辩"的观点⑤。可以简称为"奏、谳分别说"(见表4-19)。

---

① 张家山二四七号汉墓竹简整理小组:《张家山汉墓竹简[二四七号墓](释文修订本)》,文物出版社2001年版,第213页。
② 张家山汉墓竹简整理小组:《江陵张家山汉简概述》,载于《文物》1985年第1期,第11~15页。李学勤《〈奏谳书〉解说(上)》,载于《文物》1983年第8期,第26页。
③④ 彭浩:《谈〈奏谳书〉中的西汉案例》,载于《文物》1993年第8期,第33页。
⑤ 张建国:《汉简〈奏谳书〉和秦汉刑事诉讼程序初探》,载于《中外法学》1997年第2期,第49页。

表 4-19　　张建国的《奏谳书》"名实之辩"综合性观点

| 名：题名问题 | | 实：性质问题 |
| --- | --- | --- |
| "奏谳书"三字题名 | "谳书" | 疑案奏谳的案例文书，因案"疑"而向上奏谳 |
| | "奏书" | 特殊案例，如长吏犯罪案件、一定爵位者犯罪案件、死刑案件 |

对张建国观点的分析要分几个方面。首先，张建国洞察到了《奏谳书》"名实之辩"问题的复杂性，并力图用综合性说法去结合名实，这个学术观点体现的创新和启发意义是很突出的。其次，正如某些学者指出的，从历史上看，张建国提出所谓的"奏书"和"谳书"是两类文书，是否秦汉时代"奏谳书"是不是一个合成词，而"奏书"和"谳书"当时是否有这样的称谓，存在这样的称谓的话其内涵是否如张建国所归纳，这些问题的历史佐证似乎不足。因此导致了张建国得出的综合观点依旧有商榷的空间。

张建国对《奏谳书》"名实之辩"的观点，成为之后学者研究同一问题的出发点。

蔡万进"不敢苟同"张建国。总的来说，蔡认为《奏谳书》题名与文书性质一致，即本文所说的"名实相符"。从"名"的角度讲，蔡反对张将"奏谳书"视为"合成词"的观点，蔡据其对《汉书》的《兒宽传》和《张汤传》的研究，认定"奏谳"在汉初是一个固定的专用名词，蔡进一步认定名词"奏谳"滥觞于汉高祖七年确立的奏谳制度。蔡肯定"谳"字的"议罪"含义，并认为是"奏谳书"题名的重心。而张建国所谓的"奏书"和"谳书"称谓及其定义的内涵，蔡万进都认为没有根据。从"实"的角度讲，面对彭浩的疑问和张建国的观点，蔡万进用扩展奏谳制度含义的方式，虽然承认部分案例文本初看不属于奏谳文书，但蔡认为所有案例都有同一种性质，因此互相存在内在的联系而形成完整的《奏谳书》文本。蔡的"名实相符说"虽然是在彭浩质疑和张建国观点的基础上形成，有否定之否定的发展进步，但可以说在一定程度上回到了整理小组的观点①。

曹旅宁批评张建国的观点"这仍未解决名实相符的问题"。因为既然编者在案例二二秦时微难狱的末简背后题名"奏谳书"，可见编者认为所有 22 个案例都是"奏谳书"题名所统摄下的，因此"学者把奏谳书分为奏书、谳书两个部分显然是不能成立的。"而曹旅宁认为，"奏谳书"三个字狭义指向疑案奏谳制度，而广义上来说就是"广义的疑狱"，而曹认为将题名"奏谳书"指向"广义

---

① 蔡万进：《张家山汉简〈奏谳书〉研究》，广西师范大学出版社 2006 年版，第 32~36 页。

的疑狱"，就可以涵盖整个《奏谳书》案例文本。从而名实相符①。在《奏谳书》的性质方面，曹旅宁认为"显然带有杂抄的性质"，与律令类的出土材料迥然不同，因此是"私家性质的法律案例汇编"。也许是其暗含的含义是，编者以"奏谳书"题名统摄所有22个案例，发生了"名实不相符"问题，然后正是编者进行编辑工作的"私家"性质，导致其体例与律令类和诏书类出土文献的严谨格式迥然不同，编辑比较粗疏，22个案例篇幅、内容、编辑程度各自有不同。曹也许表达了这种意思，也就是"私家"的"杂抄"的文献，体例不如官方文本一样有一定的规范，因此学界争论的"名实之辩"问题，可能有编者私人的主观原因或者习惯原因。

汪桂海亦持有"名实相符说"。在"名"问题上，汪桂海对"奏谳书"题名，根据《汉书·刑法志》和《续汉书·百官志》"廷尉"条，认为"下级官府将疑难案件奏呈上级的上行文书以及上级所作议罪、判决之辞，皆属奏谳书。"汪桂海界定了"奏谳书"概念，其实依然是在汉高祖七年诏奏谳制度框架内。在"实"问题上，汪认为彭浩的质疑所针对的那些案例文本，同样具有"疑"、"难"的特点，汪认为这些案例文本符合对"奏谳书"题名的概念界定。总之，汪认为《奏谳书》"名实相符"，题名与实质之间不存在显著的矛盾。②

日本学者宫宅潔的论文颇多创见，但在《奏谳书》"名实之辩"问题上的观点并不特点明晰。他指出了名实之间的矛盾之处。将"谳"理解为汉高祖七年诏确立的奏谳制度文书的话，那么只有案例一到案例一三和案例二一这14个案例符合。也就是将"奏谳书"题名狭义理解为高七年制度，无法对应全部《奏谳书》22个案例。如果要"名实相符"，只能寻找出22个案例文本的共同点，即都是向上级报告的文书，将这一点作为题名"奏谳书"的广义含义，这样才能做到"名实相符"。在《奏谳书》性质问题上，宫宅潔归纳案例的共同点是"向上级报告（谳）的审判记录"，不同类的案例文本的汇集即《奏谳书》③。

以上简述涉及奏谳书"名实之辩"的学界观点，接下来我们在学界已有研究的基础上，尝试提出自己的粗浅之见。

对"奏谳书"题名问题，从整理小组指出题名与汉高祖七年（公元前200年）诏规定的奏谳制度存在密切联系以后，这至少解决了"奏谳书"题名和《奏谳书》部分案例文本的名实对应关系。也正如前所述，自从彭浩的质疑和张建国的"奏谳书"合成词观点发表以来，由于《奏谳书》部分案例文本明显不

---

① 曹旅宁：《张家山汉律研究》，中华书局2005年版，第268、第270、第273页。
② 汪桂海：《汉代官文书制度》，广西教育出版社1999年版，第87页。
③ 宫宅潔著、徐世虹译：《秦汉时期的审判制度——张家山汉简〈奏谳书〉所见》，中国社会科学出版社2003年版，第291页。

是高祖七年确立的奏谳制度的文本，引发了《奏谳书》名实之间的讨论。而学者如张建国有其开创性的观点。

然而，《奏谳书》部分案例明显是奏谳制度文书，另一部分非奏谳制度文书是不是有其他的制度根据呢？

首先从"名"问题来看，是否"奏谳书"三个字可以指向其他制度？部分学者已经探究过"谳"字在《睡虎地秦墓竹简》的用法，并考察睡虎地秦墓竹简用"谳"字和汉初奏谳制度的关系。第一，"谳"字确实有"议罪"以外的用法，完全和刑事案件无关，就是下级用文书向上级报告一些情况的意思。如《睡虎地秦墓竹简》的《秦律十八种·徭律》的几个用例。第二，"谳"字在《睡虎地秦墓竹简》也有用于刑事案件的用例。《法律答问》第53简："有投书，勿发，见辄燔之；能捕者购臣妾二人，系投书者鞫审谳之。"第三，为人熟知的汉高祖七年诏书确立的疑案奏谳制度。

还是重点看"谳"字。"谳"字在秦汉出土文献中的用例，学界之前已经有所讨论，见表4-20。

表4-20　　　　"谳"在秦汉出土法律文献的三种用法

| 类别 | 典出 | 引文 | 简评 | 小结 |
| --- | --- | --- | --- | --- |
| 向上级报告情况 | 睡虎地秦墓竹简《秦律十八种·徭律》第121、122简 | "县毋敢擅坏更公舍官府及廷，其有欲坏更也，必谳之。" | 行政事务的向上汇报，与司法无关，更与疑案奏谳无关 | "谳"字的广义用法，即向上级汇报一些情况。 |
| 投书案件的上报 | 睡虎地秦墓竹简《法律答问》第53简 | "有投书，勿发，见辄燔之；能捕者购臣妾二人，系投书者鞫审谳之。" | 刑事司法领域，"鞫审"即"具狱"后的上报 | "谳"字的狭义用法，在投书案件中，在"鞫审"以后的向上"谳" |
| 疑案奏谳 | 张家山《奏谳书》诸"敢谳之" | 案例一"疑毋忧罪，它悬论，敢谳之。" | 刑事司法领域，疑案"鞫"后的谳 | "谳"字的狭义用法，疑案定罪难，"谳"。疑案奏谳制度由汉高祖七年诏书确认 |

通过梳理，其实可以发现，"谳"字在《说文》的"议罪也"的训诂之外，有涵盖更宽的广义，也就是向上级报告的意思。在这样广义的用法下，《奏谳书》22个案例的共同点可以归纳为向上级报告。但《奏谳书》22个案例虽然有差异性，但毕竟有明显的共同点，也就是都是刑事案件的文书。所以用泛泛的行

政和司法领域都可以用的"谳"字广义是毫无意义的。所以可以说睡虎地秦墓竹简的《秦律十八种·徭律》的"谳"广义用例与"奏谳书"题名问题无关。

表4-20所列另外两个"谳"字用例都是限定在刑事司法领域内。一个是高七年确立的疑案奏谳的"谳",另一个是投书案件这种特定案件的"谳"。从两者的差异性来看,很明显,后者特定案件的"谳",在法律上县道官没有断狱的权力,已经"鞫审"而案件事实层面调查完毕以后,一律"谳之"。而前者高七年奏谳制度,县道拥有对案件的断狱权力,但因为定罪存在困难,所以"谳"。两者是不同规范条文规定的具体制度,而且有年代的差异,高七年诏书在汉,而睡虎地是秦简。但从共同点看,第一,两者都是处在刑事司法领域,而第二,"谳"的前提条件也就是"鞫审",或者用前文已经与"鞫"建立联系的"具狱"来说,向上级"谳"案件文书,都是在"鞫"固定案件事实之后,而断狱的职责由接受所"谳"案件上级负责。

本书从表4-20所发现的"谳"字两个用例,推论"谳"在刑事司法领域所体现的是向上级移交案例的制度。那么向上级移交案例的制度的制度,相关的资料可以做成表4-21。

表4-21　　　　　　　　向上级移交"狱"的各种制度

| 向上级移交"狱" | 文献来源 |
| --- | --- |
| 汉高祖七年诏书规定的疑案奏谳制度 | 《汉书·刑法志》引高七年诏 |
| 特定的投书案件的"谳"制度 | 睡虎地秦墓竹简《法律答问》("投书辄谳之") |
| "县道官所治死罪及过失、戏而杀人"案件的"上狱"制度 | 《二年律令·兴律》的规定。《晋书·刑法志》引魏律序,有"上狱"条 |

《二年律令·兴律》的"上狱"规定,全文是"县道官所治死罪及过失、戏而杀人,狱已具,毋庸论,上狱属所二千石官。二千石官令毋害都吏复案,闻二千石官,二千石官丞谨掾,当论,乃告二千石官以从事。彻侯邑上在所郡守。"虽然没有"谳"字,但"上狱"制度与前述"谳"字的刑案移交制度有明显的共同点,所以我们认为此处的"上狱"制度也是刑案移交制度。共同点体现在"上狱"制度与睡虎地秦墓竹简投书案件"鞫审谳之"制度的相似性。第一,都是刑事案件领域。第二,都是法律令明文规定的特定种类案例的一律向上转交,县道没有断狱权力。第三,程序上,都是在"鞫审"或者说"具狱"以后,案例事实调查结束,形成了完整的案例卷宗文档。然后向上级移交。

根据"谳"字用例的分析,推论出"谳"是刑事案例的向上级移交,然后根据推论广义"谳"制度又涵盖了《二年律令·兴律》的"上狱"制度。那么,通过"谳"字扩大到刑事案例向上移交,而扩大的"奏谳书"三字题名的内涵，就可以统摄《奏谳书》全篇22个案例。

再回过头来看张建国对《奏谳书》定性的观点。如前所述，张建国分"奏谳书"题名为"谳书"和"奏书"，"奏书"是一些特殊案件的上报文书，这些案件的特殊，有的体现在犯罪者的爵位和官职，或者是死刑案件必须依法上报。分析张建国的这个对"奏书"的定性，我们可以发现张对"奏书"定性为特殊案件的上报，正与本文"谳"字分析有关，所谓的死刑案件必须依法上报明文规定于《二年律令·兴律》的"上狱"制度。也就是说，张建国的"奏书"提法已经与"上狱"制度构建了联系，而张建国通过其所谓合成词"奏谳书"所投射的刑案移交制度，是将"上狱"制度涵括在内的，而且不仅仅包括《二年律令·兴律》的"上狱"制度。因为张建国列举的犯罪者有特定爵位和长吏身份而上报的案件，并不规定于《兴律》，可能规定于秦至西汉初年的其他的法律令条文中。

我们的《奏谳书》"名实之辨"观点就是建立在张建国观点的内核之上，并不是完全继承其说法，比如"奏书"和"谳书"的提法本书就予以扬弃。"奏谳书"题名统摄全部《奏谳书》22个案例，说明"谳"是广义的刑案向上级移交制度。这是一个方面，也是批评张建国观点的学者们如曹旅宁所坚持的名实的相符性。但在同一性下，22个案例有其差异性，张建国将一部分案例文本对应高七年奏谳制度，而另一部分案例对应其他的制度，这样的洞见应该予以肯定和继承。张建国在名实之辨问题上的"分"，不是简单的"割裂"，而是为了更好地做到"名实相符"，也就是"合"。赞同《奏谳书》名实相符观点的学者，也必须承认《奏谳书》的名实相符不能完全统一在高祖七年诏书确立的疑案奏谳制度。然而，张建国"奏书"和"谳书"的提法确实历史依据不足。通过对"谳"字用例的考察和对当时刑案向上移交制度的整理，可以说疑案奏谳和特案上狱，这两个性质的奏谳书案例，都可以统摄在"谳"字的刑案向上移交的含义。在这个意义上，"奏谳书"题名与《奏谳书》案例性质得到统一，从"分"走向了"合"。见表4-22。

表4-22　　　　本文对《奏谳书》"名实之辨"问题的结论简述

| "奏谳书"题名，中心字"谳" | 疑案奏谳 | 高七年诏书疑案奏谳制度 |
|---|---|---|
| | 特案上狱 | 兴律规定的特定犯罪"上狱" |
| | | 法律规定的其他特定向上级移交的犯罪案件 |

在《奏谳书》"名实之辨"问题的层面，《奏谳书》的22个案例可以简单地划分为两大类。本文之前章节也已经讨论过，从各种的不同的角度上分析，《奏谳书》22个案例的分类会有很多种。这是要予以注意的。

以上简要探讨了《奏谳书》的"名实之辩"问题，从"奏谳书"三字原简题名与《奏谳书》22个案例之间存在的矛盾出发，通过"分"得到"合"，提出了自己对《奏谳书》"名实之辩"问题的观点，加深了对"奏谳书"题名和《奏谳书》文本性质的理解。但以上内容都是从题名与性质的关系上讲的。题名和性质两个问题，还有很大的空间可以探讨。

对"名实之辩"问题，本书主要专注于"奏谳书"的"谳"字及其指代的刑事司法制度。那么三字题名的"书"字也同样相当重要。之前简述的各家对《奏谳书》性质问题的观点，已经有涉及这个"书"问题，"奏谳书"题名有"书""书"在当时可以指文书也可以指书籍。那么《奏谳书》文本的性质是文书还是书籍？诸家有不同观点。但这一问题可以划分为不同的层次，见表4-23。

**表4-23　《奏谳书》性质问题的不同层面：来源、编辑与作用**

| 问题层次 | 文本来源 | 文本特征 | 文本定性 | 备注 |
| --- | --- | --- | --- | --- |
| 《奏谳书》的取材来源 | 秦汉向上报告的刑事案件案卷 | 官方使用的原始文书，严格的文书格式 | 官方文书性 | 整理组"议罪案例汇编"说；张建国的"奏书"和"谳书"分立说是这些层面 |
| 《奏谳书》的编辑成书 | 观点一：编辑者和抄写者合一，都是私人。私人编者对原始文书的编辑整理，成书籍 | 私人的编辑，因此案例文本编删体例不一 | 个人性 | 曹旅宁等学者的意见 |
| | 观点二：编辑者和抄写者分离。官方编辑，私人抄写官方本。 | 官方的编辑，有一定的规范，编删体例统一；但私人的抄写随意性导致体例不一 | 编辑官方性，抄写个人性 | 此观点认为官方有所谓原本《奏谳书》，今见张家山《奏谳书》为私人抄本 |
| 《奏谳书》的实际作用 | 吏学习文书写作的参考书籍 | 有各类文书可供学习参考 | 个人书籍性 | 彭浩等学者指出的功能 |

首先，在《奏谳书》性质问题的取材来源方面，争议不大，前已述及，整理小组提出"议罪案例汇编"说以来，诸家基本都在《奏谳书》取材来源的层面同意这一说。其次，在《奏谳书》的实际作用方面，自从彭浩提出"汇集的各种案例是供县、郡司法官学习法律和断狱治事用的"。诸家在彭浩之后对此问题的观点虽然表面上有一定差异，但基本是采纳了彭浩的观点。

从取材来源上看，《奏谳书》的内容具有鲜明的官方文书性质，重视这一点的学者往往倾向于持有《奏谳书》文书说观点。而从实际作用来看，《奏谳书》有鲜明的书籍性质，类似于当代的司法文书写作参考案例书籍，更重视这一点的学者一般倾向于《奏谳书》书籍说观点。《奏谳书》性质的文书说和书籍说两类观点的争鸣，在一定程度上渊源于此。两类观点都是不同层面上评价《奏谳书》文本。

　　《奏谳书》编辑成书的过程也存在观点明显分歧的讨论。所谓存在官方本的假说，其实并不是出土文献研究中的孤例。同样在一定意义上有官吏参考书籍性质的《睡虎地秦墓竹简·封诊式》，对其编辑成书过程的讨论，也存在一说认定存在官方本《封诊式》，而睡虎地本是据官方本的抄写本。这一类的存在官方本假说，其实构建在假说持有者们对秦汉时代法制社会的理解上，也就是他们认为，在秦和西汉初年通过中央集权体制推行法令由一统的社会背景下，私人应该没有自己编辑司法类参考书籍的空间。这样的推论，其实很有可商榷之处。第一，假设没有所谓官方定本《奏谳书》，张家山汉简《奏谳书》是个人从各种原始刑事司法文书中抄录编写，也不与当时的社会背景矛盾。这些原始刑事司法文书，可能是由官吏个人经办而得以抄录，也可能是各级司法机关对某些案例的公布，官吏私人进行抄录，最后形成完整的张家山汉简《奏谳书》，是存在这种可能性的。第二，张家山汉简《奏谳书》不论编者是官方或私人，诸家承认其为私人抄写而为私人所有，用于私人的学习目的。这些学界的共识，揭示着当时存在一定的官吏私人抄录司法文本和学习司法文本的空间。如果官吏私人"抄写"的范围广阔一些，这一类文书抄一点，那一类文书抄一点，这种来源广、母本众多而有取舍编删明显的"抄写"，完全可以视为"编辑"。总而言之，探究张家山《奏谳书》是否有作为母本官方本存在，是一个重要的问题。但这个问题没有解决的话，也不影响《奏谳书》定性的大局，也就是《奏谳书》是来源于原始刑事司法文书的参考书籍，兼有文书性质和书籍性质。

### （二）《为狱等状四种》性质

　　对《岳麓书院藏秦简（叁）》题名的探讨，涉及的重要问题之一就是对其文本性质的理解。学界对《为狱等状四种》题名的相关探讨论文有多篇发表，如苏俊林《岳麓秦简〈为狱等状四种〉命名问题探讨》[①]、胡平生《岳麓秦简（叁）〈为狱等状四种〉题名献疑》[②] 等。这些论文对《为狱等状四种》这一题

---

　　① 苏俊林：《岳麓秦简〈为狱等状四种〉命名问题探讨》，引自田澍、张德芳主编：《简牍学研究（第五辑）》，甘肃人民出版社2014年版，第9~14页。
　　② 胡平生：《岳麓秦简（叁）〈为狱等状四种〉题名献疑》，引自中国文化遗产研究院编：《出土文献研究（第十四辑）》，中西书局2016年版，第27~30页。

名，并非完全接受，并提出一些相关的建议。作为《为狱等状四种》主要整理者的陶安对这类观点进行了回应，其论文《〈为狱等状四种〉标题简"状"字字解订正》、《〈为狱等状四种〉标题简"奏"字字解订正》收入他的《岳麓秦简复原研究》①。

第一，正如陶安所指出的，简 137 背"为狱□状"② 文字是标题，该简可称标题简。陶安根据卷册复原成果指出简 137 位于案例之首简，也是该卷册之首部。③ 陶安认为"为狱□状"是案例的标题，然后以此案例标题作为《岳麓书院藏秦简（叁）》全书题名的主干，尚有分析的空间。案例〇八的三枚简的简背书分别书有三个标题：简 137 背"为狱□状"、简 139 背"为气（乞）鞫奏状"、简 140 背"为覆奏状"。一个案例的简背有三个标题，将他们都视为所在案例的标题是有问题的。三标题的格式没有重大区别，则其功能也不应有大差别。

有学者在研讨中指出，这三个标题的性质是该卷册三类案例的标题，由于其集中在卷册最外层的背部，在卷册收拢时从外就能看见，所以这三枚简的标题如此并列，具有卷册目录的性质。本卷册含有两个乞鞫案件，位于卷册靠内的圈层，与简 139 背"为气（乞）鞫奏状"存在一定距离。因此，简 139 背的标题不能与其简正面的案例联系，而只能理解为卷册案例类别目录文字。"为气（乞）鞫奏状"对应该卷册两个案例，那么其他两个标题也分别对应该卷册的案例，对应关系有待探讨。

总之，以三枚标题简之中的一枚为全书题名主干，而不取其他两枚，本身是需要进一步解释的。

第二，含有制书的案例一五，需要重新考虑是否可以"为狱等状四种"统摄。

陶安《〈岳麓书院藏秦简（叁）〉校勘记》将数枚漏简补入案例一五。其中简 243（3）：☒□臣信（？）请：取得（？）☒。简 244（3）：臣昧死请。·制曰：可。陶安指出，"简文的'制曰可'终于证明了此份文书是诏令的一种，即当时所谓'制书'。……本文书是直接由皇帝裁决的奏谳文书现存唯一的实例。"④

陶安对案例一五的校勘意义重大，本来这一案例就单独构成《岳麓书院藏秦简（叁）》的第四类，与其他三类在形制和书体上存在明显差异。而题名"为狱等状四种"的主干出于第二类。陶安指出了案例一五的独特性。

我们认为，本案例并不是含有制书的奏谳文书，而是一份完整的制书，保存

---

① 陶安：《岳麓秦简复原研究》，上海古籍出版社 2016 年版。
② 本文不采纳整理报告中的"訽"字处理，因为可能与《说文·言部》的从言从口之"䚯"字混淆。
③ 陶安：《岳麓秦简复原研究》，上海古籍出版社 2016 年版，第 389 页。
④ 陶安：《岳麓秦简复原研究》，上海古籍出版社 2016 年版，第 352、第 353 页。

了制书向下级官署传递时的大部分内容。其内容包括了"臣信"的请示文内容，案例文本的大部分内容即是"臣信"的请示文。当然，该制书的内容涉及特定案例，其功能也是对特定案例的裁断。

案例一五作为一份制书，是不能被"某状"之类的提名所统摄的。这是由制书的崇高地位所决定的，与"状"不同。陶安指出："'状'字表示'模范'、'典范'义，所收录文书则是范例。换言之，这一司法文书集成是一个通过文书实例向文官传授办案（'为狱'）等职务的参考材料，即办案等范例集。"① 制书的写作恐怕不需要这类"状"的教导，这类范例集的编纂者恐怕不敢教导制书的写作格式。

所以，讨论《岳麓书院藏秦简（叁）》，应该首先把第四类案例一五取出，进行单独讨论。（欧扬）

## 第二节　岳麓秦简所见秦刑事诉讼程序的历史价值

虽然史传"治国皆有法式"，但因史籍文献的阙如，秦（代）的法律制度一直是法史学研究最为薄弱的领域。睡虎地秦墓竹简的出土，其中所发现的大量法律文献为秦（代）法律制度的研究洞开了神秘的大门。此后随着龙岗秦简、里耶秦简等的相继出土，秦律的面貌日益变得清晰起来。但是这些出土法律文献除了睡虎地秦墓竹简中的《封诊式》、《法律答问》载有秦（代）司法运行的一些零散记载外，鲜有关于秦（代）刑事诉讼程序的完整体现。张家山二四七号墓出土的汉代竹简不仅有力推进了汉代法律制度的研究，而且其中《奏谳书》所见的三个秦王（始皇）嬴政时期的案例，为秦（代）刑事诉讼程序的了解奠定了重要的基础。岳麓书院藏秦简所发现的大量司法案例②，则为我们进一步深入认识和分析秦（代）的刑事诉讼程序提供了最好的出土文献上的支持。如果放

---

① 陶安：《岳麓秦简复原研究》，上海古籍出版社2016年版，第396页。
② 岳麓秦简中所见司法案例的体裁形式与张家山汉简中的《奏谳书》颇为相似，主要也是司法奏谳方面的案例记载，而且这些司法案例基本上都发生在秦王嬴政时期或者秦朝统一之后。其中较为完整的司法案例计有十一个，较为残损不全的司法案例亦有五个左右。十一个较为完整的案例中，有七个属于向上级机关请示解答疑问的"谳书"性质的，有两个属于被告人请求上诉的，有一个属于向上级机关奏报司法官吏办理案件的具体情况并为其请求嘉奖的，有一个属于不能明确归属类型的。而在五个残缺不全的案例中，除了一个非常明显属于向上级机关奏报案件办理情况并为办案人员请求嘉奖外，其余四个不能完全肯定属于什么类型。此外，文中因引用睡虎地秦竹简文献颇多，为考虑行文需要，故不一一作为注释予以标明出处，所引用的文献来源为文物出版社1978年出版的《睡虎地秦墓竹简》，特此说明并致谢意。

眼于中国古代法律制度的宏观发展历程，我们可以发现，秦（代）刑事诉讼程序的基本规定对中国后世所产生的历史影响是相当深远的，具有极其深厚的历史价值。

## 一、刑事侦查的缜密

睡虎地秦墓竹简《封诊式》与张家山汉简《奏谳书》所见秦（代）司法案例，已经充分反映出秦（代）刑事侦查的缜密，岳麓秦简所见司法案例进一步为此提供了佐证。从这些出土文献的有关记载来看，官府在发现犯罪或者接到报案后，首先必须立即派人赶赴现场进行侦查和勘验。睡虎地秦墓竹简《封诊式》中的"贼死""经死""穴盗""出子"等，官府都是在接到有关报案后，立即派遣令史前往现场进行勘验。张家山汉墓竹简中的《奏谳书》第22个案例，即"女子婢被刺案"，大约发生于秦王政六年，说的是一个叫婢的女子"但（擅）钱千二百，操箅，道市归"，在巷中被人用刀刺伤背部，并被推到于地上，所持钱亦被抢劫一空。案发后里典赢迅速赶到咸阳县衙报案，官府立即派遣狱史顺、去疢、忠、大□等前往调查。岳麓秦简的一个"巍盗杀安、宜等"的司法案例，也是在发现安、宜以及一个不知名的女子被杀后，官府即令狱史彭沮、衷前往现场。而在另一个"喜盗杀人"的司法案例中，虽然因为该案的记载已因竹简残缺而只能知其一二，但在弃妇毋忧缚死其田舍而为大女子婴等人报案后，官府也立即派狱史前往现场。由此可见，秦（代）在刑事案件发生后，当事人、基层管理人员以及其他相关人员都可以向官府报案，而官府接到报案后应立即派人前往现场进行侦查和勘验。至于派往侦查的司法官吏，睡虎地秦墓竹简《封诊式》中的例证皆为"令史"，而张家山汉简与岳麓秦简所记的司法案例则皆为"狱史"，这二者之间究竟存在着什么样的关系，还有待进一步的史料佐证。

侦查人员赶到现场后，立即需要着手的是对现场进行勘验，即所谓的"诊"。岳麓秦简"巍盗杀安、宜等"的司法案例中，狱史彭沮、衷到达现场后，立即对安、宜以及不知名的女子的死亡现场进行了勘验，发现"死（尸）皆在内中，头/颈有伐刑痏"[①]，而且如果不是由于竹简的残缺，应该还有对被害人死亡现场有着更为详细的勘验记录。从张家山汉简《奏谳书》所记载的"女子婢被刺案"来看，对犯罪现场的勘验实在是相当细致的。狱史顺等人不仅认真查看了刺在被害人背上的刀，"铁环，长九寸"，而且也在被害人婢被刺而推倒的

---

① 岳麓秦简0510。引文中的"伐""刑"两字，原简字迹漫漶不清，整理者补释。

地方找到了一张荆券,"婢偾所有尺半荆券一枚,其齿类贾人券"。后来顺等人侦破不力,官府派遣新的狱史接替其侦查,正是充分比对犯罪现场所发现的刀与荆券,方才逐步锁定犯罪嫌疑人并进而侦破此案的。岳麓秦简还有个司法案例多为残简所载,虽然缺漏甚多,但还是能够充分反映出秦(代)对于现场勘验的详尽要求。这个案例大致记载的是当时可能作为士卒的得、绾等人在与反寇作战的过程中,由于畏懦而退却,从而引发的刑事责任问题。官府在听取了相关士卒的申述后,对得、绾等人当时退却作战的现场进行了非常细致的勘验:"诊、丈、问:得等环(还)走四十六步,□等十二步,术广十二步,垣高丈。忌等死时,得、绾等去之远者百步。"正是依据这样细致的现场勘验,最后得以认定得、绾等人的畏懦退却之罪。睡虎地秦墓竹简《封诊式》中对犯罪现场进行勘验较为典型的案例有三,即《贼死》《经死》和《穴盗》。在这三个案例中,官府对犯罪现场的基本情况、死者的形状、衣着以及犯罪留下的各种痕迹等,都进行了极为详细的勘验和记录。可以说,《封诊式》作为当时规范司法官吏办案的标准文本,其所载案例大多具有假设的色彩,而岳麓秦简所见司法案例则是当时官府办案的真实记录,实属《封诊式》关于现场勘验的真实写照。

在案件侦破的整个过程中,侦查人员还要对有关的当事人以及证人或目击人进行全面的讯问。在"女子婢被刺案"中,狱史顺等人在听取婢的陈述后,追问了婢几个重要的问题:一是讯问婢为何没有注意到后面跟踪的人;二是讯问婢从市场赶回家里的途中,有没有遇到什么人;三是讯问婢有没有什么与之争斗、怨恨或者其他熟人作案的可能。此外在婢被刺而醒来呼喊被盗的时候,一个叫齮的女子闻声出来,发现婢的背部插有一把刀,狱史顺等人亦对作为目击人的齮进行了讯问。岳麓秦简"巍盗杀安、宜等"的司法案例中,狱史"觸等尽别譖(潜)讯安旁/田人",也就是对被害人安的生活周边的有关人员分别派人逐一暗访和讯问,直到无人能够提供有用的线索时才再转而寻找其他的侦破途径。其后简文颇有残缺,但仍可较为清楚地看出,案件的最后侦破仍是从讯问其他相关人员打开缺口的。如果在讯问的过程中,侦查人员发现有关人员的供述前后不一或者有所疑问和矛盾,还会进一步加以追问,即所谓的"诘"。这样通过反复的讯问与诘问,再结合现场勘验的具体情况以及所取得的有关证据,就可以为案件的进一步侦破提供有力的支持。

此外,从上面这些分析的案例来看,秦(代)对于侦查过程中所取得的证物要求进行严格的鉴定,对于可疑的人员要求收押,对于新引出的证物要求搜寻并加以鉴定,对于不能自圆其说的当事人或有关人员要求拷讯,对于加害人或者被告人要求扭送或拘传至官府以及对其家属、财物要求封守,对于现行犯和在逃犯要求抓捕归案,等等,都有着非常详尽的法律规定,充分体现出秦(代)刑事侦查程序的成熟。中国秦汉以后刑事侦查的日趋完善尤其是司法检验技术的发达，无疑受到了秦律相当深刻的影响。

## 二、审讯与判决的分离

审讯与判决是刑事诉讼程序的核心环节。审讯是指刑事案件起诉到官府后，司法官吏对有关人员的讯问和诘问以及对有关证据的审查，大致由"讯""诘""笞掠""鞫"这些程序所构成。讯问和诘问的对象不仅包括刑事案件的当事人，也包括所有与案件相关的证人以及刑事侦查人员。审查的对象主要包括刑事案件的有关证据以及各种勘验笔录等。审讯的目的在于充分查明犯罪事实是否成立，有些类似于今天的法庭调查，既关系犯罪行为人是否应该受到刑事制裁，也关系司法官吏的法律适用是否正确。

审讯首先从双方当事人以及有关人员到庭并查明其身份以及详细听取其口供或证词开始，这就是所谓的"讯"。睡虎地秦墓竹简《封诊式》所载"凡讯狱，必先尽听其言而书之，各展其辞"，充分表明审讯案件，必须双方当事人均到庭进行陈述，法官在听取当事人陈述时还要详细加以记录。岳麓秦简所载司法案例大多为下级向上级奏谳的疑难案件，为了说明疑难问题所在，对于初审的审讯过程有着比较详细的记载。例如在"识、婉争沛产"一案中，在婉以"自告"方式起诉到官府之后，司法官吏不仅认真听取了婉与识的各自陈述，而且传令与此案有着一定关系的第三人，也曾为沛舍人的建、昌、喜、遗等人出庭对质，同时还仔细听取了两个方面的证人证词：一是沛于妻子死后再免妾婉为庶人并以之为妻，主要有证人快、臣、拳、嘉、頡等；二是沛生前曾为家奴识娶妻并许诺赠予识以肆、室，主要有证人狗、羽等。在讯问完这些当事人以及有关人员之后，还传唤了基层管理人员乡唐、佐更两人。从该案的记录过程来看，司法官吏正是通过认真而全面的讯问程序，从而准确掌握了识、婉争执财产的来龙去脉，为本案的最终判决奠定了基础。

为了避免司法官吏的先入为主，从而确保犯罪事实的准确认定，秦律还严格要求司法官吏在讯问过程中不能随便发问，只有在当事人以及相关人员言辞已尽但问题没有交代清楚，或者其供词呈现出自相矛盾或者难以自圆其说的情况下，司法官吏才能够针对性地提出质疑，即所谓的"诘"。诘问的时候，还要将当事人及有关人员的辩解记录下来，如果还有不清楚或者相矛盾的地方，则要继续诘问下去，直到当事人以及相关人员无话可说为止。在"识、婉争沛产"一案中，司法官吏讯问完毕当事人以及所有相关人员之后，方才对识加以诘问："沛未死虽告狗、羽，且以肆、舍客室鼠（予）识。而后不鼠（予）识，识弗求。已为识更买室，分识田、马，异识。沛死时有（又）不令。义已代为户后，有肆宅。识弗当得，何故尚求肆室曰：'不鼠（予）识，识且告婉？'"面对如此细致的讯问与颇有针对性的诘问，识最终承认了自己争夺财产的恶行。

通过讯问与诘问，司法官吏往往能够对案件的基本事实作出比较准确的判断，因此秦律对于刑讯逼供，一般不予以鼓励，睡虎地秦墓竹简《封诊式》有着明确的记载："治狱，能以书从迹其言，毋治（笞）谅（掠）而得人请（情）为上；治（笞）谅（掠）为下；有恐为败。"只有在当事人回答问题不实或狡辩、多次欺骗或改变口供、拒不认罪等情况下，方才允许依法拷打。而且经过刑讯取得口供，必须以爰书详细加以记录，睡虎地秦墓竹简《封诊式》对此亦有相当明确的记载："诘之极而数讪，更言不服，其律当治（笞）谅（掠）者，乃治（笞）谅（掠）。治（笞）谅（掠）之必书曰：爰书：以某数更言，毋（无）解辞，治（笞）讯某。"因此在秦律中，刑讯逼供受到非常严格的限制，也是司法官吏判决可靠性的衡量标准。岳麓秦简中载有一个"田与市和奸"的案例，狱史相多次听说田与市有着男女奸情，因此令毋智前往现场当场捕获，在没有刑讯的情况下，田与市即已认罪。但是后来田不知因何缘故，在一审判决后再次提起上诉，不承认与市之间的奸情。司法官吏在二审中详细讯问了田、市、相、毋智等相关人员，发现田与其他人的供词或证言不相吻合，而且一审也没有对其进行刑讯逼供，于是当场发问田："夏阳吏不治谅（掠），田、市认奸。今覆吏讯市，市言如故狱，田云未奸，可（何）解？"田无法辩解，最终被驳回上诉。

由"讯"而"诘"，再在迫不得已的时候加以"治（笞）谅（掠）"，然后认真审查所搜集到的各种证据和勘验笔录，最后进入犯罪事实的认定阶段。从张家山汉简《奏谳书》所载司法案例来看，"鞫"是司法官吏对案件调查和审讯的结果，亦即对犯罪的过程和事实加以简明扼要的归纳总结。岳麓秦简所见司法案例也充分反映了"鞫"所具有的这一特征，即使是在第二、三审中，"鞫"仍然是上级司法机关对下级司法机关所认定的犯罪事实予以重新认定。譬如"得之强奸弃妻未遂"一案中，第一审的审讯结果记录为："其鞫（鞫）曰：'得之强与人奸，未蚀。审。'"第二审的审讯结果记录为："其鞫曰：'……欲强与奸，未蚀。乞鞫不审。审。'"第三审的审讯结果记录为："鞫之：'得之乞鞫不审。审。'"由此可见，"鞫"的内容主要在于对犯罪事实进行认定，所以其末尾一定还要缀上"审"或者"皆审"之类的字样，以表明犯罪事实已经调查清楚并已为审讯的司法官吏所确认。

认定犯罪事实之后，司法官吏就会引用法律的明文规定，对被告人做出有罪无罪以及如何适用刑罚的判决，这在秦律中被称之为"论"。岳麓秦简所见司法案例与张家山汉简《奏谳书》中的司法案例大致相同，无论是从一审还是上诉审来看，秦（代）刑事诉讼的庭审程序主要都由两个阶段组成：一是认定犯罪事实的"鞫"，二是适用刑罚的"论"。只有在犯罪事实已经认定成立的前提下，才能对被告人议决应该适用的刑罚，即作出最终的判决。"得之强奸弃妻未遂"一案中，一审的司法官吏在认定得之强奸弃妻未遂的前提下，"丞□论耐得之为隶臣"。而对那些疑难案件，一审的司法官吏即使已经查明并认定了犯罪事实，但必须依法向上级司法机关奏谳以后才能确定刑罚的适用，那就不能直接进入"论"这一判决环节。至于认定犯罪事实的"鞫"与适用刑罚的"论"是否都由同样的司法官吏全部完成，还是由不同的司法人员分别完成，从岳麓秦简的记载来看，目前还无法肯定。张家山汉简《奏谳书》所载的"黥城旦讲乞鞫"的案件，开始是由腾审讯的，但后来铫又参与进来，然而最终作出判决即"论"的却是昭、敢、铫、赐四人，腾没有出现，所以廷尉也仅指出"昭、铫、敢、赐论失之"，而根本没有言及腾在审讯过程中的法律责任。这当然不能认为"鞫"与"论"在秦（代）已由不同的司法人员分别完成，但没有参与"论"的司法人员不承担判决结果的法律责任，则是相当明显的。

  由此可见，秦时的审讯虽由"讯""诘""笞掠""鞫"等程序组成，但"鞫"作为最终确定其审讯结果的程序，非常类似于我们今天犯罪事实的认定。只有在犯罪事实认定以后，才能进入真正的判决环节，即所谓的"论"，相当于我们今天法律或者刑罚的适用。从岳麓秦简与张家山汉简《奏谳书》所见司法案例来看，"鞫"与"论"的确属于两个各自独立的程序阶段。我们甚至可以发现，上诉之所以称之为"乞鞫"，只是由于被告人或其家人对于犯罪事实认定的质疑，即对"鞫"的质疑或否定。而疑难案件的奏谳，则往往是初审司法机关对法律或者刑罚的适用所感到的疑问所致，是对"论"的怀疑。至于"鞫"与"论"这两个阶段是否由不同的司法官吏分别进行，目前还无法做出比较准确的判断。但从张家山汉简《奏谳书》所载的"黥城旦讲乞鞫"一案来看，即使并不意味着"鞫"与"论"是由不同的司法人员所进行的，至少也表明秦时的"失刑""不直""纵囚"之类的司法责任仅及于参与判决即"论"的司法官吏。正是对犯罪事实的认定与法律或刑罚的适用有着这样的程序划分，深深奠定了中国古代审讯与判决相分离的制度根基，甚至发展到宋代，还形成了相当严格的审、判分离制度，即鞫谳分司制。宋代在中央大理寺、刑部设详断官（断司或鞫司）负责审讯，设详议官（议司或谳司）负责检法用律。在州府设司理院，由司理参军（鞫司）负责审讯人犯、传集人证、调查事实等审判事务，由司法参军（谳司）负责检索法律、定罪量刑。这种审讯与判决严格相分离的制度，可以使审讯与判决两个环节相互牵制和监督，尤其是谳司检法用律时一旦发现犯罪事实的认定存在问题，还可以承担起驳正的责任。宋人当时就对这一制度具有相当高的评价:"鞫之与谳者,各司其局,初不相关,是非可否,有以相济,无偏听独任之失……"即使今天来看,这种审讯与判决相分离的制度,仍可资为我们所借鉴。

## 三、疑难案件的奏谳

自张家山汉简《奏谳书》面世以来,关于汉代疑难案件谳治的制度,引发了史学界与法学界的高度关注和深入研究①。《汉书·刑法志》曾载有"高皇帝七年,制诏狱史:'狱之疑者,吏或不敢决,有罪者久而不论,无罪者久系不决。自今以来,县道官狱疑者,各谳所属二千石官,二千石官以其罪名当报。所不能决者,皆移廷尉,廷尉亦当报之。廷尉所不能决,谨具为奏,傅所当比律、令以闻",这一诏令终为《奏谳书》的出土所证实。

《奏谳书》总计载有二十二个司法案例,其中十七个案例属于汉初,三个案例属于秦,两个案例属于春秋时期鲁、卫两国。从具体内容来看,全部案例大致可以分为两类:一类是下级机关已经办理完毕的案件,可能有着某些理由需要上报上级机关;另一类则是下级机关所办理的案件,因为犯罪事实的认定或者刑罚的适用存在某些疑问而需要请示上级机关予以解答或批复。张建国先生对此有着相当敏锐的判断:"我们现在见到的这部《奏谳书》看来似是一个合成词,也就是说,除了谳的部分案例外,还有奏的部分文案,也许我们可以分别称它们为'奏书'和'谳书'。"他认为那些文书末尾有着"为奉当士五牒上谒"、"为奏二十牒"或者"敢言之"之类文字的大致都属于"奏书",其上奏的目的仅在于向上级机关说明案件的办理情况而不是请求上级机关予以解答疑问或批示案件如何办理。而"谳书"与"奏书"一样虽然也要向上级机关上报,但上报的目的是要求上级机关解答疑问,所以文书末尾一般都会缀上"疑……罪"或者"敢谳之"之类的文句。蔡万进先生对此观点进行了批评,他认为"奏谳"一词在汉代不仅属于连称,是一个规范的固定用语,而且颇见于史籍,所以"奏谳书"也属于汉代国家正式收录和颁行的司法案例,"那种认为《奏谳书》是由'奏书'和'谳书'两类组成的观点是站不住脚的"。

---

① 具有代表性的研究主要有李学勤:《〈奏谳书〉解说(上)》,载于《文物》1993年第8期,第26~32页;李学勤:《〈奏谳书〉解说(下)》,载《文物》1995年第3期,第37~42页;彭浩:《谈〈奏谳书〉中的西汉案例》,载于《文物》1993年第8期,第32~37页;罗鸿瑛:《汉代奏谳制度考析》,载于《现代法学》1996年第5期,第122~125页;张建国:《汉简〈奏谳书〉和秦汉刑事诉讼程序初探》,载于《中外法学杂志》1997年第2期,第48~58页;[日]池田雄一:《关于汉代的谳制——谈江陵张家山〈奏谳书〉的出土》,载于《中央大学文学部纪要》史学科第40号,1995年;蔡万进:《张家山汉简〈奏谳书〉研究》,广西师范大学出版社2006年版。

这两种观点哪种更为准确，岳麓秦简所见司法案例的发现，也许可以为我们提供一些新的线索。其中十一个较为完整的案例中，有七个属于向上级机关请示解答疑问的"谳书"性质的，有两个属于被告人请求上诉的，有一个属于向上级机关奏报司法官吏办理案件的具体情况并为其请求嘉奖的，有一个属于不能明确归属类型的。而在五个残缺不全的案例中，除了一个非常明显属于向上级机关奏报案件办理情况并为办案人员请求嘉奖外，其余四个不能完全肯定属于什么类型。但足以引起我们注意的是，在简号为0448-1的简的背面，有着"为狱□状"的字样，其简正面似乎是某人向官府控告某士伍杀人的犯罪事实之类的记录。颇为奇怪的是，在简号为0421的简的背面，亦有"□覆奏状"的字样，而其简正面的记录应该与0448-1所记录的是同一个案例，大致是说丞相等人已经指令该案如何办理。同一个司法案例，居然在分别记载不同程序、内容的简背留下"为狱□状"、"□覆奏状"之类的题名，是否意味着刑事诉讼程序的不同阶段各自所采用的不同文书？而在简号为0494的简的背面，还有一个"□乞鞫奏状"的题名，从该简正面所留下的"猩不可起，怒，以刀□/□弃刀……"这样的语句来看，大致可以推断这是一个记录猩杀人或伤人的司法案例，大概猩不服一审判决而提请上诉，故而在简背写有"□乞鞫奏状"的题名。这不仅充分说明秦汉时期的上诉，必须通过原审司法机构向上奏报，而且也表明在不同的刑事诉讼程序阶段，下级司法机关如果要向上级司法机关报告案件的有关办理情况，所采用的正是"奏状"这样的文体。可惜的是，那些向上报告请求解答疑问而且记录比较完整的疑难案件，在简的背面却没有发现"谳状"之类的题名。我们是否可以这样推断，向上请示疑难案件的"谳"由于内容和形式都不会存在大的变化，因此已经定型为固定的文书格式而无须专门标明文体，而向上奏报案件的有关办理情况则因为内容与形式的多样性而随程序阶段的变化而不一？而且，"状"作为一种陈述事实或意见的文书，相比于整体性的"书"而言，无疑是个别而零散的。但将岳麓秦简所见司法案例与张家山汉简《奏谳书》中的司法案例加以比较，我们可以发现二者之间大致有着同样的面貌。这是否意味着秦（代）的"奏谳"制度由于处在创建阶段故而还无法进行系统而完整的总结，而汉初的"奏谳"制度则已充分吸收了秦（代）的丰富经验，司法官吏可以全面搜集资料并加以整理，从而将一个个零散的"奏谳"书状集结为一部"奏谳书"？这个推断如果成立的话，那么张建国先生关于"奏谳书"应分为"奏书"和"谳书"两类的划分则是颇有道理的。

当然最为引人注目的还是，岳麓秦简所见司法案例的发现，将汉代的奏谳制度往秦（代）大大追溯了一步，为我们全面认识秦汉时期奏谳制度的历史发展提供了相当宝贵的资料。岳麓秦简中较为完整的十一个司法案例中，疑狱奏谳方面的有七个。从这七个案例的具体内容来看，其所适用的奏谳程序大多与张家山汉简《奏谳书》中的司法案例相似。一般而言，下级司法机关受理案件经过审讯、诘问等一系列司法程序，如果对被告人是否构成犯罪、构成何种犯罪以及如何适用刑罚等问题存在疑问，就应该向上级司法机关奏谳请求指示。这一奏谳文体一般也都会在开头与结尾附上"敢谳之"之类的文句，具体行文则是首先陈述初审的具体情况，指出案件的疑难所在，然后以"疑……罪"为文尾而请求上级司法机关作出指示。上级司法机关收到奏谳案件以后，就会派人加以复查，然后就被告人行为的定性与刑罚的适用进行讨论，这就是所谓的"吏议"。"吏议"一般都会出现两种不太一样的观点，因此最后是上级司法机关作出最终裁决，并将这一裁决通报给请求奏谳的下级司法机关，即所谓的"报"。可惜的是，作为最终裁决的"谳报"仅有两个案例可以清楚反映出来：一个是"癸、琐相移谋购"的案例，大致是由州陵县奏谳而由南郡最终决谳的；另一个是"君子子癸为伪书"的案例，是由胡杨县奏谳的案件，其末尾仅有"谳报"的结果而无决谳的机构。其他的案例，则都没有奏谳的最终裁决结果。结合张家山汉简《奏谳书》中的司法案例，并从岳麓秦简"癸、琐相移谋购"一案的决谳结果来看，秦（代）的奏谳制度应该已经初步形成"县—郡—廷尉"这一逐级上报的基本方式。

  由此我们可以看到，张家山汉简《奏谳书》中反映出来的奏谳制度，基本上渊源于秦，因此认为"狱疑奏谳制度在西汉初年正式形成"的观点肯定需要加以修正。如果说汉代的奏谳制度有着与秦不同的地方，主要还是在于奏谳的时间发生了一定的变化。秦严格依据法家思想治国，赏罚分明且有时，无论是案件的受理、审判、上诉或奏谳，都是根据刑事诉讼程序本身的时限要求予以完成。岳麓秦简所见司法案例能够清晰反映出初审机关向上奏谳的具体时间的案件大概有三个："猩、敝知盗分赃遇赦"一案的奏谳时间是二十三年四月，"癸、琐相移谋购"一案的奏谳时间是二十五年五月（该案有两份大致相同的文书记录，另一份显示的奏谳时间是二十五年六月），"君子子癸为伪书"一案的奏谳时间是二十二年八月。从这三个具体案件的奏谳时间来看，秦时的奏谳时间是没有什么限制的。而张家山汉简《奏谳书》中的司法案例，能够明确奏谳时间的大概也有五个左右，但奏谳时间大皆集中在秋七月、秋八月，已经透露出一种"秋后问囚"、"秋冬行刑"的味道。从岳麓秦简到张家山汉简这一奏谳时间的变化，似乎也说明了《后汉书·陈宠传》的记载的确不为妄语："秦为虐政，四时行刑；圣汉初升，改从简易。萧何草律，季秋论囚。"汉初虽然继承了秦律，但对于秦（代）"四时行刑"独任法律的刑事政策却有所保留，尤其自董仲舒运用阴阳五行学说确立起正统的意识形态之后，"司法时令"逐渐成为汉代奏谳制度的理论基石，疑难案件的秋后请谳制度日益规范起来。而秦时自下而上的逐级奏谳制度，也随着国家政权组织层级划分的日渐复杂化而逐渐发生变化，决谳的权力日益向中央司法机关甚至皇帝集中。唐代"三司推事"制度的确立，明清会审制度尤其是朝审、秋审制度的推行，更是将重大疑难案件以及死刑案件的最终裁决权力集中到了中央。而这些发展变化，无疑都与秦时的司法奏谳制度有着千丝万缕的历史联系。

## 结 语

秦以法家思想治国，形成于汉代的《盐铁论》认为其"法繁于秋荼而网密于凝脂"，甚至"劓鼻盈累，断足盈车，举河以东，不足以受天下之徒"，颇让后世皆以秦律之残酷而诟病不已。然自睡虎地秦墓竹简面世以来，大量的出土文献日益表明，秦律虽然繁密，但残酷之说恐有失偏颇。尤其从秦（代）刑事诉讼程序的基本规定及其司法实践来看，秦律刑事侦查的缜密，审讯与判决的分离，疑难案件的逐级奏谳，无不充分体现出其对犯罪事实认定的严密性以及刑罚适用的准确性。在这个意义上，如果说秦律的确有着比较残酷的基本面貌，那也是在立法上所体现出来的"重刑主义"，至于在司法上，秦律对司法官吏的要求并不是鼓吹重刑威慑主义，而是主张严格依据法律的明文规定定罪量刑。这种严格司法的制度与实践，尽管深刻反映了君主专制主义环境下"法自君出"的政治需要，但同时亦为司法行为的展开提供了十分明确的标准，设置了不可逾越的障碍，从而使得先秦时期那种法律秘密状态下的罪刑擅断主义得到了相当大的纠正。更为可贵的是，秦（代）依据法家思想建构起来的刑事诉讼程序，通过汉代的继承和发展而深刻影响了后世，其所具有的历史价值无疑是值得高度重视的。（肖洪泳）

## 第三节 岳麓秦简奏谳文书研读

### 一、岳麓秦简"癸、琐相移谋购案"的相关问题琐议

《岳麓书院藏秦简》（叁）的出版①，给学界提供了一批比张家山汉简《奏谳书》更早的秦代法律诉讼案例，较为生动具体地验证了秦汉时期相关的律令

---

① 朱汉民、陈松长主编《岳麓书院藏秦简（叁）》，上海辞书出版社2012年版。

条文，为我们更好地解读睡虎地秦墓竹简和张家山汉简中的相关律令条文提供了许多实证材料。

岳麓秦简中的"癸、瑣相移谋购案"发生在秦始皇二十五年（公元前222年）的州陵县，其案例的大致内容是：州陵县的校长癸等人奉命追捕群盗，当他们追捕到沙羡境内时，发现这批群盗已被沙羡的士五瑣等人抓捕，为了得到购赏，癸等人就以瑣等不知这批群盗的犯罪事由，不能诣告为据，要瑣等将这批群盗移交给他们押送至州陵县请赏，并以券书的形式相约以死罪购赏的标准分钱给瑣等，同时还先垫付了二千钱作为预付款。瑣等为得到这笔以死罪标准的购赏，就收受了这二千钱，同时将群盗移交给癸等去请赏。结果在请赏时，由于沙羡守驩的告发而被立案拘审。开始是州陵守绾、丞越、史获判定癸、瑣等人各赎黥，此外，癸等还要去衡山郡戍守三年。后经监狱史康举劾，郡廷复审，结果是对癸、瑣的处罚不变，同时，因州陵守等"不当谳"而奏谳的过错，各赀罚一盾。

此案的内容与拘捕群盗有关，其案情的好些细节都可与睡虎地秦墓竹简中的《捕盗律》和张家山汉简中的《捕律》相印证，下面我们且就涉及秦汉《捕律》中的"捕人相移"与"购赏"等问题试作一些讨论。

此案中的"相移"是指在追捕犯人的过程中移交罪犯。据案情可知，案由是瑣等将所捕获的治等犯人移交给癸等去州陵请赏。因此，本案的标题也许应改成"瑣、癸相移谋购案"可能更准确些。

有关"相移"的法律条文，在睡虎地秦墓竹简《秦律杂抄》中有明确规定："捕盗律曰：捕人相移以受爵者，耐。"整理小组的解释是："把所捕的人移交他人，借以骗取爵位的，处以耐刑。"① 据此可知，秦代捕捉犯人，是禁止将所捕者移交他人的，如果移交，将被处以耐刑。如果照此理解，那此案中的瑣等人移交犯人给癸去请赏本身就是违法的事，他怎么会为得到所谓"死罪购"的奖赏而敢冒处以耐刑惩罚的危险呢？这一点，张家山汉简《二年律令·捕律》中有一条规定也许可以作为脚注："数人共捕罪人而当购赏，欲相移者，许之。"② 这也就是说，当数人一起捕获罪犯而应奖赏时，如果想移交给他人去请赏，法律上是允许的。据此，那本案中瑣等移交犯人给癸等去请赏，又是合法的。这究竟该怎么理解呢？

其实，这并不是秦汉律令之间有什么矛盾，或者说有什么大的变化，而是两条律文所指的具体对象有所不同所致。

秦简中的律文应是对"有秩吏"而言，睡虎地秦墓竹简《法律答问》：中记

---

① 睡虎地秦墓竹简整理小组：《睡虎地秦墓竹简》，文物出版社1990年版。
② 张家山二四七号汉墓竹简整理小组：《张家山汉墓竹简［二四七号墓］（释文修订本）》，文物出版社2001年版。

载:"有秩吏捕阑亡者,以畀乙,令诣,约分购,问吏及乙论可(何)殹(也)?当赀各二甲,毋购。"这一段答问可以说是对《秦律杂抄》中律文的一种具体解释。有秩吏捕获了逃亡者之后,为什么要移交给乙去诣送官府呢,整理小组解释曰:"本条不给予奖赏,是由于有秩吏有缉拿阑亡者的义务,却弄虚作假,所以不得奖赏,反而应加惩罚。"① 所谓有秩吏,整理小组注释曰:"有秩,见《史记·范雎列传》'自有秩以上至诸大夫',指秩禄在百石以上的低级官吏。王国维《流沙坠简》考释:'汉制计秩自百石始,百石以下谓之斗食,至百石则称有秩矣。'"② 可见,所谓的有秩吏,都是百石以上的低级官吏,诸如游徼、亭长、求盗、校长之类,都是负责逐捕盗贼的基层低级官吏,由于这些官吏的职责就是逐捕盗贼,所以他们在逐捕中抓获罪犯不得奖赏。

张家山汉简中所说的"数人"或就是指非"有秩者",即王国维所说的所谓"斗食"者,本案中的"琐"等人,其身份就是"士五",也就是这种没有秩禄的人,故其捕获罪犯后相移以求购赏,或应是当时的法律规定所允许的。

如前所论,秦律中既然规定"有秩吏"捕获逃亡罪犯不得购赏,那本案中的"癸"是"校长","柳"是"求盗",都是所谓的"有秩吏",他们在移获罪犯后,怎么还去告赏呢?究其原因,是因为他们所捕获的不是一般的逃犯,而是"群盗",《二年律令·贼律》:"盗五人以上相与功(攻)盗,为群盗。"③ 可见所谓"群盗"也就是现在所说的集团犯罪,这对社会的危害性极大,因此,对之专门立法,这在《二年律令·贼律》中就有特别的规定:

"智(知)人为群盗而通飤(饮)食馈遗之,与同罪;弗智(知),黥为城旦舂。其能自捕若斩之,除其罪,有赏如捕斩。群盗法(发),弗能捕斩而告吏,除其罪,勿赏。"④

与此相应的是,《汉书·酷吏传》中也有关于群盗的类似记载:"群盗起不发觉,发觉而弗捕满品者,二千石以下至小吏主者皆死。"连没发觉群盗作案都要处以死刑,也就可见当时的立法者对"群盗"的高度重视,因此,凡抓捕"群盗"者,不管是不是"有秩者",都将给与奖赏。这一点《二年律令·捕律》中就有一条律文加以明确规定:

"吏主若备盗贼、亡人而捕罪人,及索捕罪人,若有告劾非亡也,或捕之而非群盗也,皆勿购赏。"⑤

由此可知凡抓捕"群盗"者,尽管是"吏主"之类的"有秩吏",那都是

---

①② 睡虎地秦墓竹简整理小组:《睡虎地秦墓竹简》,文物出版社1990年版。
③④⑤ 张家山二四七号汉墓竹简整理小组:《张家山汉墓竹简[二四七号墓](释文修订本)》,文物出版社2001年版。

有购赏的。因此,本案中的"校长癸、求盗上造柳"等在抓获"群盗盗杀人"后去诣告请赏,这是完全符合当时律令规定的合法行为,之所以被告,主要是因为他们不是抓获群盗的当事人,而是从"琐等"那移交过来谋求购赏的,其中有为谋求购赏的欺诈行为,故被立案查处。

本案中的"癸"等之所以要"琐"等将所捕获的罪犯移交给他们去诣告请赏,主要是为了谋求更多的购赏。有关秦汉时期捕获罪犯的购赏制度问题,已经有不少学者作过一些讨论,如曹旅宁就曾在其《秦汉捕法考》① 中,专列"购赏办法"一节来加以讨论,此外,阎晓君也曾在其所写的《秦汉时期的捕律》② 中专门有一节来讨论"汉《捕律》中的购赏",可见,有关秦汉时期的购赏制度问题,早已引起过学者的高度关注,但由于有关秦汉时期购赏的资料并不多,所以要复原秦汉时期的购赏制度多少有些局限。现在,随着《岳麓书院藏秦简》(叁)的出版,随着岳麓秦简中有关律令简的整理,我们觉得,这个问题还很有讨论的必要。因此,本书且以"癸、琐相移谋购案"为例,同时藉助我们已经释读的有关岳麓秦简中的律令条文,来梳理一下秦汉时期有关购赏法规的具体内容。

首先,"购"在秦汉时期是一种很有针对性的奖赏,可以说是专门为捕捉逃亡犯罪者而特设的一种奖赏,它与一般的赏赐还有一定的区别。这一点,在张家山汉简《捕律》中就有明确记载:

"捕从诸侯来为间者一人,拜爵一级,有(又)购二万钱。不当拜爵者,级赐万钱,有(又)行其购。"③

所谓"拜爵一级,有(又)购二万钱",说明拜爵与购钱是有区别的,一般来说,拜爵都是说赐爵,而不说购爵,而且赐爵与购钱是可以同时并用的两种奖赏。所以律文规定"拜爵一级,有(又)购二万钱"。而当不可拜爵,需要以钱抵爵时,仍然将购钱分别言之:"不当拜爵者,级赐万钱,有(又)行其购。"可见,购钱和拜爵或赐爵完全是两回事。《说文·贝部》:"购,以财有所求也。"段玉裁注:"悬重价以求得其物也。"是知购本义就是悬赏征求、重金收买之意。所以,秦汉法律文献中的"购"也就是官府悬重金以奖赏捕捉盗贼人员的一种特殊规定。

其次,购赏的范围和具体的赏格都是有法律规定的。对此,曹、阎两位曾分别做过一些分析,其中,对有关张家山汉简《捕律》中的购赏范围的规定分析

---

① 详见曹旅宁:《秦律新探》,中国社会科学出版社2002年版。
② 详见阎晓君:《秦汉法律研究》,法律出版社2012年版。
③ 张家山二四七号汉墓竹简整理小组:《张家山汉墓竹简[二四七号墓](释文修订本)》,文物出版社2001年版。

得比较细密①，而对于赏格的具体数目，则因数据有限而只能点到为止。如曹旅宁在讨论购赏的赏格时，就仅据睡虎地秦墓竹简《法律答问》和张家山汉简《二年律令·捕律》中的部分文字指出："秦简反映出，每捕获城旦一人奖赏黄金二两，并按所捕人数合计赏额。""张家山汉简《捕律》的规定也基本上沿袭自秦律。其中，捕获完城旦一人奖黄金二两，完全等同于秦律，但捕获刑城旦一人奖黄金四两，又高于秦律。说明汉律的规定比秦律更细致。"② 很明显，他所论的内容也就知道秦汉时期捕获完城旦和刑城旦的赏格是黄金二两和黄金四两而已，至于其他的购赏数目则不得而知。

本案例中的相关购赏记录，无疑给我们提供了有关赏格方面的崭新资料：

"死辠购四万三百廿，群盗盗杀人购八万六百卌钱。"

这里所说的购赏钱数，陶安在注释中说得很清楚："四万三百二十、八万六百四十，分别为捕获死罪犯十人与群盗十人的奖赏。按，《尸等捕盗疑购案》简036 称'产捕群盗一人，购金十四两'，据《数》简082，金一两为五百七十六钱，十四两则为八千六十四钱，乘十人分，正好与简016 和022 的记载一致。"③

确实，在《尸等捕盗疑购案》中，也有关于死罪购的钱数："尸等当购金七两"，这里所说的"购金七两"，也就是捕获死罪犯人的购赏数，按一两五百七十六钱计算，正是四千三十二钱。

此外，该案中还有两处也提到了赏格的钱数：

"它邦人□□□盗，非吏所兴，毋（无）什伍将长者捕之，购金二两。"
"阆等，其荆人殹（也），尸等当购金三两。"

此处的"购金三两"，已有学者指出，三两或是二两之误。因为整理者也在注释中说："购金的计算根据未详，或许'三'字不确。"故陈伟根据43 号简图版，认为"原释为'三'的字只有上面的两道横笔清晰，其下第三划其实相当模糊，走向也有不同。当是'二'字，与前揭关于外邦人购金的律文对应"。于洪涛也认为"简文中所记'三两'似为讹误"④。

今按，学者们怀疑的主要理由大概是睡虎地秦墓竹简《法律答问》中的记

---

① 详见闫晓君：《秦汉时期的捕律》，载氏著：《秦汉法律研究》，法律出版社2012 年版，第311～330 页。
② 详见曹旅宁：《秦汉捕法考》，载氏著：《秦律新探》，中国社会科学出版社2002 年版，第285～293 页。
③ 朱汉民、陈松长主编《岳麓书院藏秦简（叁）》，上海辞书出版社2012 年版，第110 页。
④ 陈伟：《尸等捕盗购金数试说》，武汉大学简帛网，2013 年9 月11 日，http://www.bsm.org.cn/show_article.php?id=1894。于洪涛：《再论岳麓简尸等捕盗购金数额》，武汉大学简帛网，2013 年9 月16 日，http://www.bsm.org.cn/show_article.php?id=1903。

载和此案例前面所说的"它邦人□□□盗，非吏所兴，毋（无）什伍将长者捕之，购金二两。"但我们从红外扫描放大图版上的墨迹来看，第三划其实并不模糊，也不存在走向的问题，显然是个"三"字。而所谓"它邦人□□□盗，非吏所兴，毋（无）什伍将长者捕之，购金二两。"，乃是指"非吏所兴"的人捕获罪犯购金二两，案例中的"尸等"显然不是"非吏所兴"者，因此，这里的"购金二两"并不能作为简文中的"三两"或是二两之误的参照数。至于简文中为什么是"购金三两"？我们认为，这也许本就是秦代捕获罪犯的赏格之一。

正在整理中的岳麓秦简律令文献中，我们发现有比睡虎地秦墓竹简《法律答问》和张家山汉简《捕律》中的记载具体得多的有关购赏的律令条文，为讨论方便，我们且节录部份释文如下：

相予者，以相受予论之。有后夫者不得告皋其前夫子，能捕耐皋一人购钱二千，完城旦舂皋。（简1027）

一人购钱三千，刑城旦舂以上之皋，一人购钱四千。女子寡，有子及女子而欲毋嫁者，许之。谨布令，令黔首尽。（简1026）

【智】之。・三（简1035）

除其家，迁。其毋迁，除殴。而能捕坐此物当迁者二人，购钱五千，其典田典伍人见若虽弗见，人或告之。（简0599）

・能捕以城邑反及智（知）而舍者，一人拜爵二级，赐钱五万。诇吏，吏捕得之，购钱五万。诸已反及与吏卒战而。（简1849）

或能捕死罪一人，购金七两。・廷甲十。（简1889）

・能捕其伍人，除其皋，有赎之。如犯令，史与从事者，令史以上及其丞啬夫守丞长史正监。（简1763）

不为舍人，有能捕犯令者，城旦皋一人，购金四两。捕耐皋一人，购金一两。新黔首已遗予之而能。（简1012）

捕犯令者黥城旦舂皋一人，购金四两，迁皋一人，购金二两，免其婢以为妻，有子其主所而不为訾者勿。（简1738）

捕，若告之勿皋，有以令购之。故黔首见犯此令者，及虽弗见，或告之而弗捕告者，以纵皋人。（简1013）

（残）卢，耐皋以下迁之，其臣史殴，输县监，能捕若诇告犯令者，刑城旦皋以下到迁皋一人，购金二两。（简1928），

城旦，已论输巴县监，有能捕黥城旦皋一人，购金二两，令臣史相伍伍人犯令，智而弗告，与同皋，弗智，訾。（简1766）

吏一甲。・卒令乙十一（简1772）

此外，张家山汉简二年律令中也有这方面的具体条文：

捕从诸侯来为间者一人，拜爵一级，有（又）购二万钱。不当拜爵者，级赐万钱，有（又）行其购。（简150）。

相与谋劫人、劫人，而能颇捕其与，若告吏，吏捕颇得之，除告者罪，有（又）购钱人五万。所捕告得者多，以人数购之（简71），而勿责其劫人所得臧（赃）。

亡人、略妻、略卖人、强奸、伪写印者弃市罪一人，购金十两。刑城旦春罪，购金四两。完城（简137）二两。（简138）。

訽告罪人，吏捕得之，半购訽者。（简139）。

据上引秦汉的律令条文和奏谳案例的记载，我们可以知道，秦汉时期捕获犯人所得购赏的赏格大致有两种，一种是以钱为单位，如：

(1) 捕耐皋一人，购钱二千；

(2) (捕)完城旦春皋一人，购钱三千；

(3) (捕)刑城旦春以上之皋，一人购钱四千。

(4) 能捕坐此物当迁者二人，购钱五千。

(5) 捕从诸侯来为间者一人，拜爵一级，有（又）购二万钱。不当拜爵者，级赐万钱，有（又）行其购。

(6) 能捕以城邑反及智而舍者，一人拜爵二级，赐钱五万。訽吏，吏捕得之，购钱五万。

一种是以金为单位，如：

(1) 有能捕黥城旦皋一人，购金一两。

(2) 捕耐皋一人，购金一两。

(3) (捕)迁皋一人，购金二两。

(4) 能捕若訽告犯令者，刑城旦皋以下到迁皋一人，购金二两。

(5) 尸等当购金三两。

(6) 捕犯令者黥城旦春皋一人，购金四两。

(7) 能捕死罪一人，购金七两。

(8) 亡人、略妻、略卖人、强奸、伪写印者弃市罪一人，购金十两。

(9) 产捕群盗一人，购金十四两。

从这两种赏格的排序来看，以钱为单位者，从两千到五万不等，其中从二千到五千都是以千为单位递增。以金为单位者，从一两到十四两不等，其中从一两到四两则是以两为单位递增。这多少说明，尽管所购赏的货币单位不同，但各自递增的货币单位却是相同的。也许因为是两种不同货币单位的赏格，故两者之间可能并不一定要完全相等。因为千钱与一两之间并没有相应的换算关系，我们按已知的五百七十六钱等于黄金一两来计算，二千钱相当于三两多黄金，三千钱相当于五两多黄金，四千钱略当于七两黄金，五千钱相当于八两多黄金，一万钱相当于十七两多黄金。据此，我们或许可以说，这两者之间好像并不存在一种对应关系，而应该只是两种不同货币的赏格而已。

我们知道，秦始皇在灭六国之后，统一货币时，所用的货币品种主要是两类，一是黄金，称为上币，以镒（二十两）为单位，主要用于皇帝赏赐或大宗交易。另一种是圜钱，即秦半两钱，称为下币，主要用于民间流通，是秦代的通用货币。睡虎地秦墓竹简《金布律》：

"官府受钱者，千钱以畚，以丞、令印封。不盈千者，亦封印之。"

可见百姓所用和所上交的钱都是这类半两钱。而"千钱以畚"也说明千钱的数量已经不少，而当时的"钱十一当一布"，说明这半两钱的价值不低，故官府在实行处罚时，也多以"钱十一当一布"为参数：

"计脱实及出实多于律程，及不当出而出之，直其贾，不盈廿二钱，除；廿二钱以到六百六十钱，赀官啬夫一盾；过六百六十钱以上，赀官啬夫一甲，而复责其出殹（也）。"

同理，官府在实行购赏时，不论是那种赏格，最终也是要以钱为单位来兑现的，张家山汉简《二年律令·金布律》中规定：

"有罚、赎、责（债），当入金，欲以平贾（价）入钱，及当受购、偿而毋金，及当出金、钱县官而欲以除其罚、赎、责（债），及为人除者，皆许之。各以其二千石官治所县十月金平贾（价）予钱，为除。"①

所谓"各以其二千石官治所县十月金平贾（价）予钱"，就是兑现购赏时，要以各郡所治之县在当年十月的金价来平价折算成钱。这多少告诉我们，秦汉简文中的购金数，最终都是要折算成钱来发放的。也许正因为如此，故本案中还专门注明其所购钱数是："死皋购四万三百廿，群盗盗杀人购八万六百卅钱。"

尽管黄金和钱是可以折算的，但简文中所给购赏的赏格数目并不相同，如同是"捕耐皋一人"，一是"购钱二千"，一是"购金一两"。大家知道，秦代黄金一两等于五百七十六钱，那钱二千相当于金三两还有余，与金一两是相差很远的一种赏格，这该怎么解释呢？对此，我们也许可以通过上下简文的内容来判断其相差很远的原因。

研读简文，1027号简文中"捕耐皋一人"者是"有后夫者"，这类人是所谓"非应捕人"，故其购赏较高。而1012号简文中的"捕耐皋一人"者是"令史以上及其丞啬夫守丞长史正监"，他们都是所谓的"应捕人"，一般是不应给

---

① 张家山二四七号汉墓竹简整理小组：《张家山汉墓竹简［二四七号墓］（释文修订本）》，文物出版社2001年版。

予购赏的，或许是因为他们在捕获这类"犯令者"时才给予购赏，故其赏格要低很多。同理，1738 号简中的新黔首"能捕犯令者黥城旦春皋一人，购金四两"，而 1766 号简文中的城旦"有能捕黥城旦皋一人"，则只有"购金一两"，这种购赏的差距，大概都是因购赏的对象不同而决定的，这也许正意味着秦代的购赏制度有远比我们的了解细密得多的具体规定。因此，我们当不可轻易地根据某些我们已经认知的知识来质疑简文的正确与否。（陈松长）

## 二、岳麓秦简"为伪私书"案及相关问题研究

岳麓书院所藏秦简中，有一批秦代的法律案例，其中有一组是用木简抄写的，笔者曾在《岳麓书院藏秦简内容综述》[①] 一文中做过介绍："其中有一组木简，简长约 25 厘米，简宽约 0.6 厘米，没有编绳的痕迹，由于多有残断，现编号有 30 余个，我们从比较完整的简上可以看出，这是一件由胡阳丞于廿二年八月癸卯朔辛亥上报的谳书，其内容是一位叫'癸'和叫'学'的人冒充'冯将军毋择子'的名义伪造文书诈骗的案件。"现经整理小组的集体研读和比较全面的整理编排，我们对此案例的认识比以前清楚明晰多了，这里，仅就作者的研读所得，对此案例及相关问题试作一个大致的解说和分析。

原来的介绍中有四处不太准确，一是简尺寸不准确，简应约长 23、宽 0.8 厘米；二是简的编号数不是"30 余个"，而是 53 个编号（包括残简的编号在内），共拼合为 27 枚简；三是"一位叫'癸'和叫'学'的人"说法不准确，案例中"癸"和"学"应是一个人，"癸"只是"学"所假冒的名字；四是"伪造文书"不准确，文书一般是指官府文书，此案中所伪造的只是私信而已，也就是"为伪私书"。即伪造"五大夫将军冯无择"的私信去进行诈骗。

为便于讨论，先将有关此案的释文[②]录之如下：

廿二年八月癸卯朔辛亥，胡阳丞唐/敢谳之：四月乙丑，丞/赠曰：君子子癸诣私（简 1647 + 简 1649 + 简 2186）书赠所，自谓：冯将军毋择子。与舍人来田南阳。毋择□/〖……叚（假）钱二〗（简 0473）万及（种）食胡阳，以田。发/书，书类伪。毂（系）官。有（又）挢（矫）为私/书/，诣/请□胡〖阳。〗（简 2174 + 简 1840 + 残 604 + 残 601 + 残 708）即狱治求请（情）。·癸曰：冯将军毋择叚（假）□/（简 1088）〖毋为（?）〗/毋择舍（舍）妻。毋择令癸□□/（简 2184）□/穜（种）食以田。不为伪

---

① 陈松长：《岳麓书院所藏秦简综述》，载于《文物》2009 年第 3 期，第 75~88 页。
② 释文先由陶安编连释读，然后经整理小组集体讨论，本文撰写时又作了一些修订。

书。□□/（简1194）叚（假）子。它如赠。·视癸私书，曰：五大夫冯毋择敢多问胡阳丞主。闻南阳（简0881）地利田，令为公产（彦）。臣老，癸与人出田，不赉钱（种），愿/丞主叚（假）钱二万，貣（贷）（简0322+残566+残655）食支卒歲，稼孰（熟）倍賞（偿）。勿环（还）！环（还）之，毋择/不得为丞主臣走。丞主与胡（简0913+简2183）阳公共忧，毋择为报，敢以闻，寄封廷史利。有（又）曰：冯将军/子臣癸（简J10+J11）敢眛死謁胡阳公，丈人詔令癸出田南阳，因種（种）食钱貣（贷），以为私【书】。癸田（简0477）新野，新野丞主幸叚（假）癸钱、食（简1089-2）/一歲。少吏/莫敢訶癸。今胡〖阳少内丞赠□〗（简1089-1+简2098）谓癸非冯将/军子。癸居秦中，名闻，以为不□□（简0994+简0995）/□。癸種（种）姓虽贱，能/权任人，有（又）/能下人。愿公詔少吏，勿令环（还）。·今（残704+残559+简2005）□召舍人兴来智（？知）〖癸，癸改〗（残595）曰：君子子，定名学，居新/野，非五大夫冯将军毋择子（简0914+简1095）殹（也）。学学史，有私印，□曰□雅？为冯将军毋择〖子〗……食……（简J0∶1）害声闻。学父秦居赀，吏治（笞）秦，以故数为学怒，苦耻之。归居室，心不（简0408）乐，即独挢（矫）自以为五大夫冯毋择子，以名为伪私书，问赠，欲貣（贷）钱（简0478）胡阳少内，以私印封。起室把詣于赠，幸（幸）/其冃（肯）以威貣（贷）学钱/，即盗以买（简2007+简1101+简2170）金（衿）衣被兵，去邦亡荆。赠发读/书，未许学，令人毄（系）守学。学恐，/欲去亡（简0860+简1195），有（又）挢为私书，自言胡阳固/所，詑曰：学（简1645+简1657-2）实冯毋/择子。新野丞主巳（简657-3+简2182）/？（简0471）/学。吏节（即）不智（知）学为伪书，不许貣（贷）学/钱/，退去学，学即道胡〖阳〗（简0327）行邦亡，且不辞（辞）曰：吏节（即）不智（知）学为伪【书】，不貣（贷）学钱，毋（无）以为衣被（简0469）资用，去环（还）归。有衣资用，乃行邦亡。·问：学挢（矫）爵为伪书。时冯（简0407）毋择爵五大夫，将军。学不从军，年十五岁。/它如辞（辞）（简0470）。·鞫之：学挢（矫）自以【为】五大夫将军冯毋择子，以名为伪私书，詣赠，以欲（简1044）盗去邦亡。未得，得。审。毄（系）。敢（讞）之。·吏议：耐学隶臣。或令赎耐（简1650）。（讞）报：毋择巳为卿，赀某、某各一盾。谨穷以法论之（简0861）。

从释文中可以看出，这组木简还有很多残缺，根据整理体例，暂用"……"来表示不能确定的残损字数，用"□"来代替确定但不能释定的字，以"/"来示意原简的折断处，用"〖〗"表示根据前后文意可以补充的文字，用"【】"表示根据文例可补的脱文。此外，用"（ ）"注明通假或异体字等。

尽管仍有一些残缺，但此案例的奏谳文书形式还是比较完整的。简文一开始是奏谳文书的开头语"廿二年八月癸卯朔辛亥，胡阳丞唐敢谳之"。说明此案例是秦始皇二十二年八月九日这一天，由一位叫唐的胡阳县丞所奏的谳书。

按，这里的时间记载稍有误差，经核对"八月癸卯朔"应是壬寅朔，前后差一天。

接下来从"四月乙丑"开始到"即狱治求请（情）"一段是奏谳的上行文书。它叙述了胡阳少内"赠"所碰到的一桩"挢（矫）为私书"的案情，即四月乙丑（即四月二十二日）有位自称"君子子癸"的人，自称是冯将军毋择的儿子，同他的仆人一起来南阳种田，他拿一封私信到"赠"的治所，想要贷钱二万和种子粮食，以便胡阳县种田谋生。"赠"打开冯将军的信，发现此信有假，所以将这位自称"癸"的人扣押，以"挢（矫）为私书"罪系送官府，以求狱治。

从"癸曰"到"叚（假）子"是自称为"癸"的人所说的供词，他自己解释说，他是冯将军的假子，所递呈的确实冯将军所写，不是他伪造的私书。从"视癸私书"至"丞主与胡……"，是癸所呈递的"私书"内容，即五大夫冯毋择写给胡阳丞主的信。信中说，听说南阳这个地方很适宜种田，我现在老啦，癸与人出来种田，没带钱粮，愿丞主贷钱二万和种子粮食给他以支撑一年，等禾稼熟了以后加倍还偿。请不要将他们遣返回来，如果遣返的话，那我毋择将不是你胡阳丞主的臣仆走马。丞主和胡阳公共忧患，毋择冒昧以书信相扰，并寄封给廷史利。

从"有（又）曰"到"勿令还"是癸的辩词，他说家丈人叫我来南阳种田为生，为便于我来借贷钱和种食，因此给我写了这封私信。我曾经到新野县去种田，很幸运，新野县丞借了钱粮给我，我在那田作一年，那里的少吏都不敢呵斥我。现在胡阳少内"赠"说我不是冯将军的儿子。我居住在秦中，名闻当地，……（我）实在是冯毋择的儿子，新野丞主那边已（证实过了），我的种姓虽然贫贱，但我能权衡轻重来事人，也能礼让下人。但愿公令少吏，不要将我遣送回去。

从"今"字以下至"詑曰"一段是"癸"经审讯之后所招供的供辞，他说：我是君子子，原名叫"学"，家住新野，不是五大夫将军冯毋择的儿子。学曾学作文吏，有私印……曾谎称冯将军毋择之子以求种食，名声不好。我的父亲叫秦，他在服劳役抵偿罚款，看守的官吏鞭打他，他就经常对我发怒，我深感耻辱，回家以后，心情很糟糕，于是就自己诈称五大夫冯毋择的儿子，并以他的名义伪造了一封私信，去拜访"赠"，想从这位胡阳少内那里贷些钱粮。我用私印封好书信后，就从家里出发去拜访"赠"，但愿他能看在五大夫冯毋择的面子上贷钱给我。就想以非法的手段搞一点钱去买点衣被和兵器，然后好从秦逃亡到楚国去。"赠"看了书信后，既未贷钱给我，还要系送和拘押我。我害怕，想逃亡，所以自己又在胡阳所拘押的地方诈写一封私信，撒谎说……

"吏即不智（知）"至"且不"是诘辞的内容，大意是守吏不知学作伪书，也不允许学贷钱粮，将学退回去。学就从胡阳逃亡，是不？"辞曰"以下至"乃行帮亡"是学的供词，他说守吏不知学为伪书，也不贷钱粮给我，我毋钱购买衣被，被遣送回家，如果有衣被资用的话，就会从胡阳逃亡荆楚之地了。

"问"字至"它如辞"是问辞，学诈称爵位，造伪书，当下冯毋择爵封五大夫将军。学不从军，年龄十五岁。其他如他所说。

"鞫之"至"敢谳之"为鞫讯的内容，学诈以为五大夫将军冯毋择的儿子，并以他的名字伪造私信去拜见"赠"，并企图非法逃亡，未得逞，被抓获了。案情清楚，故拘押候审，特此奏谳。"吏议"以下是吏审的结果，一是将学处以耐刑，并罚为隶臣；二是令他以服役的形式赎其耐刑。

最后是郡府的回复，毋择当时已为卿，凡误称者都要各罚赀一盾。该案谨请彻底按法律规定论处。

以上是这个"为伪私书"案简文内容的大致解读。通过初步分析，我们可以清楚地看到，秦国的奏谳制度已相当完备了，从形式上看，一开始就是"廿二年八月癸卯朔辛亥，胡阳丞唐敢谳之"，这是奏谳书的开头套语，与张家山汉简《奏谳书》如出一辙。这说明秦始皇没统一六国之前，奏谳的程序就存在了，并被广泛使用。另外，这份案例中除了供辞外，诘辞、问辞、鞫辞、吏议、谳报都有，从奏谳书的文本格式来说，可谓相当完整和齐备，也可说明当时的奏谳制度是一个司空见惯的法律程序。下面就本案例所涉及的相关问题进行讨论。

（1）关于此案的诈伪方式值得注意，"学"的年龄才15岁，可为了骗贷钱粮，他的诈伪方式真可谓穷尽其术。

首先是冒名顶替。他本来是"定名学"，可偏要改称"癸"，"癸"也许真是五大夫冯毋择的儿子或假子，所以他试图冒名顶替进行诈骗。正因为要冒名顶替，所以连带一起假称自己是"君子子"，冒充五大夫冯毋择将军的儿子，在被拘押后，在其供词中还编了一个故事来证明自己确为冯毋择将军的儿子，只不过是假子而已。

其次是伪造履历。他本来是新野县人，才15岁，可他却说住在秦中，且名闻当地，既能权宜事人，又能谦逊下人，还曾在新野县丞那里贷过钱粮，且新野的守吏们都不敢呵斥他。

最后是伪造私信，假冒冯毋择将军的口气给胡阳丞主写信，又假冒"癸"

的语气给胡阳公写信为自己辩解。尽管其"为伪私书"被胡阳少内"赠"所发现,但其伪造私信的技巧还真不像 15 岁人所为,特别是他冒充五大夫冯毋择的口气给胡阳丞主的信,如"毋环(还)！环(环),毋择不得为丞主臣走"等语。

(2) 此案中的作伪者之所以要假冒冯毋择的儿子,其原因可从文献中有关冯毋择的记载作些分析。

首先,文献记载中冯毋择为秦名将,陈伟曾考证:《汉书·冯奉世传》记云:"及秦灭六国,而冯亭之后冯毋择、冯去疾、冯劫皆为秦将相焉。"这处冯毋择,《史记·赵世家》集解引作"冯无择"。而《汉书·高帝纪上》记云:"食其还,汉王问:'魏大将谁也？'对曰:'柏直。'王曰:'是口尚乳臭,不能当韩信。骑将谁也？'曰:'冯敬。'曰:是秦将冯无择子也,虽贤,不能当灌婴。步卒将谁也？'"彼此对读,可知冯毋择曾任秦将。这与岳麓秦简称其为"将军"也完全符合①。据简文,冯毋择不仅为秦将,还爵列"五大夫"。秦汉二十级军功爵位中记载五大夫位列其中第九位,他高于这二十等爵中第五、六、七级的大夫、官大夫和公大夫,号为"大夫之尊"《商君书·境内篇》谓五大夫有赐邑三百家。汉高祖时也规定从第七级公大夫起为高爵,得有食邑。由此可见冯毋择在当时可能是一位朝野遍知的名人,故"学"才借他的名义去诈骗。

其次,冯毋择也许与南阳或南阳所辖县胡阳有关。据《元和姓纂》、《后汉书》等所载,周文王第十五子毕公高后裔毕万,西周时在晋为大夫,当时晋献公陆续攻灭了许多小国,其中包括毕万的一支孙被封于冯城,其后子孙以邑为姓氏,称冯姓。史称冯氏正宗。是为河南冯氏(冯城即今河南荥阳县境内,秦属三川郡)。如果此记载大致无误的话,那么冯毋择的祖籍也许就在今河南境内。据《史记·秦本纪》,秦昭王三十五年(前 272 年),秦设有南阳郡,庄襄王元年初置三川郡,可见南阳郡比三川郡设置更早,两地之间也相差不远。因此,祖籍或是三川郡的冯毋择当地人非常熟悉,所以新野县的"学"就借当地名人来讹诈胡阳少内。

(3) 此案中还有一个细节也说明冯毋择是一位非同寻常的人物。秦谳的谳报部分有:"毋择已为卿,訾某某各一盾。"其大意是冯毋择现在已升为卿了,你们的奏谳中都还称为五大夫将军,这是不该有的错误,故凡误称者,都各罚赀一盾。卿在秦虽不列二十级军功爵位之中,但为位阶很高的一种身份。《周礼》载有六卿:"治官之属,太宰卿一人；教官之属,大司徒卿一人；礼官之属,大

---

① 陈伟:《岳麓书院藏秦简"冯将军毋择"小考》,武汉大学简帛网 2009 年 4 月 20 日,http://www.bsm.org.cn/show_article.php? id=1031。

宗伯卿一人；政官之属，大司马卿一人；刑官之属，大司寇卿一人；其一则事官之属，大司空卿一人。"可见汉以前的六卿都是天子或诸侯所属的高级官员。秦李斯就曾以卿名世。谳报中说"毋择已为卿"，说明郡一级的官员都知道冯毋择在当时（即秦始皇二十二年）已升为卿，而作奏谳的县丞唐等或还不知晓，故其奏谳中仅从案犯的叫法，所以该罚。有关冯毋择的爵位升迁，《史记·秦始皇本纪》记载始皇二十八年琅琊台刻石的题名中有："列侯武成侯王离、列侯通武侯王贲、伦侯建成侯赵亥、伦侯昌武侯成、伦侯武侯冯毋择、丞相隗林、丞相王绾、卿李斯、卿王戊、五大夫赵婴、五大夫杨樛从，与议于海上。"据此可知，冯毋择在秦始皇二十八年时已不只是卿，而是位列"伦侯"，其位置排在列侯之下、丞相之前。《史记·索隐》解释伦侯："爵卑于列侯，无封邑者。伦，类也，亦列侯之类。""无封邑者"应是只有爵位，没有国邑。我们知道，仅次于列侯的关内侯也是"有其号，无国邑"的一种爵称，故或以为《索隐》中"无封邑者"的说法，就与关内侯"无国邑"地位相同，所谓伦侯或可能就是关内侯在秦代的一种称法。应都是爵位在丞相之上的一种爵称。因此，在秦代卿是位于五大夫之上，丞相之下侍从皇帝的近臣，所以谳报中特别加以说明。冯毋择在秦始皇二十二年时已升为国卿，至二十八年则进为伦侯，位列丞相之上。

（4）有关此案的"吏议"问题，或以为判得太轻。曹旅宁认为"张家山汉简《二年律令·贼律》：'为伪书者，黥为城旦舂。（一三）'张家山汉简《奏谳书》有三则蜀守谳皆涉及伪书罪。为何'耐学隶臣，或令赎耐'，可能的解释是'学'对'癸'的真实目的并不知晓，因此处罚从轻"①。根据《张家山汉简·二年律令·贼律》来看，本案吏议仅判为"耐学隶臣，或令赎耐"，也许较轻，不过其推断是因为没有搞清"学"与"癸"之间的关系。"学"和"癸"本为同一人，"癸"只是"学"进行诈骗时所冒充的名字。此外，曹旅宁所据主要是张家山汉简《二年律令》和《奏谳书》的内容，其实在《睡虎地秦墓竹简·秦律杂抄·傅律》中有对诈伪者的处理律文："百姓不当老，至老时不用请，敢为酢（诈）者，赀二甲。"②对行诈伪者，并不一定都要"黥为城旦舂"。此案之所以处罚较轻的原因大致为：一是此案的主犯"学"才15岁，尚没到傅籍的年龄，也就是说，他还未成年。据《睡虎地秦墓竹简·编年记》记载，秦始皇元年"喜傅"，注释说："傅，傅籍，男子成年时的登记手续，《汉书·高帝纪》注：'傅，着也。言著名籍，给公家徭役也。'据简文，本年喜十七周岁。汉制

---

① 曹旅宁：《岳麓书院藏秦简"冯将军毋择"补考》，简帛网2009年4月21日，http://www.bsm.org.cn/show_article.php?id=1041。
② 参见睡虎地秦墓竹简整理小组：《睡虎地秦墓竹简》，文物出版社1990年版。

傅籍在二十或二十三岁。"① 由此简可知秦傅籍的年龄应该是 17 岁，而"学"才 15 岁，尚未成年，所以处罚从轻。二是此案主要是伪造了一封私人信件，这与张家山汉简中的"为伪书"者，也许性质不太一样。汉简中的"伪书"或当指公文，即官府文书。官府文书作假当从重处罚。三是此案只是一起犯案未果的案例，"学"伪造信件的目的是要骗取钱粮后逃亡，但尚未得手就被识破，没有造成钱粮方面的损失，都吏议时仅断为"耐学隶臣，或令赎耐"。当然，这也仅仅是根据常理所作出的推断，至于其最后的处罚结果，我们不得而知。根据"谳报"所说的"谨穷以法论之"来看，似乎还有从重处罚的可能。（陈松长）

## 三、岳麓秦简"芮盗卖公列地案"注释献疑

《芮盗卖公列地案》是《岳麓书院藏秦简》（叁）②所收的一个案例。我们在研读过程中，发现其注释或有可商之处，今不揣谫陋，略陈一二，以求教于大家。

问，芮买（卖），与朵别贾（价）地，且吏自别直？别直以论状何如，勿庸报。（简 63-67）

注释："别价地，与后文简 075'并价地、盖'相对；别价，分别价钱；并价，合并价钱；'地'、'地、盖'表示分别或合并价钱的对象。相似的语法结构见于里耶秦简简 1（16）

第一条：6 背面：'尉别书都乡、司空。'……吏自别直，与前文简 063'与朵别贾（价）地'，表示吏自行估价。"

按：整理者把"别"释为"分别"欠妥，此处的"别"当是"另"、"另外"的意思。《史记·项羽本纪》："项梁前使项羽别攻襄城"，"别攻"即"另外攻打"。《睡虎地秦墓竹简·语书》："以次传；别书江陵布，以邮行。"③ 整理小组注释曰："这一句是说本文书另录一份，在江陵公布。"据此，整理者引用的里耶秦简 J1（16）6 背面："尉别书都乡、司空"④中的"别"也应该理解为"另"、"另外"，简文大意就是"尉另外抄写二份传给都乡、司空"。因此，所谓"别价地"，就是另外定价的地。

---

① 参见睡虎地秦墓竹简整理小组：《睡虎地秦墓竹简》，文物出版社 1990 年版。
② 朱汉民、陈松长主编：《岳麓书院藏秦简（叁）》，上海辞书出版社 2012 年版。
③ 睡虎地秦墓竹简整理小组：《睡虎地秦墓竹简》，文物出版社 1990 年版，第 13 页。
④ 王焕林：《里耶秦简校诂》，中国文联出版社 2007 年版，第 112 页。

此外，整理者认为"并"即"合并"也有点不妥，如果将"并"理解为"一起、一并"似乎更加合理。《战国策·燕策二》："渔者得而并擒之"①"并"即"一起、一并"。《睡虎地秦墓竹简·秦律十八种·司空》："居赀赎债者，或欲藉人与并居之，许之，毋除繇（徭）戍"，"并居"，整理小组译为"一起服役"。据此，"并价地、盖"，意思就是将地和建筑物一起定价。

第二条：更等欲治盖相移，材争弗得。闻材后受（简66-67）。

整理者认为"相移"意为"交换"，即更搭盖好摊位后与芮、朵交换。

按：此处的"相移"当即转手、转卖之意。前文"更"在供述中提到"芮、朵想与更共受公空列，而且更答应与他们合伙"，既然更答应和芮、朵合伙承租搭盖，不可能还需要和他们相互交换，应该是更想与芮、朵合伙搭盖好之后转手给他人。与此相似的情况亦见于《睡虎地秦墓竹简·秦律杂抄》："捕人相移以受爵者，耐"②，整理者语译"相移"为"转交"，简文意思是说"把所捕的人转交给他人，藉以骗取爵位的，处以耐刑"。

另外，"材争"与"弗得"之间当有句读。从上下文看，"材争弗得"并不是指材争棺肆没有得到，而是指更与芮、朵合伙搭盖好之后想转手出去，因为材争而没有实现。整理者的语译是"（因）材来争夺，（最后我们）没能得到"，实际上也是将"材争"与"弗得"分开来理解的。

第三条：十余岁时，王室置市府，夺材以为府，府罢，欲复受，弗得（简67—68）。

注释：市，城中划定的贸易区域。……在本文中指掌管贸易区域的县道下属机构。府，官府。《周礼·天官·大宰》："以八法治官府"，郑玄注："百官所居曰府。"《睡虎地秦墓竹简·秦律十八种·司空》："司寇勿以为仆、养、守官府及除有为殹（也）。"

按："市"、"府"二字或可连读为"市府"。"市府"是古代的市井官署。陈直先生《汉书新证》："长安四市令，在西安汉城遗址中，出土'市府'（见图4-9）③封泥最多，文字最精。又有东、西、南、北四市的封泥，皆为半通式，为左冯翊长安四市长所用者。"④"市府"应该是司市及司市下属的各种市官办公的官署。其职能主要是用以监督市场交易的状况，处理纠纷；调整市政，调剂余缺，规范度量衡；同时颁布市场管理政令，以备随时平衡市价等。

---

① 睡虎地秦墓竹简整理小组：《睡虎地秦墓竹简》，文物出版社1990年版，第51页。
② 睡虎地秦墓竹简整理小组：《睡虎地秦墓竹简》，文物出版社1990年版，第89页。
③ 孙慰祖主编：《古封泥集成》，上海书店出版社1994年版，372页。
④ 陈直：《汉书新证》，天津人民出版社1959年版，第120页。

2216  2215  2217

图 4-9

另《隋书·天文志》载："市中六星临箕，曰市楼，市府也，主市价律度。"① 《春秋纬·合诚图》曰："'天楼，主市贾。' 又郗萌曰：'市楼，天子市府也。' 甘氏曰：'律度制令，遍市楼。'"② 可见，"市府"设置于"市楼"之中，"市楼"可能就是"市府"的官邸所在，它建有楼台，以便市吏候望，方便监管整个市场交易的状况。《周礼·地官·司市》载："上旌于思次以令市，市师莅焉，而听大治大讼，胥师、贾师莅于介次，而听小治小讼。"郑玄注："思次，若今市亭也。"郑司农云："次，市中候楼也。"③ 把旌旗悬挂到市楼上就表示交易开始。司市莅临市楼，以治理重大事务和审理大的争讼；胥师，贾师到市楼，以治理小的事务和审理小的争讼。可见市楼就是市吏们治理市场的官府。《周礼正义》载："市官听大小治讼者，各于其市朝。凡思次介次皆于市中为寺舍，其外为朝以听治讼及为刑肆罪人之所，其地当与百官府治事之朝略相儗。"④

"市楼"又称为"旗亭"。《史记·三代世表》："臣为郎时，与方士考功，会旗亭下"，《集解》："西京赋曰'旗亭五重，俯察百隧。'"薛综注："旗亭，市楼也，立旗于上，故取名焉。"《周礼正义》："汉市楼，名旗亭，盖亦立旗于上。"又云："汉时，市有市楼，为市吏候望之所。"⑤ 北魏杨衒之《洛阳伽蓝记·龙华寺》："里有土台，高三丈，上有二精舍。赵逸云：'此台是中朝旗亭也，上有二层楼，悬鼓击之以罢市。'"⑥ 现唯一保存较好的市楼位于山西平遥古城南街，其格局与此类似。

第四条：闻主市曹臣史，隶臣更不当受列，受榨列，买（卖），问论（简 64-65）。

注释："主市曹，应系县廷中总管市政的部门，与直接主管商业区的市官有

---

① 《隋书·天文志》，第 536 页。
② 黄奭辑：《春秋纬》，上海古籍出版社 1993 年版，第 69 页。
③ 郑玄注、贾公彦疏：《周礼注疏》，上海古籍出版社 2010 年版，第 109 页。
④ 孙诒让：《周礼正义》，中华书局 2009 年版，第 113 页。
⑤ 孙诒让：《周礼正义》，中华书局 2009 年版，第 169 页。
⑥ 杨衒之：《洛阳伽蓝记》，中华书局 2012 年版，第 89 页。

别。曹臣，似为隶属于曹的一种身份，具体情况未详。"

按，文献记载中关于"曹"的机构有很多，如户曹、仓曹、尉曹、法曹、金曹，但未见"主市曹"，此处的"主"也许当理解为"主管、负责"。"市曹"，也许就是县廷中总管市政的部门，而司市及司市下设的各种市官是隶属于"市曹"的官吏。一般认为"曹"作为官职名，最早出现在西汉。例如，《三国志·蜀志·杜琼传》载："古者名官职不言曹；始自汉已来，名官尽言曹；吏言属曹；卒言侍曹。"安作璋、熊铁基先生认为："所谓'汉已来'至少是西汉中叶以来。因为秦和西汉初年太守的主要属吏是'卒吏'"①，还有学者认为"'诸曹'为郡政府所设的独立机构"②。其实不然，根据《睡虎地秦墓竹简·语书》所载："以一曹事不足独治殴（也）……发书，移书曹，曹莫受，以告府，府令曹画之。其画最多者，当居曹奏令、丞，令、丞以为不直，志千里使有籍书之，以为恶吏。"③ 整理者注释："曹，古时郡、县下属分科办事的吏，称为曹，如贼曹、议曹等；其衙署也称为曹。"可见，作为官职名的"曹"，早在秦代就已经出现，不仅郡设有属曹，各县、道也设有属曹，县道的属曹不由县、道管理，而是由郡的属曹直接管辖。

"市曹"可能是县廷中总管市政的部门，这有文献可以左证。《甘石星经》载："市楼六星，在市门中，主阛阓之司，今市曹官之职。"④ 市曹官，是指"主阛阓"的官吏，即"司市"。《周礼·地官·序官》："司市下大夫二人，上士四人，中士八人，下士十有六人，府四人，史八人，胥十有二人，徒百有二十人"，郑玄注："司市，市官之长。"另《周礼·地官·司徒》："司市掌市之治教、政刑、量度、禁令。以次叙分地而经市，以陈肆辨物而平市，以政令禁物靡而均市，以商贾阜货而行市，以量度成贾而征儥，以质剂结信而止讼，以贾民禁伪而除诈，……市司帅贾师而从，治其市政，掌其卖儥之事。"所谓"司市"，是市官之长，其主要职能是"主列肆阛阓"，具体而言是掌管市政，包括：治理市场行政事务；审理刑事争讼；监督度量衡的规格和使用情况；贯彻实行禁止性法规条例，……将市场中的列肆按次第分给商家，保证有序经营……以及和贾师一起治理市政，平抑物价等。"

整理者认为"曹臣，似为隶属于曹的一种身份"，但是曹的下属有掾有史，未见有臣者。此处的"臣"，或许指一般官吏，《礼记·礼运》："仕于公曰臣。"《国语·晋语》："事君不贰是谓臣"。"主市曹臣"，即指主管市曹的官吏，也就

---

① 安作璋、熊铁基：《秦汉官制史稿》，齐鲁书社2007年版，第597页。
② 郭俊然：《实物资料所见汉代诸"曹"丛考》，载于《聊城大学学报》2012年第4期，第77~82页。
③ 睡虎地秦墓竹简整理小组：《睡虎地秦墓竹简》，文物出版社1990年版，第15页。
④ 《四库全书·说郛·星经》，上海古籍出版社1987年版，第254页。

是上文所说的"市曹官"。"史"作为主管市曹的官吏，他的身份很可能是司市，或是司市下的某一种市官。虽然"亭佐驾"同意"更"承租公列肆的申请，但"主市曹臣史"仍向"丞暨"举报说"隶臣更不当受列，受棺列，买（卖）"①。这表明百姓要承租公列肆，除了向县令、亭长（佐）申请外，可能还要向"主市曹臣"即"司市"申请登记，不符合承租条件的不允许承租，身为隶臣的"更"是不符合承租条件的。

第五条：何故给方曰已受，盗卖于方……以方、朵终不告芮，芮即给买（卖）方（简81－83）

整理者注："盗，窃取或抢劫财物，引申为用不正当手段谋取财物，即诈骗、骗取。……盗卖，以骗取金钱为目的假装或非法售卖，后文简083又称'给卖'"。

按："盗"，即私自、非法，与诈骗、骗取的含义并不相同。《说文》："盗，私利物也。"《正字通》："凡阴私自利者皆谓之盗。"② 可见，"盗"是一种暗中偷偷进行的利己行为。从语法上看，此处"盗"应是副词，意为偷偷地、暗中地。《睡虎地秦墓竹简·法律答问》："或盗采人桑叶，臧（赃）不盈一钱，可（何）论？赀繇（徭）三旬。"③《睡虎地秦墓竹简·繇律》："及虽未盈岁而或盗陕（决）道出入，令苑辄自补缮之"④ 其中"盗"的词性和词义都与此相同。整理者认为"给卖"是"盗卖"的别称，故将"买"括注为"卖"，但二者的含义并不相同，"给"，古同"诒"，意为欺骗；欺诈。《玉篇》："给，疑也，欺也。"⑤《谷梁传·僖公元年》："恶公子之给。"注："欺也。"《史记·高祖纪》："乃给为谒曰"，注："诈也。""给买"则意为欺骗他人买。"盗卖"意为偷偷非法售卖。因此，此处的"买"也不应括注为"卖"，当读作本字，"给买方"，即欺骗"方"去购买。（陈松长/吴美娇）

---

① 朱汉民、陈松长主编：《岳麓书院藏秦简（叁）》，上海辞书出版社2012年版，第257页。
② 张自烈、廖文英：《正字通》，中国工人出版社1996年版，第301页。
③ 睡虎地秦墓竹简整理小组：《睡虎地秦墓竹简》，文物出版社1990年版，第95页。
④ 睡虎地秦墓竹简整理小组：《睡虎地秦墓竹简》，文物出版社1990年版，第47页。
⑤ 胡吉宣：《玉篇校释》，上海古籍出版社1989年版，第907页。

# 第五章

# 秦汉律令体系研究

## 第一节 秦律令的制定与编纂

### 一、秦律的制定

秦律究竟是如何产生的，这是许多学者思考过的问题，唐人认为是商鞅"改法为律"的结果①。祝总斌先生指出商鞅"改法为律"的观点是靠不住的②，并认为秦改法为律的时间在公元前 260 年左右。但青川木牍《田律》颁布的时间是公元前 309 年，虽然其与之后成熟的律条在格式上有区别，但不能否认其为秦律。笔者认为，在秦武王之前，秦律应当就已经存在，秦律的产生与商鞅有极大的关系，至于其产生的具体时间，尚待新资料的出现。本书要讨论的并非某个人对秦律产生所起的作用，而是重点考察律令产生的一般途径。大致而言，有些诏令可以直接成为律条，而绝大多数律条会经历从诏令到令条再到律条的演变路径。

---

① 长孙无忌等撰，刘俊文点校：《唐律疏议》，法律出版社 1999 年版，第 2 页。
② 祝总斌：《关于我国古代的"改法为律"问题》，载于《高等学校文科学报文摘》1992 年第 4 期，第 63~64 页。

### (一) 王命(制)、令(诏) 直接转化为律

律为最高统治者意志的表现,许多条文直接采自帝王的命(制)、令(诏)①,这在早期的律文中表现得尤为明显。比如:

二年十一月己酉朔朔日,王命丞相戉(茂)、内史匽氏臂更脩(修)为《田律》:田广一步,袤八则,为畛。晦(亩)二畛,一百(陌)道。百晦(亩)为顷,一千(阡)道。道广三步。封高四尺,大称其高。捋(埒)高尺,下厚二尺。以秋八月,脩(修)封捋(埒),正疆畔,及癹千(阡)百(陌)之大草。九月,大除道及阪险。十月为桥,脩(修)波隄,利津□鲜草。虽非除道之时,而有陷败不可行,辄为之。章手②。

廿五年闰再十二月丙午朔辛亥,○告相邦:民或弃邑居壄(野),入人孤寡,徼人妇女,非邦之故也。自今以来,叚(假)门逆吕(旅),赘婿后父,勿令为户,勿鼠(予)田宇。三枼(世)之后,欲士(仕)士(仕)之,乃(仍)署其籍曰:故某虑赘婿某叟之乃(仍)孙。魏户律③

廿五年闰再十二月丙午朔辛亥,○告将军:叚(假)门逆閭(旅),赘婿后父,或衞(率)民不作,不治室屋,寡人弗欲,且杀之,不忍其宗族昆弟。今遣从军,将军勿恤视。享(烹)牛食士,赐之参饭而勿鼠(予)殽。攻城用其不足,将军以埋豪(壕)。魏奔命律④

青川田律、魏户律和奔命律可视为早期律条的范式,其保留了比较鲜明的王命、王令痕迹。据律文,青川田律制定时间为秦武王二年,即公元前309年;魏户律和奔命律制定的时间,据睡虎地秦墓竹简整理小组的意见,当为魏安釐王二十五年,即公元前252年⑤。早期律条有极为明显的王命(令)残痕:(1)律文中保存了律条制定或下达的确切时间。(2)保存负责律文制定者、下达者之名。后代成熟的律文则没有这些特点。例如:

乘马服牛稟,过二月弗稟、弗致者,皆止,勿稟、致。稟大田而毋(无)恒籍者,以其致到日稟之,勿深致⑥。(秦律十八种·田律)

诸(?)后欲分父母、子、同产、主母、叚(假)母及主母、叚(假)

---

① 秦始皇一统天下后,改命书为制书,令为诏书。
② 陈伟:《秦简牍合集(贰)》,武汉大学出版社2014年版,第190页。
③ 睡虎地秦墓竹简整理小组:《睡虎地秦墓竹简》,文物出版社1990年版,第174页。
④ 睡虎地秦墓竹简整理小组:《睡虎地秦墓竹简》,文物出版社1990年版,第175页。
⑤ 睡虎地秦墓竹简整理小组:《睡虎地秦墓竹简》,文物出版社1990年版,第174页。
⑥ 睡虎地秦墓竹简整理小组:《睡虎地秦墓竹简》,文物出版社1990年版,第22页。

母欲分孽子、叚（假）子田以为户者，皆许之①。（二年律令·户律）

与青川《田律》、魏《户律》相比，《秦律十八种》和《二年律令》中的律条内容要精炼得多，且完全没有文书格式语痕迹。这种律条是在原来的诏令文书或令条基础上加工而成，故更整饬、简明扼要。

但传统习惯的力量是不容小觑的，就算到了秦统一以后抄纂的律条之中，依然或多或少地保存了制命或诏令文书的某些格式。试看以下律条：

十四年七月辛丑以来，诸居赀赎责（债）未备而去亡者，坐其未备钱数，与盗同灋②。（岳麓秦简2047）

廿年后九月戊戌以来，其前死及去而后遝者，尽论之如律③。（岳麓秦简2010）

上文所征引两简均出自岳麓秦简《亡律》卷册，其为律条无疑。"十四年七月辛丑以来"，"廿年后九月戊戌以来"显然是条文颁布的日期。这种情况还见于《龙岗秦简》：

廿五年四月乙亥以来□□马牛羊□□□☒④

廿四年正月甲寅以来，吏行田赢律（？）（诈）☒⑤

据朔闰表可知廿四年、廿五年指秦王嬴政时的纪年，简首所记时间也是法律条文颁布的时期，这一点整理者早已指出。从秦武王二年（前309）到秦王政廿五年（前222），相距87年，而律条中依然可见王命（或王令）文书的留存，而在岳麓书院藏秦令之中，这种留存就更为普遍，以"自今以来""自……以来"起首的令条达数十条。一般而言，"自今以来"或"自……以来"可视为令文的比较原始形态，而以"令曰"起首的令条是最后的标准形态。律条之演变，大概也会遵循这一格式，以岳麓秦简2047为例，此条律文若被后代采用，可能会被修订成以下两种形式：（1）诸居赀赎责（债）未备而去亡者，坐其未备钱数，与盗同灋。（2）亡律曰：诸居赀赎责（债）未备而去亡者，坐其未备钱数，与盗同灋。

律由令转化而成的一个比较隐晦的表现，在于律条中会蕴含其曾为王令（诏令）的信息。张忠炜在著作中指出：

---

① 张家山二四七号汉墓竹简整理小组：《张家山汉墓竹简［二四七号墓］（释文修订本）》，第55页。
② 陈松长主编：《岳麓书院藏秦简（肆）》，上海辞书出版社2015年版，第60页。
③ 陈松长主编：《岳麓书院藏秦简（肆）》，上海辞书出版社2015年版，第62页。
④ 中国文物研究所、湖北省文物考古研究所编：《龙岗秦简》，第105页。
⑤ 中国文物研究所、湖北省文物考古研究所编：《龙岗秦简》，第109页。

因为"令"或"诏"的内容,存在被载入"律"的可能,又加之早期"律"表达"令"的内容,故律、令的称谓并不是很严格,至少在秦及汉初时期如此①。

张忠炜论证时以睡虎地秦墓竹简中一则《田律》为例:"百姓居田舍毋敢酤（酤）酉（酒）,田啬夫、部佐谨禁御之,有不从令者有罪。"②我们认为张忠炜的观点是可取的。需要补充的是很多时候律文中出现的"令"并非与"律"相对的成文法形式的令文,而是指"命令""法令"之类。"不从令"乃秦汉时习惯用语,不仅仅出现在法律条文中,如《语书》:"今且令人案行之,举劾不从令者,致以律,论及令、丞。"③此处的不从令显然不是指不遵从具体哪一条哪一款律文或令文。

"不从令"出现在秦律令条文中的频率最高,但律令中也有与之意思相近的表达术语。岳麓秦简、龙岗秦简法律条文中有"不从律"和"不从律令":

□□□□有不从律令者,都吏监者·举核,问其人,其人不亟以实占吏其名吏（事）官,吏三问之而不以请（情）1730 实占吏者,行其所犯律令辠,有（又）驾（加）其辠一等。廷卒乙廿一④（岳麓秦简1728）

·戍律曰:戍者月更。君子守官四旬以上为除戍一更⌐。遣戍,同居毋并行。不从律,赀二甲。⑤（岳麓秦简1299）

制,所致县、道官,必复请之,不从律者,令、丞▨⑥（《龙岗秦简》）

"不从令""不从律"和"不从律令"实质表达的意思是一致的,即不遵从法令,而并非特指哪一条相对应的令文或律文。

至于在律令条文中为什么会频繁出现"不从令"这一术语,大概是由于早期律、令条文均来自君王令、命之故。故在文献中又有称"不从命"者:

《汉书·隽不疑传》:武帝末,郡国盗贼群起,暴胜之为直指使者,衣绣衣,持斧,逐捕盗贼,督课郡国,东至海,以军兴诛不从命者,威振州郡。⑦

《汉书·西南夷两粤朝鲜传》:及至牂柯,谕告夜郎王兴,兴不从命,立请诛之⑧。

---

① 张忠炜:《秦汉律令法系研究初编》,社会科学文献出版社2012年版,第128页。
② 睡虎地秦墓竹简整理小组:《睡虎地秦墓竹简》,文物出版社1990年版,第22页。
③ 睡虎地秦墓竹简整理小组:《睡虎地秦墓竹简》,文物出版社1990年版,第15页。
④ 岳麓书院藏秦简,待刊。
⑤ 陈松长主编:《岳麓书院藏秦简（肆）》,上海辞书出版社2015年版,第129页。
⑥ 中国文物研究所、湖北省文物考古研究所编:《龙岗秦简》,第74页。
⑦ 《汉书·隽不疑传》,第3035页。
⑧ 《汉书·西南夷两粤朝鲜传》,第3845页。

从上文可知，王命和王令文书往往会直接成为律条。秦始皇称帝后，改命为制，改令为诏。制命一般关涉重大的全局性的问题，诏令往往针对局部、具体问题。制命是纲领性的指导性的文件，诏令则相当于实施细则。但从早期律文无法反推其究竟是来源于命还是令。

### （二）令转化为律

关于令转化为律的问题，学者们之前只能依靠传世文献和其他材料来间接论证这一常识性的论断。至今为止，学者们尚未找到一条可与律文完全对应的令文。学者们讨论令转化为律的问题时所谈的令似仅限于"诏令"，而非令条。的确，有些律条似乎真的是以诏令的形式直接颁布的：

> 上造、上造妻以上，及内公孙、外公孙、内公耳玄孙有罪，其当刑及当为城旦舂者，耐以为鬼薪白粲①。（二年律令·具律）

> 上造以上及内外公孙耳孙有罪当刑及当为城旦舂者，耐以为鬼薪白粲。民年七十岁以上若不满十岁有罪当刑者，皆完之②。（汉书·惠帝纪）

以上引述诏令颁发于惠帝即位时，极有可能是登基之后的第一份诏书，这一点从其内容多为优抚宽宥之类可知。不难看出其与所引《具律》条文极为相似，说其是以诏令为蓝本直接制定的律条也不为过。但需要注意的是，从诏令颁布（公元前195年）到《二年律令》抄纂（公元前186年）有十年空档，我们不能否认另外一种可能性的存在。这份诏令公布后也许会编入汉令之中，然后再修订成汉律。诏令→令条→律条是绝大多数律产生的途径。若仔细对比以上材料，还是小有差异的：《具律》中宽宥的对象增加了上造妻、内公玄孙、外公玄孙。恐怕我们不能以《汉书》有脱文来解释此现象。这一定是制定律条时增加了这三类人。

大量的岳麓秦令为研究令条向律条的转化提供契机。需要说明的是，成书时代早于岳麓秦简的简牍资料中极少见到秦令，而令条转化为律条是需要一个过程的。秦代只存在了十几年，故不得不借助汉初的相关材料来考察令转化为律的具体情况。

岳麓秦简秦令中有一则令文，规定了官吏奔丧的期限，而一则窜入《二年律令·置后律》中的条文正好与之极为相似，这应当不是偶然。先来看这两则材料：

---

① 张家山二四七号汉墓竹简整理小组：《张家山汉墓竹简［二四七号墓］（释文修订本）》，文物出版社2001年版，第20页。

② 《汉书·惠帝纪》第85页。

> ·令曰：吏父母死，已葬一月；子、同产，旬五日；泰父母及父母同产死，已葬五日；之官。官去家五百里以上，父母妻死（岳麓秦简1884）①
>
> 父母及妻不幸死者已葬卅日，子、同产、大父母、父母之同产十五日之官。（二年律令·置后律）②

从简尾"之官"（前往官府）可知此则律文是针对官吏的，岳麓秦简相似令文亦可验之。如此这则归入《置后律》的条文恐怕移到《置吏律》之中更为合适。遍考其他《置后律》条文，内容为爵位承袭、置户、立后子、代户和财产继承之类，与官吏之事毫无关系。《二年律令·置吏律》二一七号简是一则关于官员告假的律文，"吏及宦皇帝者中从骑，岁予告六十日；它内官，卅日。吏官去家二千里以上者，二岁壹归，予告八十日。"③笔者认为窜入《置后律》中的条文宜移到二一七号简前后。

律条往往是在令条（或诏令）的基础上加工而成，故二者内容会有一些小差异，但其明显的承袭痕迹是很容易察觉的。汉代更加重视伦常关系，故增加妻死，亦允葬礼结束一月内赴官的规定；又将"泰父母及父母同产死，已葬五日；之官"延至"十五日"。《二年律令》中又有承袭秦令的关于伦理犯罪的律条：

> 殴大父母，黥为城旦舂。"今殴高大父母，可（何）论？比大父母④。（法律答问）
>
> ［自］今以来，殴泰父母，弃市，枭詢（诟）罟之，黥为城旦舂。殴主母，黥为城旦舂，枭詢罟之，完为城旦舂。殴威公，完为 1598 ［城旦舂，枭］詢罟之，耐为隶妾。奴外妻如妇。殴兄、姊、（叚）假母，耐为隶臣妾，枭詢罟之，赎黥。同居典伍弗告，乡啬夫⑤（岳麓秦简1604）
>
> 子牧杀父母，殴詈泰父母、父母、叚（假）大母、主母、后母，及父母告子不孝，皆弃市⑥。（二年律令·贼律）

---

① 岳麓书院藏秦简，待刊。
② 张家山二四七号汉墓竹简整理小组：《张家山汉墓竹简［二四七号墓］（释文修订本）》，文物出版社2001年版，第60页。
③ 张家山二四七号汉墓竹简整理小组：《张家山汉墓竹简［二四七号墓］（释文修订本）》，文物出版社2001年版，第38页。
④ 睡虎地秦墓竹简整理小组：《睡虎地秦墓竹简》，文物出版社1990年版，第111页。
⑤ 岳麓书院藏秦简，待刊。
⑥ 张家山二四七号汉墓竹简整理小组：《张家山汉墓竹简［二四七号墓］（释文修订本）》，文物出版社2001年版，第13页。

妇贼伤、殴詈夫之泰父母、父母、主母、后母，皆弃市①。（二年律令·贼律）

殴兄、姊及亲父母之同产，耐为隶臣妾。其奊詢詈之，赎黥。②（二年律令·贼律）

《法律答问》中引用的"殴大父母，黥为城旦舂"的条文究竟是令条还是律条，已无从考证。重要的是到了岳麓秦令之中，处罚比之前重了一个等级，变成了弃市，这一做法又被《二年律令》承继了，到了汉初"殴大父母"，依然要"弃市"。只是在秦代詈大父母，黥为城旦舂，到了汉代变成弃市，比之前处罚更重了。秦令规定殴主母，黥为城旦舂，詈主母，完为城旦舂；汉律中殴、詈主母均要弃市。秦令对殴、詈威公是分别处置的，前者完为城旦舂，后者耐为隶臣妾；而汉《贼律》规定妇殴詈夫之父母者，皆弃市。但是，对于妇人殴、詈兄弟姐妹和假母的规定，秦汉保持高度一致。通过比较不难看出，上引《二年律令·贼律》条文的确是以秦令为蓝本而制定的。两个重要的不同在于：（1）总体而言，当涉及伦理犯罪时，所犯相同而汉律的处罚更重一些。（2）秦令往往将殴和詈分别处置，汉律常一并惩处。

通过以上两组秦令与汉律的比较，不难看出令条是可以转化为律条的，但不是原封不动的袭用，往往会有所改动。这种不同是可以理解的，毕竟秦汉是两个不一样的朝代，所面临的社会状况不同，统治者的治国理念也有差异。即使在同一朝代，前后相继的律令条文也会有所差异。

## 二、秦令的制定与编纂

### （一）令条之制定

秦令产生途径有很多，但均是为了实用。令有因补律之不足而制定者，有因臣下请令而生成者，有对之前令文的再次启用，以及一些偶然因素也能促使令之生成。

1. 补律不足而制令

日本学者中田薰、大庭脩早已指出令主要是作为律的补充或"副法"而出现③。笔者赞同令为律补充的说法，岳麓秦令为"令以补律"的观点提供了直接

---

① 张家山二四七号汉墓竹简整理小组：《张家山汉墓竹简［二四七号墓］（释文修订本）》，文物出版社2001年版，第14页。

② 张家山二四七号汉墓竹简整理小组：《张家山汉墓竹简［二四七号墓］（释文修订本）》，文物出版社2001年版，第14页。

③ ［日］大庭脩著、林剑鸣等译：《秦汉法制史研究》，上海人民出版社1991年版，第10页。

的、坚实的证据,兹引两则令文如下:

> 嚻园、宣深有斗食啬夫、史各一人,毋与相杂,稍稟月食者卖□息子。所以为耗□物及它(简0639)当卖买者∟,令相监,毋(无)律令。议:令嚻园、宣深啬夫若史相杂监,坐,如监令史,它有等比。(简0680)①
>
> ·捕以城邑反及非从兴殹(也),而捕道故塞徼外蛮夷来为间,赏毋(无)律∟,今为令∟:谋以城邑反及道故塞徼外(简1792)蛮夷来欲反城邑者,皆为以城邑反。智(知)其请(情)而舍之,与同辠。弗智(知),完为城旦舂。以城邑反及舍者之室人(简1813)存者,智(知)请(情),与同辠,弗智(知),赎城旦舂∟,典、老、伍人智(知)弗告,完为城旦舂,弗智(知),赀二甲。·廷卒乙廿一(简1855)②

0639则令文保存了关于令文制定的信息。嚻园、宣深中的啬夫、史买卖官府财产时,由于没有相关律令规定让其相互监督,恐产生侵蚀公产的现象,故商议制定新的令文。"议"之后的内容为新制定令文的正文,"毋律令"之前陈述令文针对的对象以及制定令文的必要性。1792则令文末尾有令名"廷卒乙廿一",此则令文也保留了制令信息。"赏毋(无)律"是"今为令"的直接原因。"今为令"之后是新令的内容,但仔细阅读令文后会发现里面均是关于罚的内容,没有一个字提及赏。莫非是书手将其他内容误抄至此?当然不是。实际情况是抄手将原本一条篇幅颇大的令文析作数则,均在结尾处冠以同一令名以标志之。另外两则如下:

> ·吏捕告道徼外来为间及来盗略人谋反及舍者,皆勿赏。·隶臣捕道徼外来为间者一人,免为司寇,司寇为(简1596)
>
> 庶人。道(导)故塞徼外蛮夷来盗略人而得者,黥劓斩其左止以为城旦。前令狱未报者,以此令论之∟。斩为城(简2151)
>
> 旦者,过百日而不死,乃行捕者赏。县道人不用此令。·廷卒乙廿一(简1166)
>
> □□□□有不从律令者,都吏监者·举核,问其人,其人不亟以实占吏其名吏(事)官,吏三问之而不以请(情)(简1728)实占吏者,行其所犯律令辠,有(又)驾(加)其辠一等。廷卒乙廿一(简1730)③

1596则令文是关于如何购赏那些捕捉徼外间谍的,与1792则令文自然承

---

① 陈松长主编:《岳麓书院藏秦简(肆)》,上海辞书出版社2015年版,第208页。按:个别字词释读有改动,句读亦有调整。
② 岳麓书院藏秦简,待刊。
③ 岳麓书院藏秦简,待刊。

接。1728则令文由于缺简，只能大致推测其是对抓捕间谍的审讯。

2. 重新启用命书、王令以及对旧有令文的袭用

秦令还有一个重要来源，就是对之前命书、王令和令条的袭用。如：

> 昭襄王命曰：置酒节（即）征钱金及他物以赐人，令献（谳），丞请出；丞献（谳），令请出，以为恒。·三年诏曰（简0519）复用。（简0352）①

0519则令文中出现的"三年诏"，是十分重要的信息。秦统一后才改令为诏，也就是说秦始皇之前不可能有诏书存在，故"三年诏"只能是秦二世三年。此条律文的抄写年代断为秦二世三年以后应该也无问题。"复用"传达的信息是昭襄王时代制定的命书，使用过一段时间之后被人淡忘或停用。原因就是这份命书没有被制成令文，更没有上升为律，故其效力极为有限。秦二世以诏书的形式重新启用之，而这并非孤例，相类似的情况还出现在0587则令文：

> 泰上皇时内史言：西工室司寇、隐官、践更多贫不能自给糗（糧），议：令县遣司寇入禾，其县毋禾（简0587）当贵者，告作所县偿及贷。西工室伐干沮、南郑山，令沮、南郑听西工室致。其入禾者及吏移西（简0638）工室。·二年曰：复用。（简0681）②

上面出现的"泰上皇"指庄襄王，《史记·秦始皇本纪》载秦始皇二十六年（公元前221年）尊庄襄王为太上皇，又《里耶秦简》8-461号"更名木方"曰："庄王为泰上皇"③。这样至少可以确定此则令文的抄写年代一定是在秦始皇二十六年以后，而令文的产生年代为庄襄王时期，令文应是通过内史向上请令的方式而产生。这个"二年"可能是秦王政二年，也可能是秦二世二年。联系0519则令文来看，其为秦二世二年的可能性更大。《史记·秦始皇本纪》载二世元年"尊用赵高，申法令"，《李斯列传》中载为了树立威信，防止诸公子大臣对自己不利，二世皇帝尊用赵高之言，"更为法律"④。可见秦二世时曾对法律做过比较大的修订。

3. 各级政府官吏请令

秦令一个极为重要的来源就是各级政府官吏的请令。任何令文的制定都要得到皇帝的认可，故一些令文尚保存"制曰可"，此种形式的令文是直接承袭制诏而来，故保存了制诏文书的一些格式，与"令曰""诸"起首的令文在形式上有

---

① 陈松长主编：《岳麓书院藏秦简（肆）》，上海辞书出版社2015年版，第209页。
② 陈松长主编：《岳麓书院藏秦简（肆）》，上海辞书出版社2015年版，第204页。
③ 陈伟主编：《里耶秦简牍校释（第一卷）》，武汉大学出版社2012年版，第156页。
④ 《史记·李斯列传》，第2552页。

些不同。所有通过请令方式产生的令文,其开头均记载请令者(代请令者)。

・东郡守言:东郡多食,食贱,徒隶老、瘘(癃)病、毋(无)赖,县官当就食者,请止,勿遣就食。它有等比。・制曰:可。(简0319)①

廿年二月辛酉内史言:里人及少吏有治里中,数昼闭门不出入。请:自今以来敢有□来□□□∅(简0443)②

・制诏丞相御史:兵事毕矣,诸当得购赏贳责(债)者,令县皆亟予之。令到县,县各尽以见(现)钱不禁(简1918)者,勿令巨鼂。令县皆亟予之。■丞相御史请:令到县,县各尽以见钱不禁者亟予之,不足,各请其属(简0558)所执法,执法调均;不足,乃请御史,请以禁钱贷之,以所贷多少为偿,久易(易)期,有钱弗予,过一金(简0358),赀二甲。(简0357)

・延陵③言:佐角坐县官田殿,赀二甲,贫不能入,角择除为别离内佐,调移角赀署所,署所令先居之延陵(简1858)④

・丞相上庐江叚(假)守书言:庐江庄道时败绝不补,节(即)庄道败绝不通而行水道,水道异远庄道者,□石?(简0556)⑤

从秦汉简牍来看,上至丞相、御史,下至内史、郡守、县守均可请令,或者托付官吏代为请令。社会是极其复杂的,而当吏民在生活中碰到各种之前律令没有规定该如何处置的新情况时,就会去想解决的方案,并将其逐级上呈,最终由皇帝来裁断。当帝王批复"制曰可"之后,诏令就会下发;如果事情具有普遍性,诏令就会传布到各个郡县。这种诏令经实践检验后,若有可行性,自然会被吸纳为令条。

4. 帝王因偶然因素而制令

就功用而言,帝王的一言一语均是最高律令,臣下必须遵从。然并非只要出自皇帝之口者均会成为律令。律令虽然是皇帝意志的体现,但从言语到诏令再到令条,最终成为律条,其有一套特定的程序要履行。一般而言,由丞相或御史大夫(或两者一起)将皇帝的意图拟为诏令再上呈皇帝定夺,皇帝认可之后再下发相关部门。《汉书·刑法志》载秦始皇"专任刑罚,躬操文墨,昼断狱,夜理

---

① 陈松长主编:《岳麓书院藏秦简(肆)》,上海辞书出版社2015年版,第214页。
② 陈松长主编:《岳麓书院藏秦简(肆)》,上海辞书出版社2015年版,第193页。
③ 延陵县,《汉书·地理志》见载,属代郡。
④ 岳麓书院藏秦简,待刊。
⑤ 陈松长:《岳麓书院藏秦简中的郡名考略》,载于《湖南大学学报(社会科学版)》2009年第2期,第5~10页。

书，自程决事日县石之一"①，秦始皇亲自过问狱案，并规定一天要看多少斤奏折，其辛劳、严谨、独断的形象跃然纸上。然从岳麓秦简一则令文却能看到始皇帝率性可人的一面。兹录令文于下：

> 廿六年四月己卯丞相臣状、臣绾受制相山上：自吾以天下已并，亲抚晦（海）内，南至苍梧、淩（凌）涉洞庭之（简1001-1+1020）
> 水，登相山、屏山，其树木野美，望骆翠山以南，树木颣？见亦美，其皆禁勿伐。臣状、臣绾请：其（简1001-2）
> 禁树木尽如禁苑树木，而令苍梧，谨明为骆翠山以南所封刊。臣敢请，制曰，可。·廿七（简1104）②

上则令文由3枚简组成，其中1001-1可与1020缀合，1001-2只存右半边，影响个别字词的释读。然总体而言，此则令文相当完整，其传达的信息是颇为丰富的。

首先，从制书产生的时间可知，秦始皇此次南巡苍梧、洞庭必在廿六年四月己卯（廿九日）之前③，然史书上丝毫未提秦始皇廿六年有过出巡之事。两位丞相状、绾都陪同秦始皇出巡，这与廿八年东巡情况一样，状指隗状，绾即王绾。《史记·秦始皇本纪》所记秦始皇廿八年东巡随从有丞相隗林，颜师古在《颜氏家训·书证》中据当时出土称权铭文指出隗林乃隗状之讹④，今通过此简文，可进一步证实颜氏所言不诬。

其次，从以上简文可窥见秦代令文产生过程，由简文可知此则令文直接由制书转化而成。此制书拟定于出巡途中的相山上，乃即兴而为，秦始皇登相山、屏山，见其"树木野美"，又见骆翠山树木亦美，心生怜惜，口谕"禁勿伐"。丞相状、绾事后因圣意草拟制书，并得到秦始皇认可，制书的主干内容为"禁树木尽如禁苑树木，而令苍梧，谨明为骆翠山以南所封刊"。实则制书主要是针对骆翠山的，敕令苍梧要像对待禁苑树木一样对待骆翠山树木，并标明骆翠山之界限，画出保护范围。

最后，从上引简文可知至少在秦始皇廿六年，苍梧郡、洞庭郡已设立。有学者根据里耶秦简三十四年文书有"及苍梧为郡九岁乃往岁田"推算苍梧郡置于秦始皇廿五年⑤，这一看法是比较可靠的。

---

① 《汉书·刑法志》第1096页。
② 岳麓书院藏秦简，待刊。
③ 张培瑜先生据里耶秦简材料推算秦始皇廿六年四月辛亥朔，己卯为廿九日。详参张培瑜：《根据新出历日简牍试论秦和汉初的历法》，载于《中原文物》2007年第5期，第68页。
④ 王利器：《颜氏家训集解（增补本）》，中华书局1993年版，第455页。
⑤ 何介钧：《"秦三十六郡"和西汉增置郡国考证》，引自陕西师范大学、宝鸡青铜器博物馆主办：《黄盛璋先生八秩华诞纪念文集》，中国教育文化出版社2005年版，第349~356页。

像上面这样因为帝王一时兴起而产生的令文应该还不少,然因为其针对的对象范围过窄,恐怕不能以原样升格为律文而布于天下。

此外,制书也可以直接转化为令条。如岳麓秦简 1737 号简文:

"制曰:吏上请、对、奏者皆傅牒牍数,即不具而却复上者,令其牒牍毋与前同数,以为恒。廷卒乙。"①

"廷卒"为令名无疑,"乙"乃其编号,易知此则令文直接裁剪制书而成。

### (二) 令的编纂问题

秦代是否存在令典也是学者们争相探究的问题。宫宅洁认为秦时即有令典存在,并认为令典的出现是以"对诸命令实行分类整理"为前提的,睡虎地秦墓竹简中除了有律典外,还有与律性质不同的"令"的规范,而且它是按内容分类的诏令集的形式存在的。汉代令典的编纂要经过两道手续,首先将诏令按内容加以区分,然后给它们逐一标上号码。这样的编纂手法反映了令典的特质,即它是以时时追加的诏令为发源而不断增加的,因此,令典不可能在各个官僚机构独立形成②。冨谷至对汉代是否形成令典持保守态度,认为汉令以皇帝下达的诏敕为法源,在形式上只能是诏而不能是其他。汉令发布以后按照干支进行编号收录,不断的被随时增加。挈令是从干支令中抽出来的和各官署、郡县有关的诏编辑在一起。有事项的令不过是为了方便使用的通称,不是由立法确定的法典、法令名。③

秦令数量极多,是否有一部囊括现行令文的令典尚不可确定,但就某一类令而言,均是经过有序排列和编纂的。

岳麓秦简秦令篇名主要以下面几种形式呈现:

(1) 官府机构名 + 共令 + 天干,如:

■内史郡二千石官共令 第丙 (简 0522)

■ 食官共令·乙 (简 0174)


(2) 官府机构名 + 令 + 天干,如:

■内史户曹令 第甲 (简 1520)


(3) 官府机构名 + 令 + 天干 + 数字,如:

·内史仓曹令第乙六 (简 1780)

---

① 岳麓书院藏秦简,待刊。
②③ 转引自杨振红:《出土简牍与秦汉社会》,广西师范大学出版社 2009 年版,第 42 页。

（4）官府机构+卒令+天干，如：
■尉郡卒令·戊（简0554）
■郡卒令·甲（简0464）

（5）卒令+天干+数字，如：
·卒令乙五（简1667）
·卒令丙五十（简1805）

（6）官府机构+卒+天干+数字，如：
·廷卒乙廿一（简1730）
·廷卒甲十一（简1739）

（7）事项+令+天干，如：
卜祝酹及它祠令　·甲（简2154）

（8）事项+令+天干+数字，如：
·迁吏令甲廿八（简1775）

（9）令+天干，如：
·令癸（简1647）

从以上秦令篇名不难看出，令名之后必跟序号，有的甚至有二级序号，这足以表明至少单种令篇均是经过统一整理的。这其中最为直接的证据来自一组按照天干顺序依次排列的"内史郡二千石官共令"篇名：

■内史郡二千石官共令　　　第甲（简0355）
■内史郡二千石官共令　　　第乙（简0690）
■内史郡二千石官共令　　　第丙（简0522）
■内史郡二千石官共令　　　第丁（简0351）
■内史郡二千石官共令　　　第戊（简0465）
■内史郡二千石官共令　　　第己（简0316）
■内史郡二千石官共令　　　第庚（简0617）[①]

以上令篇均单独书写在一枚简上，简首涂有黑方块，已经收入《岳麓书院

---

[①] 陈松长主编：《岳麓书院藏秦简（肆）》，上海辞书出版社2015年版，第196、第203、第207、第205、第198、第201、第203、第208页。

藏秦简》（肆）令卷册之中。但是根据复原的卷册来看，抄手似乎不是按照从甲到庚的顺序依次抄写这些令文的。这一点给了我们如下启发：摘抄本与原本之间有时会存在差异，因为同一个卷册往往是多人共同抄写完成。在分配任务时可能是各领其中数篇，分配到手时次序就是打乱的。完全根据背划线来复原简册会有一定风险，在编次简册时，之前预定的取简次序很容易被打乱。

考察秦令的编次问题时，不能不谈及一类比较特殊的令文，即仅在一则条文结尾时标明数字，如1017简：

　　自今以来，有诲传言，以不反为反者，辄以行䜁律论之，其有不宜？者，徙洞庭，洞庭处多田所。·十三①

先要判定这种只在文末标注数字序号的条文是否一定为令。之所以认定1017简是令文有以下两点理由：（1）利用排他法，在岳麓秦简中几乎所有的律均是以"某某律曰"开头的，没有以"自今以来"开头的。（2）对比法。《津关令》简首可见到的序号有"一、二、九、十二、十三、十五、十六、廿一、廿三"，而在《二年律令》律条中完全不标序号。此外，1017号令仅在结尾处标明数字序号，但不代表它本身没有篇名。它的篇名应该单独写在一枚简上，与"津关令"篇名设置方式一样。令篇名究竟如何安置，在秦代可能并没有统一规定，有单独写在一枚简上的；也有放在每一则令文结尾处的。此外，也有编号相同的令文，如：

　　父母亲所盈八岁辄输之如令，琅邪（琊）郡比。·十三②（简1935）

像这种简尾数字序号相同的情况在岳麓秦简中还有不少。这就提醒我们在按照简尾数字序号来复原令册时，既要看序号，又要参考字体、反印文、背划线等信息，更重要的是看相邻令条之间有没有某种关联性。一般情况是，同一令篇之下的条文往往有共性，如：

　　·恒、署书皆以邮行。·辛令丙二（简1173）
　　·令曰：书当以邮行，为检令高可以旁见印章；坚约之，书检上应署，令并负以疾走，不从令，赀一甲。·辛（简1162）
　　令丙三（简1169）
　　·令曰：邮人行书，留半日，赀一盾；一日，赀一甲；二日，赀二甲；三日，赎耐；过三日以上，耐。·辛令丙五十③（简1805）

---

① 陈松长主编：《岳麓书院藏秦简（伍）》，上海辞书出版社2017年版，第42页。
② 陈松长主编：《岳麓书院藏秦简（伍）》，上海辞书出版社2017年版，第103、104、112页。
③ 陈松长：《岳麓书院藏秦简中的行书律令初论》，载于《中国史研究》2009年第3期，第31~38页。

不难发现,"卒令丙"均与文书邮递相关。故在复原无篇名仅有数字序号的令册时,要关注其内容的相关性。

再来谈谈秦令的数量问题。令比律灵活,更加易于生成,臣下常因为一些突发事件或新情况而请令,帝王也常常会有些新的想法。从理论上讲,某一个确定的时间点上,令的绝对数量是可以统计出来的。然实际情况恐非如此,尤其是秦这样从商鞅变法以来就标榜"以法为教"的国度,每一代统治者都会刊布数量不一的令文,同时会修订或废除旧的令条,这就导致无法统计到底有多少令文依旧具有法律效力。而我们今天见到的令文,均是所有者为某种目的挑选作为理政参照的,必是当时经常被使用的条文。这一点从"卒令丙"的摘录情况就可以体现出来,岳麓秦简中共有11条"卒令丙"条文(包含4条序号一样,内容小有差异者),而最小的序号是"二",最大的序号是"五十一",这显然是摘录的结果。但这并不代表秦代卒令丙条文只有五十一则,其数量应该更多。又岳麓秦简中尚见"卒令乙卅二",据此可推测必有"卒令甲"。就"卒令"而言,保守估计,其数量当在二百条左右,由此可见秦令总量是十分庞大的。

### (三) 律令的异同

古人对律令异同的看法,比较有代表性的如汉人桓宽在《盐铁论·诏圣》中引文学之言"故令者教也,所以导民人;法者刑罚也,所以禁强暴也"①。又比如《史记·酷吏列传·杜周传》载,杜氏因"不循三尺法,专以人主意指为狱"受人责备时,杜周辩解说:"三尺安出哉?前主所是著为律,后主所是疏为令,当时为是,何古之法乎!"②认为律与令的区别在于制定法律的皇帝的不同(前主、后主)。三国人文颖在《汉书·宣帝纪》"地节四年九月"条关于"令甲"的注释中说:"萧何承秦法所作为律令,律经是也。天子诏所增损,不在律上者为令。"晋人杜预则认为"律以定罪名,令以存事制"③。

日本学者冨谷至早已敏锐地指出"律、令只是形式上的不同,内容上并不存在刑罚规则与非刑罚规的不同"④,张忠炜则不同意冨谷至的看法,认为"令更多的是事类性的具体规定,虽然部分令文具有刑罚性质""令文虽也与刑罚有关,但系比附律文来制裁"⑤。暂且不讨论哪种观点更可信,因为凭空臆断毫无意义。之前的学者见到的汉令数量有限,秦令更加少见。而岳麓秦简中的令文简多达八九百个编号,这为我们讨论律令的异同提供了前人所未见的充足材料。

---

① 王利器:《盐铁论校注》,中华书局1992年版,第595页。
② 《史记·酷吏列传》第3826页。
③ 李昉:《太平御览》,中华书局影印本1960年版,第2859页,《刑法部·律令下(卷638)》。
④⑤ 转引自张忠炜:《秦汉律令法系研究初编》,社会科学文献出版社2012年版,第135页。

1. 律令的地位问题

唐律规定："律、令义殊，不可破律从令。"① 陈顾远在著作中提出秦汉"令以辅律"的观点，受当时材料所限并没有展开充分的论证。张忠炜从多个维度论证了"律主令辅"问题。张忠炜的观点主要有：（1）从律、令规范范围及内容看，律所规定的涉及社会各个方面，至于令，主要是作为律的补充或"副法"出现。（2）从司法实践及司法文书来看，定刑量罪依据是律而非令。（3）律不仅可规定制度、礼仪，而且还是罪名、刑制的渊薮②。就地位而言，律的确高于令。但仔细研读秦代的律令文本，我们认为：二者在司法实践中的实际功用并无高下之分，所规范的范围亦无宽窄之别。

首先谈谈律、令的规范范围问题。前文已经论证，有些诏令（制命）可以直接成为律条，而大多数律条的产生要经历从诏令（制命）到令条再到律条的过程，且在演变过程中会被不断修订。既然绝大多数律条原本是令条，律所涵括的范围只能是小于令，不可能大于令。学者之所以会产生律的规范范围大于令的错觉，可能是因为律条高度概括而令文细致入微。如果仅仅以一则条文为例，律之涵盖范围大多数情况下的确要宽于令。因为一则律条往往是综合了数则令文而成，文句精炼，措辞严谨。令文往往是针对某个特定事件、特定区域而制定，所以会给人一种格局小的错觉。其实，令文的数量要远大于律文，岳麓秦简中那些带有数字序号的令篇极好地支持了这一事实，如"卒令丙 五十一"。"卒令丙"下的令条都是关于文书邮递的，视之为《行书律》的补充亦不为过，然至今所能见到秦汉《行书律》的总数也远达不到五十一。既然绝大多数律源自令，且律的数量远不如令，律的规范范围何以能大于令呢？

其次在具体的司法实践中，秦代定刑量罪时同时参照律令，律似乎并无特殊地位。岳麓秦简一则令文规定：

·制诏御史：吏上奏当者，具傅所以当者律、令、比、行事。固有令，当各署其所用律令、比、行事（简1009）。

曰，以此当某。今多弗署者，不可案课，却问之，乃曰，以其律、令、某比、行事当之，烦留而不应令。今其令（简1008），

皆署之如令。·五（简1000)③

"吏上奏当者"即下级官吏上奏断狱文书之类，当下级官吏碰到疑难案件或意见有分歧时常常将案卷连同判决结果一并上报。"具傅所以当者律、令、比、

---

① 刘俊文：《唐律疏议笺解》，中华书局1996年版，第516页。
② 张忠炜：《秦汉律令法系研究初编》，社会科学文献出版社2012年版，第132～137页。
③ 陈松长主编：《岳麓书院藏秦简（伍）》，上海辞书出版社2017年版，第60、61页。

行事",即要将断狱时所依据的法律条款附上。由此可见在定刑量罪时律与令的地位的是平等的。岳麓秦简中的奏谳类文书能更加直观地展现律、令在定刑量罪时的平等地位,如:

(1)癸、琐相移谋购案:
"绾等以盗未有取、吏赀灋(法)□戍律令论□癸、琐等。不论【沛等……"①

(2)暨过误失坐官案:
"赢(累)论有令,可(何)故曰赢(累)重?可(何)解?"②

(3)同、显盗杀人案:
令曰:"狱史能得微难狱,【上。】③

(4)尸等捕盗疑购案:
律曰:"产捕群盗一人,购金十四两。"有(又)曰:"它邦人036□□□盗,非吏所兴,毋(无)什伍将长者捕之,购金二两。"④

从上面所引《为狱等状四种》里面的奏谳类文书可知,断狱所依据的既有律条,也有令条。"暨过误失坐官案"中甚至出现"赢(累)论有令","令"为令条无疑。"绾等以盗未有取、吏赀灋(法)□戍律令论□癸、琐等"一句比较合适的解读当为:"盗未有取、吏赀灋(法)□戍"当是秦律令条文内容的高度概括,此类事件,在秦律、秦令中均有规定,故判决时要同时参照。又在"癸、琐相移谋购案"和"尸等捕盗疑购案"郡报结尾词中分别出现"它有律令""它有令",也能证明秦汉量刑断狱同时参照律和令。

最后谈谈令文是如何广泛的规定制度和礼仪的。秦制繁杂,仅就礼制来谈这一问题。岳麓秦简中有如下令文:

·内史吏有秩以下□□□□□为县官□而死所县官,以县官木为椯,椯高三尺,广一【尺】(简0528)

八寸,袤六尺,厚毋过二寸,毋木者为卖〈买〉,出之,善密緻其椯,以枲坚约两敦(楘),勿令解绝(简0532)。⑤

以上令文对官府为因公殉职官吏提供的棺木的尺寸、密封方式作了规定。

---

① 朱汉民、陈松长主编:《岳麓书院藏秦简(叁)》,第99~100页;句读采取陈伟先生意见,武汉大学简帛网2013年9月9日发布.《盗未有取吏赀灋律令》试解。
② 朱汉民、陈松长主编:《岳麓书院藏秦简(叁)》,上海辞书出版社2013年版,第147页。
③ 朱汉民、陈松长主编:《岳麓书院藏秦简(叁)》,上海辞书出版社2013年版,第180页。
④ 朱汉民、陈松长主编:《岳麓书院藏秦简(叁)》,上海辞书出版社2013年版,第114~115页。
⑤ 陈松长主编:《岳麓书院藏秦简(肆)》,上海辞书出版社2015年版,第189页。

"内史吏有秩以下"指内史这个机构或内史郡管辖范围里有秩以下的官吏。"有秩"指俸禄为百石及百石以上的官吏,《史记·范雎列传》:"自有秩以上至诸大吏。"① 《后汉书·百官志》:"乡置有秩、三老、游徼。本注曰:有秩,郡所署,秩百石,掌一乡人;其乡小者,县置啬夫一人。"② 《流沙坠简》考释篇卷二:"汉制计秩自百石始,百石以下谓之斗食,自百石则称有秩矣。"③ 秦汉称官府为县官。"椟"是一种小棺材,《汉书·高帝纪》:"十一月,令士卒从军死者为椟。"颜师古注引应劭曰:"小棺也,今谓之椟。"④ "出"在此处指出殡。"緻"与"密"同义,《说文》:"緻,密也。""枲"指大麻绳。"敦",通橔,棺材上的覆盖物。《玉篇·木部》:"橔,棺覆也。"简文中脱字一处,"广一"之后显然应补一"尺"字;又"卖"当是"买"之讹误,如果官府无现成的木材,则需购买。

简文中尤其值得注意的是对棺椁尺寸的规定,"高三尺,广一【尺】八寸,袤六尺,厚毋过二寸",即"高69.3厘米,宽41.58厘米,长138.6厘米,厚度不超过46.2厘米"。⑤ 棺椁长度只有1.386米,然一般成人的高度均不止此数。睡虎地秦墓竹简《秦律十八种·仓律》规定:"隶臣、城旦高不盈六尺五寸,隶妾、舂高不盈六尺二寸,皆为小。"⑥ 隶臣、城旦身高不满六尺五寸,隶妾、舂身高不满六尺二寸,都算为未成年人。既然秦代一般成人的身高都超过六尺,而棺木长仅六尺,要将尸体平直放置在棺木中显然是行不通的。这不由得让人想起盛行于秦地的一种丧葬方式——"屈肢葬"。

屈肢葬是秦文化显著特征之一,这已得到普遍认同。屈肢葬是相对直肢葬而言的,是对尸体的一种处置方式,即用布带将死者下肢向上卷曲捆扎,然后入棺埋葬。国内外一些学者对屈肢葬式曾有过种种解释,他们有认为是象征胎儿在母体内的样子;或认为人死后埋在地腹内要恢复到原先在母腹内的状态;或者说是怕死者向生人作祟,因此用绳子将其捆缚以阻止其灵魂出走⑦。可见有关秦人何以采用屈肢葬,众说纷纭,莫衷一是,恐怕一时也不能形成定论。我们在此只想对这种丧葬方式的传布略作探究,有学者认为"当东方各国,以三晋地区为例,迄战国晚期仍存在屈肢葬俗的时候,而地处陕西的秦国却在中期以后就基本革除

---

① 《史记·范雎列传》,第2412页。
② 《后汉书·百官志》,第3624页。
③ 罗振玉、王国维:《流沙坠简》,中华书局1993年版,第119页。
④ 《汉书·高帝纪》第65页。
⑤ 秦代一尺大约相当于现在23.1厘米。
⑥ 睡虎地秦墓竹简整理小组:《睡虎地秦墓竹简》,第32页。
⑦ 高去寻:《黄河下游的屈肢葬问题》,引自中国科学院考古研究所等编:《中国考古学报(第二册)·西安半坡》,文物出版社1963年版,第218页。

了这种落后的葬俗了。"① 如今看来，此种观点是靠不住的，既然明确规定因公殉职者棺椁尺寸长为六尺，则足以说明抄录令文时屈肢葬依旧盛行。而岳麓秦简均抄写于秦统一六国之后，所摘录法律条文为当时官府日常所用。又据岳麓秦简各方面的内容推测，这批简的主人当是在楚地为吏者；此批秦简的埋藏地也极可能是江汉平原一带。综上可知，秦代并未废除屈肢葬。需要补充一点，虽然秦代法律明确规定若由政府负责丧葬，必须采用屈肢葬的形式；但是对于普通百姓或自行安葬的官吏，没有强制要求其必须遵循这一丧葬方式。最典型的例子就是云梦睡虎地 11 号墓的主人喜为秦下层官吏，采用的是直肢葬的形式，同时发掘的其他秦墓也都如此②。可见，秦之葬俗在楚地并未广泛传播开来，这与旧有习俗的稳定性以及秦王朝在该区域的统治时间短暂均有关系。

除了这种葬俗的明文规定之外，岳麓秦简中，还有一则秦令条文对祠庙的日常管理进行了规范：

> 如下邽庙者辄坏，更为庙便地洁清所，弗更而祠焉，皆弃市。各谨明告县道令、丞及吏主（简 0624）
> 更，五日一行庙，令史旬一行，令若丞□□□□□（简 J47）③

以上两支简规定庙所在官府应及时修缮损坏的庙，否则以弃市处之，此外还要定时巡视祠庙。"下邽"，地名，位于今陕西渭南市临渭区下邽镇。"辄"，就；"更"，改。"便地"指合适的场地。"弃市"即戮人于市，此种刑罚常针对罪大恶极者。"吏主"当是"吏主者"之省，指某项事务的主管官吏。"行庙"，巡视祠庙，洞察异常，在里耶秦简中可见"行庙"记录。"令史"，官名，为县令的属吏，职掌文书等事，《睡虎地秦墓竹简·编年纪》载喜于秦王政六年为安陆县令史，七年充任鄢县令史。④

简文的大致意思是：像下邽庙一倾坏，务必及时选择合适的地方重建，如果没有修缮祠庙而祭祀，有关官吏将处以弃市之刑。务必明确布告县、道长官及具体负责人，每五天循行祠庙一回，令史每十天循行一次。

此则法律条文虽然是以下邽庙为例来规定祠庙修缮管理方面的事宜，实际上具有普遍性。这一点从里耶秦简中可得到充分证明。

---

① 容观夐：《我国古代屈肢葬俗研究》，载于《中南民族学院学报（人文社会科学版）》1983 年第 2 期，第 40～49 页。
② 孝感地区第二期亦工亦农文物考古训练班：《湖北云梦睡虎地十一号秦墓发掘简报》，载于《文物》1976 年第 6 期，第 1 页。
③ 陈松长主编：《岳麓书院藏秦简（肆）》，上海辞书出版社 2015 年版，第 201 页。
④ 睡虎地秦墓竹简整理小组：《睡虎地秦墓竹简》，文物出版社 1990 年版，第 6 页。

此外，岳麓秦简 2154 号还记载了"卜 祝 酎及它祠令·甲"① 这样的令名，我们从其编号就可知，秦令对礼仪制度方面的规范是具体而又广泛的。

综上所述，可知秦律、令之间并无主辅之分，其在定刑量罪、规范各种制度礼仪方面所起的作用是一样的。

2. 律多存事制、令亦定罪名

晋代杜预提出"律以定罪名，令以存事制"② 一说，是就当时实际情况而言；而秦汉时期律、令之功能分区尚未清晰——律多存事制，令亦定罪名。于振波早已指出"'法'和'律'是春秋战国时期随着社会的变革而出现的新的法律形式，既'正罪名'又'存事制'，既罚过也赏功，具有很大的综合性，甚至在汉律中仍然保存了设范立制的内容"③。应该说，这是很有道理的。我们知道魏晋之际是法制发生重要变革的时代，出现了纯粹的刑法典（律典），律、令从此分道扬镳，用张忠炜的说法为"律令分途"。"律与刑罚挂钩、成为'刑'的同义语，令则专门或主要作为事制规定出现"④。

但秦汉简多见带有刑罚性质的令文：

·令曰：邮人行书，留半日，赀一盾；一日，赀一甲；二日，赀二甲；三日，赎耐；过三日以上，耐。·卒令丙五十（简1805）⑤

·捕以城邑反及非从兴殹（也），而捕道故塞徼外蛮夷来为间，赏毋（无）律└，今为令└。谋以城邑反及道故塞徼外（简1792）

蛮夷来欲反城邑者，皆为以城邑反。智（知）其请而舍之，与同辠。弗智（知），完为城旦舂└。以城邑反及舍者之室人（简1813）

存者，智（知）请（情），与同辠，弗智（知），赎城旦舂└，典、老、伍人智（知）弗告，完为城旦舂，弗智（知），赀二甲。·廷卒乙廿一（简1855）⑥

《奏谳书》引用令文：令曰：诸无名数者，皆令自占书名数，令到县道官，盈卅日，不自占书名数，皆耐为隶臣妾，锢，勿令以爵、赏免，舍匿者与同罪。⑦

---

① 岳麓书院藏秦简，待刊。
② 李昉：《太平御览·刑法部·律令下（卷638）》，第2859页。
③ 于振波：《秦汉法律与社会》，新星出版社2004年版，第14页。
④ 张忠炜：《秦汉律令法系研究初编》，第137页。
⑤ 陈松长：《岳麓书院藏秦简中的行书律令初论》，载于《中国史研究》2009年第3期，第31~38页。
⑥ 陈松长主编：《岳麓书院藏秦简（伍）》，上海辞书出版社2017年版，第124、125页。
⑦ 张家山二四七号汉墓竹简整理小组：《张家山汉墓竹简［二四七号墓］（释文修订本）》，文物出版社2001年版，第97页。

以上所引用均是耐刑以上的处罚，至于秦令中关于赀甲盾之类的处罚，可以说是俯拾即是。

秦简多见事类性规定的律条，睡虎地秦墓竹简中的《田律》《厩苑律》《工律》《金布律》《仓律》等律篇之下，关于事类性规定的条文比惩罚性的要多不少，现将岳麓秦简中"存事制"的律文摘录几则如下：

·金布律曰：出户赋者，自泰庶长以下，十月户出刍一石十五斤；五月户出十六钱，其欲出布者，许（简1287）

之。十月户赋，以十二月朔日入之，五月户赋，以六月望日入之，岁输泰守。十月户赋不入刍而入钱（简1230）

者，入十六钱。吏先为？印，敛，毋令典、老挟户赋钱。（简1280）①

·仓律曰：毋以隶妾为吏仆、养、官【守】府⌐，隶臣少，不足以给仆、养，以居赀责（债）给之；及且令以隶妾为吏仆、1382 养、官守府，有隶臣，辄伐〈代〉之⌐，仓厨守府如故。（简1370）②

·田律曰：有鼻，田宇已入县官，若已行，以赏予人而有勿（物）故，复（覆）治，田宇不当入县官，复畀之其故田宇。（简1276）③

尉卒律曰：为计，乡啬夫及典、老月辟其乡里之入穀（穀）、徒除及死亡者，谒于尉，尉月牒部之，到十月乃（简1397）

比其牒，里相就殹（也）以会计。黔[首]之阑亡者卒岁而不归，结其计，籍书其初亡之年月于结，善藏以戒其得。（简1372）④

以上所引律条均见于《岳麓书院藏秦简（肆）》一书的律卷册，该卷册的抄录时间是秦统一天下之后，所摘录的律条均具实用性。四则律文均是对具体事项的规定，这足以证明在秦代律文中不全是惩罚性质的条款。

综上可知，秦代"律多存事制，令亦定罪名"，与魏晋以后"律、令分途"的情况完全不同。

3. 律令之区别

律、令在形式和功用上无太大区别，但二者还是有些差异的。一般而言，律为常法，一旦成为律条，其会被沿用相当长的一段时间。而许多令文是因一事一地而制，时过境迁，令条就会被人遗忘，甚至废除。律、令的最大区别在于效力之长短。

---

① 陈松长主编：《岳麓书院藏秦简（肆）》，上海辞书出版社2015年版，第107页。
② 陈松长主编：《岳麓书院藏秦简（肆）》，上海辞书出版社2015年版，第122~123页。
③ 陈松长主编：《岳麓书院藏秦简（肆）》，上海辞书出版社2015年版，第105页。
④ 陈松长主编：《岳麓书院藏秦简（肆）》，上海辞书出版社2015年版，第114页。

岳麓秦简《金布律》1286号简文与之前的《秦律十八种·金布律》中的一则律文内容几乎一样。兹录律文如下：

·金布律曰：有买及卖殴（也），各婴其贾（价），小物不能各一钱者，勿婴（简1286）。①

有买（卖）及有买殴（也），各婴其贾（价）；小物不能各一钱者，勿婴。金布②（秦律十八种·金布）

上面两则《金布律》内容几乎一样，唯一一处不同是睡虎地秦墓竹简《金布律》第二个"买"字在岳麓秦简中写作"卖"。其实这丝毫不影响整则律文的意思，在秦汉时期，买常可通作卖。两则《金布律》最大的不同在于篇名所处位置，一个置于简尾，一个置于简首。从秦汉出土简牍来看，尚有第三种处理律令篇名的方法，即将它单独写在一枚简上（简首通常涂一小黑方块），如《二年律令》和岳麓秦简中的部分令名简。这三种处置律篇名的方法，在当时都是实用的，究竟选择哪一种，是由简牍所有者或抄手决定的。我们目前尚不能以律篇所在位置来判定其时代，因为在湖北云梦睡虎地M77《葬律》《斋律》篇名都是单独书写在一枚简上，简首涂一黑方块，据发掘报告其时代应在文帝末年至景帝时期③。

内容几乎完全相同的律文出现在不同时代、不同批次的简牍材料中，这是十分罕见的。睡虎地秦律条文均抄录于秦统一六国之前，有些甚至是商鞅时制定，而岳麓秦简中的律文是在秦统一之后誊抄的。这正体现了秦政策之连续性以及某些律条具有极强的实用性。

律效力之长久性不仅仅表现在有些律条会被本朝的后继者袭用，甚至会跨越朝代隔阂，被新的王朝采用。先来看以下数则材料：

（1）《法律答问》：斗以箴（针）、釱、锥，若箴（针）、釱、锥伤人，各可（何）论？斗，当赀二甲；贼，当黥为城旦④。

（2）《法律答问》：妻悍，夫殴治之，夬（决）其耳，若折支（肢）指、胅膿（体），问夫可（何）论？当耐⑤。

---

① 陈松长主编：《岳麓书院藏秦简（肆）》，上海辞书出版社2015年版，第106页。
② 睡虎地秦墓竹简整理小组：《睡虎地秦墓竹简》，文物出版社1990年版，第37页。
③ 熊北生等：《湖北云梦睡虎地M77发掘简报》，载于《江汉考古》2008年第4期，第31~37；141~146；148页。
④ 睡虎地秦墓竹简整理小组：《睡虎地秦墓竹简》，文物出版社1990年版，第113页。
⑤ 睡虎地秦墓竹简整理小组：《睡虎地秦墓竹简》，文物出版社1990年版，第112页。

（3）《法律答问》：律曰："斗夬（决）人耳，耐。①"

（4）《二年律令·贼律》：斗而以刃及金铁锐、锤、椎伤人，皆完为城旦舂。其非用此物而眇人、折枳、齿、指、胅体、断肤（决）鼻、耳者，耐②。

（5）《二年律令·贼律》：贼伤人，及自贼伤以避事者，皆黥为城旦舂③。

（6）《二年律令·贼律》：谋贼杀、伤人，与贼同法④。

（7）《汉书·薛宣传》：廷尉直以为："律曰：'斗以刃伤人，完为城旦，其贼加罪一等，与谋者同罪。'诏书无以诋欺成罪⑤。"

材料（1）要增补中一处脱文，材料中提及三种违法行为：以针、錍、锥打斗而未伤人；以针、錍、锥打斗而伤人；故意以针、錍、锥伤人。但是给出的处罚只有赀二甲和黥为城旦舂两种，其必有脱文。从《法律答问》引秦律"斗夬（决）人耳，耐"来看，以针、錍、锥打斗而伤人不可能只"赀二甲"。"赀二甲"只能是针对打斗而未伤人者的处罚。故可在"赀二甲"之后补"伤人，完为城旦舂"数字。如此后文的"贼，当黥为城旦"才有了前提。

《法律答问》中引秦律曰："斗夬（决）人耳，耐"，到了汉初的《二年律令·贼律》中面对相同的罪过，依然是处以耐刑。从《法律答问》可知故意用针、錍、锥伤人，黥为城旦舂，《二年律令·贼律》同样规定故意伤人要黥为城旦舂，这是汉律以秦律为蓝本的绝好证据。《汉书·薛宣传》中所引当时使用的律条，内容乃是综合《二年律令·贼律》三则律文而成。薛宣为汉成帝（公元前33年到公元前7年在位）时人，距离《二年律令》抄写时间（前186年）长达一百五十多年，而依旧沿用了此则《贼律》条文，足证律条效力之长。

抄录于秦始皇一统天下之前的《法律答问》规定以刃器伤人，完为城旦舂，若是故意为之，加罪一等黥为城旦舂。这一规定在汉初《二年律令》中依然保持不变，并一直沿用到西汉末年。可见一则成熟合理的律文，其效力是十分长久的。（周海锋）

---

① 睡虎地秦墓竹简整理小组：《睡虎地秦墓竹简》，文物出版社1990年版，第112页。
②③④ 张家山二四七号汉墓竹简整理小组：《张家山汉墓竹简［二四七号墓］（释文修订本）》，文物出版社2001年版，第12页。
⑤ 《汉书·薛宣朱博传》，第3395页。

## 第二节 秦律令之刊布与功效

### 一、律令之刊布与留存

在秦代,国家行政机器的运行离不开文书,而作为文书主要构成部分的律令条文在国家行政中所扮演的角色无疑是十分关键的。一则律令要产生效力,是由诸多因素决定的,首先是其本身的适用性、然后是传播的有效性、官吏执行的彻底性,而以上这些又必须有一个强有力的中央集权政府作为后盾来保障其实行。我们今天见到的秦律令,绝大多数来自墓葬①,这些律令简得以保存至两千年以后,当然也是多种因素造成的,本文仅讨论一个问题——墓主为何要摘录这些律令并以之作为陪葬品。

#### (一)实用律令文书的传播途径

法律条文要让天下臣民悉知,否则不仅不能收到制法者所期望的效果,反而有为民设陷阱网罟之嫌。作为秦国改革家兼法家代表之一的商鞅当然知晓这一道理,故在《商君书·定分》中言:

为法令,置官吏朴足以知法令之谓者,以为天下正,则奏天子;天子则各主法令之。皆降,受命发官,各主法令之。民敢忘行主法令之所谓之名,各以其忘之法令名罪之。主法令之吏有迁徙物故,辄使学者读法令所谓。为之程序,使数日而知法令之所谓。不中程,为法令以罪之。有敢剟定法令一字以上,罪死不赦②。

《慎子》佚文载"法者,所以齐天下之动,至公大定之制也"③,《韩非子·难三》云"法者,编著之图籍,设之于官府,而布之于百姓者也"④。慎到、韩非和商鞅一样都认识到将法令公之于众的重要性,然在传世文献中却鲜见法律条文如何传布的材料。兹以秦律令条文为例,试着探究秦法律文书的传播路径。

---

① 睡虎地秦墓竹简、青川木牍、龙岗秦简、王家台秦简均有法律简,均出自墓葬,岳麓秦简非科学考古发掘而得,但亦出自墓葬。
② 蒋礼鸿:《商君书锥指》,中华书局1986年版,第140~141页。
③ 许富宏:《慎子集校集注》,中华书局2013年版,第108页。
④ 陈奇猷校注:《韩非子新校注(下)》,上海古籍出版社2000年版,第922页。

大家知道，秦代律令条文一般由朝廷制定，郡级行政机构可以根据具体情况自行制定某些地方法规。朝廷制定的律令条文绝大部分是针对各郡县的具体事宜的，故其传播方向无疑是自上而下的。当时远距离传布信息最为有效的媒介就是文字，而文字又以简册、帛书为主要载体。但是让最广大百姓知晓律令内容的方式无疑是口头陈述，能够见到律令原文的只有县、都官以上机构的相关行政人员。这从岳麓秦简本身也可以找到证据：

　　新律令下，皆以至其县都官廷日决。故有禁律令，后为鼻名及减益鼻者，以奏日决。·卒令乙卅二①（简1888）

　　为诈，便。·臣昧死请。制曰，可。·廿九年四月甲戌到胡阳。·史学童诈不入试令 · 出 廷丙廿②（简1859）

从1888号简文可知，新律令制定以后，自送达县、都官之日起生效。1859号简文"·廿九年四月甲戌到胡阳"当理解为"史学童诈不入试令"在廿九年四月传布到胡阳。从"制曰可"这一文书格式语可知，廿九年必为秦始皇廿九年。据里耶秦简8-1514号，秦始皇廿九年四月甲子朔，甲戌为为十一日。

值得注意的是：秦国律令条文并未直接传送到都官，而需都官派遣人员去当地的县廷抄写所需律令。这在《秦律十八种·内史杂律》中有明确记载"县各告都官在其县者，写其官之用律"③，可见律文并未直接传送到都官。这与县属各曹往县廷誊抄、校雠法律条文的情况是一样的：

　　卅一年六月壬午朔庚戌，库武敢言之：廷书曰令史操律令诣廷雠，Ⅰ署书到、吏起时。有追。·今以庚戌遣佐处雠。Ⅱ敢言之。Ⅲ（简8-173）

　　七月壬子日中，佐处以来。／端发。　处手。（简8-173背）④

里耶行政文书8-173号中的"廷"无疑指县廷，库乃迁陵县之下属机构，主要负责战备物资的储备管理，库之佐官处被派遣到迁陵县衙署校雠律令。从处之行程可知，库所在地离县廷有约两日的路程。库并无独立的司法权，要求其派遣佐吏前往核对律令绝非为了断狱时使用，而是为了让执掌库的官吏甚至徒隶明白国家的相关法律。可以想见，当新的律令条文被誊抄回去，势必还有一个口头传达、解释说明的环节。

秦处于社会急剧变革的档口，为了适应行政之需要，律令之修订势必相当频繁。某些条文只有个别称谓加以调整，并不影响具体的司法实践，如秦统一之后

---

① 陈松长主编：《岳麓书院藏秦简（伍）》，上海辞书出版社2017年版，第103页。
② 岳麓书院藏秦简，待刊。
③ 睡虎地秦墓竹简整理小组：《睡虎地秦墓竹简》，文物出版社1990年版，第61页。
④ 陈伟主编：《里耶秦简牍校释（第一卷）》，武汉大学出版社2012年版，第104页。

改"百姓"为"黔首"之类，这一类律条或许并未传递到县一级行政部门。故在里耶秦简中出现下面一则文书：

　　□年四月□□朔己卯，迁陵守丞敦狐告船官Ⅰ□：令史贋雠律令沅陵，其假船二艘，勿Ⅱ留。Ⅲ（简6－4）①

迁陵县的令史贋要通过水路跑到沅陵去校雠律令，一则说明沅陵在其时必为洞庭郡郡治所在；二则表示有些律令并未传递到迁陵，所以才有必要派人前去核对异同。

著于简帛的律令条文要下达到各郡各县，又必须通过邮驿进行传递。故《行书律》本身与律令之传布关系颇为密切：

　　行命书及书署急者，辄行之；不急者，日觱（毕），勿敢留。留者以律论之。（秦律十八种·行书）②

　　行传书、受书，必书其起及到日月夙莫（暮），以辄相报殹（也）。书有亡者，亟告官。隶臣妾老弱及不可诚仁者勿令。书廷辟有日报，宜到不来者，追之。（秦律十八种·行书）③

　　·行书律曰：传行书，署急辄行，不辄行，赀二甲。不急者，日觱（毕）。留三日，赀一盾；四日【以】上，赀一甲。二千石官书（岳麓秦简1250）不急者，毋以邮行。（简1368）④

　　·行书律曰：有令女子、小童行制书者，赀二甲。能捕犯令者，为除半岁繇（徭），其不当繇（徭）者，得以除它（岳麓秦简1384）

　　1388：人繇（徭）。（简1388）⑤

《秦律十八种·行书律》中的"命书"即岳麓秦简1384号所言之"制书"，而许多令文都是源自制书。如岳麓秦简1737号简文：

　　"制曰：吏上请、对、奏者皆傅牒牍数，即不具而却复上者，令其牒牍毋与前同数，以为恒。廷卒乙。"⑥

"廷卒"为令名无疑，"乙"乃其编号，可知此则令文直接裁剪制书而成。另一类令条先由臣下提议，奏请皇帝同意后下达，令文以"制曰可"结束，如岳麓秦简0319："·东郡守言，东郡多食，食贱，徒隶老、癃（癃）病毋（无）

---

① 陈伟主编：《里耶秦简牍校释（第一卷）》，武汉大学出版社2012年版，第19页。
② 睡虎地秦墓竹简整理小组：《睡虎地秦墓竹简》，文物出版社1990年版，第61页。
③ 睡虎地秦墓竹简整理小组：《睡虎地秦墓竹简》，文物出版社1990年版，第61页。
④ 陈松长主编：《岳麓书院藏秦简（肆）》，上海辞书出版社2015年版，第131～132页。
⑤ 陈松长主编：《岳麓书院藏秦简（肆）》，上海辞书出版社2015年版，第132～133页。
⑥ 陈松长主编：《岳麓书院藏秦简（肆）》，上海辞书出版社2015年版，第125页。

赖，县官当就食者，请止，勿遣就食。它有等比。·制曰，可。"①

此种令文并非直接截取制书而成，然其生成与制书有相同点，都是经过皇帝首肯的。

《行书律》中提及的"行传书""传行书"本身应包括律令文书。为了保障文书的顺利达到，对邮递员的身份、品行、年龄和身体状况均有所要求，年老体弱的隶臣妾、不讲诚信者不能派去传送文书，女子和未傅籍的男子均不可传递制书。除此之外，每天要记录文书的传输接收情况。《行书律》对文书传递过程中一系列规定，对于保障文书顺利到达有着十分重要的作用。

律令文书送到县、都官等机构后接下来的工作就是向民众和下层行政组织传达。如岳麓秦简在一些令文中就强调了"布令"：

·十三年六月辛丑以来，明告黔首：相贷资缗者，必券书吏┘，其不券书而讼，乃勿听，如廷律。前此（简0630）

令不券书讼者，为治其缗，毋治其息，如内史律。②（简0609）

·十三年三月辛丑以来，取妇嫁女必叁辨券，不券而讼，乃毋听，如廷律。前此令不券者，治之如内史（简1099）律·谨布令，令黔首明智（知）。·廷卒令（简1087）

□军□为令奏。制曰，可。布以为恒令。·尉郡卒令乙（简1163）

鬼薪、白粲皁一人，若迁耐皁二人，皆减其皁一等，谨布令，令黔首、吏、官徒隶、奴婢明智（知）之，毋（简1112）

巨皁。·十五③（简1038）

以上令文中的"黔首"有广狭义之别，广义上的黔首指所有民众，狭义黔首与官吏、徒隶、奴婢对称，特指某一阶层的民众。以1099简为例，"取妇嫁女必参辨券"显然是针对所有臣民，而非对某一个阶层之限制。秦制以县统乡，以乡辖里，律令之传播途径亦必然是从县至乡，再从乡至里。从上文迁陵县库佐处往县廷校雠律令可以推测，乡一级行政机构必然储备（至少是部分）其时通用之律令，乃从县廷抄录而成。乡如何向里邑传达律令内容，史无明载，笔者认为主要依赖于各里正、伍长的口头宣讲，再辅以文字传达。

我们还可以从汉简中得到一些关于律令传达途径的信息，其与秦或有相近的做法。在出土西北简牍中，多次出现一种称为"扁书"的东西，朝廷之诏令文书多凭借它广而布之。试摘录数则简文如下：

---

① 陈松长主编：《岳麓书院藏秦简（肆）》，上海辞书出版社2015年版，第214页。
② 陈松长主编：《岳麓书院藏秦简（肆）》，上海辞书出版社2015年版，第194~195页。
③ 陈松长主编：《岳麓书院藏秦简（伍）》，上海辞书出版社2017年版，第48、118、130、131页。

十月己卯。敦煌太守快、丞汉德敢告部都尉卒人，谓县：督盗贼史赤光、刑（邢）世写移今☐☐☐☐部督趣，书到各益部吏，☐泄☐捕部界中，明白大编（扁）书乡亭市里☐☐☐☐，令吏民尽知☐☐。（Ⅰ0309③：222）①

移书到，明白扁书乡官、亭里、市里，谒善，令吏民皆知之。督遣部吏……捕部界中☐得觳归二千石以下反☐☐☐重事＝當奏闻，毋忽如律令。茂陵第八䣕候破胡等购钱☐☐　73EJT21：114②

闰月己亥，张掖肩水都尉政丞下官承书从事下当用者书到，明扁书显见处，令吏民尽知之，严勒如诏书律令。　／掾丰属敞书佐凤③（73EJT31：64）

五月甲戌，居延都尉德库、丞登兼行丞事下库城仓☐
用者书到，令长、丞、候、尉明白大扁书乡市里门亭显见☐④（139.13）

知，令重写令，移书到，各明白大扁书市里、官所、寺舍、门亭、隧堠中，令吏卒民尽讼（诵）知之，且遣鄣吏循行，问吏卒凡知令者案，论尉丞、令丞以下，毋忽如律令，敢告卒人⑤（SY.1365）

关于"扁书"，前贤已有不少探讨，陈槃认为："简册之文之悬于门户者，皆可以扁书称之。""汉代凡诏令书教之等须使吏民周知者，每署书木板，悬乡市门亭显见处。"⑥胡平生、张德芳合撰的《敦煌悬泉汉简释粹》一书认为扁书乃"用大字写在墙壁或木板上的告示"，敦煌悬泉置遗址出土《元始五年四时月令诏条》书于泥墙之上，长达两米余，高约半米，其可认定为"扁书"或"大扁书"⑦。汪桂海认为"扁亦通匾"，即后世的匾书。⑧我们认为就汉简所见"编书""扁书"来看，其不能视为一种文书，李均明《秦汉简牍文书分类辑解》一书中罗列各类文书数十种，然无"扁书"一目，可见李均明也不认为"扁书"乃一独立的文书形式。单从语法上分析，以"各明白大扁书市里、官所、寺舍、门亭、隧堠中"为例，"扁书"显然不能当一个名词词组使用，"扁"与"书"须作两个独立的词用，且必须有一个为动词，否则此句因缺少谓语而不成句。

---

① 胡平生、张德芳：《敦煌悬泉汉简释粹》，上海古籍出版社2001年版，第23页。
② 甘肃简牍保护研究中心等：《肩水金关汉简（贰）（上册）》，中西书局2012年版，第44页。
③ 甘肃简牍保护研究中心等：《肩水金关汉简（叁）（上册）》，中西书局2013年版，第219页。
④ 谢桂华等：《居延汉简释文合校》，文物出版社1987年版，第230页。
⑤ 李均明、何双全编：《散见简牍合辑》，文物出版社1990年版，第20页。
⑥ 陈槃：《汉晋遗简识小七种》，上海古籍出版社2009年版，第96页。
⑦ 胡平生、张德芳：《敦煌悬泉汉简释粹》，上海古籍出版社2001年版，第23～24页。
⑧ 汪桂海：《汉代官文书制度》，广西教育出版社1999年版，第158页。

"扁"用作副词,乃动词"书"的修饰语,"扁"可通"遍",①"扁书"即"遍书",到处书写。《汉书·诸葛丰传》:"故常愿捐一旦之命,不待时而断奸臣之首,悬于都市,编书其罪,使四方明知为恶之罚,然后却就斧钺之诛,诚臣所甘心也。"颜师古注曰:"编谓联次简牍也。"② 笔者认为,"编书其罪"或可理解为"遍书其罪",如此方可"使四方明知为恶之罚"。"大扁书"与"扁书"的差别只在于字体之大小,然大小也是相对而言的。"诏书必明白大书,以两行著故恩泽诏书"③,"明白大书"即清楚得以大字书写。"明白大书"与"明白大扁书"惟有一字之差,前者极可能是后者之省称。"明扁书"、"明白扁书"也极可能是"明白大扁书"之省称。

从上文可知,汉代在市亭、官舍、乡里人口聚集区以"扁书"的形式公布朝廷的文告、诏令等政令文书是一种颇为常见的信息传布途径。以常理推测,秦代也应该有相近或相同的做法。

在秦代,通过口头传达律令内容当是最普遍而有效的办法。岳麓秦简1085号载:

"各乡啬夫、令史,里即为读令,布令不谨,吏主者赀二甲,令丞一甲"④。

"里即为读令"表明律令需口头传布到每一个里中。将民众聚集在一起听取朝廷政令的做法在传世文献中常有记载,《尚书·胤征》载:"每岁孟春,遒人以木铎徇于路,官师相规,工执艺事以谏,其或不恭,邦有常刑。"⑤《汉书·黄霸传》:"时上垂意于治,数下恩泽诏书,吏不奉宣。太守霸为选择良吏,分部宣布诏令,令民咸知上意。"⑥《汉书·贾山传》:"臣闻山东吏布诏令,民虽老羸癃疾,扶杖而往听之,愿少须臾毋死,思见德化之成也。今功业方就,名闻方昭,四方乡风,今从豪俊之臣,方正之士,直与之日日猎射,击兔伐狐,以伤大业,绝天下之望,臣窃悼之。"⑦ 由此可见地方官员为了有效地传布信息,常常将民众集中起来宣读诏令。此举既可以节省行政成本,又可以保证广大不识字的

---

① 扁通遍,古籍多见。《庄子·知北游》:"扁然万物自古以固存",成玄英疏:"扁然,徧生之皃也。"《荀子·修身》"扁善之度,以治气养生,则后彭祖",王念孙《读书杂志》:"扁读为徧……徧善者,无所往而不善也。"
② 《汉书·诸葛丰传》,第3249~3250页。
③ 胡平生、张德芳:《敦煌悬泉汉简释粹》,上海古籍出版社2001年版,第2页。
④ 岳麓书院藏秦简,待刊。
⑤ 李学勤主编:《十三经注疏·尚书正义》,北京大学出版社1999年版,第182页。
⑥ 《汉书·循吏传·黄霸》,第3629页。
⑦ 《汉书·贾山传》,第2336页。

民众知晓国家的政令，官员还能够当场为百姓答疑解惑。

## （二）随葬律令的性质问题

出土材料的埋藏地往往可以提供许多信息。睡虎地秦墓竹简和张家山汉简均出自墓中；里耶文书出自废弃的井中；西北文书简或出自垃圾坑，或出自驿置遗址，也有出自墓葬的；岳麓秦简不是通过正常考古发掘程序而得，其贮藏情况不太清楚，但出自墓葬的可能性极大。官文书被发掘在官署或附近，其原因较易推测，或是在处理过期文书时有残留，或是由于突发事件来不及销毁。律令文书作为权威象征和维护统治之利器，怎么会频现于私人墓葬中呢？而身份可考的墓主中，其均为县级小吏，只是在日常行政中可能用到这些律令文书而已。以常理揣之，官府律令文书官吏是不能据为己有的。这些小吏是如何使这些律令文书成为自己的陪葬品的呢？这的确是一个令人饶有兴趣又值得深思的问题。

秦汉墓葬多次发现律令文书，绝非偶然现象，当与当时当地的习俗、文化政策以及行政格式有关。

目前出土律令文书的墓葬有睡虎地11号秦墓、青川郝家坪50号秦墓、睡虎地77号汉墓、龙岗6号秦墓、王家台15号秦墓、张家山336号和247号汉墓以及荆州松柏1号汉墓。① 岳麓秦简虽非科学考古发掘所得，但出自墓葬的可能性极大。

就随葬律令的性质问题，学者们已多有探讨，尚未形成一致看法。冨谷至认为：

律令是以镇墓、辟邪的目的被随葬的，如果说与法律有关系的话，那么在现世社会中具有作为威吓恶行为效果的律与令，转而用于对黄泉世界的邪气、恶鬼进行威吓。即，作为随葬品的法律，其目的就是除魔、辟邪。兵法书、医书、经书、道家的书，还有关于授予王杖的文书等亦然，可以说都是有赶走妨碍墓主之眠、除魔作用的简牍。②

张忠炜更将冨谷氏的上述提法概括为"镇墓说"③。

邢义田则认为随葬的简册均为特意制作的"明器"，他认为：

墓葬中出土的简册，凡一册多达数百简者，都比较可能是为陪葬而特别抄制的明器，非供实用④。

---

① 此外，荆州印台九座西汉墓中也有一些律令，见《荆州重要考古发现》一书介绍。
②③ 转引自张忠炜：《墓葬出土律令文献的性质及其他》，载于《中国人民大学学报》2015年第5期，第41~50页。
④ 邢义田：《汉代简牍的体积、重量和使用——以中研院史语所藏居延汉简为例》，载氏著：《地不爱宝：汉代的简牍》，中华书局2011年版，第22页。

具体来讲,"镇墓说"与"明器说"着眼点是不同的,前者主要探究律令作为随葬品的功用;而后者是要弄清楚随葬简册(包括律令)的来源。邢义田认为随葬简册是据"墓主生前所用的真实文书抄录或摘录而成",依据是随葬简册不便于实用、内容有讹误、无更改校雠痕迹。故邢义田认为随葬简册不可能是实用之物,而是特意为陪葬而抄录编纂的。

富谷至与邢义田均对随葬简册的可信度存有疑问,富谷至的此种倾向表现得尤为明显:

如果古墓出土的法律是面向冥界的东西的话,将其无条件地视为现实世界的资料,或者将其作为与埋葬的时代相同时期的资料来利用,是否完全没有问题呢①?

显然,富谷至对墓葬出土法律简牍的实用性是持怀疑态度的,但是他对自己的判断又不是那样肯定,在同一篇文章中又说:

为了避免误解,在此必须申明,我并没有把出土的法律资料走极端地论证为是虚构的、非现实的拟制文书的意思。本来,它们在现实世界中被执行、被运用的概率就极高。当法律成为殉葬品时,转用现行法不用说也是最便利的。只是,现行法如果被说成仅具有厌胜驱邪的效果将会怎么样呢?还有,当初殉葬的是现实世界的法令,之后逐渐演变为非现实的内容的现象,这种倾向目前已经可以从买地铅券中看到。在现阶段所发现的法律方面的出土资料,尚未见到这一特征,但今后发现的,也许有包含拟制文书的可能性。果真如此,那将是现实世界实施的公文书的符号化所致②。

富谷至之所以会持有左右摇摆的观点,可能是他并未见到多少坚实的资料可以佐证自己关于墓葬律令为虚构的假想。相反,随葬简册为现实世界使用之物的证据却极常见,如出土的《老子》《周易》《缁衣》《诗经》《论语》等简册,其真实性和实用性是毋庸置疑的。

我们认为,秦及汉初随葬律令就是现实世界使用之物,遵循"事死如事生"的习俗,将与死者有关的部分物品葬入墓中。兹主要从秦汉墓出土律令文本本身出发来探讨其实用性问题。

邢义田将墓葬出土简册视为"明器"的一个重要理由就是因为其无更改校雠的痕迹,这的确不是实用简册应有的貌相。然岳麓秦简律令的校雠痕迹是十分明显的,集中体现在以下几个方面。首先表现在对令名序号的校订上,比如:

---

①② 转引自张忠炜:《墓葬出土律令文献的性质及其他》,载于《中国人民大学学报》2015 年第 5 期,第41~50 页。

■ 廷内史郡二千石官共令　　　　·第己　　·今辛（简0081+0932）
■ 廷内史郡二千石官共令　　　　·第庚　　·今壬（简1131）

从简上可见明显的校雠痕迹，下端的"今辛"、"今壬"墨迹较淡，字体也与上方的有别。易知同简所载内容定非一人所书，书写的时间也有先后之分。这样的校雠痕迹无疑是读阅者据其时所行令文对之前令序的校正。秦自商鞅变法后，国力迅速强大，统一六国的步伐越来越快，为了适应新的形式，不时对律令进行调整、修订乃情理之中的事。各级官吏让人抄写律令作为行政参照，将其编联成册，然由于律令条文时有更替或修订，而制作新的简册费时费力，故官吏在读阅简册发现新旧条文有差异时会顺带加以校改。这些条文若是作为明器被摘抄，必然是以下葬时通行的令文为底本，怎么会留下"今壬""今辛"的校语呢。

被重复抄写的律令条文留下了校雠标记。岳麓秦简律令中内容完全一样，字体却截然不同的令文有数十则。如此多内容一样的令文出现于同一批材料，是极为少见的。关于此类现象，我们推测：内容雷同字体迥异的令文应是分属两个简册，且简册制作的抄手不同，或时间有先后。无论是哪一种假设，都能证明所摘录的令文一定源于一个固定的正在被使用的底本。

律令简册往往由多个书手共同书写而成，所以难免会出现内容重复现象。对于这种重复，阅读过简册的人应当是极为敏感的。如岳麓秦简1160号：

　　封书毋勒其事于署，书以邮行及以县次传送行者，皆勒书郡名于署，不从令，赀一甲。卒令丙四　重

从简上内容和文字可知"重"乃二次书写而成，其墨痕、字体与上边均有差异，当是校雠者留下的。"重"表示此则令文被重复摘录了，因为内容完全一样的令文就出现在岳麓秦简中：

　　令曰：封书毋勒其事于署，书以邮行及以县次传送行者，皆勒☐（简1141）

1141号是一枚残简，字体与1160号不同，但残存的内容与1160号完全一样，很显然这两则令文源自同一底本（指底本的实质内容，而非物质成分）校雠者留下的"重"字在岳麓秦简中并非孤例，在另一枚残简1188号下端亦出现二次书写的"重"字，其上端文字为"卒令丙廿四"。1141、1160两简内容相同，字体有异，又有校雠者留下的"重"字标记，那么这两枚简究竟是什么关系呢？我们认为它们应属于不同简册，在令文抄写编纂后被发觉有重复现象，故标注之。因两简出自不同书手和不同的简册，书手间本互有分工，多只关心自己誊录部分有无讹误，无暇注意他人抄录的内容，故校雠字样出自书手的可能性很小。相反，简册整理者在核对令文时是很容易发现此种问题的，但此时要将重复

简剔除出去却要费些周折，故采取较为简易的方法——标记重复而已。当然，在出土律令简中目前尚未发现三枚简文雷同现象。校"重"字样的出现，既证明了令文所在简册确为实用之物，又为简册编联提供了极为重要的线索。同时可证明出土律令条文的确有一个固定的底本作为摘抄依据，而这个底本中的法律条文在某个特定历史时期被使用过。反之，律令简册若是作为明器的随葬品，那怕出现连篇累牍之重复，怕也不会有人去理会。

还可作为佐证的材料是，墓葬出土文献简册上出现校雠笔记也并非孤例，在张家山汉简《算数书》里就多次出现。《算数书》四二简末端标记"王已雠"，五六简末标记"杨已雠"，121与123简简尾标记"杨"①，整理者已指出王、杨为校雠者姓名，是很有道理的。

至于邢义田将简册中出现讹误视为"明器"的标志之一，恐怕值得商榷。因为任何简册都难免有错误，就墓葬出土律令简册而言，相比于同是墓葬出土典籍与其他类型的文书，其讹误率算是较低的了。里耶、额济纳、居延等古井、遗址中出土的秦汉行政文书中的脱衍讹乙现象那是比比皆是，仅举数例如下：

扁书胡人房講〈購〉赏二亭扁一册令编幣绝（99ES16ST1：4.5）

县丞〈承〉书从事（2000ES9SF4：1.25）

虽当校均受重當〈賞〉（2000ES9SF4：7.14）

卅五年二月庚申朔戊寅，仓□择敢言之：隶□为狱行辟Ⅰ书彭阳，食尽二月，谒告过所县乡以次牍〈续〉食②。（8-169+8-233+8-407+8-416+8-1185）

稻五斗。卅一年九月庚申，仓是、史感、【禀人】堂出禀隶臣□Ⅰ令史尚视平③。Ⅱ8-211

伤一人，赀乡部官【嗇】夫吏、吏主□

史主者各一盾，过一人，以人数□④（8-297+8-1600）

□辛酉卒夏同予药二齎〈齊〉少俞⑤（EPT52.228）

---

① 张家山二四七号汉墓竹简整理小组：《张家山汉墓竹简［二四七号墓］（释文修订本）》，文物出版社2001年版，第137、第139、第148页。

② 陈伟主编：《里耶秦简牍校释（第一卷）》，武汉大学出版社2012年版，第102页。

③ 陈伟主编：《里耶秦简牍校释（第一卷）》，武汉大学出版社2012年版，第115页；"禀人堂"在《里耶秦简牍校释》（第一卷）中出现10次，其中8次均作"禀人堂"，1次写作"禀堂"，1次写作"堂"，后面两次显然有脱文。

④ 陈伟主编：《里耶秦简牍校释（第一卷）》；陈伟认为"乡部官［嗇］夫"与"吏"之间要断开，笔者认为"乡部官［嗇］夫吏"当连读，岳麓秦简0967号出现"乡嗇夫吏"，乃"乡部官［嗇］夫吏"之省称。

⑤ 甘肃省文物考古所等编：《居延新简》，文物出版社1990年版，第245页。

通过以上数例易知，要找出一批毫无瑕疵的文字材料是很困难的，然通行的公文书的讹误率的确比墓葬中出土的简册低得多①。这是因为公文针对范围广，影响大，多由专职的文秘人员抄录，在发布前又进行过仔细校对；而随葬简册为私人所制作和收藏，常由数人分工抄录，一般而言，这些抄手的素养不如经过专业训练的刀笔吏，故出自他们笔下的东西讹误率会高些，且难以及时发现和改正之。

邢义田多次以孔家坡日书简册（七百余枚简编为一册）为例来说明墓葬出土简册的非实用性。事实上所葬简中像孔家坡日书这样的巨型简册只是特例，并不具有普遍性。另外，从传世典籍所载资料可知秦汉时大型卷册亦时有出现。以《汉书·王莽传》为例，今传本已经被分为上中下三卷，笔者统计其上卷字数为14338字。以写满文字的岳麓秦简1160号简为例，其容字数为38。如果按照每简容字40计算，需要359支简才能容纳《汉书·王莽传》上卷。若以《史记》为例，要抄完总字数为13150的《秦始皇本纪》，需要约328支简。如何将数百支简编成一卷，恐怕是今人想象不到的，但历史上却极有可能就存在过这样的巨型简册。

秦汉墓葬出土律令的实用性还表现在许多律令条文都可以得到遗址中出土的行政文书的印证。兹以岳麓秦简与里耶秦简为例说明之，如岳麓秦简《尉卒律》规定：

·尉卒律曰：里自卅户以上置典、老各一人，不盈卅户以下，便利，令与其旁里共典、老，其不便者，予之典（简1373）而勿予老。②（简1405）

《尉卒律》规定三十户以上的里，设置里典、老各一人，不足三十户的，若便于联系，可与邻近的里共用一典、老；若不方便，需设置里典但不能设老。这一规定在里耶秦简行政文书中得以贯彻：

卅二年正月戊寅朔甲午，启陵乡夫敢言之：成里典、启陵Ⅰ邮人缺。除士五（伍）成里匄、成，成为典，匄为邮人，谒令Ⅱ尉以从事。敢言之。Ⅲ（简8-157）

正月戊寅朔丁酉，迁陵丞昌却之启陵：廿七户已有一典，今有（又）除成为典，何律令Ⅰ瘫（应）？尉已除成、匄为启陵邮人，其以律令。/气手。/正月戊戌日中，守府快行。Ⅱ正月丁酉旦食时，隶妾冉以来。/欣发。壬手。Ⅲ（简8-157背③）

启陵乡请求迁陵县，想通过尉为成里设置一里典，结果被迁陵县丞昌否决

---

① 刘玉环对秦汉20种简帛材料之讹别字与讹误字作了统计。详见刘玉环：《秦汉简帛讹字研究》，中国书籍出版社2013年版，第174~175页。
② 陈松长主编：《岳麓书院藏秦简（肆）》，上海辞书出版社2015年版，第115页。
③ 陈伟主编：《里耶秦简牍校释（第一卷）》，武汉大学出版社2012年版，第94页。

了，理由是只有二十七户人的成里，现已有一里典，若再任命一典，与律令不符。核以《尉卒律》"里自卅户以上置典老各一人，不盈卅户以下，便利，令与其旁里共典老，其不便者，予之典而勿予老"之规定，二者若合符契。

又比如岳麓秦简：

· 金布律曰：出户赋者，自泰庶长以下，十月户出刍一石十五斤；五月户出十六钱，其欲出布者，许（简1287）

之，十月户赋，以十二月朔日入之，五月户赋，以六月望日入之，岁输泰守。十月户赋不入刍而入钱（简1230）

者，入十六钱①。（简1280）

《金布律》对户赋征缴的规定又见于《里耶秦简》8-518号木牍，其文载："卅四年，启陵乡见户、当出户赋者志……见户廿八户，当出茧十斤八两。"② 传世典籍中与秦代户赋相关的资料极少，以前的研究者只能以汉推秦，所以难免得出了一些与历史事实不尽相符的看法。比如过去一直认为"户赋"征收的是货币，现在看来在秦代户赋也征收实物，由上引简文可知，在秦代，户赋缴纳方式十分灵活，有钱则出钱，无钱可以刍、茧等实物抵偿，很具操作性。

富谷至认为"律令是以镇墓、辟邪的目的被随葬的……作为随葬品的法律，其目的就是除魔、辟邪。兵法书、医书、经书、道家的书，还有关于授予王杖的文书等亦然，可以说都是有赶走妨碍墓主之眠、除魔作用的简牍。"富谷至对随葬简册功用的判断是值得商榷的。众所周知，埋葬习俗、社会大环境、墓主身份、个人经历和喜好等诸多因素均会影响随葬品的种类及数量。

单就墓葬出土律令简册而言，恐怕更多与秦汉之际大的历史背景和墓主身前所担当的职务有关系。秦以法家主张的那一套为治国纲领，奉行"以法为教，以吏为师"，维护法令的绝对权威性，对违法乱纪行为严惩不贷。这就使得广大官吏不得不勤加研习所行律令条文，一则为了日常行政之便利，再则以免触犯律条而给个人仕途和安全带来危险。此外，从秦始皇颁布"挟书令"至汉惠帝解除此令期间，社会上公开流布的典籍十分有限，仅有种植、占卜、术数之类。这也是为什么在秦及汉初墓葬中出土法律类文书、算数书、日书、官箴和质日类文献特别多的缘故。考虑到律令在现实社会中的震慑性，富谷至认为随葬的"律令是以镇墓、辟邪的目的"是勉强说得过去的。然而不得不提及的问题是常常与律令同时出土的那些日书、质日、官箴、叶书、奏谳书、算数书、养生类典籍甚至医方、美食谱，难道也是为了除魔和辟邪吗？

---

① 陈松长主编：《岳麓书院藏秦简（肆）》，上海辞书出版社2015年版，第107页。
② 陈伟主编：《里耶秦简牍校释（第一卷）》，武汉大学出版社2012年版，第172页。

综上所述，不难知晓秦及汉初墓葬出土的律令文书是现实生活中切实应用的条文，多为墓主身前请人或自己抄录编纂以作为行政参考的。这些律令同当时社会流行的典籍以及与墓主履历相关的一些简册一道被葬入墓中，这与自古以来"事死如生"的埋葬习俗以及当时社会的大背景有关。秦汉时期的律令之所以能保留至今，与其时埋葬习俗、文化政策有极大的关系。

## 二、秦律令之效力考察

我们在论证了秦汉墓葬出土律令简册的实用性，证明了它们曾经在国家行政实践中发挥了相当重要的作用之后，接下来，我们尝试着对秦律令的效力加以考察，看看律令究竟是流于形式还是切实得以执行。

从传世典籍可知，秦自商鞅变法以后，唯法是从，法不阿贵，树立了法律的绝对权威，使得臣民对法律产生敬畏感，不敢以身试法。这其中最为人津津乐道的便是商鞅黥公孙贾、劓公子虔之事。另一则史实就是挟书令对秦至汉初典籍传布的影响，从秦至汉初墓葬出土简册内容多为律令、日书、算数书、占卜和官箴类可推测挟书令的贯彻是十分到位的。商鞅刑太子师傅、秦始皇"燔诗书而明法令"均是载于史籍的大事件，此二事表明秦律令的确不是流于文字，而是切实得以贯彻。然以上二事尚不具备普遍性和代表性，商鞅刑太子傅是为变法铺路，秦始皇因为厌烦儒生聒噪而迁怒于诗书。秦官员在日常行政中，百姓在日常生活里是否以律令为圭臬才是检验法律效力的试金石。

或认为距离国家行政中心距离越远，政令的贯彻就越不得力。兹以离咸阳不算太近的江汉平原秦墓出土的法律文书以及向来被视作蛮荒边陲的里耶所出土简牍为主要材料，并结合相关文献，对秦律令在远离统治核心区域之地的执行情况加以考察，以此来证明秦代律令效力之强大。

秦律令内容极为丰富，本书仅仅选择一些颇具代表性的条文，以里耶出土实用行政文书来验证其贯彻执行情况。

秦律对官府服杂役者的身份有所规定，比如：

> 司寇勿以为仆、养、守官府及除有为殹（也）。有上令除之，必复请之。（秦律十八种·司空①）

> ·仓律曰：毋以隶妾为吏仆、养、官【守】府└，隶臣少，不足以给仆、养，以居赀责（债）给之；及且令以隶妾为吏仆、（岳麓秦简1370）

---

① 睡虎地秦墓竹简整理小组：《睡虎地秦墓竹简》，文物出版社1990年版，第54页。按：从岳麓秦简以及里耶秦简相关材料可知，"守官府"乃"官守府"之讹。

养、官守府，有隶臣，辄伐〈代〉之⌒，仓厨守府如故（简1382）①

·繇（徭）律曰……毋令士五（伍）为吏养、养马。（岳麓秦简1374）②

秦律规定一般情况下不能以司寇、隶臣妾为车夫、伙夫和守府；在隶臣不足的情况下可以居赀赎债者充任。特殊情况下，以隶臣妾为车夫、伙夫和守府的，一旦有隶臣，要马上接替过来。岳麓秦简《徭律》规定不能让士伍充当官府的伙夫和养马人。仆、养无需多解释，"守府"需交代几句。"守府"与"仆"、"养"地位相近，负责看护官府大门，与"门卫"职责相当。"守府"又称"守府门"，如里耶秦简8-756号载"令曰：吏仆、养、走、工、组织、守府门、刱匠及它急事不可令田"③。里耶秦简一份作徒簿载"一人廷守府：快"④（简8-663），即以快为县廷的守府。秦律对官府杂役者身份的规定在里耶行政文书中得以贯彻：

（1）钱三百五十。卅五年八月丁巳朔癸亥，少内沉出以购吏养城父士五（伍）得。得告戍卒赎耐罪恶⑤。（8-811+8-1572）

（2）令佐华自言：故为尉史，养大隶臣竖负华补钱五百，有约券⑥。（8-1008+8-1461+8-1532）

（3）卅一年四月癸未朔甲午，【仓是】☐☒

大隶臣廿六人☒

其四人吏养：唯、冰、州、☐☒8-736

☐午旦，隶【妾】⑦ ☐☒8-736背

（4）卅四年十二月，仓徒薄（簿）最：A

大隶臣积九百九十人，A

小隶臣积五百一十人，A

大隶妾积二千八百七十六，A

凡积四千三百七十六。A

其男四百廿人吏养，A

男廿六人与库武上省，A

---

① 陈松长主编：《岳麓书院藏秦简（肆）》，上海辞书出版社2015年版，第122~123页。
② 陈松长主编：《岳麓书院藏秦简（肆）》，上海辞书出版社2015年版，第119页。
③ 陈伟主编：《里耶秦简牍校释（第一卷）》，武汉大学出版社2012年版，第217页。
④ 陈伟主编：《里耶秦简牍校释（第一卷）》，武汉大学出版社2012年版，第196页。
⑤ 陈伟主编：《里耶秦简牍校释（第一卷）》，武汉大学出版社2012年版，第231页。
⑥ 陈伟主编：《里耶秦简牍校释（第一卷）》，武汉大学出版社2012年版，第261页。
⑦ 陈伟主编：《里耶秦简牍校释（第一卷）》，武汉大学出版社2012年版，第212页。

男七十二人牢司寇，B

男卅人输戜（铁）官未报，B

男十六人与吏上计，B

男四人守囚，B

男十人养牛，B

男卅人廷守府，B

男卅人会逮它县，B

男卅人与吏□具狱，B

男百五十人居赀司空，C

男九十人鼗（系）城旦，C

男卅人为除道通食，C

男十八人行书守府，C

男卅四人库工。C

・小男三百卅人吏走，C

男卅人廷走，C

男九十人亡，C

男卅人付司空，D

男卅人与史谢具狱，D

・女五百一十人付田官，D

女六百六十人助门浅，D

女卅四人助田官获，D

女百卅五人鼗（系）舂，D

女三百六十人付司空，D

女三百一十人居赀司空，D

女六十人行书廷，E

女九十人求菌，E

女六十人会逮它县，E

女六十人□人它县，E

女九十人居赀临元，E

女十六人输服（箙）弓，E

女卅四人市工用，E

　女卅三人作务，E

女卅四人付贰舂，F

女六人取薪，F

女廿九人与少内段买徒衣，F
　　女卅人与库佐午取桼，F
　　女卅六人付畜官，F
　　女卅九人与史武输乌，F
　　女六十人付启陵，F
　　女卅人牧雁，G
　　女卅人为除道通食，G
　　女卅人居赀无阳，G
　　女廿三人与吏上计，G
　　女七人行书酉阳，G
　　女卅人守□，G
　　女卅人付库①。G10－1170

　　从"卅四年十二月仓徒簿㝡"可以清楚地知晓隶臣和隶臣妾从事工种之差异，有些事务只能由隶臣担任，如吏养、养牛、吏走、廷走、廷守府、守囚等，这是对秦律规定不能以隶妾充任"仆、养、守府"的遵守。在里耶秦简中，尚未见到以隶妾为"吏养"的例子，而以隶臣充任吏养之例却多见，如上面征引文书中出现了大隶臣竖、唯、冰和州。

　　在里耶秦简9－39号木牍上记载了一则关于垦田的法令条文，"律曰：已豤（垦）田，辄上其数及户数。户婴之"②。耕种的田亩数连同垦田者的户籍信息一起上报，按户分别排列。"上其数"之"数"指垦田亩数，"户数"即户籍名数。如此看来，只要申请得以允许，所垦之地当是合法的。十分巧合的是在《二年律令·田律》中也有相近的规定："县道已豤（垦）田，上其数二千石官，以户数婴之，毋出五月望。"③ 不难看出，《二年律令·田律》承继秦律的痕迹十分明显。国家及时了解垦田情况是十分必要的，那么此则律文上规定究竟有没有得以实施呢？回答是肯定的，答案同样来自里耶秦简：

　　迁陵卅五年豤（垦）田舆五十二顷九十五亩，税田四顷□□
　　户百五十二，租六百七十七石。衞（率）之，亩一石五；
　　户婴四石四斗五升，奇不衞（率）六斗。8－1519
　　启田九顷十亩，租九十七石六斗。A

---

① 郑曙斌、张春龙等编著：《湖南出土简牍选编》，第117～118页。
② 郑曙斌、张春龙等编著：《湖南出土简牍选编》，第102页。
③ 张家山二四七号汉墓竹简整理小组：《张家山汉墓竹简［二四七号墓］（释文修订本）》，文物出版社2001年版，第42页。

> 都田十七顷五十一亩，租二百卅一石。A
> 贰田廿六顷卅四亩，租三百卅九石三。A
> 凡田七十顷卅二亩。·租凡九百一十。A
> 六百七十七石①。B8-1519背

迁陵县卅五年新垦田亩总数是五十二顷九十五亩，其中启陵乡九顷十亩，都乡十七顷五十一亩，贰春乡田廿六顷卅四亩。从"户百五十二，租六百七十七石。衡（率）之，亩一石五"一句可以计算出税田约有四顷五十一亩。也就是说这四顷五十一亩是迁陵县百五十二户黔首卅五年新垦的田地，新垦地的税率是"亩一石五"。

岳麓秦简有一则《仓律》对称量准则和出禀程序进行了规定：

> ·仓律曰：县官县料出入必平，禀禾美恶相杂└，大输令丞视，令史、官啬夫视平；稍禀，令令史视平，不 1254 从令，赀一甲。②（简1251）

1251组律文要求官员称量物品是要坚持公正，发放粮食时要合理搭配，有好有坏，大宗物品出入时，县丞要到场，令史和部门负责人监督以保证公平；如果是小规模的发放口粮之类，让令史监督即可，不遵守法令者，罚一甲。里耶秦简中有不少的文书是涉及"出禀"记录的，正好印证了《仓律》的相关规定不是一纸空文，兹引数条如下：

> 粟米二斗。廿七年十二月丁酉，仓武、佐辰、禀人陵出以禀小隶臣益。Ⅰ令史戎夫监。③ Ⅱ 8-1551

> 稻一石一斗八升。卅一年五月乙卯，仓是、史感、禀人援出禀迁陵丞昌。·四月、五月食。Ⅰ令史尚视平。感手。④ Ⅱ 8-1345+8-2245

> 稻三石泰半斗。卅一年七月辛亥朔己卯，启陵乡守带、佐取、禀人小出禀佐蒲，就七月各廿三日食。Ⅰ令史气视平。取⑤。Ⅱ 8-1550

上边引用的三条"出禀"材料，涉及的粮食数量都不大，算不上"大输"，故只需令史当场"视平"，这与《仓律》的规定是十分契合的。8-1551 载"令史戎夫监"，"监"与"视平"意思相近。

又岳麓秦简中有一则令文要求整修坏损的庙宇并对各级官吏"行庙"的频次进行了规定，令文曰：

---

① 陈伟主编：《里耶秦简牍校释（第一卷）》，武汉大学出版社 2012 年版，第 345~346 页。
② 陈松长主编：《岳麓书院藏秦简（肆）》，上海辞书出版社 2015 年版，第 122 页。
③ 陈伟主编：《里耶秦简牍校释（第一卷）》，武汉大学出版社 2012 年版，第 356 页。
④ 陈伟主编：《里耶秦简牍校释（第一卷）》，武汉大学出版社 2012 年版，第 313 页。
⑤ 陈伟主编：《里耶秦简牍校释（第一卷）》，武汉大学出版社 2012 年版，第 356 页。

如下邽庙者辄坏，更为庙便地洁清所，弗更而祠焉，皆弃市。各谨明告县道令丞及吏主简 47 更五日一行庙，令史旬一行，令若丞【月行】□□□① （简 0624）

此则令文的上半部分内容已难寻觅，但并不影响对令文的理解。令文先要求对多次损坏的下邽庙另外择地重葺，并要求各县道之吏主者五日巡庙一次，令史十日巡庙一次，令和丞每月巡庙一次。里耶秦简中恰好也有一份文书是与"行庙"有关的：

廿六年六月壬子，迁陵□、【丞】敦狐为令史更行庙诏：令史行☑Ⅰ失期。行庙者必谨视中□各自署庙所质日。行先道旁曹始，以坐次相属。Ⅱ8－138＋8－174＋8－522＋8－523

十一月己未，令史庆行庙。A

十一月己巳，令史廲行庙。A

十二月戊辰，令史阳行庙。A

十二月己丑，令史夫行庙。A

□□□□令史韦行。B

端月丁未，令史廲行庙。B

□□□□，令史庆行庙。B

□月癸酉，令史犯行庙。B

二月壬午，令史行行庙。C

二月壬辰，令史莫邪行庙。C

二月壬寅，令史釦行庙。C

四月丙申，【令】史戎夫行庙。C

五月丙午，【令】史釦行庙。D

五月丙辰，令史上行庙。D

五月乙丑，令史□□□D

六月癸巳，令史除行庙②。DⅣ8－138 背＋8－174 背＋8－522 背＋8－523 背

从里耶秦简"行庙"记录可知，令史几乎是每十天"行庙"一次，这其中也有相隔十一天或九天的，这可能与沐休假期有关。"十二月戊辰"之"戊辰"当是"戊寅"或"庚辰"之讹，据前后干支可知此年十二月无"戊辰"，又十一月己巳日之后的第五十九天方为"戊辰"日，显然与行庙周期也不符合。三

---

① 陈松长主编：《岳麓书院藏秦简（肆）》，上海辞书出版社 2015 年版，第 201 页。
② 陈伟主编：《里耶秦简牍校释（第一卷）》，武汉大学出版社 2012 年版，第 78 页。

月无行庙记录、四月和六月只有一则记录，可能是没有及时登录上去，或者是誊抄副本时出现了遗漏。此份行庙记录的抄写者多次出错，前面已经指出"戊辰"之讹，又"史戎夫行庙"之前显然抄漏了"令"字，令史戎夫见于里耶8－1551号简，"史釦行庙"之前同样漏掉了一"令"字，这从前面"二月壬寅，令史扣行庙"可找到内证。故总得来讲，秦地方行政官员是严格按照律令的规定来"行庙"的。

通过以上论述可知，秦律令在地方行政中得到了切实的执行，其真实性是不容质疑的，其权威性是不容挑战的。秦地方官员在处理日常政务时，几乎处处以律令为圭臬，而不敢越雷池一步。这集中表现在行政文书中对律令条文的征引、对是否"应律令"的质疑以及"以律令从事"之类术语的频繁出现，仅征引几则有代表性的材料如下：

[1] 卅二年三月丁丑朔朔日，迁陵丞昌敢言之：令曰上葆缮牛车薄（簿），恒会四月朔日泰（太）守府。·问之迁陵毋当令者，敢言之。Ⅲ8－62 三月丁丑水十一刻刻下二，都邮人□行。尚手。8－62 背

[2] 廿八年七月戊戌朔辛酉，启陵乡赵敢言之：令曰二月壹上人臣治（笞）者名。·问之，毋当令者。敢言之。Ⅲ8－767 七月丙寅水下五刻，邮人敞以来。/敬半。贝手。8－767 背

[3] 卅三年二月壬寅朔朔日，迁陵守丞都敢言之：令曰恒以朔日上所买徒隶数。·问之，毋当令者，敢言之。8－154 二月壬寅水十一刻刻下二，邮人得行。圂手。8－154 背

[4] 卅一年后九月庚辰朔辛巳，迁陵丞昌谓仓啬夫：令史言以辛巳视事，以律令假养，袭令史朝走启。定其符。它如律令。8－1560 后九月辛巳旦，守府快行。言手。8－1560 背

[5] 敬问之：吏令徒守器而亡之，徒当独负。·日足以责，吏弗责，负者死Ⅱ亡，吏代负偿。8－644 徒守者往成可（何）？敬讯而负之，可不可？其律令云何？谒报。8－644 背

[6] 正月戊寅朔丁酉，迁陵丞昌却之启陵：廿七户已有一典，今有（又）除成为典，何律令瘛（应）？尉已除成、旬为启陵邮人，其以律令。/气手。/正月戊戌日中，守府快行。Ⅱ正月丁酉旦食时，隶妾冉以来。/欣发。壬手。8－157 背

[7] □死亡者别以为二课，不瘛（应）令，书到巫 8－41

[8] 岁不计，甚不瘛（应）律，书到啬夫 8－508

[9] □都乡被不以五月敛之，不瘛（应）律。都乡守节谢曰：乡征敛之，黔首未肎（肯）入□□史。□之写上敢言之。/华手。8－1454＋

8-1629

[10] 世五年二月庚申朔戊寅，仓□择敢言之：隶□䭴为狱行辟书彭阳，食尽二月，谒告过所县乡以次续（续）食。节（即）不能投宿齎。迁陵田能自食。未入关县乡，当成盨，Ⅲ以律令成盨。来复传。敢言之。□Ⅳ
8-169+8-233+8-407+8-416+8-1185

[11] 城旦琐以三月乙酉有瑤。今隶妾益行书守府，因之令益治邸【代】Ⅰ处。谒令仓司空薄（簿）琐以三月乙酉不治邸。敢言之。/五月丙子Ⅱ朔甲午，迁陵守丞色告仓司空主，以律令从事，传书。/围手①。Ⅲ8-904+8-1343

以上征引11份行政文书中，前3份文书可视为一类，均为上行文书，是对上级相关询问的答复。其特点是文书开头均引用了一则令文，以·将令文和其他内容区别开来。8-1560号文书涉及官吏调动时杂役的分配问题，要求"以律令假养"。8-644号文书乃基层官吏敬在行政过程中碰到律令未有明确规定如何处置的情况，故询问上级部门自己的处置是否得当，是否有相关律令作为依据。8-157号文书是迁陵丞昌对启陵乡滥设里典的叱责，秦法规定三十户设置一里典（见岳麓秦简《尉卒律》），廿七户已有一典，为何又私增之！有何律令依据呢？显然迁陵丞并非以上级的官威而是以律令条文的权威来训斥下级。8-41以下的3份残缺文书内容不可悉知，但能判定讲的全部是不符合律令规定的事情，下文估计是要有关部门给予正面答复。最后2份文书，"以律令成盨""以律令从事"相当于现在的按照规章制度办。"以律令从事"在里耶秦简行政文书中出现频次极高，逐渐成为格式化用语而被汉代官文书承继，影响深远。

综上可知，秦代基层官吏在日常行政中对律令条文的贯彻是十分到位的，"以律令从事"并非一句空话，而是的的确确唯律令是从，依法行政，违法必究，律令的效力是彰显无疑。（周海锋）

## 第三节 汉承秦制与秦汉律令体系的形成

汉代是在秦代废墟上建立起来的王朝，完全继承了秦王朝君主专制的政治制

---

① 陈伟主编：《里耶秦简牍校释（第一卷）》武汉大学出版社2012年版，以上征引11则材料分别见于此书第48~49页、第221页、第93页、第359页、第188页、第94页、第38页、第172页、第331页、第102页、第246页。

度,从而在法律制度上亦承袭了秦王朝的律令体系,并随着社会的发展变迁,逐步巩固和完善了律令制度。在很大的程度上可以说,秦王朝创立的律令制度,正是通过汉王朝的继承和发展,才使得律令法日益成为后世历代王朝不可摆脱的法律体系样板,从而造就出独特的中国法律传统,并通过日本、朝鲜、越南等东亚各国的学习和模仿,形成了独具特色的中华法系。所以,律令制度在汉代的进一步发展,不仅具有承先启后的作用,而且也标志着中国律令体系的初步形成。《明史·刑法志》认为"历代之律,皆以汉九章为宗,至唐始集其成",正是对汉代律令制度所取得的重要成就给予的充分肯定。

## 一、秦代律令体系的基本架构

秦代的法律制度,历代语焉不详,后世大多认为商鞅携《法经》入秦,改法为律,律自此始,是为秦律,但秦律的具体面貌与内容如何,皆未可知。至于秦代是否有令,历代典籍皆无明确记载,但却有蛛丝马迹可寻,譬如《史记·萧相国世家》说到刘邦率军攻克咸阳,将士们竞相抢夺金帛财物,独有萧何"独先入,收秦丞相、御史律令、图书藏之",这里明显就有律令一词。而《史记·商君列传》也曾讲到孝公"以卫鞅为左庶长,卒定变法之令",可见当时推行变法就是以"令"作为法律形式的。尽管史籍有着这样的记载,但是后世一直未见秦代律令内容流传下来,因此对于秦令是否真的存在,很多时候都是持怀疑态度。1975年云梦睡虎地秦墓竹简的出土,不仅属于我国首次发现秦代竹简,而且一千余枚简中的内容,大部分是法律、文书,不仅有秦律,而且有解释律文的问答和有关治狱的文书程式。但可惜的是,该批竹简仍然没有发现任何一条秦令,因此导致很多学者得出"秦代无令"的结论,譬如日本著名秦汉法制史研究专家大庭脩当时就认为大概秦令是不存在的,"秦'令'的文字之所以不存在,大概是由于本来作为补充法的'令',把补充法称为'令'的称呼制度在秦不存在。因此,我认为这个制度大概是在汉代创始的"。但是大庭脩随之又做了一定的保留推测,指出"秦令的是否存在及其内容,是将来应该解决的问题"[①]。当然也有一些学者坚持认为秦令尽管没有在睡虎地秦墓竹简中发现,但应该是存在的,譬如高明士认为,云梦秦简中有着"废令""犯令"之类的用语,律文中也经常出现"犯令""不从令"之类的语词,这就说明秦令肯定是存在的。但这个"令"是什么?就众说纷纭、莫衷一是了。所以直到岳麓秦简的面世,秦令的神秘面纱才真正被撩开,从而露出其真实的面目来,并为我们初步理解秦代律

---

① [日]大庭脩著、林剑鸣等译:《秦汉法制史研究》,上海人民出版社1991年版,第10页。

令体系的基本架构奠定坚实的基础。

自睡虎地秦墓竹简出土面世以来，我国的秦简出土发掘工作连连取得新的进展，譬如1979年四川青川木牍、1989年湖北龙岗秦简、2002年湖南里耶秦简的先后出土，其中都有若干甚至大量属于法律文献方面的内容，对于我们了解秦代律令尤其是秦律的大致框架起到了相当重要的作用。睡虎地秦墓竹简能够从简中的抄写原文直接确定律名的就有18种，包括田律、厩苑律、仓律、金布律、关市律、工律、工人程、均工律、徭律、司空律、军爵律、置吏律、效律、传食律、行书律、内史杂律、尉杂律、属邦律，内容相当广泛。此外，整理小组还将另外一批共42枚简单独整理为一个部分，因为简文各条，有的有律名，有的无律名，内容较为庞杂，故而称之为"秦律杂抄"，其中存有律名的计有11种，包括除吏律、游士律、除弟子律、中劳律、藏律、公车司马猎律、牛羊课、傅律、敦表律、捕盗律、戍律。可见睡虎地秦墓竹简所见的近30种律名，名目繁多，内容庞杂，已让我们深感惊讶。1979年出土的青川木牍中的文字则记载了秦武王二年，甘茂受命更修《田律》一事，为研究秦代《田律》提供了非常好的材料。1989年出土的龙岗秦简的内容也是秦代的法律，但可能由于严重残损的缘故，现存的竹简上没有发现一个律名。整理者按照这些竹简的内容，将其分为禁苑、驰道、马牛羊、田赢、其他共计五个篇题，但这只是为了归类的方便，并不意味着这就是秦代的律名本身。2002年出土的里耶秦简数量惊人，其大多是迁陵县廷与上级洞庭郡府和下属司空、仓官、田官诸署以及都乡、启陵、贰春三乡的往来文书和各种傅籍，包含了大量鲜活的法律制度方面的内容，但因为其不是秦代律令条文的摘抄，故而对于研究秦代律令名目作用不大。至于其他出土或面世的秦简，在研究秦代律令制度或律令体系所发挥的作用很渺小，此处不赘。

因此，在研究秦代律令体系的所有出土简牍文献之中，最为重要的当是睡虎地秦墓竹简与岳麓秦简，诚如陈伟先生所指出："睡虎地简和岳麓书院秦简，出土于低级官吏的墓葬，应是墓主的个人收藏。其主体部分，是律令及其解释或者辅助性质的文献。在秦的法律制度方面，有助于复原比较系统而清晰的架构。"[①]岳麓秦简不仅大大佐证了睡虎地秦墓竹简已见律名及律文，同时也提供了很多睡虎地秦墓竹简未见的律名及律文，最重要的是，其所见的大量秦令填补了秦代法律制度的研究空白，并为我们逐渐理解、分析和恢复秦代律令体系提供最为重要、直接的证据。下面，我们首先将现在大致已能确定的律名，按其出现于睡虎地秦墓竹简与岳麓秦简的情况做个简单的对照表（见表5-1）：

---

① 陈伟主编：《里耶秦简牍校释》（第一卷），武汉大学出版社2012年版，第2页。

表 5-1　　睡虎地秦墓竹简与岳麓秦简对照表

| 序号 | 律名 | 睡虎地秦墓竹简 | 岳麓秦简 | 备注 |
|---|---|---|---|---|
| 1 | 田律 | 有 | 有 | |
| 2 | 厩苑律 | 有 | 无 | |
| 3 | 仓律 | 有 | 有 | |
| 4 | 金布律 | 有 | 有 | |
| 5 | 关市律 | 有 | 有 | |
| 6 | 工律 | 有 | 无 | |
| 7 | 工人程 | 有 | 无 | |
| 8 | 均工律 | 有 | 无 | |
| 9 | 徭律 | 有 | 有 | |
| 10 | 司空律 | 有 | 有 | |
| 11 | 军爵律 | 有 | 无 | |
| 12 | 置吏律 | 有 | 有 | |
| 13 | 效律 | 有 | 无 | |
| 14 | 传食律 | 有 | 无 | |
| 15 | 行书律 | 有 | 有 | |
| 16 | 内史杂律 | 有 | 无 | |
| 17 | 尉杂律 | 有 | 无 | 岳麓秦简有"尉卒律" |
| 18 | 属邦律 | 有 | 无 | |
| 19 | 除吏律 | 有 | 无 | |
| 20 | 游士律 | 有 | 无 | |
| 21 | 除弟子律 | 有 | 无 | |
| 22 | 中劳律 | 有 | 无 | |
| 23 | 藏律 | 有 | 无 | |
| 24 | 公车司马猎律 | 有 | 无 | |
| 25 | 牛羊课 | 有 | 无 | |
| 26 | 傅律 | 有 | 有 | |
| 27 | 敦（屯）表律 | 有 | 无 | |
| 28 | 捕盗律 | 有 | 无 | |
| 29 | 戍律 | 有 | 无 | |
| 30 | 贼律 | 无 | 有 | |
| 31 | 杂律 | 无 | 有 | |
| 32 | 兴律 | 无 | 有 | |
| 33 | 具律 | 无 | 有 | |
| 34 | 亡律 | 无 | 有 | |

续表

| 序号 | 律名 | 睡虎地秦墓竹简 | 岳麓秦简 | 备注 |
|---|---|---|---|---|
| 35 | 索律 | 无 | 有 | |
| 36 | 奔敬（警）律 | 无 | 有 | |
| 37 | 尉卒律 | 无 | 有 | 睡虎地秦墓竹简有"尉杂律" |
| 38 | 狱校律 | 无 | 有 | |

通过上面的对照，我们可以发现，表5-1所述38种律名，睡虎地秦墓竹简与岳麓秦简都曾出现过的律名有田律、仓律、金布律、关市律、徭律、司空律、置吏律、行书律、内史杂律、傅律、戍律等11种，单独出现于睡虎地秦墓竹简的律名有厩苑律、工律、均工律、工人程、军爵律、效律、传食律、尉杂律、属邦律、除吏律、游士律、除弟子律、中劳律、藏律、公车司马猎律、牛羊课、敦（屯）表律、捕盗律等18种，单独出现于岳麓秦简的律名有贼律、杂律、兴律、具律、亡律、索律、奔敬（警）律、尉卒律、狱校律等9种。其中睡虎地秦墓竹简中的"尉杂律"与岳麓秦简中的"尉卒律"在文字上极为接近，在岳麓秦简的整理过程中，也有人认为"尉卒"就是"尉杂"，但由于睡虎地秦墓竹简的"尉杂律"仅有简单的两条，其中一条因缺字过多，甚至不能准确译释，难以将其内容与岳麓秦简所载来加以比较判断，因此将"尉卒"简单视之为"尉杂"的观点目前还不能完全肯定是否正确，我们认为将二者各自视为独立的律名恐怕要可靠一些。此外，我们还发现，岳麓秦简中0630、0609号简所载内容虽属令文，但前者规定"十三年六月辛丑以来，明告黔首：相贷资缗者，必券书吏，其不券书而讼，乃勿听，如廷律"，其中提到的"廷律"究竟是不是一个律名？后者规定"令不券书讼者，为治其缗，毋治其息，如内史律"，其所提到的"内史律"究竟是不是一个律名？如果是，那么跟睡虎地秦墓竹简所见的"内史杂律"相比，究竟二者是一个律名还是两个不同的律名？这都值得认真对待。

借助这一比照，我们也可以发现，相比于睡虎地秦墓竹简，岳麓秦简独具的律名可能会给我们研究秦汉律令体系的发展变迁提供更为重要的脉络或线索，因为岳麓秦简出现了贼律、杂律、具律、兴律、亡律、索律等重要律名。我们知道，传闻中的李悝《法经》六篇是为盗法、贼法、囚法、捕法、杂法、具法，又传闻商鞅携《法经》六篇于秦国变法，改法为律，开始创建秦律体系。由于睡虎地秦墓竹简所见秦律律名未有与《法经》六篇暗合者，又全是以单行律名出现，遂导致一些学者引经据典而否定《法经》的存在，同时也否定商鞅携

《法经》六篇入秦变法的历史传闻。① 但岳麓秦简出现的《贼律》《杂律》《具律》则明显符合《法经》六篇改法为律之后的篇章体系。而且,睡虎地秦墓竹简中的《法律答问》,从其内容范围来看,也似乎与《法经》六篇改法为律后的体系、内容相符,其中有关盗、贼方面的解释占据了绝大多数的篇幅,这也似乎与《晋书·刑法志》所言的"悝撰次诸国法,著《法经》。以为王者之政,莫急于盗贼,故其律始于《盗》《贼》"相吻合。所以没有直接的原始证据能够否定《法经》的存在,还是持保留态度为好。因此我们推断,秦律可能存在过以《法经》六篇改为律名后的"六律"作为中心的结构体系,而随着社会的不断发展,其他单行律亦得以不断公布、刊行,从而形成了纷繁复杂的秦律体系。即使我们今天所能看到的近40种律名,恐怕也只是冰山一角。

至于秦令,过去从未得见,岳麓秦简首次让我们一窥其神秘面貌。如前所述,岳麓秦简所见秦令令名大概就有20余种之多。经过一段较长时间的努力,整理小组首次公开发布了一组共108枚简的令文。这组简多次出现有用天干编序的"内史郡二千石官共令"的令名简,整理小组认为,这组简应该都属于"内史郡二千石官共令"的内容。从这组简来看,秦令的基本样貌已然呈现出相当清晰的轮廓。与律文相比较,我们可以发现令文具有律文不一样的独特个性。首先,从内容上来看,令文与律文不同之处在于,律文是对一般事物或行为的普遍性、抽象性、概括性的法律规定,而令文则是对临时事物或行为的个别性、具体性的法律规定。因此,令文往往是在实施或执行律文遇到具体情形或疑难问题时,为了解决实际存在的问题,而由君王发布的命令或指示。正因为这一特点,也就决定了定罪量刑的法律规定必须以律的形式予以发布,从而使得律具有现代刑事法的特质。而令文主要是对官吏实施政务或执行律文所作出的指示或命令,从而使得令带有现代行政法上一些法律规定的味道。

其次,正因为令文是君王直接发布的命令或指示,因此从形式上来看,令文都带有这种命令或指示的明显痕迹。但从"内史郡二千石官共令"来看,大概可以表现为这样几种情形:一是君王直接发布诏令,或向中央最高官阶的丞相、御史大夫发出指令,这往往用"制诏丞相、御史"这样的话语开头。前者如

---

① 譬如日本学者仁井田陞与堀毅、荷兰汉学家何四维大都否定《法经》的存在。曹旅宁亦持此说,他的主要理由就是援引各种否定《法经》存在的论断,而这些论断大多认为,《史记》《汉书》《后汉书》既然都没有对《法经》六篇以及商鞅携《法经》入秦的记载,则自西晋以后的史籍记录皆不可靠。参见曹旅宁:《秦律新探》,中国社会科学出版社2002年版,第57~63页。这样的怀疑,是有道理的,但也同样存在致命的缺陷。因为《史记》《汉书》《后汉书》没有确切的记载,并不意味着《法经》就一定没有存在过。秦以所谓的"暴政"而亡,汉儒多以法家思想作为其暴政的根源或依托,因此包括司马迁之类的史学家在内,都有可能受到这一看法的影响,不愿意对法家的东西多置一词,其故意疏漏不写,亦是非常可能的。

0519、0352号简："昭襄王命曰：置酒節（即）征钱金及它物以赐人，令獻（谳），丞请出；丞獻（谳），令请出，以为恒。三年诏曰：复用。"这里明显就是以新的诏令肯定昭襄王时发布的一条令文继续具有法律效力。后者如岳麓秦简1918号简："制诏丞相、御史：兵事毕矣，诸当得购赏赀责（债）者，令县皆亟予之。令到县，县各尽以见（现）钱……"；二是下级官吏在实施政务或执行律文遇到疑难问题时，通过上级机关，直至丞相、御史大夫，请求君王发布指令，如岳麓秦简0443号简："廿年二月辛酉内史言：里人及少吏有治里中，数昼闭门不出入。请：自今以来敢有……"这里很明显，内史郡的官吏可能因为白昼关闭里门一事，请求发出有关处理的指令；三是某些官员针对某些事项提出某些建议或举措，或者丞相、御史大夫议决某些事项后，请求君王发出指令予以肯定或认可，这个一般都会以某官吏言、或"丞相议"、"御史议"之类的话语作为开头，最后以君王的批示"制曰：可"作为结尾，如岳麓秦简0319号简："东郡守言，东郡多食，食贱，徒隶老、病、毋（无）赖，县官当就食者，请止，毋遣就食。它有等比。制曰：可。"就是最为典型的例证。令文所带有的这种命令或指示的形式痕迹，是律文所没有的，这是区别令文与律文最为重要的判断依据。

最后，从"内史郡二千石官共令"来看，秦令已经具备采用天干"第甲""第乙"、"第丙"之类的标记方法对纷繁复杂的同类令文加以编排和整理的法律编纂技术。这是因为，一旦君主专制政治得以确立起来，就必然意味着"法自君出"，君王独裁一切，任何事项或问题都要获得君王的批准或认可，从而必然导致君王所颁发的指令是无穷无尽的，如果没有这样的编纂技术，那么令文的检索就会是极其困难和不便的。

由此可见，秦律令体系的创立，是与商鞅变法采用法家思想、确立君主专制政治密切相关的。法家鼓吹"法治""一断于法""治国皆有法式"，同时也明确鼓吹法律应该公布于众，因此使得"律"逐渐上升为最为重要的法律形式。在这个意义上，秦律充分吸收了春秋战国时期各诸侯国公布成文法的立法成果与立法经验，如果说商鞅携《法经》入秦、改法为律的确属于历史事实，那么《晋书·刑法志》所言"悝撰次诸国法，著《法经》"可能确非妄语。法家不仅是春秋战国时期成文法公布运动的鼓吹者、推动者与实践者，而且也在这场运动中不断总结经验，提升思考，并最终为建立起彻底的君主专制的律令政治奠定了思想依据和制度基础。但在鼓吹"一断于法"的同时，法家同样鼓吹"法自君出"，鼓吹君权的至高无上，那么在君、法之间如何寻求一种制度上的平衡呢？这就是在律的实施或执行过程中，由君王来行使最终的裁决权力，这也就是在律之外需要令存在的最为深刻的理由。可以说，秦律令体系的创立，正是君主专制政治的内在要求和必然结果。

## 二、汉承秦制与汉代律令体系的发展

汉承秦制，不仅史有明载，而且从整体的制度体系来看，亦是如此。可以毫不夸张地说，在政治制度方面，汉朝几乎全盘照搬于秦朝，只是根据形势的发展变化作了一些修正或补充。汉朝首先继承了秦朝建立的君主专制政治，即皇帝制度，皇帝的至尊地位以法律明确，与秦无异："汉天子正号曰皇帝，自称曰朕，臣民称之曰陛下。其言曰制诏，史官记事曰上。车马、衣服、器械、百物曰乘舆，所在曰行在，所进曰御。其命令一曰策书，二曰制书，三曰诏书，四曰戒书。"① 君主专制政治的继承与进一步巩固，使得律令制度在汉代一定会得到全面发展。此外，在皇帝之下，汉代也全面继承了秦王朝的"三公九卿制"，并在地方推行郡县二级行政管理体制，只是有些官名或职权有所改动或变化，同时在郡县制普遍推行的前提下，有策略地推行了一定时间的分封制，形成了犬牙交错的地方行政体制。所以总起来看，汉代对秦王朝君主专制制度的继承和发展，为律令体系的承袭和推进准备了充分而必要的政治基础。

汉承秦制，尤其是汉代对秦王朝律令制度的继承，最具关键作用的人物当首推萧何。《史记·萧相国世家》记刘邦军克咸阳，萧何"独先入，收秦丞相、御史律令、图书藏之"，这些收集而来的律令，无疑对萧何制定汉律具有至关重要的指引作用。司马迁同样也简单记有"萧何次律令，韩信申军法，张苍为章程，叔孙通定礼仪"②，但对萧何究竟是否依据秦代律令以制定汉代律令这一问题，未置一词。《汉书·刑法志》首次指出萧何借鉴和参考秦法而造律令的事实：

> 汉兴，高祖初入关，约法三章曰："杀人者死，伤人及盗抵罪。"蠲削烦苛，兆民大说。其后四夷未附，兵革未息，三章之法不足以御奸，于是相国萧何攈摭秦法，取其宜于时者，作律九章。

可见班固不仅认为萧何检举秦法以造汉律，而且制定律的篇数为九章（篇）。后来的《晋书·刑法志》在这个基础上，就说得更加详细：

> 是时承用秦汉旧律，其文起自魏文侯师李悝。悝撰次诸国法，著《法经》。以为王者之政，莫急于盗贼，故其律始于《盗》《贼》。盗贼须劾捕，故著《囚》《捕》二篇。其轻狡、越城、博戏、借假不廉、淫侈、逾制以为《杂律》一篇，又以《具律》具其加减。是故所著六篇而已，然皆罪名之制也。商君受

---

① ［汉］蔡邕：《独断》卷一，上海古籍出版社1990年版，第2页。
② 《史记·太史公自序》，第3319页。

之以相秦。汉承秦制，萧何定律，除参夷连坐之罪，增部主见知之条，益事律《兴》《厩》《户》，合为九篇。叔孙通益律所不及，傍章十八篇，张汤《越宫律》二十七篇，赵禹《朝律》六篇，合六十篇……

这里不仅指出萧何继承和借鉴了秦律，结合时代的发展变迁，着力废除严刑苛法，增加兴律、厩律、户律三篇，合为汉律九篇，并与叔孙通、张汤、赵禹所定律文一起合为汉律六十篇，而且还往前追溯秦汉旧律的来源，即李悝的《法经》，并对其六篇的基本内容予以了简明扼要的描述和概括。

后世《唐律疏议》《唐六典》等历代典籍大多以此为依据叙述秦汉法律尤其是汉承秦制的历史脉络，今人也主要援引其作为重要根据以论述秦汉法律的相关问题。但是随着秦汉出土文献的日渐丰富，尤其是睡虎地秦墓竹简与张家山汉简的出土，一些学者认为，睡虎地秦墓竹简所见律的篇目近30种，远远超越所谓《法经》改法为律后的六篇结构，而张家山汉简所见的"二年律令"，其律目也有近30篇之多，远非汉律九章所能想象。而且，所言萧何增益的户、兴、厩三律，其中户律早在战国时期的魏律已经出现，厩律也在秦律中可以看到，似乎与萧何增益无关。因此，《晋书·刑法志》的记载并不可靠，或者说《法经》六篇与九章律根本没有存在过，或者应作非法典的解释①。也有些学者认为，从《史记》《汉书》等汉代典籍来看，没有叙说过《法经》，而以更后一些的《晋书》作为依据肯定《法经》的存在，似乎不太合理。② 这些学者的推测不是没有道理，但是如果换一个角度认真思考或追问一下，这样否定《法经》《九章律》的存在以及二者之间的关联，也许并不一定正确。

首先，《史记》《汉书》没有叙说过《法经》，并不意味着《法经》就不可能存在过，因为司马迁、班固作为汉代儒家的重要成员，都有一种写史的"王道"使命感，也就是力图越过秦王朝，而将汉代的道统直接建立在承继三代的"王道"政治上，而将秦王朝视之为异端，当然也就会对秦王朝所赖以为思想基石的法家有所曲笔或掩盖。司马迁在《太史公自序》中明确提及"维我汉继五帝末流，接三代（统）[绝]业……"，其接续三代的道统而摒弃秦王朝的立场溢于言表。所以司马迁对秦王朝以及法家都没有什么好印象，也就不可能对其留下太多的记录。班固同样抱有这种王道政治的深刻情感，但作为汉代断代史的记载，他不可能对萧何造律一事说得跟司马迁一样简单，所以他至少还是提到了萧何"攈摭秦法，取其宜于时者，作律九章"这一事实，但至于萧何如何选取秦

---

① 譬如孟彦弘就持这样的观点，参见孟彦弘：《秦汉法典体系的演变》，载于《历史研究》2005年第3期，第19-36+190页。

② 譬如曹旅宁就持这样的观点，参见曹旅宁：《秦律新探》，中国社会科学出版社2002年版，第57~63页。

法作为参照物而创造汉律,他也根本不置一词,同样体现出他对秦王朝所谓"霸道"政治的深恶痛绝。这一点,不独司马迁、班固如此,汉代的读书人群体率皆如此。这是我们很难看到汉代的历史文献对这些问题有着记录或叙说的关键原因。而经过三国分裂之后,这种刻意抹杀秦王朝的意识形态倾向已经有所减弱,甚至在三国时期,曹操、诸葛亮等都带有法家深刻的精神印记,在汉代逐步确立起来的儒家正统意识形态事实上遭受了严峻的挑战,因此《晋书》的作者们完全具有与司马迁、班固不一样的社会背景,他们就极有可能将司马迁、班固曾经掩盖或遮蔽的律令传统重新做一番梳理。这样我们就反而看到更后一些的《晋书》叙说更为详尽,其实是没有什么值得奇怪的。

其次,睡虎地秦墓竹简与张家山汉简所见律名都接近30种之多,而且似乎都是单行律,这也并不能以此否定《法经》六篇与《九章律》的存在。第一,出土简牍都是墓主或另外什么人抄写的,其抄写多少可能取决于当时的目的或意图,即使当时可能存在六篇或九篇的所谓法典,也可能在抄写时就是按照这些篇目摘抄下来的,而出土后呈现在我们眼前的似乎就是单行律的面貌了;第二,出土文献一般都不可能完整,总有相当大的部分是残缺不全的,我们不能以目前看到的某些出土文献呈现出来的样貌就做整体上的判断,这是以偏概全,不那么恰当的;第三,商鞅改法为律是否就是取法《法经》六篇的结构,萧何是否也就是制定了《九章律》这样的律令,这倒不一定,但很有可能的是,当时的秦国、秦王朝可能曾经以六篇结构的《法经》体例作为核心法典,萧何造律曾以九章的体系作为核心法典,然后再结合时代的发展变化,不断调整律令的体系与结构,并创造新的律令篇目,从而导致大量单行律名的出现。因此《九章律》这样的律典是否真的存在,是没有意义的问题,班固也没说过这就是名为《九章律》的律典,只是说"作律九章",这就很可能符合萧何最早造律组成九篇的历史事实。

最后,秦汉时期书写的材料主要为竹木简牍,在这样的书写环境下,要将不断发展变化的律令总是纳入一部法典也是不可能的,因此在保持最早的核心律篇的基础上,运用单行律的形式发布律文更为符合简牍的书写、编排方式。而且即使可能存在的核心律典,也会因为简牍特有的书写、编排方式,其各篇也以单行律的方式为人常见,尤其是我们今天通过考古发现的出土文献,更可能如此。所以即使隋唐时期已经有了真正的律典,并已具备纸张这样的书写材料以及印刷这样的刊行技术,我们今天也可以看到其律典的各篇分别刊行的样貌。所以仅以出土文献所能见到的单行律样貌而否定《法经》六篇以及《九章律》的存在,是值得商榷的。

当然,不管《九章律》作为一个律典是不是存在,并不真正影响汉承秦制这样的历史事实。即使班固，也仍然认可萧何"攈摭秦法"这一事实。但问题在于，《晋书》言及萧何造律，增益户、兴、厩三篇，而户律出现于战国时期的魏律，厩律在睡虎地秦墓竹简中亦可看到厩苑律，而岳麓秦简再让我们看到了兴律的存在，怎么能说是萧何在秦律六篇的基础上增益的三篇呢？这样的问题其实可以这样大致推测，商鞅以《法经》六篇改法为律奠定秦律六篇作为核心法典，而进入汉代，萧何恐怕觉得这三篇至关重要，因此将其从单行律的方式纳入秦律原有的六篇体系中，从而形成"律九章"的结构体系。所以萧何增益的户、兴、厩三篇律名，并不是他创造的，而只是将其纳入律典的核心，不再作为单行律的形式发布。其实如果从秦律开始而下，经两汉，到魏国的《新律》，直至隋唐律典的定型，我们可以看到律名不仅越来越规范，而且也经过不断的整合，最终被全部统一、囊括于一部律典之中，这是一个相当漫长的历史过程。

汉律继承秦律，由于历代文献典籍记载的阙如，过去很难在宏观上反映和体现出来，我们现在可以将睡虎地秦墓竹简、岳麓秦简、张家山汉简所见律名先做一下比较，见表5-2：

表5-2　　睡虎地秦墓竹简、岳麓秦简与张家山汉简对照表

| 序号 | 律名 | 睡虎地秦墓竹简 | 岳麓秦简 | 张家山汉简 | 备注 |
|---|---|---|---|---|---|
| 1 | 田律 | 有 | 有 | 有 | |
| 2 | 厩苑律 | 有 | 无 | 无 | |
| 3 | 仓律 | 有 | 有 | 无 | |
| 4 | 金布律 | 有 | 有 | 有 | |
| 5 | 关市律 | 有 | 有 | 无 | 张家山的"□市律"应为"关市律" |
| 6 | 工律 | 有 | 无 | 无 | |
| 7 | 工人程 | 有 | 无 | 无 | |
| 8 | 均工律 | 有 | 无 | 无 | |
| 9 | 徭律 | 有 | 有 | 有 | |
| 10 | 司空律 | 有 | 有 | 无 | |
| 11 | 军爵律 | 有 | 无 | 无 | 张家山汉简有爵律 |
| 12 | 置吏律 | 有 | 有 | 有 | |
| 13 | 效律 | 有 | 无 | 无 | |
| 14 | 传食律 | 有 | 无 | 有 | |
| 15 | 行书律 | 有 | 有 | 有 | |
| 16 | 内史杂律 | 有 | 有 | 无 | |

续表

| 序号 | 律名 | 睡虎地秦墓竹简 | 岳麓秦简 | 张家山汉简 | 备注 |
|---|---|---|---|---|---|
| 17 | 尉杂律 | 有 | 无 | 无 | 岳麓秦简有"尉卒律" |
| 18 | 属邦律 | 有 | 无 | 无 | |
| 19 | 除吏律 | 有 | 无 | 无 | |
| 20 | 游士律 | 有 | 无 | 无 | |
| 21 | 除弟子律 | 有 | 无 | 无 | |
| 22 | 中劳律 | 有 | 无 | 无 | |
| 23 | 藏律 | 有 | 无 | 无 | |
| 24 | 公车司马猎律 | 有 | 无 | 无 | |
| 25 | 牛羊课 | 有 | 无 | 无 | |
| 26 | 傅律 | 有 | 有 | 有 | |
| 27 | 敦（屯）表律 | 有 | 无 | 无 | |
| 28 | 捕盗律 | 有 | 无 | 无 | 张家山汉简有捕律 |
| 29 | 戍律 | 有 | 有 | 无 | |
| 30 | 贼律 | 无 | 有 | 有 | |
| 31 | 杂律 | 无 | 有 | 有 | |
| 32 | 兴律 | 无 | 有 | 有 | |
| 33 | 具律 | 无 | 有 | 有 | |
| 34 | 亡律 | 无 | 有 | 有 | |
| 35 | 索律 | 无 | 有 | 无 | |
| 36 | 奔敬（警）律 | 无 | 有 | 无 | |
| 37 | 尉卒律 | 无 | 有 | 无 | 睡虎地秦墓竹简有"尉杂律" |
| 38 | 狱校律 | 无 | 有 | 无 | |
| 39 | 盗律 | 无 | 无 | 有 | |
| 40 | 告律 | 无 | 无 | 有 | |
| 41 | 捕律 | 无 | 无 | 有 | 睡虎地秦墓竹简有捕盗律 |
| 42 | 收律 | 无 | 无 | 有 | |
| 43 | 襍律 | 无 | 无 | 有 | |
| 44 | 钱律 | 无 | 无 | 有 | |

续表

| 序号 | 律名 | 睡虎地秦墓竹简 | 岳麓秦简 | 张家山汉简 | 备注 |
|---|---|---|---|---|---|
| 45 | 均输律 | 无 | 无 | 有 | |
| 46 | □市律 | 无 | 无 | 有 | 缺去一字，应为"关市律" |
| 47 | 复律 | 无 | 无 | 有 | |
| 48 | 赐律 | 无 | 无 | 有 | |
| 49 | 户律 | 无 | 无 | 有 | |
| 50 | 置后律 | 无 | 无 | 有 | |
| 51 | 爵律 | 无 | 无 | 有 | 睡虎地秦墓竹简有军爵律 |
| 52 | 秩律 | 无 | 无 | 有 | |
| 53 | 史律 | 无 | 无 | 有 | |

从律名来看，张家山汉简所见律名与秦律律名完全相同的有田律、金布律、徭律、置吏律、效律、传食律、行书律、傅律、贼律、兴律、具律、亡律共12篇，缺一字的"□市律"应该也就是"关市律"，故而完全同名律名应该共计14篇，而且这些同名律名基本上都属于最为重要的核心律名。可以说，《法经》六篇改法为律后的六篇律名，目前仅"囚律"未见。从这些律文的具体内容来看，秦律与汉律之间的继承关系也是非常明显的。

当然，汉律对秦律的继承并不是全盘照搬，也是有着自己的选择、调整和修改的。其中最大的一个变化就是，汉律逐渐降低了秦律刑罚制裁的力度，使得汉律日益朝着刑罚文明化的方向前进，并最终通过文帝、景帝的刑制改革，逐渐废除了肉刑，从而为新的五刑体系的确立奠定了重要的基础。这些问题很多学者做过比较深入而详细的探讨，我们这里不再赘言。

汉承秦制在法律继承上的另一个重要表现，即令的继承，过去由于秦令没有正式被发现，一直为学界莫名猜测。岳麓秦简所见的秦令，如果跟张家山汉简所见的"津关令"在内容与形式上比较一下，可以说不存在任何差异。从内容上来看，津关令同样属于皇帝对官吏实施政务或执行律文所发布的指示或命令。从形式上来看，这些指示或命令的发出，主要也跟秦令的情形大致相同，或是皇帝直接发出的指令，譬如492、493、500、501号简皆为皇帝"制诏御史"或"制诏相国、御史"之类的令文；或是丞相、御史就某事请示皇帝而发出的指令；譬如489、490、499、507、508、509、510、513、514、515号简皆为丞相、御史议、请皇帝发出指令而以"制曰：可"的形式出现的令文；或为丞相、御史接受下级官吏的请求而再向皇帝上书，请求皇帝发出的指令；譬如 496、497、502、503、512 号简"相国上内史书"，504、505 号简"相国中大夫书"，516、517 号简"相国上长沙丞相书"，518 号简"相国上南郡守书"，519 号简"丞相上长信詹事书"，520、521、522 号简"丞相上鲁御史书"，523、524 号简"丞相上备塞都尉书"，这些令文一般后面都还会署明"丞相、御史以闻"，最后由皇帝以"制曰：可"的形式表示认可。而且，从这些令文的名字来看，汉令明显也是与秦令无异，并且有了一定的编纂技术。

但是，汉代并不是对秦王朝律令体系的简单继承，而是结合自身的时代发展和社会变迁，对律令体系做了一定的修正、调整和补充。首先，汉初的统治者都充分认识到秦代律令规定的刑罚制裁的残酷性，从而不仅削减了纷繁苛杂的律令体系，而且也将继承下来的律令所规定的刑罚制裁力度大大降低了。这些方面，不仅史书典籍有载，而且结合秦简与汉简所见律令的具体内容的比较，也是非常明显的。其次，随着汉代的社会发展，律令的制定与编纂日益频繁，形成了日益复杂的律令体系。从最初高祖"约法三章"、萧何作律九章开始，汉代便启动了绵延不绝的律令制定与编纂活动，史载张苍定章程、叔孙通作傍章、晁错更令三十章、张汤编《越宫律》、赵禹编《朝律》等，都是至武帝时期就已经完成的重要编律更令活动，至此"律令凡三百五十九章……文书盈于几阁，典者不能遍睹……"① 足可以想见西汉前期律令的宏大规模。再次，随着律令体系的日益壮大，编修律令工作不堪重负，难以跟上时代的步伐，因此长期发展下去，便必然需要一门传授律令体系的知识或学问，从而使得中国古代的法律解释学说，即律学，开始在汉代蓬蓬勃勃发展起来，涌现了应劭、叔孙宣、郭令卿、马融、郑玄等一代律学名家，这不仅远远超越了秦代仅仅流行于官方的"法律答问"，而且也对后来律令体系的长足发展以及唐律的编纂技术，发挥了至关重要的作用。最后，也是最重要的，秦律令体系赖以为基础的思想意识形态属于法家思想，而汉代看到了秦律严刑酷法的一面乃为法家"重刑轻罪"思想所造就，故而抛弃了法家思想，逐步确立起了儒家思想作为正统的思想意识形态，并用来指引律令制度的发展。这就再次将先秦时期的礼刑关系拉回到了律令体系的现实生活中，从而启动了源远流长的引礼入律运动，为后世律令体系的发展引领了与秦代完全不一样的目标和方向。

由此可见，汉承秦制的确属于历史事实，正是汉代法制全面继承了秦的律令体系，但又结合时代的发展变化，对律令体系做了一些新的调整和补充，尤其是在指导律令体系的思想意识形态上选择了儒家思想，才使得律令制度获得了新的

---

① 《汉书·刑法志》，第 1101 页。

发展和生命力，促使律令体系走向了完全与秦代不一样的发展方向，从而为隋唐律令体系的全面成熟和定型奠定了重要的历史基础。

### 三、秦汉律令性质及其关系

律令作为中国古代帝制时期最主要的法律形式，一直受到古代律学的高度关注。但是真正将其作为中国法律传统的主要特点加以研究和总结，却是非常晚近的事情。沈家本在《历代刑法考》一书中专设"律令"（九卷）以追述中国古代法律制度历史发展的宏观脉络，应属以"律令"指称中国古代法律体系的发端。近代西方世界充分运用"法系"这一概念，开始考察具有共同法律传统的若干国家和地区的法律及其历史，日本学界便迅速响应，逐步提出"律令法"或"律令法系"这一概念，用以指称发达于中国而为东亚各地区广泛接受的以律令为中心的法律体系。经过中日两国许多学者的努力，"律令法"或"律令法系""律令体系"日渐成为中国古代法律体系研究所广泛接受的概念，并且产生了一批颇为引人注目的学术成果。

从目前已有的研究成果来看，学界对中国古代律令历史发展过程研究最为薄弱的环节乃属秦汉时期，其中主要的原因在于传世文献与出土文献的记载不足或欠缺。可以说，在睡虎地秦墓竹简与张家山汉简发掘与正式公布之前，秦汉时期的律令面貌一直处于语焉不详的状态，尤其是秦时期的律令体系，几乎成为学界无法深入的空白地带。沈家本虽然引用《史记·萧相国世家》所载"何独先入收秦丞相御史律令图书藏之"而认定"此秦有律有令之证。汉之有律有令，承秦之名也"①，但是对于秦时期的律令体系只能以寥寥数语加以追述。日本的浅井虎夫率先注重以律令为主要法律形式对中国法典编纂沿革的历史进行研究，并依靠传世文献网罗了大量汉时期的律令，但对秦时期却不着一词。这种研究状况一直长期得以延续，直到20世纪70年代睡虎地秦墓竹简的发掘面世。

自1975年湖北云梦睡虎地秦墓竹简出土以来，有关秦朝法律制度的研究得到了极大改观。而1983年张家山汉简的出土面世，更是激发起学界对秦汉时期律令制度研究的新高潮。21世纪初里耶秦简的出土与公布，又给秦时期法律制度的研究提供了新的材料。正在整理中的岳麓书院藏秦简与北京大学藏秦简虽然还在整理过程中，但是其所显示出来的秦时期法律制度的样貌已经越来越清晰。随着出土文献的日渐增多，学界对于秦汉时期律令体系的研究有了突飞猛进的发展，并对这一时期的律令性质及其关系做了许多有益的探讨，譬如中国大陆

---

① 沈家本著，邓经元、骈宇骞点校：《历代刑法考（二）》，中华书局1985年版，第848页。

的张建国、孟彦弘、杨振红、张忠炜等,以及日本的中田薰、富谷至、广濑薰雄等。其中最为典型的代表一是中国大陆的张忠炜,另一是日本的广濑薰雄。张忠炜在《秦汉律令体系研究初编》一书中以张家山汉简《二年律令》为解题基础,就秦汉律令的历史脉络进行了四个方面的详细考察,尤其是从律令转化、律主令辅、律令分途三个角度阐述了秦汉时期的律令关系,从而为中国古代律令体系的起源与发展提供了一种较为全面而精到的理解视角。① 日本的广濑薰雄专门撰写的《秦汉律令研究》一书则利用出土简牍等法制资料,对秦汉时代的律令进行了系统论述,主要探讨了律令史的时代划分问题。他认为滋贺秀三对律令的认识由于受出土资料有限的影响,不能明确反映出律与令的形态区别,因此也不能对中国律令史进行正确的时代划分。在此基础上,他重点讨论了秦汉时代律令的存在形态,从而为秦汉以后中国律令体系的发展路线寻找到了内在脉络,对中国律令史进行了时代划分,并探讨了"律令制"这一日本法制史概念在研究古代中国律令的适用问题。②

由此可见,随着出土文献的日益增多,秦汉律令体系的研究成果日渐丰富,大大拓宽了中国古代法律制度的研究思路与视野。但是在秦汉律令体系这一研究领域中最为关键的问题即律令性质及其关系,仍然还存在很多相当棘手的难题没有得到破解。综括起来,目前已有的学术研究成果对秦汉律令性质及其关系的论析主要存在以下几个方面的问题:

其一,睡虎地秦墓竹简出土面世后,由于其未见明确的令文,因此很长一段时间学界对于秦令的存在保持一种怀疑甚至否认的态度,日本研究秦汉史的著名学者大庭脩是最为典型的代表。他在《秦汉法制史》一书中认为:"秦'令'的文字之所以不存在,大概是由于本来作为补充法的'令',把补充法称为'令'的称呼制度在秦不存在。因此,我认为这个制度大概是在汉代创始的。"③ 大庭脩这样的观点后来遭到一些学者的质疑,譬如张建国就以传世文献以及出土文献中的张家山汉简与睡虎地秦墓竹简为论据,认为大庭脩对于秦令存疑的看法是站不住脚的。④ 随着里耶秦简的发掘面世以及岳麓书院藏秦简的整理与陆续公布,秦令的存在当然已经不成问题。

其二,关于秦汉时期律、令二者的性质,学界至今颇有争执。沈家本、程树德对汉律令加以辑佚与考证,虽无自己明确的判断,但从所引古人言辞大概可窥

---

① 张忠炜:《秦汉律令体系研究初编》,社会科学文献出版社2012年版。
② [日]广濑薰雄:《秦汉律令研究》,汲古书院2010年版。
③ [日]大庭脩著、林剑鸣等译:《秦汉法制史研究》,上海人民出版社1991年版,第10页。
④ 张建国:《秦令与睡虎地秦墓竹简相关问题略析》,载于《中外法学杂志》1998年第6期,第34~40页。

其学术倾向。中田薰率先提出"律令体系"的概念以专指中国的独立法律体系，认为律、令属于中国古代国家统治的两大根本法，并将律、令、格、式齐备的唐代法律视之为古代中国律令体系最发达的阶段。仁井田陞进一步就律、令的性质提出了全面的判断，认为"律"是刑罚法典，"令"是非刑罚法典；"律"是禁止法，"令"是命令法；"律"是对犯人的惩戒法，"令"是行政法。① 日本学者这样的判断深刻影响了中国学界，许多关于律令性质的认识也就纠缠于刑事法、行政法之类的窠臼中，很难真正还原到中国古代尤其是秦汉时期的独特社会背景中，从而存在比较大的偏差或错误。

其三，长期以来，学界对律令问题多是分别加以论述，很少考虑律令关系问题。近年来由于秦汉出土律令文献的不断公布，有关律令关系的学术研究日益增多。但因为对律令性质的认知偏差或错误，有关律令关系的判断也就很难避免不存在问题。就目前的研究成果来看，张忠炜关于秦汉时期律令关系的论述应该是最全面也最深入的，他从"律令转化""律主令辅""律令分途"三个方面较为详尽考察了律令的基本关系，其探讨是颇具启发性的。但是由于其对律令性质的认识仍然受制于当下学界的流行观点，所以一些论证和判断还是存在许多可以进一步商榷和修正的问题。

其四，从目前的研究成果来看，学界有关律令体系的研究一直存在一个被忽视但却至关重要的问题，即中国古代尤其是秦汉时期为何需要采用律、令这两种法律形式作为根本法？为什么没有单独采用律令之中的一种法律形式呢？只有真正回答清楚了这一问题，律令的性质及其关系才会更好地为我们所理解。也只有解决了这一原因问题，我们才能对秦汉时期的律令体系以及整个中国古代律令体系的历史发展有着更深层次的把握。

我们在学术前辈与同仁的研究基础上，既充分注重对已有传世文献与出土文献所见律令材料作出新的解释，也高度注意近年来不断出土或发现的简牍材料，力图就上述四个问题提出新的补证、检验、反思或新知，为秦汉时期进而整个中国古代帝制时期的律令体系研究提供新的探索和思考。

从现有的传世文献来看，最早对律令性质作出明确而清晰的解释，应属唐宋人引述魏晋时期律学家的论著或见解。唐玄宗时官修《唐六典》指出："凡文法之名有四：一曰律，二曰令，三曰格，四曰式。""凡律以正刑定罪，令以设范立制，格以禁违止邪，式以轨物程事。"北宋欧阳修、宋祁、范镇、吕夏卿等人合撰《新唐书》，其中的《刑法志》对此有着进一步的解释："令者，尊卑贵贱之等数，国家之制度也；格者，百官有司之所常行之事也；式者，其所常守之法

---

① 参见［日］大庭脩著、林剑鸣等译：《秦汉法制史研究》，上海人民出版社1991年版，第1页。

也。凡邦国之政，必从事于此三者。其有所违及人之为恶而入于罪戾者，一断以律。"这种"律以正刑定罪，令以设范立制"的律令性质认识，明显深受魏晋时期张斐、杜预等律学名家的深刻影响。北宋李昉、李穆、徐铉等学者奉敕编纂《太平御览》，于六三八卷引用杜预《律序》："律以正罪名，令以存事制。"无论唐宋人这样的认识是来自他们当时所处的时代，还是真正来自魏晋时期的那些律学名家，后世关于律令性质的认识大都以此为基本依据而展开。

何为"正罪名"？何为"存事制"？近代以来由于受到西方法律思想与制度的深刻影响，中日学者日渐认为"正罪名"就是规定犯罪与刑罚的刑事法律制度，"存事制"则是规定政府机关及其官吏办理公务的行政法律制度，于是律为刑法或刑罚法、令为行政法这样的性质认识开始成为学界的主流。但是随着近年来秦汉简牍的大量出土或面世，其中所见的律令条文以及法制文书又让学界对律"正罪名"、令"存事制"的性质认识产生了一定的怀疑。一些学者越来越倾向于认为，律所具有的"正罪名"的刑事法性质与令所具有的"存事制"的行政法性质是自魏晋以后才逐渐有了清晰的划分，而在秦汉时期这样的划分并不明确，甚至律令相互之间的性质与关系都是模糊不清的。日本的仁井田陞教授早在20世纪50年代出版的《中国法制史》一书中就认为在隋唐时期律令是两大根本法，律是刑罚法典，令是非刑罚法典；律是禁止之法，令是命令之法；律是对犯人的惩戒之法，令则一般是行政规范。但是他同样认为，"汉代律、令的分类标准是否达到了像唐代律、令那样的程度，恐怕还是一个问题"①。仁井田陞这一看法在很大程度上为中国学界所接受，大多数学者都坚持认为，秦汉时期的律令性质与魏晋以后有着非常大的差别，律令之间的划分也是很不清晰的，甚至是相当含混的。

的确，秦汉时期与魏晋以后的律令样貌有了一定程度的差异，但作为"正罪名"的律、"存事制"的令这样的性质区分在秦汉时期仍是非常明确的。无论是从目前出土文献还是传世文献所见秦汉时期的律条、令文来看，不仅律条与令文的文体形式有着根本区别，而且律条明显带有定罪量刑的鲜明特点，而令文则否。由于传世文献所载秦汉时期的律条、令文不足以反映出当时律令的文体形式，后世一直受制于此而难以窥知律令的性质。张家山汉墓（二四七号墓）竹简《二年律令》的出土，尤其是其中《津关令》的面世，充分显示出律条与令文在文体形式上的差异。事实上，无论是张家山汉简《二年律令》中的律条，还是更早一些发现的睡虎地秦墓竹简中的律条，都带有现代法律条文的抽象性和概括性。但是《津关令》所载的令文，明显属于皇帝对丞相、御史大夫等臣下

---

① ［日］仁井田陞著、牟发松译：《中国法制史》，上海古籍出版社2011年版，第46页。

实施或办理公务所发出的具体指示。其中又可具体分为两类：一是丞相、御史大夫等臣下实施或办理公务遇到疑问需要皇帝裁决时，向皇帝提出建议并请其作出指示，这类令文往往以皇帝在请示背后署上"制曰：可"这样的字眼作为尾词；二是皇帝直接就某一类公务的实施或执行向丞相、御史大夫等臣下发出指示，这类令文则往往在起始便以"制诏御史""制诏相国、御史"之类的字眼作为抬头。总之无论哪一类令文，皇帝直接指示臣下如何实施或办理公务这一性质是律条所不存在的。

律条与令文在文体形式上的这一差异，应该在很大程度上表露了律与令具有各自的属性及其所承担的功能。从令文所采用的"制曰：可""制诏御史"之类的字眼来看，明显属于皇帝针对具体公务事宜而对丞相、御史大夫等臣下所作出的指示，这与律条所具有的抽象、概括性质有着明显的不同。在这个意义上，令文透露出一种皇帝便宜行事的裁决权力，并因其裁决而对此后的同类具体公务的实施或办理产生法律上的约束力，这就赋予了令所谓的"存事制"这一性质，从而使其与"正罪名"的律得以区分开来。因此，我们可以在这个角度上澄清律令二者的性质，律是对所有人都适用的定罪量刑的普遍性规范，令则是皇帝发给臣下实施或办理具体公务的特殊性规范。尽管臣下依据令的规定实施或办理具体公务时，也可能跟律所调整的对象或范围发生重合或交叉，但并不意味着律令二者的性质就有所变化而趋同。

过去让学界一直疑惑的问题有二：一是秦汉时期有些律篇与令篇的篇题相同，如汉代的《田律》与《田令》，《户律》与《户令》，《祠律》与《祠令》，《金布律》与《金布令》等①，以及还没完全公布的岳麓书院藏秦简中的《行书律》与《行书令》等②，这是否意味着秦汉时期律令二者的性质并不是那么泾渭分明？二是秦汉时期的一些律条并没有定罪量刑的规定，而一些令文却反而具有定罪量刑的色彩，并在有些司法案例中为司法官吏所适用，这是否也意味着秦汉时期作为"正罪名"的律、"存事制"的令这样的性质还没有得以明确？对于第一个疑惑，由于这些同名律篇与令篇的内容不详，大概可以从三个角度提出推测性的解释：一是有些律条在具体执行过程中需要获得进一步的解释或明确，从而由皇帝发布制诏形成同题的令文；二是有些律条本身便是先有皇帝对臣下发布制诏形成令后，再经过定律的程序而完成的；三是这些同名律篇与令篇即使同时存在，也没有相互转化的过程，那就往往表现为同名律篇属于定罪量刑的普遍性规

---

① 参见徐世虹：《汉代社会中的非刑罚法律机制》，引自柳立言主编：《传统中国法律的理念与实践》，中央研究员历史语言研究所2008年版，第321页。
② 陈松长：《岳麓书院藏秦简中的行书律令初论》，载于《中国史研究》2009年第4期，第31~38页。

范，而同名令篇则只是皇帝发给臣下办理同名律篇之中具体公务事宜的特殊性规范，相当于今天行政机关实施行政行为或者司法机关实施司法行为的细则。这三个方面都牵涉律令之间的关系问题，留待第二部分再详加论述。

至于今日所见秦汉时期的一些律条并无定罪量刑的明确规定，而一些令文却反而具有定罪量刑的色彩，是否可以表明秦汉时期"律以正罪名""令以存事制"的性质划分还没有真正形成呢？其实认真加以考察和分析，我们可以发现这样的律条或令文不仅为数不多，而且还是各自保有其"正罪名"或"存事制"的性质的。之所以出现一些没有定罪量刑规定的律条，其主要原因可能有二：一是传世文献或者出土简牍所记、所载的律条并不完整，有关定罪量刑的规定可能遗漏、遗失了；二是这些律条往往规定了臣民的行为格式，而在使用刑罚作为主要制裁手段的帝制时代，一旦臣民违反了律条的行为格式要求，受到刑事制裁肯定是不言而喻的事情。譬如睡虎地秦墓竹简《田律》载有数条这样的律文，如"雨为澍〈澍〉，及诱（秀）粟，辄以书言澍〈澍〉稼、诱（秀）粟及垦（垦）田畼毋（无）稼者顷数。稼已生后而雨，亦辄言雨少多，所利顷数。早〈旱〉及暴风雨、水潦、螽（螽）虫虫、群它物伤稼者，亦辄言其顷数。近县令轻足行其书，远县令邮行之，尽八月□□之"。这一条文是有关庄稼生长情况以及各种自然灾害的上报规定，虽然现在无法看到其中存在有定罪量刑的内容，但是当有关官吏没有依照这一规定及时向上报告的情况发生，这些官吏应该受到相应的刑事制裁肯定是毫无疑问的。至于这种情形下如何实现定罪量刑，限于目前所见秦汉律条的有限性，不敢妄断，但是这些律条仍然属于实质意义上"正罪名"方面的法律规定，大致是没有问题的。

那么那些看似具有定罪量刑色彩的令文又该如何解释呢？这就需要我们真正理解令所具有的"存事制"这一性质的内涵，即皇帝针对官吏执行具体公务所发出的指示。中国古代社会没有行政与司法的准确划分，官吏执行具体公务既可能是行政问题，也可能是司法问题，其所遇到的疑难问题当然不可避免会与定罪量刑的刑事问题息息相关，一旦在此情况下请示皇帝发布诏令或由皇帝主动发布诏令，从而也就会随之出现与定罪量刑有关的令文。这样的情形大致有几种：一是官吏执行具体公务时，对律条没有明确规定的违法犯罪行为，往往会上请皇帝予以裁决，如张家山汉简《津关令》第一条："……越塞阑关，论未有□，请阑出入塞之津关，黥为城旦舂；越塞，斩左止（趾）为城旦；吏卒主者弗得，赎耐；令、丞、令史罚金四两。"① 这条令文之所以对私自出入关塞有着一系列的

---

① 张家山二四七号汉墓竹简整理小组：《张家山汉墓竹简［二四七号墓］》（释文修订本），文物出版社 2001 年版，第 83 页。

定罪量刑方面的规定，应该是这些行为没有律条的明确规定，其中"论未有□"所缺漏的一字极有可能就是"律"，即定罪量刑没有可以援引的律条，这才由丞相、御史大夫请示皇帝对此发布诏命，从而使这条令文带有了定罪量刑的内容。二是普遍性的律条在具体执行的过程中肯定会遇到一些特殊情形，这就需要皇帝发布诏令作出进一步的解释，从而也会产生一些带有定罪量刑色彩的令文。三是皇帝通过诏命所发出的令文，都是直接指令臣下如何执行具体公务的，因此臣下如果不能执行令文的规定，那就必须追究有关官吏的法律责任，这就不仅会在令文中出现"不从令者有罪"之类的规定，而且也会在律条中同样出现。尤其是在律条中出现"不从令者有罪"之类的规定时，一些学者便会推断认为这是早期律令称谓不甚严格所导致的，因此律令二者的性质也不是那么绝然明确的，甚至还有一些学者怀疑这样的律条不是真正的"律"文而是"令"文。

其实，律条中出现"不从令者有罪"之类的规定，并不意味着这样的律条就应该是令文，从目前出土秦汉简牍来看，这样的律条往往都是针对实施或执行具体公务的官吏而言的，譬如睡虎地秦墓竹简《田律》所载："百姓居田舍者毋敢酤酒，田啬夫、部佐谨禁御之，有不从令者有罪。"① 这里所指的"不从令者"明显是指田啬夫、部佐之类的官吏。其他相类似的律条，基本上都是针对执行法律或公务的官吏而设置的。这样的律条并不说明秦汉时期律令性质还没有准确而清晰的划分，相反可以通过其中的一些律条充分表明，秦汉时期的律令性质是判然有别的。睡虎地秦墓竹简《金布律》载有："县、都官坐效、计以负赏（偿）者，已论，啬夫即以其直（值）钱分负其官长及冗吏，而人与参辨券，以效少内，少内以收责之。其入赢者，亦官与辨券，入之。其责（债）毋敢喻（逾）岁，喻（逾）岁而弗入及不如令者，皆以律论之。"② 这一律条针对应向国家承担赔偿责任的官吏而设，其中对"不如令"的官吏，明显要求"以律论之"，即根据律条定罪量刑。这样的条文设置，跟其他含有"不从令""不如令"之类的律条一样，充分表明令文是皇帝针对执行法律或公务的官吏所下达的指示这一"存事制"属性，而且从中也可以看出，对于官吏"不从令""不如令"之类的违法犯罪行为，并不是直接依据令文而是仍然要求依据律条定罪量刑，这就又凸显出律始终具有"正罪名"这一属性，律令之间的性质划分显然是非常清晰的。

当今一些学者之所以对秦汉时期的律令性质有所困惑，很大程度上是受到现代法律思维方式的深刻影响。我们今天习惯于以法律的调整对象及其调整方法而划分其部门法属性，但是这样的思维方式对于中国古代社会却是无效的，也是容

---

①② 睡虎地秦墓竹简整理小组：《睡虎地秦墓竹简》，文物出版社1990年版，第30页。

易引起误解的。就调整对象而言，律令都有可能指向职官、户役、田宅、婚姻、仓库、仪制、宫卫、军政、关津、贼盗、斗殴、诉讼、营造、河防等领域的，其内容无疑会有相当大的交叉和重合。如果仅仅因为二者的调整对象或调整范围有所一致，就认为秦汉时期的律令性质模糊不清，甚至否定了律所具有的"正罪名"、令所具有的"存事制"这一性质划分，那是非常值得商榷的。其实，秦汉时期对于律令的性质区分，并不是依赖其所调整的对象与范围，也不是凭借其所调整的刑罚方法，而是取决于当时帝制政治的运行特点。

秦国自商鞅变法开始，日益以法家思想推行君主专制式的"法治"，商鞅认为要做到法令一统，君主就必须制定普遍性的法律规范并设置官吏去宣传和推行法律，即"为法令置官吏，朴足以知法令之谓者，以为天下正，则奏天子。天子则各主法令之，皆降受命，发官……"① 商鞅这一思想为韩非子进一步发展成完整的"以法为教""以吏为师"的"法治"主张，但是韩非子认为官吏由于人性的恶极有可能破坏或毁弃君主颁布的法律，这就需要君主能够充分掌握驾驭官吏的权势与权术，从而促使法律能够得到普遍的遵守。所以韩非子极力鼓吹作为国家利器的赏罚制度，必须掌握在君主的手里，不可以轻易示人，同时对贯彻和执行法律的官吏严加督察和治理，这就必须要求"人主者，守法责成以立功者也……明主治吏不治民"②。在此基础上，韩非子还就法、令二者的关系做了精确的说明："明主之国，令者，言最贵者也；法者，事最适者也。言无二贵，法不两适，故言行而不轨于法令者必禁。"③ 可见韩非子已经视法（律）为臣民应该遵守的普遍性规范，而令则为君主所发出的至高无上的指令。可以说，秦朝实现全国一统后，律令的性质日益变得明确而清晰，就跟法家"明主治吏不治民"这一思想有着极其重要的联系。律条日益成为调整全国臣民、具有普遍效力的法律规范，而令文则成为皇帝指令官吏执行法律或者办理公务的特殊法律规范，是皇帝治吏的集中表现。可以说，秦汉王朝作为中国帝制的初创时期，正是通过令这一法律制度的设置，不仅实现了"事无大小皆决于上"的君主专制目标，而且充分推动了法家"明主治吏不治民"的政治运行机制，为中国古代官僚制度的深入发展奠定了极其重要的政治法律基础。

这样，我们就可以进一步理解《史记·秦始皇本纪》所载"命为'制'，令为'诏'"的深刻意义，张家山汉简《二年律令》中的《津关令》以及《汉书》《后汉书》等史书所常见的"制诏相国、御史""制诏御史""制曰'可'"之类的令文，正是皇帝通过"制""诏"这样的命令文书向官吏执行法律或施行政务

---

① 《商君书·定分》，第139页。
② 《韩非子》，第331页。参见新编诸子集成本《韩非子集解》，《外储说右下》。
③ 《韩非子·问辩》第394页。

所发布的指示或指令，这也就是秦汉时期"犯令""废令"之类的罪名为什么仅是针对官吏的根本原因所在。所以，秦汉时期的律令性质无疑是明确而清晰的，尤其是在坚信法家"循名责实"主张的秦王朝，更不可能混淆律令之间的性质划分。只是二者之间的关键区分不是在于我们今天所信奉的调整范围、调整对象与调整方法这样的法律部门划分标准，而是在于君主专制政治下皇帝直接指令官吏这一政治运行机制，从而赋予令文完全不同于律条的本质属性。

由于今天所见秦汉时期的律令文献有限，加上律令性质难以明确，因此学界长期以来很少论及律令之间的关系。以前徐道邻、戴炎辉、陈顾远等法制史学者都曾简单提及律令关系，随着秦汉律令文献的不断出土和公布，日本学界对这一问题日益表现出浓厚的研究兴趣，从而进一步带动了我国一些学者研究的深入。张忠炜在《秦汉律令体系研究初编》一书中从律令转化、律主令辅、律令分途三个角度比较全面而深入地阐述了秦汉时期的律令关系，应该是这一问题研究最为成功的典型代表。但是由于其对秦汉时期律令性质的认识仍然很难摆脱刑事法与行政法这样的传统见解，所以有些方面的阐释或有错误，或有偏颇，或有不足。本书在其基础上对这一问题继续予以深化和完善。

首先，就律令转化而言，张忠炜认为其主要包含三层含义：一是秦及汉初的律文中，留存有令的痕迹，律是由令转化而来的；二是以律的主旨为基础，以令的形式进行阐发，令作为律的细化出现；三是随着律、令内涵价值的新界定，许多律篇内容都归入令篇，以令篇的形式重新出现。① 他认为第一层含义主要在早期律令发展过程中留有痕迹，譬如睡虎地秦墓竹简所见的"魏户律"正是以"王命"即令的形式表达"律"的内容：

・廿五年闰再十二月丙午朔辛亥，○告相邦：民或弃邑居壄（野），入人孤寡，徼人妇女，非邦之故也。自今以来，叚（假）门逆吕（旅），赘婿后父，勿令为户，勿鼠（予）田宇。三枼（世）之后，欲士（仕）士（仕）之，乃（仍）署其籍曰：故某虑赘婿某叟之乃（仍）孙。　魏户律②

但就《魏户律》的形式而言，完全可以看出属于魏王对相邦（国）发出的指令，的确与秦汉时期所见令文的形式非常相似，这应该是早期令转化为律所留痕迹的表现，其实睡虎地秦墓竹简所见的《魏奔命律》也有着这样明显的痕迹。但是睡虎地秦墓竹简所见秦律，则已与《魏户律》《魏奔命律》等早期的律有了质的不同，已经不再出现王或皇帝指令臣下这一形式。但是张忠炜引用张家山汉简《二年律令》中的《具律》条文：

---

① 张忠炜：《秦汉律令法系研究初编》，社会科学文献出版社2012年版，第124页。
② 睡虎地秦墓竹简整理小组：《睡虎地秦墓竹简》，文物出版社1990年版，第292~293页。

> 上造、上造妻以上，及内公孙、外公孙、内公耳玄孙有罪，其当刑及当为城旦舂者，耐以为鬼薪白粲。
>
> 吕宣王内孙、外孙、内耳孙玄孙，诸侯王子、内孙耳孙，彻侯子、内孙有罪，如上造、上造妻以上①。

他认为有关吕氏宗亲以及对诸侯王、彻侯子孙的优待条款，是以王命或王命之诏颁布的，稍加修饰或者根本不加修饰而直接入律，可见秦律以及汉初律、令称谓并不严格。他还进而引用岳麓秦简《金布律》与睡虎地秦墓竹简《关市（律）》中的两个条文：

> 金布律曰：官府为作务市，受钱及受赍租、质它稍入钱，皆官为缿，毋令钱能出，以令若丞印封缿而入，与入钱者参辨券之，辄入钱缿中，令入钱者见其入。月壹输缿钱，及上券中辨其县廷；月未尽而缿盈之，辄输入。不如律，赀一甲②。
>
> 为作务及官府市，受钱必辄入其钱缿中，令市者见其入，不从令者赀一甲③。

他认为这两个律条一是采用"不如律"，另一却是采用"不从令"，似可说明律令称谓极不严格。他继续援引了一些含有"不从令者有罪""不从令者罚黄金四两"之类话语的律条，认为在律条中不断出现这样的话语，其中所谓的"不从令者"实际等同于"不从律者"，也就充分说明律令称谓虽然不同，但其起初分别并不是很为严格。

张忠炜从《魏户律》的条文规定看出先秦时期令转化为律的历史痕迹，是颇有敏锐的学术眼光的。从传世文献的记载来看，"令"作为法律形式的出现远比"律"要早，虽然有人对商鞅"改法为律"这一说法保持怀疑，但是"律"作为法律形式是在"令"之后很久方才出现的，却是不用争辩的事实。从睡虎地秦墓竹简所见《魏户律》《魏奔命律》的表现形式来看，似乎可以印证"改法为律"这一说法的可靠性，而且这也应该跟法家不断鼓吹"法布于众"的成文法运动有着非常重要的联系。史传三代时期"先王议事以制，不为刑辟"④，其"议事以制"应是君王就具体事务发出指令或指示，这很有可能就是令所具有的"存事制"这一属性的最早渊源。春秋战国时期，法家"法布于众"的思想主张

---

① 张家山二四七号汉墓竹简整理小组：《张家山汉墓竹简〔二四七号墓〕（释文修订本）》，文物出版社 2001 年版，第 20~21 页。
② 陈松长：《睡虎地秦墓竹简"关市律"辨正》，载于《史学集刊》2010 年第 4 期，第 16~20 页。
③ 睡虎地秦墓竹简整理小组：《睡虎地秦墓竹简》，文物出版社 1978 年版，第 68 页。
④ 《左传·昭公六年》，第 1744 页。

日益获得各诸侯国的青睐，成文法的公布迫切需要打破过去"议事以制"的法律秘密状态，"律"作为一种具有普遍性、永久性和公开性的法律形式开始登上历史舞台，并且日益发挥出与令不一样的法律功能。但在最初形成的历史过程中，将"议事以制"所形成的君王指令即"存事制"的令，无疑是早期律得以发展起来最为重要的基础，这也是《魏户律》《魏奔命律》这样的律条带有令文深刻印记的根本原因所在。但是张忠炜引用《二年律令》中的《具律》两个条文，用以说明秦汉时期律令称谓并不严格，却是很不恰当的，因为这两个条文显然都已采用了律条而不是令文的文体形式。至于他进而引用岳麓秦简《金布律》与睡虎地秦墓竹简《关市（律）》中的两个条文，尤其是从两个条文分别采用"不如律""不从令"不同的语词，从而判定秦汉时期律令称谓很不严格，亦是问题很大。其实这两个条文用词不同，深入考究，恰是律、令有别的表现。岳麓秦简《金布律》的条文之所以采用"不如律，赀一甲"的表述，是因为这里的不如律者，既有可能是官吏，也有可能是"入钱者"这样的普通百姓，所以必须援引普遍性的律加以调整。睡虎地秦墓竹简《关市（律）》的条文采用"不从令者赀一甲"的语词，明显可见这一条文仅是针对执行公务的官吏而言的，而令正是皇帝对官吏所作出的指示或指令。事实上，目前所能见到含有"不从令者"这样字样的律条，基本上都是针对执行法律或公务的官吏设置的，这为我们明确秦汉时期的律令性质与关系正好提供了难得的可贵材料。

其实，由君王指示臣下或官吏的令转化为具有普遍性、永久性与公开性的律，正是"法自君出"这一君主专制政治日益深入的表现。随着秦汉时期君主专制的全面确立，以令入律日趋频繁和普遍。《汉书·刑法志》所载文帝除肉刑的历史事迹，最初就是文帝听取缇萦的上书之后，以令文的法律形式向臣下发出指示："制诏御史：……其除肉刑，有以易之；及令罪人各以轻重，不亡逃，有年而免。具为令。"在文帝发出指示成令以后，丞相张苍、御史大夫冯敬再次奏请文帝定律："臣谨议请定律曰：诸当完者，如完为城旦舂；当黥者，髡钳为城旦舂；当劓者，笞三百；当斩左止者，笞五百；当斩右止，及杀人先自告，及吏坐受赇枉法，守县官财物而即盗之，已论命复有笞罪者，皆弃市……其亡逃及有罪耐以上，不用此令。前令之刑城旦舂岁而非禁锢者，如完为城旦舂岁数以免。臣昧死请。制曰：'可'。"这一记载不仅比较全面反映出秦汉时期令转化为律的历史过程，而且从所定律条内容来看，定律并不影响令文作用的继续发挥，甚至我们可以看出，定律最终也需要皇帝以"制曰：'可'"这样的制诏形式认可方才有效，充分表明"法自君出"不仅于令如此，于律亦不例外。

张忠炜认为律令转化的第二层含义是以律的主旨为基础，以令的形式进行阐发，令作为律的细化出现。他这样的说法过于笼统，还是不能准确把握秦汉时期的律令关系。的确,律所具有的普遍性使得其更具有稳定性,而要适应迅速变化的社会形势,以令指令官吏不断发挥出律的具体作用,当然是专制政治下皇帝的不二选择。《汉书·杜周传》记载杜周为廷尉时,不遵循律条的明确规定而专门以皇帝意指即指令办理案件,颇为遭人质疑,杜周的回答是:"三尺安出哉?前主所是著为律,后主所是疏为令;当时为是,何古之法乎!"可见以令细化、补充、修正甚至取代律的现象至少在汉代还是相当常见的。但是令的细化或补充,并不仅仅意味着是对律的具体化,而是皇帝对官吏就法律的执行或公务的实施所作出的新的指令或指引。张忠炜引用睡虎地秦墓竹简《田律》中有关山林、水道、渔猎管理的律条,认为汉宣帝元康三年颁行过的诏书即令正是对源自于秦律的汉《田律》条文规定的具体化。《汉书·宣帝纪》载有:"前年夏,神爵集雍。今春,五色鸟以万数飞过属县,翱翔而舞,欲集未下。其令三辅毋得以春夏摘巢探卵,弹射飞鸟。具为令。"认真细究,该令显然是汉宣帝向三辅的地方官吏所发出的指令,这跟秦汉《田律》面向所有臣民发布的条文规定是有不一样的目的追求的。正因为如此,张忠炜认为律令转化的第三层含义,即随着律、令内涵价值的新界定,至魏晋以后,许多律篇内容都归入令篇,以令篇的形式重新出现,这一观点也颇为笼统而易于产生理解上的分歧。其实,不要说到魏晋以后,即使秦汉时期,同名律篇、令篇即已大量出现,但这绝对不是以令篇的形式重复律篇的内容,而是同名律篇仍是针对所有臣民发布的普遍性规范,同名令篇则只是皇帝针对官吏执行法律或公务所发出的指示或指令,它们之中的有些内容看上去非常接近甚至是一致的,但是其背后所表现出来的政治权力运行机制及其立法目的却是有着本质区别的。

其次,就律主令辅而言,学界大致都是认同的,陈顾远就曾提及"秦汉及魏,令以辅律也"[①]。张忠炜认为"律主令辅"的主要表现有三:一是令作为律的细化出现;二是律所规定的范围涉及社会各个方面,令主要是作为律的补充或"副法"出现;三是从司法实践及司法文书来看,定罪量刑的依据多是律而非令。令作为律的细化,前面已经讨论过其与律所具有的不同目的,因此以其笼统表征"律主令辅"无疑是值得商榷的。令作为律的补充或"副法",尽管可以弥补律的不足或缺陷,但其实仍然属于广义上的律的细化问题。所以张忠炜认为律主令辅的表现仅有第三个方面值得认真加以推敲,即从司法实践及司法文书来看,定罪量刑的依据多是律而非令。律因"正罪名"的属性而成为定罪量刑的主要依据,当然是没有疑问的。但从定罪量刑的依据出发断定律主令辅的关系,却是值得怀疑的,因为这是以律的属性作为出发点的判断,对令而言当然是不适

---

① 陈顾远:《中国法制史概要》,商务印书馆2011年版,第67页。

当的。

　　事实上，律主令辅这一关系在秦汉时期的表现主要有二：一是律为"常法"，是具有普遍性与恒常性的成文法律，而令作为皇帝的旨意，是皇帝针对官吏执行法律或者实施公务所发出的具体指令，大都带有临时性的特点。冨谷至曾经指出："律已经由皇帝的命令升华为国家的规范。'律'的语义，并非'皇帝的命令'，而是'应当遵循的标准'，这恰恰反映出律的本质。因此，虽然未必成熟，但已经被赋予了恒定性、普遍性。"① 所以在汉武帝以后，律甚至被抬高到与儒家经书同等权威的位置。就此而言，带有临时处断性质的令在很大程度上的确是以辅助具有普遍规范性质的律为目标的。二是令作为皇帝对官吏执行法律或者实施公务所发出的旨意，又会在很大程度上就律的具体适用作出进一步的解释，也可能就律的具体实施向官吏提出步骤、方式、方法等一系列程序性的规定，并进而对官吏违背令的旨意的行为作出惩罚性的规定。在这个意义上，令的确具有保证律得以有效实施的重要作用，是律主令辅非常典型的表现。但是我们同时还须看到，秦汉时期尤其是汉武以前，由于正处于法家思想全面确立君主专制政治的奠基阶段，象征皇帝权威的令往往也就具有最高的法律效力，这就使得这一时期律主令辅的表现远远没有魏晋以后那样清晰而分明。

　　最后，就律令分途而言，学界大多认为魏晋以后，律与刑罚挂钩，日渐成为"正罪名"的刑事法律规范，令则与事制相连，逐渐成为"存事制"的行政法律规范，如程树德就认为："魏晋以后，律令之别极严，而汉则否。"② 但从前面有关秦汉时期律令性质的探讨来看，律所具有的"正罪名"与令所具有的"存事制"属性无疑是很清晰的，律令分途应该已是秦汉时期律令关系的重要表现。只是相比于魏晋以后尤其是隋唐，秦汉时期的令还带有皇帝指令臣下办理具体事宜的浓厚色彩，其形式透露出"王言"意味，背后折射出皇帝的身影，并且以零散、杂乱的状态存续于帝国的法律体系之中，甚至有时只能通过"令甲""令乙"、"令丙"之类的篇名加以初步的整理，完全表现出典型的"存事制"样态；而魏晋以后的令则经过一定程度的归纳与概括，逐渐抹去了皇帝指令臣下办理具体事宜所带有的"王言"意蕴，开始像律一样被赋予恒定性和普遍性，并且开始按照朝廷官制以及政务领域加以系统化的整理，越来越表现出"设范立制"的行政法律性质。而且随着魏晋以后令这一"设范立制"的行政法律性质的强化，其在秦汉时期因其"存事制"属性而牵扯到定罪量刑的倾向也就日益淡化而最终消除了。

---

　　① ［日］冨谷至著、刘恒武、孔李波译：《文书行政的汉帝国》，江苏人民出版社 2013 年版，第 37 页。
　　② 程树德：《九朝律考》，中华书局 2006 年版，第 11 页。

## 第四节　秦汉律令体系与中国法律传统

秦汉律令体系的形成，是与君主专制政治的逐步确立和深入发展形影相随的，充分反映和体现出君主专制政治的基本特点。但是律令体系发展到汉代，其背后的思想意识形态已经不再是秦王朝赖以为用的法家思想，而是逐步被儒家思想所取代，从而在"明德慎罚"精神的指导下，接受了德、礼的改造，启动了引礼入律这一声势浩大的浪潮。这样，律令体系一方面不断为皇权专制政治提供刚硬有力的途径和手段，另一方面又为礼逐步上升为法律敞开了大门，从而最终造就出礼法合一的律令法传统，这当然代表了中华法系最为鲜明的基本特质。但是的确"成也萧何，败也萧何"，律令体系的确立与发达，有赖于君主专制政治这一重要依托或屏障。然而随着君主专制政治的日益深入，律令体系也就无法实现最初的君臣守法、依法行政的原始目的，成为君权政治必须突破的藩篱，从而在皇帝"权断制敕"的独裁权力下，律令体系不断被君权突破，造成君权政治凌驾于律令政治之上的矛盾现象。这样长期发展下去，律令体系不断发生历史变迁，直至明清时期，律令仅以律的面目存在，令从形式上正式消失了，而换上了"例"之类的新面目。

### 一、律令体系与君主专制的法律传统

中国律令体系的发展，秦汉时期属于最为关键的发轫阶段，而这一阶段也正是中国君主专制政治的确立时期。可以说，君主政治与律令体系的结合，是相互需要和相互支持的，这对中国法律传统的影响无疑至为深刻。

首先，秦汉时期是中国帝制的初步确立时期，而帝制的确立无疑受到法家思想的决定性影响。法家一方面鼓吹"一断于法""刑无等级"的法律普遍性，从而宣扬"法布于众"的法律公开性与恒定性，启动了声势浩大的成文法运动，促使"律"这一法律形式横空出世。在这个意义上，我们即使目前不能掌握充足的历史证据以证明商鞅"改法为律"的真实性，但"律"作为一种新的法律形式的出现及其日渐显要，毫无疑问与法家所追求的"法布于众"精神是一脉相承的。在鼓吹法律的普遍性与公开性的同时，法家另一方面又极力张扬君主至高无上的权威，将君主视为法律普遍性的效力渊源与保障，促使"法自君出"成为帝制政治的不二选择。但问题在于，律的普遍性不仅需要在具体实施过程中

予以细化或解释，而且也肯定会与君主至高无上的个人意志发生抵牾或冲突，要彻底贯彻"法自君出"的专制政治，就必须建立一种法律运行机制以协调律与君主之间的复杂关系。在这一点上，法家独出心裁提出了"明主治吏不治民"的政治观念，通过"令"这一法律形式力图解决普遍性的"律"与个人性的君主意志之间的关系，从而为中国古代律令体系的到来奠定了最为重要的基础。而在君主专制政治的长期实践过程中，君主至高无上的权威日益得到强调和推进，代表君主权威的"令"所具有的法律效力也就日显突出，大有凌驾于"律"之上的态势。西汉杜周所谓的"当时为是"正是以当时君主所行之"令"为是，而晋代的刘颂尽管极力强调"律法断罪，皆当以法律令正文，若无正文，依附名例断之，其正文、名例所不及，皆勿论"，但又鼓吹"事有时宜，故人主权断"①。唐代的韩愈对此更有深刻的见解："君者，出令者也；臣者，行君之令而致之民者也……君不出令，则失其所以为君；臣不行君之令而致之民，则失其所以为臣。"② 明代的张居正同样也有着韩愈式的理解："君者，主令者也；臣者，行君之令而致之民者也。君不主令则无威，臣不行君之令而致之民则无法，斯大乱之道也。"③ 所以，秦汉时期的律令体系对于中国古代君主专制主义法律传统的形成和推进，产生了极其重要的历史影响。这样长期发展下去，最终造成中国历代王朝都不能摆脱的内在矛盾，即一方面律令制度力图实现法令一统，形成政治法制化，但另一方面，律令制度本身又是以维护君权为顶点的中央集权体制作为目标的，其自身不可能克服君主专制政治的毛病。这一矛盾不仅不可能得到解决，而且君主日益突破律令体系的限制和约束，政治独裁化的倾向日趋明显，至明清时期达致顶峰。

其次，秦汉时期由于君主专制政治处于初步确立阶段，皇帝不仅通过制诏这一特殊文体形式建立起以律、令为主要法律形式的法律体系，而且更是凭借令这一法律形式向各级官吏发号施令，以指令法律的具体实施或公务的具体执行。这种由对具体事务所作出的指令逐渐形成的令文体系，其所存在的缺陷是显而易见的：一是皇帝发布的诏令涉及的范围极其广泛，其所形成的令文体系必然层出不穷而体系庞杂，从而导致官吏检索与适用上的困难；二是皇帝发布的诏令既然涉及具体事务的实施或执行，也就极有可能使得该令文不具有普遍适用的法律效力；三是皇帝发布的诏令既然是指令官吏具体实施法律或者执行公务，也就必然会牵涉官吏的职权、职责、违法责任以及办理具体事务的方式、方法和程序甚至定罪量刑等问题，从而使得令文的内容与形式都异常繁杂。为了纠正这些缺陷，

---

① 《晋书·刑法志》，第936页。
② 《韩昌黎文集校注·原道》，第16页。
③ 张居正著、张舜徽主编：《张居正集·陈六事疏》，荆楚书社1987年版，第4页。

秦汉时期的主要做法就是采取类似于我们今天的法律汇编与法律清理之类的方法而对令文分门别类加以编排。在最近几年陆续公布的岳麓书院藏秦简的有关学术成果中，我们可以非常清晰地看到秦代的令已经依照官署或者事务领域进行了一系列的分类，并采用干支或数字对令文进行编序、编号，譬如：

内史郡二千石官共令第甲（简 0355）

内史郡二千石官共令第乙（简 0690）

内史郡二千石官共令第丙（简 0522）

内史郡二千石官共令第丁（简 0351）

内史郡二千石官共令第戊（简 0465）

内史郡二千石官共令第己（简 0316）

内史郡二千石官共令第庚①（简 0617）

在初步整理过程中，岳麓书院藏秦简所见的令名已有二十余种，如内史郡二千石官共令、内史官共令、内史仓曹令、内史户曹令、内史旁金布令、四谒者令、四司空共令、四司空卒令、安臺居室居室共令、卜祝酎及它祠令、辞式令、尉郡卒令、郡卒令、廷卒令、卒令、县官田令、食官共令、给共令、迁吏令、備盗贼令、新黔首挟兵令、稗官令等。这与传世文献《汉书》《后汉书》等所能见到的《令甲》《令乙》《令丙》《挈令》《胎养令》《品令》《功令》等令名以及张家山汉简所见《津关令》应该有着前后相继的发展关系。秦汉时期这样的令文编纂尽管仍然过于简单而具体，并且仍然很难纠正前面所指出的三个缺陷，但是却为魏晋以后令的进一步普遍化并进而朝着行政法典性质的令典方向发展打下了基础。可以说，魏晋以后的令相比于秦汉时期而言，不仅在形式上去除了"制曰：'可'"之类的皇帝诏书用语，从而使令也与律一样已由皇帝的命令上升为国家的命令，成为具有普遍性与恒定性的应当遵循的标准，而且在内容上也日益集中到国家行政管理领域方面，从而使令日益摆脱了"存事制"的局限而朝着"设范立制"的方向发展。除了这些重大变化以外，秦汉时期令文中有关官吏违法责任以及办理公务的方式、方法、程序等方面的内容，亦为魏晋以后尤其是隋唐格、式等法律形式的出现和定型提供了相当重要的历史经验。但是更应为我们高度关注的是，魏晋以后令所具有的"设范立制"的普遍性质，也使其不再直接表现出皇帝个人意志的专断色彩，这就很难符合君主专制时代皇帝个人权威的树立这一基本精神。所以我们可以清晰地看到，自隋唐律、令、格、式日渐定型以后，唐代后期《格后敕》的出现并被附于刑律而成《刑律统类》，宋代编敕的盛行甚而法典以敕令格式命名，明清时期奉诏编纂《问刑条例》并最终形成律

---

① 陈松长：《岳麓书院所藏秦简综述》，载于《文物》2009 年第 3 期，第 75~88 页。

例形式的基本法典，都是秦汉时期律令体系贯彻君主独裁精神所遗留的深刻历史影响。

再次，秦汉时期律令体系的庞大与驳杂，无疑会给法律适用带来巨大障碍。为了扫除障碍，注解与研究律令的学问开始在秦汉时期崭露头角。如果说秦代以法律答问为主要形式的律令注解还只侧重对律令内容作适用性的解释的话，那么汉代自武帝而后，由于推行"罢黜百家，独尊儒术"的政治方针，开始运用儒家经义对律令内容作精神性的解释，并以此指导律令内容的法律适用。董仲舒率先创造"春秋决狱"，用儒家经典的原则和精神来解释律令，以指导各类疑难案件的审理。经过一定程度的积累和发展，至东汉时，法律注释活动异常活跃，涌现出以儒家经义解释律令、阐释律意的著名人物，譬如叔孙宣、郭令卿、马融、郑玄、何休、应劭等。可以说，这些人既是经学家，也是律学家，他们不仅注律，也同时注经，不仅对律令的文意作出解释，也同时对律令的立法精神与历史渊源进行解说，从而使得律令能够得到更好的理解和执行。而且更重要的是，通过他们这样的律令解释活动，使得儒家与法家的对立状态，逐渐趋于一致，得以合流。这就使得中国古代的律学得以正式诞生。在三国魏晋南北朝的长期分裂状态下，律学又获得了进一步的发展。儒家思想对立法、司法、法律解释以及法律体系的影响，比汉代更加广泛、深入，并且制度化的趋势日益明显。这一时期还开始设置律博士，专门负责对地方行政官吏和狱吏教授国家律令。甚至在后秦姚兴执政期间，还专门模仿太学，在长安设立律学作为专门的律令教育机构，使得中国古代的律学都开始带有职业教育的浓郁色彩。正因为这一时期统治者的高度重视，律学名家层出不穷，灿若星河，甚而可能形成了一个律学家的职业阶层，譬如曹魏时期的钟繇、钟会、王朗、陈群、卫觊、刘劭等，两晋时期的贾充、傅玄、杜预、刘颂、张斐等，南北朝时期的高允、沈约、崔玄伯、封氏家族等，都是当时顶尖级的律令研究名家。他们开始深入研究和探讨律令法典的结构体系、刑事原则、重要的概念和术语，并不再局限于汉代以经解律的研究方法，开始注重抽象的逻辑思维方法和归纳、演绎推理的方法，也注重借用玄学家"辨名析理"的思考方式，对律令专有名词的内涵和外延进行逻辑上的界定，使得律令的解释活动进一步朝着逻辑化、抽象化、系统化的方向前进，甚至使得律学从经学中开始解放出来，成为一门独立的专门学问。正因为律学的突飞猛进，这一时期的律令体系日益朝着法典化的方向迈进，而且越来越规范、精深、细密。正是经过三国魏晋南北朝这一段时期律学研究的突飞猛进，才为隋唐律令体系的成熟与定型打下了坚实的历史基础，而《唐律疏议》正代表了中国古代法律注释的巅峰，其对后世以及整个东亚世界的影响，是不言而喻的。而自唐而下直至明清，中国古代的法律教育与律令研究日新月异，硕果累累，皆因秦汉时期所确立起来的律令体系促进了这一辉煌成就。

最后，三代尤其是西周奉行"以德配天"的"德治"理想，因此治理国家的主要手段首先是"礼"，然后才是"刑"，两种规范虽然相互联系和配合，但却有着本质不同的属性和功能，并且是相对独立的两种规范体系，但是秦汉时期律令制度的确立和发展，启动了"引礼入律"的大门，逐步使得"礼""刑"这两种规范体系开始融合为一体，最终彻底实现"礼法合一"的目标。在西周时期，从调整社会关系的范围来看，"礼主要调整民事的、行政的法律关系，刑主要规范刑事法律关系。申言之，礼是禁止性规范，刑是惩罚性规范"①。可以说，当时一般的社会行为准则首先是受礼的约束，遵循"亲亲"与"尊尊"，从而形成一个"贵贱有等、长幼有序、贫富轻重皆有称者也"②的有效社会秩序。只有在不遵循礼的约束而破坏了既定的社会秩序之后，才会被刑罚所制裁。所以西周社会实际上依靠"礼"与"刑"两种规范体系以维持社会关系，并侧重于以"礼"调整贵族，以"刑"规范平民，故而才有"礼不下庶人，刑不上大夫"之说。但是春秋战国时期，周王室王权势弱，礼崩乐坏，诸侯崛起，群雄逐鹿，遂导致礼刑之治受到巨大冲击，从而引发声势浩大的公布成文法运动，以"霸道"自居的法家思想日渐成为这一时期的显学，并逐渐为诸侯国的崛起与称霸奠定了思想基础。《史记·商鞅列传》记载商鞅因孝公宠臣景监求见孝公，最初两次曾以帝道、王道说孝公，孝公很是不满和生气，最后商鞅以霸道说孝公，"公与语，不自知膝之前于席也。语数日不厌"。所以商鞅以霸道说服孝公，从而得以重用，变法图强，逐步抛弃了三代的"王道传统"，专事"以法治国"，制定律令，改写了西周源远流长的"礼""刑"二元传统。从我们今天所能见到的秦律令体系的具体内容来看，所有的社会关系都已经纳入律令体系之内，包括仍然为"法治"所需要的礼制，譬如睡虎地秦墓竹简所见的"军爵律"。但秦自商鞅变法以来，既然着眼于"以法治国"的"霸道"，便不可能继续全盘维护礼制或改造礼制为律令，很多礼制可能也就逐渐被抛弃了。而汉代虽然继承了秦代的律令体系，但在思想意识形态方面，却抛弃了法家思想，从最初的黄老"无为"思想，杂之以"霸、王道"，最终经过董仲舒"罢黜百家、独尊儒术"的思想改造，确立起了儒家正统意识形态的统治地位，便也日渐朝着"礼刑合一"的立法方向前进。我们今天不仅可以看到有关汉代的典籍文献，其中有着大量阐释礼与刑的内容，而且从汉代律令制度的具体内容来看，已经有了相当繁杂的法律规定，譬如"上请""恤刑""亲亲得相首匿"等刑事原则的确立。同时，我

---

① 黄源盛：《中国法史导论》，广西师范大学出版社 2014 年版，第 125 页。
② 《荀子·礼论》，第 347 页。参见新编诸子集成本《荀子集解》。

们也可以看到一些出土汉简，甚至有着最为细微的礼制内容已被写入律令的记录，譬如云梦睡虎地 77 号墓汉简中就有数支"葬律"的简文，已经明确将丧葬的具体礼制转化为律令的具体规定。通过"引礼入律"的长期发展，不仅律令的内容得以改观，而且传统的礼制也在不断发生变化，譬如杜佑就在《通典》一书中这样记载："汉、魏故事：无五等诸侯之制，公卿朝士服丧，亲疏各如其亲。"可见汉魏时期，已经有了一定的丧服制度，但这一制度与先秦时期的"古礼"又不一样，"昔魏武帝建安中，已曾表上，汉朝依古为制，事与古异，不皆施行。施行者着在汉科，大晋采以为令。宜定新礼皆如旧"。可见，这对后来西晋《泰始律》定"峻礼教之防，准五服以治罪"的立法原理，是有重要影响的。而经过三国魏晋南北朝这一时期全面确立起"准五服以治罪""重罪十条""八议""官当"、九品中正制等一系列制度的确立，引礼入律进入崭新的发展阶段，最终为隋唐彻底实现"礼法合一"的律令体系准备了丰富的制度渊源。

## 二、律令体系的历史变迁

秦汉是律令体系的确立时期，律名主要依照其调整对象或调整社会关系的领域来加以划分，从而导致律名纷繁多样，尽管这一时期尚存争议的秦律六篇（即《法经》改法为律后的六篇）、《九章律》似乎已经具备了基本法典的性质，但其外仍然存在形形色色的律名不下几十余种。而从岳麓秦简来看，这一时期的令名则多根据官署的名字及其实施政务的领域来加以划分，同样也是五花八门，琳琅满目。同时我们也可以发现，这一时期似乎已经着手律令的整理工作，但由于君主专制政治确立不久，律令制度的整理远远跟不上律令本身发布的步伐，以至于到武帝时，"律、令凡三百五十九章，大辟四百九条，千二百八十二事，死罪决事比万三千四百七十二事。文书盈于几阁，典者不能遍睹"①。这样纷繁复杂的律令体系，其适用与检索都是非常困难的。经过长时期的累积与发展，势必要对其进行科学而系统的编纂不可。

真正面对这一问题并着手全面梳理律令体系，魏晋时期当属重要的转型时期。魏国在继承汉律的基础上，删约旧科，于《九章律》定增"劫略""诈伪""毁亡""告劾""系讯""断狱""请赇""兴擅""留""惊事""偿赃""免坐"12 篇，就故"盗""贼""捕""杂""户"5 篇，并将"具律"第六改为"刑名"第一，置于律首，编成《新律》十八篇。《晋书·刑法志》对此有着相

---

① 《汉书·刑法志》，第 1101 页。

当详尽的记载：

> 旧律因秦《法经》，就增三篇，而《具律》不移，因在第六。罪条例既不在始，又不在终，非篇章之义。故集罪例以为《刑名》，贯于律首。《盗律》有劫略、恐吓、和卖买人，科有持质，皆非盗事，故分以为《劫略律》。《贼律》有欺谩、诈伪、逾封、矫制，《囚律》有诈伪生死，《令丙》有诈自复免，事类众多，故分为《诈伪律》。《贼律》有贼伐树木、杀伤人畜产及诸亡印，《金布律》有毁伤、亡失县官财物，故分为《毁亡律》。《囚律》有告劾、传覆，《厩律》有告反逮受，科有登闻道辞，故分为《告劾律》。《囚律》有系囚、鞫狱、断狱之法，《兴律》有上狱之事，科有考事报谳，宜别为篇，故分为《系讯》、《断狱律》。《盗律》有受所监受财枉法，《杂律》有假借不廉，《令乙》有呵人受钱，科有使者验赂，其事相类，故分为《请赇律》。《盗律》有勃辱强贼，《兴律》有擅兴、徭役，《具律》有出卖呈，科有擅作修舍事，故分为《兴擅律》。《兴律》有乏徭稽留，《贼律》有储峙不办，《厩律》有乏军之兴，及旧典有奉诏不谨、不承用诏书，汉氏施行有小愆之反不如令，辄劾以不承用诏书乏军要斩，又减以《丁酉诏书》。《丁酉诏书》，汉文所下，不宜复以为法，故别为之《留律》。秦世旧有厩置、乘传、副车、食厨，汉初承秦不改，后以费广稍省，故后汉但设骑置而无车马，则律犹著其文，则为虚设，故除《厩律》，取其可用合科者，以为《邮驿令》。其告反逮验，别入《告劾律》。上言变事，以为《变事令》，以惊事告急，与《兴律》烽燧及科令者，以为《惊事律》。《盗律》有还赃畀主，《金布律》有罚赎入债以呈黄金为价，科有平庸坐赃事，以为《偿赃律》。律之初制，无免坐之文，张汤、赵禹始作监临部主、见知故纵之例。其见知而故不举劾，各与同罪，失不举劾，各以赎论，其不见不知，不坐也，是以文约而例通。科之为制，每条有违科，不觉不知，从坐之免，不复分别，而免坐繁多，宜总为免例，以省科文，故更制定其由例，以为《免坐律》。诸律令中有其教制，本条无从坐之文者，皆从此取法也。几所定增十三篇，就故五篇，合十八篇，于正律九篇为增，于旁章科令为省矣。

《晋书》的这一记述，充分体现了魏国的《新律》是如何从秦汉律令体系演化过来的一个具体过程，其中既有从秦汉正律分解出新的律名，又有将秦汉正律之外的单行律予以调整而成正律，还有将汉令转化成正律内容，或将汉律转化成魏令的具体内容，不一而足，但皆以秦汉律令为历史渊源，可见秦汉律令体系对《新律》的编纂以及魏国整个律令体系具有至关重要的影响。不仅如此，魏国明帝时还专门编纂了《州郡令》四十五篇，以及《尚书官令》《军中令》，与《新律》一起合为一百八十余篇。这些魏令的具体内容今天尽管已不可见，但从令名来看，不仅与秦汉令名一脉相承，而且相比于秦汉令名的繁杂，已然大有简化，应该是将秦汉时期的不同令名分别纳入这三部令名的体系之内了。因此我们可以说，魏国律令体系已经正式走上了法典化的康庄大道。

晋代的律令在《新律》的基础上又有新的进展，但其律令的更定，也是以秦汉律令尤其是汉律九章作为根基的，"就汉九章增十一篇，仍其族类，正其体号，改旧律为《刑名》《法例》，辨《囚律》为《告劾》《系讯》《断狱》，分《盗律》为《请赇》《诈伪》《水火》《毁亡》，因事类为《卫宫》《违制》，撰《周官》为《诸侯律》，合二十篇，六百二十条，二万七千六百五十七言"①。这就是《晋律》，又名《泰始律》。而且西晋刚刚短暂结束分裂，尚未达于安定，故而将一些暂时不好写进律典的事项皆以令作为规范，"其余未宜除者，若军事、田农、酤酒，未得皆从人心，权设其法，太平当除，故不入律，悉以为令。施行制度，以此设教，违令有罪则入律"②。西晋的这一做法，应该也是继承了秦汉时期的传统。秦汉律令之所以于正律之外，单行律繁多，令文杂乱，都跟一个急剧变化的时代背景有关，这跟晋令这样的处理方式，大概是一致的。西晋除了编纂了律典，也专门编纂了令典，即《晋令》四十篇。从《唐六典》所述《晋令》四十篇篇目来看，主要以其调整对象作为篇名的基本依据，这仍然沿袭了秦汉时期的传统做法。而且更令人瞩目的是，晋令跟晋律一样，正式以法典的形式出现，其属性与功能也与律典有了非常明确的区分，律典肩负着"正刑定罪"的刑事法律的使命，令典则承担着"设范立制"的行政法典的功能。令典之所以至此能够以行政法典的面目出现，关键还是在于秦汉时期令是皇帝指示或治理官吏最为重要的手段这一历史渊源所决定了的。正因为晋代律令体系的系统性与完整性，以致于后来的宋、齐、梁、陈都只能因袭，不能对其做实质性的修正。

相比于南朝四代陈陈相因，律令体系未有大的突破，北朝各代却取得了骄人的立法成就。北魏于神䴥年间，"诏司徒浩定律令"，是为《神䴥律令》，后又于正平、太和年间，详定律令，曾颁行《太和律令》，大赦天下。但因史书未有详尽记载，其体例与具体内容不详，大致仍承袭秦汉律令直至晋律这一历史谱系。北魏分裂为东魏与西魏后，东魏的《麟趾格》与西魏的《大统式》，都开创了一种新的法典形式，即格与式，这为隋唐律令格式的法典体系提供了重要参考，但二者均已亡失，后世难知其具体内容。北齐的律令体系，具有划时代的历史意义，并为隋唐所继承，成为中国古代律令体系的重要转折点和奠基石。武成帝河清三年，编成《齐律》十二篇：名例、禁卫、婚户、擅兴、违制、诈伪、斗讼、贼盗、捕断、毁损、厩牧、杂。由此可见，《北齐律》合《晋律》之《刑名》

---

①② 《晋书·刑法志》第927页。

《法例》二篇为《名例》一篇，对《晋律》篇名或沿袭，或整合，或更换，或废弃，使得律典的结构体系日趋完善。至于齐令，后世史书记载不一，有言四十卷的，有言五十卷的，还有言三十卷的，也有认为篇目仅为二十八卷的，并以尚书二十八曹名篇。但不管怎样，北齐的令已经具有法典的普遍性和稳定性，因此《隋书·刑法志》还曾有如此记录："其不可为定法者，别制《权令》二卷，与之并行。"这里《权令》的运用，显然受到秦汉时期皇帝就临时之事发布令文的深刻影响，同时也可以反映出，北齐的令典已经跟律典的普遍性和稳定性相当，不再像秦汉时期那种处理临时之事的"王者之言"。北周保定三年（公元563年）编成的《大律》，采用二十五篇的结构体系，即刑名、法例、祀享、朝会、婚姻、户禁、水火、兴缮、卫宫、市廛、斗竞、劫盗、贼叛、毁亡、违制、关津、诸侯、厩牧、杂犯、诈伪、请赇、告言、逃亡、系讯、断狱。可见其篇目结构体系广泛采自秦汉以来诸朝法典，尤其是受《晋律》影响颇深。其体系的庞杂，远不及《北齐律》简洁，故而隋朝建国，即采用《北齐律》作为立法模本。

隋朝开国后，文帝逐渐认识到北周的律令繁杂，决心改定律令，乃于开皇三年（公元583年）更定新律，即《开皇律》，凡五百条，十二卷：名例、卫禁、职制、户婚、厩库、擅兴、贼盗、斗讼、诈伪、杂律、捕亡、断狱。可见《开皇律》取法《北齐律》的篇章结构体系，并对其篇名做了一定的调整，从而使得整个律典的结构体系更为科学而合理。另据《唐六典》所记，文帝在颁行《开皇律》之前，就曾颁行《开皇令》三十篇，其令名及体系颇似晋令。炀帝大业二年，颁行新律，即《大业律》，条文仍为五百条，但篇章改为十八篇：名例、卫宫、违制、请赇、户、婚、擅兴、告劾、贼、盗、斗、捕亡、仓库、厩牧、关市、杂、诈伪、断狱。从其篇章体系来看，远不如《开皇律》结构合理，有些杂乱。此外据《隋书·经籍志》所载"隋则律、令、格、式并行"，可以推知，隋代已经形成律、令、格、式的法典体系，只可惜除律、令之外，格、式已无从考证，只能通过唐代的律令体系大致推测。

唐代的律令体系，臻于完善，代表中国古代律令体系的高峰和定型。可以说唐代前期的律令体系是对此前自秦汉以来律令体系的全面总结，而其后期律令体系的变化则深刻影响此后直至明清的立法倾向。唐代前期的律、令、格、式，又有武德、贞观、永徽、开元四次大的修撰与颁行，其间还有武则天在位期间颁行的《垂拱格式》，以及中宗在位期间颁行的《神龙删定垂拱格式》。其中，因《永徽律》将义疏与律缀连合编发布，后世称之为《唐律疏义》，代表了唐律乃至中国古代律典的巅峰之作。总体上来看，唐代的律令基本上继承了开皇律令的传统，但是做了一定程度的修改和变化，而其格、式究竟与隋代之间是否存在承袭关系，难以明了。但唐朝的格"皆以尚书省二十四司为篇名"①，式"以尚书省列曹及秘书、太常、司农、光禄、太仆、少府及监门、宿卫、记账为其篇目"②，我们可以发现，这跟令的基本属性是非常接近的，也就是关于官僚机构的法律制度，相当于今天的行政法律规范。《唐六典》记载："凡律以正刑定罪，令以设范立制，格以禁违止邪，式以轨物程式。"我们从中还很难清除判断令、格、式的基本性质，但若结合《新唐书·刑法志》所言的"令者，尊卑贵贱之等数，国家之制度也；格者，百官有司之所常行之事也；式者，其所常守之法也。凡邦国之政，必从事于此三者。其有所违及人之为恶，而入于罪戾者，一断于律"，令、格、式作为有关官僚机构的法律制度这一属性应该是一目了然的。由此我们可以推断，格、式大概是从令这一法律形式逐渐细化出来的新的法律形式，但仍然属于广泛意义上的律令体系的有机组成部分，是对律令体系的进一步深化和细化。

  我们前面已经指明，令在秦汉时期属于以皇帝制诏的形式发布的具体性、临时性的法令，还不具备律那样的普遍性与永久性，但是经过魏国、西晋的发展变化，令开始被编纂为跟律典一样的法典，从而也具有了普遍性与永久性，这对君主行使临时裁断的权力当然有所约束，但也同时束缚了君主实施专制政治的手脚。因此随着唐代君主专制政治的日益深入，采用一种律令之外的新的法律形式以符合君主政治的需要，势在必行。而在有唐一代，充当秦汉时期令所发挥出的作用的法律形式，就是格。从唐代律、令、格、式形成的历史过程来看，格可能也就从一开始已经准备了这样的条件。高祖在颁行《武德律令》之前，就早在武德二年（公元619年）颁新格五十三条。而且唐格的内容都是来源于皇帝的制敕，非常类似于秦汉时期令所呈现出来的"王言"。这样，由于皇帝在发布制敕时可以不受现行法律的约束，因此格的内容就在实际上修改或者补充了律、令、式。所以，我们可以看到，格在有唐一代的修撰与变化都是相当频繁的，远远领先于律、令、式，譬如仅玄宗在位期间，就有《开元前格》《开元后格》《格后长行敕》与《开元后格》四种。而据《通典》《旧唐书》《唐会典》等书所载，李林甫还曾编有《格式律令事类》四十卷，将格式提于律令之前，足见当时格所具有的法律效力之高。可以说，自开元后，唐代后期的法律体系发生巨大变化，一改前期律、令、格、式的基本格局。自唐肃宗起，删定制敕所表现出来的格，已经成为立法上的主流趋势。肃宗贞元元年，尚书省进《贞元定格后敕》三十卷，因故未发。代宗大历十四年，删定至德以来制敕，编纂格条，甚

---

① 《唐六典》卷六，第185页，《尚书刑部》。
② 《唐六典》卷六，第185页，《尚书刑部》。

至以中书门下充当删定格令使。德宗建中二年，改以刑部担任删定工作。宪宗元和二年，删定天宝以后格令，凡经五年，撰成《元和格敕》三十卷，后又予以详定。文宗太和四年，删定格敕凡六十卷，后撰成《太和格后敕》，旋又削繁取简，撰成《开成详定格》十卷。宣宗大中五年起贞观二年以来的"杂敕"二千余条，分为六百四十六门，计六十卷，撰成《大中刑法总要》《格后敕》，旋于大中七年又以刑律分类立门，附以格敕，凡十二卷，一百二十一门，一千二百五十条，编成《大中刑律统类》，诏刑部颁行，开创"刑统"的立法先河。

有唐一代所形成的以格破律之风，五代时期更是全力得以推进。后梁颁行的《梁新定格式律令》，后唐重行《开成详定格》，并撰成《大成格》，又在《大中刑律统类》的基础上编修制敕，最终修成《清泰编敕》，后晋亦撰编敕三十一卷，后周先是陆续颁行《周续编敕》《新格》，最终删修格敕，编成《周刑统》二十一卷。这种起源于唐代以格破律而逐渐形成的"编敕""刑统"法律形式，成为宋代最为显著的立法特色。宋代最为基本的法典称之为"刑统"，最为广泛使用的法律形式称之为"敕令格式"，并于其外运用专纂敕，谓之"编敕"。正因为皇帝发布的制敕所具有的至高无上的法律效力，宋代除了《刑统》而外，《敕令格式》与《编敕》经常编纂与删定，而令、格、式同样如此，以致于有宋一代，其法典凡可考者，多达一百八十部，这是任何一个王朝恐怕都不能望其项背的。不仅如此，宋代于此之外，还存在其他大量的法律形式，诸如"条法""条例""法""法度""断例""条贯""仪式""条式""德音""申明""指挥"等。这样纷繁复杂的法典体系，内在的矛盾与冲突在所难免，加上体系庞杂，难以适用，因而至南宋淳熙年间，检索所有法典，随事分门，编成《条法事类》，成为南宋最为重要的基本法典，并又不断得以修正和颁行。

辽金法制，保有其习惯传统，但逐渐受到宋代律令体系的影响，尤其是金章宗承安五年，基本形成律、令、敕、条、格、式的法律体系，并凸显出制敕、格式的优先地位，甚为明显。蒙古国、元朝最初循用金律，后于世祖至元二十八年（公元1291年）颁行《至元新格》，再于顺宗至正五年撰修《新修至正条格》。这两部法典皆以格命名，从其具体内容来看，都是要求官吏遵守的法律规范。而《至正条格》尚存篇目的名称，诸如祭祀、户令、学令、选举、宫卫、军防、仪制、衣服、公式、禄令、仓库、厩牧、田令、赋役、关市、捕亡、赏令、医药、假宁、狱官、杂令、儒道、营缮、河防、服制等，无不透露出皇帝制敕或诏令的色彩，明显是对秦汉以来令的传统的新发展。英宗在位期间编成的《大元通制》,"其书之大纲有三:一曰诏制,二曰条格,三曰断例"①,同样充分显示出皇帝诏制的权威色彩。而更让我们应该关注的是,因为元朝短暂的时间内难以制定出完善的法律制度,不仅仰仗皇帝的制敕或诏令,而且开始大量引用"例"以解释和补充法律,譬如《大元通制》中占相当篇幅的"断例",这就为明清时期律例体系的形成留下了相当大的发展空间。

明太祖朱元璋于吴元年,始撰律令,《明令》按中央六部分为吏令、户令、礼令、兵令、刑令、工令六目,《明律》则篇目悉准《唐律》,至洪武十三年,编成《更修明律》,分为名例律、吏律、户律、礼律、兵律、刑律、工律七篇,凡三十目。由此可知,《大明律》的七篇体例,渊源于吴元年的《明令》,依此可以推知,朱元璋对律令的重视有了一些新变动,更强调令的法律效力,他于洪武元年颁发圣旨:"朕惟律令者,治天下之法也。令以教之于先,律以齐之于后……"②强调教令于先,惩治于后,事实上正是强调皇帝的教化权威。但是明清时期令典作为一种法律形式却最终消失了,以致于学界普遍认为,律令体系在这一时期事实上已经不复存在。其实,令典在明清时期的最终消失,是以另外一种法典形式作为替代的,这就是《会典》的编纂。可以说,明清时期的会典,正是对魏晋直至隋唐"设范立制"的令典的取代。此外,明清时期逐渐从《问刑条例》的编纂,过渡到《大明律集解附例》,最终到《大清律例》的出台,以及清朝相当风行的"则例"的编纂,都反映了君主专制政治下律令体系的新发展。

综上所述,我们可以发现,秦汉时期逐渐确立和形成的律令体系,与君主专制政治相辅相成,紧密合作,相互促进,相互影响,从而使得律令体系成为中华法系最为鲜明的特质。而随着君主专制政治的日益巩固和深入,律令体系自身也在不断发生着内在的变化,甚至不断被突破,并以另一种新的样貌表现出来,呈现出一种生生不息的历史变迁样态。这对于我们理解中国古代的君主专制政治以及律令体系,都具有相当重要的历史价值和历史意义。(肖洪泳)

---

① 《元史·刑法一》,第2603页。
② 原载类刻《明令》,转引自［日］浅井虎夫:《中国法典编纂沿革史》,中国政法大学出版社2007年版,第210页注〔2〕。

# 参考文献

[1] 朱汉民、陈松长主编《岳麓书院藏秦简（壹）》，上海辞书出版社 2010 年版。

[2] 朱汉民、陈松长主编《岳麓书院藏秦简（贰）》，上海辞书出版社 2011 年版。

[3] 朱汉民、陈松长主编《岳麓书院藏秦简（叁）》，上海辞书出版社 2013 年版。

[4] 陈松长主编《岳麓书院藏秦简（肆）》，上海辞书出版社 2015 年版。

[5] 陈松长主编《岳麓书院藏秦简（伍）》，上海辞书出版社 2017 年版。

[6] 陈伟主编《秦简牍合集》，武汉大学出版社 2014 年版。

[7] 睡虎地秦墓竹简整理小组《睡虎地秦墓竹简》，文物出版社 1990 年版。

[8] 张家山汉墓竹简整理小组《张家山汉墓竹简［二四七号墓］（释文修订本）》，文物出版社 2006 年版。

[9] 陈伟主编《里耶秦简牍校释（第一卷）》，武汉大学出版社 2012 年版。

[10] 彭浩、陈伟、［日］工藤元男主编《二年律令与奏谳书——张家山二四七号汉墓出土法律文献释读》，上海古籍出版社 2007 年版。

[11] 睡虎地秦墓竹简整理小组《睡虎地秦墓竹简（线装本）》，文物出版社 1977 年版。

[12] 睡虎地秦墓竹简整理小组《睡虎地秦墓竹简（平装本）》，文物出版社 1978 年版。

[13] 中国文物研究所、湖北省文物考古研究所编《龙岗秦简》，中华书局 2001 年版。

[14] 郑曙斌、张春龙等编著《湖南出土简牍选编》，岳麓书社 2013 年版。

[15] 吴礽骧等释校《敦煌汉简释文》，甘肃人民出版社 1991 年版。

[16] 湖南省文物考古研究所《里耶秦简（壹）》，文物出版社 2012 年版。

[17] 连云港市博物馆、中国社会科学院简帛研究中心等编：《尹湾汉墓简

牍》，中华书局1997年版。

[18]傅嘉仪《秦封泥汇考》，上海书店2007年版。

[19]长沙市文物考古研究所、中国文物研究所编《长沙东牌楼东汉简牍》，文物出版社2006年版。

[20]罗振玉、王国维《流沙坠简》，中华书局1993年版。

[21]胡平生、张德芳：《敦煌悬泉汉简释粹》，上海古籍出版社2001年版。

[22]甘肃简牍保护研究中心等《肩水金关汉简（贰）（上册）》，中西书局2012年版。

[23]甘肃简牍保护研究中心等《肩水金关汉简（叁）（上册）》，中西书局2013年版。

[24]谢桂华等《居延汉简释文合校》，文物出版社1987年版。

[25]李均明、何双全编《散见简牍合辑》，文物出版社1990年版。

[26]甘肃省文物考古所等编《居延新简》，文物出版社1990年版。

[27]（汉）司马迁等著：《史记》，中华书局1959年版。

[28]（汉）班固等著：《汉书》，中华书局1962年版。

[29]（刘宋）范晔著：《后汉书》，中华书局1974年版。

[30]（汉）许慎著：《说文解字》，岳麓书社2006年版。

[31]（清）戴望著：《管子校正》，中华书局，1954年版。

[32]（汉）郑玄注、（唐）孔颖达疏著：《礼记正义》，中华书局1980年版。

[33]（汉）郑玄注、（唐）贾公彦疏著：《周礼注疏》，中华书局1980年版。

[34]（清）王先谦著：《汉书补注》，中华书局1983年。

[35]（宋）李昉等著：《太平御览》，中华书局1960年。

[36]（唐）李林甫等撰、陈仲夫点校：《唐六典》，中华书局1992年版。

[37]（清）段玉裁著：《说文解字注》，上海古籍出版社1988年版。

[38]（清）孙诒让著：《周礼正义》，中华书局1992年版。

[39]（汉）何休注、（唐）徐彦疏著：《春秋公羊传注疏》，中华书局1980年版。

[40]（晋）范宁注、（唐）杨士勋疏著：《春秋谷梁传注疏》，中华书局1980年版。

[41]（晋）杜预注、（唐）孔颖达疏著：《春秋左传正义》，中华书局1980年版。

[42]（元）马端临著：《文献通考》，中华书局1986年版。

[43]（汉）孔安国注、（唐）孔颖达疏著：《尚书正义》，中华书局1980年版。

[44]《诸子集成》,上海书店 1986 年版。
[45]（唐）释慧琳著：《正续一切经音义》,上海古籍出版社 1986 年版。
[46]李学勤主编著：《十三经注疏·毛诗正义》,北京大学出版社 1999 年版。
[47]王利器著：《颜氏家训集解（增补本）》,中华书局 1993 年版。
[48]许富宏著：《慎子集校集注》,中华书局 2013 年版。
[49]陈奇猷著：《韩非子新校注》,上海古籍出版社 2000 年版。
[50]张觉著：《商君书校注》,岳麓书社 2006 年版。
[51]任乃强著：《华阳国志校补图注》,上海古籍出版社 1987 年版。
[52]（清）皮锡瑞著：《今文尚书考证》,中华书局 1989 年版。
[53]（清）王先谦著：《诗三家义集疏》,中华书局 1987 年版。
[54]（唐）韩愈撰、马其昶校注：《韩昌黎文集校注》,上海古籍出版社 1986 年版。
[55]（宋）司马光著：《涑水纪闻》,中华书局 1989 年版。
[56]（元）脱脱等著：《宋史》,中华书局 1977 年版。
[57]（明）宋濂等著：《元史》,中华书局 1976 年版。
[58]刘俊文：《唐律疏议笺解》,中华书局 1996 年版。
[59]管振邦译注、宙浩审校：《颜注急就篇译释》,南京大学出版社 2009 年版。
[60]卢弼著：《三国志集解》,上海古籍出版社 2009 年版。
[61]（清）王先谦著：《荀子集解》,中华书局 1988 年版。
[62]王利器著：《风俗通义校注》,中华书局 1981 年版。
[63]徐元诰著：《国语集解》,中华书局 2002 年版。
[64]陈奇猷著：《韩非子集释》,上海人民出版社 1974 年版。
[65]（唐）魏征等著：《隋书》,中华书局 1997 年版。
[66]（北魏）杨衒之著：《洛阳伽蓝记》,中华书局 2012 年版。
[67]（清）黄奭辑著：《春秋纬》,上海古籍出版社 1993 年版。
[68]王利器著：《盐铁论校注》,中华书局 1992 年版。
[69]（清）纪昀等著：《四库全书》,上海古籍出版社 1987 年版。
[70]（明）张自烈、廖文英著：《正字通》,中国工人出版社 1996 年版。
[71]胡吉宣著：《玉篇校释》,上海古籍出版社 1989 年版。
[72]（唐）长孙无忌等撰,刘俊文点校《唐律疏议》,法律出版社 1999 年版。
[73]（汉）蔡邕著：《独断》,上海古籍出版社 1990 年版。
[74]张舜徽主编著：《张居正集》荆楚书社,1987 年版。
[75]（汉）许慎著、（清）段玉裁注著：《说文解字段注》,成都古籍书店 1990 年版。

[76] 栗劲：《秦律通论》，山东人民出版社1985年版。

[77] 于振波：《秦汉法律与社会》，湖南人民出版社2000年版。

[78] 于振波：《秦汉法律与社会》，新星出版社2004年版。

[79] 曹旅宁：《秦律新探》，中国社会科学出版社2002年版。

[80] 张金光：《秦制研究》，上海古籍出版社2004年版。

[81] 高敏：《云梦秦简初探》，河南人民出版社1979年版。

[82] 傅荣珂：《睡虎地秦简刑律研究》，商鼎文化出版社1992年版。

[83] [日] 大庭脩著、林剑鸣等译：《秦汉法制史研究》，上海人民出版社1991年版。

[84] 王关成、郭淑珍：《秦刑罚概述》，陕西人民教育出版社1993年版。

[85] 吴福助：《睡虎地秦简论考》，文津出版社1994年版。

[86] 高恒：《秦汉法制论考》，厦门大学出版社1994年版。

[87] [日] 冨谷至：《秦汉刑罚制度研究》，同朋舍1998年版。

[88] [日] 堀毅著、萧红燕等译：《秦汉法制史论考》，法律出版社1988年版。

[89] 沈家本：《历代刑法考》，中华书局1985年版。

[90] 朱潇：《岳麓书院藏秦简〈为狱等状四种〉与秦代法制研究》，中国政法大学出版社2016年版。

[91] [日] 冨谷至著、柴生芳、朱恒晔译：《秦汉刑罚制度研究》，广西师范大学出版社2006年版。

[92] 张忠炜：《秦汉律令法系研究初编》，社会科学文献出版社2012年版。

[93] 陈直：《史记新证》，天津人民出版社1979年版。

[94] 袁仲一：《秦始皇陵兵马俑研究》，文物出版社1990年版。

[95] 杨一凡主编：《中国法制史考证》（甲编第二卷），中国社会科学出版社2003年版。

[96] 安作璋、陈乃华：《秦汉官吏法研究》，齐鲁书社1993年版。

[97] 黄留珠：《秦汉仕进制度》，西北大学出版社1998年版。

[98] 杨振红：《出土简牍与秦汉社会》，广西师范大学出版社2009年版。

[99] 李学勤：《简帛佚籍与学术史》，江西教育出版社2001年版。

[100] 戴炎辉：《中国法制史》，三民书局1979年版。

[101] 陈顾远：《中国法制史》，商务印书馆1959年版。

[102] [日] 仁井田陞著：《唐令拾遗》，长春出版社1989年版。

[103] [日] 广濑薰雄：《秦汉律令研究》，汲古书院2010年版。

[104] 闫晓君：《秦汉法律研究》，法律出版社2012年版。

[105] 曹旅宁：《张家山汉律研究》，中华书局2005年版。

[106] 张功：《秦汉逃亡犯罪研究》，湖北人民出版社2006年版。

[107] [日] 籾山明著、李力译：《中国古代诉讼制度研究》，上海古籍出版社2009年版。

[108] 高敏：《秦汉史探讨》，中州古籍出版社1998年版。

[109] 黄今言：《秦汉赋役制度研究》，江西教育出版社1988年版。

[110] 马大英：《汉代财政史》，中国财政经济出版社1983年版。

[111] 杜正胜：《编户齐民—传统政治社会结构之形成》，联经出版事业公司1991年版。

[112] 徐世虹：《中国法制通史》，法律出版社，1999年版。

[113] 熊铁基：《秦汉军事制度》，广西人民出版社1990年版。

[114] 孔庆明：《秦汉法制史》，陕西人民出版社1992年版。

[115] 李均明：《秦汉简牍文书分类辑解》，文物出版社2009年版。

[116] 高恒：《秦汉简牍中法制文书辑考》，社会科学文献出版社2008年版。

[117] 曹旅宁：《秦汉魏晋法制探微》，人民出版社2013年版。

[118] 徐中舒：《甲骨文字典》，四川辞书出版社1998年版。

[119] 郭宝钧：《中国青铜时代》，三联书店1978年版。

[120] 程树德：《九朝律考》，中华书局2006年版。

[121] 于省吾主编：《甲骨文字诂林》，中华书局1996年版。

[122] 陈直：《汉书新证》，天津人民出版社1979年版。

[123] 杨宽：《西周史》，上海人民出版社1999年版。

[124] 蒋礼鸿：《商君书锥指》，中华书局1986年版。

[125] 罗福颐：《秦汉南北朝官印徵存》，文物出版社1987年版。

[126] 陈直：《两汉经济史料论丛》，中华书局2008年版。

[127] 王焕林：《里耶秦简校诂》，中国文联出版社2007年版。

[128] 袁仲一：《秦兵马俑坑》，文物出版社2003年版。

[129] 李明晓、赵久湘：《散见战国秦汉简帛法律文献整理与研究》，西南师范大学出版社2011年版。

[130] 朱绍侯：《军功爵制考论》，商务印书馆2008年版。

[131] [日] 冨谷至著，刘恒武、孔李波译：《文书行政的汉帝国》，江苏人民出版社2013年版。

[132] 于豪亮：《于豪亮学术文存》，中华书局1985年版。

[133] 严耕望：《秦汉地方行政制度》，台北史语所专刊之45，1961年版。

[134] 廖伯源：《简牍与制度》，广西师范大学出版社2005年版。

[135] 张守中：《睡虎地秦简文字编》，文物出版社1994年版。

[136] [日] 西嶋定生著、武尚清译：《二十等爵制》，国际文化出版公司

1992年版。

[137] 马非百：《秦集史》，中华书局1982年版。

[138] 朱绍侯：《军功爵制试探》，上海人民出版社1980年版。

[139] 王辉、程华学：《秦文字集证》，艺文印书馆1999年版。

[140] 李均明、刘军：《简牍文书学》，广西教育出版社2001年版。

[141] 中国政法大学法律古籍整理研究所编：《中国古代法律文献研究（第七辑）》，社会科学文献出版社2013年版。

[142] 蔡万进：《张家山汉简〈奏谳书〉研究》，广西师范大学出版社2006年版。

[143] 张建国：《帝制时代的中国法》，法律出版社1999年版。

[144] 张伯元：《出土法律文献研究》，商务印书馆2005年版。

[145] 张伯元：《律注文献丛考》，社会科学文献出版社2009年版。

[146] 邢义田：《地不爱宝：汉代的简牍》，中华书局2010年版。

[147] 廖伯源：《秦汉史论丛（增订本）》，中华书局2008年版。

[148] 邢义田：《天下一家：皇帝、官僚与社会》，中华书局2011年版。

[149] 陈鼓应：《黄帝四经今注今译》，商务印书馆2007年版。

[150] ［德］陶安：《秦汉刑罚体系の研究》，创文社制作，东京外国语大学亚非语言文化研究所发行，2009年版。

[151] 马宗霍：《论衡校读笺识》，中华书局2010年版。

[152] 赵翼：《陔余丛考》，河北人民出版社1990年版。

[153] 汪桂海：《汉代官文书制度》，广西教育出版社1999年版。

[154] 孙慰祖主编：《古封泥集成》，上海书店出版社1994年版。

[155] 安作璋、熊铁基：《秦汉官制史稿》，齐鲁书社2007年版。

[156] 陈槃：《汉晋遗简识小七种》，上海古籍出版社2009年版。

[157] 刘玉环：《秦汉简帛讹字研究》中国书籍出版社2013年版。

[158] ［日］仁井田陞著、牟发松译：《中国法制史》，上海古籍出版社2011年版。

[159] 柳立言主编：《传统中国法律的理念与实践》，中央研究员历史语言研究所2008年版。

[160] 陈顾远：《中国法制史概要》，商务印书馆2011年版。

[161] 黄源盛：《中国法史导论》，广西师范大学出版社2014版。

[162] ［日］浅井虎夫：《中国法典编纂沿革史》，中国政法大学出版社2007年版。

[163] ［日］古贺登：《漢長安城と阡陌・県郷亭里制度》，雄山阁1980年版。

[164] 李学勤：《何四维〈秦律遗文〉评介》，载于《中国史研究》1985年第4期。

[165] [日] 籾山明：《书评：何四维〈秦律遗文〉》，载于《史林》1986年第69卷6号。

[166] 徐世虹、支强：《秦汉法律研究百年（三）》，引自徐世虹主编：《中国古代法律文献研究（第6辑）》，社会科学文献出版社2012年版。

[167] 李昭和等：《青川县出土秦更修田律木牍——四川青川县战国墓发掘简报》，载于《文物》1982年第1期。

[168] 于豪亮：《释青川秦墓木牍》，载于《文物》1982年第1期。

[169] 李昭和：《青川出土木牍文字简考》，载于《文物》1982年第1期。

[170] 杨宽：《释青川秦牍的田亩制度》，载于《文物》1982年第7期。

[171] 李学勤：《青川郝家坪木牍研究》，载于《文物》1982年第10期。

[172] 胡平生：《青川秦墓木牍〈为田律〉所反映的田亩制度》，引自《文史》（第19辑），中华书局1983年版。

[173] 黄盛璋：《青川秦牍〈田律〉争议问题总议》，载于《农业考古》1987年第2期。

[174] 罗开玉：《青川秦牍〈为田律〉研究》，引自甘肃省文物考古研究所、西北师范大学历史系编：《简牍学研究（第2辑）》，甘肃人民出版社1998年版。

[175] 张金光《为田制度——兼说青川秦牍诸问题》，载氏著：《秦制研究》第二章，上海古籍出版社2004年版。

[176] 周波《释青川木牍"梁"字及其相关诸字》，复旦大学出土文献与古文字研究中心网站，2008年4月8日。http：//www.gwz.fudan.edu.cn/SrcShow.asp？Src_ID=393

[177] 何有祖《释张家山汉简〈二年律令·田律〉"利津隧"：从秦牍、楚简"涧"字说起》，武汉大学简帛网，2011年11月17日。http：//www.bsm.org.cn/show_article.php？id=1578

[178] 荆州地区博物馆：《江陵王家台15号秦墓》，载于《文物》1995年第1期。

[179] 王明钦：《王家台秦墓竹简概述》，引自艾兰（Sarah. Allan）、邢文主编：《新出简帛研究：新出简帛国际学术研讨会文集》文物出版社2004年版。

[180] 张政烺：《秦律"集人"音义》，引自中华书局编辑部编：《云梦秦简研究》，中华书局1981年版。又载氏著：《文史丛考》，中华书局2012年版。

[181] 张铭新：《关于秦律中的"居"：〈睡虎地秦墓竹简〉注释质疑》，载于《考古》1981年第1期。

[182] 王美宜：《睡虎地秦墓竹简通假字初探》，载于《宁波大学学报（教育科学版）》1982年第1期。

[183] 裘锡圭：《〈睡虎地秦墓竹简〉注释商榷》，载于《文史》第13辑。

[184] 栗劲：《〈睡虎地秦墓竹简〉译注斠补》，载于《吉林大学社会科学学报》1984年第5期。

[185] 刘国胜：《云梦龙岗简牍考释补正及其相关问题的探讨》，载于《江汉考古》1997年第1期。

[186] 陈伟武：《睡虎地秦简核诂》，引自中国社会科学院甲骨学殷商史研究中心编辑组编：《胡厚宣纪念文集》，科学出版社1998年版。

[187] 李虎：《读〈睡虎地秦墓竹简〉札记二则》，载于《秦陵秦俑研究动态》2000年第4期。

[188] 黄文杰：《睡虎地秦简疑难字试释》，载于《江汉考古》1992年4期。

[189] 李学勤：《云梦龙岗木牍试释》，引自西北师范大学历史系等编：《简牍学研究》（第1辑），甘肃人民出版社1997年版。

[190] 胡平生：《云梦龙岗秦简考释校正》，引自西北师范大学历史系等编《简牍学研究》（第1辑），甘肃人民出版社1997年版。

[191] 胡平生：《云梦龙岗秦简〈禁苑律〉中的"叚（壖）"字及相关制度》，收入氏著：《胡平生简牍文物论稿》，中西书局2012年版。

[192] 田宜超、刘钊：《秦田律考释》，载于《考古》1983年第6期。

[193] 杨禾丁：《论秦简所载魏律"叚门逆旅"》，载于《四川大学学报》1993年第1期。

[194] 黄留珠：《秦简"敖童"解》，载于《历史研究》1997年第5期。

[195] 赵平安：《云梦龙岗秦简释文注释订补》，载于《江汉考古》1999年第3期。

[196] 陈伟：《岳麓书院秦简考校》，载于《文物》2009年第10期。

[197] 陈伟：《岳麓书院秦简行书律令校读》，武汉大学简帛网，2009年11月21日。http：//www.bsm.org.cn/show_ article.php? id = 1177

[198] 陈伟：《岳麓书院秦简校读》，引自武汉大学简帛中心主办：《简帛》（第5辑），上海古籍出版社2010年版。

[199] 陈伟：《岳麓秦简〈尉卒律〉校读》，武汉大学简帛网，2016年3月21日。http：//www.bsm.org.cn/show_ article.php? id = 2489

[200] 王伟:《〈秦律十八种·徭律〉应析出一条〈兴律〉说》,载于《文物》2005 年第 10 期。

[201] 陈伟:《〈岳麓秦简三·魏盗杀安宜等案〉编连献疑》,武汉大学简帛网,2013 年 9 月 5 日。(http://www.bsm.org.cn/show_article.php?id=1887。)

[202] [德] 史达:(Staack, Thies)《岳麓秦简〈为狱等状四种〉新见一枚漏简与案例六的编连》,《湖南大学学报》(哲学社会科学版) 2014 年第 4 期。

[203] [德] 陶安:(Arnd. Helmut. Hafner),《岳麓秦简〈为狱等状四种〉编联方式的几点补充说明》,北京大学出土文献研究所、湖南大学岳麓书院主编:《秦简牍研究国际学术研讨会会议论文》(长沙,2014 年 12 月),91 - 112 页。

[204] 张驰:《〈为吏治官及黔首〉编联补证与关于〈岳麓肆〉059 号简归属问题的讨论》,武汉大学简帛网,2016 年 4 月 7 日。http://www.bsm.org.cn/show_article.php?id=2513

[205] 张弛、纪婷婷:《〈岳麓肆·亡律〉编连刍议》(精简版),武汉大学简帛网,2016 年 9 月 12 日。http://www.bsm.org.cn/show_article.php?id=2630。

[206] 刘海年、张晋藩:《从云梦秦简看秦律的阶级本质》,载于《学术研究》1979 年第 1 期。

[207] 刘海年:《云梦秦简的发现与秦律研究》,载于《法学研究》1982 年第 1 期。

[208] 黄贤俊:《从云梦秦简看秦代刑律及其阶级本质》,载于《现代法学》1979 年第 2 期。

[209] 林剑鸣:《从云梦秦简看秦代的法律制度》,载于《西北大学学报(哲学社会科学版)》1979 年第 3 期。

[210] 陈抗生:《秦法和秦人执法:读〈睡虎地秦墓竹简〉浅识》,载于《江汉论坛》1979 年第 3 期。

[211] 林剑鸣:《秦国封建社会各阶级分析——读〈睡虎地云梦秦简〉札记》,载于《西北大学学报(哲学社会科学版)》1980 年第 2 期。

[212] 崔春华:《战国时期秦封建法制的发展——读〈睡虎地云梦秦简〉札记》,载于《辽宁大学学报》1980 年第 5 期。

[213] 黄展岳:《云梦秦简简论》,载于《考古学报》1980 年第 1 期。

[214] 陈玉璟:《略论云梦秦律的性质》,载于《江淮论坛》1980 年第 1 期。

[215] 陈连庆:《试论汉代社会性质》,引自吉林师范大学学报编辑部编:

《中国古代史论文集》，吉林师范大学出版社1979年版。

[216] 宋敏：《云梦秦简——奴隶制社会的新证》，载于《东北师大学报（哲学社会科学版）》1980年第4期。

[217] 李裕民：《从云梦秦简看秦代的奴隶制》，载于《中国考古学会第一次年会论文集》，文物出版社1980年版。

[218] 刘远征、刘莉：《论秦朝法制中儒家法律思想》，载于《西安建筑科技大学学报（社会科版）》1999年第2期。

[219] 杨师群：《论法家的"法治"及其法律思想》，载于《史林》1997年第4期。

[220] 栗劲：《论秦简中有关经济法规的基本原则》，载于《西北政法学院学报》1985年第3期。

[221] 高敏：《秦代经济立法原则及其意义》，载于《学术研究》1986年第2期。

[222] 常俊山：《秦代经济立法略论》，载于《安徽大学学报》（哲学社会科学版）1987年第2期。

[223] 王震亚：《从云梦秦简看秦的经济立法》，载于《西北师大学报》1996年第6期。又载《简牍学研究》第1辑。

[224] 马克林：《略论战国秦汉的经济立法思想》，载于《西北师大学报》1997年第3期。

[225] 刘序传：《从云梦秦简看秦代的经济立法》，载于《法学研究》1983年第6期。

[226] 薛梅卿：《〈秦简〉中经济法规问题的探索——读〈睡虎地秦墓竹简〉札记》，引自中国法律史学会《法律史论丛》编委会编：《法律史论丛（第3辑）》，中国社会科学出版社1983年版。

[227] 潘世宪：《从竹简〈秦律〉看秦代的经济立法》，载于《内蒙古大学学报（哲学社会科学版）》1983年第1期。

[228] 陈汉生：《关于秦代的经济立法》，载于《政治与法律》1984年第2期。

[229] 张中秋：《秦代工商法律研究》，载于《江苏社会科学》1994年第5期。

[230] 朱德贵：《岳麓秦简奏谳文书中的商业问题新证》，载于《社会科学》2014年第11期。

[231] 刘海年：《秦代刑罚考析》，中华书局编辑部编：《云梦秦简研究》，中华书局1981年版。

[232] 黄展岳：《云梦秦律简论》，载于《考古学报》1980年1期。

[233] 苏诚鉴：《秦"隶臣妾"为官奴隶说——兼论我国历史上"岁刑"制的起源》，载于《江淮论坛》1982年第1期。

[234] 官长为、宋敏：《"隶臣妾"是秦的官奴婢》，载于《中国史研究》1982年第4期。

[235] 高敏、刘汉东：《秦简"隶臣妾"确为奴隶说——兼与林剑鸣商榷》，载于《学术月刊》1984年第9期。

[236] 刘汉东：《再说秦简"隶臣妾"确为奴隶》，载于《中州学刊》1987年第2期。

[237] 林剑鸣：《"隶臣妾"辨》，载于《中国史研究》1980年2期。

[238] 林剑鸣：《"隶臣妾"并非官奴隶》，载于《历史论丛》第3期。

[239] 钱大群：《谈"隶臣妾"与秦代的刑罚制度》，载于《法学研究》1983年第5期。

[240] 施伟青：《"隶臣妾"的身份复议》，载于《中国社会经济史研究》1984年第1期。

[241] 刘海年：《秦代刑罚考析》，引自中华书局编辑部编：《云梦秦简研究》，中华书局1981年版。

[242] 李力：《亦谈"隶臣妾"与秦代的刑罚制度》，载于《法学研究》1984年第3期。

[243] 高恒：《秦律中"隶臣妾"问题的探讨》，载于《文物》1977年第7期。

[244] 王占通、栗劲：《"隶臣妾"是带有奴隶残余属性的刑徒》，载于《吉林大学学报》1984年第2期。

[245] 朱德贵：《岳麓秦简所见"隶臣妾"问题新证》，载于《社会科学》2016年第1期。

[246] 王敏典：《秦代徒刑刑期辩》，载于《深圳大学学报（人文社会科学学报）》1992年第1期。

[247] 张金光：《关于秦刑徒的几个问题》，引自朱东润、李俊民等主编：《中华文史论丛（第1辑）》，上海古籍出版社1985年版。

[248] 高恒：《秦律中"隶臣妾"问题的探讨》，载于《文物》1977年第7期。后载氏著：《秦汉简牍中法制文书辑考》，社会科学文献出版社2008年版。

[249] 高恒：《秦律中的刑徒及其刑期问题》，载于《法学研究》1983年第6期。后载氏著：《秦汉简牍中法制文书辑考》，社会科学文献出版社2008年版。

[250] 黄展岳：《云梦秦律简论》，载于《考古学报》1980年第1期。

[251] 刘海年：《关于中国岁刑的起源——兼谈秦刑徒的刑期和隶臣妾的身份》（上、下），载于《法学研究》1985年第5、6期。

[252] 高敏：《秦简〈编年纪〉与〈史记〉》，载氏著：《云梦秦简初探（增订本）》，河南人民出版社1981年版。

[253] 李力：《秦刑徒刑期辨正》，载于《史学月刊》1985年第3期。

[254] 吴荣曾：《胥靡试探－论战国时的刑徒制》，引自载氏著：《先秦两汉史研究》，中华书局1995年版。

[255] 张政烺：《秦律"葆子"释义》，载于《文史》1980年第9辑。

[256] 张金光：《关于秦刑徒的几个问题》，载朱东润、李俊民等主编：《中华文史论丛（第1辑）》，1987年。

[257] 徐世虹：《"三环之"、"刑复城旦舂"、"系城旦舂某岁"解－读〈二年律令〉札记》，载中国文物研究所编：《出土文献研究（第六辑）》，上海古籍出版社2004年版。

[258] 韩树峰：《秦汉徒刑散论》，载于《历史研究》2005年第3期。

[259] 邢义田：《从张家山汉简〈二年律令〉重论秦汉的刑期问题》，引自中国政法大学法律古籍整理研究所编：《中国古代法律文献研究（第三辑）》，中国政法大学出版社2007年版。

[260] ［日］籾山明著、李力译：《秦汉刑罚史的研究现状——以刑期的争论为中心》，引自中国政法大学法律古籍整理研究所编：《中国古代法律文献研究（第三辑）》，中国政法大学出版社2007年版。

[261] ［日］水间大辅：《秦汉刑法研究》，知泉书馆2007年。

[262] ［日］石冈浩：《秦の城旦舂刑の特殊性——前汉文帝刑法改革のもう一つの発端》，载于《东洋学报》2006年第88号。

[263] 游逸飞：《说"系城旦舂"——秦汉刑期制度新论》，载于《新史学》2009年第3期。

[264] 吴荣曾：《汉简中所见的刑徒制》，载氏著：《先秦两汉史研究》），中华书局1995年版。

[265] 徐世虹：《汉简所见劳役刑名数据考释》，引自中国政法大学法律古籍整理研究所编：《中国古代法律文献研究（第一辑）》，巴蜀书社1999年版。

[266] 王占通：《秦代肉刑耐刑可作主刑辨》，载于《吉林大学社会科学学报》1991年第3期。

[267] 张建国：《秦汉弃市非斩刑辨》，载氏著：《帝制时代的中国法》，法律出版社1999年版。

[268] 谭世保：《"车裂"考》，载于《学术论坛》1982年第4期。

[269] 林富士：《试释睡虎地秦简中的"疠"与"定杀"》，载于《史原》1986 年第 15 号。

[270] 马非百：《云梦秦简中所见的历史新证》，载于《郑州大学学报（哲学社会科学版）》1978 年第 2 期。

[271] 传汉：《"隐宫"与"隐官"》，载于《辽宁大学学报（哲学社会科学版）》1982 年第 2 期。

[272] 严宾：《"隐宫""隐官"辨析》，载于《人文杂志》1990 年第 3 期。

[273] 周晓瑜：《秦代"隐官"制度探微》，载于《山东大学学报（社会科学版）》1998 年第 4 期。

[274] 周晓瑜：《秦代"隐宫"、"隐官"、"宫某"考辨》，载于《文献》1998 年第 4 期。

[275] 杨广伟：《"完刑"即"髡刑"术》，载于《复旦大学学报》1986 年第 2 期。

[276] 王森：《秦汉律中髡、耐、完刑辨析》，载于《法学研究》1986 年第 1 期。

[277] 张全民：《髡、耐、完刑关系考辨》，载于《湘潭大学社会科学学报》2001 年第 5 期。

[278] 陈乃华：《秦汉族刑考》，载于《山东师范大学报（人文社会科学版）》1985 年第 4 期。

[279] 陈乃华：《"夷三族"探源》，载于《山东师范大学学报（人文社会科学版）》1989 年第 6 期。

[280] 王克奇、张汉东：《论秦汉的参夷法》，载于《山东师范大学学报（人文社会科学版）》1988 年第 6 期。

[281] 张建国：《夷三族解析》，载于《法学研究》1998 年第 6 期。

[282] 邢义田：《从安土重迁论秦汉时代的徙民与迁徙刑》，载氏著：《秦汉史论稿》，东大图书公司 1987 年版。

[283] 宋杰：《论秦汉刑罚中的迁、徙》，载于《北京师范学院学报（社会科学版）》1992 年第 1 期。

[284] 臧知非：《"谪戍制"考析》，载于《徐州师范大学学报（哲学社会科学版）》1984 年第 3 期。

[285] 王云：《秦汉的谪戍和过更》，载于《辽宁师范大学学报》1985 年第 6 期。

[286] 屈建军：《〈谪戍制考析〉一文质疑》，载于《青海师专学报》1988 年第 2 期。

[287] [日] 濑川敬也《谪考》,载于《佛教大学大学院研究纪要》1999年第27号。

[288] 高敏《从〈秦律〉的刑罚类别看地主阶级法律的性质》,载氏著:《云梦秦简初探(增订本)》。

[289] 程维荣:《两汉赎刑考》,载于《西北政法学院学报》1988年第1期。

[290] 张铭新:《关于〈秦律〉中的居——〈睡虎地秦墓竹简〉质疑》,载于《考古》1981年第1期。

[291] [日] 角谷常子著,陈青、胡平生译:《秦汉时代的赎刑》,载李学勤、谢桂华编:《简帛研究二〇〇一(下册)》,广西师范大学出版社2001年版。

[292] 张铭新:《〈秦律〉中的"居"——〈睡虎地秦墓竹简〉注释质疑》,载于《考古》1981年第1期。

[293] 吕名中:《秦律赀罚制述论》,载于《中南民族大学学报》1982年第3期。

[294] 吕名中:《秦律中的赀与赀赎》,引自中国秦汉史研究会编:《秦汉史论丛(第2辑)》,陕西人民出版社1983年版。

[295] 张铭新:《〈秦律〉中的经济制裁——兼谈秦的赎刑》,载于《武汉大学学报(人文科学版)》1982年第4期。

[296] 朱绍侯:《居赀非刑名辨——兼论秦律的几个问题》,载于《许昌师专学报》1982年第2期。

[297] 孙英民:《〈秦始皇陵西侧赵背户村秦刑徒墓〉质疑》,载于《文物》1982年第10期。

[298] 张金光:《论出土秦律中的"居赀赎债"制度——兼论赵背户村刑徒墓性质》,引自张舜徽主编:《中国历史文献研究(第2辑)》,华中师范大学出版社1988年版。后载入氏著《秦制研究》。

[299] 张铭新:《关于〈秦律〉中的居——〈睡虎地秦墓竹简〉质疑》,载于《考古》1981年第1期。

[300] 石子政:《秦赀罚甲盾与统一战争》,载于《中国史研究》1984年第2期。

[301] 臧知非:《赀刑变迁与秦汉政治转折》,载于《文史哲》2006年第4期。

[302] 宋艳萍:《张家山汉简法律文书研究综述——从〈二年律令〉中的"赀"看秦汉经济处罚形式的转变》,引自中国文物研究所编:《出土文献研究(第6辑)》,上海古籍出版社2004年版。

[303] [日] 藤田高夫著、杨振红译:《秦汉罚金考》,引自李学勤、谢桂华编:《简帛研究二〇〇一(下册)》,广西师范大学出版社2001年版。

[304] 曹旅宁:《秦律中所见之赀甲盾问题》,载于《求索》2001年第6期。

[305] 张卫星:《秦简赀甲形态认识》,引自吴永琪主编:《秦文化论丛(第11辑)》,三秦出版社2004年版。

[306] 高恒:《秦简中与职官有关的几个问题》,引自《云梦秦简研究》,中华书局1981年版。

[307] 王爱清:《秦汉基层小吏的选用及其功能变迁——以里吏为中心》,载于《绵阳师范学院学报》2012年12期。

[308] 武玉环:《从〈睡虎地秦墓竹简〉看秦国地方官吏的犯罪与惩罚》,载于《吉林大学社会科学学报》2003年第5期。

[309] 王凯旋:《小议秦汉惩治官吏的立法》,载于《史学月刊》2006年第6期。

[310] 刘太祥:《秦汉行政惩罚机制》,载于《南都学坛》2014年第3期。

[311] 钱大群:《谈我国古代法律中官吏的受贿、贪污、盗窃罪》,载于《南京大学学报(社会科学版)》1983年第2期。

[312] 陈乃华:《秦汉官吏赃罪考述》,载于《山东师范大学学报(人文社会科学版)》1991年第1期。

[313] 于振波:《秦代吏治管窥——以秦简司法、行政文书为中心》,载于《湖南大学学报(哲学社会科学版)》2013年第3期。

[314] 黑广菊:《略谈秦的以"法治吏"》,载于《聊城师范学院学报(哲学社会科学版)》2000年第2期。

[315] 《学习与探索》1982年第2期,第57~66页。后收入氏著《战国秦代法制管窥》,法律出版社2006年版。

[316] 程维荣:《秦国官吏法律责任述评》,载于《历史教学》1984年第10期。

[317] 罗开玉:《简析〈秦律〉对官吏生活的约束》,载于《现代法学杂志》1985年第3期。

[318] 官长为:《浅谈秦代经济管理中对官吏的几种规定——读〈睡虎地秦墓竹简〉的一点看法》,载于《东北师大学报(哲学社会科学版)》1982年第6期。

[319] 黄留珠:《略谈秦的法官法吏制》,载于《西北大学学报(哲学社会科学版)》1981年第1期。

［320］孙延波、任怀国：《秦代人事立法初探》，载于《政法论丛》1996年第5期、6期。

［321］湖南省文物考古研究所、湘西土家族苗族自治州文物处等：《湖南龙山里耶战国—秦代古城一号井发掘简报》，载于《文物》2003年第1期。

［322］曹旅宁：《从里耶秦简看秦的法律制度——读里耶秦简札记》，引自《秦文化论丛（第11辑）》，三秦出版社2004年版。

［323］［日］籾山明：《卒史覆狱试探－以里耶秦简J1（8）134为线索》，引自中国社会科学院考古研究所、中国社会科学院历史研究所等编：《里耶古城、秦简与秦文化研究－中国里耶古城、秦简与秦文化国际学术研讨会论文集》，科学出版社2009年版。

［324］陈剑：《读秦汉简札记三篇》，引自复旦大学出土文献与古文字研究中心编：《出土文献与古文字研究（第四辑）》，上海古籍出版社2011年版。

［325］陈伟：《秦苍梧、洞庭二郡刍论》，载于《历史研究》2003年第5期；后收入氏著：《燕说集》，商务印书馆2011年版。

［326］游逸飞：《三府分立——从新出秦简论秦代郡制》，载于《中央研究院历史语言研究所集刊》2016年第87本3分。

［327］［日］籾山明：《简牍文书学与法制史——以里耶秦简为例》，宣读于中央研究院历史语言研究所法律史研究室主办：《史料与法史学学术研讨会》（2014年台北）。

［328］栗劲：《〈睡虎地秦墓竹简〉译注斠补》，载于《吉林师大学报》1984年第5期，第90~96页。又载氏著：《秦律通论》，山东人民出版社1985年版。

［329］陈明光：《秦朝傅籍标准蠡测》，载于《中国社会经济史研究》1987年第1期。

［330］方潇：《秦代刑事责任能力身高衡量标准之质疑——兼论秦律中身高规定的法律意义》，载于《江苏社会科学》1999年4期。

［331］［日］松崎つね子：《睡虎地秦简に于ける"非公室告"."家罪"》，载于《中国古代史研究》1989年第6号。

［332］［韩］金烨《秦简所见之"非公室告"与"家罪"》，载于《中国史研究》1994年第1期。

［333］范忠信：《中西法律传统中的"亲亲相隐"》，载于《中国社会科学》1997年第3期。

［334］范忠信：《"亲亲尊尊"与亲属相犯——中外刑法的暗合》，载于《法学研究》1997年第3期。

[335] 于振波:《秦律"公室告"与"家罪"所反映的立法精神》,引自周天游主编:《陕西历史博物馆馆刊(第12辑)》,三秦出版社2005年版。

[336] 宋大琦:《亲属容隐制度非出秦律说》,载于《内蒙古大学学报(人文社会科学版)》2005年第6期。

[337] 杨鸿年:《汉魏"同产"浅释》,载于《法学评论》1984年第1期。

[338] [日] 松崎つね子:《睡虎地秦简よりみた秦の家族と国家》,引自中国古代史研究会编:《中国古代史研究(第5册)》,雄山阁1982年版。

[339] 张世超:《秦简中的"同居"与有关法律》,载于《东北师大学报(哲学社会科学版)》1989年第3期。

[340] 彭年:《秦汉同居考辨》,载于《社会科学研究》1990年第6期。

[341] 高敏:《关于汉代任子制的几个问题》,载氏著:《秦汉史论集》,中州古籍出版社1982年版。

[342] 张政烺:《秦律"葆子"释义》,载于《文史》1980年第9期。

[343] 曹旅宁:《释秦律"葆子"兼论秦律的渊源》,引自周天游主编:《陕西历史博物馆馆刊(第9辑)》,三秦出版社2002年版。

[344] [英] 鲁惟一:《葆子、隐宫、隐官、宦与收等术语——兼论赵高的宦官身份》,引自陈建明主编:《湖南省博物馆馆刊(第2期)》,岳麓书社2005年版。

[345] 孟彦弘:《秦汉法典体系的演变》,载于《历史研究》2005年第3期。

[346] [日] 堀敏一著、程维荣等译:《晋泰始律令的制定》,引自杨一凡主编:《中国法制史考证·丙编(第二卷)》,中国社会科学出版社2003年版。

[347] 张建国:《秦令与睡虎地秦墓竹简相关问题略析》,载于《中外法学杂志》1998年第6期。

[348] 蔡万进、陈朝云:《里耶秦简秦令三则探析》,载于《许昌学院学报》2004年第6期。

[349] 南玉泉:《论秦汉的律与令》,载于《内蒙古大学学报(人文社会科学版)》2004年第3期。

[350] 徐世虹:《百年回顾:出土法律文献与秦汉令研究》,载于《上海师范大学学报》2011年第5期。

[351] 陈松长:《岳麓秦简中的两条秦二世时期令文》,载于《文物》2015年第9期。

[352] 陈松长:《岳麓秦简中的几个令名小识》,载于《文物》2016年第12期。

[353] 王勇：《岳麓秦简〈县官田令〉初探》，载于《中国社会经济史研究》2015年第4期。

[354] 欧扬：《岳麓秦简"毋夺田时令"探析》，载于《湖南大学学报（社会科学版）》2015年第3期。

[355] 欧扬：《岳麓秦简"毋夺田时令"再探》，引自西南大学出土文献综合研究中心、西南大学汉语言文献研究所主编：《出土文献综合研究集刊（第四辑）》，巴蜀书社2016年版。

[356] 黎虎：《原"吏民"—长沙走马楼吴简谈起》，引自河南大学历史文化学院编：《史学新论：祝贺朱绍侯先生八十华诞》，河南大学出版社2005年版。

[357] 黎虎：《论"吏民"的社会属性——原"吏民"之二》，载于《文史哲》2007年第2期。

[358] 黎虎：《论"吏民"即编户齐民——原"吏民"之三》，载于《中华文史论丛》2007年第2期。

[359] 黎虎：《原"吏民"之四——略论"吏民"的一体性》，载于《中国经济史研究》2007年第3期。

[360] 黎虎：《关于"吏民"的界定问题——原"吏民"之五》，载于《中国史研究》2009年第2期。

[361] 刘敏：《秦汉时期"吏民"的一体性和等级特点》，载于《中国史研究》2008年第3期。

[362] 陈松长：《睡虎地秦简中的"将阳"小考》，载于《湖南大学学报（社会科学版）》2012年第5期。

[363] 闫晓君：《张家山汉简〈亡律〉考论》，载于《法律科学（西北政法大学学报）》2009年第1期。

[364] 周海锋：《〈岳麓书院藏秦简（肆）〉的内容与价值》，载于《文物》2015年第9期。

[365] 黄庭顾：《从出土秦汉简论"汉承秦制"之问题—以睡虎地秦简与张家山汉简逃亡案件为例》，武汉大学简帛网，2013年8月3日，http://www.bsm.org.cn/show_article.php?id=1877。

[366] 陈松长：《岳麓秦简〈亡律〉初论》，引自《第五届古文字与古代史国际学术研讨会论文集》，中央研究院史语所2016年版。

[367] 张春龙：《里耶秦简中迁陵县学官和相关记录》，引自清华大学出土文献研究与保护中心编：《出土文献（第一辑）》，中西书局2010年版。

[368] 孙毓棠：《西汉的兵制》，载氏著：《孙毓棠学术论文集》，中华书局1995年版。

韩连琪《汉代的田租、口赋和徭役》，引自韩连琪主编：《先秦两汉史论丛》，齐鲁书社 1986 年版。

[369] 于豪亮：《西汉适龄男子戍边三日说质疑》，载于《考古》1982 年第 4 期，第 407～410 页。

[370] 胡大贵：《关于秦汉谪戍制的几个问题》，载于《西南师范大学学报（哲学社会科学版）》1991 年第 1 期。

[371] 王伟：《张家山汉简〈二年律令〉释文》，简帛研究网，2004 年 6 月 30 日。

[372] 蔡万进：《〈奏谳书〉与汉代奏谳制度》，引自胡平生主编：《出土文献研究（第六辑）》，上海古籍出版社 2004 年版。

[373] 高敏：《秦汉的徭役制度》，载于《中国经济史研究》1987 年第 1 期。

[374] 孙言诚：《秦汉的徭役和兵役》，载于《中国史研究》1987 年第 3 期。

[375] 陈松长：《岳麓秦简中的几个官名考略》，载于《湖南大学学报》2015 年第 3 期。

[376] 马怡：《秦人傅籍标准试探》，载于《中国史研究》1995 年第 4 期。

[377] 黄留珠：《秦简"敖童"解》，载于《历史研究》1997 年第 5 期。

[378] 张春龙、龙京沙：《湘西里耶秦代简牍选释》，载于《中国历史文物》2003 年第 1 期。

[379] 陈松长：《岳麓秦简中的徭律例说》，引自刘少刚主编：《出土文献研究（第 11 辑）》，中西书局 2012 年版。

[380] 陈伟：《岳麓书院秦简〈徭律〉的几个问题》，载于《文物》2014 年第 9 期。

[381] 陈伟：《〈岳麓秦简肆校商（壹）〉一文修改》，武汉大学简帛网，2016 年 3 月 27 日。http：//www.bsm.org.cn/show_article.php? id = 2503

[382] 杨振红：《徭、戍为秦汉正卒基本义务说——更卒之役不是"徭"》，载于《中华文史论丛》2010 年第 1 期。

[383] 邢义田：《张家山汉简〈二年律令〉读记》，载于《燕京学报》2003 年新 15 期。

[384] 陈伟：《岳麓秦简"尉卒律"校读（一）》，武汉大学简帛网，2016 年 3 月 21 日。http：//www.bsm.org.cn/show_article.php? id = 2489

[385] 李均明：《张家山汉简所反映的二十等爵制》，载于《中国史研究》2002 年第 2 期。

[386] 杨振红:《徭、戍为秦汉正卒基本义务说——更卒之役不是"徭"》,载于《中华文史论丛》2010年第1期。

[387] 张金光:《说秦汉徭役制度中的"更"——汉牍〈南郡卒编更簿〉小记》,载于《鲁东大学学报》2011年第2期。

[388] 彭浩:《读松柏出土的西汉木牍(四)》,武汉大学简帛网,2009年4月12日。http://www.bsm.org.cn/show_article.php?id=1019。

[389] 臧知非:《从张家山汉简看"月为更卒"的理解问题》,载于《苏州大学学报(哲学社会科学版)》2004年第6期。

[390] 高敏:《秦汉的徭役制度》,载于《中国经济史研究》1987年第1期。

[391] 杨剑虹:《从简牍看秦汉的乡与里组织》,引自周天游主编:《陕西历史博物馆馆刊(第3辑)》,西北大学出版社1996年版。

[392] 于琨奇:《秦汉粟价与更赋考》,载于《扬州教育学院学报》1999年第3期。

[393] 刘华祝:《说张家山汉简〈二年律令·史律〉中小吏的"为更"》,载[韩]中国古中世史学会编:《中国古中世史研究》第21辑2009年。

[394] 张金光:《说秦汉徭役制度中的"更"——汉牍〈南郡卒编更簿〉小记》,载于《鲁东大学学报》2011年第2期。

[395] 陈松长:《秦汉时期的繇与繇使》,载于《湖南大学学报(社会科学版)》2014年第4期。

[396] 孙闻博:《秦汉"军兴"、〈兴律〉考辨》,载于《南都学坛》2015年第2期。

[397] 张伯元《〈汉律摭遗〉与〈二年律令〉比勘记(上)》,引自《沈家本与中国法律文化国际学术研讨会论文集(下)》,中国法制出版社2005年版。

[398] 彭明瀚:《田字本义新释》,载于《考古与文物》1995年第1期。

[399] 劳幹:《战国秦汉的土地问题及其对策》,载于《大陆杂志》第2卷第5期。

[400] 孟世凯:《商代田猎性质初探》,引自胡厚宣主编:《甲骨文与殷商史》,上海古籍出版社1983年版。

[401] 张忠炜:《秦汉律令关系试探》,载于《文史哲》2011年第6期。

[402] 祝总斌:《"律"字新释——关于我国古代的"改法为律"问题》,载氏著:《材不材斋文集:祝总斌学术研究论文集(上编)》,三秦出版社2006年版。

[403] 杨振红:《从〈二年律令〉的性质看汉代法典的编纂修订与律令关

系〉,载于《中国史研究》2005年第4期。

[404] 林清源:《睡虎地秦简标题格式析论》,载于《中央研究院历史语言研究所集刊》2002年73本第4分。

[405] 李亚农:《"人茷"解》,载于《学术月刊》1957年第1期。

[406] 刘瑞:《"左田"新释》,引自黄留珠主编:《周秦汉唐研究第1册》,三秦出版社1998年版。

[407] 朱绍侯:《西汉初年军功爵制的等级划分——〈二年律令〉与军功爵制研究之一》,载于《河南大学学报(社会科学版)》2002年第5期。

[408] [日]中田薰:《汉律令》,引自中国政法大学法律古籍整理研究所编:《中国古代法律文献研究(第三辑)》,中国政法大学出版社2007年版。

[409] 彭浩:《谈秦汉数书中的"舆田"及相关问题》,武汉大学简帛网,2010年8月6日。http://www.bsm.org.cn/show_article.php?id=1281

[410] 侯旭东:《传舍使用与汉帝国的日常统治》,载于《中国史研究》2008年第1期。

[411] 阎步克:《论张家山汉简〈二年律令〉中的"宦皇帝"》,载于《中国史研究》2003年第3期。

[412] 慕容浩:《秦汉时期"平贾"新探》,载于《史学月刊》2014年第5期。

[413] 宋杰:《秦汉国家统治机构中的"司空"》,载于《历史研究》2011年第4期。

[414] 徐世虹:《说"正律"与"旁章"》,引自孙家洲、刘后滨主编:《汉唐盛世的历史解读—汉唐盛世学术研讨会论文集》,中国人民大学出版社2009年版。

[415] 杨宽:《云梦秦简所反映的土地制度和农业政策》,载氏著:《杨宽古史论文选集》,上海人民出版社2003年版。

[416] 袁林:《战国授田制试论》,载于《甘肃社会科学》1983年第6期。

[417] 唐赞功:《云梦秦简所涉及土地所有制形式问题初探》,引自中华书局编辑部:《云梦秦简研究》,中华书局1981年版。

[418] 高敏:《从云梦秦简看秦的土地制度》,载氏著:《云梦秦简初探(增订本)》,河南人民出版社1981年版。

[419] 李恒全:《论战国土地私有制——对20世纪80年代以来战国授田制观点的质疑》,载于《社会科学》2014年第3期。

[420] 杨振红:《秦汉"名田宅制"说——从张家山汉简看战国秦汉的土地制度》,载于《中国史研究》2003年第3期。

[421] 张金光:《普遍授田制的终结与私有地权的形成——张家山汉简与秦简比较研究之一》,载于《历史研究》2007年第5期。

[422] 唐杏来:《再论战国国家授田及土地私有问题》,载于《文教资料》2011年第8期。

[423] 游逸飞、陈弘音:《里耶秦简博物馆藏第九层简牍释文校释》,武汉大学简帛网,2013年12月22日。http://www.bsm.org.cn/show_article.php?id=1968。

[424] 黄今言:《秦代租赋徭役制度研究》,载于《江西师范学院学报》1979年第3期,第74~90页。后收入氏著:《秦汉赋役制度研究》,江西教育出版社1988年版。

[425] 李恒全、朱德贵:《对战国田税征收方式的一种新解读》,载于《中国社会经济史研究》2003年第4期。

[426] 于振波:《秦简所见田租的征收》,载于《湖南大学学报(社会科学版)》2012年第5期。

[427] 于琨奇:《秦汉时代粮食产量考辨》,载于《中国农史》1990年第1期。

[428] 肖灿:《从〈数〉的"舆(与)田"、"税田"算题看秦田地租税制度》,载于《湖南大学学报(社会科学版)》2010年第4期。

[429] 王文龙:《秦及汉初算数书所见田租问题探讨》,载于《咸阳师范学院学报》2013年第1期。

[430] 沈刚:《里耶秦简(壹)所见秦代公田及其管理》,引自杨振红、邬文玲主编:《简帛研究(二〇一四)》,广西师范大学出版社2014年版。

[431] 王勇:《秦汉地方农官建置考述》,载于《中国农史》2008年第3期。

[432] 俞伟超:《古史分期问题的考古学观察》,载氏著:《先秦两汉考古学论集》,文物出版社1985年版。

[433] 李学勤:《初读里耶秦简》,载于《文物》2003年第1期。

[434] 高恒:《秦律中的"隶臣妾"问题的探讨》,载于《文物》1977年第7期。

[435] 曹旅宁:《释"徒隶"兼论秦刑徒的身份及刑期问题》,载于《上海师范大学学报(哲学社会科学版)》2008年第5期。

[436] 朱德贵:《秦简所见"更戍"和"屯戍"制度新解》,载于《兰州学刊》2013年第11期。

[437] 李学勤:《论张家山二四七号墓汉律竹简》,引自大庭脩编:《一九九

二年汉简研究国际讨论会报告书：汉简研究的现状与展望》，关西大学出版部 1993 年版。

［438］朱红林：《里耶秦简"金布"与〈周礼〉中的相关制度》，载于《华夏考古》2007 年第 2 期。

［439］罗开玉：《秦国"少内"考》，载于《西北大学学报》1981 年第 3 期。

［440］宫长为：《云梦秦简所见财政管理——读〈睡虎地秦墓竹简〉札记》，载于《史学集刊》1996 年第 3 期。

［441］陈治国、张立莹：《从新出简牍再探秦汉的大内与少内》，载于《江汉考古》2010 年第 3 期。

［442］王彦辉：《〈里耶秦简〉（壹）所见秦代县乡机构设置问题蠡测》，载于《古代文明》2012 年第 4 期。

［443］吴方基：《论秦代金布的隶属及其性质》，载于《古代文明》2015 年第 2 期。

［444］孙闻博：《秦县的列曹与诸官——从〈洪范五行传〉一则佚文说起》，武汉大学简帛网，2014 年 9 月 14 日。http：//www.bsm.org.cn/show_article.php？id=2077

［445］李均明：《中国古代法典的重大发现——谈江陵张家山二四七号汉墓出土〈二年律令〉简》，载于《中国文物报》2002 年 5 月 3 日 7 版。

［446］李均明：《张家山汉简〈二年律令〉概说》，引自李学勤主编：《长沙三国吴简暨百年来简帛发现与整理国际学术研讨会论文集》，中华书局 2005 年版。

［447］朱红林：《睡虎地秦简和张家山汉简中的〈金布律〉研究——简牍所见战国秦汉时期的经济法规研究之一》，载于《社会科学战线》2008 年第 1 期。

［448］高恒：《汉律篇名新笺》，载于《吉林大学学报（社会科学版）》1980 年第 3 期。

［449］罗运环：《中国秦代汉初货币制度发微——张家山汉简与睡虎地秦简对比研究》，载于《武汉大学学报（人文科学版）》2012 年第 6 期。

［450］徐世虹：《睡虎地秦简法律文书集释（二）：〈秦律十八种〉〈田律〉〈厩苑律〉》，引自《中国古代法律文献研究（第七辑）》，社会科学文献出版社 2013 年版。

［451］曹旅宁：《秦律〈厩苑律〉考》，载于《中国经济史研究》2003 年第 3 期。

［452］宋杰：《汉代监狱制度的历史特点》，载于《史学集刊》2013 年第 2 期。

［453］于振波：《张家山汉简中的"卿"》，载于《文物》2004年第8期。

［454］邬文玲：《里耶秦简所见"户赋"及相关问题琐议》，引自武汉大学简帛研究中心主编：《简帛（第8辑）》，上海古籍出版社2013年版。

［455］陈伟：《关于秦与汉初"入钱缿中"律的几个问题》，载于《考古》2012年第8期。

［456］萧高洪：《烙马印及其作用与马政建设的关系》，载于《农业考古》1988年第2期。

［457］陈松长：《睡虎地秦简"关市律"辨正》，载于《史学集刊》2010年第4期。

［458］徐世虹：《也说质钱》，引自王沛主编：《出土文献与法律史研究》（第2辑），上海人民出版社2013年版。

［459］李力：《秦汉律所见"质钱"考辨》，载于《法学研究》2015年第2期。

［460］［日］藤田高夫著，杨振红译：《秦汉罚金考》，引自李学勤、谢桂华主编：《简帛研究（2001）》，广西师范大学出版社2001年版。

［461］［韩］任仲爀：《秦汉律的罚金刑》，载于《湖南大学学报（社会科学版）》2008年第3期。

［462］邬文玲：《里耶秦简所见"户赋"及相关问题琐议》，引自武汉大学简帛研究中心主办：《简帛（第八辑）》，上海古籍出版社2013年版。

［463］于振波：《从简牍看汉代的户赋与刍稾税》，载于《故宫博物院院刊》2005年第2期。

［464］彭浩：《谈〈二年律令〉中几种律的分类与编联》，引自中国文物研究所：《出土文献研究（第六辑）》。

［465］连云港市博物馆、中国社会科学院简帛研究中心等编：《尹湾汉墓简牍》，中华书局1997年版。

［466］游逸飞：《里耶秦简所见的洞庭郡—战国秦汉郡县制个案研究之一》，武汉大学简帛网，2015年9月29日。http：//www.bsm.org.cn/show_article.php?id=2316.

［467］刘敏：《张家山汉简"小爵"臆释》，载于《中国史研究》2004年第3期。

［468］陈松长、贺晓朦：《秦汉简牍所见"走马"、"簪袅"关系考论》，载于《中国史研究》2015年第4期，第57~66页。

［469］陈侃理：《里耶秦方与书同文字》，载于《文物》2014年第9期。

［470］谢桂华：《尹湾汉墓简牍和西汉地方行政制度》，载于《文物》1997

年第 1 期。

［471］王勇、唐俐：《"走马"为秦爵小考》，载于《湖南大学学报（社会科学版）》2010 年第 4 期。

［472］胡平生：《里耶秦简 8-455 号木方性质刍议》，引自武汉大学简帛研究中心编：《简帛》2009 年第 4 辑，上海古籍出版社 2009 年版。

［473］高敏：《〈张家山汉墓竹简·二年律令〉中诸律的制作年代试探》，载于《史学月刊》2003 年第 9 期。

［474］林剑鸣：《秦代官、爵制度变化的奥秘》，载于《光明日报》1983 年 5 月 25 日，第 3 版。

［475］熊铁基：《秦代的邮传制度》，载于《学术研究》1979 年 3 期。

［476］马先醒：《睡虎地秦简校注》，载于《简牍学报》1981 年第 10 期。

［477］高敏：《秦汉邮传制度考略》，载于《历史研究》1985 年第 3 期。

［478］薛英群：《汉代官文书考略》，引自甘肃省文物工作队编：《汉简研究文集》，甘肃人民出版社 1984 年版。

［479］高敏：《从〈睡虎地秦简〉看秦代若干制度》，载于《睡虎地秦简初探》，台湾万卷楼图书有限公司出版 2000 年版。

［480］周海锋：《岳麓秦简"田律"研究》，引自武汉大学简帛研究中心主办：《简帛（第 11 辑）》，上海古籍出版社 2015 年版。

［481］陈松长：《岳麓书院所藏秦简综述》，载于《文物》2009 年第 3 期。

［482］王红武、吴大焱：《陕西宝鸡凤阁岭公社出土一批秦代文物》，载于《文物》1980 年第 9 期。

［483］李仲操：《二十六年秦戈考》，载于《文博》1989 年第 1 期。

［484］于振波：《秦律令中的"新黔首"与"新地吏"》，载于《中国史研究》2009 年第 3 期。

［485］王子今、刘华祝：《说张家山汉简〈二年律令·津关令〉所见五关》，载于《中国历史文物》2003 年。

［486］王子今：《尹湾〈集簿〉"春种树"解》，载于《历史研究》2001 年第 1 期。

［487］（德）史达，黄海译：《〈岳麓书院藏秦简·为吏治官及黔首〉的编连修订——以简背划线与反印字迹为依据》，引自《出土文献与法律史研究》（第三辑），上海人民出版社 2014 年版。

［488］邬勖：《读金关简札记（三则）》，2014 年 10 月第四届"出土文献与法律史研究"学术研讨会会议论文。

［489］张春龙：《里耶秦简中迁陵县学官和相关记录》，引自清华大学出土

文献研究与保护中心编:《出土文献(第一辑)》,中西书局2010年版。

[490] [日] 宫宅潔著、徐世虹译《秦汉时期的审判制度——张家山汉简〈奏谳书〉所见》,引自籾山明主编:《中国法制史考证》(第一卷丙编),中国社会科学出版社2004年版。

[491] [德] 陶安:《试探"断狱"、"听讼"与"诉讼"之别——以汉代文书资料为中心》,引自张中秋编:《中国法律形象的一面——外国人眼中的中国法》,中国政法大学出版社2012年版。

[492] 陈晓枫:《两汉"鞫狱"正释》,载于《法学评论》1987年第5期。

[493] 刘国胜:《云梦龙岗简牍考释补正及其相关问题的探讨》,载于《江汉考古》1997年第1期。

[494] [德] 陶安、陈剑:《〈奏谳书〉校读札记》,引自刘钊主编:《出土文献与古文字研究(第四辑)》,上海古籍出版社2011年版。

[495] 胡平生:《论简帛辨伪与流失简牍抢救》,引自中国文化遗产研究院主编《出土文物研究》第九辑,中华书局2010年版。

[496] 杨振红:《秦汉"乞鞫"制度补遗》,引自《出土文献与古文字研究(第六辑下册)》,上海古籍出版社2015年版。

[497] 李均明:《〈二年律令·具律〉中应分出〈囚律〉条款》,载于《郑州大学学报(哲学社会科学版)》2002年第3期。

[498] 张家山汉简研读班:《张家山汉简〈二年律令〉校读记》,引自李学勤、谢桂华主编:《简帛研究(2002~2003)》,广西师范大学出版社2005年版。

[499] 张建国:《西汉刑制改革新探》,载于《历史研究》1996年第6期。

[500] 孙作云:《秦〈诅楚文〉释要》,载于《河南师范大学学报(哲学社会科学版)》1982年第1期。

[501] 陈松长:《岳麓书院藏秦简中的郡名考略》,载于《湖南大学学报(社会科学版)》2009年第2期。

[502] 张家山汉墓竹简整理小组:《江陵张家山汉简概述》,载于《文物》1985年第1期。

[503] 李学勤:《〈奏谳书〉解说(上)》,载于《文物》1993年第8期。

[504] 彭浩:《谈〈奏谳书〉中的西汉案例》,载于《文物》1993年第8期。

[505] 张建国:《汉简〈奏谳书〉和秦汉刑事诉讼程序初探》,载于《中外法学》1997年第2期,49页。

[506] 苏俊林:《岳麓秦简〈为狱等状四种〉命名问题探讨》,引自田澍、张德芳主编:《简牍学研究(第五辑)》,甘肃人民出版社2014年版。

[507] 胡平生：《岳麓秦简（叁）〈为狱等状四种〉题名献疑》，引自中国文化遗产研究院编：《出土文献研究（第十四辑）》，中西书局2016年版。

[508] 李学勤：《〈奏谳书〉解说（下）》，载于《文物》1995年第3期。

[509] 罗鸿瑛：《汉代奏谳制度考析》，载于《现代法学》1996年第5期。

[510] [日] 池田雄一：《关于汉代的谳制——谈江陵张家山《奏谳书》的出土》，载于《中央大学文学部纪要》史学科第40号，1995年。

[511] 陈伟：《尸等捕盗购金数试说》，武汉大学简帛网，2013年9月11日。http：//www.bsm.org.cn/show_article.php？id＝1894

[512] 于洪涛：《再论岳麓简尸等捕盗购金数额》，武汉大学简帛网，2013年9月16日。http：//www.bsm.org.cn/show_article.php？id＝1903

[513] 陈伟：《岳麓书院藏秦简"冯将军毋择"小考》，武汉大学简帛网2009年4月20日，http：//www.bsm.org.cn/show_article.php？id＝1031。

[514] 曹旅宁：《岳麓书院藏秦简"冯将军毋择"补考》，简帛网2009年4月21日，http：//www.bsm.org.cn/show_article.php？id＝1041。

[515] 郭俊然：《实物资料所见汉代诸"曹"丛考》，载于《聊城大学学报》2012年第4期。

[516] 祝总斌：《关于我国古代的"改法为律"问题》，载于《高等学校文科学报文摘》1992年第4期。

[517] 张培瑜：《根据新出历日简牍试论秦和汉初的历法》，载于《中原文物》2007年第5期。

[518] 何介钧：《"秦三十六郡"和西汉增置郡国考证》，引自陕西师范大学、宝鸡青铜器博物馆主办：《黄盛璋先生八秩华诞纪念文集》，中国教育文化出版社2005年版。

[519] 陈松长：《岳麓书院藏秦简中的行书律令初论》，载于《中国史研究》2009年第3期。

[520] 高去寻：《黄河下游的屈肢葬问题》，引自中国科学院考古研究所等编：《中国考古学报（第二册）·西安半坡》，文物出版社1963年版。

[521] 容观夐：《我国古代屈肢葬俗研究》，载于《中南民族学院学报（人文社会科学版）》1983年第2期。

[522] 孝感地区第二期亦工亦农文物考古训练班：《湖北云梦睡虎地十一号秦墓发掘简报》，载于《文物》1976年第6期。

[523] 熊北生等：《湖北云梦睡虎地M77发掘简报》，载于《江汉考古》2008年第4期。

[524] 张忠炜：《墓葬出土律令文献的性质及其他》，载于《中国人民大学

学报》2015年第5期。

[525] 游逸飞:《战国至汉初的郡制变革》,台北国立台湾大学历史学研究所2014年博士学位论文。

[526] 李春来:《〈商君书〉中所见官吏管理问题探讨》,吉林大学2009年硕士学位论文。

[527] 刘鹏:《论官吏制度与秦朝统一之关系》,内蒙古大学2009年硕士学位论文。

[528] 廖继红:《岳麓秦简〈为吏治官及黔首〉》文献学研究》,湖南大学2011年硕士学位论文。

[529] 于洪涛:《岳麓秦简〈为吏治官即黔首〉研究》,吉林大学2013年硕士学位论文。

[530] 周海锋:《秦律令研究——以〈岳麓书院藏秦简(肆)〉为重点》,湖南大学2016年博士学位论文。

[531] Katrina C. D. Mcleod and Robin D. S. Yates, "Forms of Ch'in Law: An Annotated Translation of the Feng-chen shih," *Harvard Journal of Asiatic Studies*, Vol. 41, No. 1 (1981).

[532] *Remnants of Ch'in Law: An Annotated Translation of the Ch'in Legal and Administrative Rules of the 3rd Century B. C., Discovered in Yun-meng Prefecture, Hupei Province*, in 1975, Leiden: E. J. Brill, 1985.

[533] Staack, Thies, and Ulrich Lau. *Legal Practice in the Formative Stages of the Chinese Empire: An Annotated Translation of the Exemplary Qin Criminal Cases from the Yuelu Academy Collection*. Leiden: Brill, 2016.

# 教育部哲学社会科学研究重大课题攻关项目成果出版列表

| 序号 | 书　名 | 首席专家 |
|---|---|---|
| 1 | 《马克思主义基础理论若干重大问题研究》 | 陈先达 |
| 2 | 《马克思主义理论学科体系建构与建设研究》 | 张雷声 |
| 3 | 《马克思主义整体性研究》 | 逄锦聚 |
| 4 | 《改革开放以来马克思主义在中国的发展》 | 顾钰民 |
| 5 | 《新时期　新探索　新征程——当代资本主义国家共产党的理论与实践研究》 | 聂运麟 |
| 6 | 《坚持马克思主义在意识形态领域指导地位研究》 | 陈先达 |
| 7 | 《当代资本主义新变化的批判性解读》 | 唐正东 |
| 8 | 《当代中国人精神生活研究》 | 童世骏 |
| 9 | 《弘扬与培育民族精神研究》 | 杨叔子 |
| 10 | 《当代科学哲学的发展趋势》 | 郭贵春 |
| 11 | 《服务型政府建设规律研究》 | 朱光磊 |
| 12 | 《地方政府改革与深化行政管理体制改革研究》 | 沈荣华 |
| 13 | 《面向知识表示与推理的自然语言逻辑》 | 鞠实儿 |
| 14 | 《当代宗教冲突与对话研究》 | 张志刚 |
| 15 | 《马克思主义文艺理论中国化研究》 | 朱立元 |
| 16 | 《历史题材文学创作重大问题研究》 | 童庆炳 |
| 17 | 《现代中西高校公共艺术教育比较研究》 | 曾繁仁 |
| 18 | 《西方文论中国化与中国文论建设》 | 王一川 |
| 19 | 《中华民族音乐文化的国际传播与推广》 | 王耀华 |
| 20 | 《楚地出土戰國簡册［十四種］》 | 陈　伟 |
| 21 | 《近代中国的知识与制度转型》 | 桑　兵 |
| 22 | 《中国抗战在世界反法西斯战争中的历史地位》 | 胡德坤 |
| 23 | 《近代以来日本对华认识及其行动选择研究》 | 杨栋梁 |
| 24 | 《京津冀都市圈的崛起与中国经济发展》 | 周立群 |
| 25 | 《金融市场全球化下的中国监管体系研究》 | 曹凤岐 |
| 26 | 《中国市场经济发展研究》 | 刘　伟 |
| 27 | 《全球经济调整中的中国经济增长与宏观调控体系研究》 | 黄　达 |
| 28 | 《中国特大都市圈与世界制造业中心研究》 | 李廉水 |

| 序号 | 书　名 | 首席专家 |
|---|---|---|
| 29 | 《中国产业竞争力研究》 | 赵彦云 |
| 30 | 《东北老工业基地资源型城市发展可持续产业问题研究》 | 宋冬林 |
| 31 | 《转型时期消费需求升级与产业发展研究》 | 臧旭恒 |
| 32 | 《中国金融国际化中的风险防范与金融安全研究》 | 刘锡良 |
| 33 | 《全球新型金融危机与中国的外汇储备战略》 | 陈雨露 |
| 34 | 《全球金融危机与新常态下的中国产业发展》 | 段文斌 |
| 35 | 《中国民营经济制度创新与发展》 | 李维安 |
| 36 | 《中国现代服务经济理论与发展战略研究》 | 陈　宪 |
| 37 | 《中国转型期的社会风险及公共危机管理研究》 | 丁烈云 |
| 38 | 《人文社会科学研究成果评价体系研究》 | 刘大椿 |
| 39 | 《中国工业化、城镇化进程中的农村土地问题研究》 | 曲福田 |
| 40 | 《中国农村社区建设研究》 | 项继权 |
| 41 | 《东北老工业基地改造与振兴研究》 | 程　伟 |
| 42 | 《全面建设小康社会进程中的我国就业发展战略研究》 | 曾湘泉 |
| 43 | 《自主创新战略与国际竞争力研究》 | 吴贵生 |
| 44 | 《转轨经济中的反行政性垄断与促进竞争政策研究》 | 于良春 |
| 45 | 《面向公共服务的电子政务管理体系研究》 | 孙宝文 |
| 46 | 《产权理论比较与中国产权制度变革》 | 黄少安 |
| 47 | 《中国企业集团成长与重组研究》 | 蓝海林 |
| 48 | 《我国资源、环境、人口与经济承载能力研究》 | 邱　东 |
| 49 | 《"病有所医"——目标、路径与战略选择》 | 高建民 |
| 50 | 《税收对国民收入分配调控作用研究》 | 郭庆旺 |
| 51 | 《多党合作与中国共产党执政能力建设研究》 | 周淑真 |
| 52 | 《规范收入分配秩序研究》 | 杨灿明 |
| 53 | 《中国社会转型中的政府治理模式研究》 | 娄成武 |
| 54 | 《中国加入区域经济一体化研究》 | 黄卫平 |
| 55 | 《金融体制改革和货币问题研究》 | 王广谦 |
| 56 | 《人民币均衡汇率问题研究》 | 姜波克 |
| 57 | 《我国土地制度与社会经济协调发展研究》 | 黄祖辉 |
| 58 | 《南水北调工程与中部地区经济社会可持续发展研究》 | 杨云彦 |
| 59 | 《产业集聚与区域经济协调发展研究》 | 王　珺 |

| 序号 | 书名 | 首席专家 |
|---|---|---|
| 60 | 《我国货币政策体系与传导机制研究》 | 刘伟 |
| 61 | 《我国民法典体系问题研究》 | 王利明 |
| 62 | 《中国司法制度的基础理论问题研究》 | 陈光中 |
| 63 | 《多元化纠纷解决机制与和谐社会的构建》 | 范愉 |
| 64 | 《中国和平发展的重大前沿国际法律问题研究》 | 曾令良 |
| 65 | 《中国法制现代化的理论与实践》 | 徐显明 |
| 66 | 《农村土地问题立法研究》 | 陈小君 |
| 67 | 《知识产权制度变革与发展研究》 | 吴汉东 |
| 68 | 《中国能源安全若干法律与政策问题研究》 | 黄进 |
| 69 | 《城乡统筹视角下我国城乡双向商贸流通体系研究》 | 任保平 |
| 70 | 《产权强度、土地流转与农民权益保护》 | 罗必良 |
| 71 | 《我国建设用地总量控制与差别化管理政策研究》 | 欧名豪 |
| 72 | 《矿产资源有偿使用制度与生态补偿机制》 | 李国平 |
| 73 | 《巨灾风险管理制度创新研究》 | 卓志 |
| 74 | 《国有资产法律保护机制研究》 | 李曙光 |
| 75 | 《中国与全球油气资源重点区域合作研究》 | 王震 |
| 76 | 《可持续发展的中国新型农村社会养老保险制度研究》 | 邓大松 |
| 77 | 《农民工权益保护理论与实践研究》 | 刘林平 |
| 78 | 《大学生就业创业教育研究》 | 杨晓慧 |
| 79 | 《新能源与可再生能源法律与政策研究》 | 李艳芳 |
| 80 | 《中国海外投资的风险防范与管控体系研究》 | 陈菲琼 |
| 81 | 《生活质量的指标构建与现状评价》 | 周长城 |
| 82 | 《中国公民人文素质研究》 | 石亚军 |
| 83 | 《城市化进程中的重大社会问题及其对策研究》 | 李强 |
| 84 | 《中国农村与农民问题前沿研究》 | 徐勇 |
| 85 | 《西部开发中的人口流动与族际交往研究》 | 马戎 |
| 86 | 《现代农业发展战略研究》 | 周应恒 |
| 87 | 《综合交通运输体系研究——认知与建构》 | 荣朝和 |
| 88 | 《中国独生子女问题研究》 | 风笑天 |
| 89 | 《我国粮食安全保障体系研究》 | 胡小平 |
| 90 | 《我国食品安全风险防控研究》 | 王硕 |

| 序号 | 书名 | 首席专家 |
|---|---|---|
| 91 | 《城市新移民问题及其对策研究》 | 周大鸣 |
| 92 | 《新农村建设与城镇化推进中农村教育布局调整研究》 | 史宁中 |
| 93 | 《农村公共产品供给与农村和谐社会建设》 | 王国华 |
| 94 | 《中国大城市户籍制度改革研究》 | 彭希哲 |
| 95 | 《国家惠农政策的成效评价与完善研究》 | 邓大才 |
| 96 | 《以民主促进和谐——和谐社会构建中的基层民主政治建设研究》 | 徐　勇 |
| 97 | 《城市文化与国家治理——当代中国城市建设理论内涵与发展模式建构》 | 皇甫晓涛 |
| 98 | 《中国边疆治理研究》 | 周　平 |
| 99 | 《边疆多民族地区构建社会主义和谐社会研究》 | 张先亮 |
| 100 | 《新疆民族文化、民族心理与社会长治久安》 | 高静文 |
| 101 | 《中国大众媒介的传播效果与公信力研究》 | 喻国明 |
| 102 | 《媒介素养：理念、认知、参与》 | 陆　晔 |
| 103 | 《创新型国家的知识信息服务体系研究》 | 胡昌平 |
| 104 | 《数字信息资源规划、管理与利用研究》 | 马费成 |
| 105 | 《新闻传媒发展与建构和谐社会关系研究》 | 罗以澄 |
| 106 | 《数字传播技术与媒体产业发展研究》 | 黄升民 |
| 107 | 《互联网等新媒体对社会舆论影响与利用研究》 | 谢新洲 |
| 108 | 《网络舆论监测与安全研究》 | 黄永林 |
| 109 | 《中国文化产业发展战略论》 | 胡惠林 |
| 110 | 《20世纪中国古代文化经典在域外的传播与影响研究》 | 张西平 |
| 111 | 《国际传播的理论、现状和发展趋势研究》 | 吴　飞 |
| 112 | 《教育投入、资源配置与人力资本收益》 | 闵维方 |
| 113 | 《创新人才与教育创新研究》 | 林崇德 |
| 114 | 《中国农村教育发展指标体系研究》 | 袁桂林 |
| 115 | 《高校思想政治理论课程建设研究》 | 顾海良 |
| 116 | 《网络思想政治教育研究》 | 张再兴 |
| 117 | 《高校招生考试制度改革研究》 | 刘海峰 |
| 118 | 《基础教育改革与中国教育学理论重建研究》 | 叶　澜 |
| 119 | 《我国研究生教育结构调整问题研究》 | 袁本涛 王传毅 |
| 120 | 《公共财政框架下公共教育财政制度研究》 | 王善迈 |

| 序号 | 书　名 | 首席专家 |
|---|---|---|
| 121 | 《农民工子女问题研究》 | 袁振国 |
| 122 | 《当代大学生诚信制度建设及加强大学生思想政治工作研究》 | 黄蓉生 |
| 123 | 《从失衡走向平衡：素质教育课程评价体系研究》 | 钟启泉 崔允漷 |
| 124 | 《构建城乡一体化的教育体制机制研究》 | 李　玲 |
| 125 | 《高校思想政治理论课教育教学质量监测体系研究》 | 张耀灿 |
| 126 | 《处境不利儿童的心理发展现状与教育对策研究》 | 申继亮 |
| 127 | 《学习过程与机制研究》 | 莫　雷 |
| 128 | 《青少年心理健康素质调查研究》 | 沈德立 |
| 129 | 《灾后中小学生心理疏导研究》 | 林崇德 |
| 130 | 《民族地区教育优先发展研究》 | 张诗亚 |
| 131 | 《WTO主要成员贸易政策体系与对策研究》 | 张汉林 |
| 132 | 《中国和平发展的国际环境分析》 | 叶自成 |
| 133 | 《冷战时期美国重大外交政策案例研究》 | 沈志华 |
| 134 | 《新时期中非合作关系研究》 | 刘鸿武 |
| 135 | 《我国的地缘政治及其战略研究》 | 倪世雄 |
| 136 | 《中国海洋发展战略研究》 | 徐祥民 |
| 137 | 《深化医药卫生体制改革研究》 | 孟庆跃 |
| 138 | 《华侨华人在中国软实力建设中的作用研究》 | 黄　平 |
| 139 | 《我国地方法制建设理论与实践研究》 | 葛洪义 |
| 140 | 《城市化理论重构与城市化战略研究》 | 张鸿雁 |
| 141 | 《境外宗教渗透论》 | 段德智 |
| 142 | 《中部崛起过程中的新型工业化研究》 | 陈晓红 |
| 143 | 《农村社会保障制度研究》 | 赵　曼 |
| 144 | 《中国艺术学学科体系建设研究》 | 黄会林 |
| 145 | 《人工耳蜗术后儿童康复教育的原理与方法》 | 黄昭鸣 |
| 146 | 《我国少数民族音乐资源的保护与开发研究》 | 樊祖荫 |
| 147 | 《中国道德文化的传统理念与现代践行研究》 | 李建华 |
| 148 | 《低碳经济转型下的中国排放权交易体系》 | 齐绍洲 |
| 149 | 《中国东北亚战略与政策研究》 | 刘清才 |
| 150 | 《促进经济发展方式转变的地方财税体制改革研究》 | 钟晓敏 |
| 151 | 《中国—东盟区域经济一体化》 | 范祚军 |

| 序号 | 书　名 | 首席专家 |
|---|---|---|
| 152 | 《非传统安全合作与中俄关系》 | 冯绍雷 |
| 153 | 《外资并购与我国产业安全研究》 | 李善民 |
| 154 | 《近代汉字术语的生成演变与中西日文化互动研究》 | 冯天瑜 |
| 155 | 《新时期加强社会组织建设研究》 | 李友梅 |
| 156 | 《民办学校分类管理政策研究》 | 周海涛 |
| 157 | 《我国城市住房制度改革研究》 | 高　波 |
| 158 | 《新媒体环境下的危机传播及舆论引导研究》 | 喻国明 |
| 159 | 《法治国家建设中的司法判例制度研究》 | 何家弘 |
| 160 | 《中国女性高层次人才发展规律及发展对策研究》 | 佟　新 |
| 161 | 《国际金融中心法制环境研究》 | 周仲飞 |
| 162 | 《居民收入占国民收入比重统计指标体系研究》 | 刘　扬 |
| 163 | 《中国历代边疆治理研究》 | 程妮娜 |
| 164 | 《性别视角下的中国文学与文化》 | 乔以钢 |
| 165 | 《我国公共财政风险评估及其防范对策研究》 | 吴俊培 |
| 166 | 《中国历代民歌史论》 | 陈书录 |
| 167 | 《大学生村官成长成才机制研究》 | 马抗美 |
| 168 | 《完善学校突发事件应急管理机制研究》 | 马怀德 |
| 169 | 《秦简牍整理与研究》 | 陈　伟 |
| 170 | 《出土简帛与古史再建》 | 李学勤 |
| 171 | 《民间借贷与非法集资风险防范的法律机制研究》 | 岳彩申 |
| 172 | 《新时期社会治安防控体系建设研究》 | 宫志刚 |
| 173 | 《加快发展我国生产服务业研究》 | 李江帆 |
| 174 | 《基本公共服务均等化研究》 | 张贤明 |
| 175 | 《职业教育质量评价体系研究》 | 周志刚 |
| 176 | 《中国大学校长管理专业化研究》 | 宣　勇 |
| 177 | 《"两型社会"建设标准及指标体系研究》 | 陈晓红 |
| 178 | 《中国与中亚地区国家关系研究》 | 潘志平 |
| 179 | 《保障我国海上通道安全研究》 | 吕　靖 |
| 180 | 《世界主要国家安全体制机制研究》 | 刘胜湘 |
| 181 | 《中国流动人口的城市逐梦》 | 杨菊华 |
| 182 | 《建设人口均衡型社会研究》 | 刘渝琳 |
| 183 | 《农产品流通体系建设的机制创新与政策体系研究》 | 夏春玉 |

| 序号 | 书名 | 首席专家 |
|---|---|---|
| 184 | 《区域经济一体化中府际合作的法律问题研究》 | 石佑启 |
| 185 | 《城乡劳动力平等就业研究》 | 姚先国 |
| 186 | 《20世纪朱子学研究精华集成——从学术思想史的视角》 | 乐爱国 |
| 187 | 《拔尖创新人才成长规律与培养模式研究》 | 林崇德 |
| 188 | 《生态文明制度建设研究》 | 陈晓红 |
| 189 | 《我国城镇住房保障体系及运行机制研究》 | 虞晓芬 |
| 190 | 《中国战略性新兴产业国际化战略研究》 | 汪　涛 |
| 191 | 《证据科学论纲》 | 张保生 |
| 192 | 《要素成本上升背景下我国外贸中长期发展趋势研究》 | 黄建忠 |
| 193 | 《中国历代长城研究》 | 段清波 |
| 194 | 《当代技术哲学的发展趋势研究》 | 吴国林 |
| 195 | 《20世纪中国社会思潮研究》 | 高瑞泉 |
| 196 | 《中国社会保障制度整合与体系完善重大问题研究》 | 丁建定 |
| 197 | 《民族地区特殊类型贫困与反贫困研究》 | 李俊杰 |
| 198 | 《扩大消费需求的长效机制研究》 | 臧旭恒 |
| 199 | 《我国土地出让制度改革及收益共享机制研究》 | 石晓平 |
| 200 | 《高等学校分类体系及其设置标准研究》 | 史秋衡 |
| 201 | 《全面加强学校德育体系建设研究》 | 杜时忠 |
| 202 | 《生态环境公益诉讼机制研究》 | 颜运秋 |
| 203 | 《科学研究与高等教育深度融合的知识创新体系建设研究》 | 杜德斌 |
| 204 | 《女性高层次人才成长规律与发展对策研究》 | 罗瑾琏 |
| 205 | 《岳麓秦简与秦代法律制度研究》 | 陈松长 |
| | …… | |